KB074197

A HISTORY OF THE TWENTY- FIRST CENTURY

가상역사 21세기

A HISTORY OF THE TWENTY- FIRST CENTURY

가상역사 21세기

마이클 화이트 · 젠트리 리 지음 | 이순호 옮김

cum libro
책과함께

프롤로그

이 책 《가상역사 21세기》는 나의 처녀작은 아니지만 가장 야심찬 작품이다. 나는 학자가 본업인 사람인데 학술서를 여러 권 집필하다 보니 대중과의 만남에 커다란 관심을 갖게 되었다. 이전에 나온 내 대중서들은 꽤 성공적이었으나 어느 특정 개념이나 인물에만 초점을 맞춘 것이었다. 그래서 이참에 한 세기 전체를 조망하는 역사책을 한번 써보려는 것이다.

이제 10여 년밖에 지나지 않은 한 세기의 역사를 쓰겠다고 하자 동료 학자 몇은 말도 안 되는 일이라며 집필을 말리려고 들었다. 나는 그렇게 생각하지 않는다. 물론 간단치는 않을 것이다. 그러나 서기 2112년인 현재, 지금 막 끝난 지난 세기의 정수를 뽑아내는 것이 그리 불가능하다고는 생각하지 않는다.

이 책은 21세기에 일어난 일을 총망라한 역사서가 아니다. 제목이 'The History of the Twenty-First Century'가 아닌 'A History of the Twenty-First Century'인 까닭도 그 때문이다.

이 책은 두 개의 기본 틀을 중심으로 개인에 미치는 역사의 영향을 다루고 있다. 먼저 나는 21세기에 일어난 여러 사건과 발전 중에서 인간의 삶과 행동을 결정지은 요소, 특히 인간 행위의 패러다임을 변화시킨 요소가 무엇인지를 밝혀보고자 했다. 그 다음에는 인간이란 종에게 21세기의 삶은 과연 어떤 것이었으며, 그 이전 세기들의 삶과 뚜렷이 다른 점은 무엇인가를 보여주려고 했다.

이 책에는 사람들에 대한 이야기가 많이 들어 있다. 아쇼크 쿠마르 박사, 게르하르트 랑거, 베니타 코르데로와 같은 세기의 영웅들 이야기도 있고, 평범한 사람들 특히 일반 역사책이라면 결코 다루지 않을 사람들에 대한 이야기도 많이 들어 있다.

내가 이들 보통 사람들의 이야기를 포함시킨 이유는 간단하다. 이 책을 더욱 의미 있는 것으로 만들고 정치 지도자나 세계 변화의 주역이 될 가능성이 희박한 사람들에게 더 친근하게 다가감으로써 책에 또 다른 차원을 부여하고 싶었기 때문이다. 그러다 보니 의도하지 않은 결과가 초래되기도 했다. 이들 개인들의 삶이 역사로 인해 바뀐 요인에 치중하다 보니 정치적인 면을 등한시하는 결과를 가져온 것이다. 그 부족한 면은 일반 역사책을 참고해주기 바란다.

이 책의 제1장은 '생물학 혁명'에 관한 내용을 다루고 있다. 21세기에 인간의 역사는 생물학에 의해 커다란 변화를 겪게 된다. 생물학 혁명의 이 같은 중요성은 2077년에 퓰리처상을 수상한 H. 릴리 브라운의 저작 《생물학이 역사가 되었을 때 When Biology Became History》에 웅변적으로 잘 묘사돼 있다.

그녀는 이렇게 썼다. "지구의 탄생에서 현재까지의 역사를 전별해본 작가라면 21세기에 일어난 가장 중요한 변화가 무엇인가에 이의를 달 사람은 아무도 없을 것이다. 지구상의 모든 생명은 약 40억 년에 걸쳐 자연의 법칙에 따라 진화를 거듭해왔다. 그런데 기나긴 역사의 과정으로 보면 일순간에 지나지 않을 짧은 기간 안에, 그 자체로 뛰어난 진화 과정의 산물인 인간이 돌연 진화를 일으키는 메커니즘의 정체를 밝혀 낸 것이다. 그뿐만이 아니다. 그보다 더 중요한 진화 메커니즘의 통제 방법까지도 알게 된 것이다. 이제 진화의 산물인 호모 사피엔스는 앞으로 일어날 진화의 유일한 결정자가 되었고, 이것은 비단 인간의 종만이 아닌 지구상의 모든 동식물에 해당하는 것이다. 생물학 혁명이 21세기 최고의 유산이 될 것은 너무도 자명한 사실로 보인다."

제2장부터 제4장까지는 21세기의 역사적 사건이 연대별로 기록돼 있다. 2016년에 일어난 인도와 파키스탄 사이의 끔찍한 핵전쟁도 들어 있고, 현재 '대혼란'이라는 말로 불리는 세계경제 구조의 붕괴, 그리고 대혼란이 끝난 지 10년도 채 안 돼 발생한 지정학적인 판도 변화도 포함돼 있다. 이들 역사적 사건이 개인과 가정에 미쳤던 영향 또한 지면이 허락하는 한도 내에서는 각 장에 골고루 안배시키려 노력했다.

제5장 '네트워크 세계에서의 삶'은 어느 대가족을 중심으로 21세기에 일어난 사회, 기술적 혁명이 평범한 사람들의 삶을 어떻게 바꿔놓았는지를 집중적으로 고찰하고 있다.

마지막 제6장 '환경과 우주'에는 인간의 종이 한 세기 동안 지구를 관리하며 이루어놓은 발전(혹은 발전의 결핍)과 인간의 영향력을 우주로까지 확대하여 우주의 실체를 속속들이 파헤치려고 애쓴 인류의 노력이 담겨 있다.

모든 역사가들은 역사를 만든 사람들에게 어느 정도 빚을 지고 있다. 또한 어느 세기든지 영웅들이 있고 남녀를 불문하고 오랫동안 자취를 남기는 위대한 인물들이 있게 마련이다. 하지만 나에게는 그런 영웅들 못지않게 이름 없는 개인들의 삶도 중요하다. 역사상의 위치를 가진 사건만을 고려한다면 기록에 남지 않을 게 분명하지만 이런 보통 사람들이야말로 진정한 의미에서 영웅에 버금가는 중요성을 지니고 있는 것이다.

바라건대 독자 여러분도 인류 역사의 관점으로 보면 중요하지 않은 사람이 없다는 사실을 한번쯤 진지하게 고려해주었으면 한다.

하찮은 인간이란 없다. 우리 모두는 거인들이다.

2112년 3월
로스앤젤레스에서

A HISTORY OF THE
TWENTY- FIRST CENTURY

이 책은 마이클 화이트와 젠트리 리의
A HISTORY OF THE TWENTY-FIRST CENTURY를 완역한 것이다.
미국에서 아직 출간되지 않은 원서를
한국에서 먼저 도서출판 책과함께가 출간한다.
미국의 드림웍스 사에서 가상 다큐멘터리로 제작 중이다.

차례

3 대혼란

4 새로운 세계질서

6 환경과 우주

1

The Biological Revolution
생물학혁명

부모들은 자식들의 신체적, 지적,
심지어 감성적 특성까지도 설계하려고 들었다.
하지만 막상 자신들의 자식이 '제조' 되어 나오자
부모들은 놀라움을 금치 못했다.

새벽에서 DNA까지

지금까지의 역사로 볼 때 인간은 오랫동안 동물과 별 차이가 없었다. 그러다 언어, 문화, 사회군집화, 예술, 과학 등이 발달하면서 인간은 비로소 조금씩 동물과 구별되기 시작했다. 동물과 구별되었다고는 해도 아직 인간 존재를 규명할 정도까지는 되지 못했고, 인간이 마침내 자신의 구성물질을 알아내 그것을 조작하는 방법을 터득하게 된 것은 1950년대부터였다.

1953년, 영국인 생물학자 프랜시스 크릭과 미국인 동물학자 제임스 왓슨이 세계 최초로 DNA 구조를 밝혀내는 데 성공했다. DNA는 유전형질을 전달하는 복잡한 유기 화학적 분자구조를 이르는 말이다. 두 사람의 발견은 유전자의 성격을 알아내고 생물체의 복원작업에서 공동 노력하는 쪽으로 중요한 첫걸음을 내디뎠다는 점에서 20세기의 가장 위대한 업적이라 할 만하다.

'생명의 분자 the molecule of life'라는 말로 신속히 명명된 DNA는 아미노산에서 나온 염기가 이중 나선구조로 꼬인 형태를 말한다. DNA는 유전자를 이루는 주요 물질이고 수많은 유전자가 조합을 이룬 것이 염색체다. 기계의 청사진이나 건축가의 설계도처럼 생명체 구성에 필요한 정보가 모두 이 염색체에 들어 있다. 사람의 몸에는 10만 개의 유전자로 구성된 23쌍의 염색체가 있는데 이것들이 합쳐져 주형을 이룬다. 이 주형은 또 어찌나 구조가 복잡한지 인간의 미세세포 하나에서 DNA를 추출하여 그것을 펼쳐놓으면 길이가 장장 183센티미터에 이를 정도다.

유전과학은 연구가 처음 시작된 이래 50년간은 이와 비슷한 기간(20세기 중반에서 20세기 말까지)에 컴퓨터가 발달한 속도만큼이나 빠르게 발전했다. 또한 컴퓨터에 못지않게 모든 면에서 커다란 영향력을 발휘했다.

1990년대에는 인간 유전자 지도 작성을 목표로 한 게놈 프로젝트가 만들어졌다. 이것은 인류 역사상 가장 야심찬 과학적 시도로 고난도의 작업이었음에도 전 세계의 과학자들이 합심하여 노력한 결과 21세기가 시작된 지 한두 달 만에 예상보다 빠르고 적은 예산으로 인간 유전자의 완전 지도화라는 인류 공동의 목표를 달성하기에 이르렀다.

인간 게놈의 지도화 목표는 먼저 우리 세포 속에 있는 각각의 유전자가 담당하는 역할을 밝혀내는 것에 맞춰졌다. 이것은 인간에게 문제를 일으키는 유전자, 특히 질병을 유발하는 유전자들을 밝혀내기 위해서는 필수적인 단계였다. 게놈 지도화의 성공은 놀랄 만한 과학적 성과였다. 하지만 아직은 유전학의 발전 도상에서 이룩된 하나의 단계에 불과했다.

게놈 지도가 완성됨으로써 과학자들은 유전자 위치를 알아낼 수 있게 되었고, 특정한 유전적 질병이 어떻게 작용하는지에 대해서도 신속히 이해할 수 있게 되었다. 하지만 어떤 유전자가 질병의 원인이라는 것이 밝혀졌다고 하여 치료방법까지 발견된 것은 아니었다.

과학자들은 유전자들이 개별적으로 움직이는 것은 아니며 유전자가 일으키는 많은 특징은 다원적이라는 사실, 즉 한 개 유전자 이상의 통제를 받는다는 사실을 알게 되었다. 게다가 과학자들이 수많은 단일 유전자의 성격을 낱낱이 밝혀내고 그에 따라 질병의 치료방법까지 알게 됨으로써, 유전학자와 의사들도 이제는 원자 수준으로 DNA를 다룰 능력이 필요해졌다. 그리고 이같이 복잡한 고도의 능력은 수십 년의 연구를 더 거친 뒤에야 가질 수 있었다.

2010년을 살아가며 그동안 유전자 연구에서 얻은 성과와 이들 성과가 인간에게 갖는 의미를 파악한 과학자라면 누구나 대단한 자부심과 흥분을 느꼈을 것이다. 하지만 유전학은 아직 끝나지 않은, 무궁무진한 발전 가능성을 지닌 학문이었다.

21세기 초 유전학자들은 후일 '유전자 시대'로 불리게 될 새로운 시대의 문턱에 서 있었다. 이것은 무한정의 발견 기회가 주어지는 시대였고, 그와 동시에 급속한 발전으로 인한 위험과 함정이 도사리는 공포의 시대이기도 했다.

마침내 열린 판도라 상자

크릭과 웟슨에서 시작되어 이후 1세기가 넘게 꾸준히 탄력을 받아온 유전학 혁명은 다윈의 진화론 이래 대중의 상상력을 사로잡은 최초의 과학적 발전이었다. 이같이 유전학에 집중된 지대한 관심은 21세기 초를 시작으로 유전학 발달이 일반인들의 삶에서 담당하는 역할이 부쩍 높아졌다는 점에서 일찍이 예견된 일이었다.

2040년경에는 개발도상국의 국민들까지 이런저런 형태의 유전적 분석이나 치료를 받지 않은 사람이 없을 정도였고, 서구 국민들도 자신들의 첫 복제인간을 만들지 않은 사람이 없을 정도가 되었다. 게다가 유전학 발달 초기부터 사람들은 유전학을 이해하고 유전학의 발달로 초래될 윤리적 문제를 알고 있어야 한다는 심적 부담감을 느꼈다. 과학이 으레 그렇듯 유전학도 이해하기가 쉽지 않았다. 하지만 인간의 미래를 결정지을 본질적 문제를 다루는 학문인 만큼 가장 인간적인 과학으로 간주되기도 했다.

2000년에서 2025년 사이 인간 게놈의 분석작업에는 놀랄 정도로 빠른 발전이 이루어졌다. 이들 발전이 가져올 사회, 윤리적 결과에 대해 우려했던 사람들조차 숨가쁘게 전개되는 발전 속도에 정신을 못 차릴 지경이었다. 정치인들은 자신들이 마치 무한정의 발전을 원하는 사람과 끔찍한 재앙을 걱정하는 사람들간의 중재자가 되기라도 한 듯, 유전자 연구에 색다른 결과가 나타나기라도 하면 그에 대한 대중의 반응을 떠보느라 분주히 움직였다.

게놈의 지도화로 유전학자들은 엄청난 힘을 얻었다. 2019년에 이르러서는 동네 약국 어디에서든 개인 DNA 정보를 살 수 있게 되었다. 손님들이 자기 몸의 아무 부위에서나 세포조직을 떼어내 견본으로 제출하면 그 견본은 세포 분석실로 보내졌고 그로부터 일주일 내에 세포 주인은 자신의 유전자 정보가 고스란히 담긴 디스크와 함께 유전자 정보가 해석된 데이터를 전달받았다.

지갑이나 핸드백에 휴대 가능한 유전자 정보를 누구든 소지할 수 있다는 생각은 2016년 미국 대통령 선거를 둘러싼 스캔들이 일어난 후 엄청난 인기를 누리기 시작했다. 그 스캔들은 16년 전에 일어난 2000년 미국 대선에서 부시와 고어가 벌인 법정공방보다 미국의 기존 정치계를 더욱 발칵 뒤집어놓은 사건이었다.

대통령 선거가 있기 일주일 전, 한 익명의 독자가 〈워싱턴 헤럴드〉의 정치담당 기자 책상에 아주 특별한 디스크 한 장을 떨어뜨려놓고 갔다. 그 디스크에는 공화당의 대통령 후보 랜디 홀랜드의 유전자 정보가 담겨 있었다. 디스크를 분석해본 결과 유전자 안에는 홀랜드가 당혹해할 만한 내용이 들어 있었다. 머리카락 한 가닥에서 추출된 그 정보에는 동성애에 빠져들 위험이 다분한 것으로 알려진 유전자뿐만 아니라 홀랜드가 중독의 가능성이 높은 인물임을 보여주는 또 다른 유전자가 발견되었다. 그뿐만이 아니었다. 당선되면 자유 세계 전체를 이끌어갈 인물이 정신분열증의 발병 가능성이 매우 높은 것으로 나타난 것이다.

이 사실이 폭로되자 워싱턴 정가는 발칵 뒤집혔다. 전 세계의 신문과 웹사이트도 이 기사로 거의 도배하다시피 했다. 홀랜드는 즉각 대통령 후보직을 사퇴했다. 그러자 부통령 후보가 공화당의 새로운 대통령 후보가 되었다. 일주일 뒤 민주당은 기록적인 대승을 거두었다. 인류 역사상 최초로 유전학은 새로운 학문이 지닌 거대한 힘을 과시하면서 정치의 판도를 바꿔놓았다.

대중들이 이 사건에 보여준 관심은 폭발적이었다. 그 바람에 유전자 연구를 상용화하려는 사람들까지 덩달아 신바람이 났다. 얼마 안 가 시장에는 진마트GeneMart라 불리는 개인 유전자 정보업체까지 등장했다. 이 업체들은 경쟁사의 거센 도전을 물리치고 2018년 최초의 개인 유전자 정보 아울렛을 개장했다.

유전자 정보의 상용화는 사실 이보다 빨리 이루어질 수도 있었다. 유전자 정보업체들이 수백 개에 이르는 인간 공통 유전자의 디스크에 특허료를 지불해야 했던 것이 지연의 주 요인이었다. 이 중요한 공통 유전자들은 2010년대에 민간 유전자 분석가들이 이미 특허를 받아놓은 상태였다. 때문에 진마트도 미국의 대법원과 유럽의 고등법원이 인간의 유전자는 어느 한 개인이나 회사의 소유물이 될 수 없다며 민간 유전자 분석가들의 특허권을 번복하는 판결을 내린 2017년 이후에야 비로소 회사를 제대로 가동할 수 있었다.

개인 유전자를 정보화하는 작업을 포커게임 같은 것과 간단히 비교할 수는 없다. 이 기술은 의료계에 커다란 기회를 부여해주었고, 2016

년 미국 대선 중에 일어난 스캔들에서도 입증되었듯이 윤리문제가 얽힌 가공할 기술력이었다. 서구인들 대부분이 유전자 정보체계에 익숙해졌을 때는 이미 5천여 개의 유전자 질병이 특정 유전자에 의해 발병되는 것으로 원인이 밝혀졌다. 하지만 유전자 질병은 거의 다원적이기 때문에 인간 게놈의 유전자 위치가 밝혀졌다는 것은 곧, 말할 수 없이 복잡한 유전학을 이해하는 데 있어 겨우 첫걸음을 내디딘 것을 의미할 뿐이었다.

개인 유전자 정보화로 엄청난 득을 본 것은 예방 의학계였다. 개개인의 유전자 정보가 밝혀짐으로써 사람들은 어떤 종류의 병이 발병할 가능성이 높은지 미리 예측할 수 있게 되었고, 더 나아가 장기적으로 대단히 치명적인 생활습관을 갖게 될 소지가 많은 유전자 성향까지도 보여줄 수 있었다. 하지만 그 같은 유전자를 보유하고 있다고 해서 반드시 문제의 질병을 일으키거나 생물학적 특징을 보여주는 것은 아니었다.

유전자에 대한 이 같은 지식은 분명 이로운 것이었다. 그러나 이로운 것만큼이나 유전학에서 거둔 이 같은 빠른 발전은 유전학이 출현하기 전에는 단지 학문적 영역에만 속했던 문제들을 새롭게 야기시키며 인간 사회에 심각한 도전을 안겨주었다. 태어날 아기의 성별은 유전자 시대 초기부터 선택이 가능했다. 그러던 것이 2030년에 이르러서는 태어날 아기의 용모와 성격까지도 결정할 수 있게 되었다. 부모들은 자식들의 신체적, 지적, 심지어 감정적 특성까지도 설계를 하려고 들었다. 그리고 난생 처음 경험하는 유전자 조작인 만큼 놀라는 것이 당연한데도 막상 자신들의 자식이 '제조'되어 나오자 부모들은 놀라움을 금치 못했다. 그것은 모두 그들이 인간의 존재는 유전자의 총합 이상이라는 사실을 애써 외면한 결과였다.

2016년 미국 대선에서 일어난 스캔들은 한 개인의 사적 정보를 입수하기는 그야말로 식은 죽 먹기라는 것을 보여준 사건이었다. 상황이 그러한데도 대부분의 나라들은 유전자 보호법 제정에 늑장을 부렸고, 그것이 또 대중의 막대한 불신을 야기했다.

하지만 전체적으로 볼 때 상황은 그다지 변한 것이 없었다. 컴퓨터가 생겨나기 전에도 의료기록은 파렴치범들에 의해 쉽게 도난을 당했고, 개인의 신상 정보가 종이 서류철이 아닌 컴퓨터 하드웨어에 저장되었을 때도 해커들이 날뛰는 것을 막을 도리가 없었기 때문이다. 하지만 개인의 의료기록을 안다는 것과 개인의 유전자 정보에 무한정으로 접근할 수 있다는 것은 전혀 별개의 문제였다. 그 까닭은 먼저 유전자 정보에는 의료기록과는 비교도 안 될 만큼 엄청난 개인 정보가 담겨 있었기 때문이고, 두 번째는 유전자 시대 초기(2000년에서 2040년대 사이)에는 유전학이 아직 개인에 대한 결정적 정보를 제공해주지 못했던 탓에 정보 자체를 신뢰할 수 없었기 때문이다.

그 결과 이 기간 동안 보험회사나 인력 공급업체들은 유전자 정보를 마치 양날을 가진 칼처럼 여겼다. 유전자 정보를 피보험자의 위험률을 파악할 수 있는 기회로도 보았고, 전혀 신뢰할 수 없는 정보로도 보았던 것이다. 이 말은 곧 보험회사를 비롯한 기업들은 개인의 유전자 정보에 지나치게 의존한다는 따가운 눈총을 받든지, 회사의 자금 손실을 막아줄 수도 있는 과학을 도외시하든지 양단간에 결정을 내려야 하는 것을 의미했다.

이 문제는 21세기 말에 거의 해결되었다. 2040년대를 시작으로 유전과학은 '유전학의 뉴웨이브'로 곧잘 일컬어지는 전혀 새로운 국면으로 접어들었기 때문이다. 과학자들은 이제 유전자가 상호작용을 한다는 것과 유전자들이 원자 수준에서 어떻게 작용하는지에 대한 원리까지도 밝혀냈다. 유전자의 다원성과 원자 수준을 이해할 수 있게 되자 더욱 정교한 유전자 파일이 만들어졌다. 이후 10년도 채 안 돼 각종 질병이 작용하는 원리에 대한 정확한 이해는 물론 새로운 치료법과 예방법이 개발되었다.

유전자 시대가 21세기 전반부 인간의 삶의 모습을 어떻게 바꾸어놓았는지에 대한 내용은 2053년 크릭과 왓슨의 DNA 발견 백주년 기념으로 열린 멀티미디어 발표회를 앞두고 지금은 폐간되고 없는 〈글로벌 뉴스〉가 연재한 일련의 기획물에 잘 나타나 있다.

작가 브렛 도널드슨은 네 사람을 인터뷰하여, '게놈과 함께 살기'라는 시리즈를 만들었다. 이것으로 1세기에 걸친 유전자 연구가 전 세계인들의 삶과 일을 어떻게 바꿔놓았는지에 대한 실체가 낱낱이 밝혀졌다. 아래는 그 인터뷰 내용을 실은 것이다.

게놈과 함께 살기

생명을 구하고 상처를 회복시키는 의료혁명

존 슈라이브너 _ 영국 런던 남부에 거주하는 일반 개업의

나는 동생 제프와 함께 3대째 의사를 가업으로 이어오고 있다. 그래서 우리는 곧잘 스스로를 '가족회사'라 부르기도 한다. 아버지는 아직 현역으로 활동 중이고 올해로 아흔 살인 할아버지는 얼마 전에 현업에서 은퇴했다. 그런데도 현대의학에 대한 관심이 워낙 높아서 할아버지, 아버지, 나, 제프 이렇게 네 사람은 종종 함께 모여 조부가 의사로 활동했던 2004년 이후에 현대의학이 변모한 모습에 대해 이야기를 나누곤 한다.

언젠가 나는 누군가로부터 고대 이래 의학은 3개의 뚜렷한 발

달단계를 거쳐왔다는 말을 들은 적이 있다. 의사들은 수천 년 동안 매우 원시적인 조건하에서 일해왔다. 의학 발달의 1단계인 이 기간에는 약이래야 약초와 가짜 약물이 고작이었다. 의사는 치료의 일환으로 거머리를 이용해 피를 뽑거나 방혈요법을 썼다. 그러다 항생제의 발견으로 의료계에는 일대 혁명이 일어났고 그것이 의학 발달의 2단계 과정이다. 항생물질은 그 자체로 수백만 명의 인명을 구했을 뿐 아니라 의사들에게도 신뢰성과 힘을 부여해주었다. 의학사상 최초로 의사들은 자연과 행운에만 의존하지 않아도 되었던 것이다. 의학 발달의 3단계는 할아버지의 청년시절에 찾아왔다. 이후에 일어난 유전자 혁명으로 의료계는 급변하여, 나로서는 조부 시대의 의술활동과 내 의술활동간의 차이를 어떻게 설명해야 할지 종종 난감할 때가 있다.

할아버지는 2005년에 진료를 받으러 병원에 가는 행위를 자동차 수리를 위해 정비소에 가는 행위에 즐겨 비교하시곤 했다. 변변치 못한 정비사는 간단히 엔진 소리만 듣고 "아, 차에는 아무 이상 없어요"라고 말한다는 것이었다. 하지만 차를 몰고 나가기가 무섭게 엔진이 꺼지거나 타이어가 펑크나버렸다.

20세기 초에 의사들은 환자의 심장소리를 듣고 체온과 혈압을 재는 것으로 진료행위를 대신했다. 특별히 신경 쓰이는 점이 있으면 혈액을 채취하여 검사하는 것이 고작이었다. 할아버지가 가장 자주 들려주시는 이야기는 어떤 환자에게 아무 이상이 없다는 진단을 내려주었는데 진료실을 나간 지 2분 만에 그 환자가 주차장에서 심장마비로 사망했다는, 어느 동료 의사의 경험담이다.

오늘날의 상황은 이와 판이하다. 우선 의사가 환자를 직접 만나는 일이 극히 드물어졌다. 나만 해도 환자들의 상태는 주로 홀로

그래픽(레이저 빔 같은 파동의 간섭을 이용하여 3차원 영상을 사진 필름에 기록하는 기술—옮긴이) 웹 캠을 통해 관찰한다. 인터넷을 통해 내 지시에 따라 움직이는 카메라로 나는 어느 각도에서든 환자의 상태를 3-D 영상으로 바라볼 수 있다.

그에 따라 환자들도 아버지가 의료행위를 시작했던 2020년까지만 해도 아픈 몸을 이끌고 진찰실에 와서 진료를 받아야 했으나 이제는 그럴 필요가 없다. 더 많은 사람을 더 빨리 치료할 수도 있게 되었다. 이 모두가 컴퓨터 기술의 발달 덕분이다. 하지만 아버지나 할아버지 때보다 내 세대가 누리게 된 가장 큰 혜택은 뭐니뭐니해도 환자들의 신체조건에 대한 엄청나게 많은 정보를 보유할 수 있게 되었다는 점이다. 그것은 한 세대 전이라면 상상도 하지 못했을 방대한 양이다.

이 밖에도 나는 생물계측학 덕분에 환자들의 건강상태를 파악할 수 있게 되었다. 지난 20년간 구축된 복잡한 데이터 수집 네트워크로 환자의 건강상태를 그날그날 모니터할 수 있게 된 것이다. 이 네트워크는 어느 가정에나 비치돼 있는 유비쿼터스 시스템, 즉 스캐너와 분석기를 기본으로 환자의 몸 속에 일단의 나노 프롭을 침투시켜 주요 기관, 혈액 및 기타 수액의 움직임 그리고 신경학상의 매개변수를 지속적으로 체크하도록 만들어진 시스템이다.

이렇게 수집된 정보들은 데이터 전용 컴퓨터에 지속적으로 수록되어 분석된다. 환자가 불안증세를 보이거나 통증의 자각증상이 나타나는 경우 나는 진료실의 컴퓨터를 통해 그것을 알 수 있고 그에 따라 즉각 치료를 할 수 있다.

DNA 정보와 생물계측학은 내게 너무도 익숙한 것이어서 이제 그것 없이 진료한다는 것은 상상도 할 수 없다. 생물계측학의 발달로 지난 30년간 사람들은 자신들의 게놈 복사본도 언제든지 입수할 수 있게 되었다. 하지만 이조차도 처음에는 의사들에게 그저 제한적인 도구에 불과했다. 이것은 물론 한 개인의 유전자 지도를 제공해주고, 그 지도에 내포돼 있을지도 모를 몇 가지 문제점을 부각시켜주기는 했다.

하지만 게놈 지도의 초기 형태로 할 수 있는 일이란 고작 위급한 상황을 알려주고 좀더 빠른 경고를 해주는 것뿐이었다. 게놈 지도의 이 초기 기술이 굉장한 발견이었던 것은 분명하다. 그러나 실제 적용에는 한계가 있었다. 그러다 포괄적인 DNA 배열 분석 작업이 이루어짐으로써 의사들은 비로소 무제한적인 기회를 얻게 되었다.

현재 나는 내 환자들의 완전한 유전자 정보를 보유하고 있을 뿐만 아니라, 그들 유전자가 어떤 상호작용을 일으켜 특정 증상을 유발하는지에 대한 정보까지 알아낼 수 있다. 아버지 시대에는 모든 질병의 15퍼센트 정도만 특정 유전자가 유발한다는 사실을 알 수 있었다. 이 경우 질병은 발병할 때마다 게놈 속의 독립된 단일 유전자가 유발하는 것을 의미한다. 하지만 질병의 75퍼센트 가량은 유전적 성분에 의해 발병되고, 모르긴 해도 이들 질병의 많은 부분은 유전자의 상호작용과 원자 수준에서 이들 유전자가 행하는 역할을 파악할 수 있을 때만 정확한 진단이 가능할 것이다.

이제는 유전학에 대한 이해가 많이 높아졌다. 덕분에 불과 20년 전만 해도 매년 수백만 명의 인명을 앗아갔던 질병도 이제는 어느 정도 치료가 가능해졌다. 천연두, 소아마비, 나병과 같은 질병은 할아버지 세대에 거의 박멸되었다. 아버지 세대의 의사들은 암, 낭포성 섬유증, 다발성 경화증, 알츠하이머를 비롯한 각종 다원적 질병의 정복에 심혈을 기울였다. 그리고 이제 분자의학—유전자 내에서 일어나는 원자화 과정과 유전자 상호간의 연관관계를 이해하는 학문—의 출현으로 우리 세대 의사들은 가장 복잡한 유전병의 일부를 밝혀내는 과정에 있다. 각종 암과 심장병도 이에 해당한다.

그 밖에도 아버지와 할아버지 세대의 의술활동과 비교할 때 내 의술활동이 다른 점은 일반 질병을 대하는 나의 대응방식에 있다. 언젠가 나는 할아버지 병원의 진료실 풍경이 담긴 옛 사진 한 장을 본 적이 있다. 2008년에 찍은 그 사진에는 감기, 독감 등 각종 질병으로 고생하는 환자들이 줄을 서 있고, 할아버지가 그들을 한 명씩 진료하는 모습이 담겨 있었다. 할아버지는 독감에는 치료방법이 없다고 말하거나, 세균성 질병을 앓는 사람들에게는 항생제를 투여하는 것에 진료시간의 대부분을 소비했다.

그 후 20년 뒤 아버지의 진료실에서는 이 같은 질병을 가진 환자를 찾아볼 수 없게 되었다. 2026년까지는 독감이나 세균성 전염병의 대부분이 예방접종으로 퇴치가 가능해졌기 때문이다. 가장 흔한 바이러스와 세균의 유전자 염기배열이 밝혀짐에 따라 그것들의 약점이 노출되면서 백신이 만들어졌고 그 결과 선진국에서는 독감이나 그 흔한 감기조차 희귀병이 되기에 이르렀다.

나 역시 인간 신체에 대한 '의사 매뉴얼'이라 할 만한 것을 가지고 있어 내가 하는 진료의 대부분은 이제 예방 수준으로 축소되었다. 환자들도 아버지 때보다 건강에 대한 책임을 훨씬 더 많이 지고 있다. 예를 들어 우리 세대 사람들은 과거에 흡연과 음주가 그토록 만연했다는 사실에 놀라움을 금치 못한다. 우리에게는 유전자 정보가 있어 생활방식의 선택에서도 유리한 입장에 있기 때문에 옛날보다 수명이 훨씬 길고 건강한 삶을 누릴 수 있다.

하지만 요즘에도 의사들은 여전히 예방과 초기 경고가 실패로 돌아갔을 때의 환자 치료를 주요 업무로 삼고 있다. 지난 50년간 이룬 의학의 발달로 요즘 의사들은 할아버지 세대에는 한낱 공상에 불과했던 의료기술과 치료체계를 갖추고 있다. 덕분에 우리는 과거의 유전자 특성을 그대로 보유한 기관이나 신체의 일부를 배양할 수도 있게 되었다. 환자가 병이 났을 때 그 환자의 세포로 해당 기관을 직접 복제할 수도 있고, 초기 단계에서 나타나지 않은 암세포를 보유하고 있을 경우엔 다른 세포에는 영향을 주지 않고 돌연변이를 일으킨 암세포만을 죽이는 유전자 요법을 사용할 수도 있다. 화학요법과 방사선 치료로 인한 부작용으로 끔찍한 고통을 겪었던 할아버지 세대의 암 환자들과 비교하면 그야말로 격세지감을 느낄 만한 일이다.

현대의학의 우수성을 설명하는 데는 아마 최근에 교통사고를 당한 내 약혼녀 제인의 경우보다 더 좋은 예가 없을 것이다. 제인은 런던과 버밍햄간의 고속도로를 달리다 반대편 도로의 차가 중앙분리대를 침범하는 바람에 충돌 사고를 당했다. 아마도 그 사고는 상대편 차의 자동 조종장치가 고장을 일으켜 중앙 통제소의 가이드 신호를 읽지 못해 일어났던 것으로 보인다.

이 사고로 제인은 끔찍한 중상을 입었다. 오른쪽 팔이 떨어져나갔고 심장, 왼쪽 콩팥, 간과 비장도 회복 불능의 손상을 입었으며, 피도 많이 흘렸다. 20년 전에 이런 사고를 당했다면 그녀는 분명 죽었을 것이다. 하지만 그녀는 죽지 않았다. 중환자실 간호사들이 기계로 그녀의 생명을 유지시켰고, 팔도 다시 붙여놓았으며, 다리에서 떼어낸 소량의 세포로 심장, 간, 비장도 새로 만들어주었다. 알고 보니 제인은 런던의 중앙 인체은행에 대체 신장을 보관해놓고 있었다. 콩팥이 비정상적인 상태에 빠질 수 있다는 사실이 그녀의 유전자 정보에 나타났기 때문이다. 그렇기는 해도 콩팥이 이렇게 빨리 필요하게 될 줄은 몰랐다. 어쨌든 콩팥 여분을 확보해두었던 것이 치료에는 많은 도움이 되었다.

물론 제인이 정상으로 돌아오기까지는 많은 시간이 걸렸다. 그러나 지금 그녀는 전과 다름없는 완벽한 모습을 회복했다. 유전학과 컴퓨터, 미세수술의 발달이 그녀의 생명을 구해주고 원래의 모습까지 되찾아준 것이다.

그렇다고 현대의학은 완벽하기 때문에 우리 인간이 치료하지 못하거나 예방하지 못할 질병은 없다고 말하려는 것은 아니다. 꼭 그렇지는 않다. 하지만 과거 어느 때보다 많은 사람의 생명을 구할 수 있게 된 것은 사실이다.

대혼란기에는 자금 부족으로 의학 연구도 부진을 면치 못했다. 그런 가운데서도 우리는 지금 유전학 덕분에 20년 전이라면 죽었을 사람도 치료할 수 있게 되었으며 끔찍한 상처들도 정상으로 회복시킬 수 있게 되었다.

그렇기는 하지만 우리는 결코 신이 아니다(내 동료 의사들 중에는 자신을 신이라 믿는 사람도 있다!). 그리고 갈수록 복잡다단해지는 문제들 때문에 최근 몇 년 동안은 유전학 발달도 부진을 면치 못하고 있다.

얼마 안 있어 우리는 원자 수준의 유전학까지 정복할 것이다. 지금 우리는 그것을 막 정복해가는 단계에 있다. 이 연구에서 얻은 결과만으로도 흥분을 주체할 수 없는데, 앞으로도 갈 길은 멀고 발견할 것도 무궁무진하게 쌓여 있다.

지금 내가 느끼는 이런 감정들은 21세기 초 할아버지가 내 나이였을 때 느꼈을 법한 것이다. 그때만 해도 유전학은 초기 단계에 머물러 있었다. 나는 지난 반세기 동안 이루어진 유전학 발달에 무한한 자부심을 느끼고 있다. 그와 동시에 지금 이 순간 역시 유전학 발달 과정의 중요한 순간임을 잊지 않고 있다. 의학은 앞으로 더욱 발전해야 하며, 아직까지도 사람의 목숨을 앗아가고 있는 무서운 질병을 정복해야만 한다.

약혼녀 제인의 건강을 되찾아주었다는 점에서 나야말로 유전학에 백 번 감사해야 할 사람이다. 우리는 올해 말에 결혼할 예정이다. 이 모두가 현대의학 덕분이다.

범인을 밝혀내는 '유전자 지문'

마리아 아모레토 _ 이탈리아 로마에 거주하는 법의학자

나는 이탈리아 경찰국의 법의학자로 10년째 재직하고 있다. 10년이라면 결코 길다고 할 수 없는 기간이다. 하지만 이 기간 중에 유전자를 사용하는 방식을 보며 내가 느낀 발전상은 실로 놀랍다.

경찰 법의학 분야에서 유전학을 사용하기 시작한 것은 이미 오래전부터였다. 이후 꾸준한 발전이 이루어져 이제는 그 쓰임새가 놀랄 만큼 다양하고 정확해졌다.

약 70년 전 알렉 제프리스라는 영국인 유전학자가 '유전자 지문'이라는 말을 만들어낸 후 이 말은 대중의 상상력을 사로잡았다. 하지만 유전자 지문은 생각하기는 쉬웠으나, 적어도 초기에는 기술적인 어려움이 뒤따라 그 실효성에 대해 적잖은 의문이 제기되기도 했다.

자, 그럼 DNA 지문은 어떻게 만들어지는지 한번 살펴보자. 알렉 제프리스는 인간의 모든 DNA에는 VNTR(Variable Number Tandem Repeats)이라는 화학물(염기)의 직렬 반복부위가 다수 존재한다는 사실을 발견했다. 이들 직렬 반복부위는 DNA 분자의 염기묶음에 불과하다. 하지만 이것이 중요한 이유는 DNA상에 나타나는 이들 염기배열과 위치가 사람마다 각기 다르기 때문이다. 이것을 밝혀내는 기술을 유전자 지문이라고 부르는 까닭도 바로 거기에 있다. 손가락 지문이 각자 다른 것처럼 사람들은 제각기 다른 VNTR 패턴을 보유하고 있다. 이 말은 곧 범죄현장에서 채취한 DNA 샘플이 용의자의 DNA 샘플과 일치할 수도 있다는 것을 의미한다.

1980년대에 DNA 지문이 처음 소개되었을 때만 해도 변호사와 판사들은 이에 대해 확신하지 못했고, 그 결과 오랫동안 법정 증거로 채택되지 못했다. 하지만 재미있는 것은 처음부터 이 DNA 지문은 법조계에서 사용된 그 어떤 방법보다 더 정확한 것으로 드러났다는 점이다. 결국 21세기 초까지도 대표적인 증거로 채택되고 있던 목격자 진술은 지극히 의심스럽고 부정확한 것으로 결론이 났다. 지금은 DNA 지문이 법정에서 가장 널리 쓰이고 있으며 중요한 증거로 채택되고 있다.

나로서는 DNA 지문이 처음 나왔을 때 보였던 사람들의 우려가 오히려 이해하기 어려운 것이다. 그만큼 오늘날 우리가 사용하는 기술은 초기와는 비교할 수 없을 만큼 정교해졌기 때문에 DNA 감식에도 더 이상 오류는 있을 수 없다.

아마 과거의 법의학자들은 5개의 VNTR을 서로 대조해보았을 것이다. 5개의 VNTR이 어느 두 사람의 DNA와 일치할 확률은 지극히 희박했기 때문에 대부분의 경우 결과는 정확했다. 그러나 이제는 개인 DNA의 염기배열 분석이 가능해졌기 때문에, 게놈 전체를 다 비교할 수 있게 되었다.

내 가방 안에 넣고 다니는 초소형 컴퓨터만 해도 인간 게놈 속에 있는 30억 개의 염기를 대조하고 용의자를 글로벌 DNA 데이터뱅크(GOD)와 교차 체크하여 서로 맞지 않는 유전자 한 쌍을 찾아낼 수 있는 능력을 보유하고 있다. 이러한 교차 체크 방법을 이용하고도 사람을 잘못 가려낼 가능성은 백만분의 일도 되지 않는다.

나와 같은 직업을 가진 사람들이 과거에 직면했던 또 다른 어려움은 오염의 위험성이었다. 유전자 지문에 회의적인 사람들은 범죄현장에서 DNA 샘플을 채취하는 사람이 자신의 DNA로 용의자 샘플을 오염시킬 수도 있다고 주장했다. 그 말에도 어느 정도는 일리가 있다. 불필요한 DNA가 샘플 DNA를 오염시킬 위험이 있기 때문이다. 하지만 이질적인 DNA를 걸러내는 기술은 1990년대부터 이미 사용되고 있었다. 2015년부터는 DNA 분석의 전 과정이 자동화되었기 때문에 그 같은 문제는 대부분 해결되었다. 게놈 전체를 대조할 수 있게 된 지금에야 물론 불필요한 DNA가 있으면 컴퓨터로 그 즉시 찾아낼 수 있다.

사람들은 때로 내게 GOD의 윤리적 측면에 대한 생각을 묻는다. 그 점에 대해서는 나도 오랫동안 고민해왔다. 이 제도가 도입된 지도 이미 상당 기간이 흘렀다. 뉴질랜드가 처음으로 국가 데이터베이스 구축을 위해 DNA 정보화 작업을 강제 시행한 이래 유럽공동체European Community 국가들이 뒤를 이었다는 것은 이미 잘 알려진 사실이다. 글로벌 데이터베이스 구축을 위해 합의점을 도출하는 데는 꽤 오랜 시간이 걸렸다. 하지만 우여곡절 끝에

2034년에는 결국 온라인화가 이루어졌다.

나는 그런 분위기 속에서 성장한 사람이고 그것을 자연스럽게 내 삶의 현실로 받아들였다. 내가 그 문제에 대해 진지하게 생각한 것은 학창시절 사생활의 침해와 그처럼 엄청난 정보가 질 나쁜 사람의 손에 들어갔을 경우의 위험성에 대해 사람들이 이야기하는 것을 듣고 나서부터였다.

전체적인 상황을 고려해볼 때 GOD에 대한 나의 생각은 긍정적이다. 모든 사람의 유전자 정보는 법률로 안전하게 보호받고 있다는 것이 내 생각이다. 이 제도가 처음 시행되었을 때 몇몇 불행한 사건이 일어났고 심지어 파렴치한 사기행위까지 저질러졌다는 사실은 나도 잘 알고 있다. 하지만 냉정히 생각해보면, 그 같은 사생활 침해는 GOD 시행 이전에도 얼마든지 일어날 수 있었고 실제로 일어나기도 했다. 그 점에 대해서라면 아마 만일 이 자리에 있을 수 있다면, 랜디 홀랜드가 할 말이 많을 것이다!

GOD의 이점을 여러분은 아마 상상하기 힘들 것이다. 그것이 없다면 그 많은 컴퓨터 기술은 유력한 용의자가 있을 경우 그가 범인인지 아닌지를 식별하는 것 외에는 아무런 쓸모도 없다. 그뿐만이 아니다. 일각에서는 GOD가 인권을 침해할 것이라고 생각하지만 그들이 간과하고 있는 점은 GOD 시행 전에는 무고한 사람들이 구속되는 예가 비일비재했다는 사실이다. GOD가 있는 지금으로선 그런 일이 일어날 수 없다.

GOD의 또 다른 이점은 범죄 해결의 속도가 무척 빨라졌다는 것이다. 이렇게 절약된 시간과 재원은 지역사회 봉사 같은 일에 유용하게 쓰면 될 것이다. 듣기 거북할지 모르지만 내 태도를 보고 구식이라 여기는 사람도 있을 것이다. 어쨌든 GOD를 걱정해야 하는 사람은 뒤가 켕기는 사람뿐이다. 그 점에서 나는 범죄자가 아닌 피해자 편이다.

유전과학의 힘을 피부로 느끼는 내가 가장 좋아하는 법의학 이야기는 디노 쌍둥이, 즉 마르쿠스 디노와 체사레 디노에 얽힌 일화다. 2042년 전 세계의 언론을 발칵 뒤집어놓은 사건이었으니 여러분도 아마 기억할 것이다. 일란성 쌍생아였던 디노 형제는 당시 밀라노에 살고 있었다. 둘 다 깡패 두목으로 혐오스럽기 그지없는 청년들이었으며, 유별나게 친한 동시에 또 사이코들이기도 했다.

2042년 4월, 카롤리나 몬티니라는 16세 소녀가 이들 형제가 살고 있던 아파트 옆 골목에서 성폭행당하고 살해된 뒤 두 청년은 범인으로 지목되어 체포되었다. 사건이 일어나기 전 두 형제가 밀라노의 한 클럽에서 죽은 소녀와 어울려 노는 것이 목격되었고, 한 목격자에 따르면 소녀가 죽기 바로 직전 살해현장과 가까운 길거리에서 쌍둥이 중의 한 명과 몸싸움을 벌이고 있었다는 것이다. 그러나 목격자는 몸싸움을 벌인 사람이 쌍둥이 중의 누구인지는 알지 못했다.

쌍둥이가 체포된 뒤 경찰의 법의학 팀은 범죄현장에서 침과 정액을 채취하여 GOD와 대조해보았다. 하지만 결정적인 증거는 나타나지 않았다. 두 형제의 게놈이 너무도 비슷하여 유전자 증거만으로는 둘 중의 한 사람을 기소하기가 사실상 불가능했다. 디노 형제는 경찰에 혼선을 주려고 온갖 짓을 다했다. 그리고 당연히 무죄를 주장했고, 두 사람끼리는 물론이고 친구들과도 완벽한 알리바이를 만들었다.

그렇다고 포기할 법의학 팀이 아니었다. 쌍둥이 한 명이 가진 유전자 10만 개 중의 일부가 살아 있는 동안 돌연변이를 일으켜 게놈의 식별이 가능했던 것이다. 비록 한 집에서 같은 음식을 먹고 일상생활을 하는 중에 같은 종류의 화학물질과 방사선에 노출되어 있었다고는 해도, 근소한 차이점은 여전히 존재했다. 이것을 근거로 법의학 팀과 수사관들은 마르쿠스를 범인으로 지목했으나, 그래도 여전히 기소를 하기에는 불충분했다.

두 형제는 결국 석방되었다. 그 후 1년 뒤 수사관이 그 사건을 종결지으려는 순간 법의학 팀의 한 여성이 놀라운 사실을 발견했는데, 바로 이탈리아 법의학협회 회장직을 맡고 있었던 실비아 바레스쿠시라는 법의학자였다.

디노 형제가 석방된 지 한 달인가 두 달 후, 로마 경찰청은 원자 수준으로 간단한 유전물질을 관찰할 수 있는 최초의 DNA 칩을 구입했다. 이 유전자 칩은 DNA 염기배열의 3차원 영상까지도 분석할 만큼 유전자에 깊이 파고 들어갈 수 있었다.

어느 날 저녁 바레스쿠시 박사는 연구실에서 홀로 일을 마친 뒤 혹시 살해현장에서 채취한 DNA와 쌍둥이 DNA간에 어떤 연관성이라도 있지 않을까 하여 디노사건에서 모아온 자료로 그 유전자 칩을 실험해보기로 했다. 그녀가 알고자 했던 것은 사실 두 형제가 가진 유전자 사이의 보다 세밀한 차이점이었다. 하지만 결과적으로 그녀는 그보다 더 흥미로운 사실을 발견했다.

뜻밖에도 바레스쿠시 박사는 염색체 15번의 유전자 한 쌍이 매우 독특하게 돌연변이를 일으킨 사실을 알았다. 그것은 아주 드문 에이즈 바이러스 HIV 잡종의 초기 단계를 보여주는 돌연변이였다. 그 순간 바레스쿠시 박사의 머리에 번쩍 떠오르는 생각이 있었다. 이 에이즈 감염의 초기 단계를 마르쿠스 디노가 카롤리나 몬티니를 겁탈해서 감염된 증거로 보아도 좋으리라는 생각이었다. 바레스쿠시 박사는 즉시 GOD에 접속하여 살해된 소녀의 게놈을 조사해보았다. 하지만 희망은 거기서 꺾이는 듯했다. 카롤리나 몬티니의 DNA에서는 에이즈의 흔적이 보이지 않았던 것이다.

바레스쿠시 박사가 그 생각을 포기하려는 찰나 소녀의 게놈을 판독한 컴퓨터 데이터에 무엇인가 그녀의 눈길을 끄는 내용이 나타났다. 그 유전자 정보는 그녀가 죽기 약 5년 전의 것이었다. 바레스쿠시 박사는 퇴근하려다 말고, 누군가 선견지명이 있어 살해된 소녀의 DNA를 범죄현장에서 채취해두었기를 마음속으로 빌며 살해사건 자료를 뒤지기 시작했다.

다행히 살해사건에서 채취된 소녀의 DNA는 보관돼 있었다. 그로부터 10분 후 바레스쿠시 박사는 소녀의 DNA 일부를 뽑아 그것의 홀로그래픽 영상을 관찰했다. 그리고 거기에서 마르쿠스 디노의 유전자 샘플에서 방금 발견한 에이즈 바이러스의 증거를 찾아냈다.

그것은 진정 기념비적인 성과였으며 원자 수준의 유전자 분석에서 거둔 최초의 개가였다. 바레스쿠시 박사가 법의학 분야에서 대단한 공로자로 인정받은 것은 당연한 귀결이었다. 나도 언젠가는 그 같은 명성의 한 가운데 서보았으면 하는 바람뿐이다!

새로운 직업의 출현

아키모토 에리 _ 일본 도쿄의 야시카 상사, 식품공급 코디네이터

30년 전만 해도 우리 사회에는 식품공급 코디네이터라는 직종이 존재하지 않았다. 올해로 105세가 되신 증조 할머니는 지금도

당신이 태어나 자란 동네의 옛 청과상을 즐겨 말씀하시곤 한다. 이후 1980년대에 가족이 도시로 이사를 오자 증조 할머니도 슈퍼마켓에서 장을 보기 시작했다. 증조 할머니는 매장에 쌓인 갖가지 물건들을 보고 눈이 휘둥그레지셨다. 그도 그럴 것이 매장에는 산지도 알 수 없는 색다른 과일과 유럽, 미국 등지에서 수입한 물품들이 가득 쌓여 있었던 것이다.

오늘날은 오직 궁벽한 곳에 사는 사람들만이 식품을 사러 밖에 나간다. 내가 야시카 상사에서 하는 일은 도쿄 시내에 있는 4백만 고객들의 요구에 맞춰 컴퓨터 시스템을 관리하는 것이다. 이 시스템은 거의 전 자동으로 움직이고 있다. 냉장고를 비롯한 기타 가정의 컴퓨터에서 식품주문이 들어오면, 야시카 타워에 있는 내 컴퓨터 시스템은 전자 수송대와 자동차를 이용하여 배달 준비에 들어간다. 이 모든 절차가 원활하게 돌아가도록 하는 것이 내가 맡은 일이다.

이 일에서 내가 흥미를 느끼는 부분은 체계적으로 움직이는 식품공급의 메커니즘보다는 오히려 우리가 공급하는 식품의 방대한 종류에 있다. 나는 학교에서 유전학을 공부했다. 하지만 우리 회사에서 파는 식품은 어느 면으로든 일단 유전적으로 조작된 것이기 때문에 맡은 일을 더욱 철저히 하기 위해서는 유전공학 지식이 더 필요한 것 같아 그에 대한 학위를 따기로 했다.

학위 취득 과정의 일부로 유전공학사史에 대한 모듈을 하나 택했다. 초기에 이루어진 혁신이 윤리 및 환경문제와 복잡하게 얽힌 방식이 특별히 흥미로웠기 때문이다. 20세기 말 유전자 조작 농산물에 항의하여 일어난 시위를 다룬 옛 영화도 몇 편 보았다. 시위대는 들판에서 야영을 하며 곡식을 불태우고 심지어 유전자 실험에 관련된 농부들을 공격하기도 했다. 유전자 조작 농산물 개발은 첨예한 논쟁을 불러일으키며 오랫동안 해결의 실마리를 찾지 못했다.

정치인과 일부 과학자들은 유전자를 조작하면 농사 비용이 절감되고 생산량도 증가한다는 이유로 쌍수를 들고 유전자 조작을 환영했다. 반면 일각에서는 농산물 게놈에 어설프게 손을 댔다가 환경만 파괴하고 몸에 유해한 돌연변이를 일으켜 소비자들만 피해를 입을 것이라는 우려의 목소리를 내기도 했다.

생각해보면 사람들이 노심초사했던 것도 무리는 아니었다. 당시에는 유전자에 대한 지식이 보편화되지 않았기 때문에 설사 좋은 의도라고 해도 과학자들은 얼마든지 유전자를 조작하여 사람들을 위험에 빠뜨릴 수 있었다. 유해한 돌연변이로 유전자 조작이 된 농산물이 다른 식물을 '오염'시킬 수도 있었다. 그렇기는 하지만 유전자 조작 식품을 반대한 사람 중에는 그릇된 동기를 가진 사람들도 많았다. 개중엔 단순히 사회에 대한 불만으로 이 문제를 이용한 사람도 있었다. 게다가 이들은 유전자 조작 농사법에 대해서는 아무것도 모르는 경우가 많았다.

지금이야 물론 유전자 조작 농사법과 관련된 윤리문제가 대부분 해결되었다. 기술의 발달로 동식물의 유전자 조작도 백 퍼센트 정확성을 기할 수 있게 되었다. 유전자의 상호작용 방식에 대해서도 과거보다 많이 알려졌기 때문에 문제가 될 만한 부작용의 위험이 많이 줄어들었다. 농부, 과학자, 정치인들 역시 각계각층 사람들의 의견을 많이 수렴하고 있고, 이들 각계각층 사람들은 만일 그것이 '유전자 조작'이 아니라 '유전자 방해'일 경우에는 거세게 이의를 제기하기도 한다.

식료품 쇼핑의 가장 커다란 변화는 2020년경에 일어났다. 이때부터 사람들이 자신들의 개인 게놈을 이용할 수 있게 되었기 때문이다. 사람들은 이제 자기 몸에 해로운 식품을 판별할 수 있었다. 그로부터 10년도 채 안 돼 문명화된 세계의 사람들은 자신들의 유전자 자료가 장착된 스마트카드를 소지하고 다녔다. 이 스마트카드는 퍼스널 컴퓨터, 신분증, 은행 카드의 역할도 했다. 지금은 열쇠로까지 사용되고 있다. 이 말은 곧 개인의 게놈은 그만큼 위조하기가 어렵다는 말이기도 하다. 당연한 것 아닌가?

이 스마트카드야말로 내 밥벌이가 돼준 일등공신이다. 25년 전부터 사람들은 이미 동네 슈퍼마켓을 찾아 스마트카드로 제품의 바코드를 체크하여 상품의 내용물에 자신들의 유전자 정보와 상충되는 부분이 있는지를 알아보기 시작했다. 가령 이런 식이다. 누군가가 국에서 유전자 변형 콩나물을 발견했거나, 유전자 조작 콩나물이 간암을 유발할 확률이 높은 것으로 나타났다고 치자. 그럴 경우 그것을 사먹느냐 마느냐는 전적으로 개인에게 달린 문제였다.

하지만 이제 이 모든 과정은 전 자동화되었다. 내 컴퓨터 시스템에는 4백만 고객의 정확한 음식정보가 저장돼 있다. 고객들이 컴퓨터로 식품을 주문하면 내 컴퓨터는 주문받은 식품을 미리 유전자 정보로 체크하여 부적절한 것을 걸러낸다.

때는 바야흐로 소비자의 황금시대가 되었다. '대혼란(21세기 중반 세계 주식시장의 붕괴 후 전 세계를 강타한 경제 불황을 말하는 것으로서, 제3장에서 자세히 다루고 있다 — 옮긴이)'으로 사람들은 수년 동안 금욕생활을 해야 했다. 하지만 이제는 다 지나간 일이 되었다. 오늘날에는 누구든(최소한 선진국 국민들은) 원하는 것을 다 먹을 수도 있다. 식물이나 동물의 이종교배가 이루어져, 가령 등심 스테이크 맛이 나는 닭고기를 먹고 싶으면 그대로 주문하여 먹을 수 있다. 모양과 혀끝에 느껴지는 감촉은 오렌지 주스이면서 진한 커피 향이 나는 음료를 마시고 싶다면, 그것도 어렵지 않게 만들어 줄 수 있다.

하지만 지금은 그런 주문이 거의 들어오지 않는다. 유전자 조작 식품의 쇼핑이 전 자동화로 바뀐 지 얼마 되지 않았을 때는 색다른 향을 가미하거나 모양과 맛이 전혀 다른 식품을 사는 것이 한창 유행했지만 이제는 사라졌다. 요즘은 원하는 맛이 나고 식품의 유해정도가 낮은 건강식품을 먹는 것이 일반적인 추세다.

그리고 물론 유전자 조작 식품은 반짝하고 사라지는 일시적 현상이 아니라는 점도 알아주었으면 한다. 전 세계 수백만 빈곤국가 국민들의 삶에 미친 유전자 기술의 막강한 힘을 우습게 볼 사람이 과연 있을까?

1990년대에 유전자 조작 식품을 만들 수 있는 기술이 처음 등장하자 일각에서는 제3세계 국가들의 곡물 생산에 엄청난 증대효과를 가져올 것이라는 주장이 제기되었다. 하지만 유전자 조작 농업 반대자들은 그것은 다 거짓 주장일 뿐이고, 과학자와 정치인들은 가난한 사람들이 처한 상황에 관심이 없다고 주장했다.

설사 유전자 조작 농업 반대 로비를 벌인 사람들의 냉소적 태도가 어느 면에서는 옳았다 해도, 결과적으로 유전자 조작 기술로 저개발 국가의 곡물 생산은 현격히 증가했다. 아프리카와 아시아에서 유전자 조작 곡물 생산에 대한 최초의 협정이 맺어진 2012년을 시작으로 이들 지역의 면적당 곡물 산출량은 증가했으며 덕분에 빈곤율도 많이 줄어들었다. 그러나 정작 유전자 조작을 식품

생산에 적용하는 획기적인 기술을 개발한 사람은 중국의 호창미였다.

여러분도 아마 기억하겠지만 호창미라는 사람은 대혼란이 맹위를 떨치기 시작한 2039년에 황금쌀을 개발한 중국의 유전학자다. 그는 2020년대부터 벼의 신품종 개발에 매달리기 시작하여 마침내 생장이 빠르고 벼를 심어 출하하기까지 물을 일반 벼의 20퍼센트만 사용하고도 발열량은 4배나 높은 벼 품종을 개발해내기에 이르렀다. 호창미가 개발한 황금쌀은 2037년과 2038년에 엄습한 아프리카 최후의 대가뭄 기간에 죽어간 사람들은 시기가 너무 늦어 구할 수 없었지만, 대혼란기에는 수백만 명의 목숨을 구해주었다. 오늘날 이 황금쌀은 과거에는 한 번도 벼를 생산해본 적이 없는 수많은 빈곤국들의 주 농산물이 되었다.

나는 내가 하는 일이 즐거울 뿐만 아니라 사람들의 생활을 더욱 편리하게 만드는 데 기여하고 있다는 자부심도 느낀다. 그 밖에도 호창미의 업적은 내가 인간이 추구하는 가장 핵심적인 분야에서 일하고 있다는 자각을 일깨워주었다. 비록 조직의 일부에 불과할지라도 그 일부라는 사실에 나는 무한한 자부심을 느끼고 있다.

어느 복제인간의 고백

페이비언 타운센드 _ 미국 뉴욕에 사는 복제인간

나는 2019년 7월 20일, 그러니까 닐 암스트롱이 달에 첫발을 내디딘 지 정확히 50년 뒤에 태어났다. 그날 암스트롱이 어떤 감정을 느꼈을지는 모르지만 여하튼 나도 어떤 면에서 그와 비슷한 감정을 느끼고 있다. 그 까닭은 지금까지 살아 있는 복제인간으로는

내가 최고령자이기 때문이다.

올해로 나는 서른네 살이 된다. 지금까지의 삶을 돌이켜 보면 나는 늘 깊은 외로움과 타자성을 느끼면서도 동시에 특별한 존재이고 전 세계가 나를 지켜보고 있다는 매우 긍정적인 자각을 하며 살아왔던 것 같다.

엄밀히 말하면 나는 최초의 복제인간은 아니다. 여기서 여러분의 이해를 돕기 위해 복제인간의 역사를 잠깐 소개하겠다. 최초의 복제인간 '종race'은 우밍콴이었고, 그는 2011년 중국에서 태어났다(덧붙여 말하면 생물학적으로는 맞지 않지만 나는 확신을 갖고 '종' 이라는 용어를 사용한다. 어찌됐든 나는 거의 모든 면에서 '정상적인' 인간이면서 또한 '다르기' 때문이다).

당시 사람들은 최초의 복제인간이 중국에서 태어났다는 사실에 그다지 놀라지 않았다. 서구 과학자들만 해도 포유동물로서는 최초로 복제양 돌리가 지난 1997년 전 세계 신문에 대서특필된 이래 줄곧 그들 나라 정치인들의 태도에 좌절감을 느끼고 있었다. 당시 일각에서는 인간복제를 불가피한 것으로 보고, 요술병에서 튀어나온 유전자 지니를 다시 병 속에 집어넣을 수는 없으므로 서구 국가들이 인간복제 연구를 법제화하지 않으면 도덕적 관념이 희박한 나라나 극단적이고 부유한 종교단체가 자신들보다 먼저 인간복제에 성공할 것으로 판단하고 있었다.

그 말을 증명이라도 하듯 두 번째 복제인간은 정말 '신의 파수꾼'이라는 괴상한 종교단체에서 나왔다. 이 단체는 외계인들이 자신들에게 인간복제의 사명을 부여해주었다고 믿는 종교집단이었다. 이 복제인간의 자금줄은 이 단체의 억만장자 교주 시몬 제퍼슨이었다. 제퍼슨은 노벨상 수상자인 데이먼 펜더 교수와 그의 팀을 영입하여 쿠바 연안의 개인 소유의 섬에 최첨단 실험실을 지어주고 인간복제를 하도록 했다. 미국의 FBI는 물론 그 사실을 알고 있었다. 하지만 쿠바 정부의 지원과 제퍼슨의 재력 그리고 펜더의 노하우로 그들은 아무런 제약도 받지 않고 최초의 복제인간을 만들어낼 찰나에 있었다. 하지만 결국 몇 달이라는 간발의 차로 중국에 선수를 빼앗겼다.

그 일이 있은 후 서구의 태도는 급변했다. 미국과 유럽의 정치인들은 자신들이 인간복제 연구를 금지시키는, 잠재적으로 치명적인 실수를 저질렀다는 것을 깨달았으나 이미 때늦은 후회였다. 정치인들이 서둘러 자국 과학자들로 하여금 기적을 만들게 하여 인간복제 선진국의 반열에 오르려 하자 그렇지 않아도 오랫동안 자신들의 노력이 수포로 돌아가 울분에 싸여 있던 유전학자들은 더 깊은 좌절감에 빠져들었다.

대중은 여전히 상황 판단이 제대로 안 돼 혼란스러운 분위기였다. 하지만 인간복제의 잠재력을 파악한 사람들은 도저히 양립 불가능한 두 파로 의견이 갈라졌다. 인간복제를 찬성하는 쪽은 가능한 한 빨리 진전이 이루어지기를 원했다. 그들은 허영의 충족을 위해 스스로를 복제하고 싶어하는 대부호라든가 순진하게도 최근 저세상으로 떠난 사랑하는 사람을 복제를 통해 이승으로 다시 불러들일 수 있을 것으로 생각하는 사람 등 강한 개인적 동기를 지닌 사람들의 지지를 받고 있었다.

반면 인간복제를 반대하는 쪽은 막강한 세력을 형성하고 있었으나 우밍광의 탄생 이후 정치권은 그들에게 등을 돌렸다. 우위를 점하고 있던 서구과학이 위협을 받고 있었던 것이다.

서구 과학자들은 적어도 이론적으로는 복제 방법을 알고 있었다. 하지만 실행에는 거의 10년이 뒤졌다는 사실만은 어쩔 도리가 없었다. 최초의 인간복제가 이루어진 지 40년 이상이 지난 지금까지도 실수 없이 인간을 복제하는 것은 상상을 초월할 정도로 힘든 일이다.

21세기 초의 일부 과학자들은 심지어 인간에게는 복제에 부적합한 영장류만의 특수 유전자가 있어 복제 자체가 불가능할지도 모른다는 가정을 하기도 했다. 그들의 생각은 물론 틀린 것이었다. 하지만 인간복제가 얼마나 힘든 과정인가는 우밍쾅이 거의 10여 년의 시도와 2천여 건의 시행착오를 거친 뒤에야 태어났다는 사실로도 잘 알 수 있다. 그것은 신의 파수꾼들의 경우도 마찬가지여서, 종교적 열정이 없었다면 그들도 아마 중도에 인간복제 사업을 포기하고 말았을 것이다.

사망한 지 20년 가까이 되는 시몬 제퍼슨의 최근 발견된 일기를 보면, 그는 자신의 막대한 재산을 인간복제 프로젝트에 다 쏟아부었고, 1천여 건에 이르는 시행착오를 거친 뒤에야 2호 복제인간 린다 고든을 탄생시킨 것으로 나타났다.

나는 서구에서 합법적으로 태어난 마흔 번째 복제인간이다. 뉴욕 복제연구소 소장 로렌스 타운센드 박사가 세포를 기증해주어 태어날 수 있었다(우리는 농담 삼아 그 연구소를 올더스 헉슬리의 《멋진 신세계》에 나오는 그 무시무시한 이름을 따라 '부화장'이라 부르고 있다). 나는 후일 제2의 복제 물결의 산물이고, 정부가 기금을 출연하고 승인한 정식 연구소에서 복제되었다.

나는 내가 이렇게 살아 있는 것을 무척 행운이라 여기고 있다. 내 인종사史에 얽힌 아이러니의 하나는 초기 복제인간은 수명이 극히 짧았다는 것이다. 중국인 우밍쾅만 해도 열두 살에 죽었고 린다는 스무 번째 생일을 앞두고 생을 마감했다. 그럼에도 그들의 존재는 굉장한 파문을 일으켜, 서구 여러 나라들은 잃어버린 시간을 벌충하기 위해 복제 연구에 전력을 질주했다. 인간복제의 전 과정에 뭔가 기술적 결함이 있다는 사실을 알게 된 것은 그로부터 겨우 20여 년 뒤 합법적으로 태어난 서구의 복제인간이 일찍 죽으면서부터였다.

전 세계 언론이 인간복제로 한창 떠들썩했던 지난 1990년, 유전학계 일각에서는 인간복제에는 어쩌면 당시만 해도 치유 불능으로 여겨졌던 유전적 문제가 수반돼 있을지 모른다는 의혹을 가지고 있었다. 성인 세포로 만들어진 클론이 조로 현상을 보인 까닭은 이식된 세포핵의 염색체 일부가 일정한 나이로 표시된 정보를 지니고 있기 때문이었다. 이 말은 곧 복제인간은 만들어짐과 동시에 기증한 사람의 나이로 삶이 시작된다는 의미였다.

유감스럽게도 나는 이 같은 결함을 안고 있는 시대의 복제인간이기 때문에 마흔 살 이상은 살 수 없다. 이제 서른네 살밖에 안 되었는데 관절염에 시달리지를 않나, 머리도 반백이고 피부는 노인처럼 쭈글쭈글해졌다. 게다가 내 몸의 신진대사로는 노화방지약을 복용할 수도 없다.

내 부친 로렌스 박사가 복제용으로 자신의 세포를 기증할 때의 나이가 서른아홉 살이었으니, 지금의 나는 그의 쌍둥이 동생 모습이 아니라 일흔세 살에 이른 박사의 모습을 하고 있는 것이다. 믿을 수 없겠지만 사실이다!

내가 태어난 이래 인간복제 기술은 놀라운 발전을 거듭했다. 노화문제도 해결되었다. 2030년대 말 유전학자들이 복제인간 내에서 노화 유전자가 작용하지 못하게 하는 법을 알아낸 덕택이다.

이들이 알아본 결과 문제의 원인은 말단소립, 일명 텔로미어라 불리는 염색체 말단에 있는 염기 군群인 것으로 밝혀졌다. 이 염기들은 말하자면 염색체 끝을 덮고 있는 모자와 같다고 할 수 있다. 사람이 나이를 먹으면 말단소립이 점차 마멸되는데 이것이 염색체들을 서로 들러붙게 하여 세포를 죽게 만드는 것이다.

2036년 인도 뭄바이 대학의 산지트 스리하라티 교수는 세포 분열이 이루어지는 초기 단계에 말단소립의 퇴화를 되돌려놓을 수 있는 방법을 찾아냈다. 그에 따라 2030년대 이후에 태어난 복제인간들은 정상적인 인간의 수명을 살 수 있을 것이다. 아직 결정적으로 말할 단계는 아니지만 아무튼 열네 살 이하의 복제인간들은 급속한 조로 현상은 겪지 않아도 될 것 같다.

이런 상황에 있는 나의 기분은 어떨까. 어쩌면 이것은 부질없는 질문이다. 나는 그저 나일 뿐이고, 내가 바꿀 수 있는 것은 아무것도 없으며, 설사 있다 해도 바꾸고 싶지 않다. 물론 나도 내가 태어날 당시 과학자들이 노화문제를 알아냈더라면 얼마나 좋을까 하고 생각할 때가 있다. 하지만 상황은 그렇게 돌아가지 않았다. 사람들은 내게 몇 년 있으면 성숙한 세포 내의 퇴화된 말단소립을 다시 소생시킬 수 있을 것이고, 그러면 늙어서도 살 수 있을 것이며, 어쩌면 지금보다 '더 젊어질 수'도 있을 것이라고 말한다. 하지만 그것은 좀더 두고 볼 일이다.

지금의 내 감정은 상당히 복잡하다. 무슨 말인고 하니, 몸과 두뇌는 늙었는데 지금까지 살아온 경험은 서른네 살 청년의 삶에 한정돼 있기 때문이다. 또한 나는 한 번도 사회에 제대로 융화돼본 적이 없는 것 같다. 나는 늘 아웃사이더라는 느낌을 지울 수 없었고 그것은 또 맞는 말이기도 했다.

나는 마치 일란성 쌍둥이처럼 아버지와 똑같은 모습을 하고 있다. 그렇다고 모든 면이 똑같다는 말은 아니다. 어떤 문제에 있어 우리는 생각이 일치하고 비슷한 관심을 갖고 있는 것이 사실이다. 하지만 우리 두 사람은 서로 다른 환경과 경험으로 인성이 형성되었다. 부친은 나를 다양한 곳들에서 교육시켰기 때문에 내가 열여덟 살이 되어서야 우리는 처음으로 부자 상봉을 했다. 그때까지 나는 누가 내 아버지인지도 모르고 살았다.

복제인간이 절대 부모와 같을 수 없다는 생각은, 최초의 복제인간이 등장하기 오래전부터 사람들을 큰 혼란에 빠뜨렸다. 자신과 똑같은 복제품을 만들어 '영생'을 누리고 싶어하는 억만장자와 요절한 자식을 복제하고 싶어하는 부모의 이야기가 너무도 많이 회자되었기 때문이다. 사람들이 설사 인간복제가 가능하다 해도 그들이 절대 진품과 똑같이 될 수 없다는 생각을 받아들이기까지는 오랜 세월이 걸렸다. 인간은 단순히 신체의 기반이 되는 유전자의 총합이 아니며, 신체적인 단계에서조차 하나의 세포다발에서 성인이 되는 데까지는 여러 복합적인 요인이 작용하는 것이다.

그런 가운데서도 복제 분야에서는 몇몇 놀라운 발전이 이루어졌다. 루시도 그 중의 하나였다. 그녀는 나로 하여금 어쩌면 인간은 어느 날 완벽에 가까운 복제인간을 만들어낼 수도 있겠다는 생각을 하게 만든 장본인이었다.

런던 태생인 루시는 소뇌 속에 칩을 하나 넣고 다녔다. 그녀에게 일어나는 모든 일을 기록하는 칩이었다. 말하자면 퇴화되지 않는 복제 두뇌인 셈이었다. 이것은 서른이나 서른다섯이 되어 루시의 몸에 노화가 시작되면, 노화된 몸은 복제판으로 대체되고 이 새로운 몸에 복제 두뇌를 이식하는 원리였다. 이런 식으로 새로운 칩이 복제 두뇌에 저장된 정보—루시가 경험하고 느낀 모든 것—를 다운로드받아 형상을 파악하게 되는 것이다.

과학자들은 이 실험으로 3, 40년 내에 루시의 새로운 생물학적 두뇌와 이식된 칩의 직접적이고 완벽한 교신이 이루어질 수 있는 지점까지 유전학 기술이 발달하리라는 기대를 가지고 있다. 그렇게만 되면 루시는 기억상실증에 걸리거나 신체적 손상을 당하는 일 없이 이론적으로는 영생을 누릴 수 있게 된다.

많은 사람들에게 이 이야기는 터무니없는 것으로 들릴 수 있다. 그러나 인간복제는 받아들일 수 없다 해도 복제 연구에서 얻어지는 혜택만은 부인할 수 없을 것이다. 복제 연구가 처음 시작될 때부터 과학자들은 몸의 기관이나 피부, 다른 신체 부위를 복제하여 아픈 사람에게 이식시킬 수 있는 방법을 찾으려 애썼다.

이 기술이 이제는 보편화되어 수백만 명의 목숨을 구해주고 있는 것이다. 20세기에는 다른 사람이 기증한 기관의 이식으로 많은 사람들의 생명을 구할 수 있었다. 하지만 이 경우에는 환자의 몸이 '이질적인' 조직을 거부하는 사태가 종종 일어났기 때문에 많은 어려움이 뒤따랐다. 하지만 복제된 기관이나 조직은 환자 본인의 유전자로 만들어졌기 때문에 이런 일은 발생하지 않는다.

대부분의 사람들은 내가 복제인간이라는 사실을 모르고 있다. 하지만 친한 사람들은 그 사실을 알고 있다. 내가 말해주었기 때문이다. 때로는 그로 인해 관계가 깨어질 때도 있다. 내 오랜 남자친구 나일스는 내가 태어난 방식은 전혀 문제되지 않는다고 말한다. 나 역시 요즘은 그 문제에 대해 깊이 생각하지 않는다는 점을 밝혀두고 싶다. 무슨 말인고 하니, 복제인간인 나조차도 때로는 인간복제의 어떤 측면이 혐오스럽게 느껴진다는 말이다.

지난 2030년대에는 죽은 유명인사들에 대한 복제 시도가 있었다는 말도 들렸다. 엘비스 프레슬리 복제에 대한 이야기도 있었고, 해먼드 아처, 마릴린 몬로, 레스터 스미스의 복제에 대한 이야기도 있었다. 하지만 내가 알기로 실제로 시도된 적은 없고 나로서는 그런 말이 나왔다는 것 자체만으로도 끔찍하다는 생각이 든다.

10여 년 전에 나는 복제인간이라는 것 때문에 내 생애 가장 끔찍한 일을 겪어야 했다. 내가 왜 표적이 되어야 했는지는 지금도 이해할 수 없다. 아마도 복제인간 반대자들(그렇다, 그때만 해도 아직 소수의 반대자들이 있었다)이 내 의료기록을 보고 나를 없애버리기로 작정했던 것 같다. 그것은 정말 참담한 경험이었고 그로 인해 나는 많은 상처를 받았다.

당시 나는 광고회사의 매니저로 근무하고 있었다. 결국 한 달도 안 돼 나는 회사를 사직해야만 했다. 나는 완전히 신용을 잃었고 공공장소에서도 사람구실을 제대로 할 수 없었다. 그때부터 줄곧 뉴욕 복제연구소에서 아버지의 일을 돕고 있다. 그리고 솔직히 말하면 이곳 일에 아주 만족하고 있다.

요즈음에는 내 생명도 다해가는 듯한 느낌이 든다. 나는 내 능력이 미치는 한 연구소에서 열심히 일하고 아버지, 나일스와 함께 살고 있는 집안 돌보는 일에도 아주 만족하며 지내고 있다. 그리고 나에게 생명이 주어졌다는 사실을 늘 감사히 여기고 있으며, 내가 다른 사람들과 다르다는 사실도 기꺼이 받아들이고 있다.

〔이 인터뷰를 마친 지 2주 후 페이비언 타운센드는 수면 중에 조용히 숨을 거두었다.〕

유전자의 대가들

21세기 의학은 곧 21세기 유전학이라 해도 과언이 아니다. 의학의 모든 분야가 어느 정도는 게놈의 성격을 파악하여 그 기술을 발전시키는 것과 관련이 있기 때문이다.

가장 좋은 예는 금세기 최고의 유전학자로 이름을 떨친 스타키스 사촌들의 업적에서 찾아볼 수 있다. 이들은 유전학 발달의 성과를 의학에 적용시키는 데 누구보다 많은 기여를 했다. 그 같은 업적으로 두 사람은 '유전자의 대가'라는 호칭을 얻었다. 하지만 두 사람은 유전학자이기는 했으나 접근방식과 적용방식은 완전히 달랐다.

코스타 스타키스와 데미스 스타키스는 그리스 키클라데스 제도의 낙소스 섬 중심부와 가까운 조그만 산악 마을에서 몇 달 간격으로 2000년에 태어났다. 이들의 부친은 커다란 올리브 농장을 경영하는 농부였다. 두 가족은 방 세 개짜리 좁은 농가에서 비비대며 살았기 때문에 소년들도 자연히 형제처럼 자라났다.

형 노릇은 늘 코스타가 했고, 장난거리를 만들어내는 것도 코스타였다. 머리가 커진 뒤 동네 처녀들과 처음 데이트를 즐기고 낙소스 마을의 어부들을 도와 푼돈을 벌기 시작한 것도 코스타였다.

가족들은 두 소년이 유난히 총명하다는 사실을 알았다. 둘 다 수학에 뛰어났고 데미스는 미술에도 두각을 나타냈다. 하지만 두 소년을 사로잡은 것은 무엇보다 생물이었다. 이들은 여름만 되면 동식물 표본을 채집하고 섬에 서식하는 야생생물을 관찰하느라 산 속에서 살다시피 했다. 그것도 모자라 올리브 숲 가장자리에 있는 오두막에 아예 조그만 실험실까지 차려놓았다.

어느 해 성탄절에 그들은 망원경을 선물로 받았다. 코스타의 아버지는 실험실에 선반을 몇 개 만들어주어 그 위에 책과 동식물 표본병들을 진열할 수 있게 해주었다. 학교에서도 이들은 서로 1, 2등을 다투며 재능을 한껏 과시했다.

소년들이 열다섯 살이 되자 학교 교장은 소년들 부친의 허락을 받아 그들을 아테네에 있는 대학에 장학생 신청을 해주었다. 소년들은 낙소스 도심에 있는 학교의 조그만 교실에서 장학생 선발 시험을 치렀다. 하지만 두 소년 중 누구도 어떤 결과를 기대하지는 않았다. 두 달 뒤 스타키스 가족들은 교장이 가져온 소식에 그만 할 말을 잃고 말았다(스타키스의 집에는 전화가 없었기 때문에 교장은 자전거를 타고 가파른 산길을 따라 모니까지 와야 했다).

두 소년 모두 아테네의 한 공과대학에 장학생으로 선발되었던 것이다. 뿐만 아니라 소년들은 2년 뒤 아테네 대학으로 옮겨갈 수도 있었다.

코스타와 데미스는 처음에 대학이 너무 벅차게 느껴졌다. 순진한 시골소년들이었으니 그럴 만도 했다. 하지만 그들은 곧 학교생활에 적응하며 주변에 친구들을 끌어모으기 시작했다. 공과대학을 졸업하고 아테네 대학으로 적을 옮겨 의학을 공부하는 동안에는 학구적이고 똑똑한 친구들을 많이 만났다. 하지만 생물학에 관한 한 어느 누구도 스타키스 형제와 같은 직관력을 가진 사람은 없었다. 당연히 이들은 동급생 사이에서 두각을 나타냈다.

2020년 그들은 미국 일리노이 주 밀리건 대학의 교환학생으로 선발되었다. 그리고 그해 봄 생애 최초로 그리스를 떠나 미국 땅을 밟았다. 그들이 1년간 머물 곳이었다. 코스타와 데미스가 지적인 영감을 얻은 곳이 바로 이곳이었다. 그리고 그것은 장차 각기 다른 방식으로 이들의 삶을 지배하게 된다.

2020년 6월은 유전학자들이 1990년대를 꼬박 투자하여 방대한 게놈 프로젝트의 완결 편으로 인간 게놈에 대한 최초의 시안試案을 만든 지

20년째 되는 달이었다. 유전학에 관심 있는 사람이라면 누구나 21세기 초를 벅찬 가슴으로 맞았을 것이고, 이 게놈 연구의 선두 대열에 선 사람이 존 리스라는 젊은 과학자(스타키스 사촌들보다 겨우 다섯 살 위였다)였다. 그는 또 스타키스 사촌들이 미국에 있을 동안 지도교수가 될 사람이기도 했다.

리스와 스타키스 사촌들은 만나자마자 호흡이 척척 맞아떨어졌다. 5년 전 존 리스는 방학을 이용하여 키클라데스 제도를 두루 여행하고 다닌 적이 있는데 그때를 생애 최고의 시간으로 기억하고 있었다. 그 중에서도 특히 낙소스 섬에서 보낸 시간을 소중히 생각했다. 존은 또 뛰어난 생물학자이기도 하여 대학 시절 유전자의 가능성에 빠져든 뒤 그 길로 곧장 유전병 분야 박사과정과 박사 후 과정을 밟기도 했다. 또한 그는 가르치는 일에도 열정적이었고 유전학에 대한 애정도 남달라 그 에너지가 학생들에게 고스란히 전달되었다.

스타키스 사촌들도 밀리건 대학에서의 교환학생 프로그램이 끝나갈 무렵 자신들의 진로에 대해 어렴풋이 확신을 갖기 시작했다. 그들은 아테네로 돌아온 뒤 전에 하던 의학공부를 계속하면서 지도교수를 설득하여 유전자 치료법에 대한 연구를 병행했다.

이후 수년간 유전자 의학계에 밀물처럼 밀어닥친 새로운 발견과 약진들로 이들의 연구는 더욱 활기를 띠었다. 유전학자들은 마치 하루에 하나씩 각종 질병을 유발하는 유전자를 찾아내는 듯했다. 런던, 보스턴, 로마, 도쿄, 그 밖의 다른 유전학 연구 중심지에서는 유전학 대가들이 이 모든 발견들을 가지고 질병의 원인을 규명하기 위한 메커니즘 개발에 열을 올렸다. 그러면 다른 과학자들은 또 이 성과를 토대로 유전병 퇴치를 위한 방법을 찾기 위해 심혈을 기울였다.

이 같은 일이 있고 난 뒤 얼마 지나지 않아 스타키스 사촌들도 인생의 커다란 전환점을 맞았다. 당시 이들의 나이는 스물두 살이었고 둘은 거의 떨어져 지낸 적이 없었다. 그런 그들의 사이가 삐걱거리기 시작했다. 그 같은 불편함이 말로 표현된 적은 없었다. 하지만 두 사람은 이제 자신들은 성인이고 같은 분야에 종사하는 과학자라는 점을 깨닫고 있는 듯했다. 초중고와 대학에 다니는 동안 서로의 학구열에 불을 붙여준 선의의 경쟁이 심각한 대결로 변질되었다. 지난날의 원동력이었던 긍정적인 힘이 부정적 요소로 바뀐 것이다.

처음에는 두 사람도 이러한 사실을 깨닫지 못했다. 하지만 그들은 곧 자신들의 인생이 새로운 국면으로 접어들고 있고 두 사람의 관계도 변하고 있다는 것을 깨달았다. 학교 밖에서 만나는 횟수가 줄어들자 두 사람은 각자 새로운 친구들을 만났다. 학교에서도 말수가 줄어들어 그것이 비밀로 굳어졌다. 이제 그들은 생각을 공유하며 이론을 함께 발전시키는 대신 각자의 길을 추구하며 혼자만의 생각에 몰두했다. 그러던 어느 날 아침, 커피를 마시던 코스타가 보스턴의 터프츠 대학에 장학생으로 선발되어 학기 말에 떠나게 되었다는 폭탄선언을 했다.

둘 중 누구도 어쩌다 그리고 왜 자신들의 관계가 그 지경까지 이르렀는지를 알지 못했다. 때문에 코스타는 공항에서 작별인사를 하면서도 과연 자신의 행동이 옳은 것인지 확신하지 못했다. 혼란스럽고 마음이 쓰리기는 데미스도 마찬가지였다. 그는 코스타보다 성격이 예민했고, 자신도 모르는 새에 코스타를 안내자이자 형으로 우러러보고 있었다. 그러면서도 마음 한편으로는 아테네에 혼자 남게 된 것을 편안하게 받아들였다. 코스타와 함께 연구 중이던 유전학 분야를 아테네에서 혼자 연구할 수 있게 되었고 거칠 것 없이 마음대로 일할 수 있게 되었기 때문이다.

두 사람은 편지와 전화를 자주 주고받았지만 5년간 거의 한 번도 만나지 않았다. 마음만 있다면 방학을 이용하여 얼마든지 만날 수는 있었다. 하지만 이런저런 이유로 서로 약속을 만들지 않았다. 이후 두 사람은 의대를 졸업하고 스타키스 박사라는 이름표를 달았다. 그들은 낙소스에 가서 모니 산마루에 있는 자신들의 농가에서 가족들과 함께 성공을 자축하기로 했다.

2027년 6월에 이루어진 그들의 재회는 완전한 실패로 돌아갔다. 만남은 좋았고 함께 맞은 첫날 아침도 무척 즐거웠다. 옛날을 회상하며 일에 대한 이야기도 주고받았다. 각자가 거둔 성공에 축하를 보내기도 했다. 그러고 나서 두 가족이 둘러앉아 점심식사를 하는 자리에서 두 사람은 서로의 야망과 포부에 대한 이야기를 나누던 중 문득 자신들은 이제 더 이상 온전한 대화를 나누지 못할 만큼 거리가 멀어졌다는 사실을 깨달았다.

코스타는 미국에 있는 동안 돈의 위력을 깨닫고 유전학이 기업가에게 절호의 기회가 되리라는 생각을 하고 있었다. 그 같은 생각으로 의대의 마지막 해에 로스앤젤레스의 한 벤처 기업가와 손잡고 회사까지 설립했다. 이제 그는 배아에 대한 간단한 유전자 분석을 상용화하려는 단계에 있었다.

데미스는 코스타와는 다른 방향을 지향하고 있었다. 그도 유전학의 상용화에 대해서는 듣고 있었으나 그것에 찬성하는 입장은 아니었다. 그는 무엇보다 자신을 의사로 생각했고 유전학은 그 다음이었다. 또한 유전학과 의학은 불가분의 관계에 있기 때문에 자신의 전문적 지식으로 이익을 챙기기보다는 사람들에게 봉사하는 것을 본분으로 여기고 있었다. 서신을 교환하는 과정에서 데미스는 코스타가 상업적인 쪽으로 기울고 있다는 것을 알았다. 하지만 막상 그 같은 태도를 직접 대하고 보니 충격을 금할 수 없었다.

두 사람은 곧 다투기 시작했다. 그리고 사람들이 보고 있다는 것도 잊은 채 막말까지 주고받았다. 집에서 담근 술을 퍼마시고 거나해진 두 사람은 거의 주먹다짐까지 갈 뻔했으나, 집안 어른들의 만류로 간신히 흥분을 가라앉혔다. 그날 이후 두 사람은 44년 동안 절교를 하고 지냈다.

아기를 디자인하다

코스타 스타키스의 유전학 상용화 계획은 기술적 한계로 인해 많은 제약을 받았다. 그는 출생 최적화의 선구자에 속하는 사람이었고, 그의 회사 프로제닉스progenics 사는 태아가 유전병에 걸릴 가능성이 있는지 알고 싶어하는 예비 부모들에게 서비스를 제공해주고 있었다. 이것은 발전된 양수 검사법의 형태로 이루어졌다. 양수 검사법으로 세포에 대한 유전자 분석을 하는 것이었다. 그렇다고 이 기술이 백퍼센트 정확한 것은 아니었다. 하지만 이전에 비해 예비 부모의 마음을 훨씬 안심시켜주었기 때문에 결과적으로 놀라운 성공을 거두었다.

이에 힘입어 프로제닉스 사는 업계의 선두주자가 되었다. 그러나 코스타는 이에 만족하지 않았다. 그는 유전학으로 더 큰 돈을 벌 자신이 있었다. 친구와 동료들에게도 이따금씩 자신은 유전학계의 빌 게이츠가 되겠노라고 큰소리쳤다. 그는 프로제닉스 사를 수익성은 좋지만 유전학 지식의 한계 때문에 전망이 불투명하다고 판단했다.

과학자에서 기업가로 변신해 다섯 해를 보내는 동안 코스타 스타키스는 사람들이 한 재산이라 부를 만한 큰돈을 벌었다. 나이 서른 살에 5천만 달러 상당의 재산을 모았고 그만한 부에 걸맞는 온갖 사치품을 소유했다. 하지만 그의 시선은 더 높은 곳을 향했다. 주주들을 휘어잡아 매년 수십억 달러의 이익을 챙기는 다국적기업의 총수들처럼 세련된 상류층에 끼는 것이 그의 목표였다.

기회는 곧 찾아왔다. 2028년부터 그는 수많은 종種에 대한 실험을 해왔다. 그리고 4년간은 유전자 교체 방식으로 하등 영장류 배아의 DNA 정보를 바꾸는 방법을 집중적으로 연구했다. 2032년 마침내 그는 인간을 대상으로 한 유전자 조작을 기업화하는 단계에까지 이르렀다. 그렇게 하여 설립된 회사가 바이오트로닉스Biotronics 사였다.

이 회사는 태어날 아기의 특성을 디자인해주는 것을 사업 내용으로 하고 있었다. 이 같은 방향 선회로 코스타 스타키스는 마침내 그토록 선망하던 상류층 인사가 되었다. 〈타임〉의 표지 모델이 되었고, 에디 노튼 쇼에 출연했으며 수백만 웹사이트의 주인공이 되기도 했다.

스타키스와 바이오트로닉스 사의 동료들은 초기에 몇 가지 기술적 난항에 부딪혔다. 하지만 그 같은 어려움을 극복하고 마침내 난자와 정자를 인공적으로 생산, 수천 개의 배아를 만들어 필요한 고객들에게 제공하는 기술 개발에 성공했다. 이렇게 만들어진 배아들은 자동화된 생물공학 프로그램으로 특성이 구분되어 부모들에게 광범위한 선택의 기회를 제공했다. 그리고 저렴한 가격에 놀라운 결과를 가져왔기 때문에 서구 중산층 부모들 사이에 매우 인기가 높았다.

이 기술은 금세기의 어떤 과학적 성과와 견주어도 손색이 없는 꿈의 실현으로 비쳐지는 한편, 자연의 순리에 역행하는, 다시 말해 신을 조롱하는 사악한 행위로 비쳐지기도 했다. 코스타로서는 이것이 지식에 대한 욕구를 충족시켜주는 동시에 엄청난 부를 거머쥘 수 있는 지름길이었다.

물론 선택 교배를 하는 것이 어제오늘의 일은 아니었다. 이 일은 수

세기 동안 계속돼왔다. 수천 년 동안 원예업자들은 품종 개량과 수확량 증가에 자신들의 지식을 이용해왔고, 농부들 또한 몇 세기에 걸쳐 소의 이종교배에 성공함으로써 자신들이 원하는 가축을 얻을 수 있었다.

하지만 이 같은 일은 때로 예측 불허의 나쁜 결과를 초래할 수도 있었다. 21세기 유전 과학자들이 유전자를 조작하고, 원치 않는 DNA는 다른 DNA로 바꿔치기하고, '완벽한 아이'를 갖고 싶어하는 부모의 욕망을 충족시키기 위해 자연의 섭리를 재조합하고, 뜯어고치고, 재디자인하여, 자기들 마음대로 인간의 특성을 변형할 것이기 때문이다.

코스타 스타키스는 세계적인 인물이 되었다. 그것은 무엇보다 그가 개발한 기술이 혁명적이었고 중산층 정도면 이용 가능한 저렴한 가격으로 보급되었기 때문이다. 그뿐만이 아니었다. 그는 초기에 '유명인사 배아'의 게놈을 조작하여 엄청난 성공을 거두기도 했다.

그 첫 번째 작품은 2034년에 찾아왔다. 억만장자 석유재벌 진 포레스터와 그의 네 번째 아내 멜린다가 세계 최초로 유전적 능력이 향상된 아기를 갖게 되었던 것이다. 이 탄생이 특별했던 것은 이른바 '부적절한 유전자'를 스타키스가 제거해주었기 때문이다.

포레스터 부부에게 이 부적절한 유전자는 가시적이면서 또한 비가시적인 특성이었다. 멜린다는 포르노 배우로 성공을 거둔 금발의 아름답고 늘씬한 여성이었다. 하지만 그녀는 혈우병 보인자였다. 혈우병은 X 염색체의 하나에 있는 유전자에 의해 생겨나는 유전적 질병이다. 어머니가 혈우병 인자를 가졌을 경우 출생하는 여아는 50대 50의 확률로 혈우병 보인자가 되며, 남아의 경우엔 50퍼센트의 열성 인자를 지니고 있다가 혈우병 환자가 될 확률이 50퍼센트다.

혈우병은 한때 몸을 쇠약하게 하여 사망에도 이르게 했던 무서운 질병이다. 영국의 남자 왕족 중에도 혈우병 희생자가 여러 명 있었고, 이들은 (혈우병 보인자였던) 빅토리아 여왕에게서 이 병을 물려받았다. 이 병의 가장 무서운 증상은 혈액이 응고되지 않아 출혈이 멈추지 않는 것이다. 20세기 말에는 수혈한 사람에게서 뽑아낸 물질로 혈액의 응고인자를 개발하여 환자에게 투여했으나 이 방법은 감염의 위험이 있었다.

코스타 스타키스는 프로제닉스 사의 수석 연구원으로 일하는 동안 혈우병 유전자를 찾아내 그 병의 초기 탐지기를 개발하여 큰돈을 벌었다. 그가 발명한 이 초기 탐지기는 지난 20여 년간 써온 장비에 비해 몇 배나 정확했다. 그것만도 대단한데, 멜린다와 포레스터에 의해 착상된 배아의 유전자를 조작하는 과정에서 그는 혈우병 유전자 자체를 아예 제거하여 태어날 아기가 혈액 응고인자를 스스로 만들어낼 수 있도록 해주었다.

물론 2034년 그 당시에는 혈우병 치료법이 이미 나와 있었다. 하지만 자신의 명운이 걸린 이 최초의 실험을 위해 코스타는 단지 자신의 능력을 과시하기 위해 친부모를 실험 대상으로 사용했다.

최초의 유전자 조작 아기의 탄생은 그 자체로 대단한 성과였다. 게다가 부모가 유명인사라는 사실은 신문의 머릿기사를 장식할 만한 대사건이었다. 하지만 2034년 12월 포레스터 부부에게서 태어난 '완전한' 아기는 그보다 더 커다란 화제를 불러일으켰다. 스타키스가 고쳐준 또 다른 유전적 특성 때문에 포레스터 아기의 탄생은 전 세계 언론에 대서특필되었다. 포레스터가 가지고 있던 유전자를 제거해주었던 것이다.

포레스터는 일반인들에게는 왜소증으로 알려져 있고 의학적으로는 가성 연골 무형성증(연골 무형성증과 비슷한 병으로, 불균형 왜소증을 보이고 조기 퇴행성 관절염을 보인다—옮긴이)이라 불리는 유전병을 앓고 있었다. 그의 키는 고작 114센티미터에 불과했고, 최초의 유전자 조작 아이의 아버지가 되었을 때는 이미 10년 동안 휠체어 신세를 지고 있었다.

이 질병의 유전자는 1995년에 처음 발견되었다. 하지만 당시에는 누구도 인간의 배아에서 유전자를 제거할 엄두를 내지 못했다.

포레스터의 아기 찰스 제롬은 언론의 화려한 조명을 받으며 태어났다. 그리고 태어난 지 몇 시간 만에 세상에 알려진 모든 유전병과 '부적절한' 유전적 특성에 대한 검사를 받았다. 검사 결과 찰스의 게놈은 완전히 정상인 것으로 나타났고, 왜소증 유전자와 혈우병 유전자도 찾아볼 수 없었다.

일부 비판자들이 이들 유전자가 우연히 없어진 것일 수도 있다고 지적했지만 그럴 가능성은 희박했다. 이것은 신이 행하신 일이 아니라 스타키스 교수가 자연의 법칙을 성공적으로 모방해서 만든 결과였다.

코스타는 이 일로 얻게 된 명성을 무척 기뻐했다. 그는 유명세를 마음껏 즐겼고 자신에게 쏟아지는 스포트라이트도 소중히 생각했다. 어떤 기준을 적용한다 해도 그의 이 같은 성공은 더딘 것이었으나, 사람들의 눈에는 그리스의 이름 없는 섬 출신의 촌뜨기가 세계적인 유전학자가 된 것이 거의 기적처럼 보였다.

이 같은 명성 외에도 그는 상업과 과학 분야에서 자신의 경쟁자가 당장 생겼다는 사실, 그리고 유전자를 조작할 능력을 지닌 또 다른 연구팀에게 재빨리 추격당하고 있다는 사실에도 우쭐하는 기분을 느꼈다.

코스타는 의료계의 총아로 떠오르기 시작한 2035년, 돈 많은 로스앤젤레스의 사교계 여성 도운 스펜서를 만나 사랑에 빠졌다. 이들은 리전트 베벌리 윌셔 호텔(영화 〈귀여운 여인〉의 촬영지로 유명해진 호텔 — 옮긴이)에서 열린 한 자선 파티에서 만난 지 3개월 만에 결혼을 했다.

결혼 전 코스타는 도운이 아이를 두 번 유산했고 임신기간 아홉 달을 채우는 것이 사실상 불가능한 희귀 유전병을 앓고 있다는 사실을 알았다. 이것은 코스타에게 문젯거리도 아니었다. 의학으로 얼마든지 치료할 수 있다고 확신했기 때문이다.

결혼한 지 얼마 안 되어 그들은 곧 기존의 치료요법을 이것저것 써보기 시작했다. 하지만 도운이 2036년 여섯 달 동안 두 번이나 유산을 하고 나자, 아내만큼이나 아이를 간절히 원했던 코스타는 전통요법에 대한 불신이 생겼다. 늘 그렇듯이 그는 부부간 생식의 문제를 패배가 아닌 새로운 도전으로 받아들였다. 아내가 안고 있는 생식의 문제를 해결하지 못한다면 명색이 유전학자로서 체면이 깎이는 것으로 생각했다. 그런 마음으로 코스타는 자기 힘으로 문제를 해결하기로 작정하고 최근에 개발한 유전자 조작 기술을 한번 써보자고 아내를 설득했다.

그는 열여덟 달 동안이나 공을 들인 끝에 문제의 유전자를 분리했다. 2036년 11월, 도운은 마침내 자신의 불완전한 유전자를 기증자의 건강한 유전자와 교체하는 수술을 받았다. 하지만 코스타는 이에 만족하지 않고, 스스로 유전자 실험에 참여함으로써 얻게 될 무한한 가능성을 재빨리 점치기 시작했다. 도운의 열렬한 성원하에 두 사람은 배아를 만들기 위해 정자와 난자를 기증했다. 수정된 난자가 4개의 세포 분열을 일으키면 유전자 조작에 쓰일 배아였다.

스타키스 부부는 이 세상에서 가장 완벽한 아이를 갖기로 결심했다. 뛰어난 운동선수와 세계적인 수학자가 될 수 있는, 최고의 유전자를 가진 여아를 원했다. 코스타는 배아에서 유전자 다발 하나를 제거한 뒤 그 자리에 저명한 수학자 클레멘타인 브라이스와이트와 우간다인 육상선수 오타베 우타브의 유전자를 집어넣는 방법으로 그것을 해결했다. 브라이스와이트는 유전자 기증자로 기꺼이 이름을 올리고 싶어했다.

2037년 10월 루이스 스타키스는 로스앤젤레스의 베데스다 병원에서 태어났다. 코스타는 유전자 조작으로 태어난 딸이 반드시 그들 부부가 원하는 재능을 타고나리라는 법은 없음을 누구보다 잘 알고 있었다. 루이스는 물론 이 같은 특성에 맞는 유전적 경향을 지니고 있었고, 5천 가지의 유전병 보유 여부에 대한 검사도 받았다. 하지만 재능이란 원래 바람직한 환경에서 무럭무럭 자라나는 인간에게만 나타나도록 되어 있는 법이다. 아이들의 재능을 발견하여 그것을 키워주는 것은 어른들의 몫이다. 인간은 유전자와 환경의 총합 이상의 것이라는 것을 코스타는 잘 알고 있었다.

루이스는 야단법석을 떨어대는 언론뿐만 아니라 10년 전 코스타 스타키스가 이 일을 시작할 때부터 이루고자 했던 꿈의 결정체였다. 루이스는 자신에게 쏟아지는 그 모든 관심에도 불구하고 지적, 신체적으로 재기 발랄한 여아로 성장했다.

2071년 5월의 어느 날 저녁, 스타키스는 한 사교 모임의 디너 테이블 건너편에 앉아 있는 딸의 모습을 보고 그만 가슴이 뭉클해졌다. 세월이 흘러 노인이 된 코스타는 지난 시간에 대해 만감이 교차하는 심정으로 당시의 상황을 자서전에 이렇게 기록했다.

"나는 내 딸아이에게서 눈을 뗄 수 없었다. 루이스는 세상에서 가장 아름다웠고 그런 딸아이가 한없이 자랑스러웠다. 루이스는 열아홉 살에 수학박사 학위를 받고 당시 그 난해하다는 군론(group theory, 물리화학의 기초를 이루는 이론의 하나—옮긴이) 분야에서 세계 최고의 학자가 되었다. 올림픽에도 출전하여 백 미터, 2백 미터 육상 부문에서 2개의 금메달을 획득했고, 4백 미터에서는 세계 신기록을 세웠다. 시집도 잘 가서 아이 엄마가 되었다. 내 눈에 루이스는 가장 완벽한 인간으로 보였다. 그것은…… 신과 나의 합작품이었다."

코스타 스타키스는 이후에도 승승장구 발전했다. 2071년이 되자 바이오트로닉스 사는 유전자 능력이 향상된 아이 수천 명을 만들어냈고 이 아이들은 고객의 기호에 맞게 세심하게 설계되었다. 코스타는 지난 30년간 수석 연구원으로 이 일을 진두지휘하며 자연의 법칙이 해낼 수 있는 것 이상의 성과를 거두었다. NBA 스타, 윔블던 테니스 우승자, 제2의 아인슈타인, 21세기의 피카소를 넘치도록 만들어냈다. 돈방석과 유명세, 거기다 동료들의 찬사까지 한 몸에 받으며 그는 인생의 정점에 올랐다. 그리고 일부에서 생각하듯이 이제는 추락할 일만 남은 것 같았다.

그 추락은 신과의 합작품, 즉 자신이 애지중지하는 딸에게 푹 빠졌던 그날의 디너파티를 마치고 난 다음날 아침에 찾아왔다. 오전 8시 45분, 코스타가 여느 날과 다름없이 베벌리 힐스에 있는 회사에 출근하여 일을 시작하려는 찰나, 컴퓨터에 자신의 1호 유전자 조작 인간인 찰스 제롬 포레스터의 건강에 문제가 생겼다는 메시지가 떴다. 찰스는 당시 로스앤젤레스에서 저명한 변호사로 활동 중이었다.

코스타는 컴퓨터에 좀더 구체적인 정보를 요구했다. 그러고 나서 컴퓨터 화면을 보니 찰스는 백혈구 수 부족과 등에 종양 초기 증상이 있는 것으로 나타났다. 지난밤에는 혈당 수치도 급격히 떨어졌고 심박수도 비정상적으로 높았다. 코스타가 이 사실을 막 접하고 있는데 이번에는 비서가 들어오더니 찰스 포레스터에게서 전화가 왔다는 말을 했다.

코스타는 전화를 즉시 연결시켜 두근거리는 마음으로 젊은이가 말하는 증상을 들었다. 찰스는 등에 심한 통증이 있다고 말하면서 시력 저하, 식욕 부진, 불면증 등을 호소했다. 이 모든 증상이 지난 며칠 동안 발생했다는 것이다. 그날은 마침 주치의가 다른 도시에 가 있다는 말도 했다. 그는 스타키스에게 폐를 끼치고 싶지는 않지만, 아침에 일어나 보니 손등에 이상한 반점들이 생겨 겁이 나서 전화를 건 것이라고 하면서 방문해도 좋은지를 물어보았다.

그리고 얼마 후 스타키스 박사는 찰스의 모습을 보고 깜짝 놀랐다. 한 달여 전 한 디너파티에서 우연히 마주쳤을 때만 해도 그는 혈기왕성한 젊은이였다. 그런데 지금은 어딘가 모르게 핼쑥해진 모습이었고, 피부도 창백하고 눈에는 핏발이 서 있었다. 코스타는 아무 말 없이 그의 몸을 검사하고 눈의 변색과 손등의 갈색 반점을 살펴보았다. 핸드헬드 스캐너를 이용하여 MRI 촬영을 하고, DNA 샘플을 채취하여 컴퓨터로 분석하는 동시에 눈 상태도 살펴보았다. 그런 다음 찰스의 등뼈 쪽으로 손을 가져가 통증 부위를 만져보았다.

증상으로 봐서는 도무지 뭐가 뭔지 알 수 없었다. 그리고 간단한 검진만으로는 연관 없는 증상들이 불쑥불쑥 나타나는 것으로밖에 추정할 수 없었다. 스타키스는 등의 혹을 검사하는 한편 컴퓨터로 난자와 정자가 착상되고 난 뒤 바로 교체된 찰스의 유전자 염기배열을 조사해보았다.

그랬더니 놀랍게도 교체된 배아의 6개 유전자 다발 중 3개 다발의 분자배열이 바뀌어 있었다. 스타키스는 다시 3개 다발 중의 하나에 있는 염기쌍의 홀로그래픽 영상을 만들도록 지시했다. 그러자 두 사람 앞에 찰스의 DNA 분절이 찍힌 높이 122센티미터의 3차원 입체영상이 나타났다. 스타키스는 즉시 DNA 유전자의 염기들이 돌연변이를 일으켰다는 것을 알아챘다.

그 다음에는 척수섬유 게놈의 일부를 입체영상으로 살펴보았다. 그러고 나서는 안부眼部 조직, 마지막으로 손의 피부 유전자를 검사했다. 이들 유전자에도 같은 종류의 돌연변이 현상이 나타났다. 이식된 유전자들은 악성 종양처럼 활동하며 다른 유전자들을 일그러뜨리며 모양을 바꿔놓았다. 보아하니 찰스의 DNA는 급속한 와해가 진행 중인 것 같았다. 이 말은 곧 검사를 받지 않고 그냥 놔두었더라면 몸 안에 있는 세포를 다 죽였을 거라는 말이다.

스타키스는 애써 마음을 수습했다. 하지만 불안감을 떨쳐버릴 수 없었다. 그는 찰스를 차에 태워 집으로 보내며 가서 한숨 자도록 권했다. 그러면 저녁 때 자신이 전화를 걸겠노라고 말했다. 찰스가 떠나자 스타키스는 비디오폰의 수신장치를 모두 끄고 비서에게도 방해하지 말도록 일러두었다. 그러고 나서 문제의 염기쌍을 분석해보려는데 인터넷에 메시지가 하나 떴다.

컴퓨터 화면에는 '드미트리 스토그노비치로부터 수신'이라는 메시지가 떠 있었다. 스토그노비치는 바이오트로닉스 사의 모스크바 지사장이었다. 스타키스는 그 메시지를 무시하려다가 생각을 바꿔 컴퓨터에 실행 명령을 내렸다.

그리고 30초 뒤 코스타 스타키스의 불안감은 현실로 나타났다. 끔찍한 일이 기어코 터지고야 만 것이다. 스토그노비치에 따르면, 모스크바 바이오트로닉스 사에서 제작한 유전자 조작 인간 두 명에게 알 수 없는 증상이 나타났다는 것이었다. 그 중의 한 명인 미치 그로고노비치는 2041년 바이오트로닉스의 14호 작품으로 태어났고, 또 다른 인간 그레고르 티포프는 미치에 뒤이어 곧바로 태어났다. 두 사람의 증상은 달랐다. 찰스와도 유사점이 없었다. 하지만 몸이 퇴화되고 있는 점만은 같았다. 미치는 걸을 때마다 통증을 느꼈고 그레고르는 청각기능이 급속도로 약화되고 있었다.

스타키스는 모스크바 지사장에게 그들의 DNA 분석결과를 즉시 보내달라고 요청했다. 몇 분 뒤 그는 찰스의 DNA에서 본 것과 같은 종류의 돌연변이 현상을 컴퓨터에서 발견했다.

이것은 우연이라고 하기에는 너무도 똑같았다. 스타키스는 즉시 최악의 사태가 벌어지지나 않을까 불안해졌다. 이식된 유전자들은 종양 비슷한 것을 유발시키는 유전자로 돌연변이를 한 뒤 다른 염색체의 또 다른 유전자들 속으로 침투하여 정상 세포들까지 새로운 돌연변이와 기능장애를 일으키게 하는 것 같았다.

그날 정오가 되자 스타키스 박사는 생애 최대의 위기를 맞고 있다는 것을 깨달았다. 이 같은 증상이 만일 바이오트로닉스 사에서 탄생한 수천 명의 사람 중 몇 명에게라도 발생하는 날에는 그의 제국은 무너질 것이고 유전학도 몇십 년 후퇴할 것은 불을 보듯 뻔했다. 하지만 그날 아침 정작 스타키스를 불안하게 한 원인은 다른 데 있었다. 그는 자신의 명예와 부를 사랑했지만 그보다 더 값진 존재가 있었다. 그리고 지금, 그 사랑스러운 존재를 가장 참혹하게 잃을 수도 있다는 사실에 그는 당혹감을 감추지 못했다. 루이스에게 그 증상이 나타날 확률은 얼마나 될까?

이처럼 긴박하게 돌아가는 상황에서 스타키스가 해법을 찾으려 발을 동동 구르고 있는 것도 이 같은 두려움 때문이었다. 하룻밤 사이에 바이오트로닉스 사의 모든 연구시설은 신제품 제작에서 돌연변이의 원인을 밝혀내어 그것을 치료하는 것으로 바뀌었다. 스타키스는 모든 가능성을 시도해보고, 온갖 기술을 다 사용해보고, 기밀 누출의 염려가 없는 전문가들을 총동원했으나 성공을 거두지 못했다.

그 유전자들은 지금까지 한 번도 알려진 적이 없는 불가사의한 방법으로 돌연변이를 일으켰고 스타키스와 그의 연구원들은 모든 방법을 동원하여 그것을 분석해보았으나 돌연변이가 시작되는 메커니즘을 찾아내지 못했다. 그리고 그 메커니즘을 모르고서는 유전자를 되돌려놓거나 멈추게 할 방법도 찾아낼 수 없었다.

찰스 포레스터는 스타키스 박사를 찾아와 증상을 호소한 지 정확히 6주 후 세상을 떠났다. 첫 증상이 나타난 뒤 스타키스는 포레스터를 로스앤젤레스에 있는 바이오트로닉스 본사 중환자실에 은밀히 옮겨놓고 급속한 퇴화를 거쳐 마침내 죽어가는 과정을 밤낮으로 지켜보았다. 루이스에게서 전화가 걸려온 것은 그날 오후였다. 그녀는 흥분을 가라앉히려 애쓰면서 오른쪽 팔에 통증이 느껴진다는 것과 왼손 등에도 갈색 반점이 나타났다는 이야기를 했다.

암 정복

44년 전인 2027년 6월 23일, 가족이 모두 모인 저녁식사 자리에서 사촌과 볼썽사나운 꼴을 보이고 난 이튿날 아침 데미스 스타키스는 의학과 유전자 연구에 관한 한 자신의 태도가 절대적으로 옳다는 확신하에 아테네로 돌아왔다.

사촌은 벼락부자가 될 수도 있을 것이다. 하지만 궁극적으로는 자신이 더 많은 업적을 이룰 것이고 인간의 삶을 향상시킨 공로로 동료들로부터도 존경받을 것이라고 그는 스스로를 위로했다.

2027년에 이르자 한때는 대규모의 인명을 앗아가기도 했던 수많은 질병이 치료가 가능하거나 완전히 소멸되는 상태에 이르렀다. 그 이전의 15년 동안 유전학자들이 낭포성 섬유증, 헌팅튼 병, 당뇨, 다발성 경화증, 근위축증, 알츠하이머, 정신분열증을 비롯한 각종 질병의 치료법을 개발한 결과였다. 이보다 앞선 2018년에는 에이즈 바이러스에 대한 백신이 만들어져, 30여 년 만에 처음으로 이 질병의 원형을 통제할 수 있게 되었다.

그렇다고 의료계가 늘 발전만 한 것은 아니다. 2020년대 말에는 항생제가 거의 쓰이지 않게 되었고 박테리아 박멸에 거의 무용지물이 되다시피 했다. 에이즈 바이러스도 새로운 변종이 등장하여 그 유전자의 정보를 캐려는 유전학자들의 시도를 무위로 돌려놓았으며, 새로운 에이즈 환자들은 일부 아시아 국가들과 아프리카에서 계속 증가 추세에 있었다. 암도 문제였다. 손쉬운 퇴치나 예방이 가능해진 종류도 있었으나, 그렇지 않은 것은 여전히 유전자 정보를 알지 못해 면역 강화 약물이나 발전된 수술방법에 의존할 수밖에 없었다.

하지만 의료계의 가장 커다란 발전은 뭐니뭐니해도 줄기세포를 이용한 유전자 기술이었다. 그리고 이 분야의 과학자들은 논란과 의혹을 불식시키고 윤리문제도 적당히 극복하여 의료계의 방향을 바꿔놓았다. 코스타 스타키스와 데미스 스타키스가 유전학을 자신들의 진로로 정해놓고 있을 무렵, 줄기세포의 사용은 이제 필요 불가결한 요소가 되었다.

인간의 줄기세포 연구는 1990년대 말부터 시작되었고, 수년간 이것은 복제기술과 불가분의 관계에 있었다. 이것의 기본 생각은 줄기세포는 무한정으로 분화가 가능하여 우리가 원하는 특정 세포로 만들어질 수 있다는 사실에 바탕을 두고 있다. 이 말은 곧 줄기세포는 배양될 수 있고 몸의 어느 부위든 복제하여 이용할 수 있다는 의미였다.

실험실에서 여분의 인체 부위를 만들어 그것으로 자연이 행한 기적을 복제, 손상된 조직과 교체하는 일은 물론 쉬운 일이 아니었다. 하지만 2010년이 거의 끝나갈 무렵 과학자들은 15여 년간 동물을 대상으로 실험해본 결과 마침내 정교한 기술을 개발해내기에 이르렀다.

이때쯤에는 쥐의 척수, 개의 기관氣管, 고양이 귀의 손상된 부위를 교체할 수 있게 되었다. 그러나 아직 세계 여러 나라는 살아 있는 배아에서 추출한 인간의 줄기세포에 대한 실험을 금하고 있었다.

미국도 인간의 줄기세포 연구의 합법화에는 아주 미지근한 태도를 보였다. 하지만 2011년 중국에서 최초의 복제인간이 탄생했다는 소식이 전해지자 정치인들은 흥분하여 자신들의 생각을 재고하기 시작했다. 엄격한 규제 아래 인간복제를 허용하는 법률은 2014년이 되어서야 제정되었다. 하지만 재미있게도 정치인들의 이 같은 태도 변화는 몇 주 만에 불필요한 것이 되고 말았다.

2012년에 이미 과학자들은 다른 동물의 세포를 이용하여 그동안 배운 지식을 인간 줄기세포에 적용해볼 기회를 갖게 되었던 것이다. 2012년 4월 〈네이처〉에 누군가가 기증한 '신경 줄기세포'를 이용한 실험이 성공했다는 논문이 발표되었기 때문이다.

이 같은 일이 벌어지자 줄기세포 의학을 둘러싼 윤리적 반대도 수그러들었다. 환자 자신의 세포를 이용하여 실험실에서 필요한 기관을 배양한다는 데야 도덕주의자들도 뚜렷이 반대할 명분이 없었던 것이다. 줄기세포 이용에 반대하는 사람들은, 그 같은 의료 행위는 자연의 법칙에 대한 모독이고 인간이 신의 역할을 대신 하려는 것이라고 믿는 사람들뿐이었다. 다행히 이들 반대자는 극소수에 불과했다.

2020년대에 세계인들은 줄기세포 의학을 이용한 최초의 치료법을 보게 되었고 많은 경우 그것은 진정 극적이고 고무적인 사건이었다. 2011년 무대에서 떨어져 등뼈가 부러지는 부상을 당했던 록 가수 제니 빌트모어도 2023년에 손상된 척수 부위를 치료할 수 있었다. 2024년 6월 그녀는 마침내 11년간이나 휠체어 신세를 진 끝에 매디슨 스퀘어 가든에서 열광하는 관중 앞에 다시 모습을 드러냈다.

2025년에는 알츠하이머와 기타 여러 신경학적 질환도 치료가 가능해졌고, 환자들은 정상을 되찾은 모습으로 나타났다. 그리고 2026년, 환자의 세포로 만든 새로운 기관으로 심장과 폐를 교체하는 수술이 사상 최초로 성공을 거두자, 전통적인 이식술은 이제 시대착오적인 것이 되었다. 같은 해 실험실에서 배양된 복제세포를 이용한 망막 교체도 첫 성공을 거두어 전 세계 수십만의 시각장애인들이 광명을 찾을 수 있었다.

데미스가 아테네에서 박사 후 과정을 시작할 즈음 시각장애인 줄기세포 연구는 의료계의 핵심 분야가 되었다. 그러다 보니 그것은 또 의학계에 이름 석자를 남기고 싶어하는 젊은이들에게 경쟁이 더욱 치열해진, 인재로 넘쳐나는 분야이기도 했다. 이러한 사실을 염두에 두고 데미스는 의료계가 정복하지 못한 또 하나의 분야, 치료불능성 암을 퇴치하기 위한 유전자 연구로 관심을 돌렸다.

2020년대 말에는 세간에 알려진 2백여 종류 이상의 암을 예방할 수 있게 되었다. 암에 걸릴 확률이 많은 사람에 대한 이 같은 예방 기술은 유전자 정보 분석으로 가능해졌다. 이러한 기술과 병행하여 생활방식을 바꾸고, 자연 항체를 강화하고, 필요한 경우 유전자 교체 요법까지 사용하면, 대부분의 암을 치료할 수 있었다. 하지만 암이 악성인 경우 유전학자와 의사에게 치료와 예방은 여전히 요원한 과제였다.

의학자들은 오래전부터 암이 두 가지 중 하나의 원인으로 발병한다는 사실을 알고 있었다. 하나는 종양 유전자로 알려진 것이 활성화되어 돌연변이 세포의 증식을 가속화시킴으로써 발병하는 것이고, 다른 하나는 종양 억제 유전자가 활동을 못하게 된 결과 몸이 종양 발병을 막아주는 '억제력'을 상실하여 암에 걸리는 것이다.

이러한 종양 억제 유전자와 종양 유전자는 1990년대에 발견되었고, 이후 30년간 유전학자들은 더 많은 암의 원인을 찾아냈다. 그 다음에는 불완전한 억제 유전자를 재활성화시켜 종양 유전자의 활동을 막아내는 기술을 개발했다.

2015년 과학자들은 가장 중요한 암 유전자의 하나인 p-53을 완전 해독하는 데 성공했다. 그 결과 유전자의 정확한 구조와 암을 일으키는 메커니즘의 중요한 정보가 밝혀졌다. 그것은 진정 암과의 전쟁에서 이룬 쾌거로 '암 정복'도 이젠 시간 문제라는 말이 나왔다.

그런데 7년 후, 프라하의 한 유전학자 팀이 p-53(암 억제 유전자이기도 하다—옮긴이)에 대한 새로운 사실을 발표하면서 그 같은 낙관주의는 사라졌다. 즉, p-53은 중요한 유전자이기는 하지만 다른 유전자와 상호작용을 일으키는 물질이 되어 세포들을 죽인다는 것이었다. 두 번째 유전자 렉서스-911은 염기배열이 말할 수 없이 복잡하여 해독하기도 힘들었거니와 게놈 이곳저곳에 분포돼 있는 알 수 없는 또 다른 유전자 군과 함께 활동하는 것으로 나타났다.

2023년이 되자 유전학자들은 이들 암 유발 인자들이 활동하는 메커니즘에 대해서는 많이 밝혀졌지만, 암 퇴치에 있어서는 사실상 후퇴한 것으로 생각했다.

하지만 데미스에게는 이 같은 좌절이 거부할 수 없는 도전으로 느껴졌다. 그는 의학공부를 하는 중에도 다른 유전학자들에게 뒤처지지 않기 위해 p-53과 렉서스-911에 대한 연구를 계속했다. 그리하여 박사학위 과정이 채 끝나기도 전에 자신이 이 분야에 어떤 기여를 하리라는 확신이 생겼다. 2027년 가을 데미스는 마침내 아테네 대학에서 지원하는 연구비를 받아 이 작업의 준비단계에 들어갔다.

그러나 막상 시작은 했지만 진전은 느렸고 일은 극도로 복잡했다. 과거 과학과 의학계의 혁신가들이 그러했듯 데미스의 생각도 기존 학술을 훨씬 앞질러 가고 있었다. 그는 암세포에서 일어나는 현상에 대한 생화학을 예견할 수도 있었고, 암 진행의 가장 가능성 높은 메커니즘에 대한 이론도 구축할 수 있었다.

하지만 그에게는 이러한 개념을 입증할 만한 수단이 없었다. 그것을 입증하려면 유전자를 구성하고 있는 염기의 원자 구조를 밝혀내야 했는데 2041년이 되기까지 그 기술은 개발되지 않았다. 2041년이 되어서야 비로소 원자 수준의 DNA 분석기를 몇 개 대학이 습득할 수 있었던 것이다. 하지만 DNA 분석기가 생겼다고는 해도 데미스는 4년간의 피나는 노력을 더 기울여서야 원하는 결과를 얻을 수 있었다. 그렇게 해서 얻은 결과는 모든 암들이 생겨 퍼져나가는 과정을 설명한, 진정 놀랄 만한 이론이었다.

데미스는 적어도 10년 전에 렉서스-911 유전자의 작용과 세포의 염색체 사이에 흩어져 있는 기묘한 유전자들과의 사이에 분명히 어떤 연관관계가 있다는 사실을 알았다. 이 기묘한 유전자들은 존재가치가 없어지면서 진화에 의해 그 기능이 잠재적으로 정지된, 흔히 '정크 DNA'로 알려진 것의 일부였고, 굵은 체모나 커다란 송곳니에서 그 예를 찾아볼 수 있다. 커다란 송곳니 같은 특징들은 과거 원시인간들에게는 필수적이었으나 이제는 불필요한 것이다.

데미스는 순전히 수학적인 수단만으로 렉서스-911과 이들 원시 유전자간의 생화학적 연관성을 밝혀냈다. 그리고 원자 수준 분석기의 이용이 가능해지자 분자 구조와 3차원 구조(유전자의 염기가 3차원적으로 포개진 방식)를 대조하여, 정크 DNA에 있는 특정 유전자 고대-101이 렉서스-911과 완전히 결합돼 있는 하나의 구조를 밝혀냈다.

데미스가 볼 때 여기에서 도출해낼 수 있는 결론은 하나였다. 선사先史 유전자인 고대-101은 자기사멸 유전자의 형태로 인간의 몸 속에서 활동했기 때문에 원시인간은 노화의 부담을 느끼지 않았다는 것이다. 인간이 진화하면서 이 유전자는 할 일이 없어졌다. 하지만 완전히 사라지지는 않고 흔적으로 남아 활동을 계속했다. 따라서 렉서스-911이 p-53에 의해 돌연변이를 일으키면 이것이 다시 고대-101과 상호작용을 일으키고 두 유전자가 공동으로 건강한 세포를 변형시켜 암 종양을 유발한다는 것이었다.

이것은 진정 엄청난 발견이었다. 2046년 〈네이처〉에 데미스 스타키스의 논문이 실리자 그것은 그해 의료계의 최대 화제가 되었다. 사촌 코스타의 반짝 출세에 뒤이어 두 사람은 너무도 빨리 당대 최고의 의학자로 칭송받았고, 그로 인해 두 사람의 관계도 이제 더 이상 개인적인 것으로만 머물러 있을 수 없었다.

언론이야 당연히 그들의 사생활에 눈독을 들였다. 사촌들은 입을 꾹 다물고 있었지만 〈켈렙위치〉에서 〈네이처 유전학〉에 이르기까지 인터넷 잡지들은 두 사람에 대한 이야기와 그들의 놀라운 인생 역정을 앞다투어 게재했다. 이듬해에 데미스는 노벨 의학상을 수상했다.

유전학은 분야가 무한정하기 때문에 얼마든지 새로운 분야를 개척할 수 있다는 것이 일반적인 생각이었다. 그 점은 데미스도 예외가 아니었다. 쉰 살도 되기 전에 이미 '암 정복'의 열쇠를 발견하여 노벨상을 수상한 그는 남다른 직업윤리를 가진 사람답게 그에 만족하지 않고 인간이 맞고 있는 의학적 재앙에 대한 해답을 찾았다. 그 일환으로 아테네에 유전학 연구소를 설립한 그는 자신이 이룬 명성과 업적으로 그 분야 최고의 인재들을 확보했다. 그는 고대 유전자와 그외의 다른 질병을 일으키는 유전자와의 연관성에 대한 연구를 계속하면서, 혁신적인 아이디어와 배아 조작의 선구적인 업적을 이루며 언론의 지대한 관심을 모으고 있는 사촌 코스타의 모습을 흥미롭게 지켜보았다.

데미스는 사촌이 이루어낸 성과가 사뭇 감탄스러웠다. 그러면서도 지난 2027년 가족들 앞에서 벌인 싸움의 기억을 떨쳐버릴 수 없었다. 싸움이 일어난 원인도 물론 잊지 않았다. 그는 코스타와 같은 부호는 아니었지만 돈은 그에게 그다지 커다란 문제가 아니었다. 암 정복을 둘러싼 언론의 관심이 시들해지자 그는 이제 아테네에서 조용히 연구에만 매진하게 된 것이 무척 기뻤다.

그리고 2071년, 찰스 제롬의 사망과 모스크바 바이오트로닉스 사에서 탄생한 유전자 조작 인간이 급속히 퇴화하고 있다는 소식이 들려왔다. 그는 돌연 사촌 코스타가 마음에 걸려 일에 집중할 수 없었다.

과학은 만능인가

찰스 제롬 포레스터의 사망에 얽힌 비밀은 그리 오래 가지 못했다. 그런데 재미있게도 처음 전 세계 언론을 강타한 기사는 찰스가 아닌 러시아 환자들에 대한 소문이었다.

포레스터가 숨을 거두고 루이스의 첫 증상이 나타난 2071년 6월 9일 아침, 글로벌 인터넷 뉴스는 러시아 환자들의 퇴화되는 모습을 방송에 내보냈다. 이 사진은 모스크바의 바이오트로닉스 연구소 직원이 몰래 찍어 스파이에게 팔아먹은 것이었다. 이어 로스앤젤레스에 거주하는 한 의학전문 기자가 바이오트로닉스 사의 또 다른 직원을 매수해 이 회사 최초의 가장 유명한 환자가 그날 아침에 죽었다는 소식을 전하자 전 세계인들은 경악했다.

코스타 스타키스는 이 같은 뉴스에 신경 쓸 겨를도 없었다. 한시라도 빨리 환자들에게 일어나는 증상의 원인을 알아내야 하는 그로서는 단 1초라도 딴 곳에 마음 쓸 여유가 없었다. 그리고 경고 조짐을 소홀히 했던 것이 자꾸만 마음에 걸렸다. 통증과 손등의 반점으로 증상이 실제로 나타날 때까지는 루이스의 나노 프롭에 나타난 정보를 제대로 알지 못했던 것이다. 이 치명적인 실수로 딸이 목숨을 잃게 될지 모른다고 그는 스스로를 자책했다.

그날 그는 실험실에서 밤을 꼬박 새우고 식사는 조수들이 날라다주는 음식으로 해결했다. 아내를 제외한 다른 사람과의 전화 통화도 다 거부하고 딸을 연구소의 중환자실에 옮겨놓았다. 언론과의 인터뷰도 모두 거절했다. 이같이 외부와 철저히 차단돼 있었기 때문에 데미스 스타키스가 왔다는 사실도 전혀 몰랐다.

바이오트로닉스 사에 심각한 문제가 생겼다는 사실이 전 세계에 알려진 지 이틀 후인 6월 11일, 조수 한 명이 조심스럽게 그의 방문을 두드리며 데미스 스타키스라는 사람이 안내실에서 기다리고 있다고 전했다.

데미스는 코스타의 모습에 충격을 받았다. 두 사람은 당시 일흔한 살이었다. 하지만 그동안 잡지에 실린 코스타의 사진은 노화 방지 요법을 쓴 덕분에 늘 40대 중반의 건장한 중년 남성의 모습이었다. 그런데 지금 마주 대하고 보니 그는 피곤에 지치고 야위어 있었다. 눈가에 진 검은 그늘과 사흘 동안 깎지 않아 텁수룩해진 수염은 그가 겪고 있는 고통을 그대로 말해주는 듯했다.

코스타 역시 40년 넘게 절연하고 지냈던 사촌이 로스앤젤레스 자신의 사무실에 이렇게 서 있다는 사실을 믿을 수가 없었다. 한 순간의 어색함이 지나가자 그는 주름투성이 얼굴에 미소를 머금고, 데미스에게 다가가 그를 힘껏 포옹했다.

하지만 두 사람은 곧 한가하게 안부나 묻고 있을 상황이 아니라는 사실을 깨달았다. 바로 그날 아침 루이스에게 새로운 증상이 나타나 연구소 중환자실에 옮겨놓았던 것이다. 늘 자신감이 넘쳤던 코스타는 도움이 필요했고 이 세상에 그가 신뢰할 만한 기술을 가진 사람은 오직 한 사람뿐이었다. 두 사람은 즉시 작업에 돌입하여 병의 증상 및 그와 관련된 유전자를 살펴보기 시작했다. 코스타는 네 명의 환자에게 일어난 유전자 변화를 검사할 수 있도록 데미스에게 환자들의 어떤 유전자가 배아 상태에서 교체되었는지를 설명해주었다.

처음에 코스타는 염색체 꼬리로, 나이를 먹으면서 마모되는 성질을 가진 말단소립에 문제가 있는 것으로 믿었다. 지난 2030년대만 해도 복제인간의 노화가 빨리 오는 것은 이들 말단소립이 너무 일찍 퇴화하기 때문이라고 여겨졌다. 코스타는 자신의 환자들도 이와 비슷한 증상을 겪고 있고, 그것은 통증과 퇴화가 나타나는 것으로도 잘 알 수 있다고 판단하고 있었다. 하지만 이 검사로 그는 아무 결과도 얻지 못했다. 루이스를 비롯한 네 환자의 말단소립은 모두 나이에 맞는 정상적인 상태였다.

데미스가 자신의 이론을 적용시킨 것은 그 시점이었다. 환자들의 증상을 처음 들었을 때 그는 혹시 이들이 색다른 종류의 암을 앓고 있는 것이 아닌가 하는 의혹을 품었다. 배아의 유전자들이 교체될 때, 이들 유전자들이 렉서스-911과 고대-101 또는 정크 DNA에서 만들어진 그와 비슷한 유전자 사이의 결합으로 이어지는 어떤 메커니즘을 유발시켰던 것은 아닐까?

생각이 여기에 미치자 두 사람은 즉시 그것을 파헤쳐보기 시작했다. 그것이 맞고 틀리고는 원자 수준의 DNA 분석에서 알 수 있을 것이었다. 만일 렉서스-911이 고대-101과 같은 종류의 어떤 유전자와 결합한 것으로 나타난다면, 그것이 곧 환자의 퇴화와 관련된 메커니즘일 것이었다.

그날 두 사람은 밤늦게까지 일을 계속했다. 둘 다 이 수수께끼의 정체를 밝히는 일에 완전히 몰입해 있었다. 만일 둘 중의 누구라도 딴 데 신경 쓸 겨를이 있었다면, 두 사람의 자존심 대결과 싸움이 있기 전의 옛 시절로 돌아간 것 같다는 농담을 주고받았을지도 모른다. 이들의 모습은 마치 올리브 농장 언저리의 옛 오두막 시절을 떠올렸다. 장장 서른

여섯 시간에 걸친 마라톤 연구 끝에 두 유전학자는 마침내 결론을 도출해냈다. 그리고 문제의 핵심이라고 여겨지는 두 개의 유전자에 대한 홀로그래픽 영상 앞에 서서, 마치 한 쌍의 자물쇠와 열쇠처럼 맞물려 있는 두 개의 커다란 생화학 물질을 바라보았다.

일단 유전자의 메커니즘이 밝혀지자 치료는 비교적 간단했다. 그리고 그것은 상당히 진전된 형태의 암 치료법으로 25년 동안 이용돼온 방법과 크게 다르지 않았다. 하지만 코스타에게는 그 일이 더디게만 느껴졌다. 유전자 메커니즘이 밝혀진 지 2주 후, 그리고 바이오테크 과학자들이 '마법의 탄환'을 생산하여 유전자 치료법을 막 내놓으려는 찰나 루이스가 코마 상태에 빠져들었다. 코스타는 두 달여 동안 자신의 능력을 총동원하여 힘닿는 데까지 최선을 다했다. 그리고 그의 기술진이 그들 사촌형제가 고안한 유전자 치료법의 출시체계를 완결 짓기 무섭게 딸의 병상으로 달려가 그 곁에 머물렀다.

최초의 치료법이 실행되기까지는 또 한 주를 기다려야 했다. 코스타는 시제품이 모스크바에서 공수돼오자 자신이 직접 루이스에게 그 약을 투여했다. 그날 밤 그는 딸의 병상에서 뜬눈으로 밤을 지새웠다. 하지만 피로가 겹쳐 잠깐씩 선잠이 들기도 했다. 새벽 4시 10분 루이스의 생명유지 장치에서 울리는 알람 소리에 그는 선잠에서 벌떡 깨어났다. 그리고 즉시 기계로 달려가 직원을 불렀다. 그날 새벽 4시 12분, 루이스는 숨을 거뒀다.

코스타는 망연자실했다. 어떤 사람들은 그가 딸을 잃은 슬픔에서 영영 헤어나지 못했다고 말했다. 그 무슨 조화인지 루이스보다 증상이 먼저 나타났던 미치 그로고노비치와 그레고르 티포프는 완쾌되었다. 같은 주 주말, 열네 명이 그 병의 환자로 추가 확인되었다. 그들 모두 신속하게 치료를 받고 마법의 탄환으로 완쾌되었다.

데미스는 최선을 다해 사촌의 마음을 안정시키려고 했다. 하지만 며칠이 지나도 효과가 없자 집으로 그냥 돌아가는 편이 낫겠다는 생각이 들었다. 그로부터 석 달 뒤 어느 청명한 가을 아침, 코스타는 언제 그랬냐 싶게 기운을 완전히 회복하고 데미스에게 고맙다는 말까지 전해왔다. 그러고는 로스앤젤레스를 불쑥 방문하여 자신을 놀라게 했던 것처럼 아테네의 데미스 실험실을 방문하여 그를 놀라게 했다.

며칠 후 두 사람은 피레우스 항구로 가서 고속 모터보트에 몸을 실었다. 정오 무렵 그들은 모니 산마루, 옛 집 근처의 포도원 옆에 서 있었다. 포도원은 당시 데미스의 처가 쪽 식구들이 경영하고 있었다. 데미스의 친척들은 그날 저녁 올리브와 레트시나(그리스산 포도주—옮긴이)로 집안 어른들을 융숭하게 대접했다. 지난날의 망령은 말끔히 사라지고 없었다.

코스타는 다소 평정을 되찾았다. 하지만 그를 잘 아는 사람들의 눈에는 루이스의 죽음으로 마음속 깊숙이 간직하고 있던 빛 하나를 상실한 사람처럼 보였다. 하지만 사촌 데미스를 비롯한 몇몇 사람들은 그것을 조금 다른 시각으로 바라보았다. 그 비극을 거울삼아 코스타 부부는 겸양이라는 인생의 중요한 교훈을 배울 수 있었다는 것이다. 딸의 생명을 구하기 위해 발버둥치는 과정에서 과학이라는 제아무리 가공할 기술을 지녔다 해도 인간은 여전히 자연이라는 거대한 존재의 종복일 뿐임을 그가 깨달았을 거라는 의미였다.

유전학에 대한 반발

과학역사상 유전학과 컴퓨터의 결합보다 더 막강한 결합은 없었을 것이다. 이 두 분야의 결합이야말로 21세기 사람들의 삶을 진정으로 향상시킨 주역이었다. 물론 생물학이 미친 근원적인 문제까지 파고들어가면 진보에도 어두운 면은 있었고, 유전학이 몰고 온 의료계의 혁신에 대해 반대하는 목소리도 높았다.

유전학 발달은 많은 비판을 몰고 왔다. 유전학 옹호자들도 이론이 현실화되기 오래전부터 이미 반대자들의 거센 항의에 직면해야 했다. 1953년 크릭과 윗슨의 발견으로 시작된 유전학은 정보가 이미 넘쳐나는 상태에서 세상에 출현했으며, 그런 상황에서 여론은 미디어의 환상으로 만들어졌다.

20세기 후반과 21세기 초반 몇십 년 동안 이루어진 유전학의 발달은 이론이 현실화되기 오래전부터 분해되고 논의된 것들이었다. 미래파적 개념은 한낱 공상과학 작가들의 영역으로나 치부되고, 그들의 생각도 일부 열혈팬들만 공감하는 정도였으나 유전자 시대가 일단 도래하자 과학에 문외한이었던 대중들까지 유전학에 관심을 보였고, 유전학의 가능성이 감지되기 몇십 년 전부터 이미 이 같은 현상은 시작되었다. 평생 과학과는 담을 쌓고 지내던 사람들이 복제, 유전자 조작, 유전학과 관련된 혜택과 문제점들을 논했다.

텔레비전 방송사들도 복제가 현실화되기 20년 전부터 이미 복제과정에 대한 방송을 내보냈고, 신문과 잡지 또한 유전자 치료법의 실용화가 아직 요원하던 몇십 년 전부터 유전자 요법으로 인간의 모든 질병을 치료하게 될 날도 멀지 않았다는 식으로 기사를 썼다.

그리고 물론 이것은 대부분의 경우 좋은 일이다. 어쩌면 세계는 핵과 관련된 문제들을 대중이 채 자각하기도 전에 핵시대가 도래했다는 사실에서 어떤 교훈을 배웠을지도 모른다. 핵무기는 일반인들이 전혀 모르는 사이 로스앨러모스에서 연구가 진행되어 2차 대전 중에 사용되었다. 1945년 8월 9일 세계인들은 자고 일어나니 세상이 바뀐 사실을 깨달았다. 아닌 밤중에 홍두깨처럼 하룻밤 사이에 핵무기가 삶의 현실이 되어버렸던 것이다.

유전학 혁명은 그와는 아주 달랐다. 일반인들도 유전학에 대해 알 만큼 알고 있었고, 이로 인해 야기될 수 있는 복잡한 윤리문제와 현실적 문제도 유전학 혁명이 일어나기 전에 이미 충분히 제기되고 숙고되었다.

유전학에 대한 대중의 경각심은 값비싼 희생을 치르든 말든 과학만 발전하면 된다는 망상에 사로잡힌 사람들과 유전학을 정치, 군사적 우위를 지키기 위한 수단으로 보는 사람들의 극단적 행위로부터 세계를 보호해주는 안전망 구실을 했다. 뿐만 아니라 대중의 경각심은 유전학이 온전히 인간들에 관한 그리고 인간과 공존하는 지구상의 다른 생물들에 관한 과학이라는 사실을 일깨워주었다.

그렇다고 해서 모든 사람이 유전학을 긍정적이거나 바람직한 것으로 본 것은 아니었다. 그리고 놀랍게도 반대자들은 정보를 왜곡시켜 대중의 판단을 흐리게 하는 데 성공했다. 유전학에 대항하여 결속을 다지는 적대자들도 적지 않았다.

어떤 사람들은 유전학 때문에 자신들의 프라이버시가 침해당하지 않을까 우려했다. 그런가 하면 프랑켄슈타인 같은 괴물이 탄생하거나, 몹쓸 독재자가 나타나 복제인간으로 군대를 조직할지도 모르고 유전학을 치명적인 생화학 무기를 만드는 데 이용할지도 모른다며 불안해하는 사람들도 있었다. 또 어떤 사람들은 유전학 혁명이 과학자와 의사들의 힘을 비대화시키는 원인이 될 것이라고 생각했다. 반反자본주의자들은 유전학을 부자가 가난한 자를 지배할 수 있는 또 다른 수단으로 바라보았다. 반면 종교의 권리라는 면에서 보면 유전학은 지나치게 앞선 과학의 힘으로 전통적 가치를 훼손하는 것을 의미했다.

유전학에 반대하는 이 같은 사람들은 합리적인 토론과 논리적인 반대로 유전학의 발달을 저지시키려 했다. 하지만 극렬주의자들은 유전학이 점점 더 사람들의 삶 속으로 깊숙이 침투해 들어가자 더욱 선동적이 되었다.

이들 극렬주의자 중에서도 가장 악명 높은 단체가 이른바 '유전자의 전사들'이라 불리는 단체였다. 이 단체는 클라라 맥도널드와 루퍼스 오도넬이라는 현대판 보니와 클라이드(영화 〈내일을 향해 쏴라〉의 남녀 주인공 이름—옮긴이)를 중심으로 한 극단적이고 폭력적인 그룹이었다.

클라라 맥도널드는 1998년에 태어났다. 아버지에 대해서는 알려진 바가 없고 릴리스라는 여성의 편모슬하에서 자라났다. 릴리스는 생계를 위해 닥치는 대로 일을 하며 거의 평생을 샌프란시스코에서만 살았다. 이들 모녀는 유별나게 사이가 가까워 클라라는 갈수록 엄마의 복사판이 되어갔다. 그녀는 정규학교는 다니지 않았으나 그림 실력이 뛰어났다. 그래서 그 재주 하나로 2016년 샌프란시스코 미술학교에 입학허가를 받았다.

릴리스에게는 어딘가 모르게 반체제적인 성향이 있었다. 그런 엄마 밑에서 자랐으니 클라라의 정치성이 강한 것도 무리는 아니었다. 하지만 그런 정치성은 처음에는 나타나지 않다가 미술학교에 다닐 때 각종 정치단체에 기웃거리면서 표면화되기 시작했다. 미술학교에서 그녀는 록밴드 활동을 했다. 록밴드에서 자신의 첫 남자친구이자 기타리스트이며 미술학도였던 롭 그라이너와 함께 저항적인 노랫말을 쓰며 지방 음악계에서 조금씩 주목을 받았다.

사람들은 2017년을 '제2의 서머 오브 러브('서머 오브 러브summer of love'

는 1960년대 말 샌프란시스코의 하이트 애시배리가를 중심으로 일어난 히피문화의 한 측면인 반문화의 일환—옮긴이)'라 불렀다. 하지만 그들은 '서머 오브 러브'의 진정한 의미도 모른 채, 반문화 운동가들에게는 1960년대의 가장 중요한 해였던 1967년의 50주년을 그저 이용만 하고 있을 뿐이었다.

사람들은 흥분에 들떴다. 다국적 미디어 그룹들은 서머 오브 러브 당시 히트했던 노래들을 재출시했고(그 중 가장 주목할 만한 것이 마이크로 인터액티브 디스크MID 포맷으로 새로 출시한 비틀스의 'Sgt Pepper's Lonely Hearts Club Band'였다), 인터넷에서는 비틀스와 비치보이스의 홀로그래픽 시뮬레이션 공연이 봇물을 이루었다.

하지만 클라라 같은 진짜 누보히피들은 다르게 행동했다. 그녀만 해도 어머니와 함께 하이트 애시배리로 주거지를 옮겨 골든 게이트 파크의 '해프닝스'에서 공연을 하며 학교에는 가물에 콩 나듯 어쩌다 한 번씩 얼굴을 내밀었다. 하지만 이 누보히피들은 자신들이 거대 미디어 기업과 다를 바 없이 역사를 되돌려놓고 있다는 사실을 깨닫지 못했다.

이때만 해도 클라라는 아직 순진했다. 기성세대에 대한 악의 없는 반감으로 '모범 인간들'이 하는 일은 무조건 반대하고 보는 순진한 여성이었다. 시기가 20세기 후반이었다면 그녀는 아마 자연스럽게 히피가 되었을 것이다.

2017년 클라라는 특히 미국 서부 대학의 학생들 사이에 뿌리내리고 있던 신마르크스주의 운동에 가입했다. 그녀는 서방 국가들의 상업주의에 맹렬한 반대 운동을 펼쳤고, 동물보호단체에 가입했으며, 불법단체인 DWN(Destroy Washington Now, 당장 워싱턴을 파괴하라)의 기금마련을 위해 콘서트에 출연했다. 그리고 그해 말, 제2의 서머 오브 러브에 뒤이은 겨울, 이제 막 열아홉 살에 접어든 클라라는 반反기성세대 히피에서 무정부주의 전사로 변해갔다.

2017년 릴리스 맥도널드는 마흔아홉 살의 젊은 나이였다. 하지만 그 길지 않은 세월 동안 그녀는 파란만장한 삶을 살았다. 10대 초반부터 술독에 빠져 살았는가 하면 종류를 가리지 않고 닥치는 대로 마약을 복용한 적도 있었다. 10년 동안 헤로인 중독자로 살면서 마약 살 돈이 떨어질 때면 곧잘 샌프란시스코에서 거리의 여자로 나서곤 했다. 클라라를 임신했을 때도 그렇게 살았다. 40대 후반이 되자 그런 생활의 여파가 몸에 나타나기 시작했다. 그리고 2017년 11월, 망가진 몸으로 히피 공동체에서 한바탕 술잔치를 벌이고 으레 그렇듯 잠깐 한기가 드는가 싶더니 폐렴에 걸려 당시 새로 문을 연 스트로베리 힐 병원에 입원했다.

폐렴 자체는 별 게 아니었다. 하지만 릴리스의 엑스레이를 살펴본 담당 의사는 놀랍게도 왼쪽 폐에서 자몽만한 종양과 오른쪽 폐 기관지 절반이 썩어 있는 것을 발견했다. 릴리스는 즉시 중환자실로 옮겨져 종양 수축 치료제로 새로 개발된 일련의 약물을 투여받았다. 그런 다음 클라라의 동의를 받아 종양 제거를 위한 유전자 치료에 들어갔다.

릴리스 맥도널드는 이틀 후 사망했다. 클라라는 자기 엄마를 죽인 것은 결국 스트로베리 힐 병원 의사들이라는 결론을 내렸다. 클라라가 볼 때 그 책임은 분명 의사가 사용한 최신 기술, 특히 유전자 치료법에 있었다. 그녀는 의사가 병든 엄마에게 유전자 치료법을 억지로 강요했다고 믿었다. 히피 공동체 친구들의 부추김도 있었고, 엄마의 사망 원인을 그녀의 생활방식이 아닌 다른 요인이나 사람들에게 전가하려는 마음도 있었던 클라라는 대중의 관심을 끌 커다란 사건을 생각해냈다. 그리고 자신의 엄마는 결국 부유한 자본가들의 배를 불려주기 위해 만들어진 파시스트 약과 치료법의 실험용으로 사용된 모르모트였을 뿐이라고 결론지었다.

클라라는 유전학 전반으로 비난의 화살을 돌렸다. 하지만 특별히 악의적인 공격은 지난 2000년 인간 게놈의 완전 지도화와 함께 시작된 유전학 혁명을 비난할 때 사용하려고 일단 남겨두었다. 그러고는 반유전학 운동을 어떻게 전개할지에 대한 방법을 고민하면서 그 당시 가장 의욕적이고 널리 알려져 있던 반反과학단체인 자매단에 가입했다.

같은 생각을 가진 사람들의 반체제단체 비슷한 것으로 출발한 이 자매단은 21세기 초 반자본주의 그룹에서 파생돼 나온 단체였다. 그리고 당초 여성들만을 회원으로 받아들였으나 시간이 갈수록 남성에게도 개방했고 남성들은 결속을 다지는 의미에서 '자매'로 알려지게 된 것에 대한 자부심을 공공연히 과시하기도 했다. 2012년 처음 결성된 이래 자매단의 규모는 엄청나게 성장했다. 유명인사들도 몇 명 가입하여, 재정에 많은 도움을 주었다. 영화배우 시드니 홀덴과 세계적인 인터넷 아티스트 미란다 도너휴도 그 중의 하나였다.

자매단은 시위와 행진을 조직했다. 국회의사당 앞에서 연좌시위를 벌였고, 이런저런 형태의 반체제 활동에 대한 대중적 지원도 아끼지 않았으며, 동물보호운동과 맹렬히 뻗어나가고 있던 반자본주의 단체 내의 극렬주의자들에 대해서도 암묵적인 도움을 주었다. 클라라에게는 힘과 설득력이 있었다. 유명인사들과도 친하게 지냈고 회의론자들의 마음도 돌아서게 하는 매력이 있었다. 자매단에 입단한 지 불과 18개월 만에 클라라는 이 단체의 수석 대변인 자리에 올랐다.

하지만 이 무정부주의 단체조차 그녀에게는 성이 차지 않았다. 진행도 느리고 과격하지도 못한 것 같았다. 클라라는 자매단을 좀더 투쟁적이고 공격적인 단체로 만들고 싶었다. 하지만 지도부는 법의 테두리 내에서 활동하며 내부로부터의 민주주의 전복을 원했다. 클라라는 세상의 목을 조르고 싶어했고 가능하면 평화적 방법을 쓰되 필요하면 폭력으로 대중을 선동하자는 주의였다. 하지만 그녀는 소수파였고 때문에 자매단의 틀 속에서는 활동을 계속할 수 없다는 것을 깨달았다. 2019년 그녀는 본능에 따라 그곳을 떠났다.

자신의 본능에 따라 결성한 것이 이른바 '유전자의 전사들'이었다. 유전자의 전사들은 과학자들의 악마적 행동에 대중의 관심을 모으기 위해서라면 못할 것이 없는 행동방침을 정해놓고 있다는 점에서 참으로 제격인 호칭이었다. 이들은 최신 복제기술과 개인 유전자 정보의 자유로운 접근, 광범위하게 유통되고 있는 유전자 조작 식품에 격분했다. 인터넷으로 널리 유포되고 있는 단체의 홍보물을 통해 이들은 모든 유전학 연구의 종식을 촉구하면서 현대의학 발전을 사기행위와 다름없는 것으로 간주했다. 또한 첨단과학은 단지 부자들만 더욱 부자로 만들어줄 뿐이어서 자본가들이 빈곤층을 억압하는 또 다른 수단이 될 것이라고 주장했다. 아이러니컬하게도 이 모든 것은 최첨단 기술(인터넷)을 통해 발표되었다.

유전자의 전사들은 결성된 첫해부터 왕성하게 활동했다. 당시 새로 발족한 뉴욕 복제연구소에 우편물 폭탄을 보냈는가 하면, 자동차를 폭발시켜 유전자 조작 식품 연구단체 크롭젠Cropgen의 총수를 암살하려 했으나 폭탄이 너무 일찍 터지는 바람에 직원들만 죽는 일이 발생했고, 실험실과 기술센터에 몇 번 방화를 저질러 성공을 거두기도 했다. FBI는 클라라가 자매단에 입단한 초기부터 그녀의 행동을 예의 주시했다. 때문에 그녀도 유전자의 전사들 결성에 개입한 뒤로는 지하로 잠입하여 지난 20년간 반정부단체와 반과학단체가 구축해놓은 정교한 네트워크의 보호를 받으며 지냈다.

클라라가 유전자의 전사들에 새로 들어온 루퍼스 오도넬을 만난 것이 바로 이때였다. 오도넬도 과거 IRA(아일랜드 공화국 군. 북 아일랜드 가톨릭계 과격파 무장조직으로 영국령 북아일랜드의 독립을 요구하며 반영 테러활동을 벌이는 조직—옮긴이)를 위한 테러활동을 했었고, 한때 용병생활도 했던 과격한 인물이었다. 두 사람은 만나자마자 서로에게 끌렸다. 클라라는 오도넬의 영향으로 더욱더 극단적으로 변했다. 유전자의 전사들도 오도넬의 영향을 받아 더욱 대담하게 행동했다.

2021년이 되자 유전자의 전사들은 맥도널드와 오도넬의 공동 지휘를 받는 상황이 되었다. 이 단체는 본부가 있는 오하이오 주에서 FBI의 무정부주의자 단체 1급 수배자 명단에 올라 있었다. 맥도널드와 오도넬도 정부청사 파괴에서 살인에 이르기까지 미국의 11개 주에서 저지른 범죄행위로 수배 중이었다. 유전자의 전사들은 이제 미국에서 모르는 사람이 없을 정도로 유명해졌다.

그러자 이들은 자신들의 사상에 동조하는 다른 나라 단체들과 연대를 모색하기 시작했다. 2021년 말, 갈수록 높아지는 유명세에 자신감을 얻은 맥도널드와 오도넬은 드디어 전 세계인들과 언론의 이목을 집중시킬 수 있는 당찬 계획을 세웠다.

2022년 1월 3일 세계적인 유전학 이론가로 밀리건 대학에서 스타키스 사촌의 지도교수를 지내기도 했던 존 리스 박사가 MIT 대학의 새로운 실험실에서 혼자 연구를 하다가 몰래 잠입한 복면의 4인조 침입자에게 납치되는 사건이 일어났다. 침입자들은 무장을 한 전문 납치범들이었기 때문에 보안 카메라와 경고 장치는 미리 꺼져 있었고, 정문의 수위들도 감쪽같이 목 졸려 숨져 있었다. 경고알람이 울렸을 때는 이미 리스가 매사추세츠 주 시골의 한 목장에 감금당한 뒤였다.

오도넬과 같은 인물이 납치에 가담한 순간부터 존 리스의 운명은 이미 정해진 것이나 다름없었다. 하지만 납치 자체는 폭력을 최소화한 간단한 것이었다. 이들은 그저 과학자를 납치하여 목장에 감금만 시켜둘 작정이었다.

그런데 언론의 관심이 납치에 집중되면서, 클라라 맥도널드의 이데올로기와 현대의학에 대한 그녀의 증오심을 담은 필름이 텔레비전과 인터넷 방송사들에 배달되기 시작했다. 그 필름과 함께 텔레비전과 인터넷에 24시간 동안 필름을 연속으로 방송하지 않으면 리스를 처형하겠다는 협박문이 배달되었다.

언론, 정부, 경찰, FBI 모두 어쩔 줄 모르고 허둥대기만 했다. 당국은 처음에는 텔레비전 방송국과 인터넷 방송사에 그 필름을 방영하지 못하게 막았다. 하지만 납치 방송이 이미 유전자의 전사들에게는 광고나 마찬가지였기 때문에 소용없다는 것을 깨닫고 방송을 허용했다.

FBI 간부들은 매우 신중함이 요구되는 민감한 사안이라고 말하며 몇 차례나 '웨이코 사건(1993년 텍사스 주 웨이코의 광신적 종교단체인 천년왕국 주의자가 불법무기를 은닉하자, FBI가 51일간 포위하고 있다가 카멜 산의 이들 공동체를 급습한 사건. 이 과정에서 나무로 지어진 집들이 불타면서 순식간에 70여 명이 목숨을 잃어 미국 사회에 지나친 공권력 사용 여부로 물의를 일으켰다—옮긴이)'을 언급했으나 이조차도 테러리스트에 대한 강력 대응을 막지는 못했다.

납치사건이 일어난 그 다음날 아침, 수백 명의 FBI 요원과 일급 저격수가 포함된 경찰 병력이 목장을 첩첩이 에워싼 가운데 클라라 맥도널드의 필름이 텔레비전과 인터넷을 통해 약 40억 명으로 추정되는 전 세계인들에게 방영되었다. 거기에는 새로운 내용도 없었고 그녀의 의견이라는 것도 대부분 비뚤어진 열정만 있을 뿐 논리적인 설득력이 부족했다. 하지만 그녀의 말투에는 어딘가 열정과 진정성이 담겨 있었고 그것이 수많은 사람들의 가슴을 울렸다. 클라라는 현대 과학기술의 문제점과 최근에 이루어진 몇몇 기술적 발전을 맹렬히 공격했다. 그 말을 듣고 있으면 과학은 정말 위험하고 반사회적인 것 같았다.

맥도널드, 오도넬 그리고 리스 교수에게는 불행하게도 납치와 방송으로도 상황은 종식되지 않았다. 방송이 나가고 메시지가 전달되자 FBI와 납치자들간의 대치는 불가피해졌다.

나중에 클라라 맥도널드가 남긴 필름에서 빼낸 보도자료에 따르면 그녀는 리스를 죽일 의도가 없었다고 한다. 클라라는 자신의 말이 세계인들의 마음을 사로잡았다고 착각하고 투항할 생각이었다. 대중의 인기에 힘입어 자신은 면죄가 될 것이라 확신했던 것이다. 그녀는 정말 죽고 싶지 않았다. 하고 싶은 일도 많았고, 잠시 수감생활을 해야 한다면 감옥 안에서도 그 일은 할 수 있을 것 같았다.

하지만 오도넬은 달랐다. 정신분열증 환자에 나중에 이전 동료로부터 '난생 처음 보는 미치광이'라는 말까지 들은 그는 FBI나 경찰에 투항할 의사가 전혀 없었다. 그는 끝까지 버티기로 작정했다. 목장에는 몇 달 지낼 수 있을 만한 식량과 물이 비축돼 있었고 발전기와 무기도 준비돼 있었다. 그는 또 경찰이 선제공격을 해오지는 않으리라는 판단하에 일을 진행시켰다.

하지만 그의 판단은 빗나갔다. 사건의 진자는 강경 발언으로 유명한 공화당 출신 대통령과 전직 낙하산병 출신으로 역시 강경파인 주지사 쪽으로 기울고 있었다. 이들을 등에 업고 치밀한 작전을 펼쳐 포위상태를 끝내겠다는 결의에 찬 사람들이 작전의 주도권을 잡아나갔다. 리스 교수는 유명인사였고 중요한 인물이었다. 때문에 분위기가 강경 입장으로 선회했다고는 해도 무척 세심한 주의가 뒤따랐다. 이 위기로 25년 전에 일어난 웨이코 참사의 망령이 되살아나기를 바라는 사람은 아무도 없었기 때문이다.

납치 4일 만에 특수부대 요원들은 목장 안으로 진입했다. 그러고는 단체요원 두 명을 사살하고 침실에 있던 맥도널드와 오도넬을 찾아냈다. 뒤이어 총격전이 벌어졌다. 클라라 맥도널드는 근거리에서 총에 맞았으나 오도넬은 특수요원 두 명을 사살하고 건물 중앙으로 도주했다. 특수부대 요원들은 건물의 설계도를 면밀히 검토하고 불의의 사태에 대비하여 예행연습까지 했음에도 오도넬을 붙잡지 못했다.

그는 상처 하나 입지 않고 리스 교수가 억류된 지하실로 내려갔다. 그러고는 문에 바리케이드를 친 뒤 교수를 의자에 묶어놓고 목을 베 살해했다. 살해 30분 뒤 오도넬은 지하실로 내려간 두 명의 FBI 요원과 함께 죽은 채 발견되었다.

그것은 너무도 끔찍하고 불행한 사건이었다. 스물일곱 살의 나이에 당대를 빛낼 위대한 천재의 한 사람으로 손꼽혔던 리스 교수가 납치, 살해된 일은 앞으로 테크놀로지가 지향할 방향에 대한 전 세계적인 논쟁을 불러일으켰다. 물론 대부분의 일반인들은 과학의 발달에 동조하면서 인간이 필요로 하는 것을 냉혹하게 파괴시키려 한 극렬주의자들의 행위에 혐오감을 금치 못했다. 하지만 새로운 과학이 제기한 윤리적 문제에 우려를 표하는 사람도 소수이긴 하지만 무시하지 못할 정도로 많았다.

자아의 회복

21세기 이야기는 어떻게 보면 길이가 같은 2막짜리 희곡의 1막과 같다고도 말할 수 있다. 2036년의 주식시장 붕괴로 야기된 전 세계적인 경기 후퇴(3장에서 자세히 다루고 있다)에 뒤이은 대혼란이 20세기의 양차 세계대전이 그 시대를 결정지은 것과 같은 방식으로 21세기의 모습을 바꿔놓은 것만 봐도 그랬다. 대혼란은 과학 발전에 지대한 영향을 끼쳤고, 정치체계를 일변시켰으며, 갖가지 방식으로 세계의 정치 지형을 바꾸었다. 사회구조와 사람들의 인식에도 많은 영향을 주었다.

옛 서적을 읽어보면 20세기 초의 대학생활은 지금과 사뭇 달랐던 것을 알 수 있다. 옥스퍼드 대학과 케임브리지 대학 학생들도 대학 당국의 엄격한 규제를 받으며 생활했다. 불독이라 불리는 학교 사감이 학생들을 밤늦게 돌아다니지 못하게 했고, 여자들을 방에 불러들이지 못하게 했으며, 도박이나 마약을 금지했다. 그러다 2차 대전이 터지자 학생들은 징집되어 프랑스 전선에서 싸워야 했다. 종전 후 전쟁에서 살아남은 이들은 전혀 딴 사람이 되어 학교에 복학했다. 학생들은 이제 학교 당국의 간섭을 받지 않으려 했다. 이들은 죽음과 파괴를 목격했고, 총탄과 박격포탄이 난무하는 전장을 누볐으며, 무엇보다 남자였다. 따라서 그에 상응하는 대접을 받기 원했다.

대혼란도 이와 같은 방식으로 수많은 사람들의 태도를 바꿔놓았다. 사람들은 참혹한 기간을 견뎌낸 뒤 마치 불의 시련이라도 겪은 듯 이제는 자신들의 인생을 즐기고 싶어했다. 그것이 가장 극명하게 드러난 분야가 첨단과학이었다. 첨단과학은 인간에게 새로운 형태의 쾌락을 제공해주었고, 인간의 몸에 새로운 느낌의 힘을 부여했으며, 운명 심지어 죽는 방식까지도 스스로 선택할 수 있게 해주었다.

쾌락과 행복을 찾아서

문명이 시작된 초기부터 인간은 인위적으로 기분을 고양시키거나 침체된 상태를 벗어나기 위한 방법을 찾아왔다. 고대인들은 식물 뿌리에서 뽑은 에센스로 물약을 만들기도 했고 파이프 속의 잎사귀들을 태워 화학 촉진제를 얻기도 했다.

이 같은 물질은 신경계의 메커니즘을 변하게 하여 사람의 기분을 흥분시켰다. 중남미 일부 지역에서 고대부터 줄곧 쓰이고 있는 메스칼린(메스칼 선인장에서 뽑은 알칼로이드로 환각증상을 일으킨다고 한다—옮긴이) 같은 물질은 특히 강력한 환각작용을 일으켰다.

최근에는 아편이나 헤로인, 코카인처럼 정제된 마약이 널리 쓰이게 되었다. 이들 마약은 술, 담배와 같이 인체에 미치는 영향이 사람마다 각기 다르게 나타났다. 하지만 건강에 역효과를 준다는 점에서는 모두 같았고, 그런 이유로 사용이 금지된 불법 마약도 많았다. 하지만 때에 따라서는 그런 불법성 때문에 마약이 더 매력적으로 보이는 점도 있었다. 게다가 이들 마약은 가격이 무척 비싸서 마약상들 사이에 매년 수억 달러의 돈이 오가는 조직범죄의 온상이 되기도 했다.

이 같은 마약 남용의 문화는 사회, 과학 분야의 발달에도 불구하고 수년 동안 그대로 방치되었다. 마약으로 인해 더욱 활기를 띠게 된 조직범죄도 마찬가지였다. 첨단과학은 마약 카르텔과 경찰에 조직의 정교함만을 더해주어, 양측은 이 같은 기술로 서로의 힘을 무력화시키기에 바빴다. 서구 여러 나라의 거리에는 여전히 마약이 판을 쳤고, 세계의 경찰력은 마약 문제를 뿌리뽑기 위해 혈안이 되었으며, 마약상들은 더욱 교묘한 방법으로 경찰력을 따돌렸다. 마약과 마약의 사촌인 폭력으로 인한 사망자도 수백만 명을 헤아렸다.

날로 개선되는 의료시설과 첨단기술에도 불구하고 마약 남용과 관련된 질병이 기승을 부리며 끊임없이 변종을 만들어냈다. 그리고 이 같은 사실은 1830년 또는 1930년의 마약 복용자들이나 2030년대의 마약 상습자들이나 하등 다를 바가 없다는 것을 의미했다.

2030년대 초부터 일부 연구진들은 부작용 없이 쾌락을 느끼게 해주는 강력한 화학물질과 기타 다른 방법을 찾아내는 데 성공했다. 이 같은 발전은 장점과 단점을 동시에 지녔다. 우선 개인적 고통을 벗어나려는 사람이나 느긋하게 한 번 즐겨보고 싶은 사람은 위험부담 없이 화학물질과 전자제품이 주는 즐거움을 만끽할 수 있었다. 게다가 화학물질과 오락 목적으로 쾌락을 만들어주는 이 같은 방법은 우울증과 같은 신경계통 질환의 치료요법으로도 사용되었다. 그 밖에 새로 개발된 쾌락 마약은 법적, 사회적으로 용인이 된다는 이점이 있었다. 법적, 사회적 용인을 받음으로써 그동안 마약 습득과 사용에 관련된 범죄행위가 사라진 것이다.

하지만 반대자들은 쾌락소(이 말은 이제 하나의 트렌드가 되었다)가 개인의 나약함의 상징이며, 따라서 사회의 위험요소가 되어 공공의 안녕을 해칠 우려가 있다고 반박했다. 신기술 지지자들은 이에 대해, 사람들은 늘 기분 좋은 상태를 바라기 때문에 쾌락을 원하는 것이라고 말했다. 신기술 반대자들은 그야 물론 이용자들이 자신들을 통제할 수 있고, 건강을 해치지 않는 범위 내에서 사용할 수 있는 마약이 있다면 매년 수백만 명의 인명을 앗아가며 국제적인 조직범죄를 양산시켰던 옛날과는 비교가 안 될 만큼 바람직한 것이 될 거라고 응수했다.

2030년대 초에 논의된 것이 주로 이 같은 문제들이었다. 미국과 일부 유럽 국가들의 종교단체는 신기술에 맹렬히 반대했다. 마약 남용 근절에 수십 년을 바쳐온 일부 단체들도 화학물질과 쾌락을 주는 기술에 호의적인 사람들에 대해, 옛 방식과 별로 다를 것이 없다며 고개를 가로저었다. 쾌락 마약의 지지층은 주로 호기심 많은 대중과 당시 개발 중이던 이른바 '테크노 마약'의 광대한 시장성을 점치고 있던 기업가들이었다. 언론에서는 셀프라는 단체가 쾌락 마약을 지지하고 나섰다. 이 단체는 개인의 권리와 책임의 교화 운운하며 시대를 20여 년 앞서가는 발언을 했다. 아닌 게 아니라 이 문제는 대혼란 이후 2050년대에 크게 유행하며 광범위한 주목을 받기도 했다.

쾌락 마약과 기술에 대한 연구는 정부산하 기관도 일익을 담당했으나 주로 민간 차원에서 이루어졌다. 신마약 개발에 성공하면 전 세계적인 시장을 확보하게 되리라는 것은 불을 보듯 뻔했기 때문에 연구자들에게는 막대한 재원이 주어졌다. 대혼란 전에도 몇몇 기업은 자사 제품에 대한 정부의 허가를 받으려고 시도한 적이 있었다. 하지만 성공을 거둔 회사는 하나도 없었다.

토론토의 로버튼 사는 사용자의 지시에 따라 쾌락 중추가 신경세포를 자극하도록 돼 있는 전자 이식기를 개발했다. 하지만 이 장치는 효과의 극대화를 위해 기술과 훈련이 필요한 데다 사용방법도 너무 복잡하고, 가격도 비싸고, 시장 침해적인 요소가 있어 결국 시판까지 이어지지는 못했다. 이것이 실패한 이유는 무엇보다 신제품에 대한 안전성 검사와 환경에 미치는 영향을 감시하는 단체, 즉 국제소비자의 권한 때문이었다.

많은 연구자들은 대량생산이 가능할 뿐 아니라 가격도 저렴하고 부작용도 없어 모든 사람이 안심하고 이용할 수 있는 화학물질의 개발이 앞으로 나아갈 길이라 믿었다. 그러던 차에 대혼란이 시작되자 이 분야의 연구도 주춤해졌다. 하지만 2049년 쾌락소Pleasure Principle 사는 마침내 이 기준에 모두 부합되는 마약 개발에 성공했다. 그리고 2051년 '캄Kalm'은 국제소비자의 권한의 인가를 받은 뒤, 이듬해 성탄절까지는 시판에 들어갈 수 있었다.

캄은 사용자들에게 깊은 행복감과 만족감을 준다는 점에서, 올더스 헉슬리가 그의 소설 《멋진 신세계》를 위해 만들어낸 환각제 소마soma

와 닮은 점이 많았다. 하지만 캄에는 소마와 다른 점도 있었다. 즉, 캄 이용자는 사회적인 기능을 다할 수 있고 능률적인 일 수행도 가능하다는 이점이 있었다. 또한 원하기만 하면 수초 내에 캄의 효과를 제거할 수도 있는, 마약 중화제 '언두undo'도 함께 시판되었다.

사람들은 캄의 등장으로 많은 혜택을 보았다. 시판에 들어간 첫해에 이 약의 개발자와 제조사는 수억 달러를 벌어들였으며, 우울증에 시달리던 수백만 명의 사람들이 이 약으로 새 삶을 찾았다. 게다가 이 약은 완전히 합법적인 데다 가격도 저렴하여 믿고 쓸 수 있는 기분전환 마약으로 재빨리 자리잡았다. 나온 지 2년 만에 캄과 적어도 한 다스는 되고도 남을 유사 마약은 전 세계 수억만 사람들의 애호품이 되었다. 그 때문에 술 판매는 급감했고, 40여 년 전인 2013년에 요란한 선전에도 불구하고 대중의 싸늘한 관심 속에 개발되었던 '안전 담배safe cigarette'도 하룻밤 사이에 시장에서 자취를 감추었다.

쾌락소 반대자들과 쾌락이라는 개념에서 회사명을 따온 쾌락소 사의 적들은 어정쩡한 상태에 머물러 있었다. 하지만 대혼란을 겪은 사람들은 그로 인해 심경의 변화를 일으켜, 기분전환 마약이 출현하는 것을 좌시하지 않겠다던 단호한 태도에서 한 발 물러섰고, 그로 인해 반대자들의 수도 많이 줄어들었다. 캄과 유사 마약에 대한 사람들의 불만은 단 하나, 이 약이 왜 좀더 일찍 나오지 않았느냐는 것이었다. 몇 년만 일찍 나왔더라도 대혼란으로 야기된 근심걱정을 많이 해소할 수 있었을 거라는 말이었다.

쾌락소 사 연구원은 이 말을 듣고 크게 안도했다. 그 이유는 지난 13년간의 대혼란기 동안 약 1억 9천7백만 명에 이르는 사람이 마약과 알코올 과다복용으로 숨졌고, 이것은 기록 보관이 이루어진 이래 그 어느 기간과 비교해도 3백 퍼센트나 높은 사망률이었기 때문이다.

죽을 권리를 달라

의학 지식의 발달, 특히 게놈의 본질적 측면에 대한 이해가 가져온 가장 중요한 결과는 21세기 들어 인간의 평균 수명이 급격히 늘어났다는 사실이다.

21세기 초만 해도 선진국 국민들의 평균 수명은 남성 73세, 여성 77세였다. 이것은 빅토리아 시대 사람들의 평균 수명보다 2배가 높은 것이었으며, 식이요법에 대한 각성, 향상된 의학 지식, 위생관리의 중요성을 이해한 결과였다.

21세기가 진행되면서 평균 수명에 대한 기대치는 계속 올라가, 2099년에 출생한 아이는 적어도 백 살은 살아야 된다고 생각할 정도였다. 이 같은 기대치 또한 과학에서 비롯된 결과였다. 하지만 이번에 수명 연장을 가져온 요인은 20세기의 그것과는 사뭇 달랐다.

21세기 말의 몇십 년간 제공된 의료기술로 선진국 국민들은 한때는 치료 불능으로 여겼던 질병들을 치료할 수 있게 되었다. 예방 기술도 장족의 발전을 이루었고, 게놈과 생명공학에서 도출된 새로운 지식으로 사람들은 원하기만 하면 생체시계까지도 되돌려놓을 수 있게 되었다. 이것은 사람들의 수명을 연장시켜주었다는 사실 외에도 사람들의 모습과 생각까지도 젊게 만들어주었다.

21세기 말에는 또 남녀간의 평균 수명 차도 거의 없어졌다. 이것은 일부 진보된 유전 조작 방법 때문이기도 했으나 그에 못지않게 일의 성격이 노력을 크게 요하지 않게 되고 심장병과 같이 '남성 킬러'로 알려졌던 질병이 더 이상 존재하지 않았기 때문이다.

지난 몇 세기를 산 사람들에게 인생의 크나큰 아이러니는 무엇보다 세상사의 이치를 깨닫는가 싶으니 곧 몸의 퇴화가 시작된다는 것이었다. 따라서 이론적으로만 보면, 과학으로 생명이 연장되고 노인들도 건강을 유지할 수 있게 된다는 것은 참으로 멋진 생각이 아닐 수 없었다. 인간은 아직 불로장수약을 만들어내지는 못했지만 1세기 혹은 그 이상을 살 수 있다는 생각은 많은 사람들의 오랜 염원이었다. 하지만 실제로 수명이 크게 늘어나고 건강을 오래 유지할 수 있게 되자 삶의 양상은 크게 바뀌었고 사회에도 적잖은 문제를 불러일으켰다.

첫 번째 문제는 인구 문제로, 50대 이상이 인구의 태반을 차지하게 된 것이다. 이것은 이전 시대 사람들이 예견한 문제이기도 했다. 1980년대만 해도 선진국들의 출생률은 계속 감소세를 보여 20세기 말에는 거의 제로 성장률을 기록했다. 출생률이 떨어진 요인은 이전 세대보다 피임법이 발달하고 의료설비가 향상되었기 때문이다. 대부분의 경우 대가족이 필요치 않을 만큼 경제적 압박감이 사라진 이유도 있었다.

하지만 2020년대가 되자 그와는 양상이 조금 달라졌다. 사람들의 수명은 늘어났으나 그렇다고 모두 건강한 삶을 사는 것은 아니어서 그것이 국가 의료제도의 부담으로 남게 된 것이다.

나라가 노령화 사회가 되자 야기된 또 다른 문제는 20세기 중반에 도입된 개인연금제도가 수명이 대폭 늘어난 21세기 초 사람들에게는 더 이상 적합치 않게 되었다는 사실이다. 기대 이상으로 수명이 늘어난 사람들에게 연금을 지급해야 하는 상황은 선진국 국가들의 정부 예산과 개인연금제도에 심각한 차질을 초래했다.

빈곤국가들의 실정은 이와는 전혀 딴판이었다. 물론 일부 국가에서는 21세기에 다소 향상된 의료기술의 혜택을 보기도 했다. 하지만 이들 국가들의 의학적 진보는 상당히 더뎠고, 연구활동도 선진국에 비해 무척 열등한 상태에서 출발했다. 이들 나라는 또 에이즈 때문에도 많은 고통을 당했다. 그 결과 아프리카의 몇몇 빈곤국가들의 평균 수명은 21세기에 더 낮아지는 양상을 나타냈다.

선진국 국민들이 볼 때 과학기술은 건강을 증진시켜 노년을 크게 연장시켜준 면도 있지만 그로 인해 몇 가지 예기치 못한 문제도 초래한 것으로 비쳐졌다. 과학기술의 영향을 처음 받은 세대는 1950년대 이후에 태어난 사람들이었다.

이들이 70대에 이른 2020년대부터 최초의 노화 억제 치료법이 광범위하게 사용된 것이다. 반면 이들 부모 세대는 일흔 살 정도까지 생존했고, 2020년대에 70대에 이른 사람들은 20년에서 25년은 너끈히 더 살 수 있게 되었다. 뿐만 아니라 이들이 80대나 90대에 이른 2040년대에는 40대나 50대와 똑같은 외양과 생각을 가질 수 있었다.

당연히 수명을 늘려주는 이 같은 기술로 많은 사람들이 번영을 누렸다. 젊은 시절 모험심이 강하고 창조적이었던 사람은 앞으로 몇십 년 더 일할 수 있고, 스포츠 등의 여가생활도 즐길 수 있다는 사실이 무척 기뻤다. 이들은 축적된 경험에 변함없는 에너지를 더할 수 있다는 점에서 무척 고무되었다. 인생의 황금기를 예술가, 음악가, 배우, 과학자, 철학자, 정치가로 보낸 사람들도 이때의 경험과 원숙함을 바탕으로 더욱 향상된 기량을 펼쳐 보일 수 있었다.

대중에게 많이 알려진 사람이나 유명인사들은 노년기에 제2의 황금기를 구가했다. 중년의 나이였던 1990년대에 지방장관을 지낸 벨기에의 정치인 지그문트 우르스트가 2035년 여든일곱 살의 나이로 총리가 된 것이 그 좋은 예였다. 그는 12년간이나 총리를 지내다가 2047년에야 물러났다.

2031년 브로드웨이에서는 1990대 초반의 셰익스피어극 전문배우 토머스 앵커룸이 몇 년 전 그의 유작이 될 듯했던 〈맥베스〉에 출연할 때보다 무려 서른 살은 더 젊은 모습으로 무대에 등장하여 관객들의 눈을 즐겁게 했다.

이와는 달리 정부나 공공기관들의 대처는 무척 더뎌, 대부분의 경우 예순 살이나 예순다섯 살이면 정년 퇴직을 했다. 이것은 특히 수명 연장 약품이나 치료의 혜택을 처음 맛본 세대들의 마음을 아프게 했다. 그 까닭은 수명 연장의 혜택을 보았을 때는 이미 이들 대부분이 현직에서 은퇴했거나, 혜택을 본 지 몇 년 되지도 않아 곧 퇴직을 해야 하는 상황에 처했기 때문이다.

이것은 많은 문제를 야기했다. 그 중 가장 심각한 것은 수명 연장의 혜택을 본 사람들이 마음과 외양은 젊었지만 사회, 감정적으로는 노화가 되었다는 사실이다. 게다가 이들의 태반은 나이가 들면서 상상력 부족으로 진부하게 변해버린, 요컨대 상상력 부재의 꽉 막힌 젊은이가 되어갔다. 이들은 늘어난 수명만큼 무엇을 해야 될지 도무지 대책이 서지 않았다. 이들 대부분은 연금으로 생활했고, 폼나고 모험적인 삶을 살고 싶어도 그렇게 할 수가 없었다. 결과적으로 2030년대와 2040년대를 살아가는 사람들은 삶이 지루하고 단조롭게 느껴졌고 그러다 보니 자신들의 삶이 쓸모 없는 것으로 여겨졌다.

노년 인구의 증가가 가져온 가장 커다란 사회적 영향은 자발적 안락사voluntary euthanasia를 법제화한 것이었다. 이 문제는 수십 년 동안 논란을 불러일으키며 광범위한 정치적 논쟁을 야기했다. 하지만 이처럼 민감한 윤리적 문제였음에도 정작 사람들이 그 문제를 피부로 느낀 것은 2020년대부터였다. 2020년대에 들어 인간의 수명이 자꾸만 늘어나자, 대부분의 국가들이 자발적 안락사의 법제화를 당연한 것으로 받아들이기 시작했다.

20세기 말 엑시트Exit라는 이름의 한 국제기구는 개인의 죽을 시간은 각자가 알아서 판단하게 하자는, 이른바 죽을 권리에 대한 운동을 편적이 있다. 하지만 이 기구는 사회적으로 무시당했고 정치인과 국회의

원들도 이들의 생각에 동의하지 않았다. 때로는 개별적이고 비극적인 사례가 자발적 안락사의 문제를 사회 전면으로 부각시키는 경우도 있었다. 이들 사례는 주로 누군가의 도움을 받아 생명을 끊고 싶어도 그렇게 되면 도와준 사람이 살인죄로 구속되기 때문에 그렇게 할 수도 없는, 시한부 생명을 선고받은 환자들과 관련된 경우가 많았다.

엑시트와 이와 유사한 다른 단체의 지지자들은 이것(안락사를 도와준 사람을 살인죄로 구속하는 법률—옮긴이)을 비도덕적인 법률이라고 비난하면서, 종교적인 이유(인간에게 생명을 주고 거둬갈 수 있는 존재는 하느님뿐이라는 인식하에)로 자발적 안락사에 반대하는 사람들은 단지 이기적인 생각에서 죽어가는 사람들에게 왜곡된 도덕성을 강요하는 것이라고 주장했다.

반면 이 생각에 동조하지 않는 사람들은 안락사를 도와주는 것을 허용하면, 환자들의 입지가 불리해질 수도 있다는 점을 들고 나왔다. 이 말은 즉, 환자가 병이 깊어지면 올바른 판단을 할 수 없을 것이라는 말이었고, 정신이나 신체의 기능이 손상되었거나 진짜 죽고 싶지 않은데도 죽고 싶다는 말을 할 수도 있다는 것이었다. 이들은 또 자발적 안락사가 합법화되면 환자의 친척이나 가까운 사람들이 그릇된 이유로 그 상황을 악용할 소지가 있다는 점도 지적했다.

지루한 공방이 계속되었다. 그러다 인간의 평균 수명이 연장되자 자발적 안락사 문제는 비로소 사회 전반의 문제로 부각되었다. 2035년 여러 나라들은 여론을 등에 업고 엄격한 규제 아래 통제를 받는 제한적인 안락사를 합법화하기에 이르렀다. 미국을 비롯한 세계 주요 나라에서는 환자들이 안락사에 필요한 증명을 받으려면 의사 두 명과 가족 세 명의 서면 허가서, 그리고 환자 자신이 서명한 진술서(서명을 받을 수 없는 경우에는 녹음된 증언)를 당국에 제출해야 했다.

법률 개정에 뒤이은 20년간(특히 대혼란기에) 많은 노인들이 자발적 안락사로 죽음을 선택했다. 2085년 안락사 비율이 주춤해지기 전까지만 해도 여든다섯 살 이상 노인들의 20퍼센트 이상이 안락사를 선택할 만큼 안락사로 죽는 노인들의 숫자는 계속 늘어나는 추세였다.

이것은 노인들 대부분이 의학과 기술이 제공해주는 기회를 이용할 만한 심리적 준비가 되지 않았기 때문이다. 이들은 대부분 새로운 과학을 믿지 않았으며, 따라서 자연스럽게 그냥 늙어가는 쪽을 택했다. 반면 수명이 늘어난 사람들은 젊음을 계속 유지하며 건강한 삶을 살다 보니 평생의 친구를 잃어버리는 결과를 가져왔다. 그리고 이것이 다시 죄책감을 유발하여 자신들을 사회의 짐으로 여겼다.

아닌 게 아니라 그것은 맞는 말이기도 했다. 그런 사람들이 수백만 명에 이르렀기 때문이다. 그리고 이들 대부분은 몸은 젊은데 마음은 늙은, 요컨대 자신들을 사회의 아웃사이더라고 느꼈다.

백 년간의 변화

이 단원과 이후 단원에도 계속 등장하겠지만, 21세기는 인간 활동의 많은 영역에 여러모로 눈부신 발전이 이루어진 세기였다. 그리고 그 중에서 가장 뚜렷한 진가를 인정받은 일부 분야는 의료계에서 나왔다. 이들 발전은 주로 기초 분야 연구의 진척—수천 명의 과학자와 의사들이 여러 학문을 복잡하게 연계시켜 이뤄낸 성과—에서 비롯된 것이지만, 그와 동시에 이러한 연구를 창조적으로 이용할 줄 알았던 여러 개인들의 노력이 빚어낸 결과이기도 했다.

하지만 2000년과 2100년 사이에 개화한 과학의 발달은 전 세계인들에게 그 영향이 골고루 미치지 못했다. 선진국들의 경우는 과학과 의학계의 발전이 가져다준 변화로 국민들의 삶이 송두리째 뒤바뀌다시피 했다. 하지만 저개발국과 빈곤국들은 그 혜택을 제대로 누리지 못했다. 그들 나라에 있어 21세기의 삶은 생존을 위해 몸부림쳤던 20세기의 삶과 별로 달라진 게 없었다.

물론 가진 자와 못 가진 자와의 괴리가 어제오늘의 일은 아니다. 또한 과학의 발달과 관계된 것만도 아니다. 인간 사회는 완벽하지 못하다. 고로 불평등과 고통의 연속도 의사, 기술자, 과학자의 노력을 후퇴시키는 요인은 되지 못한다. 많은 사람들은 21세기 의학계의 발달을 금세기 인류가 이룩한 가장 위대한 업적, 다시 말해 인간의 독창성과 지적 우수성을 찬연하게 빛낸 등대라고 생각했다. 그 같은 성과가 있었기에 수억만 명의 사람들이 더 오래, 더 나은 삶을 살 수 있게 되었다는 것이다. 아닌 게 아니라 21세기를 특징지은 백 년 동안의 변화를 놓고 보면 사회 자체는 생물학에 의해 긍정적으로 변했다. 하지만 코스타 스타키스의 예에서도 보았고 수명 연장에 대한 노년층의 반응에서도 보았듯이, 인간의 지력과 자연 법칙의 관계를 정립하는 데는 그런 긍정적인 요인 말고도 또 다른 요인이 존재한다는 것을 알 수 있다.

21세기 초의 유전학자들이 입이 닳도록 말했듯, 인간이란 존재는 부분들의 총합 그 이상인 것이다. 그런 의미에서 인간 사회와 인간의 진보도 하나의 창발 시스템emergent system이 아닐지 모르겠다. 그 점이 바로 문명의 어두운 그림자, 정치적 모략, 투쟁, 끝없는 폭력을 중심으로 다음 장에서 다룰 내용이다.

2

Nuclear Horror

핵전쟁

2016년 6월 6일 남아시아에서 일어난 가공할 핵전쟁.
정상적인 인간이라면 그 소식을 처음 접했던 순간을 결코 잊지 못할 것이다.
이후 수십 년간 세계인들은 그 기억의 고통에서 헤어나지 못했다.

생물학 혁명을 제1장 제목으로 삼은 이유는 그것이 21세기 인간 삶의 모든 측면을 중요하고 되돌릴 수 없는 방식으로 바꿔놓았기 때문이다. 과학과 기술혁신의 발달이 가져온 이 같은 사회 변화는 다음 단원들에서도 주요 사건들을 연대순에 맞춰 포괄적으로 다룬 뒤 다시 논의가 이루어질 것이다.

역사의 방향을 바꿔놓은 여러 사건과 정치 발전이 이루어졌다는 점에서 21세기도 이전의 다른 세기들과 다를 바 없었다. 하지만 21세기 인간의 삶에 가장 중대한 변화를 가져온 것은 역시 생물학 혁명이었다. 이들 변화는 개방적인 글로벌 문화의 출현으로 더욱 가속화되었다. 인간 종의 모든 정보에 대해 거의 완전한 접근이 가능해졌다는 사실과 그로 인해 유전학 혁명이 즉각 전 세계적 현상이 되었다는 사실 역시 가속화의 한 원인이 되었다.

그럼에도 불구하고 이전 세기들과 마찬가지로 21세기에도 몇몇 개별적인 사건이 일어나 21세기의 형성에 중요한 역할을 했다. 첫 번째 사건은 21세기가 막 시작되자마자 일어났다.

2001년 9월 11일 아침 8시 29분, 여객기 한 대가 뉴욕 시에 있는 세계무역센터 쌍둥이 빌딩 중의 하나에 돌진했다. 이 여객기 돌진으로 건물의 상층부는 거대한 폭발이 일어나면서 화염과 연기에 휩싸였다. 그러고 나서 30분 후, 두 번째 여객기가 쌍둥이 빌딩의 나머지 하나에 돌진하여 첫 번째 건물과 똑같은 결과를 초래했다.

그로부터 한 시간도 채 안 돼 불 붙은 여객기 연료의 강렬한 열기로 쌍둥이 빌딩의 뼈대는 완전히 녹아 내렸고, 전 세계인들이 아연하여 텔레비전으로 그 광경을 지켜보는 가운데 세계무역센터의 쌍둥이 빌딩은 잿더미로 변했다.

같은 날 늦은 아침 세 번째 여객기가 미국 수도 워싱턴에 있는 국방부 건물에 충돌하며 추락했다. 네 번째 비행기는 백악관인지 국회의사당인지를 목표로 하여 워싱턴으로 향하던 중, 펜실베이니아 주 피츠버그의 농촌지역에 추락했다.

그로부터 일주일도 지나지 않아 네 대의 비행기는 모두 악명 높은 오사마 빈 라덴이 이끄는 테러단체 알카에다 소속의 이슬람 극렬분자들에 의해 납치된 사실이 밝혀졌다. 사우디아라비아의 거부로 망명 중이었던 오사마 빈 라덴은 자신의 생명과 부를 서구문화의 확산 방지와 이슬람 세계가 군사 주도권을 잡는 것에 바친 인물이었다. 1년여에 걸쳐 치밀하게 계획된 알카에다의 음모는 이스라엘에 대한 미국의 정치, 군사적 지원과 사우디아라비아에 주둔 중인 미군을 포함하여 미국의 중동정책에 대항하여 벌인 일종의 시위로 미국에 치명타를 주기 위해 꾸며진 것이었다.

세계무역센터 참사로 2천 명 이상이 목숨을 잃었다. 그 이후의 여파는 더욱 심각했다. 세계는 최소한 10년 동안은 테러공격 이후에 취해진 일련의 군사, 정치, 사회적 대응의 영향을 받아야 했다. 희생자들에 대한 국가 애도기간이 끝나자 미국은 신속하게 행동을 취해, 알카에다 및 그와 연관된 테러집단을 소탕하기 위해 외교, 군사적 힘을 총동원하여 전 세계에서 테러 응징 작업에 들어갔다.

알카에다와 오사마 빈 라덴은 아프가니스탄을 장악하고 있던 이슬람 근본주의자 탈레반 정권의 비호 아래 몇 년간 활개를 치며 조직원들을 훈련시켜왔다. 그 아시아 국가가 서방 군사 공격의 목표가 되었다. 그로부터 몇 달에 걸쳐 미국이 주도한 동맹국 군은 탈레반 정권을 무너뜨리고 알카에다 조직원들을 그곳에서 몰아냈다.

미국을 비롯한 동맹국들은 아프가니스탄 전투에 페르베즈 무샤라프 장군이 이끄는 파키스탄 정부의 협력을 재빨리 얻어냄으로써 중요한 외교적 승리를 거두었다. 파키스탄의 협력이 없었다면 전쟁의 승리는 그만큼 더 힘들어졌을 것이다. 그 지원에 대한 대가로 무샤라프 장군은 파키스탄의 고질적인 빈곤을 해결해줄 수년간의 경제원조와 20세기 말 핵실험 후 파키스탄에 내려진 경제제재 조치의 해제를 약속받았다.

미국을 비롯한 동맹국에 협력하기로 한 무샤라프 장군의 결단은 위험천만한 도박이었다. 국민 대다수가 이슬람교도인 파키스탄에서 알카에다와 탈레반 잔당들은 파키스탄인들의 열렬하고 폭넓은 지지를 받고 있었다.

전 세계의 관측통들은 무샤라프 정권이 서방 동맹국들에게 협력하기로 한 결정 때문에 무너질지도 모른다는 예측을 하기도 했다. 하지만 결과적으로 무샤라프 장군은 매우 기민한 정치가였음이 입증되었다. 그는 막후 실력자들에게 자신의 결정은 파키스탄의 장기적인 발전에 즉각적인 의미를 지니게 될 것이라고 설득하는 데 성공했다.

한편 테러공격으로 허를 찔린 미국은 세계무역센터 사고와 같은 참사는 두 번 다시 당하지 않겠다는 결의를 다졌다. 테러공격 직후에 나온 조지 W. 부시 대통령의 테러와의 전쟁에는 알카에다와 저 머나먼 아프가니스탄의 탈레반 정권에 대한 군사 공격뿐 아니라 테러리스트의 가능성이 있는 사람, 테러 목표물의 감지 책임을 맡고 있는 국가기관들의 통합, 강화를 위한 국내 정책도 포함되었다. 이러한 국내 정책은 해당 기관들에 더욱 막강한 힘을 부여해주었다.

그 결과 미국인들의 삶의 방식에도 근본적인 변화가 일어났다. 미국인들의 삶에 대한 정부의 개입은 테러리즘 반대자들에 따르면 테러 음모의 재발을 막기 위한 일종의 필요악이었다.

21세기의 첫 10년은 이렇게 세계무역센터 공격의 유령이 온 미국을 지배했다. '미국의 요새화'는 테러공격에서 미국민과 미국의 제도를 안전하게 지켜줄 것이었다. 이로 인해 '안보' 분야의 지출이 급증하면서 복지, 보건 의료, 인종 갈등, 고질적 사회 병폐 등 여러 국내 현안에 대해 새롭고 미래지향적인 정책을 펼 수 있는 가용예산이 고갈되는 결과가 일어났다.

정책의 중심을 반反테러에 둠으로써 제기된 또 다른 문제는 불행하게도 외국인 혐오증과 그에 수반된 무차별적인 인종주의의 확산이었다. 2010년이 끝나갈 즈음의 미국은 분명 21세기가 막 시작될 무렵보다는 안전한 곳이 되었다. 그렇다고 그 삶이 반드시 행복한 것만은 아니었다.

미국과 전 세계는 10년에서 15년 동안은 세계무역센터 공격의 영향에서 벗어나지 못했다. 9 · 11 사태를 마치 제2의 진주만 공격이라도 되는 듯이 떠드는 사람도 있었지만, 사실 9 · 11 사태는 진주만 공격에 비견될 만큼 커다란 사건은 아니었다. 또한 21세기 관점에서 보더라도 중대한 사건인 것은 분명하지만 그 후 15년 뒤 하루에 벌어진 사건이라든가, 사회학적 문제에 대한 인간의 관점을 송두리째 바꿔놓으며 21세기 중반에 불어닥친 전 세계적인 경제위기에 비하면 아무것도 아니었다.

이 단원의 나머지 부분은 2016년 6월 6일 남아시아에서 일어난 가공할 핵전쟁으로 채워질 것이다. 인명 손상과 파괴 면에서 인류 역사상 유례를 찾아볼 수 없는 이 엄청난 재난으로 전 세계는 충격과 비탄에 빠져들었다.

정상적인 인간이라면 그 소식을 처음 접했던 순간을 결코 잊지 못할 것이다. 그 소식을 전해듣고 전 세계인들은 며칠 동안 잠을 이루지 못했다. 사람들은 일손을 놓은 채 텔레비전 화면에 비친 영상을 보며 형언할 수 없는 공포와 파괴감에 몸을 떨었다. 이후 수십 년간 세계인들은 그 기억의 고통에서 헤어나지 못했다. 21세기 역사가들도 상상하기 힘든 이 재난을 분석하느라 여념이 없었다.

전쟁의 화약고 카슈미르

인도와 파키스탄간에 벌어진 카슈미르(인도 북서부에서 파키스탄 북동부에 이르는 산악지대 — 옮긴이) 분쟁은 그동안 수많은 책에서 다루어왔다. 카슈미르 분쟁은 20세기 후반기에 남아시아의 두 강대국이 상대방의 차이점을 극복하고 서로 협력하여 공통의 문제를 해결하는 것을 가로막은 주 요인이 되었다.

그동안 카슈미르를 둘러싸고 인도와 파키스탄간에 벌어진 전쟁만도 1947년, 1965년, 1999년 모두 세 차례였다. 1971년에 일어난 양국 사이의 네 번째 분쟁은 카슈미르 문제에만 국한된 것은 아니었으나 이로 인해 파키스탄이 패배하고 동파키스탄이 방글라데시라는 신생국이 되는 결과를 가져왔다.

이들 전쟁으로 두 나라간의 불신, 분노, 원한의 골은 더욱 깊어졌다. 파키스탄 군의 불명예 철수로 끝을 맺은 1999년의 전쟁 이후 쌍무 협상에 의한 카슈미르 분쟁 해결의 가능성은 완전히 사라졌다.

카슈미르 분쟁의 역사는 1947년으로 거슬러 올라간다. 제2차 세계대전이 끝나자 영국 정부는 이전에 소유했던 거대한 식민지 제국을 한시 바삐 해체하려고 했다. 그 과정에서 영국이 원했던 것은 후일 인도, 파키스탄, 그리고 1971년 방글라데시가 되는 지역을 포괄하는 통일 인도를 만드는 것이었다.

하지만 몇 달간의 협상이 무위로 돌아가자, 영국의 마지막 인도 총독 루이스 마운트배튼 경은 영국령 인도를 힌두교도와 이슬람교도로 이루어진 두 개의 나라로 양분하는 것에 동의했다. 그는 그것이 그곳 정치인들의 정서라고 판단했다.

영국령 인도를 인도와 파키스탄으로 분리하는 원칙은 간단했다. 인구의 태반이 무슬림인 지역은 파키스탄으로 만들고, 힌두교도 지역은 인도로 만드는 것이었다. 이 원칙이 처음부터 파키스탄을 동서로 분열시켜 그 중 하나가 인도의 어느 한쪽(즉 힌두교 지역이나 이슬람 지역 — 옮긴이)에 붙는 결과를 초래할 것은 불을 보듯 뻔했다.

두 지역, 즉 동쪽의 벵갈과 서쪽의 펀자브를 나누는 문제는 두 종교가 그 지역에 뒤섞여 있어 상당히 복잡했다. 그러자 마운트배튼 경은 국경위원회를 만들어 이들 지역의 분할을 결정지으려 했다. 국경위원회는 종교에 따른 분할을 최우선으로 하라는 지침을 받고 있었다. 하지만 그 지침에는 또 관개灌漑 상황 및 지리적 연속성 같은 문제도 함께 고려하라는 내용이 들어 있었다.

영국령 인도의 최북단에 위치한 카슈미르 지역은 마운트배튼 경의 국경위원회 소관이 아니었다. 펀자브 북쪽의 카슈미르 지역은 마하라자 하리 싱이 영국 정부 아래 반 자치적으로 통치하고 있었다. 싱은 적어도 표면적으로는 독립 후 새 나라를 건국할 것인지, 파키스탄이나 인도에 병합시킬 것인지에 대한 카슈미르 문제의 결정권을 가지고 있었다. 하지만 결과적으로 카슈미르 운명을 결정지은 것은 국경위원회였다.

국경위원회가 무슬림 일색인 펀자브의 주요 지역을 인도에 할양한 것을 알고 파키스탄이 얼마나 격분했을지 아는 것은 매우 중요하다. 국경위원회에 내려진 종교 최우선 지침을 보고 많은 사람이 예상했겠지만, 펀자브의 이 지역이 파키스탄에 주어졌다면, 지리적으로 볼 때 카슈미르도 당연히 파키스탄에 귀속되는 것이 마땅했다. 그것이 훨씬 이치에 맞는 것이었다.

독립 후 파키스탄의 초대 대통령이 된 무하마드 알리 진나는 펀자브의 이 이상한 분할을 보고, 그곳 인구 태반이 이슬람교도인데도 영국은 카슈미르를 인도에 귀속시키고 싶어한다고 판단했다.

1947년 이전의 백 년 동안 카슈미르는 인구의 4분의 3이 무슬림이었음에도 힌두 통치자들의 지배를 받았다. 마하라자 하리 싱은 인도의 독립일인 1947년 8월 15일까지도 카슈미르를 독립국으로 할지, 인도나 파키스탄에 귀속시킬지에 대해 결정을 내리지 못했다.

그가 결단을 내리지 못하고 권력 이양을 미루자, 인도와 파키스탄은 결사적으로 그 지역을 차지하려고 했다. 인도와 파키스탄은 양국 모두에 인접한 카슈미르 영유권을 차지하기 위한 본격적인 경쟁에 돌입했다. 두 나라 모두 그 지역에 대한 합법적인 권리를 주장했다. 파키스탄은 인도, 파키스탄 분할의 기본 원칙인 종교를 들고 나오며 주민의 태반이 무슬림인 카슈미르는 당연히 파키스탄에 귀속되어야 마땅하다고 주장했다.

1947년 10월 무장한 파슈툰족 수천 명이 파키스탄에서 카슈미르로 넘어왔다. 그러고는 카슈미르 수도를 장악하고, 여름 수도이며 마하라자의 거처가 있는 스리나가르 쪽으로 이동해갔다. 이 점에 대해서는 역사가들의 견해가 모두 일치하기 때문에 문제될 것이 없다. 하지만 나머지 부분은 카슈미르 분쟁의 전체 구도를 이해하는 데 없어서는 안 될 중요한 요소들이다.

인도 당국은 파슈툰족이 파키스탄 정부의 지시하에 움직인다고 믿고, 이 침략을 무력에 의한 카슈미르 장악 기도로 받아들였다. 하지만 파키스탄은 이 종족이 자신들의 자유의사로 행동하는 것이라고 주장하면서 카슈미르에 대한 어떠한 군사적 행동도 취하지 않았다. 파키스탄은 도리어 인도가 그 도발을 빌미 삼아 마하라자에게 압력을 가해 카슈미르를 차지하려 한다고 믿었다.

마하라자는 스리나가르에서 160킬로미터도 떨어지지 않은 곳에 무장세력이 출현하자 덜컥 겁이 나 인도에 군사원조를 요청했다. 인도 초대 총리 자와할랄 네루(1889~1964－옮긴이)는 군대를 파견해주는 조건으로 카슈미르의 인도 귀속을 요구했다. 마하라자는 그 요구를 받아들였다. 1947년 10월 27일 인도 군대는 다소 엉뚱하게 마운트배튼 경의 지휘를 받으며 스리나가르 공항에 도착하여 그 도시를 성공적으로 방어했다. 마운트배튼 경은 1948년까지 인도 총독으로 남아 있었다. 그때부터 카슈미르는 공식적으로 인도 영토가 되었다.

역사적 관점으로 보면, 카슈미르를 둘러싼 모든 분쟁의 씨앗은 이때에 이미 뿌려진 것이었다. 1947년부터 인도와 파키스탄은 카슈미르에 대한 합법적 권리를 계속 주장해왔다. 문제를 더욱 복잡하게 만들려고 그랬는지 독립 직후 두 나라가 전쟁을 일으키자, 유엔은 카슈미르 지역의 3분의 1을 파키스탄 지배하에 두는, 사실상 인도령과 파키스탄령으로 카슈미르를 분할하는 조치를 취했다.

1965년에 일어난 2차 카슈미르 전쟁에서는 이렇다 할 영토상의 변화가 일어나지 않았다. 그리고 1971년, 인도군의 압도적인 승리로 신생국 방글라데시가 탄생한 뒤 양측은 이 전쟁을 종결짓는 심러협정을 맺어, 20년 전에 그어진 휴전선을 더욱 공고하게 만들었다. 이것이 이른바 통제선이다. 비록 인도가 자국 통치권 밖에 있는 카슈미르 지역에 대해 "잠정적으로 파키스탄 점령하"에 있는 것뿐이라고 주장하고는 있지만, 심러협정 자체가 그 지역에 대한 파키스탄의 통치를 공식적으로 인정해준 것이나 다름없었다.

이 문제는 이후 17년간 두 나라의 내부에서 부글부글 끓어오르기만 했을 뿐 장기적인 분쟁이나 공공연한 무력충돌로는 이어지지 않았다. 그러다 1989년, 카슈미르 계곡을 주 활동무대로 삼고 있던 한 분리주의 단체가 인도에 대항하여 공공연히 폭동을 일으키기 시작했다.

인도 정부에 따르면 파키스탄 정부의 지원을 받고 있던 이 분리주의 단체는 파키스탄도 인도도 아닌 카슈미르의 분리독립을 요구했다. 그러면서 영국이 권력이양을 할 때 번국藩國들에게 독립국 창설의 선택권을 주었다는 점을 상기시키며 인도에 대한 테러행위를 정당화했다. 폭도들은 5년이 넘게 정규전을 교묘히 피하면서 사실상 인도 국경보안대와 대치국면을 벌였다.

이 기간에 일어난 분리주의자들의 폭동으로 10여만 명의 사람들이 목숨을 잃었다. 또한 테러의 장기화로 비이슬람교도들의 카슈미르 계곡 대량 탈출 사태가 빚어지면서 이 지역의 주요 수입원이던 관광까지 된서리를 맞았다.

1997년도에는 양국 관계의 숨통이 조금 트였다. 그리고 1998년, 인도에 이어 파키스탄이 핵폭탄 실험을 하여 전 세계에 불안감을 조성했다. 두 나라의 주전론자들도 점차 목소리를 높여갔다. 인도와 파키스탄 정부는 미국을 비롯한 선진국들의 우려를 불식시키고 핵실험 뒤에 신속히 가해진 경제제재를 벗어나기 위해 전쟁이 일어나더라도 핵무기는 사용하지 않을 것임을 천명했다.

이듬해인 1999년 2월, 아탈 비하리 바지파예 총리를 비롯한 인도 지도자들은 1947년 독립 이래 중단된 두 나라의 버스 운행이 재개된 것을 기념하기 위해 육로를 통한 상징적인 파키스탄 방문길에 올랐다. 인도 총리는 10여 년 만에 방문객 중에서는 제 일착으로 파키스탄 땅을 밟은 뒤 라호르에서 파키스탄 총리 모하메드 나와즈 샤리프를 만나 두 나라 사이의 광범위한 현안을 논의했다.

이 회담으로 카슈미르 분쟁과 관련된 난제가 해결된 것은 하나도 없었다. 하지만 이 회담은 그 자체로 인도-파키스탄 관계에 커다란 돌파구를 연 것으로 부각되어 이후 몇 달간 남아시아 역사의 분수령으로 평가받았다.

그러나 라호르 회담도 결국 빈 껍데기였음이 드러났다. 1999년 5월, 파키스탄의 지원을 받은 군대가 통제선을 넘어 카슈미르의 카르길 지역으로 침투해 들어가자 인도-파키스탄간에는 또다시 무력충돌이 일어났다. 이후 두 달간 전 세계는 핵보유국인 두 나라가 인구 희박한 가파르고 외진 산악지대에서 피 터지게 싸우는 것을 불안한 마음으로 지켜보았다.

7월 초 파키스탄의 샤리프 총리가 미국을 깜짝 방문하여 빌 클린턴 대통령과 회담을 가졌다. 회담이 끝난 뒤 두 나라 지도자는 카슈미르 통제선을 회복하기 위한 '구체적인 조치'를 취하기로 합의했다는 짤막한 공동 선언문을 발표했다. 그것은 샤리프의 항복이나 마찬가지였다. 경제위기에 빠져 미국의 원조가 절실했던 샤리프로서는 클린턴 대통령과 논쟁을 벌일 처지가 아니었던 것이다. 이번에도 승자는 인도였다. 인도 영토 내에서 점령군으로 진주하고 있던 파키스탄이 지원하는 병사 수천 명은 기지에서 통제선 밖으로 철수했다.

파키스탄 군부는 카슈미르 지역에서 병력을 철수시킨 총리의 조치에 심한 배신감을 느꼈다. 나와즈 샤리프와 군부간의 불화는 이후 몇 달간 샤리프가 군대의 몇몇 요직을 친정부 성향을 가진 인물로 교체하여 자신의 권력기반을 공고히 다지려 하자 더욱 깊어졌다.

1999년 10월 12일, 샤리프 총리가 군 참모총장 페르베즈 무샤라프를 해임시키려 했다. 무샤라프는 그때 스리랑카를 공식 방문하고 파키스탄으로 돌아오는 비행기 안에 있었다. 그로부터 몇 시간 뒤 파키스탄 군부는 무혈혁명을 일으켜 총리 관저를 포위하고 공항, 텔레비전, 라디오 방송국을 폐쇄했다.

10월 13일 새벽 동트기 몇 시간 전, 무샤라프 장군은 텔레비전에 모습을 드러내 쿠데타의 전말을 소상히 설명했다. 그는 애국심이 가득한 목소리로 샤리프 총리가 축출된 사실을 전하며 신정부는 파키스탄 '최후의 보루'인 군대의 동요와 악화일로를 걷고 있는 내정을 한시 바삐 안정시키겠노라고 말했다. 그날 이후 무샤라프 장군은 사실상 파키스탄 군사정부의 수반이 되었다. 샤리프 총리와 그의 측근들은 체포, 구금되었다.

파키스탄의 군사 쿠데타가 당장 카슈미르 사태를 악화시키지는 않았다. 무샤라프 정부의 최우선 과제는 내정이었다. 그를 비롯한 군부는 정부 내의 뿌리 깊은 부정부패를 일소하고 도탄에 빠진 경제를 일으켜 세우려 했다. 하지만 인도를 파키스탄의 주적으로 보도록 훈련받은 군 장성들이 파키스탄 정계를 장악하고 있는 한, 두 나라간에 긴장 완화 조치가 나올 가능성은 없어 보였다.

또다시 카슈미르

21세기에 접어들자 카슈미르는 이제 폭발을 기다리는 시한폭탄이 되었다. 파키스탄이나 인도 양국은 상황을 해결하기 위해 진정으로 노력하는 모습을 보여주지 않았다. 미국과 다른 선진국들도 언제 그랬느냐는 듯이 두 나라 문제에서 등을 돌리고 몇 년간 남아시아 문제를 등한시했다. 1999년 두 나라간에 무력충돌이 일어났을 때와 핵전쟁 비화 가능성에 대해 노심초사하던 때와는 전혀 딴판이었다.

2001년 9 · 11 사태가 일어난 뒤 몇 주 동안 파키스탄 문제는 또 한 번 국제무대의 주요 쟁점으로 부상했다. 앞서도 언급했듯이 무샤라프 장군은 알카에다 및 인접국 아프가니스탄의 탈레반 정권에 대해 미국이 주도하는 동맹국들이 군사행동을 취하려 할 때, 그들에게 협력을 약속한 대가로 2년 이상 파키스탄의 발목을 잡고 있던 경제제재 조치 해제와 서방 국가들의 장기 경제원조를 받아내는 데 성공했다.

미국과 동맹국들의 원조가 없었다면 파키스탄은 경제파탄으로 인도와 전쟁을 일으킬 엄두조차 내지 못했을 것을 생각하면 참으로 아이러니가 아닐 수 없다.

역사가 버렐 타이슨은 2018년 인터넷에 올린 한 기고문에서 이렇게 말했다. "2001년 9월만 해도 파키스탄 경제는 붕괴 일보 직전의 상황이었다. 경제붕괴 뒤에는 십중팔구 내전이 일어났을 것이고, 승리는 종교적 광신도들이 차지했을 것이다. 무샤라프는 머리회전이 아주 빠른 사람이었다. 그는 나라 경제가 말이 아니라는 사실을 잘 알고 있었다. 돌이켜보면 반테러그룹에 가담함으로써 무샤라프가 안게 될 국내의 위험부담에도 불구하고 그의 결정은 신속하게 이루어질 수밖에 없었다."

2010년대에 파키스탄은 무샤라프 장군이 통치권을 포기하여 나라가 민주국가로 다시 돌아가기 전이나 후나 다른 나라들의 원조를 받아 그럭저럭 경제적 난관을 헤쳐나갈 수 있었다. 민주정부 수립 뒤 미국과 파키스탄은 모든 면에서 관계가 개선되었다. 경제상황도 전반적으로 좋아졌다. 파키스탄의 지도층도 이제는 서서히 다른 문제로 눈을 돌렸다.

인도와 파키스탄간에도 상호이익 차원에서 교역이 늘어났다. 하지만 서로를 불신하고 적대시하는 태도는 변함이 없었다. 두 나라 정치인들은 여전히 상대국가를 헐뜯고 자국의 핵무기 보유를 과시하는 것으로 선거에서 승리를 거두었다.

2010년대에 남아시아의 두 나라는 불안한 휴전선을 유지하고 있었다. 그러나 카슈미르 통제선을 사이에 두고 군사력을 계속 증강시키기는 했으나, 양국의 국경에서는 이렇다 할 충돌이 일어나지 않았다.

카슈미르 안쪽의 상황은 그와는 달랐다. 분쟁이 심심찮게 발생했던 것이다. 수년에 걸쳐 카슈미르 분리주의자들은 테러 활동을 격화시키며 이전에는 주로 스리나가르 근방 카슈미르 계곡에만 국한시켰던 행동반경을 점차 넓혀나갔다. 2009년 5월, 잠무(인도령 카슈미르—옮긴이)에서는 4개의 폭탄이 도심에서 연쇄 폭발을 일으켜 1천여 명이 사망하고 기차역과 기타 다른 시설물들이 잿더미로 변했다. 잠무는 카슈미르와 펀자브의 국경지대에서 불과 1백 킬로미터도 떨어지지 않은 곳이었다. 폭발의 주범을 자처하고 나선 분리주의자들은 다음 목표로 카슈미르 외곽을 공격하겠다고 위협했다. 하지만 그것은 판단착오였다. 인도가 좌시하지 않을 것이었기 때문이다.

2010년 인도의 총선이 있기 바로 직전, 국민회의당이 이끄는 기존 연립내각은 카슈미르 지역에 국경보안대를 배치하겠다고 발표했다. 국경보안대는 분리주의자 일당을 검거하고 카슈미르에 '인도 법률' 체계를 세우라는 명령을 부여받았다. 그러자 테러사건은 크게 줄어들었다. 하지만 군대 주둔으로 카슈미르는 사실상 인도의 점령지가 되었다. 뿐만 아니라 국경보안대는 현지인들을 무자비하게 다루어, 그들이 무력으로 인권 유린을 자행하는 모습이 언론에 보도되기도 했다. 그것을 본 세계인들은 카슈미르 분리주의자들에 대해 호의적인 마음을 갖게 되었다.

2011년 파키스탄 외무장관 아유브 니사르가 유엔 연설을 했다. 이 자리에서 그는 유엔 주재하에 주민투표를 실시하여 완전 독립을 원하는지 인도의 일부로 남아 있기를 원하는지 카슈미르 주민들이 스스로 결정하게 하자는 제안을 했다. 이 같은 제안은 인도 국경보안대의 무자비한 인권유린 행위를 폭로한 신문기사들로 정당화되었다.

니사르 장관은 카슈미르 주민투표를 제안하면서, 1999년 유엔 감시하에 실시된 동티모르의 국민투표를 그 전례로 소개했다. 반쪽 섬나라 동티모르는 국민투표를 통해 인도네시아로부터 독립을 쟁취한 나라다. 그는 연설에서 카슈미르에 대한 파키스탄의 역사적 권리에 대해서는 전혀 언급하지 않았다. 뿐만 아니라 자신의 진실성을 입증이라도 하려는 듯 만에 하나 카슈미르가 독립을 하면 파키스탄은 북부지역과 50년 이상 파키스탄의 통치를 받고 있는 아자드카슈미르(파키스탄령으로 카슈미르의 3분의 1을 차지하고 있다―옮긴이)에 대한 통치권도 기꺼이 포기할 의사가 있음을 밝혔다.

파키스탄의 이 같은 외교 행보는 인도 정부를 골탕 먹이고 카슈미르 문제에 대한 세계의 이목을 끌려는 것이었다. 인도의 반응은 예측한 대로였다. 카슈미르는 인도 영토의 일부이기 때문에 다국多國의 논의 대상이 아니라는 것이었다. 그러면서 인도 국경보안대의 '월권 행위'가 이따금씩 있었음은 인정하면서도 보안대 배치의 목적이 파키스탄이 주장하는 대로 카슈미르 주민들의 '종속'에 있다는 것은 부인했다.

이후 몇 달 동안 미묘한 외교 줄다리기가 계속되었다. 유엔은 마침내 카슈미르 문제에서 손을 떼기로 결정했다. 하지만 그 결정은 인도가 정해진 기간 내에 국경보안대를 철수하고 인권유린 행위를 조사할 국제재판소를 설립하겠다고 발표한 뒤에 나온 것이었다. 재판소는 인도 정부의 통제를 받기는 하되 신뢰할 수 있는 국제 법관들을 구성원으로 포함시킬 것이었다.

인도 국경보안대는 2012년까지 카슈미르 지역에서 전원 철수했다. 그와 동시에 국제재판소는 조사보고서를 발표했다. 보고서는 국경보안대가 카슈미르 주민들에게 저지른 가혹 행위를 비롯하여 여러 건의 인권유린 사례를 지적하고 있었다. 그에 따라 국경보안대 요직을 차지하고 있던 일부 장교들에 대한 군법회의가 소집되었다. 이들은 카슈미르 분리주의자들을 소탕하라는 상부의 명령을 수행하는 과정에서 '지나친 충성'을 보인 사람들이었다.

군장성들에 대한 군사재판과 뒤이어 인도 군부에 쏟아진 전 세계 언론의 비난으로 인도의 국가 위신과 명예는 크게 실추되었다. 반면 파키스탄은 정당한 주장을 일관성 있게 제기하면서도 그로부터 얻는 결과는 아무것도 없는 것으로 인식되었다.

인접한 대국과의 60년에 걸친 투쟁에서 파키스탄은 역사상 최초로 대승을 거두었다. 파키스탄인들은 인도가 마침내 죄값을 받았다며 흥분을 감추지 못했다. 인도와의 외교, 군사적 패배로 수년 동안이나 국가적 열등감에 시달리던 파키스탄인들의 가슴속에는 국가적 자긍심이 끓어올랐다.

칼리드 후사인 총리가 이끄는 파키스탄 정부는 2013년 선거에서 압도적으로 승리하고 정권을 다시 획득했다. 그에 반해 인도는 10년도 안 되는 기간에 연립내각이 수없이 교체되는 불안정한 정정이 오랫동안 지속되었다. 다양한 종족으로 이루어진 10억 인구를 사로잡아 존경과 찬탄을 한 몸에 받을 수 있는 지도자는 그동안 한 명도 나타나지 않았다.

인도 정부는 마치 살얼음판을 걷는 심정으로 카슈미르를 통치했다. 세계의 이목을 집중시킬 만한 사건을 일으키지 않으려고 카슈미르 계곡과 그곳 인구 밀집지역에서 관행적으로 이루어지던 군대의 기동 연습을 중단하고, 병력을 통제선을 따라 구축된 요새에 배치시키는 조치까지 취했다. 그 전략이 먹혀들었는지 2014년부터 카슈미르는 세계 언론의 고정 메뉴판에서 사라졌다.

2014년 여름 어느 날, 파키스탄의 수도 이슬라마바드에서는 파키스탄 정보부 부장 리아즈 코카르와 합참의장 겸 이름뿐인 육군 참모총장 카지 칸 사이에 비밀회담이 열렸다. 이 자리에서 코카르는 자신의 복안을 칸 장군에게 이야기했다. 파키스탄의 CIA라 할 수 있는 정보부의 고위 전략가들은 지난 몇 달 동안 카슈미르에 작은 분란이라도 일으켜 인도를 궁지에 몰아넣으려는 계책을 짜고 있었다. 그러다 보면 카슈미르 독립으로 이어질 수도 있다는 생각이었다. 그의 얘기에 칸 장군도 귀가 솔깃해졌다. 그는 코카르에게 몇 가지 질문을 던지며 추가자료를 제시해줄 것을 요청했다.

2014년 10월 파키스탄은 가우리 탄도 미사일을 개량한 신형 미사일 시험발사에 성공함으로써 1천 킬로미터 밖에 있는 목표물도 명중시킬 수 있는 핵탄두 보유 사실을 인도와 전 세계에 과시했다. 그로부터 2주도 채 안 돼 칸 장군과 코카르 정보부장은 정보부 전략팀을 대동하고 유서 깊은 고대 도시 하라파(파키스탄 동부 펀자브 지방에 있는 인더스 문명의 유적지—옮긴이) 인근의 한 외딴 휴양지에서 만나 며칠간 회담을 가졌다.

코카르가 칸 장군에게 요청한 내용은 이런 것이었다. 첫째, 나라를 위해 목숨이라도 바칠 수 있는 비무장 병력 수천 명을 가능하면 가족과 함께 열 달 내지 열두 달 사이에 점진적이고 체계적으로 카슈미르 지역에 침투시킬 것. 둘째, 이들 병력은 먼저 임무 수행에 필요한 고도의 훈련을 받은 뒤, 지휘관들로부터 구체적인 지시가 떨어질 때까지 카슈미르 계곡 전역에 흩어져 직장생활을 하며 일상적인 삶을 살게 할 것. 셋째, 이들의 카슈미르 정착은 이 작전을 알고 있는 유일한 사람들인 정보부 기관 요원이 알아서 준비해놓을 것이고, 카슈미르 분리주의자들과도 미리 선이 닿아 있을 것임. 넷째, 작전 수행에 필요한 무기는 2016년의 초겨울 몇 달 동안 운반될 것임. 이에 따라 병사들은 단기간의 집중 비밀 군사훈련을 받은 뒤, 2016년 4월이나 5월에 폭동을 일으킬 것임.

칸 장군은 '바부르'라고 이름 붙여진 이 작전을 승인했다. 바부르는 무굴제국의 시조였다. 1527년 화약으로 무장한 바부르의 무슬림 군은 아그라(무굴제국의 수도로 타지마할이 있는 곳—옮긴이) 외곽의 하누아(인도 서부에 있는 라자스탄—옮긴이)에서 힌두 연합군을 물리쳐, 2백 년간 지속될 이른바 무굴제국의 토대를 닦아놓았다.

칸 장군의 승인이 떨어지자마자 곧 파키스탄 전역에 일부러 분산시켜놓은 바부르 작전 대원들에 대한 훈련이 시작되었다. 그리고 2015년 3월, 최초의 요원들이 국경을 넘어 카슈미르로 침투해 들어갔다. 이들 요원 수백 명은 도중에 인도 이민당국에 붙잡혀, 그해 봄여름 동안 파키스탄으로 추방되었다. 하지만 무장도 안 한 상태인 데다 대개는 가족을 거느리고 있었기 때문에 별다른 의심은 받지 않고 좀더 나은 생활환경을 찾아 나선 불법 체류자들로 간주되었다.

그해 11월, 정보부와 칸 장군은 바부르 작전의 1단계가 성공을 거두고 있다고 자평했다. 파키스탄의 공식 기록에 따르면, 칸 장군과 코카르 정보부장이 칼리드 후사인 총리에게 바부르 작전의 존재를 보고할 것인가를 처음으로 논의한 것은 바로 카슈미르로 무기 반입이 시작되기 직전인 이 즈음이었다고 한다. 하지만 이들은 무기를 안전하게 수송하여 카슈미르에 은닉할 때까지는 보고를 유보하기로 했다.

서구인의 시각으로는 명색이 정부 수반이 그같이 중차대한 사실을 모르고 있었다는 것이 이해되지 않을 것이다. 하지만 당시만 해도 파키스탄은 민간인에 의한 민주주의 정부의 전통이 그리 오래되지 않았던 것이다. 65년 전 독립을 한 이래 파키스탄인들은 민간정부와 군사정부의 집권을 거의 엇비슷하게 경험했다. 뿐만 아니라 무샤라프 장군과 그의 측근들이 1999년의 쿠데타 후 몇 년 뒤에 자발적으로 민간정부에 권력을 이양했지만, 파키스탄의 실권은 여전히 군대가 쥐고 있었다. 후사인 총리와 민간인 지도자들도 그 점을 잘 알고 있었다. 후사인 총리는 군대에 대한 민간정부의 감독을 최소화시켜 군대를 사실상 독립기관으로 인정해주고 있었다.

인도가 후일 카슈미르 폭동 계획은 '파키스탄 정부의 최고위층'에서 이루어졌다고 주장했지만, 후사인 총리나 그의 각료들은 2016년 3월까지는 바부르 작전의 존재를 모르고 있었다. 그때는 이미 모든 준비가 완료되어 요원들에 대한 마지막 고강도 훈련이 진행 중이었다. 따라서 후사인 총리와 그의 각료들은 기정화된 사실을 보고받은 셈이었다.

당시의 정부 문건에 따르면, 후사인 총리와 아유브 니사르 외무장관은 분명 가공할 결과를 가져올 그 같은 대규모 작전을 상부의 허락도 받지 않고 진행한 것에 대해 처음에는 무척 격노했다고 한다. 하지만 칸 장군과 코카르 부장이 바부르 작전으로 인도의 정정은 크게 흔들릴 것이고 파키스탄의 국가적 자긍심도 이 작전으로 크게 고무될 것이라고 설득하자, 여러 복합적인 요인을 고려하여 결국 승인을 했다는 것이다.

2016년 4월 29일, 파키스탄 중앙정보부는 바부르 작전의 마지막 단계를 실행했다. 카슈미르 계곡 전역에서는 카슈미르 분리주의자와 파키스탄 요원들의 합동 기습공격이 이루어졌다. 인도군이 아난트나그 일대와 스리나가르 공항 인근에서 간간이 조직적인 저항을 펼쳤지만 해질녘이 되자 그곳은 침입자들의 손에 넘어갔다.

그날 저녁 텔레비전과 라디오 방송들은 일제히 분리주의자들이 카슈미르 계곡 일대에서 인도에 대승을 거두었다는 소식을 스리나가르발로 보도했다. 이어 독립국 카슈미르가 선포되었고, 카슈미르의 다른 지역 주민들은 '인도 압제의 굴레'에서 벗어나라는 압력을 받았다.

인도에서는 분노와 경악과 혼란이 뉴델리를 휩쓸었다. 힘없는 연립 내각은 밤새도록 논의에 논의를 거듭했으나 어떻게 대응할지 아무런 결론도 내지 못했다. 파키스탄은 카슈미르 소식에 열광과 흥분의 도가니가 되었다. 이튿날 파키스탄 정부는 스리나가르에 들어선 신정부를 승인하고, 통제선의 파키스탄령에 속하는 카슈미르 지역을 신생독립국에 포함시켜도 좋다는 기존의 약속을 되풀이했다.

서방 국가들, 특히 미국과 영국 정부는 폭동을 사전에 감지하지 못한 것에 대해 자국 정보기관을 심하게 질책했다. 〈뉴욕 타임스〉는 사설을 통해 이것은 15년 전 세계무역센터 붕괴 이후 CIA가 저지른 최대의 실수라는 점을 모두에게 상기시켰다.

인도 대 파키스탄

21세기의 첫 10년간 인도와 그에 미치지는 못하지만 파키스탄도 상당한 경제 발전을 이루었다. 무엇보다 놀라운 것은 두 나라 모두 지난 10년간 끊임없는 정정의 혼란에 시달리면서도 평균 5퍼센트대의 경제 성장률을 기록했다는 사실이다.

이 두 나라의 경제 발전의 동력은 거대하고 값싼 노동력이었다. 다국적기업들은 치열한 경쟁 속에 제품의 원가를 줄이는 방법을 모색해야 했다. 그리고 그 해답을 인도와 파키스탄에서 찾았다. 이들 나라는 식민지 시대의 잔재 때문에 기업들은 관료주의적이었으나 공장들은 세계 그 어느 곳보다 값싸고 정직한 상품을 만들어냈다.

20세기 말 인도에는 패기만만한 젊은 중산층이 생겨났다. 지독하게 가난한 환경에서 자라난 이들 중산층은 교육수준도 높았고, 정치감각도 뛰어났으며, 이전 세대에 비해 기업가적 기질이 강했다. 2010년대에 인도 정치의 패러다임을 바꾼 주요 동인이 바로 이들 중산층이었다.

방법이나 기술 면에서 독립 초기 이래 기본적으로 변한 것이 없는 정치인과 기업인, 즉 구세대들은 정당 내에서 졸지에 이들 신출내기들의 도전을 받았다. 이들 중산층 남녀 젊은이들은 구습을 타파하기 위해 활발한 논의를 벌였다. 기업에 대한 각종 구속과 제약을 허물어뜨릴 것, 정부 부처는 국제적인 안목을 넓혀나갈 것, 정치 과정에서 특혜와 후원을 줄여나갈 것, 국가가 당면한 난제들을 사전에 대처해나갈 것 등이 이들이 요구한 사항들이었다.

자와할랄 네루와 간디가의 통치가 끝난 뒤 인도에는 다양한 종족으로 이루어진 국민의 애국심을 장기간 하나로 통합할 만한 지도자가 나타나지 않았다. 그러다 보니 들어서는 정부마다 타협으로 연립정부를 구성해야 하는 다당적 민주주의를 채택할 수밖에 없었고, 재신임을 하지 않겠다는 의원들의 협박 때문에 지도층은 과감한 정책을 펼 엄두를 내지 못했다. 그 결과 인도 정부는 타성에 젖어 도무지 변화하지 못했다. 이 타성은 또 고정관념에 사로잡힌 구세대 정치인과 성급한 중산층 정치인들 사이의 대립만 격화시킬 뿐이어서 정치적 혼란을 더욱 가중시키는 요인이 되었다.

21세기 초 인도에서 가장 안정된 조직의 하나는 군부였다. 군장성들은 변화무쌍한 정가와 관계없이 순차적으로 단계를 밟아 장교가 된 사람들이었다. 21세기가 시작된 첫해 인도 군부는, 바지파예 정부를 설득하여 국방비 예산을 30퍼센트 가까이 증액시키는 데 성공했다.

이같이 국방비를 늘릴 수 있었던 것은 그 전해에 겪은 어려움(카슈미르 전쟁—옮긴이) 때문이었다. 2010년대에도 군부는 여러 번의 정권 교체에도 불구하고 국민 총생산의 일정 비율을 고정적으로 배당받았다. 그 결과 2015년 인도의 국방예산은 2000년에 비해 2배로 뛰어올랐다.

21세기 초 재래식 무기로 보면 인도의 방위력은 파키스탄에 크게 앞서 있었다. 이후 10년간 인도 군부의 현명한 예산 관리로 두 나라의 국방력 차이는 더욱 벌어졌다. 병력 수에서도 인도는 파키스탄의 3배, 전투기 수는 2배, 기타 다른 무기 체계에서도 이와 비슷한 격차가 벌어졌다. 인도군의 훈련과 조직은 견실했다. 전 세계 군사전문가들도 만일 핵무기가 사용되지 않는 전면전이 두 나라 사이에 벌어질 경우 결과는 인도의 신속한 승리로 끝날 것이라고 전망했다.

1998년 파키스탄이 인도에 이어 핵무기 실험을 하고 난 뒤 얼마 되지 않아 인도 군부는 곧 핵탄두를 장착한 파키스탄의 가우리 탄도 미사일의 선제공격을 완벽하게 막아낼 수 있는 핵 보복 시설의 개발에 들어갔다. 2005년경 인도는 파키스탄에 인접한 라자스탄 사막에 이동식 미사일 발사기를 시험, 배치했다. 파키스탄 미사일 유도장치의 목표물이 되지 않도록 정기적으로 이곳저곳 비밀리에 장소를 옮겨 다니게 될 이들 발사기는 핵무기를 탑재할 아그니 미사일의 조종을 위해 만들어진 것이었다.

이것을 배치한 목적은 파키스탄이 기습 핵공격을 가한 뒤 온전하게 빠져나가지 못하게 하려는 것이었다. 인도의 전략은 그러니까, 20세기 말 냉전시대에 소련과 미국의 핵전쟁 억제책으로 사용된 상호확증파괴(Mutual Assured Destruction :MAD)의 변형인 셈이었다.

인도가 파키스탄에 비해 월등히 앞서 있는 것이 사이버전쟁 분야였다. 21세기 초 판디트 라오라는 인도의 한 유능한 장군이 인도 우타르프라데시 주의 남쪽 방갈로르 인근에 단지를 두고 급속히 성장 중이던 소프트웨어 산업과 함께 군대의 협력체계를 구축했다.

이 무렵 인도의 컴퓨터 프로그래밍 기술은 이미 세계 수준이었던 터라 전 세계 기업들이 시험을 하거나 하드웨어 플랫폼을 개선하기 위해 자신들의 소프트웨어를 이곳 인도의 실리콘밸리로 앞다투어 보내오고 있었다.

라오 장군은 방갈로르에서 가장 우수한 컴퓨터 인재 몇 명을 군부 프로젝트에 포함시켰다. 군부의 명령과 통제체계를 비롯한 파키스탄의 통신시설에 치명타를 줄 수 있는 장치를 개발하는 것이 그의 목적이었다.

2016년에는 이 프로젝트가 이미 상당히 진전된 상태였다. 방갈로르 외곽 가까운 건물에 모의로 지어놓은 파키스탄 통신시설로 명령이 전송되도록 한 실험도 성공리에 끝마쳤다. 인도는 적어도 이론상으로는 파키스탄 군대를 통제하는 컴퓨터 시스템(전화, 텔레비전 · 라디오 방송국, 고속 전산망까지 포함하여)에 은밀히 침입하는 데 필요한 모든 요건—계획, 절차, 소프트웨어, 하드웨어—을 갖추고 있었다. 2016년 4월 29일, 카슈미르 폭동이 일어난 뒤 인도와 파키스탄의 무력 충돌 가능성이 그 어느 때보다 높아지자 라오 장군은 방갈로르로 날아가 문제의 그 컴퓨터 귀재들을 만났다.

라오 장군은 5월 2일 방갈로르에 도착했다. 그러고는 제2차 세계대전시의 맨해튼 프로젝트(미국의 원자폭탄 제조 계획—옮긴이)를 방불케 하는 철저한 통제 속에 컴퓨터 과학자 및 엔지니어들과 함께 밤낮으로 사이버전 수행 준비를 점검했다. 먼저 파키스탄의 전자통신망 속으로 명령이 제대로 침투될 수 있는지를 실험했다. 그 다음에는 카슈미르에서 인도 첩보원들이 보내오는 정보를 이용하여 그곳 적군들 사이에 오가는 통신을 모두 두절시키는 것을 포함하는 총체적인 계획을 수립했다.

카슈미르 폭동이 일어나자 인도는 즉각 전쟁의 광란에 휩싸였다. 5월에는 인도 여러 도시에서 대대적인 시위가 일어났다. 시위대는 인도의 군사적 우위로 카슈미르를 당장 되찾아올 것을 요구했다. 인도 총리 마노즈 굽타는 이 사태가 유혈 참극으로 이어지는 것만은 막아보려 했으나 사실상 다른 선택의 여지가 없었다.

파키스탄의 지원을 받는 카슈미르 독립국이 인도 국민들에게는 저주의 대상이었다. 굽타 총리는 신속한 행동으로 카슈미르를 되찾지 못하면 자신의 연립정부도 끝장이라는 것을 알고 있었다.

2016년 5월 셋째 주, 카슈미르 상실로 혼란에 빠졌던 인도 군부도 어느 정도 안정을 되찾고 카슈미르로 밀고 들어가 폭도들을 몰아낼 포괄적인 안을 마련했다. 인도군 수십만 명이 펀자브를 통해 잠무로 이동하기 시작했다. 파키스탄 군도 카슈미르 독립국 정부의 원조 요청을 받고, 카슈미르 북부와 스리나가르 인근 지역으로 밀려들었다. 남아시아에서는 일촉즉발의 전운이 감돌았다.

5월 23일, 인도의 공격이 시작되기 정확히 이틀 전, 파키스탄과 인도 총리는 전쟁만은 어떻게든 막아보려는 마지막 시도로 유엔 사무총장 및 영국 총리와 회담을 갖기로 했다. 회담은 5월 26일에서 5월 28일까지 스리랑카의 수도 콜롬보에서 열렸다. 처음에는 카슈미르 전역을 유엔 보호령으로 정한 뒤 주민투표를 실시하여 독립국이 될 것이냐 또는 인도에 귀속될 것이냐를 결정짓자는 것이 가장 타당한 해결책으로 제시되었다.

하지만 인도와 파키스탄 군부는 이 타협안을 받아들이지 않으려 했다. 파키스탄으로서는 결국에는 카슈미르 계곡의 인도 귀속으로 이어지게 될 협정을 지지할 마음이 없었고, 파키스탄과의 전쟁에서 승리를 확신하고 있는 인도 군부 또한 그 같은 해결책은 폭도들의 승리를 의미하는 것으로 생각하여 반대했다.

콜롬보 회담이 결렬되자 전 세계는 절망의 나락으로 빠져들었다. 뉴욕, 런던, 도쿄의 주식시장에서는 주가가 일제히 폭락했다. 워싱턴과 유럽 수도들에서 숨가쁘게 돌아가는 외교 노력에도 불구하고 양국이 전쟁 준비를 완료하자 전 세계인들은 5월의 마지막 날을 우울하게 바라보았다.

인도는 여러 전선에서 전쟁을 치르기에는 파키스탄 군의 장비가 턱없이 부족하다는 사실을 직시하고, 펀자브 국경지대에 병력 8천 명을 추가 배치했다. 마노즈 굽타 총리는 뉴델리에 운집한 군중 앞에서 파키스탄은 카슈미르에서 병력을 즉각 철수하고 그곳 '괴뢰정부'에 대한 지원을 중단하지 않으면, 인도는 파키스탄과 맺은 국경 유지의 신성한 의무를 저버리지 않을 수 없다고 말했다.

그러자 칼리드 후사인 파키스탄 총리는 인도와 전 세계에 보내는 텔레비전 연설에서 만일 '영토 보전'이 침해받는다면 파키스탄은 '가능한 모든 수단'을 사용하여 그것을 막을 것이라고 선언했다.

2016년 6월 5일 일요일 늦은 밤, 마침내 파키스탄 컴퓨터 시스템에 대한 방갈로르의 사이버 공격이 시작되었다. 쉼없이 움직이며 최소한 열두 시간 동안 모든 전자통신이 두절되도록 설계된 컴퓨터 바이러스는 라오 장군의 컴퓨터 팀에 의해 철저히 검증된 장치를 통해 파키스탄의 컴퓨터 시스템에 이미 침투해 있었다.

6월 6일 새벽 4시 라오 장군은 뉴델리에 있는 인도 군작전 참모본부에 사이버 공격의 성공을 알렸다. 그러고는 예정된 인도군의 총공격이 시작되기 10분 전인 오전 5시 30분이면, 파키스탄과 카슈미르의 모든 통신수단은 먹통이 될 것이라고 선언했다.

6월 6일 월요일 오전 5시 30분…… 그리고 수초 뒤, 전화와 컴퓨터망을 비롯한 파키스탄과 카슈미르의 모든 통신수단은 먹통이 되었다.

운명의 그날

인도의 마스터플랜은 간단했다. 1단계 작전은 파키스탄 전역과 카슈미르 계곡의 폭도들 근거지에 대대적인 공습을 퍼붓는 것이었다. 오전 6시, 전투기 1백여 대로 짜인 공습부대 1진이 잠무, 찬디가르, 루디아나의 공항을 이륙하여 하늘로 솟아올랐다.

전투기들은 피르판잘 산맥을 지나 카슈미르 계곡으로 돌진하며 각종 폭탄을 투하하고, 적군이 저항하는 곳에는 기총소사를 퍼부었다. 1진이 공습을 시작한 지 채 한 시간도 안 되어 공습부대 2진이 더 먼 공항들에서 발진했다. 이들 비행기에는 인도군의 자랑인 낙하산병들이 저마다 특수 임무를 띤 채 타고 있었다.

낙하산병들의 1차 목표는 카슈미르 계곡의 벌판을 장악하여 그곳을 신속히 비행기 활주로로 만드는 것이었다. 활주로가 일단 만들어지면, 대형 수송기를 이용하여 탱크 및 중화기와 함께 추가병력을 카슈미르로 실어나를 계획이었다.

인도군의 작전 계획에는 펀자브의 인도-파키스탄 국경을 통한 병력 이동이 들어 있지 않았다. 그곳 병력은 파키스탄 병력을 꼼짝 못하게 묶어두고, 카슈미르 작전에 차질이 생길 경우 전쟁을 확전하여 파키스탄에 위협을 가하려는 목적으로 배치시킨, 말하자면 유인 부대인 셈이었다. 그 밖에도 인도 정부는 파키스탄 심장부에 대한 공격은 국제 여론을 악화시켜 인도를 침략자로 인식시킬 우려가 있다는 점도 함께 고려했다.

3시간에 걸친 인도의 첫 공습은 눈부신 성공을 거두었다. 계속된 공습에도 파키스탄의 저항은 미미했다. 그도 그럴 것이 통신수단이 두절되어 파키스탄과 카슈미르 반군 사이의 연계가 불가능해졌기 때문이다. 2016년 6월 6일 오전 10시, 정예 낙하산 부대들이 하나둘씩 임무완수를 보고해왔다. 인도군의 작전은 이제 며칠 안으로 다 완료될 듯했다. 뉴델리의 인도 국방부에는 축하와 웃음꽃이 만발했다.

반면 파키스탄은 혼란의 아수라장이 되어 있었다. 전화는 먹통이었고, 텔레비전 화면도 깜깜했으며, 컴퓨터도 연결되지 않았다. 아침 7시가 되자 파키스탄의 대도시 주민들은 모두 거리로 뛰쳐나와 미친 듯이 이곳저곳을 헤매 다녔다. 하지만 아무것도 알 수 없었다.

파키스탄의 칼리드 후사인 총리와 카지 칸 합참의장이 이슬라마바드의 자택에서 자고 있다가 비서들에 의해 잠이 깬 것이 대략 그 시간이었다. 두 사람은 통신두절 사태에 대한 보고를 받고 재빨리 전화와 고속 전산망을 시험해보았다. 작동이 되지 않았다. 그러자 두 사람은 손으로 직접 메시지를 작성해 정보관련 참모들에게 전달하도록 했다. 두 사람 다 아직은 인도의 사이버 공격을 눈치채지 못하고 있었다.

파키스탄의 핵전核戰 사령관은 군에서 잔뼈가 굵은 쉰여덟 살의 무슈타크 자키르 장군이었다. 그는 6월 4일과 5일, 주말 동안 이슬라마바드에서 칸 장군 및 다른 군 참모들과 함께 장시간 회의를 하며 인도군의 공격에 대비한 파키스탄 군의 대응절차를 논의했다. 지난 4월에 수정되어 며칠 뒤 총리의 재가를 받은 파키스탄의 '긴급사태에 대비한 핵 대책'은 6월 5일 일요일 오후에 열린 회의에서 파키스탄의 최고위급 군 장성들에 의해 상세한 검토가 이루어졌다.

파키스탄의 핵 대책에는 '긴급사태'로 규정해놓은 두 가지 기준의 하나에 반드시 부합될 경우에만 핵탄두를 탑재한 가우리 미사일을 발사하도록 명시되어 있었다. 그 중 첫 번째 기준은 인도의 핵 미사일이 파키스탄을 향해 발사되었다는 명백한 증거가 있을 때라고 못박아놓아 의미가 분명했지만 두 번째 기준은 의미가 상당히 모호했다.

그에 따르면, 파키스탄에 대한 인도군의 침략이 있고, 이어 "나라의 붕괴와 인도에 대한 무조건 항복이 초읽기에 들어간 상태, 즉 파키스탄군이 초토화"되었을 때도 핵공격을 할 수 있다고 되어 있었다.

6월 5일 일요일 오후에 열린 이슬라마바드의 그 역사적 회의가 기록된 회의록을 보면, 핵 대책안, 그 중에서도 특히 두 번째 기준의 해석을 놓고 한 시간 이상이나 열띤 토론이 벌어졌던 것을 알 수 있다. 자키르 장군과 칸 장군의 오랜 참모본부 측근인 압바스 지라니 대령도 토론에 적극 참여했다. 압바스 지라니 대령이라면, 지난 4월 말 인도와의 긴장이 높아지자 반영구적인 토대 위에서 핵무기 개발 임무를 부여받은 인물이었다.

회의록에 따르면 자키르 장군은 회의를 하다가 어느 순간 이렇게 물었다고 한다. "핵공격의 기준에 부합하느냐 아니냐의 결정권을 가진 사람은 대체 누구요?"

그에 대한 칸 장군의 대답은 매서웠다. "핵공격 여부의 결정은 총리와 나, 둘 중 한 사람이 하게 될 것이오. 만약 필요한 시간 안에 우리 두 사람에게 연락이 안 되면 핵전 사령관이 할 것이오."

6월 6일 월요일, 운명의 아침이 밝았다. 5시 15분 자키르 장군의 참모 한 명이 자동차를 몰고 이슬라마바드에 있는 자키르 장군의 자택에 도착했다. 자키르 장군은 차크리로 가는 도중 차 안에서 45분간 눈을 붙였다.

차크리는 이슬라마바드 남쪽 약 64킬로미터 지점의 손 강변에 위치한 소도시였다. 차크리 바로 외곽의 땅 속에는 1급 비밀 사항인 파키스탄 핵 지휘 통제시설이 숨어 있었다. 그 통제시설 주위의 8제곱마일 지역 내에는 가우리 미사일 기지 4개가 이곳저곳에 흩어져 있었다.

핵 통제시설을 이슬라마바드와 이슬라마바드의 쌍둥이 도시인 라왈핀디에서 멀찌감치 떨어진 이곳에 설치한 이유는 만일의 경우 두 도시 중 하나가 핵공격을 받더라도 핵 통제시설이나 미사일 기지는 안전하게 지키려는 의도에서였다.

차크리 인근 핵 통제시설에는 지난 4월 말 인도와의 관계가 악화된 이래 줄곧 군인들이 24시간 비상대기를 하고 있었다. 핵 통제시설에 도착한 자키르 장군은 정문에서 인사를 받자마자 곧 참모 중 한 사람으로부터 통신두절 사태에 대한 보고를 받았다. 그러고는 건물 안으로 들어가 통신기술 팀과 잠깐 회의를 가진 뒤 그들로부터 '몇 분이면' 통신시설을 복구할 수 있다는 말을 듣고 아침식사를 들었다.

그러나 오전 7시 통신기술 팀과 가진 2차 회의에서 통신두절의 원인이 무엇인지 도무지 알 길이 없다는 말을 듣자 슬슬 불안한 마음이 들기 시작했다. 2차 회의가 끝나기 무섭게 장군은 즉각 유능한 참모 두 명을 이슬라마바드에 보냈다.

그들은 핵시설에 통신 문제가 발생했다는 것을 합참의장에게 보고하고, 그동안 파키스탄과 인도 사이에 무슨 일이라도 벌어진 건 아닌지 알아보라는 명령을 받았다. 또한 휴대전화를 이용하여 최소한 10분에 한 번씩 핵센터와 연락을 취하여 통신시설이 복구되었는지 확인하고,

복구되었으면 임무 수행을 즉각 중지하라는 명령을 받고 있었다.

이후 6시간의 역사에 대해서는 허다하게 많은 책이 쓰여졌다. 그래도 여러 가지 의문점이 남는다. 첫째, 그 두 참모들은 이슬라마바드로 통하는 주 도로에 도착하자마자 자동차, 트럭, 우차牛車 등 온갖 차들이 도로를 꽉 메우고 있는 상황을 보고도 왜 그냥 차를 돌려 핵센터로 돌아가지 않았느냐는 것이다. 둘째, 파키스탄 참모본부는 왜 차크리로 연락병을 보내 당시 파키스탄 전역에 급속히 퍼지고 있던 소문, 즉 인도가 파키스탄 심장부에 가할 합동공격의 일환으로 라호르에 핵폭탄을 투하했다는 말은 전혀 근거 없는 낭설임을 자키르 장군에게 보고하지 않았는가 하는 것이다. 셋째, 자키르 장군과 지라니 대령은 무슨 근거로 당시 상황이 긴급사태에 명시된 두 기준 중의 하나에 부합한다고 보고 가우리 미사일 발사를 자신들의 권한으로 결정한 것인가?

핵 통제시설 내에서 자키르 장군과 긴밀한 협조하에 일을 진행하고 있던 파키스탄 장교들은 후일 장군은 그저 자신에게 주어진 막중한 책임감을 감당하지 못해 그런 행동을 취했을 거라는 증언을 했다.

전하는 바에 따르면 장군은 주말 이슬라마바드에서 장시간의 힘겨운 회의가 열렸던 다음날 아침 '극도의 피로'를 호소했다고 한다. 아침 8시 30분 한 참모와 대화를 나눌 때도 장군은 "집중이 안 돼 대화의 흐름을 따라가지 못했다"고 한다.

통신은 여전히 불통이고 이슬라마바드로 파견한 참모들도 돌아오지 않은 상태에서 시각이 9시를 막 넘겼을 때 핵센터 입구의 보초병들로부터 겁에 질린 수백 명의 주민들이 정문 밖에 운집해 있다는 보고가 들어왔다. 주민들은 인도가 공격해오면 그 안으로 숨게 해달라고 사정을 하고 있었다.

자키르 장군은 이례적으로 핵폭탄과 관련된 끔찍한 소문과 모든 통신수단의 두절로 혼란에 휩싸인 이들 주민들을 직접 면담했다. 그리하여 인도에 의한 파키스탄 통신시설의 파괴, 펀자브 국경을 넘어오고 있는 대규모 인도군 부대, 라호르에 떨어진 핵폭탄, 이슬라마바드를 포위하고 있는 '엄청난 규모의 인도군 낙하산병들'에 대한 소문을 낱낱이 전해들었다.

현지 주민들에게서 들은 소문으로 마음이 산란해진 장군은 오전 10시 고참 장교들을 전원 소집하여 자신이 방금 들은 소문을 불식시킬 만한 정보가 있는지 물어보았다. 하지만 누구도 소문을 일축할 이렇다 할 정보를 내놓지 못했다.

그런데 회의가 막 끝나갈 무렵 핵무기 관리와 관련된 문제를 논의하기 위해 파키스탄 군 장교 몇 명이 그곳을 방문하기로 되어 있으나 아직 오지 않았다고 보고했다. 그곳에 합석했던 한 장교의 말에 따르면 자키르 장군은 차크리 방문 예정자들이 대부분 라호르나 이슬라마바드에서 오는 사람들이라는 것을 알고 "심적으로 무척 동요를 일으켰다"고 한다. 심지어 장군은 그들 중의 누구도 아직 도착한 사람이 없다는 것은 곧 자신이 방금 들은 소문이 '어느 정도는 사실'임을 반증하는 것이라고까지 말했다는 것이다.

그러고 나서 장군은 통신기술 팀을 자신의 방으로 불러들였다. 그들로부터도 장시간에 걸친 통신두절의 원인을 밝혀줄 '설득력 있는 답변'을 듣지 못하자, 장군은 안절부절못하고 이슬라마바드의 칸 장군이나 후사인 총리에게 연락할 방도가 없는 것에 대해 "소리를 지르며 길길이 날뛰었다"는 것이다. 후일 그의 개인 비서가 증언한 바에 따르면 장군은 통신기술 팀을 물리친 뒤, 10여 분 동안 "걷다, 기도하다를 반복하다" 지라니 대령을 자기 방으로 불렀다고 한다.

2016년 6월 핵탄두를 탑재한 12기의 가우리 미사일이 4기를 한 조로 파키스탄의 세 지역에 분산 배치되었다. 4기 미사일 중의 1기는 즉각 차크리 핵 통제센터의 엄호에 들어갔다. 12기 미사일의 유도 시스템은 정해진 목표물로 날아갈 수 있도록 수주 전에 이미 프로그램화되어 있었다. 하지만 컴퓨터 프로세서가 '열리고' 미사일이 무기를 받아 발사 명령을 수행하려면 미사일에 먼저 비밀 암호 명령이 전달되어야 했다.

자키르 장군은 비밀 암호의 일부만 알고 있었다. 나머지는 사실상 차크리 군부대장이었던 지라니 대령이 알고 있었다. 하지만 그는 칸 장군이나 후사인 총리의 허락 없이는 그 부분의 암호를 누설하지 못하도록 되어 있었다. 절차를 그렇게 해놓은 것은 핵전 사령관 독단으로 미사일 발사 명령을 내리지 못하게 하려는 이유에서였다.

2016년 6월 6일 월요일 오전 11시 바로 직전에 자키르 장군과 지라니 대령 사이에 있었던 5분간의 짧은 면담에서 정확히 무슨 말이 오갔는지는 아무도 모른다. 자신들의 결정으로 6백여만의 인명이 사라질 것이라는 사실에 참담해 있던 두 사람은 핵전쟁이 일어난 뒤 일주일도 되지 않아 자살로 생을 마감했다.

하지만 분명한 것은 지라니 대령이 자기가 알고 있는 비밀 암호의 나머지 부분을 자키르 장군에게 넘겨주었다는 사실이다. 두 사람이 자키르의 방에서 나온 뒤 얼마 지나지 않아 핵센터에는 인도에 대한 핵공격 준비 명령이 떨어졌다.

통신두절로 차크리 핵센터에서는 카라치나 하이데라바드 인근에 배치된 가우리 미사일에는 발사 명령을 내릴 수 없었다. 심지어 인근 통제센터에서 미사일을 작동시켜 발사시키는 데도 케이블이 연결된 수동식을 이용해야 할 정도였다. 그래야만 무기에 입력된 암호와 발사 명령이 미사일에 전달될 수 있었다. 그에 따라 미사일 4기에는 수동으로 기계를 작동시키기 위한 기술병이 배치되었다.

정오가 되자 4기의 미사일은 모두 무기를 탑재하고 발사대기 상태에 놓였다. 이제 마지막 '발사' 명령만 기다리는 상황이었다.

한 목격자에 따르면 핵 통제센터 작전 지휘실에서는 자키르 장군이 "땀을 비오듯 흘리며" 발사의 최종 준비단계를 점검하고 있었다고 한다. 통제실 벽에는 벌써 가우리 미사일들의 탄도가 점선으로 표시된 커다란 지도가 걸려 있었다.

컴퓨터 모니터 앞 각자 위치에 자리한 장교와 기술병들도 자신들의 준비상황을 점검했다. 자키르 장군은 잠깐 기도를 올리기 위해 자기 방으로 돌아갔다가 정확히 낮 12시 20분 미사일 4기에 동시 발사 명령을 내렸다.

미사일이 하늘로 치솟은 지 채 1분도 지나지 않아 인도 레이더센터에는 가우리 미사일 4기가 발사된 사실이 감지되었다. 그 소식이 뉴델리의 국방부에 닿았을 때 인도의 고위급 장교들은 대부분 카슈미르 공격의 성공에 흡족해하며 점심을 먹으러 밖에 나가 있었다.

당시 청사에 남아 있던 최고위급 장교 람찬드라 아인가르 장군은 즉각 인도군에 '적색' 경보를 발령했다. 그러고는 개인 자격으로 참모총장 라제슈 메타와 총리 마노즈 굽타에게 연락을 취해 신속히 상황을 브리핑했다.

아인가르 장군은 두 사람과의 통화를 마친 뒤 가우리 미사일이 어디로 향하고 있는지 탄도 분석에 들어갔다. 데이터가 부족하여 미사일 4기의 정확한 목표지점은 아직 알 수 없었으나 수도 뉴델리가 그 중 2기의 목표지점인 것만은 분명했다. 다른 2기의 미사일은 카슈미르 공격의 특별 임무를 통제하고 있는 찬디가르와 파키스탄 국경 부근에 위치한 시크교도의 성지 암리차르 쪽으로 날아가고 있었다. 4기의 미사일 모두 10분 안에 목표지점에 떨어질 것이었다.

인도 군부는 수년 동안 파키스탄의 기습적인 핵공격에 대비하여, 군민 최고위층의 승인을 받아 암호화된 비상체계를 가동시키고 있었다. 2년에 한 번씩 실시되는 정기 검열 외에도 군부는 정권이 바뀔 때마다 한 번씩 재검열을 하고 필요하면 최신식으로 시설을 교체했다.

우연의 일치인지 아인가르는 불과 몇 달 전에 그 시설의 교체작업을 지휘한 장본인이었다. 따라서 작동방법을 훤히 알고 있었다. 그는 우선 뉴델리 전역에 공습경보를 발령케 하고 국방부의 모든 관리들을 지하 방공호로 대피하도록 지시했다. 그 다음에는 레이더 기지 세 곳에 연락을 취해 미사일 4기가 진짜 발사되었는지와 인도가 미사일들의 목표지점인지에 대한 개별 확인작업을 벌였다. 그러고 나서는 굽타 총리, 메타 장군, 그리고 자신을 포함한 원격자간 화상畵像 회의체계를 구축했다.

비상체계는 파키스탄 공격임이 '백 퍼센트 확인'되는 즉시 라자스탄 사막에 있는 이동식 아그니 발사대에서 핵무기를 쏘아 올릴 것을 권고했다. 또한 이 핵반격은 '적의 미사일이 하나라도 떨어지기 전'에 실행되는 것이 가장 바람직했다. 그래야만 파키스탄 미사일이 인도가 '반격을 수행하거나 승인하는 데 필요한 장비나 인력 수송을 방해'할 가능성을 사전에 막을 수 있기 때문이었다.

이 상황에서 인도 총리와 참모총장 앞에 놓인 선택은 오직 두 가지뿐이었다. 몇 개의 아그니를 발사시킬 것인가와 이미 승인된 10개의 목표물 중 어느 곳에 발사할 것인가였다.

인도 군부의 전자, 오디오, 비디오의 모든 기록을 입수하여 저술한 라비 스리니바산의 탁월한 저서《인간이 죽은 날The Day Man Died》에 따르면, 굽타 총리는 처음 비상체계가 요구한 두 가지 문제를 처리할 생각이 없었다고 한다. 파키스탄 미사일에 대해서만 이것저것 물어보았다고 한다. 레이더 보고가 실수였거나 미사일이 발사되지 않았을 가능성은 없는지, 혹시 컴퓨터의 천재 해커가 만든 유령 레이더 궤도를 엔지니어와 기술병이 잘못 읽었을 가능성은 없는지, 지금 날아오고 있는 미사일에 핵탄두가 탑재됐다는 것이 사실인지 등이 그의 질문 내용이었다.

총리의 질문에 대한 아인가르 장군의 답변은 신속하고도 간결했다. 그는 먼저 레이더 기지 세 곳 모두에서 자신이 직접 미사일의 존재를 확인했다는 것과 그 미사일들은 인도 정보기관이 확인한 바에 따르면, 가우리 미사일 기지인 차크리 핵시설 기지에서 발사되었음을 보고했다. 그는 덧붙여 컴퓨터 해커 실력으로 그같이 정교하고 복잡한 일을 수행하는 것은 불가능하다는 점을 말한 뒤, 지금은 촌각을 다툴 때이며 파키스탄의 첫 번째 미사일이 1, 2분이면 인도 땅에 떨어질 것이라는 점을 재차 주지시켰다.

그 말을 듣자 굽타 총리는 즉시 메타 장군의 권고를 받아들여 아그니 미사일 7기의 발사 명령을 내렸다. 이 중 2기는 카라치와 하이데라바드 지역에 있는 가우리 미사일 기지를 향해 날아갈 것이고, 나머지 5기는 파키스탄의 대도시들에 떨어질 예정이었다.

총리와 참모총장이 자신들의 핸드 컴퓨터를 이용하여 비카네르 인근에 있는 아그니 통제센터로 핵무기 암호를 보내자 아인가르 장군은 군전산망에 목표지점을 전송해주었다.

그로부터 30분도 채 지나지 않아 인도 미사일 7기는 파키스탄의 목표지점에 도달했다. 미사일 2기는 이슬라마바드와 라왈핀디의 쌍둥이 도시들에 떨어졌고 카라치, 라호르, 파이잘라바드에도 각각 1기씩 떨어졌다.

운명의 장난으로 파이잘라바드 시민들은 끔찍한 핵 재앙을 피해갈 수 있었다. 아그니 미사일은 목표물에 제대로 떨어지기는 했지만 무슨 이

유에서인지 핵탄두가 고장을 일으켜 폭발하지 않았다. 은행에 있다가 미사일 폭격을 받고 죽은 7명이 사망자의 전부였다. 아그니에 탑재된 핵탄두가 폭발했다면 아마 70만 명은 족히 목숨을 잃었을 것이다.

대재앙

2016년 6월의 첫째 월요일 인도와 파키스탄의 핵전쟁으로 야기된 재앙의 규모는 너무도 엄청나 도저히 말로는 표현할 수 없을 정도였다.

폭탄이 떨어진 뒤 이틀 후, 라왈핀디 공항 인근에 떨어진 인도 핵폭탄의 폭발 중심지 인근에서 찍은 사진들, 사방 어디를 둘러보아도 황량하고 검게 그을린 풍경뿐인 메마른 사진들도 그때의 참혹했던 순간을 다 보여주지는 못했다. 그 중에는 차마 눈뜨고 볼 수 없을 만큼 파괴의 정도가 극심한 것들도 있었다. 인도-파키스탄 전쟁이 초래한 죽음과 파괴는 지금까지의 인류 역사상 그 어느 것과도 비교할 수 없는 무서운 재앙이었다.

폭발이 일어난 10개의 핵폭탄은 크기가 모두 비슷했다. 물론 그것들은 미국, 러시아를 비롯한 다른 강대국들이 보유하고 있던 메가톤급 폭탄에 비하면 규모가 작은 것이었다. 그래도 각각의 폭탄은 TNT 1백 킬로톤과 맞먹는 위력을 지녔다. 1945년 2차 세계대전을 서둘러 끝내기 위해 일본 히로시마와 나가사키에 투하한 미국 원자폭탄의 파괴력은 TNT 15킬로톤 정도였다. 그렇게 보면 인도와 파키스탄 핵무기에서 방출된 파괴력은 히로시마와 나가사키에 떨어진 원자폭탄을 합한 것의

30배 이상이라는 계산이 나온다.

인도의 핵폭탄은 모두 지상 3백 미터에서 1천2백 미터 상공에서 폭발했다. 일반적으로 폭탄은 지면에서 폭발할 때엔 열기와 충격의 강도가 다소 약해지는 데 반해 공중폭발을 일으키면 피해가 더욱 막심하다. 뉴델리를 강타한 파키스탄의 두 미사일도 공중폭발을 일으켰다. 하지만 암리차르와 찬디가르에 떨어진 폭탄은 공중에서 폭발하지 않고 땅에서 폭발했다.

1백 킬로톤의 핵폭탄이 터지면 과연 무슨 일이 일어나게 될까? 먼저 폭발과 동시에 온도가 1백만 도에 이르고 붉은 기가 도는 백색의 거대한 불덩어리가 만들어진다. 이론적으로 이 불덩어리의 지속 시간은 1초로 알려져 있다.

하지만 인도와 파키스탄의 목격자들은 불덩어리에서 치솟는 섬광을 적어도 3초는 보았다고 주장하고 있다. 불덩어리에서 나온 열복사선 또한 대단하여, 시속 1천6백 킬로미터의 속도로 맹렬히 뻗어나가며 도중에 부딪히는 것들을 모두 잿더미로 만들어버린다. 핵폭발은 공기를 가열시켜 불덩어리를 만드는 것 외에도 폭발하는 순간 정상 해면 기압의 수십만 배에 이르는 엄청난 고압을 만들어낸다. 그것이 주위의 공기를 팽창시켜 거대한 폭풍 또는 충격파가 만들어지고, 이것이 열복사선을 따라 온 사방으로 퍼져나가는 것이다. 불덩어리 최근접 거리 내에서의 열풍의 풍속은 시속 1천1백 킬로미터 정도로 이는 건물을 파괴할 수 있을 만큼 강력한 속도다.

핵폭발에서 그 다음으로 치명적인 요소가 방사선이다. 폭발과 함께 발생하는 초기 방사선은 감마선과 중성자다. 그 밖에도 두 종류의 잔류 방사선이 있다. 흔히 '죽음의 재'라 불리는 잔류 방사선의 한 종류는 알파, 베타, 감마선으로 이루어져 있고, 이것은 핵분열 생성물과 우라늄-

235의 찌꺼기에서 생겨난다. 두 번째 잔류 방사선은 초기 방사선의 중성자, 지상의 원자핵 그리고 주변 건물들의 파괴된 입자가 서로 충돌을 일으켜 생기는 결과다.

핵폭발의 특징적 현상인 버섯구름은 충격파가 완화된 이후에 솟아오른다. 폭발 때 만들어진 기압이 이때쯤에는 약해지기 때문에 그때부터 다시 풍력이 안으로 쏠리며 선폭풍 때 파괴된 온갖 파편과 모래, 흙 등이 뒤섞여 폭발 중심지에서 하늘로 치솟게 되는 것이다(후폭풍—옮긴이).

파키스탄에 대한 인도의 핵반격이 있은 지 30분 후, 거대한 버섯구름 여섯 개가 그 웅장한 히말라야 산맥보다 더 높이 솟아올라 수백 킬로미터 떨어진 비행기 안에서도 그 모습을 볼 수 있었다.

핵폭발 중심지는 전문용어로 말하면 폭심爆心이다. 지세가 가장자리에 있지 않는 한 핵폭발로 인한 피해의 정도는 그 지역이 폭심과 어느 정도 떨어져 있느냐에 따라 달라진다. 기본적으로 열기와 충격파의 범위 그리고 방사선의 양은 폭심과의 거리가 멀어짐에 따라 전 방향에서 동일하게 줄어든다.

물론 인도-파키스탄 핵전쟁으로 인한 파괴의 정도가 일률적으로 같았던 것은 아니다. 하지만 폭탄의 크기가 비슷했기 때문에 어느 정도 일반화시키는 것은 가능하다. 모든 경우, 폭심 약 1킬로미터 이내는 열기와 충격파로 인해 완전 폐허가 되었다.

10개의 핵폭탄을 모두 예로 들어보면, 폭발이 일어난 후 한 시간 뒤 폭발 지점과 가까운 지역의 건물들이 온전히 서 있을 가능성은 전체의 0.15퍼센트에 불과했다. 폭심 반경 1킬로미터 이내에 있었던 사람은 그 자리에서 목숨을 잃었다. 핵폭탄 하나가 터질 때 운수 사납게 고작 1킬로미터 정도밖에 떨어져 있지 않았던 사람들도 그 중 91퍼센트가 폭발 후 15분 내에 사망했다. 어찌 보면 이들은 운이 좋은 편이었다. 그 정도

거리에 있다가 살아남은 사람들도 한 달 이내 사망률이 99.2퍼센트에 이르렀기 때문이다. 생존자 대부분은 폭발이 진행 중이거나 혹은 폭발 직후에 쏘인 강한 방사선과 화상 때문에 고통스럽게 죽어갔다.

그외에도 폭발에서 나온 열복사선으로 폭심 밖 5킬로미터까지 불길이 번져갔다. 이 불길은 며칠 동안 모든 도시들에서 맹렬히 타올랐다. 폭발 때 죽지 않고 살아남은 사람들도 폭발 후의 혼란과 아수라장 속에 수십만 명이 죽어갔다. 그 밖에 많은 사람들이 질병과 굶주림으로 목숨을 잃었다.

유엔은 10년의 조사기간을 거쳐 남아시아의 두 나라 사이에 일어난 핵전쟁의 총체적 결과를 요약하여 책자로 발간했다. 6백 쪽에 이르는 이 보고서에는 가슴 아픈 통계와 더불어 핵폭발의 순간 폭심 근처에 있었던 사람들의 사망률이 도표로 정리되어 있었다. 그리고 그것은 폭심과 거리와의 상관관계 및 폭발 이후 시간과의 상관관계로 다시 세분화되었다.

도무지 현실로 받아들이기 힘든 끔찍한 내용들이 보고서를 가득 메우고 있었다. 가령 폭발 지점의 3킬로미터 이내에 있었던 사람들의 47퍼센트가 핵전쟁 이후 1년 내에 목숨을 잃었고, 이들 사망자의 61퍼센트가 폭발 당일 숨을 거두었으며, 28퍼센트는 2주 내에, 나머지 11퍼센트도 1년을 넘기지 못하고 죽었다는 내용이 그런 것들이었다.

인도-파키스탄 핵전쟁의 사상자들은 유엔 종합보고서에 몇 개의 범주로 구분, 정리돼 있었다. 사망의 경우, 즉사(이틀 이내), 급사(2주 이내), 보통사(1년 이내), 완사(1년 이후 사망자)로 구분되었고, 전체 사망자 수는 너무 많아 입을 다물지 못할 정도였다. 이 구분에 따르면, 폭발과 함께 즉사한 인도와 파키스탄인 수는 370만 명, 급사한 사람 수는 175만 명, 보통사한 사람 수는 80만 명, 폭발의 장기적 영향으로 1년 뒤에 죽은 사람 수는 112만 5천 명이었다.

완사한 사람들은 거의 모두 방사선에 의한 질병으로 죽었다. 폭발에서 살아남은 사람들 중 폭심 반경 8킬로미터 이내에 있었던 사람들은 악성 종양, 백혈병, 그외의 여러 가지 불치 암에 걸린 빈도가 매우 높은 것으로 나타났다. 폭심 반경 16킬로미터 이내에 있었던 사람들도 이러한 질병의 발생 빈도가 높았다.

하지만 많은 사람들은 유엔 보고서의 완사자 비율이 지나치게 높다고 비판했다. 이들의 주장은 그러니까, 방사선에도 쏘였고 어쩌다 폭심 16킬로미터 이내에 있게 된 사람까지 뭉뚱그려 완사자 범주에 포함시키는 것은 부당하다는 것이었다.

내가 볼 때 이러한 논쟁은 무의미한 것 같다. 핵전쟁의 사망자 수가 6백만 명이었는지, 7백만 명이었는지는 알 수 없는 노릇이다. 하지만 분명한 것은 어떤 기준으로 보아도 이 핵전쟁은 인류 역사상 최악의 재앙이었다는 것이다.

어느 의사의 체험 일기

핵전쟁으로 인한 사상자 수의 절반이 양국의 거대 도시 이슬라마바드-라왈핀디와 뉴델리에서 발생했다. 인구 밀도가 높은 이들 도시 지역이 2개의 핵폭탄 목표가 되었기 때문이다. 2016년 6월 6일과 7일, 뉴델리에서는 1백만 명 이상이 사망했다. 뉴델리에서 480킬로미터 떨어진 파키스탄의 쌍둥이 도시 이슬라마바드와 라왈핀디에서도 이틀간 80만 명이 목숨을 잃었다.

인도의 수도이자 인도 3대 도시의 하나인 델리는 2016년 두 개의 지역으로 뚜렷이 구분돼 있었다. 17세기 중반 무굴제국 말기부터 영국 식민지 통치기까지 무슬림 인도의 수도였던 델리의 구지역 올드델리는 모스크, 유적지, 요새, 수많은 시장과 좁고 혼잡한 도로가 뒤섞인 유서 깊은 곳이었다. 그곳 남쪽을 관통하는 도시 뉴델리는 영국이 인도의 수도로 삼은 제국 도시였다. 뉴델리는 탁 트인 전망에 드넓은 가로수길, 인상적인 관청 건물들, 게다가 델리에는 없는 현대성까지 갖추고 있었다.

2016년 수도 델리의 인구는 대략 1천5백만 명 정도였다. 그 중 5분의 4가 유서 깊은 올드델리나 현대적인 뉴델리에 거주했고, 이 두 지역 모두 야무나 강 서안에 위치해 있었다. 야무나 강 건너 동쪽에는 도시 난개발로 인해 극빈층이 몰려 있는 판자촌과 샤다라나 가지아바드 같은 초대형 교외지역이 형성되었다. 급속히 늘어나고 있던 중상류층이 선호하는 지역, 즉 델리의 고급 주택가는 야무나 강 서안 그 중에서도 관청가의 남쪽에 몰려 있었다.

아쇼크 쿠마르 박사는 인도의학연구소의 명예교수였다. 이 연구소는 부촌과 쇼핑센터로 둘러싸인 뉴델리 남부의 유명한 연구소 겸 병원이었다. 일흔세 살의 이 노 교수는 1975년 하버드 의대를 졸업한 후 줄곧 인도에서 명망 있는 의사로 의술활동을 펴왔다.

교수이자 의사로서 40년이란 장구한 세월을 거치는 동안 그는 가정의학 시술을 비롯하여 여러 분야의 연구를 했고 대학에서 강의를 했으며, 인도의학연구소 건너편에 있는 사프다르장 병원의 원장을 맡기도 했다. 그리고 인도의 의료 개선사업에 힘쓰느라 국제적으로는 이름이 많이 알려지지 않았지만, 인도 내에서는 폭넓은 존경을 받고 있었다. 그는 국가건강위원회 위원을 세 차례 연임했고, 한 번은 회장을 맡기도 했다.

2016년 쿠마르 박사는 반半 은퇴 상태에 있었다. 그는 35년을 해로한 아내 아루나와 이른 아침을 먹고 매일 아침 그린파크 익스텐션 구역의 집에서 1.2킬로미터 떨어진 인도의학연구소까지 도보로 출근을 했다. 그곳에 박사의 조그만 연구실이 있었다.

출근을 하면 한 시간 가량 인도 전역에 흩어져 사는 친구, 동료들이 보내온 이메일을 읽고 그에 대한 답장을 썼다. 일주일에 세 번, 오전 열 시에는 의대생들을 상대로 그가 좋아하는 분야인 생화학을 강의했다. 그 밖에 박사가 아침나절에 하는 일로는 인도 의학저널에 실릴 연구 논문의 검토, 인도의학연구소의 다른 연구원들에 대한 지원 및 자문, 그 지역 보건소와 관련된 업무 등이 있었다. 그런 일들을 끝내고 낮 12시에서 12시 반 사이에 퇴근을 했다.

인도와 파키스탄에 사는 몇천만 명의 사람들과 마찬가지로 쿠마르 박사의 평온한 일상도 2016년 6월 6일에 일어난 사건으로 일변했다. 그 날 밤늦도록 낮에 일어난 일로 마음이 뒤숭숭하여 잠을 이루지 못하고 있던 박사는 잠자리에서 일어나, 지난 여름 인도의학연구소 동료들이 은퇴기념으로 선물한 랩톱 컴퓨터를 꺼내 일기를 쓰기 시작했다.

그는 우선 낮에 보았던 광경과 그에 대한 자신의 대응방식을 기록했다. 그때부터 48시간 동안 박사는 일하는 틈틈이 쉬지 않고 일기를 써 내려갔다. 그러고 나서 6월 8일 아침, 폭발 뒤 복구된 일부 전산망을 이용하여 그동안에 쓴 일기를 외아들 프라틱에게 보내주었다.

프라틱은 뉴델리의 대표적인 소프트웨어 및 네트워크 관련 사업가였다. 아버지가 보내준 일기를 읽고 마음이 뭉클해진 프라틱은 그것을 즉각 친구와 동료들에게 보내주었다. 그로부터 몇 시간 뒤 마술과 같은 지구촌 네트워크를 통해 전 세계 수십만 네티즌들이 쿠마르 박사의 일기를 읽었다.

쿠마르 박사는 다음달에도 계속 일기를 썼다. 그의 일기를 책으로 엮은《어느 의사의 일기A Doctor' s Diary》는 금세기의 가장 유명한 책이 되었다. 핵전쟁 후 일주일 뒤인 6월 12일 일요일이 되자 유럽과 북미에서만도 5천만 명이 이 일기를 매일 읽고 있는 것으로 나타났다.

그 일요일, 〈뉴욕 타임스〉의 한 칼럼니스트는 이 같은 현상에 대해 다음과 같이 글을 썼다. "용기 있고, 섬세하고, 지적인 보통 사람" 쿠마르 박사는 독자들로 하여금 "이 무서운 비극이 가져온 천문학적인 통계 이상을 보고 인간적 관계 속에서 그것의 진정한 의미를 되새기게 해주었다."

아래 글은《어느 의사의 일기》에서 2016년 6월 6일자를 일부 발췌한 것이다.

오늘 나는 평소보다 조금 늦게까지 연구실에 남아 있었다. 내 강의를 듣는 한 학생이 상담을 요청하면서 정오밖에 시간이 없다고 하여 그렇게 된 것이다. 미루트 대학의 장학생인 이 청년은 내 과목의 성적을 올릴 수 있는 방법을 알고 싶어했다. 우리는 15분가량 대화를 나누었다. 처음 만날 때만 해도 이 청년은 상당히 침울했었는데, 내가 공부하는 요령을 조금 이야기해주자 기분이 한결 나아진 듯했다.

나는 의학잡지 두어 권을 내 랩톱 컴퓨터 가방에 집어넣고 연구실을 나왔다. 그러고는 아루나의 휴대전화로 전화를 걸었다. 아내는 코너 플레이스 인근 상점에서 손자의 생일 선물을 사는 중이었다. 우리는 1시에 만나 그린파크 쇼핑센터 내의 작은 해산물 식당에서 점심을 같이 먹기로 했다.

오로빈도 마르그 수도원 앞의 교통은 무척 혼잡했다. 최근에는 연구소 서쪽에 있는 커다란 교차로에서 버스, 택시, 스쿠터가 충돌해 차들이 사방으로 몇 킬로미터나 길게 늘어섰던 적도 있다. 사방천지에서 자동차들이 경적을 울려댔다. 교통 정체와 혼란 때문에 나는 길을 건너지 않기로 하고 사프다르장 병원의 베르게세 박사에게 간다고 작별인사를 했다. 그러고는 대로의 동편을 끼고 남쪽을 향해 걷기 시작했다.

내가 간호사 숙사를 막 지나치려는 찰나 어디선가 사이렌 소리가 들려왔다. 그때까지 나는 연습할 때밖에 사이렌 소리를 들어본 적이 없었다. 그래서 처음에는 이번에도 그냥 연습이려니 생각했는데 불현듯 어릴 때 본 어떤 영국 영화에서 독일 전투기가 폭탄을 떨어뜨리기 전 공습 사이렌 소리가 윙— 하고 들리는 장면에서 소름끼치도록 무서웠던 기억이 났다.

길거리를 지나던 사람들은 모두 몇 초 동안 꼼짝 않고 서 있었다. 대체 무슨 일이 일어난 걸까? 그렇게 스스로 물어보았던 기억이 지금도 생생하다. 물론 나는 요즘 돌아가는 정세며 카슈미르의 긴장 상태에 대해 훤히 알고 있었다. 하지만 대부분의 인도인들처럼 나도 그 같은 사태가 전쟁으로 이어지리라고는 꿈에도 생각하지 못했다. 정치인들이 그렇게까지 멍청할 줄은 몰랐던 것이다.

사이렌은 그칠 기미를 보이지 않았다. 20대 초반의 아리따운 여성이 내게로 다가왔다. 얼굴에 수심이 가득했다. 그녀가 내게 무슨 일이냐고 물어보았다. 나는 아마도 당국이 비상경보 체계를 시험하는 것 같다고 말해주었다.

내가 일하는 병원에 입원한 아버지를 면회하고 돌아가던 길이라던 그녀의 얼굴에 안도의 미소가 피어올랐다. 그녀는 내게 고맙다는 인사를 하고 길 저쪽으로 걸어갔다.

그러고 나서 잠시 뒤, 내 오른쪽 눈가에 불빛이 번쩍 비쳤다. 나는 재빨리 몸을 돌려 그 섬광이 날아온 북쪽을 바라보았다. 빛은 이미 사라지고 없었다. 그래도 나는 눈을 떼지 않고 그쪽을 계속 바라보았다. 그랬더니 멀리서 연기가 피어오르는 것이 보였다. 처음에 나는 그것을 부정하려고 했다.

하지만 연기가 버섯구름이 되어 순식간에 공중으로 솟아오르는 모습에 가슴이 철렁 내려앉았다. 아, 안 돼, 오 신이여, 제발…… 아마 나는 이렇게 중얼거렸을 것이다.

10년처럼 길게 느껴졌던 그 순간을 나는 꼼짝 않고 그대로 서 있었다. 푸른 하늘을 배경으로 버섯구름이 아득히 퍼져나갔다. 우르르 하는 굉음이 점점 크게 15초 정도 울렸다. 조금 전의 여성이 다시 내게로 다가왔다.

"무슨 일이에요?" 버섯구름이 일어난 쪽을 가리키며 그녀가 물었다. 나는 대답을 하려다가, 마음속에 있는 것을 차마 입 밖에 내지 못했다. "세상에, 세상에 이럴 수가……." 그것이 내가 할 수 있는 말의 전부였다.

그 여성과 나는 눈부신 섬광이 우리 두 사람 눈을 멀게 하는 순간 서로를 똑바로 쳐다보고 있었다. 아주 잠시, 그녀의 얼굴과 내 눈에 보이는 모든 것이 옛날 카메라로 찍은 사진의 음화처럼 보였다.

그녀가 손을 뻗어 내 손을 잡았다. 나도 그녀 손을 꼭 잡았다. 우리가 함께 몸을 돌리자 처음에는 복사열이 느껴졌고, 그 다음에는 우리 두 사람 모두를 날려버릴 듯한 폭풍이 휘몰아쳤다. 우리는 둘 다 몸을 부들부들 떨었다. "폭탄인 게야." 내가 겨우 그 말을 하는데, 거대한 폭발음이 들려왔다.

폭발음이 가라앉자 가장 먼저 떠오른 것은 가족의 안부였다. 나는 아들과 며느리 그리고 손자 둘은 아무 일도 없겠지 하고 스스로를 위로했다. 아들의 회사와 집이 모두 쿠트브 미나르(인도 델리 근교에 있는 쿠트브 모스크에 있는 높이 72미터의 고탑—옮긴이)에서 가까운 먼 남쪽에 있었기 때문이다.

나는 시계를 보며 아루나와 통화한 시각이 언제였는지 생각해보았다. 그러고는 뉴델리 지도를 머릿속으로 그리며 그녀가 쇼핑을 끝내고 운전해올 길을 더듬어 좇아가 보았다. 갑자기 겁이 더럭 났다. 나는 두근거리는 마음으로 이제 막 버섯구름을 만들며 위쪽으로 솟아오르는 근교의 연기구름을 쳐다보았다. 구름은 내가 서 있는 곳에서 북서쪽을 향해 있었다. 코너 플레이스와 같은 방향이었다.

나는 오로빈도 마르그 수도원을 바라보며 불안한 마음을 달래려고 했다. 별안간 도로에서 자동차 경적소리가 멈췄다. 교통 정체로 막혀 있던 사람들은 차 문을 열고 바깥으로 나왔다. 모든 사람들이 버섯구름이 하늘로 치솟아오르며 근방의 북서쪽으로 빠르게 퍼져나가는 모습을 바라보았다. 주변 사람들의 얼굴을 보니 불안과 혼란의 빛이 역력했다.

"괜찮으세요?" 거리를 뚫어지게 쳐다보는 나에게 그녀가 물었다. 그때까지도 우리는 서로의 손을 꼭 부여잡고 있었다. 나는 손등과 그 밖의 복사열에 노출되었던 다른 부위의 살갗을 살펴보았다. 몇몇 부위에 붉은 빛이 돌았으나 햇빛에 탄 정도로만 느껴졌을 뿐 심각한 외상은 없었다.

나는 그녀에게 괜찮다고 말하며 그녀도 괜찮은지 물어보았다. 그녀가 천천히 고개를 끄덕였다. 끄덕이는 그녀의 얼굴을 보니 눈물관 근처에 핏줄이 몇 개 터져 있었다. 그제야 나는 섬광이 번쩍

할 때 그녀가 그 빛을 바라보고 있었던 것이 떠올랐다. 나는 그녀에게 내 연구실로 가서 눈을 좀 치료하자고 했다.

일순간 잠잠해졌던 오로빈도 마르그 수도원 앞의 도로는 금세 아수라장이 되었다. 차량들은 차선을 벗어나 아무 곳으로나 마구 내달렸다. 차도 양쪽의 보행자 도로를 달리는 차들도 있었다. 교통체증 때문에 오도가도 못하게 된 일부 운전자들은 아예 자동차를 버리고 걸어서 그곳을 빠져나갔다. 어떤 고급 자동차 한 대는 유턴을 하여 한쪽 바퀴만 차도에 올려놓은 채 역주행을 하다 자전거를 타고 가던 소년과 충돌했는데도 멈추지 않고 계속 질주했다. 소년은 울타리가 쳐진 작은 정원에 가 처박혔다. 나는 서둘러 그 소년에게 가보았으나 크게 다치지는 않은 것을 보고 안심했다.

연구소로 간 나는 그 여성에게 안약을 조제해주고 아버지의 병실을 찾도록 도와주었다. 그러고 나서는 연구소 소장을 보러 갔다. 연구소 행정부서는 난장판이 되어 말이 아니었다. 전화는 먹통이었고 전기도 나가 있었다. 소장의 행방을 아는 사람은 아무도 없었다. 그러고 나서 생각해보니 이따금씩 그는 도서관에서 혼자 점심 먹는 버릇이 있다는 것이 생각났다. 과연 그는 그곳에 혼자 있었다. 그는 국가 핵무기 비상사태 행동요령을 들춰보고 있었다. 그의 눈은 울어서 빨갛게 충혈돼 있었다.

"세상이 미쳤나 봅니다, 아쇼크." 그가 나를 바라보며 말했다. 눈물이 다시 주르르 흐르며 그의 뺨을 적셨다. 내가 팔을 벌리자 소장이 일어나 나를 끌어안았다. 그와 포옹하고 있으려니 아루나 생각이 났다. 그녀 걱정이 다시 물밀듯 밀려왔다. 우리 두 노의사는 1분여를 그렇게 말없이 서서 흐느꼈다. 그런 다음 자리에 앉아 앞으로의 대책을 논의했다.

소장과 나는 앞으로 몇 시간이면 델리 지역의 병원과 보건소들마다 환자들로 인산인해를 이룰 것이라고 짐작했다. 우리는 비상사태 행동요령을 살펴보았다. 어느 곳엔가 공공기관에 임시 의료센터를 세우라는 지침이 있었다.

그에 따라 우리는 의료센터가 들어설 만한 장소와 행정능력이 있는 의사, 그리고 의료장비 등에 대해 알아보았다. 나는 그에게 아내가 무사한지 알아보고 한 시간 내에 연구소로 다시 돌아오겠노라고 말했다.

숨막히는 열기에도 아랑곳없이 나는 오로빈도 마르그 수도원 길을 따라 급히 발걸음을 재촉했다. 그곳 대로는 이미 장애물 훈련장이 되어 있었다. 버리고 간 차들로 차선은 꽉 막혀 있었고 교통 신호기도 작동하지 않았다. 도로는 차량 통행이 적어 한산했다.

내가 그린파크의 해산물 식당에 도착한 것은 오후 1시에서 1, 2분이 지난 시각이었다. 아루나는 그곳에 없었다. 아루나뿐만 아니라 식당에는 주인 한 사람 외에는 아무도 없었다. 그가 내게로 오더니 인사를 했다. 그는 혹시 내가 핵공격에 대해 공식적으로 들은 말이 있는지 알고 싶어했다. 나는 없다고 대답했다.

식당 주인이 어깨를 으쓱해 보였다. "라디오와 텔레비전은 아직도 먹통이에요." 그가 말했다. 그러고는 몇 분 전 식당 밖에서 어떤 경관과 나눈 이야기를 들려주었다.

경관의 말에 따르면 첫 폭탄은 델리 대학 인근에서 폭발했다고 한다. 델리 대학은 올드델리와 레드 포트(Red Fort, 델리의 관광명소로 무굴제국의 3대 황제 샤자한이 세운 팔각형 모양의 붉은 사암 성—옮긴이)의 북동쪽에 위치해 있었다. 그러고 보니 식당 주인이 말한 곳은 최초의 버섯구름이 나타난 지역과 일치했다.

잠시 나는 델리 대학이 핵폭탄을 맞아 흔적도 없이 사라지는 모습을 머릿속에 그려보다가 델리 대학 교수로 있는 친구들에게 생각이 미쳤다. 친구들의 모습이 하나둘씩 떠올랐고 그들과 함께 참여했던 여러 심포지엄과 의학 연구 모임들이 생각났다. 폭격 당시 그들은 아마 강의실이나 연구실 혹은 학교 식당에 있었을 것이다. 깊은 슬픔이 온몸을 휘감아 돌았다. 천천히, 그렇지만 분명히 나는 최악의 가능성을 받아들이고 있었다. 폭발 지점이 대학 인근이라면 내 평생의 지기들도 희생된 것이 분명했다.

나는 15분 동안 아루나를 기다렸다. 뭔가 잘못된 것이 분명했다. 아내는 늘 시간을 잘 지켰다. 시간관념에 대한 내 생각을 잘 알기 때문이었다. 신혼 시절 아루나와 나는 중요한 병원 행사에 늦어 난처한 일을 당한 적이 있었다. 그때 나는 아내에게 약속 시간에 늦는다는 것은 곧 다른 사람들의 시간을 존중하지 않는 행위라고 말했다. 그때 이후로 그녀는 부득이 한 사정이 없는 한 10분 이상 늦어본 적이 없었다.

나는 식당을 나와 서둘러 집으로 향했다. 식당에서 집까지는 도보로 10분 거리였다. 상황이 그러했으니 그녀가 집에서 기다리고 있을지도 모른다는 생각이 들었다. 하지만 집은 텅 비어 있었다. 나는 대강 샌드위치를 만들어 먹으려다 냉장고가 가동되지 않는다는 사실을 알았다. 그것을 보며, 음식이 상하면 아내가 좋아하지 않을 텐데 하고 생각했다.

부엌 식탁에는 조간 신문이 그대로 놓여 있었다. 신문 면들은 순서대로 가지런히 정리되어 있었다. 내가 출근하고 난 뒤 아내가 정리해놓은 것이었다. 나는 샌드위치를 먹으며 신문의 주요 기사를 훑어보았다. 야당 당수가 현 연립정부는 모든 면에서 썩어 있다고 언급한 기사가 눈에 띄었다. 새로운 온실가스 배출 법령 제정으로 델리의 공기 오염도가 날로 줄어들고 있다는 기획 기사도 있었다. 델리는 이제 세계 10대 오염 도시 중의 하나가 아니었다. 인도 국방장관은 파키스탄의 카슈미르 점유를 결코 묵과하지 않을 것임을 말하고 있었다.

나는 신문을 옆으로 밀쳐놓았다. 오늘 아침 사건은 그동안 중요하다고 생각했던 것들을 하찮게 보이도록 만들었다. 내일 신문의 머릿기사는 무엇일까? 신문은 언제 발간이 재개될까? '파키스탄의 핵폭탄 두 개, 델리를 강타, 사망자 수만 명 발생' 이런 것은 아닐까? 아니 어쩌면 수십만 명일지도 몰라. 나로서는 아직 재앙의 규모를 상상조차 할 수 없었다.

1시 30분이 조금 지난 뒤 나는 아루나에게 편지를 쓰기 시작했다. 부상자 치료를 위해 다시 연구소로 가는 길인데 어쩌면 오랫동안 집에 들어오지 못할 것 같다는 내용이었다. 그러면서 그녀가 자신은 괜찮다는 말을 연구소의 누군가에게 남겼기를 부디 바란다는 내용도 덧붙였다. 그리고 사랑한다는 말을 막 써넣으려는 순간, 현관문 열리는 소리가 들렸다. 나는 자리에서 벌떡 일어나 문으로 달려갔다.

집 안에 막 들어선 아루나가 문간에 서 있었다. 두 눈이 초점을 잃고 흐릿한 모습이었다. 옷도 더럽혀지고 찢어져 엉망이었다. 오른쪽 팔은 심한 화상을 당해 팔꿈치 근처의 뼈가 드러날 정도였다. 얼굴과 손을 비롯한 피부의 다른 노출 부위에는 핏방울이 튀어 있었다. 머리도 마치 불에 그을린 것처럼 헝클어져 있었다. 그녀의 모습을 보고 나는 심장이 그대로 멎는 듯했다.

"미안해요, 여보." 아내가 말했다. 그러고는 비틀거리며 앞으로 다가왔다. 무너져 내리는 그녀를 간신히 팔에 안았다. 나는 아내를 부축하여 침실로 데려갔다. 눕혀놓고 보니 등뒤도 옷이 찢어진 채 오른쪽 팔만큼이나 심한 화상을 입고 있었다. 나는 그녀가 곧 죽으리라는 것을 직감했다.

내가 물을 갖다주자 아루나는 힘들여 미소를 지어 보였다. 그녀는 자기 자리인 침대 왼쪽에 누워 있었다. "그래도 집까지는 왔잖아요." 그녀가 조용히 말했다. 그러고는 내 뺨에 흐르는 눈물을 보고 그것을 닦아주려고 화상 입은 손을 내 얼굴로 뻗쳤다. 그 움직임이 통증을 일으켜 얼굴을 찡그렸다. 나는 그녀의 손을 잡아 다시 침대에 조심스럽게 올려놓았다. 그러고는 옆에 앉아 이마 위에 찬 수건을 덮어주었다.

"당신과 전화통화를 한 후, 10분 뒤에 가게를 나왔을 거예요." 그녀가 말했다. 나는 그녀에게 아무 말도 하지 말고 가만히 쉬라고 말했다. 아루나가 가볍게 머리를 흔들었다. "아뇨, 무슨 일이 일어났는지 당신에게 모두 말하고 싶어요."

그녀가 다시 물을 달라고 했다. 나는 물잔을 건네주며 머리를 숙여 그녀에게 부드럽게 입맞춤을 했다. "고마워요, 아쇼크." 아내가 말했다. 그녀는 물을 한 모금 마신 뒤 모기만한 소리로 다시 말을 이어갔다.

"주차장에 거의 도착했는데, 느닷없이 번쩍 하며 섬광이 비쳤어요. 그 순간 온몸에 톡 쏘는 듯한 강한 열기가 느껴졌죠. 그리고 1초쯤 뒤, 등뒤의 옷에 불이 붙은 것을 알았어요. 어쩔 줄 몰라 허둥대고 있는데, 머리카락이 불에 타 바스러지는 소리가 들리데요. 주위를 둘러보니 오른쪽에 커다란 땅 뙈기가 하나 보였어요. 그래서 얼른 그쪽으로 달려가 땅바닥에 몸을 굴려 등뒤에 붙은 불을 꼈죠."

아루나가 하던 말을 멈추고 눈을 감았다. 심신이 완전히 지쳐 있는 듯했다. 나는 앞으로 우리에게 남은 시간이 얼마 남지 않았다는 사실을 깨달았다. 내가 그녀에게 다시 키스를 했다. "그래도 어쨌든 그 먼길을 걸어 이렇게 집까지 왔잖소."

"당신에게는 작별인사를 해야 할 것 같아서요." 그녀가 말했다. 그러고는 힘들게 두 눈을 떴다. 눈에는 눈물이 흥건히 고여 있었다. 그녀가 몸을 조금 움직이며 고통 때문에 얼굴을 찡그렸다. 그러고는 더할 수 없이 부드럽게 내 손을 부여잡더니 마지막으로 눈을 감았다.

그래도 삶은 계속된다

쿠마르 박사는 아내가 사망한 뒤 10분간 자신이 생각하고, 느끼고, 행동한 내용을 소상히 일기에 기록했다. 아내가 숨을 거두자 박사는 집을 나와 연구소로 돌아가기 전, 아내의 시신을 침대 시트로 덮어놓고 아들 앞으로 장문의 쪽지를 써서 현관문에 붙여놓았다. 그러고는 동네를 지나가다가 심한 화상을 입은 어느 모자와 마주쳤다. 그들도 두 번째 폭탄의 폭심 가까운 곳에 있다가 변을 당한 것이었다.

그들은 쿠마르 박사의 집이 있는 그린파크 익스텐션에서 남쪽으로 1.6킬로미터 떨어진 하우즈 카스 부락에 있는 자신들의 집까지 어떻게든 가려고 기를 쓰고 있었다. 박사는 그 모자에게 자신과 함께 사프다르장 병원으로 가서 치료받을 것을 권유했다. 그리고 그들에게서 그날 겪은 참담한 경험을 전해들었다.

병원 입구에는 이미 수십 명의 사람들이 몰려와 있었다. 사람 수는 갈수록 늘어났다. 쿠마르 박사는 하던 일을 잠시 멈추고, 사람들이 서 있는 줄을 헤집고 다니며 환자 명부를 만들고 있는 두 명의 젊은 간호사를 도와주었다. 건설인부 옷차림을 한 중년의 한 예비환자는 줄을 서 있다 쿠마르 박사가 보는 앞에서 쓰러졌다. 박사는 환자의 상태를 살핀 뒤 즉시 그를 응급실로 보냈다. 응급실은 이미 초만원 상태였다. 박사는 병원에서 절친한 친구 베르게세 박사와 잠시 대화를 나눈 뒤 대로를 건너 연구소로 향했다.

연구소 중앙 회의실 벽에는 수도 델리 지역이 상세히 그려진 지도가 한 장 걸려 있었다. 소장은 델리 시 종합병원과 개인병원에 환자들이 넘쳐나면 앞으로 수용하게 될 공공의료 시설들의 위치를 지도 위에 이미 표시해두었다.

쿠마르 박사가 배정된 곳은 외곽순환도로와 야무나 강 사이 델리 시 중앙 동편에 위치한 기념공원 내의 라즈 가트(1948년 마하트마 간디가 뉴델리에서 암살되었을 때 화장된 곳—옮긴이) 수용소였다. 소장은 그를 도와줄 두 명의 의사를 쿠마르 박사에게 소개하고 임시 보급품 목록을 나눠주며 수정할 사항이 있는지 물어보았다. 박사는 사프다르장 병원 밖에 길게 늘어선 사람들을 이미 보고 온 터라 보급품 목록에 상당 부분 수정을 가했다.

쿠마르 박사와 그를 도울 의사, 간호사, 그리고 자원봉사자들이 라즈가트 수용소로 가기 위해 차편을 기다리는 동안, 공영방송국의 비상 텔레비전 네트워크가 작동하기 시작했다. 그로부터 채 몇 분도 지나지 않아 텔레비전 화면에 마노즈 굽타 총리가 모습을 드러냈다.

그는 국민들에게 핵공격과 카슈미르 폭도들에게 아침에 가한 공격의 결과에 대해 설명했다. 그러고는 종전을 선언하면서 전 국민이 합심하여 "정당한 이유 없이 인도에 재앙을 초래한" 파키스탄 핵공격의 피해를 어서 빨리 복구하자고 호소했다.

그에 덧붙여 총리는 델리, 찬디가르, 암리차르를 오가는 철도와 항공 운행도 무기한으로 중단한다고 발표했다. 또한 폭격을 당한 수도 세 지역에 엄격한 야간 통행금지를 실시할 것이며, 앞으로 최소한 사흘간은 긴급한 목적이 없는 한 차량 여행을 금지한다고 말했다. 총리의 발표가 끝나자 국가 비상사태 관리국장이 나타났다. 국장은 부상자 치료를 위해 곧 가동하게 될 공공의료센터들의 위치를 설명해주었다.

쿠마르 박사의 다음 일기에는 연구소와 라즈 가트 의료센터를 오가는 트럭 속에서 동료 의사들과 나눈 이야기가 기록돼 있다. 라즈 가트 센터에 도착한 의료팀은 우선 20여 분간 시설 정리작업을 벌였다.

다음은 쿠마르 박사의 일기에서 이들의 활동내역을 발췌한 글이다.

> 오후 4시가 되자 그런 대로 병원의 모양새가 갖춰졌다. 임시 접수처는 외곽순환도로에서 약 90미터 떨어진 기념공원 서쪽에 설치했다. 환자들 대부분이 그쪽 방면에서 라즈 가트로 들어왔기 때문이다. 접수처에서는 자원봉사자들이 물과 식별 번호가 적힌 팔찌를 환자들에게 나눠주었다. 신상명세를 밝힐 능력이 있는 환자들로부터는 이름, 주소, 기타 필요한 사항들을 받아 적었다. 한 보조 의사는 환자들이 줄 서 있는 곳으로 자리를 옮겨 부상의 경중에 대한 판단을 신속히 내려주었다. 환자가 중태인 경우에는 즉시 의사에게 보내졌다.
>
> 그 당시 내 의료진은 나를 제외한 의사 네 명으로 구성돼 있었고 그 중 두 명은 개인병원의 응급실에서 차출돼온 보조 의사였

다. 그외에도 의료 경험이 전무한 20여 명의 젊은 자원봉사자들이 우리를 도와주었다.

우리가 도착하기 전, 라즈 가트 주변에는 이미 2백여 명의 부상자들이 이곳저곳에 흩어져 있었다. 네 명의 자원봉사자와 의사 한 명이 그들의 증세를 살펴본 다음 부상의 정도를 결정했다.

델리 경찰은 도로에 바리케이드를 설치하여 인디라 간디 실내경기장 남쪽에서 레드 포트 너머까지의 외곽순환도로 차량 통행을 전면 금지했다. 그 조치로 진료가 필요한 사람은 이제 자동차와 트럭들 때문에 통행을 멈추지 않고도 시내에서 공원으로 곧장 건너올 수 있었다. 외곽순환도로와 야무나 강 사이에 있는 의료시설 세 곳 중의 하나에 환자를 수송하는 차량만 바리케이드를 지나 통행이 허락되었다.

오후 4시가 막 지났을 즈음, 커다란 트럭 3대가 진료소의 접수처 앞에 멈춰 섰다. 트럭에는 각각 40여 명의 환자들이 타고 있었다. 그들은 모두 코너 플레이스 인근의 두 번째 폭파 지점에서 온 사람들이었다. 자원봉사자들이 환자들을 부축하여 차에서 내려주었다.

환자의 3분의 1 이상은 이미 죽어 있었다. 어떤 자원봉사자는 여섯 살짜리 여자아이를 죽은 엄마 시체 밑에서 끄집어냈다. 또 다른 여성 자원봉사자는 트럭에서 시신들을 들어올리다 슬픔을 참지 못하고 끝내 잔디밭에 털썩 주저앉아 몇 분이나 통곡을 했다.

그녀를 위로하려 하자 그녀는 눈물이 가득한 눈으로 나를 쳐다보며 이렇게 절규했다. "왜죠, 박사님, 왜 이런 일이 일어난 거예요?" 나는 아무 말도 하지 못했다.

보아 하니 외곽순환도로와 가장 가까운 곳에 위치한 진료구역은 금방 환자들로 넘쳐날 것 같았다. 그래서 나는 연구소 병원에서 온 두 명의 간호사를 시켜, 그 중 건강한 환자들을 골라 야무나 강과 가까운 공원 반대편 지역으로 옮기도록 했다.

이 같은 일은 잘못하면 뺨 맞을 일이었다. 환자 중 누구도 그쪽으로 움직이려 하지 않았다. 하지만 들어오는 환자가 계속 늘어나자 조그만 공간이라도 아껴야 했기 때문에 다른 선택의 여지가 없었다.

오후 4시 반이 되자 새로 들어오는 환자를 라즈 가트의 세분화된 구역으로 배정하는 체계가 얼추 갖추어졌다. 우리는 응급센터를 고속도로와도 가깝고 접수 구역과도 가까운 곳에 설치했다. 증세가 심한 환자들은 응급센터와 그리 멀지 않은 잔디밭이나 언덕에 배정했다. 생명에 지장이 없는 환자의 병동은 야무나 강과 가까운 곳에 설치했다.

기념공원에 진료센터를 차린 지 한 시간쯤 되었을까. 자신들을 면허 있는 약사로 소개한 두 명의 젊은이가 라즈 가트로 와서 자원봉사를 하고 싶다는 의사를 밝혔다. 그러고는 재빨리 보조 의사가 하고 있던 의료용품 관리를 맡아주어 덕분에 그는 환자만 돌볼 수 있게 되었다.

그런데 10분도 채 지나지 않아 약사들로부터 문제가 생겼다는 보고가 들어왔다. 현재와 같은 상태로 가면, 진통제 물량이 3시간을 넘기기 힘들다는 것이었다. 약사 한 명이 올드델리 다르야간즈 구역 가까운 곳에 있는 커다란 제약 창고 쪽으로 발길을 옮겼다. 하지만 30분 뒤 그는 빈손으로 돌아왔다. 그것은 당연한 일이었다. 우리 의료팀에게는 이미 피치 못할 환자가 아니면 진통제 투여를 중지하라는 지시가 떨어졌기 때문이다.

오후 5시가 조금 넘자, 라즈 가트 의료센터의 환자 수는 1천 명을 넘어섰다. 접수처에 줄 서 있는 환자 1백 명은 포함하지 않은 숫자였다. 환자를 실은 트럭과 다른 차량 행렬이 내 시야가 닿는 저 남쪽까지 길게 늘어서 있었다.

나는 공원에서 가장 높은 언덕에 올라가 외곽순환도로 건너 도시 쪽을 바라보았다. 그곳 하늘은 온통 연기로 뒤덮여 있었다. 들리는 바로는 복사열로 점화된 불길이 그때까지도 도시에서 맹렬히 타고 있다는 것이었다. 시야를 좁혀 좀더 가까운 곳을 바라보니, 적어도 10여 명은 됨직한 부상자가 온 사방에서 우리 의료센터를 향해 오고 있었다. 이 모든 사람을 어떻게 다 수용할지 난감한 생각이 들었다. 장소, 인력, 의약품, 어느 것 하나 충분하지 않았다. 하지만 어쩌겠는가? 하는 데까지 해보는 수밖에.

오후 5시 15분, 아마도 도로 바리케이드를 통과해온 듯한 커다란 자동차 한 대가 진료소의 접수처 가까운 곳에 멈춰 섰다. 병원복을 입은 남자 다섯 명이 차에서 훌쩍 뛰어내렸다. 자세히 보니 아는 사람이 한 명 있었다.

그는 아그라에서 제일 큰 병원의 원장 프란 초프라 박사였다. 초프라 박사와 나는 과거 여러 위원회 소속으로 다양한 활동을 펼친 적이 있었다. 그를 만난 것이 너무도 반가웠다. 초프라 박사와 다른 의사들은 핵폭탄 뉴스를 듣자마자 곧장 아그라를 떠나 이곳으로 달려온 것이었다. 경찰의 호위를 받고 왔는데도 그들이 아그라에서 델리까지 오는 데는 무려 4시간이 걸렸다.

초프라 박사의 자동차 뒤 트렁크 안에는 약품이 가득 들어 있었다. 약품 부족에 시달리던 우리로서는 참으로 다행스러운 일이 아닐 수 없었다. 나는 초프라 박사와 그의 동료 의사들에게 우리가 하고 있는 일을 간단히 설명해주었다. 그들은 즉시 일을 시작했다. 그들의 도착으로 다른 의사들도 사기가 부쩍 오르는 것 같았다. 나도 초프라 박사가 권하는 대로 라즈 가트에 온 뒤 처음으로 자리에 앉아보았다.

몇 분 뒤 자원봉사자 한 명이 내게 와서 시신들을 어떻게 처리할 것인지 물어보았다. 그녀 말로는 시신의 숫자가 거의 1백여 구에 이르고 이들 대부분이 응급센터 안이나 그 근처에 있다는 것이었다. 생각해보니 의료센터의 남는 공간은 생존자를 위해 비워두어야 할 것 같았다. 또한 상황이 너무 절박하여 죽은 사람들에게 제대로 된 장례를 치러주기란 힘들 것 같았다. 그 같은 생각으로 우리는 시체를 가능한 한 빨리 처리할 수 있는 대책을 강구했다.

생존자들은 그 방법을 좋아하지 않았다. 진료센터 책임을 맡고 있는 우리도 그 방법이 마음에 들지 않기는 마찬가지였다. 하지만 더 좋은 방법이 있을 것 같지도 않았다.

우리 의료센터를 찾은 사람들은 대부분 한두 명의 가족을 동반하고 있었다. 시체를 치우겠다고 하면 가족이나 친척들은 때로 화를 내거나 미친 듯이 발광을 하고는 했다. 자원봉사자들에게는 가족의 저항이 있을 때는 시체를 치우지 말라는 지시가 내려졌다. 그럼에도 불구하고 어떤 환자들은 그냥 물어보기만 하는데도 불같이 화를 냈다.

어떤 아이 엄마는 잔디밭에 죽은 채 누워 있는 두 아이의 시체를 치우겠다는 생각은 언감생심 꿈도 꾸지 말라며 길길이 날뛰었다. 그러면서 아이들의 시신을 가슴에 꼭 끌어안는 것이었다. 그리고 한 시간 뒤 그녀 역시 그 자세 그대로 숨져 있었다.

시신들은 의료센터 북단의 외곽순환도로 옆 작은 숲에 임시로 안치되었다. 그런 다음 트럭이나 다른 대형 차량 편으로 시 당국이 설치해놓은 폐기물 처리장으로 옮겨졌다. 환자들이 죽는 속도가 너무 빨라 보는 사람의 가슴을 미어지게 했다. 그들 대부분은 핵폭발 지점 가까운 곳에 있다가 심한 화상을 입은 사람들이었다. 더 우울했던 것은 라즈 가트에 입원한 환자들 중 일주일을 넘긴 환자가 반밖에 되지 않는다는 사실이었다. 그것이 의료진의 공통된 견해였다. 게다가 그 수치는 방사능 노출로 인한 환자들은 아직 계산에 넣지도 않은 것이었다.

오후 5시 반경, 헬리콥터 한 대가 우리 의료센터에서 멀지 않은 외곽순환도로에 착륙했다. 정부관리 한 명이 헬리콥터에서 내려 내게 다가왔다. 그는 폭발 현장을 함께 비행하면서, 피해 정도를 추정해주었으면 좋겠다는 비상사태 관리국장의 뜻을 내게 전했다. 그러면서 비행은 해가 떠 있을 때 해야 한다는 말을 덧붙였다.

나는 라즈 가트에 해야 할 일이 많다고 대답했다. 그래도 그는 고집을 굽히지 않고 관리국장을 수행해줄 것을 요청했다. 그러면서 공공의료센터의 필요용품을 확인하는 것이 비행을 하려는 또 다른 목적이라고도 말했다. 나는 하는 수 없이 초프라 박사를 의료센터 임시 책임자로 앉혀놓고 정부관리를 따라 헬리콥터에 올랐다.

헬리콥터는 라즈 가트 정서쪽을 향해 날아갔다. 구루 나낙 안과센터를 지나자 연기구름에 휩싸였다. 그 때문에 지면을 잘 볼 수 없었다. 불은 사방에서 훨훨 타고 있었다. 특히 투르크맨 로드의 건물들은 아직도 불에 타고 있거나, 시커멓게 그을렸거나, 숯덩이가 된 잔해로 둘러싸여 있는 등 성한 곳이 하나도 없었다. 헬리콥터가 서쪽으로 계속 날아가자 시야가 완전히 캄캄해졌다.

헬리콥터가 고도를 낮추어 연기를 뚫고 밝은 쪽으로 나왔다. 아래쪽을 보니 메마른 황무지만 있을 뿐 건물도, 사람도, 자동차도, 거리도, 아무것도 눈에 띄지 않았다. 모든 것이 잿빛이었다. 몇 초간 나는 정신이 혼미하여 정신을 차릴 수 없었다.

비상사태 관리국장이 아래쪽을 가리키며 거의 속삭이듯이 내게 말했다. "이곳이 코너 플레이스였던 곳이오. 폭탄은 레이디 하딩 의과대학 캠퍼스의 외곽에 떨어졌소."

나는 반신반의하며 아래쪽을 내려다보았다. 한때는 뉴델리의 상업 중심지였던 곳이 흔적도 없이 사라졌다. 조그만 위락 공원을 중심으로 상점, 회사, 레스토랑들이 빽빽이 들어차 있던 중심가 세 곳이 깡그리 사라진 것이다. 나는 상업 요충지였던 곳의 자취를 조금이라도 찾아보려고 잿빛 폐허를 연신 두리번거렸다. 하지만 아무것도 없었다.

관리국장은 그 밖에도 다른 말을 했으나 나는 그의 말을 듣고 있지 않았다. 정신이 어찔어찔했다. 고통으로 마음이 찢어질 것만 같았다. 불과 여섯 시간 전만 해도 이곳은 사람들로 북적이던 인구밀집 지역이었다.

월요일 오후 12시 30분 코너 플레이스에는 과연 얼마나 많은 사람들이 있었을까. 만 명? 2만 명? 그 이상? 그런 생각을 하며 나는 황량한 잿빛 풍경을 또 한 번 내려다보았다. 헬리콥터가 다시 연기에 휩싸였다. 모두가 흔적도 없이 사라져버렸어. 나는 혼자 중얼거렸다. 한 조각의 뼈도, 한 오라기의 머리카락도 없이 완전히 사라졌어.

우리가 북쪽으로 향해 가는 동안 헬리콥터 조종사는 한마디도 말하지 않았다. 누군들 그 상황에서 말이 나오겠는가? 그것은 실로 형언하기 어려운 광경이었다. 헬리콥터 주위를 감싸고 있는 연기가 내 고통에 어떤 초현실적인 요소를 더해주었다. 나로서는 눈 깜짝할 사이에 죽어간 수천 명의 사람들을 애도할 능력이 없었다. 내게는 너무 힘에 부치는 일이었다.

나는 다시 아루나를 생각했다. 핵폭탄이 터지는 순간 그녀가 느꼈을 공포를 상상해보았다. 그 생각을 하니 나도 모르게 몸이 부르르 떨려왔다. 죽기 전에 그녀가 집까지 올 수 있었던 것이 그나마 고맙게 느껴졌다. 그녀의 마지막 순간을 마음속에 또 한 번 그리는 순간 눈에는 어느새 눈물이 가득 고였다.

헬리콥터는 이제 연기를 벗어나고 있었다. 바로 아래로는 뉴델리 기차역이 거의 보일 듯 말 듯 했다. 창문을 내다보니 올드델리의 건물과 좁은 거리들이 눈에 들어왔다. 구도시의 평온한 모습에 나는 너무도 깊은 충격을 받았다.

찬드니 쵸크의 시장과 상점들은 인파로 북적였다. 나는 헬리콥터 창문을 통해 그 소란스러운 거리를 멍하니 쳐다보았다. 이 와중에 쇼핑을 하러 나온 사람들의 심리를 나는 도저히 이해할 수가 없었다.

"물건이 동나기 전에 사두려고 저러는 겁니다." 관리국장이 말했다. 내 마음을 읽고 있었던 모양이다. 그래도 '삶은 계속되는구나'라고 나는 생각했다.

내 뒤쪽에는 다른 의료센터 책임자가 앉아 있었다. 그는 내게 우리 의료센터가 필요로 하는 것에 대해 질문하기 시작했다. 그의 조수가 옆에 앉아 랩톱 컴퓨터에 우리가 하는 말을 입력하고 있었다. 나는 필요한 의료용품과 추가 인력 목록을 만들어 그에게 주었다. 시신을 빨리 처리하는 것이 라즈 가트 의료센터 최대의 문제점이라는 말도 덧붙였다. 내 말을 듣고 그는 수송과장을 시켜 빠른 시간 내에 해결책을 찾아보겠다고 말했다.

그동안 헬리콥터는 고도를 조금 낮춰 로샤나라(무굴제국의 왕녀–옮긴이) 무덤을 둘러싸고 있는 가든 파크의 임시 의료센터 위를 선회하고 있었다. 그곳은 이미 수용인원이 꽉 찬 상태였다.

그것을 본 관리국장은 새로 생기는 환자는 버스를 이용하여 델리 시 외곽의 추가 시설로 옮기는 중이라고 말했다. 그러면서 관리국이 추정하기로는 앞으로 2시간이면 도시의 전 의료센터가 풀가동할 것이라는 말도 덧붙였다.

델리 대학의 법대 캠퍼스는 첫 번째 핵폭탄이 떨어진 폭심이었다. 완전히 폐허로 변한 지역에는 대학 구내뿐 아니라 인근 캄라나가르의 주택지구도 포함되었다. 헬리콥터는 폭발 지점을 뱅뱅 선회했다. 마치 황량한 코너 플레이스의 모습을 보는 듯했다. 나는 그 잿빛 풍경을 아주 잠시만 바라보았다. 그것으로 충분했다. 내 마음과 감각은 슬픔과 공포로 흥건히 젖어 있었다.

헬리콥터는 이제 동쪽으로 방향을 틀어, 북쪽 산등성이 위 자욱한 연기 속을 지나는 중이었다. 도시의 모든 숲은 불길에 휩싸여 있었다. 강에 도착하니 또 하나의 예기치 못한 장면이 나타났다. 수백 명의 인파가 카슈메르 게이트 쪽 강변에 모여 있었던 것이다. 시체 몇 구가 남쪽으로 둥둥 떠내려가고 있었다. 나는 눈을 들어 강 하류 쪽을 바라보았다. 희미한 석양빛 아래 산 사람과 물에 떠다니는 시신들이 보였다.

헬리콥터가 다시 외곽순환도로에 도착했다. 나는 의료시설들의 필요사항에 대한 이야기를 마저 끝내고 헬리콥터에서 내렸다. 날은 완전히 저물어 있었다. 비상사태 관리국장이 내게 고맙다는 인사를 하며 오늘 밤 늦게라도 의료센터 상황을 자신이 직접 점검해보겠노라고 말했다.

의료센터의 행정구역에서 초프라 박사가 나를 기다리고 있다가 내 부재 중에 일어난 일을 간단히 설명해주었다. 그동안 320명의 환자가 새로 들어와 있었다. 추가 사망자도 45명이 발생했다. 나르나울에서 온 세 명의 의사도 이미 일을 시작하고 있었다. 이들은 올 때 상당한 양의 의료품도 함께 챙겨왔다고 한다.

알리가르(인도 북부 우타르프라데시 주 중서부에 있는 도시—옮긴이)의 한 간호학교에서는 한 반 수련생 25명 전원이 고물 밴 네 대에 나누어 타고 와서 봉사활동을 벌이고 있었다. 초프라 박사는 식량과 물은 제때 배급이 이루어졌으나 양이 턱없이 부족해 급한 대로 아이들만 우선 먹이고 남은 식량과 물은 나와 함께 의논해 결정하려고 남겨두었다고 한다.

접수처 뒤쪽에서는 처음 보는 자원봉사자 몇 명이 대형 수프통에서 걸을 수 있는 아이들에게 연신 밥과 수프를 퍼주고 있었다. 눈에 총기가 서려 있는 열네 살 가량의 까무잡잡한 소녀가 소리 없이 흐느껴 울며 식사 배급 줄에 서 있었다. 소녀가 입고 있는 수수한 흰색 겉옷은 오른쪽 어깨 부분이 불에 타 찢어져 있었다.

내가 다가가 의사라고 말하며 말을 붙이자 소녀는 칼리라고 자신의 이름을 말했다. 도와줄 일이 없느냐고 묻자 소녀는 고개를 가로 저으며 계속 흐느끼기만 했다. 나는 몸을 굽혀 소녀의 손을 잡으며 말했다. "왜 우는지 물어봐도 될까?"

소녀의 두 눈은 슬픔으로 가득 차 있었다. 소녀의 아픈 영혼이 내 가슴에 그대로 전달되는 듯했다. "엄마와 오빠가 다 죽었어요." 칼리가 조용히 말했다. 그러고는 눈물 젖은 눈으로 나를 바라보았다. "선생님, 저는 이제 집도 없고, 가족도 없어요. 어떻게 하면 좋아요."

나는 소녀의 머리를 쓰다듬으며 위로해주려고 했다. 그런데 무슨 말을 하려는 찰나 손에 소녀의 아름다운 흑발이 한 움큼 묻어나왔다. "그뿐만이 아니에요. 이빨도 빠지고 있어요." 나에게 보여주려고 입을 조금 벌리며 소녀가 말했다. "선생님, 이빨은 왜 빠지는 거예요?"

그날 오후 라즈 가트로 향하는 차 안에서 나는 방사능 노출에 의한 환자의 증상에 대해 어떤 의사와 이야기를 나눈 적이 있었다. 어린 칼리를 보는 내 마음은 찢어질 듯 아팠다. 그 저주의 폭탄이 눈에 안 보이는 감마선과 중성자로 소녀를 오염시킨 것이라고 차마 말해줄 수 없었다. 앞으로 며칠 후면 머리와 이빨이 다 빠져 죽게 될 것이라는 말도 해줄 수 없었다.

"글쎄다, 이빨이 왜 빠질까?" 나는 거짓말을 했다. 그러면서 오래지 않아 곧 괜찮아질 거라며 소녀를 안심시켰다. 소녀가 힘없이 미소를 지으며 두 팔로 나를 끌어안았다. 나도 소녀를 가만히 안아주었다.

칼리가 내 가슴에 얼굴을 묻으며 가만히 속삭였다. "고맙습니다, 쿠마르 선생님." 나는 이 상황을 더 이상 감당할 수 없을 것 같았다. 가슴이 답답해오며 숨을 쉴 수가 없었다. 나는 다른 환자들을 보러 가야겠다고 서둘러 말하고는 칼리를 내 가슴에서 떼어냈다. 그러고는 식사 배급 줄을 벗어나기가 무섭게 아이처럼 목놓아 울었다.

내 울음은 끝없이 계속되었다. 나는 칼리, 아루나, 핵폭발의 순간 죽어간 수많은 사람들, 앞으로 며칠 내에 죽어갈 수천 명의 사람들을 생각하며 울고 또 울었다. 그러고는 미친 사람처럼 공원을 배회하고 다녔다. 혼잣말을 하기도 하고 하늘을 향해 팔을 휘둘러 보기도 했다. 인간에게 닥친 이 같은 재앙 앞에서 정당성을 운운하는 한심한 인간들을 향해 저주를 퍼부었다.

나는 내가 어디로 가고 있는지도 몰랐다. 최소한 10분은 라즈가트의 컴컴한 길거리를 목적도 없이 배회하고 다녔을 것이다. 그러자 겨우 정신이 돌아오는 듯했다. 주위를 돌아보니 간디의 무덤 옆에 서 있었다. 나는 그의 기념물에 잠깐 들르기로 했다.

신발을 벗고 인도 최고의 위인을 기리는 직사각형의 검은 대리석판 주변으로 들어갔다. 판 둘레의 덮개 씌워진 불꽃이 검은 대리석판 위에서 명멸하며 빛을 발하고 있었다. 그 앞에 서자 다시금 슬픔이 복받쳐 올랐다. 그날 목격한 끔찍한 광경들이 주마등처럼 머릿속을 스치며 지나갔다. 떨쳐지지 않는 그들의 모습에 괴로워하며 나는 영웅의 기념물 앞에 무릎을 꿇고 앉아 두 손을 모았다.

돌연 또 다른 기억이 내 마음속을 파고들었다. 그때 나는 여덟 살이었고 어릴 적 우리 집의 내 방에 있었다. 그때 갑자기 옆방에서 아버지가 울부짖는 소리가 들렸다. "아, 안 돼!" 아버지는 한 번도 격한 모습을 보인 적이 없는 조용한 분이었다. 나는 무슨 일인가 보려고 옆방으로 갔다.

아버지는 작은 거실 중앙에서 라디오를 듣고 계셨다. 눈에는 눈물이 가득했다. 나는 한 번도 아버지가 우는 모습을 본 적이 없었다. 아버지는 내가 있다는 것을 곧 눈치 채시고는 내게로 다가와 나를 번쩍 들어올려 팔에 안으셨다. 그러고는 부드럽지만 힘주어 나를 꼭 끌어안으셨다. 예전에 볼 수 없던 행동이었기에 나는 더럭 겁이 났다. 순간적으로 나는 어머니에게 무슨 사고가 생긴 게

틀림없다고 생각했다. 아버지가 나를 바닥에 내려놓으셨다. 아버지의 눈물 뒤로 슬픔이 느껴졌다.

"간디 선생이 암살당했단다."

그날 밤 아버지는 간디가 어째서 그토록 훌륭한 사람인지에 대해 설명해주셨다. 하지만 나는 그 말을 잘 알아들을 수 없었다. 너무 어렸기 때문이다. 하지만 아버지의 말투가 전에 없이 무척 진지했기 때문에 얌전하게 앉아 아버지의 말씀을 들었다.

머릿속에서 어린 시절 기억이 서서히 사라졌다. 나는 여전히 간디의 기념물 앞에 무릎 꿇고 앉아 있었다. 당신이 죽은 뒤 인도와 파키스탄 사이에 벌어진 비극을 알면 이 위대한 인물이 얼마나 분노하며 가슴 아파 할까 생각하니 마음이 쓰렸다. 나는 그 생각을 지우려고 애써 고개를 가로 저었다. 그러고는 간디가 생전에 가졌던 불굴의 용기와 의지를 되새겨보았다.

"간디 선생님." 내가 외쳤다. "이 엄청난 슬픔을 이겨낼 수 있는 선생님의 용기가 필요합니다. 저의 모든 힘을 다 바쳐 이 재앙의 희생자들을 도울 수 있게 해주십시오. 앞에 산적한 힘든 나날을 이겨나갈 수 있도록 힘과 인내, 그리고 확고한 목적의식을 심어주십시오."

나는 잠시 말을 멈추고 대리석판 주위를 둘러보았다. 라즈 가트는 이제 입추의 여지없이 핵폭탄 공격 부상자들로 들어차 있었다. 또 한 쌍의 희생자가 간디 기념물 구역 가장자리로 들어왔다.

나는 기념물 앞에 섰다. 그러고는 대리석판을 똑바로 쳐다보았다. 아주 짧은 순간 나는 내 눈길에 화답해주는 간디의 얼굴을 보았다는 확신이 들었다. 팔에서부터 온몸에 소름이 쫙 퍼져나갔다.

"두 번 다시 이런 일이 일어나서는 안 됩니다." 간디의 모습을 보며 나는 다짐했다.

"그것을 막는 일에 제 남은 생애를 바치렵니다."

그날 이후

6월 6일 이후 의사의 일기는 처음보다 더 절망적이고 심란한 내용이었다. 쿠마르 박사는 나날이 늘어가는 사망률을 있는 그대로 솔직히 기록해놓았다. 칼리와 그 밖에 개인적으로 관심을 보인 사람들과의 눈물 젖은 작별도 언급했다.

물, 식량, 의료품 부족으로 라즈 가트의 상황은 더욱 악화되었다. 의료센터 북단 숲 속에는 시체가 계속 쌓여갔다. 의료진들도 기진맥진하여 사기가 점점 떨어졌다. 강 건너 판자촌에서 들려오는 콜레라, 발진티푸스의 창궐 소식에 의료진의 근심은 갈수록 깊어만 갔다.

인도와 파키스탄의 핵전쟁 이후 전 세계인들도 몇 주간 슬픔에 잠겼다. 쿠마르 박사의 일기는 사람들을 감동시켰고, 세계 곳곳에서 구호물자가 들어왔다. 정부, 개인 할 것 없이 세계 각국에서 두 나라를 돕기 위해 많은 돈과 의료용품을 보내주었다. 핵폭발이 있은 지 며칠 만에 인도와 파키스탄에는 세계 곳곳에서 화상 전문의와 의사들이 속속 도착하여 폭격 맞은 도시들의 의료센터에서 활발한 진료활동을 벌였다. 외국인 의사들은 대개 2개월에서 3개월여 동안 이들 나라에 체류했다.

유엔 보고서는 이같이 전폭적이고 조직적인 의료활동 덕에 10만 명 이상이 목숨을 건진 것으로 집계했다. 하지만 운 나쁜 시간, 운 나쁜 장소에 우연히 있었던 사람들에 대해서는 어떻게 손쓸 도리가 없었다. 폭심 1.6킬로미터 이내에 있었던 사람들의 87퍼센트가 폭발 후 2주 내에 목숨을 잃었다. 화상 입은 사람들도 운이 좋아 목숨을 건졌다 해도 대부분은 과다하게 쐰 방사능 때문에 곧 사망했다.

핵폭발에 대해 전 세계 언론이 가장 관심을 보인 부분은 가공할 파괴력과 그로 인한 사망률이었다. 전 세계 텔레비전과 인터넷에는 폭발 지점을 찍은 참혹한 모습의 사진과 비디오들이 봇물을 이루었다.

6월 11일과 12일의 주말, 전 세계의 모든 종교단체들은 종파를 초월하여 인도와 파키스탄의 핵폭발 희생자들을 위한 묵념이나 기도의 시간을 가졌다.

하지만 일주일 뒤, 핵전쟁의 원인들이 낱낱이 밝혀지자 격분이 동정과 연민을 압도했다. 북미나 유럽인들이 볼 때, 그 같은 참사를 예방할 만한 안전장치가 없었다는 것은 생각조차 할 수 없는 일이었다. 서구 언론은 '우발적 핵전쟁'에 대해 인도와 파키스탄이 다각적인 방어장치를 마련해놓지 않은 것에 맹렬한 비난을 퍼부었다.

영국과 미국, 유엔도 그들 몫의 비난을 받았다. 영국 총리와 유엔 사무총장은 핵전쟁이 일어나기 불과 수주 전 스리랑카 콜롬보에서 열린 양국의 마지막 평화회담에도 참석했던 사람들이다. 그때 왜 좀더 적극적으로 개입하여 결의안을 이끌어내지 못했는가? 왜 다른 나라들에게 핵전쟁이 일어날 가능성에 대한 경각심을 불어넣어주지 못했는가? 미국에서는 남아시아에서 핵전쟁이 일어날 가능성을 분석한 2016년 5월 1일자 CIA의 일급 비밀문서가 언론에 유출되는 일이 벌어졌다. 이 보고서는 그 같은 일이 발생할 가능성은 '지극히 희박한 것'으로 결론짓고 있었다. 이 비밀문서는 의회에서 실컷 조롱당한 뒤 미 정보기관에 대한 전면적인 조사 요구로 이어졌다.

핵전쟁 이후 며칠간 파키스탄을 지배한 정서는 세상의 종말이 왔다는 것이었다. 파키스탄의 어떤 작가는 6월 6일 이후 계속된 암흑의 날들을 되짚어본 자신의 저서에서, "혼란이라는 말로는" 핵폭발에 이은 수주 동안의 이슬라마바드 상황을 제대로 묘사할 수 없다고 말했다.

파키스탄의 인명손실과 파괴의 정도는 인도와 비슷했다. 하지만 국가 단위로 볼 때 파키스탄의 인구는 인도의 7분의 1, 국민 총생산은 인도의 10분의 1에 불과했다. 따라서 파키스탄의 피해가 인도보다 몇 배나 더 막심했다는 것을 알 수 있다.

핵 재앙에 이은 파키스탄의 대처는 더디고 혼란스러웠다. 국가의 핵 비상사태 관리도 인도만큼 체계가 잘 잡혀 있지 않았다. 공공의료센터 설치만 해도 몇 시간 만에 끝냈어야 될 것을 며칠이나 끄는 통에 사망자가 수천 명 더 늘어났다. 방갈로르 컴퓨터 천재들이 심어놓은 바이러스로 손상된 국가 통신망도 띄엄띄엄 하나씩 고치느라 몇 주가 지나서야 복구되었다. 국가 차원의 통신시설이 부실하다 보니 의료기관 사이의 협조체제도 유기적으로 이루어지지 못했다.

파키스탄인들은 첫 번째 핵폭탄 발사 명령이 차크리에서 떨어졌다는 사실을 일주일이 지나서야 알았다. 칼리드 후사인 정부가 권력을 내놓지 않으려는 생각으로 국민들에게 고의로 정보를 은폐했기 때문이다. 하지만 자키르 장군과 지라니 대령이 자살하자 파키스탄이 핵전쟁을 시작한 장본인이라는 사실은 이제 공공연한 사실이 되었다. 그에 뒤이어 후사인 정부가 붕괴했고, 바부르 작전의 주역들도 국외로 도주했다. 만신창이가 된 파키스탄의 지루한 복구작업은 카슈미르 전복 계획에 가담하지 않은 3인조 군장성들의 몫이 되었다.

인도의 마노즈 굽타 연립정부는 서사적 규모의 재앙과 어느 유명한 기고가의 표현을 빌리면, 파키스탄에 대한 전면전을 벌여 '사악하고 비겁한' 행위에 대한 응분의 대가를 치르게 하자는 국민들의 요구에 대처하느라 진땀을 흘렸다. 하지만 파괴된 도시를 복구하려면 거대한 외자 유치가 불가피하다는 사실 또한 마노즈 총리는 잘 알고 있었다.

핵전쟁이 일어난 지 몇 시간 후 미국, 유럽 지도자들과 가진 전화통화 내용으로만 봐도 델리, 찬디가르, 암리차르 복구에 필요한 자금을 얻으려면 파키스탄과의 모든 분쟁을 종식시킨다는 선언을 즉각 해야 될 입장이었다. 생각 끝에 마노즈 총리와 그의 내각은 인도 전역을 돌며 파키스탄에 대한 응징의 불필요성을 국민들에게 납득시키는 정치적 도박을 감행했다.

세계의 여론은 단호했다. 카슈미르는 두 번 다시 두 남아시아 국가 사이에서 분쟁의 씨앗이 되어서는 안 된다는 것이었다. 마노즈 굽타 정부는 인도와 파키스탄 재건에 필요한 원조를 제공하겠다는 경제 대국들의 압력에 굴복하여, 카슈미르에서 유엔에 의한 주민투표 실시를 허용하기로 합의했다.

무엇 하나 반대할 입장이 아니었던 파키스탄이야 물론 통제선의 파키스탄 영역도 투표에 참가할 것이며 그 결과에 따라 통치 형태가 결정된다는 사실을 순순히 받아들였다.

2017년 5월 핵전쟁이 일어난 지 거의 1년 뒤에 실시된 주민투표에서 카슈미르인들은 압도적으로 독립국이 되는 쪽을 선택했다. 정치 관측통들에게는 이 결과가 무척 아이러니컬하게 느껴졌다. 영국의 남아시아 지배 종식과 함께 허용된 카슈미르인들의 주민투표가 70년 전에 이루어지기만 했어도 6, 7백만 명의 인명 손실을 가져온 핵전쟁은 일어나지 않았을 것이기 때문이다.

아쇼크 쿠마르 박사는 간디의 무덤 앞에서 맹세한 내용을 충실히 이행하며 살았다. 일기로 일약 세계적인 인물이 된 그는 남은 여생을 핵확산방지와 군비축소에 헌신하며 보냈다. 그는 핵전쟁이 끝난 뒤 한때는 회원 수가 2천만 명을 넘어서기도 했던 핵무기 반대 단체들의 지지 속에 세계의 양심이 되었다. 그의 헌신과 노력은 2016년 6월 6일의 재앙은 잊혀져서도 안 되고 반복되어도 안 된다는 점을 끊임없이 상기시켰다. 남아시아에서 핵전쟁으로 죽어간 수백만 명의 영령을 달래기 위한 기념관이 인도와 파키스탄의 핵폭발 도시뿐 아니라 런던, 파리, 뉴욕, 상하이에까지 세워질 수 있었던 것도 모두 쿠마르 박사의 결연한 의지 덕분이었다. 이들 기념관은 각각 독특한 모양으로 지어졌지만, 쿠마르 박사의 제안에 따라 한 가지만은 모두 똑같은 형식을 취했다. 즉, 기념관 출입문 위에 각 나라 언어로 "핵전쟁은 이제 그만"이라는 문구를 새겨놓은 것이다.

쿠마르 박사의 노력은 정치 분야에서도 결실을 맺었다. 2021년 노벨 평화상을 수상하자 그는 포괄적 핵실험 금지조약의 갱신된 내용에 전 세계의 모든 핵무기 보유 국가가 서명하도록 하는 데 성공했다. 이런 성과를 거두고서도 박사는 노벨상 수상 연설에서 자신의 필생의 사업이 끝나려면 아직 멀었다고 말하여 세계를 놀라게 했다.

그는 전 세계의 모든 핵 보유국들을 향해 거대한 병기창을 보유하고 있는 '위선자들'이라 부르며, 특히 '전 세계를 가루로 만들 수도 있는 가공할 핵무기를 비축하고 있는' 미국에 무기 감축을 시작으로 모든 핵무기를 서서히 제거하는 일에 앞장서줄 것을 요청하기도 했다.

연설의 말미에서 쿠마르 박사는 핵무기의 완전하고 절대적인 감축 없이는 결코 만족할 수 없는 이유를 다음과 같이 설명했다. "오직 그 길만이 2016년 인도와 파키스탄 그리고 1945년 일본에서 일어난 무서운 공포를 두 번 다시 겪지 않을 수 있는 방법이기 때문입니다. 이 무기가 지구상에 존재하지 않을 때에만 우리는 비로소 우리 자식과 손자들에게 '핵전쟁은 이제 그만'이라고 말할 수 있을 것입니다."

쿠마르 박사는 이후 10년간이나 더 반핵운동을 이끌며 세계 핵무기 감축에 커다란 기여를 했다. 여러 차례 미국을 방문하여 여론을 환기시키고 핵무기 감축을 위해 교체되는 행정부를 넘나들며 압력을 계속 행사했다. 2024년에는 베이징에 빈객으로 머무르면서, 중국이 핵무기 감축에 동의할 때까지 단식투쟁을 벌이겠다고 하여 초청자들을 아연실색하게 했다. 2030년 가을 쿠마르 박사는 생애 마지막 연설을 했다. 이 자리에서 그는 늙고 쇠잔해진 모습으로 전 세계의 반핵 운동가들을 향해 10년 전에 비해 핵무기의 '80퍼센트 이상'이 폐기되었다고 말했다.

쿠마르 박사의 목표였던 전 세계 핵무기의 완전 폐기는 결코 실현되지 않았다. 하지만 그의 노력으로 세계 핵정치의 성격은 완전히 변모했다. 그가 죽을 때쯤 해서는 주요 국가들의 핵무기 비축량이 현격히 줄어들었을 뿐 아니라, 우발 방지 국제의정서가 만들어져 장차 일어날지도 모르는 핵사고의 미연 방지와 핵무기가 전쟁 도구로 사용될 가능성까지 최소화되기에 이르렀다. 역사적인 면에서 쿠마르 박사의 업적은 진정 고무적인 승리였다. 그 후 21세기의 남은 기간 동안 핵무기는 단 한번도 전쟁이나 테러리즘에 이용된 적이 없었다.

아쇼크 쿠마르는 2031년 4월 13일 여든다섯 살을 일기로 사망했다. 그의 시신은 라즈 가트의 모한다스 간디 묘에서 90미터 가량 떨어진 곳에 안장되었다. 그의 장례식은 주요 국가 지도자들이 참석한 가운데 성대하게 치러졌다.

3

The Great Chaos
대혼란

중국군이 대만을 점령했다.
시애틀은 지진으로 아수라장이었다.
세계 주식시장은 네 번이나 거래가 중단되었다.
공포와 불안이 들불처럼 번져나갔다.

남아시아의 핵전쟁은 21세기 초에 일어난 가장 중요한 역사적 사건이었다. 전쟁 자체는 하루에 그친 단기전이었으나, 전 세계 특히 인도와 파키스탄인들은 10여 년이 넘게 그 전쟁의 여파에 시달려야 했다.

반면 이른바 대혼란The Great Chaos이라 일컬어진 기간의 여파는 15년 이상이나 지속되었다. 대혼란의 시작과 마지막에 대해서는 학자들 사이에 의견이 분분하다. 하지만 2036년 3월 26일과 27일의 이른바 '전조'와 함께 시작되어, 제품과 서비스 부문의 세계 총생산이 2035년 수준을 회복한 2051년경에 끝났다는 데에 대체적으로 의견이 일치하고 있다.

대혼란이란 무엇을 말하는 것인가? 이것은 지구상에 사는 1백억 인구의 삶 곳곳에 영향을 미치며 전 세계에 대공황이 덮친 사건을 말한다. 대혼란은 단순히 경제적 사건만으로 그치지 않았다. 해가 갈수록 깊어지는 불황으로 인간 사회를 좀먹던 무기력과 절망이 더 커다란 문제였다.

종종 각국 정부와 기관들이 힘을 합쳐 공황을 극복하고자 했지만 선전만 요란했을 뿐 결과적으로는 아무 쓸모도 없어 결국 침체를 더욱 부추긴 꼴만 되고 말았다. 대혼란은 인류 역사상 유례없는 불행을 사람들에게 안겨주었다. 그것을 계기로 이른바 사회과학 전반을 포함한 모든 분야에 걸쳐 광범위한 진단이 시작되었고, 그 작업은 21세기 말까지 계속되었다. 대혼란은 인간 사회를 떠받치고 있던 기본 구조와 인류의 기존 관념에 엄청난 변화를 초래했다.

이 단원은 대혼란의 원인에 초점을 맞추고 있다. 세계 주식시장의 붕괴를 비롯하여 불황의 전조이자 그것을 격화시킨 사건들이 심도 있게 다루어질 것이다. 경제위기의 심각성은 통계에도 잘 나타나 있지만, 그 숫자만으로는 인간 개개인에게 미친 대혼란의 여파를 제대로 가늠하기 어렵다.

그래서 나는 세계 공황이 개개인의 삶을 어떻게 바꿔놓았는지를 생생히 보여주기 위해 인류 역사상 가장 길고 깊었던 경제위기를 겪은 사람들 중 서로 다른 대륙에 살았던 세 가족을 뽑아 그들의 경험담을 여기에 소개하려고 한다.

태평성대

유엔이 발간한 보고서에 따르면 2025년에서 2035년 사이 전 세계인들의 평균 생활수준은 지속적으로 향상된 것으로 나타났다. 빈곤, 영양 부족, 문맹률이 줄어들었고, 평균 수명은 늘어났으며, 유아 사망률과 실업률은 줄어들었고, 세계 모든 나라에서 주택, 전화, 텔레비전 보급률도 늘어난 것으로 나타났다.

이 기간 중 내전의 고통을 당한 아프리카의 네 나라를 제외하면 전 세계 국가의 2035년 실질기준 GNP는 2025년에 비해 더 높아진 것을 알 수 있다.

그렇다고 생활수준이 전 세계적으로 골고루 향상된 것은 아니었다. 개인적인 부에서 가장 높은 증가율을 보인 지역은 중국과 동남아시아,

가장 낮은 증가율을 보인 지역은 아프리카였다. 북미, 일본, 유럽 국가들과 세계 50여 극빈국들간의 빈부 격차는 날이 갈수록 크게 벌어졌다. 하지만 자료로 볼 때는 역사가들이 흔히 '태평성대'라고 말하는 10년 동안 인간의 삶이 크게 향상된 것만은 분명하다.

2025년에서 2035년 사이에는 이렇다 할 전쟁도 일어나지 않았다. 중국과 미국을 제외하면 국가 전체 예산에서 국방비가 차지하는 비율은 세계 모든 나라에서 크게 줄어들었다. 수입 면에서는 세율을 낮추기까지 했는데도 세수稅收는 큰 폭으로 증가했고, 그 결과 각 나라는 의료와 교육 예산을 과거 그 어느 때보다 높이 책정했다.

세계경제는 호황을 누리고 있었다. 과학과 기술 분야의 생산성과 혁신적인 발전으로 북미와 유럽 국가들은 10년 내내 연 평균 3퍼센트 이상의 성장률을 기록했다. 중국은 그보다도 더 높아 10년 동안 연 5퍼센트의 성장률을 보여주었다. 국가간 경쟁이 치열해진 결과 전 세계 기업의 총 수익률은 연 평균 7퍼센트 성장에 머물렀으나 새로 통합된 세계 주식시장의 종합주가지수는 2025년에서 2035년까지 통틀어 8년이나 두 자리수 상승의 놀라운 실적을 나타냈다.

선진국과 개발도상국들에서 벌인 여론 조사에서도 2025~2030년 사이 사람들의 개인 만족도는 상승했고 낙관주의를 나타냈던 것으로 집계되었다. 이 같은 태도는 2031~2033년에도 같은 수준을 유지하다가 2034~2035년 사이에 다소 떨어졌으나, 2036년까지는 급격한 변화가 일어나지 않았다.

간단히 통계만을 놓고 본다면, 2025~2035년의 기간은 역사상 가장 안정되고 번영을 누린 시기였다. 하지만 경제 사학자 에밀 부드로도 지적했듯이 대부분의 선진국들은 2025~2035년 사이 커다란 미시경제 혁명을 겪고 있었다. 개인들의 가계家計 관리에 나타난 이 같은 총체적 변화는 결국 세계 주식시장 붕괴를 더욱 악화시킨 요인이 되었고, 그 결과 경제는 대혼란에 빠져들게 된 것이다. 21세기의 첫 10년간 주식시장 조정으로 경제가 급격히 위축되기 전인 25년 전에 이미 북미에서 처음 시작된 이 미시경제 혁명 또한 세계경제의 회복에 커다란 걸림돌이 되었다.

대혼란을 다룬 부드로의 저서《호들갑과 불평The Bang and the Whimper》에는 미시경제 혁명의 4가지 주요 특징이 기술돼 있다. 미시경제 혁명의 궁극적 결과는 개인 가계관리에 나타나는 패러다임의 변화였다. 혁명 중에 고용주와 종업원간의 경제관계에는 커다란 변화가 일어났다. 종업원에 대한 스톡옵션과 인센티브가 포함된 혁신적인 급여제도는 예외 조항이 아닌 일반 규정이 되었다. 고정급여제도는 진부하고 낡은 것으로 치부되었다.

미시경제 혁명의 두 번째 특징은 개인과 가계 저축률의 지속적이고 빠른 감소세였다. 이것은 수세기 동안 전통적으로 높은 개인 저축률을 보여준 아시아에서도 예외가 아니었다. 이들 개인 저축의 대체수단으로 등장한 것이 종종 세계 주식시장에서 투기에 휘말릴 소지도 있는 가계투자였다.

한편 세계적인 전산망 구축으로 금융서비스의 세계화 추세가 이어짐에 따라, 대출 기업들간의 경쟁은 더욱 치열해졌다. 정상적인 직장 경력을 가진 사람이라면 이제 누구나 위험한 수준의 개인 부채를 떠안는 것이 가능해졌다.

미시경제 혁명의 마지막이자 가장 중요한 특징 역시 가계관리가 글로벌 네트워크에 의해 좌우된다는 점에서 다른 특징과 비슷하다. 2030년대에 접어들어 전 세계에는 그야말로 온라인 투자 서비스가 봇물을 이루었다. 이들 공격적 온라인 브로커들은 법률의 제한을 받지 않거나 그런 규정이 아예 필요 없는 곳에 등록을 해놓고 정상적인 주식과 채권 거래를 하는 한편, 개별 시장에서 헤지, 옵션, 선물과 같은 새롭고 복잡한 투자상품도 함께 거래했다. 이같이 레버리지가 높은(즉, 경제환경에 민감한 또는 부채 과다의—옮긴이) 여러 종류의 파생상품은 2025~2035년, 증시가 활황일 때에는 엄청난 투자이익을 불러왔다. 그 결과 이들 상품에 대한 개인들의 투자는 많이 늘어났으나, 그렇다고 이들 투자자들이 파생상품이 안고 있는 위험부담을 늘 알고 투자한 것은 아니었다.

이제 부드로가 말한 미시경제 혁명의 첫 번째 특징부터 알아보자. 20세기 말만 해도 선진국이나 개발도상국의 근로자들은 거의 예외 없이 시간과 노력에 비례한 급여를 지급받았다. 일부 고용주들은 특히 20세기 말이 가까워질 무렵 이윤 분배 방식이나 보너스 제도를 통해 관리직의 수입을 보충해주기도 했으나, 대부분의 경우 수입의 원천은 여전히 고정급여였다. 따라서 근로자들은 다달이 받는 급여 액수를 알 수 있었고 고용주들도 장래의 인건비 예측이 가능했다.

하지만 글로벌 경제체제하에서 기업간 경쟁이 날로 격화되자 고용주들은 경쟁에 유리한 모든 방법을 모색하기 시작했다. 그리고 그 확실한 해법으로 제시된 것이 종업원의 급여를 고정급여에서 이윤에 따른 변액 급여로 바꾸는 것이었다. 그렇게 되면 이윤이 생기지 않거나 이윤이 생길 때까지는 인건비를 줄일 수 있었고, 이후 손익분기점을 넘어서면 고용주와 종업원은 이익을 나눠 가질 수 있었다.

고용주측으로서는 오히려 이윤에 따른 변액 급여보다 종업원들에게 스톡옵션을 주는 편이 손쉬운 방법이었다. 이 급여 방법을 쓰면 인건비 부담은 사실상 제로가 된다. 20세기 말에 폭발한 정보혁명으로 전 세계적으로 스톡옵션 억만장자가 수천 명 탄생했다.

그에 뒤이은 21세기 초의 주식시장 조정으로 이들 유가증권에 의한 벼락부자들도 많이 정리되기는 했지만, 스톡옵션으로 거부가 될 가능성은 여전히 종업원들, 심지어 반半숙련 종업원들에게까지 매력적인 치부 수단으로 여겨졌다. 2020년대 말에 이르러서는 더욱 많은 노조들이 급여 인상이나 다른 혜택을 부여받는 대신 스톡옵션을 받아들였다. 고용주 입장에서 보면 이것은 장족의 발전이었다. 제품의 원가를 고정시켜 가격 경쟁력이 높아졌기 때문이다.

이 같은 총체적 혁명이 가능했던 것도 다 거침없이 치솟는 전 세계의 주가 상승 때문이었다. 2020년을 시작으로 다우존스 세계지수는 연 11퍼센트의 증가율을 보여주었다. 이 같은 증가는 복리로 늘어나기 때문에, 6년 반 만에 투자액은 두 배로 뛰었다. 몇 년 동안 주식시장은 그 어떤 금융상품보다 수익률이 높았고 최고의 수익률을 기록했다. 심지어 시황이 나쁠 때조차 주식을 괜찮은 투자처로 생각할 정도였다.

2020년을 시작으로 주가는 15년 중 14년이나 계속 증가세를 나타냈다. 주식투자가 고정이율 저축수단보다 수익률을 앞질렀던 적도 12년이나 되었다. 태평성대의 전 기간 동안 주식투자 수익률은 고정이율 저축 수익률의 두 배를 넘어섰다.

주식, 채권, 금융 파생상품, 또는 이들과 연관된 뮤추얼펀드에 투자하는 사람들이 이 기간에 급속히 늘어났다. 2035년 초 북미와 유럽 성인들의 92퍼센트, 중국 · 일본 · 한국 · 동남아시아 성인의 86퍼센트라는 놀라운 숫자가 이른바 세계 주식시장에서 '실속 있는 투자'를 하고 있었다. 그에 비해 개인 저축계좌에 만약의 경우를 대비하여 '석 달치 생활비'를 비축하고 있는 성인은 북미의 경우 17퍼센트에 불과했다.

《호들갑과 불평》에서 에밀 부드로는 또 봉건주의 시대부터 21세기까지 인류가 개인의 부를 인식한 방법, 즉 부의 개념에 대한 변천사를 고찰, 분석해놓았다. 봉건시대에는 무조건 토지를 많이 가진 사람이 부자였다. 땅부자가 곧 부자라는 인식은 산업혁명이 일어날 때까지 변함없이 지속되었다.

20세기에 들어서자 북미와 유럽인들에게 부의 척도는 이제 연 수입이 되었다. 대부분의 사람들이 고용주로부터 임금을 받는 봉급생활자가 되었기 때문이다. 대부업자들이 주택 자금을 빌려줄 때나, 자동차 같은 제품의 할부 판매를 할 때 가장 중요시 여기는 요건은 연 수입과 함께 구매자가 다달이 불입할 수 있는 납입금 액수였다.

21세기의 1분기로 접어들면서 개인의 부에 대한 일반인들의 인식에도 커다란 변화가 생겼다. 부자냐 아니냐의 판단은 이제 연 수입이 아닌 유가증권 가치로 매겨졌다. 이 같은 변화는 금융서비스 업계에도 불어닥쳤다. 2035년에는 선진국 국민치고 주식 같은 유가증권에 '실속 있는' 투자를 하지 않는 사람이 없었다. 은행이나 대부업체가 돈을 빌리려는 개인들에게 맨 처음 묻는 질문은 유가증권의 질과 수량이었다. 대부를 해주고 안 해주고는 유가증권의 가치로 결정되었다.

2030년대에는 부드로가 말한 가계관리, 즉 미시경제 혁명만 일어난 것이 아니었다. 거시경제에도 커다란 변화가 일어났다. 특히 선진국에서 두드러진 평균 수명 연장과 출생률 저하로 세계 각국은 사회보장 및 연금제도에 막대한 차질이 생겨 가까운 장래에는 연금을 지불하지 못할 상태에 이르렀다. 무노동 인구는 날이 갈수록 증가하는데 이들을 위한 보건의료와 생활비 재원은 충당할 길이 막막했다. 노동인구에 대한 세금 인상은 선거로 뽑힌 정치인들로서는 생각도 못할 일이었다. 그러자 이들은 사회보장과 연금에 축적된 자금을 유가증권에 투자하는 방법을 썼다.

이렇게 함으로써 각국은 구조적 지불 불능에 대한 예측을 수년 아니 수십 년 앞당겨 할 수 있게 되었을 뿐 아니라 은퇴자들에게도 많은 연금을 지급할 수 있게 되었다.

그것은 손쉬운 선택이었다. 현명한 사람들은 그 같은 행위가 결국 세계경제에 근본적인 불안을 초래할 것이라고 경고했다. 그러나 세계 각국은 하나둘씩 사회보장과 연금 지급을 목적으로 주식, 채권, 뮤추얼 펀드 등에 연금 비축액을 투자하기 시작했다. 이 같은 결정으로 2020년에서 2030년 사이 세계 주식시장에는 엄청난 현금이 유입되었다.

부드로는 그의 저서에서, 이 같은 사회보장과 연금 비축액 유입으로 주식가치가 인위적으로 부풀려졌고, 그로 인해 주식시장 붕괴가 5년여 지연됨으로써 사태가 더욱 악화된 것이라고 차트와 도표까지 이용하여 설득력 있는 주장을 펴고 있다.

태평성대 말기에 이르자, 개인 소비자에서 국가 정부에 이르기까지 모든 경제집단이 세계 주식시장에 의존하는 상황이었다. 간혹 용기 있는 전망가들이 이 '카드로 만든 집'의 안전성에 대해 의문을 제기했으나 그들은 소수에 불과했다. 대부분의 사람들은 시장의 상승세가 영원히 계속되리라 믿었다. 아니, 최소한 급락은 없을 것이라고 믿었다.

대혼란의 전조

2036년 3월 26일 목요일, 세계 주식시장이 곤두박질치기 시작했다. 그날 뉴욕 금융시장의 장이 끝날 무렵에는 북미, 유럽, 일본 대기업에 지배되어 있던 다우존스 세계지수가, 10년 만에 하루 낙폭으로는 가장 큰 6퍼센트가 떨어졌다. 전 세계 1천 개 중中기업들의 주식 실적을 보여주는 국제경기지수도 7퍼센트가 떨어졌다.

3월 27일 도쿄와 상하이 주식시장에서는 낮 동안 주가가 반짝 올랐으나, 유럽에 장이 서자 주가는 또다시 떨어졌다. 북미인들이 아침식사를 마칠 때쯤에는 장세가 완전한 후퇴로 돌아섰다. 미국 주식시장이 열린 날 세계 주식시장에는 자동보호장치의 작동으로 세 번이나 거래가 중단되는 일이 발생했다. 24시간 영업 시스템을 갖춘 뉴욕 주식시장이 주말을 기해 폐장할 무렵에는, 다우존스 세계지수와 국제경기지수가 3월 27일 아시아 시장이 개장되었을 때의 가격보다 각각 15퍼센트 가량 빠져 있었다.

각국의 수도에서 위험신호가 울리기 시작했다. 3월 28일과 29일 주말을 기해 선진국 정부와 재계 지도자들은 공동 전선을 구축하여 전 세계 언론에 대대적인 홍보전을 펼쳤다. 각국 투자자들은 텔레비전, 라디오, 인터넷을 통해 주가 하락은 일시적 현상일 뿐 심각한 문제는 아니라는 소식을 듣고 안도의 한숨을 내쉬었다. 증권 전문가들도 주가 급락은 개인투자자들에게 '다시없는 매수 호기'라며 확신에 찬 주장을 폈다.

일요일 세계 최고의 시청률을 자랑하는 뉴스 프로그램 〈일요일 오후〉에 미 연방준비제도이사회 의장 하워드 러브록 씨가 출연했다. 이 자리에서 그는 자신이 만약 평범한 일반인이라면 월요일 아침 9시 도쿄 주식시장이 개장하자마자 주식을 매수할 것이라는 암시를 은근히 내비쳤다. 그러면서 목요일과 금요일의 주가 폭락은 지난 1987년 10월 12일에 있었던 미국 주식시장의 하루 낙폭에 비하면 그리 대단한 것이 아니라고 지적했다. 그때도 시장은 폭락의 충격에서 빠르게 회복했다는 것이다.

월요일 도쿄 주식시장이 열리자마자 거래소에는 사자 주문이 쇄도했다. 그에 힘입어 주가도 서서히 올라갔다. 이날 폐장할 즈음에는 지난주에 입은 손실의 절반을 회수했다. 주말이 되자 다우존스 세계지수와 국제경기지수도 지난 3월 26일 목요일의 개장 초보다 불과 2퍼센트 모자라는 지점까지 회복했다. 이후 두 달 동안 세계 주식시장에는 주가 등락과 같은 이렇다 할 움직임이 나타나지 않았다.

2036년 봄 내내 정부와 재계 지도자들은 3월 26일 목요일에 나타난 전조를 그리 대수롭지 않은 일시적 현상으로 생각했다. 하지만 그것을 계기로 경제 분야에 대한 일반인들의 관심은 부쩍 높아졌다. 뉴스매체들은 서로 앞다투어 경제 '전문가'를 모셔다 놓고 토론을 한다며 부산을 떨었고, 그 중에는 자신들이 속한 학계 외에는 별로 알려지지 않은 이론가들도 몇 명 포함돼 있었다.

졸지에 각광을 받게 된 이들 이론가 중에는 영국의 A. J. D. 베이츠 박사도 있었다. 그는 지난 4년간 무척 난해한 글을 발표해온 괴짜 경제학자였다. 복잡한 수학 공식과 경제 용어를 많이 사용하여 학계에서는 상당한 인정을 받고 있었으나 경제 전문가가 아닌 일반인들이 이해하기는 무척 어려운 글이었다.

베이츠 박사는 세계 주식시장은 어떤 식으로 봐도 '터무니없이 과대평가'되었다는 점을 지적했다. 2036년 5월 그는 어떤 텔레비전 토론에 출연하여 심한 독설을 퍼부었다는 이유로 한 경제신문 기자로부터 '고집불통 늙은이'이라는 비난을 들었다. 그 말을 들은 뒤 이 옥스퍼드 대학 교수는 영국의 대표적인 경제 웹사이트에 뛰어난 장문의 글을 기고했다. 누구나 이해할 수 있는 쉬운 말로 쓰인 이 글의 제목은 '이 정도는 아직 아무것도 아니다'였다.

박사는 이 글에서 과거의 모든 기준을 적용해보아도 주가는 3, 4배 과대평가되었다는 점을 다시 한 번 강조했다. 그러면서 미래의 불확실한 수익률에만 치중하고 현재의 수익률은 무시하는, 당시 유행하고 있던 온갖 '신종 주식 평가 방법'을 매섭게 질타했다. 그뿐만이 아니었다.

박사는 경제 전문기자들이 내놓는 예측이나 미래에 대한 낙관적 전망을 "한푼의 가치도 없는 허튼 소리"라고 싸잡아 비난한 뒤, 세계경제가 도탄에 빠진 움직일 수 없는 증거가 있는데도 "타조처럼 입을 꽉 다물고 있는(여기서 타조는 현실도피자라는 의미—옮긴이)" 동료 경제학자들의 책임까지도 운운했다.

박사는 좀더 전문적인 부분에 이르러서는 'Q비율'이라는 용어를 사용하여 설명했다. 'Q비율'은 20세기 말 노벨 경제학상을 수상한 제임스 토빈(1918~1981년. 미국의 경제학자—옮긴이) 박사가 정립한 개념이었다. 기본적으로 Q는 상장기업의 보유 자산을 시가로 평가하여 표시하는 비율을 말한다. 베이츠 박사는 경제의 기본요건들이 Q비율의 가치를 압박하고 있다고 주장했다. 그러면서 주식 투자자들이 얻는 실질수익은 결국 실물자산으로 결정되는 것이기 때문에 Q도 역사적 가치 이상은 오래 지속될 수 없다고 말했다. 그리고 "머지 않아" 주식시장은 "와르르 무너지면서" 최소한 현 시가의 65퍼센트가 떨어질 것이라고 전망했다.

베이츠 박사의 용기 있는 글은 격렬한 비난을 받았다. 인터내셔널 비즈니스 위크는 자신들의 웹사이트를 통해 박사를 "옛날 방식에 찌든 구닥다리 경제학자"라고 부르며 맹렬히 비난했다. 정치풍자 만화가들은 박사를 비틀거리며 껌도 제대로 못 씹는 호호 할아버지로 묘사했다.

베이츠 박사는 글을 발표한 뒤 처음 모습을 드러낸 자리에서 호된 인신공격을 받자 대중의 곁을 떠나 자신의 여름 별장이 있는 와이트 섬(영불 해협에 있는 섬으로 영국의 한 주—옮긴이)으로 가 은거했다. 이듬해 주식시장이 붕괴된 뒤 언론으로부터 '예언가'라는 호칭까지 듣게 된 그는 이렇게 말했다. "차라리 내 예상이 틀렸다면 좋았을 것을."

웸블리 축구장의 생화학 테러

지금까지의 역사를 보면 중요한 경제위기에는 반드시 심리적 요소가 한몫을 했다. 주식이나 부동산을 비롯하여 사람들이 선호하는 투자상품들은 그것들이 단순히 과대평가되었다는 경제지표만으로는 가치가 하락하지 않는다. 주식시장의 붕괴는 대다수 투자자들의 태도나 인식에 근본적인 변화가 있을 때만 일어나는 법이다. 투자자들 사이에 앞으로 오를 것 같다는 생각이 지배적이면 사람들은 그 종목을 팔지 않는다. 그런 의미에서 주가의 일시적 하락은 저가로 매수할 수 있는 호기가 된다.

베이츠 박사가 나중에 그의 글에서 밝혔듯, 주요 경제지표들은 이미 4년 전부터 세계 주식시장이 과대평가된 내용을 보여주고 있었다. 단지 심각한 상황이 발생하지 않았을 뿐이다. 주가가 하락할 때마다 투자자들은 사자 주문을 냈다. 그러면 종합주가지수는 다시 올라갔다.

그 같은 상황은 2036년 3월의 '전조' 이후에도 변함없이 지속되었다. 그해 5월 말 언론과 대중은 이제 옛날 방식에 의한 주식 평가는 더 이상 적절치 않다고 확신했다. 생산성 증가가 크게 둔화되고 기업 수익률도 부진하다는 사실을 무시한 채 사람들은 여전히 장기적으로 세계경제는 견실하다는 믿음을 고수했다. 경제와는 아무 상관도 없는 일련의 사건이 터지고서야 사람들은 비로소 이 같은 생각을 고쳐먹었다.

2036년 6월 6일 토요일, 영국의 웸블리 국립경기장에서는 영국과 에스파냐의 축구경기가 열렸다. 웸블리 경기장은 21세기 초에 지어졌다. 1년 전 이 경기 일정을 잡을 때만 해도 축구 관계자들은 6월 6일이 바로 인도와 파키스탄의 핵전쟁 20주년 기념일이라는 사실을 고려하지 않았다. 그런데 경기 날짜가 다가오자 타이밍이 "좋지 않다"던가 "생각이 너무 짧다"는 등의 여론이 일기 시작했다. 그런데도 양국의 스포츠 관계자 및 정부관리들은 납득할 수 없는 이유를 내세우며 경기를 예정대로 강행하겠다는 뜻을 밝혔다. 보안상의 특별 경계조치를 취하지도 않았다.

웸블리에서 축구경기가 열릴 당시 테러리즘에 대한 세계인들의 경각심은 거의 사라지고 있었다. 2001년의 9 · 11 사태가 끝나기 무섭게 미국은 세계 각국과 손잡고 알카에다를 비롯한 이슬람 테러단체의 대대적인 소탕작업에 들어갔다. 그 결과 2008년 이전에는 대부분 알카에다 소행으로 드러난 테러공격이 몇 번 일어나기는 했지만, 2010년 말이 되자 전 세계 이슬람 테러분자 수는 10여 명 정도로 크게 줄어들었다. 하지만 반테러기관들은 거기서 멈추지 않고 10여 년 동안 테러단체를 이 잡듯이 뒤져 조직적으로 그들을 파괴했다.

외교 분야에서도 진척이 있었다. 9 · 11 사태에 뒤이어 테러에 대한 비난 여론이 거세지자 세계 각국은 테러활동 지원국에 강력한 경제제재를 가하는 내용의 조약을 체결했다. 더디지만 확실히 이들 주변 국가들은 테러단체 지원을 포기했다. 그 결과 미국 CIA 보고서에 따르면, 2005~2035년 사이 전 세계 테러사건은 75퍼센트 이상 감소한 것으로 나타났다.

하지만 전반적인 여론에도 불구하고, 세계에는 여전히 테러를 이용하여 정치현안을 해결하려는 운동단체들이 있었다. 신세계복지연합도 그 중의 하나였다. 신세계복지연합은 다양한 인종으로 구성된 회원 수가 2천여 명 남짓한 국제단체로, 회원 대부분이 새로운 글로벌 경제구조를 가난한 저개발국가들에게 매우 불리한 것으로 믿고 있는 젊은이들이었다.

이 단체는 선언문을 통해 세계의 경제강국들을 비난하면서, 그 이유로 저개발국을 "지속적으로 착취, 종속시키기 위해 글로벌 무역과 금융 인프라를 공모, 구축한" 점을 지적했다.

신세계복지연합의 지도자들은 대부분 미국인이거나 유럽인이었다. 하지만 회원들은 반 이상이 북미나 유럽에서 대학을 다닌 아프리카계나 아시아계 젊은이였다. 이들은 컴퓨터를 통해 정기적으로 연락을 주고받았다. 1년에 두세 번씩 모임을 갖고, 세계무역기구나 다른 국제회의가 열릴 때마다 시위를 했다. 신세계복지연합에 새로 가입하는 회원은 의무적으로 시위에 참가해야 했다. 그리고 비록 선언문에는 정치적 목적을 달성하기 위해 폭력을 사용해도 좋다는 내용이 들어 있었지만, 웸블리 공격 이전에는 테러행위를 한 적이 없었다.

남녀 20명으로 구성된 신세계복지연합의 핵심간부는 모두 런던에 살며 그곳에 일을 갖고 있었다. 이들은 정기적으로 모임을 갖고 세계경제구조의 불평등에 대해 통렬하게 비난하는가 하면 단체의 시위 활동을 주관하기도 했다.

이탈리아 작가 안토니오 발두치는 웸블리 테러 가담자들이 마지막으로 체포된 뒤 발표한 글에서 이들 핵심간부들의 성격을 이렇게 정의했다. "이들은 대체로 총명하고 평등사회의 이상에 광적인 집착을 보였다. 세계화를 바라보는 눈도 일반인과는 전혀 달랐다. 이들은 세계화가 계층화를 더욱 심화시켜 가난하고 박탈당한 자들을 부의 피라미드 밑바닥에 영원히 고착시키는 결과를 가져온다고 믿었다. 신세계복지연합의 지적인 간부들의 견해에 따르면, 현대판 카스트제도가 만들어지기 전에 거대한 소요가 일어나야 하고 그것을 위해 테러가 필요하다는 것이었다."

조직화된 대형 테러공격에는 몇 달 아니 몇 년간의 치밀한 준비가 필요하다. 자금력도 있어야 한다. 하지만 신세계복지연합의 핵심간부들 중에는 재력가가 한 명도 없었다. 연회비로 들어오는 돈은 시위비용을 대기에도 빠듯했다.

그러다가 2033년 5월 이 단체의 핵심간부인 비앙카 루게리가 갑부와 결혼하면서 상황이 달라졌다. '빼어난 미인'이자 이탈리아의 프리랜서 저널리스트였던 루게리가 케임브리지 대학의 미국인 대학원생 제이슨 호킨스로부터 짧지만 열렬한 구애를 받은 뒤 결혼을 한 것이다. 호킨스는 미국 최초의 온라인 증권회사 설립자의 한 사람인 부친 리처드 호킨스로부터 수천만 달러의 유산을 상속받은 젊은이였다.

발두치는 그의 글에서, 제이슨 호킨스는 한 번도 신세계복지연합의 진정한 동조자가 되어본 적이 없고, 이따금씩 시위에 참가했던 것도 단지 아내를 즐겁게 해주기 위해서였다는 증거를 제시하고 있다. 어쨌든 분명한 것은 루게리는 결혼하자마자 남편의 재산을 마음대로 사용할 수 있었고, 그에 따라 이 단체가 오랫동안 표방해온 테러행위를 계획하고 실행할 수 있게 되었다는 것이다.

2034년 초 신세계복지연합 간부들의 마음속에는 이미 테러공격에 대한 생각이 자리잡고 있었다. 하지만 발두치에 따르면 그 문제를 처음 논의할 때만 해도 조직원들은 "무척 산만하여 방향 설정이 안 되어" 있었다고 한다. 그러다 MIT 대학 출신의 공학도 블라이네 렌프로가 모임을 주관하고 나중엔 테러행위에 대한 책임까지 떠맡으면서 체계가 잡히기 시작했다고 한다.

"렌프로는 천부적인 시스템 엔지니어로 성실한 천재였다"고 발두치는 그의 글에서 쓰고 있다. "그는 복잡한 임무를 수행하는 과정에서 성공에 방해되는 요소는 과감히 제거할 줄 아는 뛰어난 조직력의 소유자였다. 2034년 여름 렌프로는 그동안 다니던 다국적 생명공학 회사를 그만두고 이 단체의 테러작전 구상에만 전념했다."

이어 테러공격을 계획하고 그것을 수행하기 위한 테러 전담반이 설치되었다. 대장은 블라이네 렌프로, 요원은 비앙카 루게리까지 포함하여 모두 8명으로 구성되었다. 이들 테러 전담반은 장시간의 회의 끝에 보안상의 이유로 철저히 비밀리에 행동하기로 결정했다. 테러 계획의 구체적 내용은 다른 간부들조차 알 수 없었다. 단 이 단체가 공표한 목적과 일치하는 테러 목표물이 적힌 목록은 렌프로 전담반 외의 다른 간부들에게도 공개되었다.

다른 간부들은 이 목록과 어떤 테러행위든 "지속적으로 세계 언론의 주목을 끌" 것을 요구하는 사항만 알았을 뿐 나머지 사항들, 즉 테러 목표물, 시간, 실행 요원에 대한 결정권은 모두 렌프로와 그의 전담반이 쥐고 있었다.

2034년 말 신세계복지연합 테러 전담반은 드디어 몇 가지 중요한 사항을 결정했다. 첫 번째이자 가장 중요한 사항은 세계 언론의 관심을 지속적으로 끌기 위해 수천 명의 목숨을 앗아갈 수도 있는 대형 테러를 계획한다는 것이었다. 두 번째 사항은 언론이 접근하기 쉬운 주요 국가의 수도를 테러 목표로 삼는다는 것이었다. 그 결과 런던 일대가 테러 목표지역으로 정해졌다. 테러 가담자들 대부분이 런던 인근에 살고 있었을 뿐 아니라 다른 나라 수도를 목표로 할 경우 경비 부담도 만만치 않았고 체계적인 지원도 힘들 것이라는 점이 런던을 선택한 이유였다.

이어 테러 방법에 대한 논의가 시작되었다. 렌프로와 그의 요원들은 핵폭탄, 생화학무기 같은 대량살상 무기를 비롯해 여러 방안을 놓고 강구하다가 최종적으로 보툴리누스 독소 A형을 선택했다. 보툴리누스는 치사율, 유용성, 지발遲發적 효과, 비용 절감이라는 이점 외에도 테러 요원의 한 사람인 독일인 힐데 라이만이 약물학 학위 소지자여서 보툴리누스와 이 독소에 대한 사전지식이 풍부하다는 이점이 있었다.

흙과 물이 있는 곳 어디에서든 흔하게 발견되는 박테리아의 일종인

클로스트리디움 보툴리눔(보툴리누스 균—옮긴이)은 자라고 번식하는 과정에서 자연적으로 독소가 만들어진다. 그리고 극소량을 써서 근육경련 치료 및 피부주름 제거에도 이용되고 있지만 보통 신경물질에 비해 독성이 수천 배나 강한 치명적인 독소 중의 하나다. 1마이크로그램의 몇십분의 몇 그램만으로도 사람을 죽일 수 있다. 최적의 상태에서 독이 퍼진다는 가정하에 이론적으로는 보툴리누스 균 1그램으로 3백만 명의 인명을 앗아갈 수 있다.

이 독소가 공기 중에 퍼지면 폐와 살갗을 통해 인체로 흡수되고, 흡수 후 첫 증상은 6시간에서 8시간 후에 나타난다. 먼저 어지러운 느낌이 들다가 목이 칼칼해지면서 입안이 마른다. 그 다음에는 독소가 신경계에 침투하여 근육, 특히 눈의 근육조직이 풀리고 마비 증세가 나타나며 이어 혈관 운동조직의 기능 상실로 호흡부전이나 심장마비를 일으켜 사망에 이르게 한다.

2035년 겨울 렌프로가 이끄는 신세계복지연합 테러 전담반은 마침내 런던 외곽의 한 창고에서 상당량의 보툴리누스 독소를 생산하기에 이르렀다. 그런 다음 영국 남동부에 있는 켄트 주 시골의 빈땅을 빌려 분무식으로 살포하는 기술까지 시험한 뒤 테러 목표지역과 시간을 정하기 위한 본격적인 논의에 들어갔다. 테러 장소로 영국과 에스파냐의 축구경기가 열리는 웸블리 경기장을 점찍은 사람은 비앙카 루게리였다.

발두치는 이렇게 썼다. "루게리 양은 영국 스포츠 전통의 보루인 웸블리를 공격하는 것은 많은 사망자를 내는 것 이상으로 상징적인 의미가 크다며 이를 끝까지 주장했다. 그녀는 남아시아에서 일어난 그 가공할 핵전쟁 20주기에 하필 운동경기를 연다는 사실에 분노를 금치 못하면서 후진국 국민들도 분명 자신들의 테러공격을 '영국 정부의 무신경함'에 대한 응분의 죄값으로 여길 것이라고 말했다. 신세계복지연합 테러 전담반은 웸블리를 첫 번째 테러 목표로 삼자는 루게리의 제안을 만장일치로 채택했다."

블라이네 렌프로와 비앙카 루게리, 두 사람은 2035년 늦겨울과 2036년 초봄을 이용하여 헬리콥터 조종술을 익혔다. 테러 요원 8명도 공격 날짜가 가까워지자 살던 집을 나와 미리 구해놓은 런던 외곽의 방 네 개짜리 집으로 거처를 옮겼다. 그러고는 렌프로가 컴퓨터로 미리 짜놓은 공격 전후의 48시간 행동요령을 매일 점검하면서 필요에 따라 수정을 가하고 빠진 것이 있으면 다시 덧붙였다.

2036년 6월 6일 토요일 이른 오후, 영국과 에스파냐의 축구경기가 절반 가량 진행되었을 무렵 영국 최대의 민영 텔레비전 방송국 마크가 찍힌 헬리콥터 한 대가 고도를 낮추고 웸블리 경기장 상공을 두 차례 선회했다. 날씨는 찌뿌드드하게 흐렸다. 두 시간 전에는 간간이 빗방울이 떨어지기도 했다. 경기장의 관중들은 축구경기에 넋이 나가 헬리콥터 바닥이 열려 있다던가, 카메라같이 생긴 물건이 사실은 카메라가 아닌 분무기라는 것, 헬리콥터 안에 있던 세 사람이 마스크와 보디슈트를 착용하고 있다는 사실 따위는 눈치 채지 못했다.

헬리콥터가 경기장을 두 번째 비행할 때는 영국 팀에서 한 골이 터져 나오기도 했다. 헬리콥터를 의혹의 눈초리로 바라보고 있던 두 명의 보안요원도 영국 팀이 골을 넣자 열광의 도가니에 빠진 관중들과 함께 응원에 열을 올렸다. 보안요원들이 정신을 차리고 다시 하늘을 쳐다보았을 때 헬리콥터는 이미 사라지고 없었다.

웸블리 경기장 관중들이 보툴리누스 독소의 증상을 처음 느낀 것은 경기가 끝나고 귀가한 토요일 저녁부터였다. 그때까지만 해도 일부 사람들만 약간의 어지러움과 목의 통증을 느끼고 처방 없는 약을 사서 복용했을 뿐, 병원 관계자에게 연락을 취한 사람은 없었다.

하지만 이튿날 오후가 되자 상황이 돌변했다. 사람들이 증상이 예사롭지 않다는 것을 깨닫기 시작하면서 런던 병원들의 응급실에는 환자들이 꽉 들어찼다. 그런데 가는 날이 장날이라고 하필 그날은 일요일이어서 병원들은 신종 인플루엔자로 첫 진단을 내린 그 병을 제대로 치료조차 할 수 없었다. 대기자 수가 점점 늘어나자 더 많은 의사들이 병원으로 불려나왔다. 이때쯤에는 이미 많은 환자들이 눈도 뜨지 못할 만큼 상태가 악화돼 있었다.

6월 7일 일요일 저녁, 런던의 언론매체들은 일제히 이 소식을 전하면서 환자들 모두가 웸블리 경기장에서 축구를 관전한 관중들이라는 것을 재빨리 보도했다. 하지만 그때까지도 생화학 테러에 대해서는 꿈도 꾸지 못했다. 그러다 이튿날 아침이 되어서야 한 기자가 비로소 그에 대한 가능성을 제기했다.

월요일 저녁 런던은 공포의 도가니에 빠져들었다. 병원이란 병원은 죄다 환자들로 초만원을 이루었다. 월요일 늦은 밤, 한 의료센터 실험실에서 한 환자에게서 보툴리누스 독소의 존재를 발견하고 분리해낸 직후, 테러공격의 첫 번째 희생자가 보고되었다. 화요일 오후가 되자 희생자는 3백 명을 넘어섰다.

영국 총리 해럴드 G. 루이스는 텔레비전을 통한 대국민 연설에서 감정에 복받치는 말투로 웸블리 경기장 희생자들의 사인은 모두 보툴리누스 독소로 밝혀졌다는 사실을 공개했다.

루이스 총리는 "그 같은 치명적인 독소가 자연적으로 퍼져나갔을 가능성은 전무하다는 데에 의료계의 의견은 완전히 일치하고 있다"고 운을 뗀 뒤 단어 선택에 신중을 기하며 한숨 섞인 목소리로 이렇게 말했다. "따라서 이것은 고의적인 테러공격이라고밖에 달리 생각할 수가 없습니다."

이어 루이스 총리는 독소는 전염성이 없으며 축구경기가 열린 날 웸블리 경기장이나 그 근방에 있었던 사람들만 감염의 가능성이 있다는 점도 덧붙였다. 하지만 그는 보툴리누스 독소가 호흡기나 살갗으로 침투한 경우, 독소가 이미 환자들의 신경계통을 마비시켜 의료진으로서는 손쓸 방법이 없다는 점은 말하지 않았다.

6월 10일 수요일, 런던 시민 2천 명이 목숨을 잃었다. 목요일에는 4천 명이 죽어 하루 사망자 수로는 최고를 기록했다. 그 다음주 수요일에는 웸블리 테러공격의 마지막 희생자가 숨을 거뒀다. 웸블리 경기장 생화학 테러공격으로 죽은 사망자는 모두 합해 1만 6천 명을 넘어섰다. 이는 관중의 20퍼센트 가량이 죽은 셈이었다. 그것은 역사상 가장 끔찍한 테러사건이었다.

테러에 대한 대응

웸블리 테러사건도 20년 전에 일어난 9 · 11 테러공격이나 남아시아의 핵전쟁만큼이나 세계 언론의 관심을 집중시켰다. 처음에 언론은 런던 지역에서 사망자가 늘어나자 갑자기 돌연변이를 일으킨 악성 인플루엔자에 원인이 있는 것으로 생각했다. 런던 시 당국도 그런 생각으로 월요일 오후 신종 바이러스의 전염을 막기 위해 수도로 통하는 도로의 입구와 출구를 모두 봉쇄했다.

하지만 6월 9일 화요일, 영국 정부가 늘어나는 사망자의 원인을 신종 인플루엔자가 아닌 생화학 테러공격의 가능성에 두자 전 세계인들은 경악을 금치 못했다. 영국 정부의 발표가 나온 지 채 몇 시간도 안 되어 절망적인 공포가 전 세계인들의 마음에 들불처럼 퍼져나갔다.

웸블리 테러사건은 모든 사람들이 생각할 수 있는 최악의 악몽이었다. 9 · 11 사건이 일어난 뒤 미국을 비롯한 선진국들은 줄곧 생화학무기를 이용한 테러공격의 가능성을 제기해왔다.

하지만 2036년 이전까지 아무런 일이 일어나지 않자 생화학 테러공격에 대한 경고는 사람들의 머릿속에서 차츰 잊혀져갔다. 자잘한 테러단체의 산발적인 위협도 있었고, 2019년에는 불만에 찬 시 공무원이 뉴욕 시 지하철에 탄저 균을 살포하려다 실패한 일이 있었음에도 북미인들은 여전히 생화학 테러에 대한 불감증에 걸려 있었다. 웸블리 사건이 이러한 태도를 순식간에 바꿔놓았다.

런던 시각으로는 6월 10일 수요일 이른 아침으로 접어들고 있던 6월 9일 화요일 초저녁, 미국의 5대 주요 도시는 이미 모방 생화학 테러공격에 대비하여 야간 통행금지를 실시하고 있었다. 6월 9일 화요일 밤에 열릴 예정이던 메이저리그 야구 경기도 생화학무기에 대한 해박한 지식을 자랑하며 야구장을 '미국의 웸블리'로 만들어놓겠다는 협박 이메일이 리그 커미셔너에게 도착한 직후 취소되었다.

미국의 텔레비전 방송과 인터넷 매체들은 런던 지역의 사망자 수가 점점 불어나고 있다는 뉴스를 전하면서, 탄저 균과 보툴리누스 균을 비롯하여 저렴한 가격에 구하기도 쉽고 치사율도 높은 각종 병원균에 대한 보도를 함께 내보냈다.

6월 9일 화요일 저녁 그 보도를 접한 미국인들은 공포에 몸을 떨었다. 그 공포가 어느 정도였는지는 미국 작가 도일 피츠제럴드가 한 인터넷 잡지에 기고한 글 속에 생생히 묘사되어 있다. 이 글에서 피츠제럴드는 화요일 저녁 두려움에 떠는 10대의 두 딸을 가슴에 꼭 안고 밤을 꼬박 새워보기도 했으나, 런던과 미국의 테러사건으로 "비롯된 광란적 상태를 도저히 잠재울 수"는 없었다고 털어놓았다.

영국 경찰과 첩보기관은 웸블리 테러사건으로 완전히 허를 찔리고 말았다. 신세계복지연합 테러 요원들이 축구장 관중들에게 보툴리누스 독소를 살포한 지 48시간이 지난 월요일까지도 런던 지역에서는 범죄수사가 진행 중이라는 어떠한 징후도 포착되지 않았다. 솔직히 말해 그전까지 수사당국은 런던을 휩쓸고 있는 유사 독감류의 이상한 전염병이 설마 범죄행위와 연관되었으리라고는 꿈에도 생각하지 않았다. 희생자의 몸에서 보툴리누스 독소를 발견한 의사가 처음으로 그 사실을 알렸을 때도 수사당국의 대응은 더디기만 했다.

6월 10일 수요일, 전 세계 보도진들은 런던으로 몰려들었다. 하지만 경찰이나 보안요원들이나 이렇다 할 정보를 내놓지 못하자 기자들은 독자적으로 행동하면서 테러범의 정체를 궁금히 여기는 세계인들에게 부정확하고 쓸데없는 기사만 잔뜩 쏟아냈다. 웸블리 축구장에 있었던 사람은 누구나 기자들의 인터뷰 대상이 되었다. 인터뷰 대상자들은 보툴리누스 독소가 살포되었을 법한 방식을 자기들 멋대로 지어내서 이야기했다.

어떤 요크셔 사람은 축구장 휴게실의 매점 두 곳이 차단된 채 '고장' 팻말이 붙어 있었다고 하면서, 그 매점들 쪽에서 이상한 '기계음'이 들린 것 같다고 말했다. 또 어떤 젊은 여성은 자기와 함께 축구장에 갔던 남자 두 명이 맥주를 마시며 "맛이 이상하다"고 말했던 것을 기억해냈다. 두 남자 모두 화요일 밤에 사망했다.

수요일에 인터뷰를 한 수백 명의 사람들 중에는 축구경기 전반, 경기장을 선회하는 헬리콥터에서 뭔가 이상한 점을 발견한 사람도 있었다. 이들 중 두 명이 헬리콥터에 영국 최대의 텔레비전 방송국 마크가 찍혀 있었다고 말했다. 하지만 영국 수사당국은 48시간이 지나서야 문제의 그 방송사가 토요일에는 웸블리 경기장 상공에 헬리콥터를 띄운 적이 없다는 사실을 알아냈다.

6월 11일 목요일, 이제 세계인들의 관심은 온통 웸블리 경기장 테러범들이 과연 누구냐에 쏠렸다. 영국의 대표적인 신문 〈런던 타임스〉는 웸블리 테러행위와 비슷한 방침과 목표를 표방하는 단체와 조직 이름 몇 개를 신문에 거론하여 테러범들에 대한 추측을 더욱 무성하게 했다.

이 신문은 기사 서두에 신문에 소개된 어느 단체도 웸블리 테러사건과 연관되었다는 증거는 없다는 점을 분명히 밝혔다. 그럼에도 불구하고 이들 단체 지도자들은 자신들의 단체 이름이 신문에 거론되자마자 자신들은 웸블리 테러공격과 전혀 관련없음을 발표해야만 했다. 수사에 아무런 진전도 보이지 못하는 당국에 조바심을 내고 있던 성난 시민들이 보복의 칼날을 자신들에게 들이댈까 두려웠던 것이다.

웸블리 테러공격이 일어난 지 정확히 일주일 후인 6월 13일 토요일, 북미와 유럽 지역의 신문, 텔레비전 방송국, 인터넷 뉴스매체들 앞으로 일제히 다섯 쪽 분량의 이메일이 도착했다. 익명의 편지 발송자들은 자신들을 웸블리 사건 테러범이라고 주장하면서, 이 사건은 단지 앞으로 계속될 일련의 "파괴적 공격"의 시작에 불과할 뿐이고 "전 세계 대부분 국가들의 인권을 박탈, 착취, 종속"시키고 있는 이들 "소수 독재국가들"의 행동을 자신들은 결코 묵과하지 않을 것이라고 엄포를 놓았다. 사실 웸블리 테러사건이 일어난 뒤 일주일 내내 전 세계 언론매체에는 이와 유사한 내용의 서신이 수백 통은 배달되었다.

하지만 이번 편지가 특히 당국의 주의를 끌었던 것은 편지의 말미에 장난이 아님을 말해주는 내용이 두 구절 쓰여 있었기 때문이다. 이 구절에서 편지 작성자들은 경찰도 아직 밝혀내지 못한 몇 가지 사실을 비롯하여 웸블리 테러공격과 관련된 내용을 상세히 밝히고 있었다.

웸블리 테러공격이 일어난 지 일주일이 지났는데도 수사는 여전히 갈피를 잡지 못하고 있었다. 그러던 차에 도착한 이메일이 수사의 실마리가 되었다. 발두치는 그의 책에서, 테러범들이 언론매체에 그 이메일을 보내지 않았다면 이 사건은 영원히 미궁에 빠질 수도 있었다고 주장했다. 당국이 그 편지를 수사의 단서로 삼으면서 테러범들이 잡혔다는 것이다.

하지만 편지에 쓰인 내용과 웸블리 테러사건의 유사성, 그리고 조직이 공공연히 밝혀온 강령 때문에 신세계복지연합이 그 즉시 수사선상에 오르긴 했지만, 8명의 테러 요원 중 누구도 사건 발생 1년 내에 붙잡히지 않았다.

블라이네 렌프로와 비앙카 루게리는 탈출에 성공할 수도 있었다. 대혼란의 암흑기를 감옥에서 보내며 쓴 자서전《악마의 딸 Straight from the Devil》에서 비앙카는 웸블리 공격 당일 저녁부터 시작된 렌프로와의 아슬아슬한 탈출극을 이렇게 묘사했다.

"블라이네는 정말 조직의 귀재였다. 그는 모든 것을 철두철미하게 계획했다. ……6월 6일 토요일 밤 우리는 먼저 첫 번째 위조여권을 사용하여 런던발 뉴욕행 비행기에 올랐다. 그러고는 이튿날 두 번째 위조여권으로 칠레의 산티아고로 날아갔다. 월요일에는 성형수술을 받았다. 수술 뒤 병원에서 하룻동안 회복기간을 갖고 마무리 치료를 받은 다음 다시 세 번째 위조여권으로 리우데자네이루를 경유, 남아프리카공화국의 케이프타운에 도착했다. 그리고 금요일 우리는 이미 마지막 은신처로 정해놓은 모리셔스에 있었다."

렌프로와 비앙카는 부부로 행세하며 모리셔스에서 4년을 살았다. 2039년에는 딸아이까지 하나 두었다. 그리고 2040년 은행계좌가 바닥나자 불안해진 비앙카는 포트루이스에 있는 현지 인터넷 방송사에 취직했다. 하지만 이듬해 세계적인 경기침체로 방송사가 문을 닫자 비앙카는 다시 무역회사에 입사 지원서를 냈다. 이때 그녀는 영어, 프랑스어, 에스파냐어, 이탈리아어를 능통하게 한다는 점을 부각시켰다.

렌프로와 비앙카의 수배 기사는 전 세계 모든 인터넷 뉴스매체에 올라 있었고, 이 무역회사의 인사 담당자도 그 기사를 읽은 적이 있었다. 수배 기사에는 비앙카가 앞서 말한 4개 국어에 능통한 언어의 천재로 묘사돼 있었다. 인사 담당자는 현상금도 많이 걸려 있고 나이도 비슷한 것 같아 밑져야 본전이라는 생각으로 비앙카의 입사 지원서와 디지털 사진을 웸블리 테러사건을 담당하는 국제 수사팀에 보냈다. 그 다음주 블라이네 렌프로와 비앙카 루게리는 체포되었다.

세계적인 경기침체

2036년 여름과 초가을은 역사상 특별한 기간에 속한다. 웸블리 테러사건에 보여준 언론의 높은 관심과 길고도 더딘 수사가 수백만 사람들의 마음에 어두운 그림자를 드리웠다. 노년층 사람들에게 이 기간은 35년 전의 뉴욕 세계무역센터 참사를 떠올리는 고통의 기간이었다. 사람들은 그때처럼 이번에도 비탄과 놀라움이 뒤섞인 감정으로 날마다 뉴스만 멍하니 지켜보았다. 웸블리 사건의 사망자가 늘어갈수록 사람들은 애써 현실을 외면하려 했다.

전례 없는 번영과 진보를 누린 기간이었음에도 웸블리 사건 이후 상황은 전과 같지 않았다. 뭔가 잘못 돌아가고 있다는 분위기가 팽배했다. 미국의 저명한 사회학자 T. 로저 화이트헤드는 '미래로 나아갈 방향'이라는 주제로 6개월마다 열리는 애스펀 여름 포럼에 참석한 기업인과 정치 지도자들에게서 심각한 태도 변화를 감지했다.

2036년 8월 그는 매달 기고하는 인터넷 칼럼에서 이렇게 썼다. "2년 전만 해도 참석자들의 태도에서는 자신감이 넘쳐흘렀다. 생산성과 기업 이윤이 떨어지고 있는데도 회의장에서는 세계경제와 사회 전반에 나타나는 문제들을 다 극복할 수 있다는 낙관적인 분위기가 느껴졌다. 제아무리 어려운 문제도 에너지, 지성, 돈만 있으면 해결하지 못할 것이 없다는 분위기였다. 하지만 이번 여름엔 그런 분위기가 없었다. 가장 뚜렷한 변화는 2년 전에 비해 회의 참석자들의 태도가 눈에 띄게 심각해졌다는 것이다. 골프장은 텅텅 비고 회의장만 사람들이 넘쳐났다. 거의 장난스러운 분위기까지 느껴졌던 2034년 회의 때와는 달리 이번 회의 참석자들의 태도는 한결같이 진지했다. 그보다 더 중요한 것은 가까운 미래에 닥칠 도전에 대비하여 구체적인 전략을 세워야 할 토론이 대개는 '우리가 지금 무엇을 잘못하고 있는 것일까?'와 같은 대책 없는 논의만 하다가 끝을 맺는다는 사실이었다."

2036년 여름 북미와 유럽은 예년에 볼 수 없던 혹서에 시달렸다. 과학자들은 지구 온난화의 주범인 온실가스 배출량을 줄이려는 노력이 너무 미흡하다는 점을 국제사회에 상기시켰다. 대도시 저소득층 주거 지역에서 일어나는 소요의 원인에는 참을 수 없는 더위도 한몫을 했다. 하지만 이들 중의 어느 사건도 1968년 여름(프랑스의 5월 혁명으로 대표되는 전 세계적인 저항운동—옮긴이)에 일어난 폭동의 규모에는 이르지 못했다.

하지만 2036년 8월 미국에서는 네 번의 주말 중 세 번의 주말에 한 도시 이상에서 재물 파괴, 강탈, 살인사건이 일어났다는 결과가 보고되었다. 이 같은 소요의 영향으로 미국인들은 심각한 사회문제를 해결하는 데는 수년에 걸친 번영도 별 효과가 없다는 자각을 하게 되었다. 사실 2036년 노동절을 기해 〈뉴욕 타임스〉의 사설이 설득력 있는 통계치를 제시하며 지적한 것처럼, 그동안 빈부 격차는 줄어든 것이 아니라 오히려 커졌고 소수민족이 대부분인 공식적인 빈곤층 비율도 상당히 증가한 것으로 나타났다.

2036년의 미국 대통령 선거는 사람들의 이목을 거의 끌지 못했다. 경제적으로도 호황이었고 이렇다 할 국제적 이슈도 없었던 전대前代의 김빠진 후보들에 이어 이번 선거에서도 미국의 두 정당은 직업 정치인들을 대통령 후보로 내세웠다.

2016년 전자투표제도가 도입된 이래 가장 낮은 투표율을 보인 선거에서 대통령으로 뽑히게 될 공화당 후보는 플로리다 주 상원의원 조지 더럼이었다. 선거 한 달 뒤 예순여덟 번째 생일을 맞는 그는 20년간 부동산업계에 투신한 후 정계에 입문한 3선 상원의원으로 외교문제 전문가로 정평이 나 있었다. 백여 년 전의 해리 S. 트루먼 이래 최악의 부통령이 될 더럼의 러닝메이트로는 콜로라도 버펄로 축구팀 코치를 지낸 인기 만점의 콜로라도 주지사 유진 스펜서가 뽑혔다.

노동절 며칠 뒤 카테고리 5의 대형 허리케인 피오나가 플로리다 반도를 넘어와 멕시코 만에서 힘을 재결집하여 포트로더데일 북쪽 몇 킬로미터 지점을 강타한 뒤 뉴올리언스를 휩쓸고 지나갔다. '빅 이지(Big Easy, 뉴올리언스의 별칭—옮긴이)'는 6미터 높이의 거센 파도와 45센티미터에 이르는 폭우로 완전히 물에 잠겼다.

허리케인 피오나로 미국이 입은 인명 손실은 사망자 1천여 명, 그것도 대부분 루이지애나 주민이었다. 재산 피해액은 그보다 더 엄청난 1천5백억 달러로 피오나는 역사상 가장 값비싼 대가를 치른 허리케인이 되었다.

주식시장도 상황이 좋지 않았다. 세계의 주요 주가지수는 웸블리 테러사건 이후 몇 포인트가 빠져나간 이래 여름이 다 가도록 회복하지 못한 채 허우적거렸다. 허리케인 피오나가 덮치자 주가지수는 더 떨어졌다. 9월 말 다우존스 세계지수와 국제경기지수는 3월의 '전조' 둘째 날에 나타난 최저 기록에 바짝 다가가 있었다. 10월이 되자 일부 기업 분석가들은 10여 년간 계속된 호황의 종말을 선언하면서 앞으로 몇 년간 10퍼센트에서 12퍼센트의 지수 조정이 불가피할 것으로 내다보았다. 일부 경제 전문가들은 베이츠를 비롯한 경제학자들의 말을 인용하고 전 세계적으로 성장이 둔화되고 있는 지표까지 내보이면서 지수 조정 범위는 그보다 더 커질 수도 있다고 전망했다.

2036년 9월 말 밀로 블란켄십이 미국 주류 언론에 처음으로 모습을 드러냈다. 블란켄십은 다소 베일에 싸인 인물이었다. 추종자들 사이에서는 '21세기의 노스트라다무스'로 알려진 그는 프린스턴 대학에서 3년간 우등생으로 공부하던 중 어느 날 밤 갑자기 뉴저지 캠퍼스의 텅 빈 축구장에서 '투명 옷을 입은 형광빛 외계인'의 방문을 받고 그 길로 학교를 중퇴했다.

당시 그 외계인은 블란켄십 몸에 '오르가슴보다 황홀하고 짜릿한 느낌'을 전해주면서 '은하계 동맹'과 지구를 연결해줄 사자로 그를 임명한다고 말했다고 한다. 블란켄십에 따르면 특히 그 외계인은 '미래에 대한 일급 정보'를 그에게 정기적으로 제공해줄 것이며 '앞으로 다가올 시련을 블란켄십이 지구인들과 함께 잘 대처해나갈 수 있도록' 도와주기로 했다는 것이다.

블란켄십은 외계인과 조우한 뒤 불과 며칠 만에 학교를 중퇴했다. 그것이 2036년 4월 초의 일이었다. 학교를 중퇴한 블란켄십은 산간벽지의 외진 곳을 돌아다니며 30일 동안 '홀로 명상'하는 시간을 가진 뒤 캘리포니아에 다시 모습을 드러냈다. 명상하는 동안 그는 외계인 스승들과 정기적인 '텔레파시' 교신을 나누었다고 한다. 중요한 교신 내용은 일기에 기록까지 해두었다는 것이다.

캘리포니아로 돌아온 그는 한동안 떠돌이생활을 하다가 산호세 지역에서 컴퓨터 엔지니어로 일하고 있던 일단의 젊은이들을 만났다. 웸블리 테러사건이 일어난 뒤 블란켄십은 자신은 그 사건이 일어나리라는 것을 외계인을 통해 미리 알았다고 말했다. 그러자 산호세 친구들은 당연히 의심스러워하며 증거를 보여달라고 요구했다.

블란켄십은 마지못해 일기장을 꺼내 5월 31일자 일기를 펼쳐 보이며 그들에게 읽어보라고 내밀었다. 거기에는 다음주 토요일 '대양 건너'에서 '상상도 못할 비통한' 사건이 일어나리라는 내용이 적혀 있었다.

그 일기가 웸블리 테러 일주일 전에 쓰여졌다는 것을 입증할 방법은 물론 없었다. 하지만 블란켄십의 산호세 친구들은 그것만으로도 충분했다. 그들은 즉시 일기 내용을 발표하기 위한 웹사이트 구축에 들어갔고 7월 초에는 운영을 시작했다.

처음 운영할 때만 해도 그 웹사이트에는 '밀로와 외계인의 조우'와 같은 다소 황당한 내용만 올라 있었다. 그 후 일주일 뒤 이들의 웹사이트에는 12일 정도의 일기 내용이 추가되었고 그 안에는 블란켄십이 그랜드캐니언 노스림 쪽에 있는 엔젤 폴스 옆에서 야영을 하던 중 외계인으로부터 '보름달 아래서 밤새도록 다운로드'를 받은 뒤 '요셉'이라는 제목으로 쓴 내용도 들어 있었다.

"요셉은 최초의 진정한 선지자였다. 꿈속에서 이집트에 기나긴 가뭄이 닥치리라는 예언을 듣고 파라오에게 그 사실을 알려주어 곡식을 미리 저장하게 함으로써 굶주림을 면하게 해준 사람이었다. 나도 요셉과 같이 불행한 소식을 전해주는 예언자로 선택된 것 같다. 이 세계는 지난 10년간 놀라운 풍요를 경험했다. 하지만 그것도 곧 끝날 때가 되었다. 이것은 상당히 신빙성 있는 예언이다. 앞으로 몇 년 안에 사람들은 지금까지 경험해보지 못한 극심한 고통을 겪을 것이다."

블란켄십의 일기는 때로 문장 연결이 어색하거나 문맥과 단어가 따로 노는 등 의미가 제대로 전달되지 않았다. 하지만 '요셉'의 경우처럼 내용이 아주 분명한 것도 있었다. 8월 초 웸블리 테러사건의 날짜를 예언한 일기가 공개되자, 블란켄십을 따르는 추종자 무리까지 생겨났다. 그의 예언이 웸블리 사건 전에 쓰여졌다는 증거가 전혀 없는데도 그의 웹사이트 방문자는 하루 수천 명으로 늘어났다.

하지만 정작 블란켄십이 예언자로서의 명성을 얻은 것은 8월 31일 추종자들에게 보낸 그의 메시지 때문이었다. 웹사이트에서 그는 이렇게 말했다. "지난 주에 나는 혼자 명상하는 시간을 갖고 외계인과 좀더 맑은 정신으로 교신을 하기 위해 옐로스톤 국립공원을 찾았다. 하지만 교신을 하려는 나의 간절한 염원에도 불구하고 아무런 일도 일어나지 않아 처음엔 하루하루를 실망으로 보냈다. 그러던 어느 날 밤 불법인 줄 알면서도 노리스 간헐천 지역에 들어가 잠을 자고 있는데 몸에 뭔가 따끔한 것이 느껴져 눈을 떴다. 그것은 상당히 중요한 예언이 들려오리라는 조짐이었다. 아니나다를까, 외계인은 앞으로 며칠 내에 커다란 간헐천이 폭발할 것이라고 하면서, 그 폭발은 타이태닉급의 거대한 폭풍이 몰아칠 전조이고 그 폭풍이 모든 것을 앗아갈 것이라고 말했다."

그로부터 사흘 뒤, 7년 전에 마지막으로 분출했던 옐로스톤의 스팀보트 간헐천이 휴면에서 깨어나 120미터의 거대한 물줄기를 공중으로 뿜어 올렸다. 그리고 나흘 뒤 허리케인 피오나가 플로리다에 상륙했다.

블란켄십은 하나의 문화현상이 되었다. 그리고 당연히 그해 9월의 인물이 되었다. 블란켄십 웹사이트 방문자는 수천만 명으로 늘어났다.

약간의 협상을 거친 뒤 그는 텔레비전 토크쇼에도 출연했다. 그가 출연한 토크쇼는 9월 최고 시청률을 기록했다.

젊은 블란켄십을 예언자로 믿게 하는 데는 텁수룩한 외모, 꿰뚫는 듯한 시선, 연극배우 같은 독특한 말투만으로도 충분했다. 앞으로 파멸이 닥쳐오리라는 블란켄십의 예언은 그 당시 사람들의 불안심리로 더욱 설득력을 얻었다.

아시아의 새 강자 중국

한편 태평양 건너편에서는 21세기의 역사를 뒤바꿔놓는 것은 물론 세계 경제위기의 도래를 더욱 앞당기게 될 정치적 격변이 일어나고 있었다. 지난 백여 년 간 일본은 아시아의 강자로 군림해왔다. 20세기 전반부에는 무자비한 군사강국으로 대제국을 건설했다. 제2차 세계대전에서 연합군에게 패배한 이후엔 잿더미에서 불사조처럼 일어나 20세기 후반기 내내 아시아의 경제대국 자리를 지켰다.

하지만 21세기 초로 접어들면서 일본은 휘청거리기 시작했다. 인구의 노령화에서 비전과 결단력을 상실한 정치 지도자들의 무능력, 그리고 붕괴 직전에 이른 금융산업에 이르기까지 섬나라 일본은 수많은 난제들에 파묻혀 쇠퇴일로를 걸었다.

바다 건너 서쪽에서는 용이 꿈틀거리고 있었다. 세계 인구의 20퍼센트를 점하고 있고 아시아의 지식, 예술, 상업 문화를 선도해온 수천 년 역사를 자랑하는 거대 국가 중국이 공산주의의 굴레에서 벗어나 창의적인 기업가 정신을 유감없이 발휘하고 있었다. 아시아 국가들이나 다른 대륙의 나라들이 볼 때 앞으로 전개될 상황은 분명했다. 일본의 전성기는 끝나고 중국이 21세기 아시아의 주역으로 떠오르리라는 것이다.

중국의 경제 성장은 끊임없이 공급되는 값싸고 잘 훈련된 노동력에서 비롯되었다. 20세기의 마지막 10년 동안 중국은 매년 놀라운 성장률을 기록하며 세계 여러 나라의 부러움을 샀다. 21세기로 접어들자 중국의 국내 총생산 규모는 미국에 이어 세계 2위를 기록할 만큼 커졌다. 현금 보유고 역시 지난 30년간 미국, 유럽과의 교역에서 발생한 무역수지 흑자를 차곡차곡 쌓아놓은 일본의 달러 및 경화 보유고에만 뒤질 뿐이었다. 21세기 초에도 중국의 경제 성장률은 세계의 다른 주요 국가들을 앞질렀다.

한때는 농업국가였던 중국이 이제는 교육과 기술에 집중 투자하면서 컴퓨터와 반도체 칩, 항공기와 자동차 등의 첨단기술 제품을 만들어내는 경제 다변화국이 되었다. 정치제도도 발전을 거듭하여, 사회주의와 자본주의를 절충한 혼합형 체제로 작지만 빠른 변화를 이루고 있었다. 2030년 중국의 정치체제는 지도자를 민주적으로 선출하지 않는 것만 다를 뿐 스칸디나비아 국가들과 놀랄 정도로 비슷해졌다.

군사적인 면에서 21세기 초 세계의 최강자는 미국이었다. 그리고 그 같은 군사적 우위가 아시아를 비롯한 세계 여러 나라의 외교현안을 결정하는 데 중요한 요소가 되리라는 것은 너무도 자명했다. 중국 지도자들도 예외가 아니었다. 대만 및 인근 아시아 국가들을 상대할 때는 물론 인권과 같은 국내 문제에 대한 결정을 내릴 때도 중국 지도자들은 미국의 군사적 우위에 대해 늘 심리적 부담감을 느꼈다. 20세기 말부터 40년 동안 중국 지도부가 일관되게 추구해온 목표는 최소한 아시아에서만이라도 미국과 동등한 군사력을 갖자는 것이었다.

미국의 일부 역사가들은 21세기 첫 30년간 중국이 적극 추진한 군사력 강화를 두고 미국과의 동등한 군사력 유지만이 아닌 중국의 헤게모니를 아시아 전역으로 넓혀가려는 장기적인 야망으로 파악했다.

하지만 중국의 실제 상황은 이들의 주장과 달랐다. 21세기 초 중국은 병력만으로는 규모가 엄청났으나 현대전을 수행할 만한 첨단무기는 턱없이 부족했다. 해군의 존재는 사실상 유명무실했다. 대륙간 미사일 함대와 지역 미사일 함대는 미국의 신속한 반격에 속수무책으로 당할 수밖에 없었다. 간단히 말하면 중국의 군사력은 자국 영해 안에서 싸운다 해도 미국과는 적수가 되지 못할 만큼 허약했다. 이러한 상황을 중국은 받아들일 수 없었다.

중국 문화는 여러 면에서 중국 역사와 밀접하게 연관돼 있다. 조상을 숭배하는 중국 고유의 전통도 그 중의 하나다. 중국은 19세기에 일부 지역이 유럽 국가들의 식민지가 되었고 20세기에는 일본제국 군대에 점령당하는 수모를 겪었다. 2세기에 걸친 현대사의 이 같은 교훈을 중국은 결코 잊지 않았다. 그리고 그러한 수모를 두 번 다시 당하지 않으려면 진정한 세계 강국이 되어야 했고, 그러기 위해서는 외세에 휘둘리지 않을 강력한 군사력을 보유해야 했다.

재미있게도 중국의 주 수입원은 미국과의 교역에서 얻는 무역수지 흑자가 대부분이었다. 그렇게 번 돈으로 21세기 초부터 중국은 군의 현대화 작업에 돌입했다. 장비도 최신식으로 교체했고, 해군에 항공모함과 핵잠수함도 배치했다. 미사일 함대의 취약성은 이동식 지상 발사대와 중국 전역에 미사일 영구 발사대를 설치하는 것으로 보완했다. 중국의 탄도 미사일 확대 계획은 미국이 아시아에 배치한 미사일 방어체제에 대응하기 위한 것이었다.

미사일 방어체제 옹호자들이 즐겨 말하는 이른바 미국의 미사일 '방패'는 표면적으로 일본을 보호하고 북한, 이라크 같은 '깡패 국가들'의 미사일 공격으로부터 미국 서부를 지키기 위해 배치된 것이었다. 하지만 중국인들은 미국이 중국의 탄도 미사일 위협을 무력화시키기 위해 미사일 방패를 배치한 것으로 생각했다.

2036년 어느 모로 보나 중국은 이제 세계 제2의 군사강국이었다. 잘 훈련되고 훌륭한 장비를 갖춘 병력만도 수백만 명에 이르렀다. 전투기와 조종사는 영국과 프랑스를 합친 수보다도 많았다. 아시아 해역에서 눈에 띄게 횟수가 부쩍 늘어난 해군도 선박을 교체하고 첨단기기를 장착하여 옛모습을 찾아볼 수 없었다.

중국은 이같이 현대화된 군사력을 아직까지 실제로 사용해본 적은 없었다. 그러나 남동 아시아에서는 중국이 머지 않은 장래에 이처럼 새로워진 군사력을 시험해볼 것이라는 우려가 높아졌다. 특히 일본에게 그 불안감은 곧 두려움이었다.

일본은 제2차 세계대전이 끝난 뒤부터 줄곧 자국의 방위를 미국 군사력에 의존해왔다. 일본 헌법은 자위를 제외한 군비증강을 금지하고 있었기 때문이다. 21세기 초 중국이 경제대국으로 성장하는 모습에 일본은 불안해지기 시작했다. 2030년경에 이르러서는 그 불안감이 모든 면에서 중국의 힘에 눌리는 듯한 국가적 강박관념으로 바뀌었다.

일본인들은 세계 최강국 자리를 놓고 주도권을 다투는 미국과 중국의 덫에 걸린 것으로 생각했다. 일본이 진정으로 우려하는 것은 미국이 혹시 나중에 두 강대국간의 포괄협상의 일환으로 일본을 희생양으로 삼지 않을까 하는 것이었다. 일본은 중국과 직접 협상에 나서기로 했다.

2020년 초 중국과의 경제, 정치적 협력은 이제 일본 외교정책의 일차적 목표가 되었다. 일본은 국제적 기업환경에서 수십 년간 축적된 일본인들의 경영 노하우, 양국의 어마어마한 현금 보유고, 중국이 지닌 막

대한 에너지와 노동력으로 세계 최강의 경제 실체를 만들어내리라는 웅대한 비전을 가지고 있었다. 그 같은 메가톤급 경제 실체에는 유럽공동체도 미국도 당해내지 못할 것이었다.

2023년 일본 총리와 일본의 대표적 기업인들은 이 같은 구상의 1단계안을 들고 베이징을 방문했다. 일본은 중국이 이 안을 보자마자 덥석 받아들일 것으로 생각했다. 하지만 중국은 일본인들의 말을 경청하면서도 행동은 취하지 않았다. 일본은 이해할 수 없었다. 이듬해에도 똑같은 시도를 해보았으나 결과는 마찬가지였다.

이렇게 성과 없이 6년을 보낸 뒤 일본은 2029년 5월에 열리는 중화인민공화국 수립 80주년 기념행사에 참석할 고위급 인사를 보내달라는 중국의 초청장을 받았다. 경축 행사에 이어 다음주에 열린 비밀 회담에서 왕페이가 이끄는 중국의 새로운 지도부는 양국의 포괄적인 경제협력을 논의하기 전에 선결해야 할 조건들을 일본측에 제시했다.

중국이 제시한 조건 중에는 일본이 기존의 방침을 철회해야 될 내용이 두 가지 들어 있었다. 첫 번째 조건은 대만은 과거나 현재나 '하나의 중국'에 속해 있고, 중국과 대만간에 오가는 모든 협상은 '중국 내의 일'이므로 타국의 간섭을 허용하지 않는다는 것을 대외적으로 인정하라는 것이었다. 두 번째 조건은 제2차 세계대전 중에 일본이 중국에 저지른 '극악한 범죄행위'에 대해 사과할 것, 일본은 제2차 세계대전의 침략국이었음을 인정할 것, 그에 대한 배상으로 일본은 중국에 전쟁기념관 다섯 개를 지어줄 것 등 세 가지였다. 그 중에서 가장 큰 기념관은 난징에 지어달라고 요구했다. 난징은 1937년 12월 군인과 민간인을 합쳐 20여만 명의 중국인이 일본군에게 학살당한 곳이었다.

일본으로서는 두 가지 모두 받아들이기 곤란한 조건이었다. 중국-대만 문제만 해도 2029년 베이징 회담 때는 아무 일이 없었지만 지극히 민감한 사안이었다. 21세기 초로 접어들면서 대만은 중국 쪽으로 바짝 다가서고 있었다. 두 나라의 교통, 통신 인프라는 이미 구축되었고, 대만과 중국 기업들도 상대국에 각각 지사를 두고 있었다.

하지만 대만은 아직 푸젠 성이나 쓰촨 성 같은 중국의 일개 성이 아니었다. 대만은 버젓한 민주주의 국가였다. 게다가 자체 군대까지 두고 미국과 유럽의 최신 무기를 정기적으로 사들였다. 중국 정부가 불안해하는 것이 이 병력이었다. 이런 상황에서 만일 일본이 대만을 중국의 일부로 인정한다면 그것은 곧 미국의 뺨을 때리는 행위나 마찬가지였다.

한 세기 전에 있었던 일을 범죄행위로 사과하는 것은 여러모로 볼 때 대만 문제보다 더 골치 아픈 일이었다. 최고령층이긴 하지만 일본에는 아직 제2차 세계대전을 겪은 사람이 생존해 있었다. 역사교과서도 문제였다. 역사교과서에는 일본이 중국 일부를 몇 년간 점령하고 있었다는 사실은 기록돼 있지만, 일본군의 잔학행위는 물론 일본이 침략국이었다는 사실조차 언급되지 않았다.

일본은 독일과는 상황이 달랐다. 킬에서 뮌헨에 이르기까지 독일 학생들은 아주 어릴 때부터 홀로코스트에 대한 교육을 받았다. 하지만 일본 학생들은 자신들의 조상이 역사상 가장 잔혹한 학살을 저질렀다는 사실에 대해 아무것도 모르고 있었다. 역사가들이 '난징 대학살'이라 부르는 1937년의 만행을 일본이 공식적으로 인정한다는 것은 곧 자기 얼굴에 침 뱉는 행위와 다름없었다.

일본은 1년여간 중국이 제시한 조건에 아무런 답변도 보내지 않았다. 그리고 2030년 초 일본 총리 와타나베 테츠오와 중국의 국가주석 왕페이는 상하이에서 만찬을 겸한 비공식 회담을 가졌다. 이 자리에서 와타나베는 왕페이에게 몸을 낮추며 간곡한 어조로 일본의 범죄행위를 인정하고 사과하라는 선결조건을 철회해줄 것을 요청했다. 그는 대만 문제에 대해서는 정책을 수정할 용의가 있으나, 전쟁범죄 문제는 사안이 '너무 중대하여' 쉽게 결단을 내리기 어렵다고 말했다.

왕페이의 태도는 단호했다. 그는 중국인들에게 중요한 것이 무엇인지를 알고 있었다. 왕페이는 와타나베에게 일본이 제2차 세계대전 중에 저지른 범죄행위에 대해 '속죄'하지 않는 한 양국의 의미 있는 동맹관계는 결코 성립될 수 없다는 점을 분명히 했다.

일본은 결국 중국의 요구에 굴복했다. 저명한 역사가 다카미 도시오는 그 상황을 이렇게 설명했다. "일본으로서는 다른 선택의 여지가 없었다. 미래는 분명했다. 중국과의 관계가 개선되지 않으면 일본은 아시아 문제에서 점점 고립될 수밖에 없었다. 자원 부족에 노령화 사회로 접어들고 있던 일본으로서는 그것만이 세계에서 고립되지 않는 유일한 기회였다."

2036년 12월 13일, 난징학살 추모기념관 본관에서는 일본군의 난징 점령 99주년을 맞아 전 세계에 텔레비전으로 생중계되는 가운데 중국인 희생자들을 애도하는 엄숙한 행사가 열렸다. 무대 단상에는 중앙의 왕페이를 포함하여 다섯 사람이 앉아 있었다. 왕페이 오른쪽에는 중국 외교부장과 난징 시장, 왼쪽에는 당시 일본 총리 나카지마 하쿠도와 외무장관이 앉아 있었다.

먼저 나카지마 총리가 조용하고 비통한 어조로 미리 준비해간 애도사를 낭독했다. 애도사에서 그는 1937년 난징이 함락된 다음주, 일본군이 '비무장 중국 군인과 민간인 수천 명'을 학살했다는 사실을 인정했다.

나카지마 총리는 애도사 낭독을 끝낸 뒤 왕페이 쪽으로 깊숙이 고개를 숙이며 이렇게 말했다 "99년 전 우리 국민이 저지른 수치스러운 행위를 일본 국민과 일본 정부를 대신해 이 자리에서 머리 숙여 사죄드립니다." 그 말을 마친 총리는 마치 어깨에 무거운 짐이라도 진 듯 자기

자리로 비틀거리며 돌아갔다.

그 다음에는 카리스마가 넘치는 왕페이의 즉석 연설이 45분간 이어졌다. 그는 먼저 나카지마 총리의 사죄에 감사를 표한 뒤, 일본과의 전쟁에서 '국가의 보전을 위해 최선을 다하다 죽어간 수백만 영령'을 기리는 중국의 공식적 애도 연도가 2036년부터 시작되었음을 선포했다.

그런 다음 제2차 세계대전 이후 중국의 현대사를 언급하면서 짧은 기간에 이룩한 중국의 놀라운 업적을 자랑스럽게 나열했다. 그는 또 일본 총리 쪽으로 고개를 돌리고 당시 구축된 두 나라의 경제협력을 찬양하면서 그 결과는 이미 나타나고 있다며 총리에 대한 칭송을 아끼지 않았다.

연설이 끝나갈 무렵 왕페이는 그동안 중국 정부가 보여준 지속적인 인내와 타협에도 불구하고 대만은 아직 '하나의 중국'의 '일부'로서 '완전하고 영구한' 위치로 '복귀하지' 못했다고 하면서, 그 문제에 대한 개인적인 비통함을 토로했다. 그러면서 지난 10년간 중국 본토와 대만 사이에는 두 나라의 정치관계를 '강화, 결속시켜준' 여러 실질적인 협약이 이루어졌다는 점을 언급했다.

그는 이렇게 말했다. "하지만 올해 새로 들어선 대만 정부는 마치 이전의 모든 협약을 폐기할 권한이라도 있는 듯 우리 전임자들이 초당적으로 공들여 쌓아올린 노력을 물거품으로 만들었습니다. 이 새로운 정부는 우리가 결코 수긍할 수 없는 위험한 길을 가고 있습니다. 대만은 예나 지금이나 중국의 일부입니다. 중국은 이러한 생각을 위협하는 여하한 일방적 행위도 허용하지 않을 것입니다."

왕페이의 연설은 중국에서 커다란 성공을 거두었다. 하지만 일본의 반응은 이와는 사뭇 달랐다. 일본 정부는 난징 행사가 국민에 미치는 영향을 과소평가한 것이 분명했다. 일본 국민의 대부분은 난징 추모행사를 최악의 공개적인 굴욕으로 생각했다. 정부의 무능에 대한 국민적 실망 때문인지 일본 주식이 급격한 약세를 보이면서 세계 주식시장의 종합주가지수도 그해의 최저 수준으로 뚝 떨어졌다.

일본의 분위기는 침통했다. 신년 초마다 열리던 기업들의 신년 하례회도 2037년에는 취소되었다. 역사상 처음 있는 일이었다.

많은 역사가들은 난징 추모행사를 아시아의 지도국 위치가 일본에서 중국으로 넘어간 상징적 사건으로 기록했다. 하지만 사실 지도국의 위치 변화는 이미 10년 전에 일어났다. 난징 추모행사는 그저 중국이 이제 명실공히 아시아의 일인자임을 만방에 확인시켜준 계기에 불과했다.

2037년, 미국의 황혼

미국은 매년 그러하듯 2036년 말에도 각계 전문가를 초빙하여 이듬해를 전망하는 행사를 갖느라 분주했다. 텔레비전과 인터넷 뉴스매체들은 이들 전문가의 말을 토대로, 공화당 출신 신임 대통령과 그가 내건 공약들, 주식시장을 비롯한 금융시장이 앞으로 나아갈 방향, 변화하는 대중문화의 기류 등에 대해 수많은 예측들을 쏟아냈다.

경제에 대해서는 국내 경제와 세계경제 모두 6개월간은 완만한 성장세를 보이겠고 후반기에도 급격한 성장은 어려울 것이라는 데 의견이 일치했다. 가장 낙관적인 시장 분석가조차도 2037년 세계의 주가지수는 5퍼센트에서 7퍼센트 증가에 그칠 것이라는 전망을 내놓았다. 전문가들의 의견은 대체로 비관적이었다. 그 중 일부는 지수가 15퍼센트나 빠지는 주식시장의 하향국면이 시작될 것이라고 예측하기도 했다.

타블로이드판 언론매체들은 2037년에 대해 비관을 넘어 아예 비명을 질러댔다. 한 유명한 여성 점술가는 남아메리카에 대재앙이 일어날 조짐이 보인다고 말했다. 모하비 사막에서 열흘간 홀로 명상하며 외계인 스승들로부터 '데이터를 다운로드받은' 밀로 블란켄십은 자신의 웹사이트에 2037년의 첫 몇 달간은 '세계 문명의 안정을 시험하는 일'이 벌어질 것이라는 내용의 글을 올렸다. 그는 구체적인 언급 없이 "엄청난 규모의 대재앙이 폭포처럼" 쏟아질 것이라고 예언했다.

2036년 12월, 미국의 대표적인 타블로이드 뉴스매체가 점성술, 신학, 비학秘學 등 서로 다른 분야의 전문가들과 인터뷰를 갖고 적敵그리스도가 지구상에 실제로 존재하고 있다는 불길한 결론을 내렸다. 사람들은 적그리스도의 존재가 좋은 징조가 아니라는 데에 입을 모았다. 한 수비학자數秘學者는 적그리스도가 세상에서 활개를 치고 있다는 것을 증거로 제시했다.

그는 이렇게 말한 것으로 전해진다. "이것은 성서에도 나오는 숫자 6과 관련돼 있습니다. 작년에 일어난 웸블리 테러사건 아시죠? 그 사건도 6의 자승 연도의 6월 6일에 일어났습니다. 악마의 소행이라는 것을 말해주는 것이죠. 2037년도 마찬가지예요. 2037에 18을 곱해보세요. 36666이 나오죠? 4개의 6을 가진 '3'이라는 뜻입니다. 적그리스도는 이 세상에 있는 게 분명해요. 이 모든 '6'을 그 악마는 놓칠 리가 없습니다."

권위 있는 매체든 대중매체든 2036년 말에 내놓은 언론의 예측에서 가장 두드러진 점은 2037년이 불길한 해가 되리라는 데에 대부분의 의견이 일치한다는 것이었다. 그보다 더 놀라운 것은 2020년에서 2036년까지의 연말 예측 기사를 비교, 분석한 결과 '어둡고 불길한' 면에서 2036년의 전망이 그 어느 해보다 높았다는 것이다.

매달 집계해서 내놓는 소비자 신뢰지수도 2036년 말에는 10년 만에 최저치를 기록했다. 하지만 그것은 아직 1년 전에 비해 몇 퍼센트만 하락한 것일 뿐 완전히 부정적인 결과로 단정짓기는 일렀다. 사람들의 심리상태는 오히려 언론이 예측한 비관주의에 더 잘 나타나 있었다.

2037년은 벽두부터 심란한 뉴스가 봇물을 이루었다. 새해 첫날 인도네시아 자바 섬에서는 화산이 분출하여 1천여 명이 죽는 사고가 발생했다. 프랑스에서도 알프스에서 스키어들을 태우고 돌아오던 고속열차가 탈선하여 제방으로 굴러떨어지는 사고가 일어났다. 이 사고로 1백여 명이 목숨을 잃었다. 2036년 12월 31일 밤 뉴욕 시에는 체감온도가 영하 29도에서 영하 34도는 될 만큼 기록적인 한파가 몰아쳤다. 캘리포니아 남부에서는 대학 대항 미식축구 경기가 앞을 못 볼 정도로 사납게 쏟아지는 폭우 속에서 진행되었다. 산사태가 일어나고, 도로가 봉쇄되고, 여러 명의 인명사고를 낸 대단한 폭우였다.

〈뉴욕 타임스〉는 1월 2일자 사설에서 새해 첫날부터 연달아 터진 불행한 사건들을 언급하면서, 2037년이 불길한 해가 되리라는 대중매체의 일치된 예측 보도가 있었다는 말까지 덧붙였다.

2037년 1월에 있었던 조지 더럼 미국 대통령의 취임 연설은 실수로 얼룩진 그야말로 희극의 한 마당이었다. 연설을 시작한 지 몇 분도 되지 않아 연설문이 쓰여 있는 텔레프롬프터가 고장나 대통령은 실눈을 뜨고 백업화면을 쳐다보아야 했다. 연단 쪽으로 백업화면을 옮겨놓느라 연설은 잠시 중단되었다. 하지만 5분 후 이번에는 예기치 않게 강풍이 몰아쳐 대통령 앞의 백업화면이 날아가는 바람에 연설은 또다시 중단되었다.

이 같은 소란이 벌어지는 내내 더럼 대통령은 연단 뒤에 조용히 서서, 취임식 하객 수천 명과 시청자 수백만 명이 지켜보는 가운데 상냥하게 미소만 짓고 있었다. 연설은 우여곡절 끝에 겨우 끝났다.

어떤 신랄한 비평가는 이튿날 더럼의 연설을 두고 "새로운 이념 하나, 미래에 대한 비전 하나 제시하지 못한 모성애와 진부함의 걸작"이었다고 쏘아붙였다. 대통령의 열렬한 지지자들까지 그의 연설이 신통치 못했다는 데에 의견이 일치했다.

2월 24일 수요일 오후, 더럼은 취임 이후 두 번째 기자회견을 가졌다. 이 자리에서 어떤 기자가 동중국해 및 중국과 대만 사이 해협에 중국 해군이 대규모로 배치된 사실에 대해 질문하자, 더럼은 무슨 말인지 모르겠다는 듯 어리둥절한 표정을 지어 보였다. 대통령은 마이크 앞에 서서 오른손을 가슴에 얹고 눈을 껌벅거리며 기어들어가는 목소리로 다시 한 번 질문해달라고 요청했다.

기자가 질문을 마치기도 전에 더럼은 얼굴이 일그러지고 눈이 튀어나온 모습으로 몸을 약간 기우뚱하더니 그대로 바닥에 쓰러졌다. 그로부터 한 시간도 지나지 않아 신임 대통령은 심장마비로 사망했다. 그날 저녁 전 세계 수십 억 시청자들은 미국 대통령이 쓰러지는 모습을 슬로모션 장면으로 시청했다.

대통령이 쓰러지는 순간 부통령 유진 스펜서는 플로리다의 키 라고 섬 앞바다 32킬로미터 지점에서 가족과 보트를 타면서 휴가를 즐기고 있었다. 대통령의 사고 소식은 휴대전화를 통해 그에게 즉시 보고되었다. 하지만 어찌된 일인지 헬리콥터도 쾌속정도 보내오지 않았다. 그가 육지에 닿았을 때는 대통령이 이미 사망한 뒤였다. 미국의 후임 대통령은 그날 저녁 8시에 워싱턴에 도착했다.

유진 매디슨 스펜서는 세계에서 가장 부유하고 강력한 나라의 대통령이 되기에는 전혀 준비가 안 된 인물이었다. 그때까지 그가 거둔 최대의 성과는 콜로라도 버펄로 축구팀을 10년간 이끌며 전미 대학 선수권을 세 번 차지한 것이 고작이었다. 붙임성 있고 편안한 성격에 늘 미소를 띠고 있는 스펜서는 콜로라도 주지사를 두 번 역임하는 동안 정직하고 솔직하고 성실한 일꾼이라는 소리를 들었다. 알고 보면 그는 더럼이 절실히 원한 부통령 후보도 아니었다. 스펜서가 지닌 인지도, 텔레비전 화면을 잘 받는 용모, 그리고 뛰어난 웅변능력을 인정받아 일종의 타협으로 선택된 후보일 뿐이었다.

스펜서의 외교 지식은 국무부의 행정수반 이양팀으로부터 8일 동안 브리핑 받은 것이 전부였다. 미국을 떠나본 적도 세 번밖에 없었다. 그 중 두 번은 가족과 함께 스위스, 이탈리아로 스키 여행을 간 것이었고, 한 번은 미국 중서부 주의 주지사 다섯 명과 함께 남아메리카를 황급히 다녀온 것이었다. 콜로라도 주지사를 지낼 때 그의 장기는 빨리 배우고, 배우려는 열망이 큰 것이었다. 하지만 운명은 그에게 미국 대통령에 걸맞는 훈련기간을 허용하지 않았다.

대통령직을 수행한 첫 며칠 동안 스펜서는 정신을 차릴 수 없었다고 말했는데, 이는 상황 파악을 전혀 못하고 하는 소리다. 그는 행정부 내에서 고립무원이었다. 더럼이 뽑아놓은 각료들과도 친분이 없었고, 국방부 고위관리들과의 사이도 서먹서먹했으며, 누구를 믿어야 할지에 대한 정보도 갖고 있지 않았다. 워싱턴에 도착하자마자 그는 보좌관, 참모, 기자, 누가 누군지 알 수도 없는 수많은 사람들에게 둘러싸였다.

후일 그는 자서전에서 이렇게 말했다. "워싱턴에 도착한 첫날 밤 나는 마치 거대한 소용돌이에 휩싸여 삶에 대한 지배력을 상실한 듯한 느낌이 들었다. 이튿날도 자신감 없는 두려움으로 시작되었다. 갑자기 덮쳐온 감당할 수 없는 책임감 때문에 나는 가위에 눌려 한밤중에 벌떡 잠을 깨고는 했다. 그럴 때면 침대 옆에 무릎 꿇고 앉아 내가 그토록 사랑하는 조국에 치명적인 해가 될 어리석은 행동은 하지 않게 해달라고 두 손 모아 하느님께 기도를 올리고는 했다."

신임 대통령의 선서식은 2월 25일 목요일 오전 10시에 거행될 예정이었다. 선서 후 한 시간 뒤에는 스펜서가 미국과 전 세계에 새로운 자신감을 심어주는 연설을 하기로 되어 있었다. 대통령 직무대행으로서의 마음 같아서는 하루 꼬박 준비를 하여 목요일 저녁에 연설을 하고 싶었으나 재무장관과 연방준비제도이사회 의장의 반대로 목요일 오전으로 시간을 바꾼 것이었다. 두 사람이 연설을 재촉한 것은 심상치 않게 돌아가는 주식시장 때문이었다. 더럼 대통령 사망 이후 계속 떨어지고 있던 주가는 그로부터 채 하루도 지나지 않은 목요일 아침에는 무려 5퍼센트 이상이 빠졌다.

공식적으로 미국 대통령이 된 지 20분 후 스펜서가 연설문 작성자들과 마지막으로 원고를 손질하고 있을 무렵, 대통령 수석 보좌관이 별안간 회의실 안으로 뛰어들어와 숨을 헐떡이며 말했다. "대통령 각하, 대, 대, 대지진이 일어났습니다."

"캘리포니아에서?" 대통령이 물었다.

"아닙니다. 시애틀입니다."

시애틀, 대지진

2010년 지진학자들은 다년간 각 분야의 학자들과 연계하여 전 세계 대도시 지역의 지진 위험성을 연구하여 측정한 결과를 발표했다. 미국에서는 대도시 세 곳이 리히터 규모 8의 강진이 일어날 수 있는 '지극히 위험한' 곳으로 판명되었다. 세 곳 중의 두 곳이 샌프란시스코와 로스앤젤레스라는 데는 의심의 여지가 없었다. 이 두 도시와 그 일대, 그리고 유명한 샌앤드레이어스 단층 인접지역에서 정기적으로 일어나는 지진으로 미국에는 '캘리포니아 지진 신화'라는 것까지 만들어졌고, 그것이 은연중에 미국인들의 의식 속에 박혀 있었다.

세 곳 중의 마지막은 워싱턴 주 시애틀이었다. 시애틀은 지표면을 구성하는 두 개의 판이 충돌을 일으키는 대륙의 판 경계부 가까운 곳에 위치해 있었다. 태평양 바로 앞바다에 놓인 이 판 경계부는 브리티시컬럼비아에서 북캘리포니아에 걸쳐 있으며 캐스케이드 섭입대로 불리는 지역이었다. 이곳에서 북동쪽으로 이동하는 환드퓨카 판과 북아메리카 판이 매년 5센티미터 정도 수렴작용을 일으키다 부딪히게 되는데, 이 과정에서 강력한 압력이 발생하고 이 압력을 지진이 완화시켜주는 것이다.

1990년대에 지진학자들은 집중 탐사를 통해 캐스케이드 섭입대 동서쪽 단층이 시애틀 시 바로 아래로 지나고 있다는 사실을 발견했다. 이 시애틀 단층지역에서 비교적 최근에 지진이 일어났다는 증거를 찾아낸 이들도 바로 이들 연구팀이었고, 이 지진들 중에는 서기 900년경에 일어나 지표면을 6미터 이상 수직 이동시킨 것도 포함돼 있었다. 시애틀 지역에서 활발한 지진활동이 일어났다는 것을 보여주는 또 다른 증거는 다소 엉뚱한 곳에서 발견되었다.

2002년 일단의 인류학자들이 1천5백 년에 걸친 유로크 인디언의 구술 역사를 연구했다. 유로크 인디언의 구술 역사에는 대략 4백 년 간격으로 두 번의 커다란 지각변동이 있었음을 나타내는 말도 들어 있었는데, 퓨젓사운드 해안선은 그 지각변동 때문에 완전히 새로운 모습으로 바뀌었다.

시애틀에는 150여 년간 지진의 징후가 전혀 없었다. 하지만 새로 나온 지진 데이터와 유로크 인디언의 구술 역사를 종합해보면, 시애틀도 샌프란시스코나 로스앤젤레스에 못지않게 '지극히 위험한' 지진지대로 분류할 만한 충분한 근거가 있는 것이다.

지진 위험도에 대한 연구가 발표되자 시애틀 시 당국은 샌프란시스코와 로스앤젤레스의 선례를 따라 종합적인 지진 대응책을 마련하려고 했다. 하지만 도시가 급격히 발전하고 그에 따른 인프라 확장 요구가 거세지자 당국의 관심도 자연히 사안이 좀더 급한 쪽으로 기울었다. 지진이 거의 일어난 적이 없다는 사실 역시 대응책 마련에 소홀한 원인이 되었다. 2037년 시애틀은 350만 명의 인구를 가진 전도 양양한 대도시였다. 그러나 지진 단층지대에 속하면서도 지진 대비책이 전혀 마련되지 않은 무방비 도시였다.

2037년 2월 25일 목요일 태평양 표준시간으로 오전 7시 42분, 시애틀 시에 결국 자연의 재해가 덮쳤다. 리히터 규모 8.5의 강진이 일어난 지진의 진앙지는 머서 섬의 북쪽 끝단을 살짝 벗어난 시애틀 도심 서쪽 10킬로미터 지점의 워싱턴 호湖 밑면이었다. 먼저 땅이 수직으로 급격히 요동치더니 지표면에 균열이 생겼다. 요동이 있은 다음에는 수평, 수직 양쪽으로 심한 흔들림이 2분 이상 계속되면서 진앙지 반경 6킬로미터 이내의 건물을 모두 무너뜨렸다.

지진이 일어났을 때 머서 섬에 살고 있던 소프트웨어 전문 변호사 모니카 로빈슨은 러시아워의 교통 정체에 막혀 머서 섬 교외와 시애틀 도심을 연결해주는 워싱턴 호 다리의 90번 도로에 갇혀 있었다. 그 같은 급박한 상황에서 그녀는 기적적으로 살아남았다. 그리고 며칠 뒤 한 신문에 기고한 장문의 글에서 당시의 상황을 이렇게 썼다.

"교통 정체에 막혀 있다가 앞으로 조금 나가려는 순간 차가 갑자기 덜컹거리며 위로 솟구치는 느낌이 들었다. 처음에는 차 앞 유리로 보이는 광경이 도저히 믿어지지 않았다. 도로 전체가 진동을 하며 마구 꿈틀댔다. 어느샌가 도로에는 커다란 균열이 생겨났다. 잠시 후에는 다리가 무너지기 시작했다. 동시에 내 앞에 있는 어떤 차가 물 속으로 곤두박질치며 순식간에 사라지는 모습을 보고 나는 두려움에 휩싸여 비명을 질렀다. 그 다음에는 내 차가 서 있는 부분이 무너질 듯 위태롭게 오른쪽으로 건들거리기 시작했다. 내 차는 도로 난간에 잠시 처박혀 있었다.

내가 있는 곳의 다리 부분이 워싱턴 호로 무너져 내리면서 내 차도 함께 굴러떨어졌다. 다리가 무너지기 직전, 공포의 몇 초 동안 그 와중에도 나는 유리창을 내릴 생각을 했던 것 같다. 차가 호수에 처박히자마자 차가운 물살이 나를 확 덮쳐왔다. 나는 있는 힘을 다해 안전벨트를 풀고 창문 밖으로 헤엄쳐 나갔다. 이러다 허파가 터지는 게 아닌가 싶었는데 드디어 수면 위로 떠올라 숨을 쉴 수 있었다.

주위를 둘러보니 온통 아비규환이었다. 시애틀 도심과 인접한 다리 부분이 또 무너져 내렸다. 차들이 사방에서 굴러떨어졌다. 워싱턴 호수면은 파도에 휩쓸려 다니는 파괴물의 잔해로 쓰레기장을 방불케 했다. 이곳저곳에서 살려달라는 비명소리가 들려왔다. 몇 초 동안 그러고 있으려니 온몸이 오들오들 떨려와 물 속에서 곧 얼어죽을 것 같았다. 이리저리 파도를 타고 다니다 머서 섬의 해안선을 발견했다. 나는 그쪽으로 헤엄쳐 갔다. 드디어 해안가에 가 닿는 순간 내 몸은 물살에 떠밀려 지진이 일어나기 전까지 호수변에 세워져 있던 집 쪽으로 내동댕이쳐졌다. 나는 완전히 기진맥진한 상태였다. 5분 동안은 아마 꼼짝도 못했을 것이다. 무슨 일이 일어났는지 생각할 기력조차 잃은 채 나는 그렇게 멍하니 호수의 수면만 바라보았다."

시애틀 시 지역은 지진학자들에게 시애틀 분지로 알려진 거대한 퇴적분지의 중심에 놓여 있다. 이 분지는 지반이 아주 약하여 지진이 일어났을 때 액상화되거나 지표면이 심하게 요동칠 가능성이 많다. 시애틀 분지 지표면 바로 밑의 이 같은 지질 특성을 아는 어느 유명한 지진학자는 2021년 미국 지구물리학회 연차총회에 참석하여 다음과 같은 예측이 담긴 보고서를 제출했다. "시애틀 인근에서 지진이 한 번 일어나면 묵시적인 참사를 부를 것이다."

이 지진학자의 예측은 적중했다. 시애틀 지진으로 인한 구조물의 피해는 상상을 초월할 정도였다. 퇴적분지 지역은 지진의 거대한 힘으로 쉽게 뒤틀렸다. 지진의 진앙지 반지름 6킬로미터 이내에는 수직으로 1.5미터에서 3미터 정도는 지반 이동이 예사로 일어났다. 건물, 아파트, 고가도로는 뒤틀리고 부서진 뒤 와르르 무너져 내렸다.

시애틀의 교통, 통신 인프라는 완전히 파괴되었다. 남쪽의 렌튼 보잉사와 북쪽의 레드먼드 마이크로소프트 캠퍼스(마이크로소프트 본사로 흔히 불리는 명칭—옮긴이)를 이어주는 워싱턴 호 동쪽의 405번 도로에는 무려 61개의 균열이 생겼다. 워싱턴 호 다리들도 모조리 파괴되어 육지와 고립된 머서 섬은 전혀 딴 모습이 되어 있었다.

지진의 진동이 멈추자 머서 섬 서쪽 끝의 지반은 1~1.2미터 가량 융기했다. 반면 동쪽 해안지대는 1.5~2.1미터 가량 꺼져 들어가는 바람에 워싱턴 호가 범람하여 가옥 1천 채가 물에 잠겼다. 워싱턴 호 서쪽, 교통량이 가장 많은 시애틀의 5번 고속도로는 도로 아홉 곳이 엿가락처럼 휘어졌다. 시애틀의 모든 도로는 사실상 균열과 파괴된 잔해 때문에 통행이 불가능하여 차량으로는 시애틀 도심을 왕래할 수 없었다.

지진에 뒤이어 시애틀 지역에는 가스관이 파열되어 화재까지 기승을 부렸다. 시애틀 반경 640킬로미터 이내 지역에는 전화나 컴퓨터가 모두 불통이었다. 이날 아침 동부 교외지역에서 시애틀 도심으로 출근한 수십만 명의 시민은 집에 돌아가지도 못하고 가족에게 연락도 취하지 못한 채 시내에 꼼짝없이 갇혀야 했다.

지진의 진앙지에서 남서쪽으로 16킬로미터 떨어진 시애틀 국제공항에서는 아침 일찍 샌프란시스코를 출발한 민간 항공기가 활주로에 닿기 수초 전 착륙을 중지하여 가까스로 재난을 피했다. 비행기 바퀴와 지면 위 거리가 2미터밖에 되지 않은 상황에서 조종사가 활주로의 땅이 갑자기 갈라지는 것을 보고 취한 조치의 결과였다. 그로부터 몇 분 뒤 시애틀 공항은 땅의 균열과 변형 때문에 폐쇄되었다.

수도 워싱턴에서는 신임 대통령 유진 스펜서와 그의 보좌진 사이에 시애틀 지진 규모가 정확히 파악될 때까지는 대통령의 대국민 연설을 연기해야 한다는 데 신속한 의견 접근이 이루어졌다. 동부 표준시간으로 오전 11시가 조금 넘은 시각, 지진 진앙지에서 남북쪽으로 각각 48킬로미터 떨어진 워싱턴 주의 타코마와 에버릿의 지진 피해규모가 담긴 비디오 필름이 텔레비전에 방영되었다. 그로부터 15분 후, 네트워크 방송사는 초토화된 시애틀 지역으로 헬리콥터를 띄워보내 파괴된 모습을 생중계로 보여주었다.

전 세계인들은 상업주의 정신이 발동한 텔레비전 방송사가 보여주는 지진이 일어나기 전의 멀쩡한 모습과 지진이 일어난 뒤 아수라장이 된 시애틀의 모습을 믿을 수 없다는 듯 넋을 잃고 바라보았다. 워싱턴 호 인근의 지반 변형으로 일어난 홍수, 호수 위에 놓여 있던 다리들의 붕괴, 빈발하는 화재, 엿가락처럼 휘어진 고속도로들의 생생한 화면은 시애틀의 참상을 그대로 보여주었다.

한편 1년여에 걸쳐 바닥을 치고 있던 세계 주식시장도 계속 하락세를 보였다. 그날 오후 뉴욕에서는 2021년 시애틀에 지진이 일어나면 '묵시적 참사'가 일어날 것이라고 예언했던 유명한 지진학자가 텔레비전에 나와 시애틀 재건에는 총 "1조 달러 이상이 소요될 것"이라는 전망을 내놓았다. 시애틀 지진 규모를 방송하는 횟수가 늘어감에 따라 주가 하락은 가속화되어 이날 뉴욕시장은 거래중단 사태까지 벌어지면서 종합주가지수가 무려 7퍼센트나 빠졌다.

2037년 2월의 춥고 음산한 그날, 워싱턴 주 시애틀 시민들의 마음은 오직 살아남아야 한다는 일념뿐이었다. 30만 명의 시민들이 해가 졌는데도 집으로 돌아갈 교통편을 찾지 못해 우왕좌왕하고 있었다. 지진이 일어나는 동안 퓨젓사운드 해안과 워싱턴 호에 일어난 거대한 해일을 용케 견뎌낸 배들은 운임이 천정부지로 치솟았다. 결국 부자들만 배편을 이용할 수 있었다. 집으로 돌아가는 교통편을 간신히 구한 사람들도 아수라장 같은 길을 한참 지나서야 가족이나 사랑하는 사람들 품에 안길 수 있었다.

지진이 일어났을 당시 시애틀의 워싱턴 대학에서 창작 글쓰기 심포지엄을 열고 있던 작가 로베르토 에르난데스는 지진이 일어난 뒤 시애틀에서 보낸 사흘간을 마치 "주마등과도 같았던 악몽"이라고 묘사했다. 시 차원의 포괄적인 대응책이 마련돼 있었더라면, 지진이 일어났을 때 비상 통제센터의 위치를 재빨리 파악하여 주 정부의 각 부서로 하여금 일사불란하게 일처리를 하도록 했겠지만, 그렇지 못한 관계로 지방행정당국의 복구작업은 중구난방으로 진행되었다.

공무원들 사이에는 관할권 다툼으로 긴장이 고조되었다. 경찰력 또한 목요일 밤부터 금요일까지 계속된 약탈행위를 막지 못해 시애틀 지역은 에르난데스의 말을 빌리면 그야말로 '무정부 상태'를 방불케 했다. 이 같은 상황은 금요일 오후 국가방위군이 투입되고서야 겨우 진정되었다.

시애틀 지진으로 인한 천문학적인 피해 규모는 한 달이 넘어서야 겨우 집계되었다. 사망자 수만도 6천 명을 헤아렸고 실종자 7백여 명도 죽은 것으로 추정되었다. 재산 피해 규모는 8천억 달러에 이르렀다. 지진과 그 여파로 심한 정신적 충격을 받은 사람은 공식적인 집계에 포함되지도 않았다.

수년 후 2044년에 열린 한 국제회의에 참석한 정신분석학자들은 1백여만 명의 시애틀 시민이 지진으로 인해 '심한 정신적 장애'를 일으켜 수년 동안 '정상인'의 기능을 제대로 수행할 수 없을 정도로 '심한 정신적 손상을 입은' 것으로 진단했다.

중국, 대만을 점령하다

프랑스 작가 에밀 부드로는 대혼란을 다루어 상까지 탄 자신의 저서 《호들갑과 불평》에서, 미국 신임 대통령이 만일 스펜서가 아닌 다른 사람이었다면 역사는 크게 달라졌을 것이라고 하면서 이렇게 썼다.

"만일 유진 스펜서가 위기 대처능력이 뛰어나고 불굴의 의지를 지닌 영국의 처칠 같은 지도자였다면, 2월 24일 수요일 밤 워싱턴에 도착하여 정권 인수를 하자마자 즉각 확신을 심어주는 대국민 연설을 했을 것이다. 지진으로 시애틀이 초토화된 사실을 보고받은 목요일 아침에도 연방관리들을 즉각 시애틀로 파견하여 비상복구책을 세우겠다는 대국민 연설을 했어야 했다. 강력한 지도자상을 심어주는 것만으로도 미국인들은 많은 힘을 얻었을 것이다.

목요일 밤 중국의 전쟁 준비상황을 알리는 전화가 대만에서 워싱턴으로 빗발쳤을 때도, 스펜서 대통령은 중국의 허풍에 신속하고 단호하게 으름장을 놓아야 했다. 필요하면 왕페이에게 비밀리에 전화라도 걸어 대만에 대한 군사행동을 할 경우 무서운 결과가 초래되리라는 것을 경고했어야만 했다. 이런 조치들이 취해졌다면 세계 역사는 어떻게 달라졌을까? 주식시장 붕괴가 지연되어 결과적으로 대혼란을 피해갈 수 있었을까? 이 질문에는 누구도 대답할 수 없다.

우리가 아는 것은 단지 이것뿐이다. 스펜서 대통령은 뉴욕과 워싱턴 시각으로 2037년 2월 25일 목요일 이른 저녁까지도 대국민 연설을 하지 않았다. 그때는 이미 세계 주식시장이 곤두박질치고 있었고, 미국인들은 새로 선출된 대통령의 사망에 이은 시애틀의 지진 소식으로 집단적 슬픔과 공황에 빠졌다. 스펜서의 연설은 구구절절 옳은 말이고 동정에 가득 찬 것이기는 했으나, 당시의 상황은 일시적인 것이라고 하여 희망을 북돋아주지 못해 결과적으로 망연자실해 있는 미국인들에게는 아무런 도움도 되지 못했다.

고조되고 있는 대만의 위기를 타개하기 위해 그날 저녁 늦게 급히 소집된 국가안전보장 회의에서도 스펜서 대통령은 대만 정부를 지지한다는 표시로 즉각 무력 시위를 하자는 군 보좌관들의 일치된 건의를 묵살했다. 심지어 중국 지도부에 강력한 경고 서한을 보내자는 국무장관의 건의에도 스펜서 대통령은 묵묵부답이었다. 대통령은 말 그대로 아무런 조치도 취하지 않았다. 그는 그저 회의 참석자들에게 '하룻밤 자며 생각해보고' 금요일 아침 9시에 다시 만나자는 말만 했을 뿐이다."

미국 시간으로 금요일 아침, 대만은 이미 수십만 명의 중국 병력에 포위되어 있었다. 대만의 대표적인 두 도시 타이페이와 가오슝에는 중국군이 진주해 있었다. 또 다른 군대 수송선이 해협을 건너, 12시간 후면 중국군 5만 명이 대만 땅에 닿을 예정이었다. 미국이 잠들어 있는 동안 중국 총리 왕페이는 대만 문제에 미국이 군사력을 사용하지 않으리라는 징후에 배짱을 갖고 신속히 행동을 취하여 완전한 승리를 거둔 것이다.

왕페이는 대만 상공을 최신예 전투기들로 에워싸고 대만의 대도시들과 가까운 곳에 십수척의 전함을 배치시킨 뒤, '보다 독립적인 대만'의 주창자이자 대변인이기도 한 대만 총통 리우윤에게 전화를 걸었다.

그는 리우에게 만일 대만군의 저항이 있을 경우, 앞으로 수시간 내에 중국 육군 수천 명이 대만에 상륙할 것이고, 공군과 해군도 곧 대만의 주요 도시에 '무차별적이고 지속적인 공격'을 퍼부을 것이라고 엄포를 놓았다.

그날 아침(워싱턴 시각으로 목요일 밤) 미국 대통령과 나눈 전화 통화에서도 급박한 중국의 공격에 대해 이렇다 할 군사적 지원이나 심지어 외교적 지원조차 이끌어내지 못해 괴로워하고 있던 리우 총통은 군 보좌관들과 회의를 갖고 그들의 의견을 청취했다. 군 보좌관들은 중국의 침략을 저지할 수는 있겠지만 그럴 경우 인명과 재산 손실이 엄청날 것이라는 의견을 내놓았다. 육군 참모총장은 이렇게 말했다. "미국의 직접적인 군사 개입 없이 장기적인 전망은 매우 어둡습니다."

자신이 사랑하는 대만이 철저하게 파괴되는 위험을 감수하기도 싫었고, 그렇다고 미국의 원조가 오리라는 보장도 없었기 때문에 리우는 항복을 선언했다. 그러고는 군장성들에게 중국군의 대만 상륙을 저지하지 말도록 지시를 내렸다. 하지만 리우는 약속된 시간에 자신의 답변을 직접 들으려는 왕페이와의 전화 통화는 일부러 피했다. 리우는 자신의 저서《타이완의 종말The End of Taiwan》에서 이렇게 썼다. "나는 왕페이의 군대 상륙을 저지할 어떠한 행동도 취하지 않겠다는 말을 내 입으로 하여 그를 기쁘게 해주고 싶지 않았다. 그 같은 치욕을 나는 도저히 용납할 수 없었다. 물론 나에게 직접적인 답변을 듣지 못하면 왕페이가 폭격해올 가능성이 있다는 것은 알았다. 하지만 그러면서도 내심 왕페이가 어쩌면 내 태도의 모호함에 불안을 느껴 침략계획을 수정할지도 모른다는 희망을 품었다."

하지만 리우의 예상은 빗나갔다. 왕페이는 대만에 대한 폭격 없이 침략계획을 그대로 밀고 나가도록 지시했다. 중국 공군과 해군은 대만군의 저항이 있으면 즉시 폭격할 수 있도록 만반의 태세를 갖추었다. 하지만 저항은 없었다. 아시아 시각으로 2037년 2월 26일 금요일 저녁, 마오쩌둥을 피해 1949년 대만으로 피신한 장제스와 그의 국민당으로까지 나라의 근원을 거슬러 올라가는 부분적인 자주 독립국 대만의 존재는 지구상에서 완전히 사라졌다. 왕페이는 중국의 전임 지도자 중 그 누구도 하지 못한 일을 해낸 것이다.

세계 주식시장 붕괴

금요일 아침 그 소식을 접한 미국인들은 경악했다. 중국군이 대만을 점령했다. 시애틀은 지진으로 아수라장이었다. 수도 워싱턴에서는 토요일에 전직 대통령의 국장國葬이 치러질 예정이었다. 세계 주식시장은 전례 없이 네 번이나 거래가 중단되는 사태가 초래되는 대비책을 썼음에도, 아시아와 유럽 시장의 주가가 15퍼센트나 빠지는 충격적인 일이 벌어졌다. 공포와 불안이 북미지역으로 들불처럼 번져나갔다. 어느 집이나 할 것 없이 돈은 주식에 묶여 있었기 때문에, 주식의 일부나 전부를 팔아치우려고 내놓는 것도 전혀 이상할 것이 없었다.

2037년 주식 매도 네트워크 시스템에 직접 접속할 수 있는 단말기 보유대수는 북미지역에만도 3억 대가 넘었다. 동부 표준시간으로 날이 밝자마자 네트워크 시스템에는 이 모든 단말기들로부터 매도 주문이 쇄도했다. 평소라면 온라인 주문과 거래 확인에 몇 초면 충분했겠지만 2037년 2월 26일 금요일 아침은 달랐다. 주문을 하고 거래가 이루어지기까지 15분에서 20분 기다리는 것이 예사였다.

주식 매도 신청은 그칠 줄 모르고 계속되었다. 뉴욕 시간으로 오전 중반이 되자 매도 물량이 폭주해 미국과 캐나다의 주식 거래를 관장하는 네트워크 시스템의 해체현상이 나타났다. 먼저 온라인 브로커들의 대역폭 용량이 초과되었다. 그에 따라 온라인 브로커들과 고객과의 접속이 하나둘씩 끊어지기 시작했다. 개인 투자자들 역시 컴퓨터 단말기로 거래가 이루어지지 않자 짜증을 내며 장거리 전화로 주식을 매도하기 시작했다. 전화선도 금세 고장을 일으켜 불통이 되었다.

한편 온라인 브로커 사무실들과 심지어 세계 주식시장 상황실에서도 주식 거래의 매단계와 연결된 주主 컴퓨터들이 포화 상태에 이르자 모든 시스템에 즉각 비상 주파단절 체계를 가동시켰다. 이 같은 컴퓨터 오류까지 발생하자 온라인 주식 거래 시스템은 거래물량을 소화하는 데 더욱 애를 먹었다.

주식을 비롯한 유가증권의 가격 동향을 알아보는 것은 사실상 불가능했다. 그 이유는 우선 거래가 이루어진 뒤 10분이나 15분이 지나서야 겨우 가격이 온라인상에 올라오기 때문이었다. 게다가 처리되지 않은 주문재고가 너무 많이 쌓여 있어 설사 가격이 제때에 올라온다 해도 그것은 이미 새로 들어온 주문으로 거래된 주가와는 동떨어진 가격이었다. 게다가 거래는 매번 잠시 중단되었다 다시 시작되고는 했다. 그럴 때마다 주가는 급격히 떨어져 자동적으로 거래 일시중단 사태가 빚어졌고, 그 결과 처리되지 못한 주문이 산더미처럼 쌓이자 시스템의 저장

용량을 초과하여 4만여 건의 주문이 완전히 날아가버리는 일까지 발생했다.

뉴욕 시각으로 오후 2시, 전 세계 재계 및 정계 지도자들의 화상회의가 몇 번 열린 뒤 세계 주식시장이 느닷없이 폐장됐다. 그때까지 처리되지 않은 거래는 모두 취소되었다. 그로부터 15분 후 온라인상에 그날의 종가가 발표되었다. 한마디로 터무니없는 가격이었다. 불과 이틀 만에 다우존스 세계지수는 40퍼센트가 빠졌다. 국제경기지수는 그보다 더 상황이 심각해, 미국 대통령 조지 더럼이 심장마비를 일으킨 48시간 전의 딱 절반으로 떨어졌다.

2037년 2월 27일과 28일의 주말을 지내는 동안 전 세계의 분별 있는 사람들은 며칠 새에 세계 역사가 돌이킬 수 없는 상태가 된 것을 깨닫고는 미래에 대한 불확실성과 두려움을 느꼈다.

미국의 현직 대통령이란 사람은 이름도 경험도 없는 콜로라도 출신의 축구 코치 출신이었다. 중국은 아무런 제지도 받지 않고 전격적으로 대만을 침범하여 미국이 이제 더 이상 세계 최고의 군사대국이 아님을 여실히 보여주었다. 세계 소프트웨어 산업의 심장부인 워싱턴 주의 시애틀은 완전히 파괴되었다.

전 세계에 흩어져 있는 수억 투자자들이 볼 때 그보다 더 중요한 것은 순수 가계 재산이 순식간에 평균 25퍼센트나 하락했다는 사실이다. 세계 주식시장의 급격한 하락으로 많은 가정이 대학교육, 은퇴, 휴가를 대비하여 저축해둔 재산을 순식간에 날려버린 것이다.

2월 27일과 28일은 진정 부유한 나라들에게 우울한 주말이었다. 빈곤한 나라와 저개발국들은 아직 2037년 2월 마지막 주말에 일어난 사건의 영향을 제대로 느끼지 못했다. 하지만 암울한 대혼란기에 가장 극심한 고통을 겪게 될 나라가 바로 이들 빈곤국들이었다.

2037년 3월과 4월 세계 주식시장은 종합주가지수가 15퍼센트나 급등하는 '일시적인 반등' 현상을 보였다. 하지만 안타깝게도 이 현상은 그릇된 낙관주의를 심어주어 전 세계 금융체계의 구조적 문제점에 대해 각국 정부가 신속히 대응하는 것을 지연시키는 결과를 초래했다.

에밀 부드로는 주식시장 붕괴 직후의 몇 달간 부유한 국가들을 괴롭힌 정책의 부재不在는 일시적인 반등으로 인한 낙관주의 말고도 또 다른 이유가 있었다고 하면서 다음과 같이 말했다. "매달 발표되는 경제지표들은 세계경제가 급속히 하강국면으로 접어들고 있음을 보여주었지만 선진국들은 하나같이 2037년 봄여름 동안 그 사실을 무시했다. 돌이켜보면 워싱턴, 런던, 베를린, 도쿄의 경제 전문가들이 경제지표를 무시하고, 주식시장의 침체는 일시적 현상일 뿐 뭔가 크게 잘못 돌아가고 있다는 징후가 아니라며 고집한 것도 나름대로는 이해가 가는 일이었다. 현실 부정의 덫에 걸린 이들 세력가들은 대부분 당시 의혹을 받고 있던 정책의 입안자들이었다. 따라서 세계 경제구조에 대한 대대적인 수술의 불가피성을 본인들의 입으로 말한다는 것은 곧, 자신들의 과거 이론과 권고가 크게 잘못되었음을 인정하는 처사였다."

각국 지도자들은 자신들을 뽑아준 유권자들의 마음을 읽지 못했다. 전 세계인들은 주식시장 붕괴가 역사적인 변화가 일어날 조짐이라는 것을 알아차렸다. 주식시장 붕괴가 일어난 지 채 몇 주도 되지 않아 소비자 신뢰지수는 뚝 떨어졌고, 2037년 여름 내내 그 같은 하락세가 지속되었다.

경제활동의 가장 중요한 지표인 소비자 지출도 2월에서 8월까지 6개월 동안 북미에서 24퍼센트가 뚝 떨어졌다. 상품 재고는 순식간에 기록적으로 쌓여갔다. 민간기업들은 갑자기 자금 유통이 되지 않자 주문을 취소하고 투자계획을 변경했다. 2037년 9월, 공장 가동률 대비 총 생산율을 보여주는 미국의 제조지수는 이미 10년 만에 처음으로 70퍼센트 이하의 하락률을 나타냈다.

시간이 갈수록 경제는 더욱 하향곡선을 그렸다. 2037년의 마지막 분기에 이르러서는 〈포춘〉지 선정 북미 5백대 기업의 절반이 공장 폐쇄나 노동자의 대량 해고를 선언했다. 미국의 실업률 통계도 2037년 가을부터는 특히 전망이 어둡게 나타났다. 주요 기업들이 처음에 감원한 피고용자들은 주로 외부인력이었던 탓에 봄여름 동안의 지표는 이를 제대로 반영하지 못했던 것이다. 2030년대 미국의 공식 실업률은 4~5퍼센트대를 유지했다. 이론으로나 실제로나 이 같은 낮은 수치는 기본적으로 완전고용 경제를 보여주는 것이다.

2037년 7월이 되자 미국의 실업률은 12년 만에 처음으로 6퍼센트에 도달했다. 넉 달 뒤인 11월에는 7.6퍼센트에 이르렀고, 계속해서 실업률의 급속한 증가가 이어졌다. 2037년의 성탄절은 결코 메리 크리스마스가 아니었다.

대서양 건너편 유럽공동체의 사정도 나을 게 없었다. 겉으로만 보면 유럽은 북미에 비해 실업률이 그다지 급격히 증가하지 않았고, 그 이유는 주로 유럽 기업들이 종업원의 파면이나 해고에 어려움을 느끼는 문화적 차이 때문이었다. 하지만 내막을 알고 보면 유럽의 소비자 지출은 미국보다 더 급속히 떨어졌다. 유럽 우량기업들의 3/4분기 경영실적은 최악이었다. 1백대 기업의 절반 이하가 이 기간에 이익을 전혀 내지 못한 것으로 나타났다. 2037년 4/4분기에 이익을 낸 기업도 유럽의 3대 기업뿐이었다.

9월에는 아시아에서도 변화가 일어났다. 수출 급감에 놀라고 국내 경제여건이 개선되지 않는 한 승산 없는 선거를 앞두고 있던 말레이시아 정부가 동남아시아 국가연합ASEAN의 관리통화제도에서 자국 화폐

링깃을 제외시키겠다고 나온 것이다. 그로부터 며칠 후 말레이시아는 자국 상품의 수출 경쟁력을 높이기 위해 링깃의 화폐가치를 28퍼센트 낮추었다.

말레이시아 수출이 일시적으로 늘어나는 것을 본 태국 정부도 자국 화폐 바트를 아세안 관리통화제도에서 제외시켰다. 그러고 나서 바트의 화폐가치를 34퍼센트 낮추자 말레이시아가 직격탄을 맞으면서 동남아시아 통화제도는 일거에 와르르 무너져 내렸다. 심각한 경제위기에 처해 각국이 분별 있게 대처하도록 신중하게 마련된 제도였으니 그럴 만도 했다.

한편 중국에서는 왕페이가 대만 점령 후 천정부지로 치솟는 인기에 편승하여 다른 나라 지도자들과는 달리 발빠른 행동을 취했다. 2037년 5월 세계 주식시장이 다시 하향국면으로 돌아서고 그의 경제 보좌관들도 세계적인 불경기의 가능성을 보고하자 왕페이는 해변 휴양지 베이다이허에서 국가비상대책회의를 소집했다. 그리고 일주일간 집중 연구를 한 끝에 왕페이와 그의 경제 보좌관들은 어떠한 경제위기가 닥쳐도 대처할 수 있는 원대하고 미래 지향적인 국가 대비책을 수립했다.

이 대비책에는 인프라 구축을 위한 정부예산의 증가, 국내 경기를 다방면으로 관리해줄 통제시스템 구축, 심지어는 그동안 민영화로 전환시켰던 주요 산업들의 재국유화까지 포함되었다.

왕페이는 세계적인 경제위기가 닥쳐왔다는 것이 분명해지지 않는 한 중국인들은 이 같은 조치를 결코 받아들이지 않으리라는 것을 알았다. 결국 이 비상 대비책은 국내외적으로 경제 여건이 크게 악화될 때마다 그에 필요한 처방을 하나씩 꺼내 쓰는 단계적인 대비책으로 시행방법을 수정했다.

왕페이의 강력한 지도력으로 중국은 세계 그 어느 강대국보다 대혼란기를 잘 이겨낼 수 있었다. 중국은 거대한 규모의 국내 경제를 관리하는 것으로 정책을 급선회함으로써 수출 감소로 인한 영향을 최소화했고 다른 나라들과는 달리 불황의 늪에도 깊이 빠져들지 않았다. 대혼란기 초에는 그동안 비축해둔 통화 준비금을 이용하고 창조적인 적자재정지출을 통해 고용률 유지에 힘썼고, 군대를 보강했으며, 교통 및 통신 인프라 수준을 향상시켰다.

중국은 경제 전문가라면 누구나 할 수 있는 일을 해냈을 뿐이다. 통제가 심하고 중앙 집중적인 정책은 평소 자본주의 기업 사이클에서 경기가 팽창국면을 보일 때는 성장을 저해하는 요소가 되지만, 경기가 하락국면을 보일 때는 침체를 완화시키는 효과적인 정책이 되었던 것이다.

2038년 여름, 전 세계는 1백여 년 만에 처음으로 진정한 불황의 늪에서 허우적거렸다. 세계 선진국들의 상품과 서비스의 국내 총생산은 1년 내내 하락세를 보였다. 세계 주식시장의 종합주가지수도 2037년 2월 25일과 26일 양일간 주식시장이 붕괴했을 때의 폐장 지수보다 15퍼센트가 더 빠졌다. 이미 두 자리수대에 진입한 북미지역의 실업률도 계속 증가세에 있었다. 유럽공동체 국가들의 실업률은 15퍼센트에 이르렀다. 미국의 개인 파산과 기업 부도율은 날이 갈수록 증가하여 지난 7년의 평균치보다 이미 다섯 배나 높은 수치를 보여주었다. 주식시장 붕괴 후 급속히 하락하는 소매 매출과 소비자 지출도 꾸준한 하강세를 이어갔다. 십수개의 은행, 특히 신용카드 포트폴리오 비중이 높은 은행들은 급속히 늘어나는 채무 불이행으로 이미 문을 닫은 상태였다.

각국 정부는 이 같은 경제적 재앙 앞에서 전혀 맥을 추지 못했다. 북미, 유럽, 일본에서 경기 부양책으로 이율을 몇 번이나 낮춰보기도 했지만, 암울한 경제상황을 호전시키지는 못했다. 2038년 7월 스위스 제네바에서는 선진국들의 연례 정상회담이 열렸다. 하지만 이곳에서도 적절한 완화책은 나오지 않았다. 대부분의 정상들은 이번 제네바 회담이 정상으로서 마지막으로 참석하는 회담이었다.

2038년에서 2043년까지 유럽과 북미에서 치러진 선거는 하나같이 현직 대통령이나 총리가 패배하는 결과로 끝났다. 분노한 국민들은 느닷없이 들이닥친 불투명한 장래에 당혹과 불안을 느끼며 가시적인 결과를 내놓지 못하는 정치인들을 선거에서 낙마시켰다. 유권자들은 확신에 목말라하며, 경제상황의 호전을 약속하는 새로운 인물에게 표를 던졌다.

경제위기를 타개하려고 시행한 정책들은 왜 성공을 거두지 못했을까? 부드로는 그 이유를 이렇게 설명했다.

"대혼란의 초기, 정부 지도자들과 경제 전문가들은 2020년과 2035년 사이에 세계경제가 근본적으로 변화를 겪고 있다는 사실을 깨닫지 못했다. 그에 따라 행동을 예측하여 공공정책에 반영하는 이른바 계량 경제학 모델은 더 이상 쓸모 없고 부정확한 것이 되었다. 개별 경제는 서로간의 상호의존이 완벽하게 이루어져, 계량 경제학 모델은 이제 더 이상 이용할 수 없게 된 것이다. 그보다 더 심각했던 것은 경제 전문가들이 2020년에서 2035년까지 장기간의 경제 성장과 팽창을 이룬 진짜 요인이 거의 무제한적인 투자가 가능한 벤처자본에 있었다는 사실을 깨닫지 못한 것이었다. 상승국면의 주식시장에서 만들어지는 막대한 수익으로 기세 좋게 뻗어나가는 속성을 지닌 벤처자본은 밤낮없는 노력에 의한 혁신적인 아이디어로 신속하게 이익을 내는 것이 관건이었다. 그 같은 상태에서 돈 구하기가 상대적으로 수월해지자 경제는 생산성의 높은 증가와 전례 없는 기술 혁신의 봇물을 이루었고, 생산성 향상은 그대로 인플레 없는 지속적인 성장으로 이어졌다. 저변 경제가 과열돼 있다는 표시인 인플레가 나타나지 않는 상황에서 경제 전문가들은 언제 브레이크를 걸어야 할지 알 수가 없었다.

공학적인 면으로 볼 때, 갈수록 높아지는 개별 경제의 상호의존성과 중요한 매개 변수로서의 벤처자본 등장의 결합으로 세계경제에는 더욱 강력한 양성 피드백 고리가 만들어져, 이전 세기의 그 어느 때보다 세계경제를 불안정하게 만드는 결과를 초래했다. 이 같은 양성 피드백 고리로 인해 팽창하는 경제는 그 자체의 추진력을 계속 얻어갔다. 심지어 기초 경제여건이 더 이상 견고하지 못할 때도 경제는 계속 팽창했다. 2030년부터 2035년까지의 상황이 바로 그러했다.

이와 반대로 경제가 일단 침체기로 접어들자 이들 양성 피드백 고리는 하강국면을 더욱 가속화시켰다. 경기 침체가 2029년이나 2030년에 시작되었다면 아마 불황이 그다지 깊지 않았기 때문에 경제의 '연착륙'으로 끝났을 수도 있었다. 하지만 세계경제가 바닥을 치고 있던 2036년에는 이미 전 세계적인 불황은 피할 수 없는 일이 되어버렸다."

2035년까지는 사업을 하고 싶은 사람은 누구든 돈을 구할 수 있었다. 하지만 2년 뒤 주식시장이 붕괴된 2037년에는 은행 대부나 벤처자본이나 할 것 없이 이용 가능한 자본은 규모가 상당히 줄어들었다. 은행들은 대출금 상환이 어려워지자 대출에 부쩍 신중을 기했다. 많은 경우 은행들은 살아남기 위해 더욱 경쟁하는 형편이었다. 반면 벤처자본가들은 주식시장 붕괴 때 돈을 몽땅 날려버렸거나, 세계경제가 회복되지 않는 것에 환멸을 느꼈거나 둘 중의 하나였다. 이들은 이제 더 이상 주식시장 붕괴 이전까지 벤처자본의 특징이었던 쉬운 돈벌이를 바라지 않았다. 이같이 이용 가능한 자본이 줄어든 것도 대혼란기가 길어진 요인 중의 하나였다.

통계로만 보면 대혼란기 최악의 기간은 2042년에서 2044년까지였다. 이 기간 중 북미, 유럽, 일본의 실업률은 대략 25퍼센트에 이르렀다.

저개발국의 경우는 실업률과 불완전 고용률을 합쳐 50퍼센트를 상회했다. 표준 구매력으로 측정한 개인별 평균 소득은 2035년과 2045년 사이 거의 40퍼센트가 떨어졌다. 상품과 서비스의 세계총생산도 2044년에 최저치를 기록하며 2035년의 최고치에 비해 무려 25퍼센트가 떨어졌다.

어찌 보면 완만하게나마 세계경제가 성장하고 있던 2044년과 2048년 사이의 기간이 2042년에서 2044년의 기간보다 더 최악이라 할 수 있었다. 이 기간에 사람들은 개인이든 기업이든 '비상시'를 대비하여 알뜰하게 비축해둔 돈까지 꺼내 쓰지 않으면 안 되었기 때문이다. 전년도의 채무이행 조정 신청 뒤 법정관리 상태에 있던 〈뉴욕 타임스〉는 세계 주식시장 붕괴 11주년이 되는 2048년 2월 26일자 장문의 기사에서 대혼란이 미국에 미친 총체적인 영향에 대한 종합적인 분석을 내놓았다.

이 기사에 따르면 주식시장 붕괴에 뒤이은 11년간 미국 성인의 27퍼센트가 개인 파산을 신청했고, 전체 은행의 44퍼센트가 문을 닫은 것으로 나타났다. 2037년 미국의 5백대 기업에 든 기업들 중 32퍼센트가 파산으로 문을 닫거나 다른 기업들과 합병했으나 이들 합병한 기업들마저 결국엔 파산을 면치 못했다.

미국의 경제 '고통지수'는 물론 높았다. 그리고 가장 참담했던 대혼란기에는 삶의 질도 크게 떨어졌다. 하지만 최악의 시기에도 미국인들은 그나마 먹을 것과 잠잘 곳 걱정은 하지 않았다. 그에 반해 경제사슬의 맨 아래쪽에 위치한 빈곤국 국민들은 굶주림과 노숙이라는 생존의 기본적인 문제와 싸워야 했다.

2048년 5월 〈런던 타임스〉는 방글라데시 최대의 도시 다카의 인구가 1천8백만 명에 이르렀으며 이중 7백만 명이 굶주림에 시달리며 떠돌이 생활을 하고 있다고 보도했다. 사하라 사막 이남의 아프리카에서는 2043년의 가뭄 기간에 1천5백만 명에서 2천만 명이 기아로 죽어갔다.

2045년 유엔은 아프리카 어린이 및 파키스탄, 인도, 방글라데시의 남아시아 어린이 60퍼센트가 영양 부족에 시달리고 있다는 놀라운 결과를 발표했다.

21세기의 첫 40년간 대부분 퇴치되어 사라졌던 전염병들도 무서운 기세로 다시 나타났다. 2044년에는 장마 뒤에 찾아온 콜레라가 동남아시아를 덮쳐 5백만 명 이상이 목숨을 잃었다.

통계에 포함되지 않은 비극과 재앙도 부지기수였다. 물론 어떤 사건의 규모나 정도를 측정하는 데는 통계가 가장 효과적이긴 하다. 그러나 대혼란과 같은 사건의 측정에는 개개인의 삶에 미친 영향도 반드시 고려해야 한다. 그렇지 않고서는 그 사건을 진정으로 이해할 수 없다.

나는 이 단원의 결론 부분에서 아시아, 유럽, 미국인 가정을 하나씩 골라, 역사상 가장 길고 참혹했던 경제적 시련이 전 세계인들의 삶을 어떻게 바꿔놓았는지를 보여주려고 한다.

여기 소개할 가족이나 가정들은 최소한 경제적으로 중산층에 속해 있었고 재능, 인생의 목표, 교육수준도 상당히 높았기 때문에 평균적인 가정이라고는 볼 수 없다. 하지만 이들이 겪은 불행을 통해 대혼란기에 일어난 경제 불황의 깊이가 어느 정도였는지는 가늠해볼 수 있다. 상대적으로 불운했던 사람들에 대한 이야기에는 그보다 더 비극적인 요소가 담겨 있다.

미소의 나라

타바릿 종상은 마흔다섯 번째 생일을 한 달 앞둔 2034년 12월의 어느 청명한 날, 마침내 방 세 개에 욕실이 두 개 딸린 꿈에 그리던 전형적인 태국 북부 스타일의 집을 마련했다. 보수까지 완벽하게 마친 말끔한 집이었다.

새로 장만한 주택은 지붕 모서리 네 곳이 V자 형의 갈리어로 장식되고 철문엔 금색의 선조세공 무늬가 아름답게 새겨진 집이었다. 위치는 치앙마이 도심 남서부 치앙마이-람푼간 고속도로를 막 벗어난 핑 강 서쪽 180미터 지점의 소이 9지역이었다.

타바릿이 태국 제2의 도시에 위치한 옛 정취 물씬 풍기는 그곳에 집을 장만할 수 있었던 것은 젬스 인터내셔널에서 20년간 열심히 일한 대가였다. 그날 저녁 아내 노이와 열여섯 살 된 어여쁜 딸 에폰, 그리고 열세 살 된 아들 추안과 함께 핑 강변을 산책하는 타바릿의 마음은 행복감으로 벅차 올랐다.

그는 이 같은 행운에 감사하는 마음에서 치앙마이 시를 둘러싸고 있는 그 유명한 황금사원에 안치된 수코타이식 불상의 하나에 금박을 입히기로 했다.

타바릿이 치앙마이에서 이모와 함께 살기 시작한 것은 매홍선 지방 건너편, 치앙마이 북동쪽 116킬로미터 전방의 산골마을 빠이에서 중등학교를 마치고 2년 뒤였다. 치앙마이로 이사오기 전까지는 빠이의 코끼리 훈련원 밖에서 간이음식점을 경영하며 근근히 생계를 이어가는 부모를 도와 빠이 강을 오가며 관광객을 실어 나르는 뗏목의 뱃사공 겸 관광 가이드 일을 했다. 밤에는 나무로 된 코끼리나 여러 가지 동물 모형을 만들면 부모가 낮에 관광객들에게 팔았다.

어느 날 그곳을 찾아왔다가 조카의 예술적 재능을 눈여겨본 이모는 도시로 가서 자신과 함께 사는 게 어떠냐고 타바릿에게 물어보았다. 그렇게 해서 타바릿은 치앙마이로 오게 되었다. 치앙마이 시내의 가내 수공업 보석점에서 비취와 사파이어 반지를 만들어 팔고 있던 이모의 남자친구도 타바릿을 제자로 반갑게 맞아주었다.

하지만 재능이 뛰어나고 밤 11시, 12시까지 일할 각오만으로는 도시에서 생계를 이어가기란 힘들었다. 2008년에 타바릿은 열아홉 살이었고 태국 북부지역은 다소 경기침체를 겪고 있었다. 그가 버는 돈으로는 식비와 방 한 칸짜리 아파트를 함께 쓰게 해주는 대가로 이모와 이모의 남자친구에게 지불하는 월세를 감당하기도 벅찼다. 타바릿은 방 건너편 벽 쪽의 매트 위에서 자면서 방에서 들려오는 소리를 애써 외면하려 했다. 하지만 무슨 일이 있어도 한 달에 한 번은 꼭 값싼 운송수단인 두 줄의 딱딱한 장의자에 덮개 씌워진 소형 트럭 송테오를 타고 빠이의 집을 찾았다. 타바릿은 갈 때마다 조금이라도 돈을 드려 어렵게 사는 부모를 도와주었다. 그리고 치앙마이에서 잘살고 있다며 부모를 안심시켰다. 타바릿은 반드시 성공을 거두어 부모를 실망시키지 않으리라 다짐했다.

4년 뒤 타바릿은 마침내 반지 세공인이 되어 치앙마이의 그 유명한 야시장 근처의 고급 보석점에서 일하게 되었다. 어느 늦은 밤 타바릿이 귀한 고객의 주문을 받아 특별히 디자인한 비취 반지를 마지막 손질하고 있는데 마침 근처를 지나던 노신사가 그의 모습을 보았다. 그 신사는 젬스 인터내셔널 사에서 일할 젊고 재능 있는 보석 디자이너를 찾고 있던 중이었다. 젬스 인터내셔널 사는 치앙마이 외에도 태국의 네 개 도시에 커다란 보석점을 두고 있는 태국 최대 보석회사 중의 하나였다. 타바릿은 그 자리에서 신사의 제의를 받아들였다.

이후 20년 동안 타바릿은 젬스 인터내셔널 사의 경영구조 속에서 착실히 경력을 쌓았다. 그는 보석산업의 모든 측면에서 두각을 나타냈다. 원석을 감식하는 전문가가 되어 미얀마의 루비 광산과 태국 남동쪽 모서리에 붙은 태국만 인근의 찬타부리 사파이어 광산으로 출장도 자주 다녔다. 마흔두 살에 타바릿은 젬스 인터내셔널 사 치앙마이 지사의 보석생산 책임자가 되었다.

타바릿은 스물일곱 살에 노이 상무엥을 만나 결혼했다. 노이 상무엥은 치앙마이 산골마을에서 성장한 보기 드물게 이국적인 여인이었다. 타바릿은 그녀를 보자마자 첫눈에 반했다. 회사 동료들과 극장에 갔다가 노이와 그녀의 여자친구들을 우연히 만나서 알게 된 것이다. 노이는 다른 치앙마이 여자들과는 생김새며 행동거지가 달랐다. 아닌 게 아니라 그녀는 태국 북부 여성들과는 인종 배경이 달랐다. 노이의 할머니는 태국 북서쪽 끝단의 산악지대에서 지금도 화전농법을 쓰고 있는 원시 고산족의 일파인 아카족이었다. 외조부모도 20세기 말 게릴라전이 한창일 때 미얀마에서 태국으로 이주해온 샨족이었다.

타바릿이 노이를 처음 만났을 때, 그녀의 나이는 스무 살이었다. 노이가 치앙마이로 온 지 불과 다섯 달밖에 되지 않은 때였다. 두 연인은 넉 달간의 번개 같은 열애 끝에 결혼했다. 타바릿의 부모와 특히 치앙마이의 이모는 노이의 혈통이 천하다며 두 사람의 결혼을 반대했으나, 타바릿은 그들의 말을 무시하고 자신의 마음이 가는 대로 행동했다.

사방에 널린 게 여자인 상황에서 성공은 곧 오입을 뜻하는 다른 태국 남성들과는 달리 타바릿은 아내와 가정에 늘 충실했다. 아이들을 무척 사랑하여, 아빠 역할도 톡톡히 했다. 결혼 초부터 타바릿과 노이는 자신들은 받지 못한 대학교육을 자식들에게는 꼭 시키기로 결심했다. 회사에서 지위가 올라가면서 수입도 늘어나자 타바릿은 아이들 교육용으로 매달 따로 돈을 떼어 투자했다.

2037년 2월 세계 주식시장이 붕괴했을 때 타바릿의 딸 에폰은 치앙마이 대학 1학년이었다. 그녀는 프랑스어와 영어를 전공하고 태국 역사와 문화를 부전공으로 했다. 장차 공신력 있는 안내원 자격증을 취득하여 세계적인 여행사에서 투어 가이드로 활약할 생각이었다. 주식시장 붕괴 일주일 전인 4월 중순, 사흘간의 설날 연휴에 열리는 송끄란 축제에서 에폰은 미의 여왕 중 한 명으로 뽑히기도 했다.

타바릿과 노이 종상 부부는 아름답고 재기 발랄한 딸이 무척이나 자랑스러웠다. 두 사람은 주식시장 붕괴로 투자해놓은 주식가치가 형편없이 떨어지자 잠시 머뭇거리기는 했으나 이내 근심을 털어버리고 딸이 송끄란 축제 여왕이 되는 데 필요한 특별의상과 장신구를 사는 데 아낌없이 돈을 썼다.

종상 가족에게는 설날 휴일이 더없이 즐거운 시간이었다. 타바릿과 노이 부부는 설날 연휴 사흘 밤 내내 집에서 파티를 열었다. 타바릿의 아들 추안과 그의 10대 친구들은 송끄란 축제의 전통에 따라 픽업트럭을 타고 치앙마이 시내를 돌며 불교 승려와 노인들을 제외한 만나는 사람들마다 물세례를 퍼부었다. 에폰은 송끄란 축제에서 단연 돋보이는 여왕이었다. '백만의 논'이라는 의미를 지닌 고대 북부 왕국 라나타이 여성들의 유명한 특징인 우아한 미소를 가진 그녀는 내면의 아름다움을 환히 밝히며 축제에 모인 청중들을 사로잡았다. 치앙마이는 1천여 년 전에 라나타이 왕조의 수도로 건립된 곳이었다.

2037년 6월 초 젬스 인터내셔널 사는 비상 간부회의를 소집했다. 회사 매출의 절반을 차지하는 북미, 유럽, 일본으로의 온라인 수출 주문이 4월과 5월 중에 급감했기 때문이다. 미얀마 광산에서 나오는 최고급 붉은 루비로 만들어지는 격조 높은 반지와 팔찌는 젬스 인터내셔널 사의 최고가품이자 수익성이 가장 좋은 상품이었지만 거의 하나도 팔리지 않았다.

회사 경영진은 타바릿에게 앞으로 몇 달 동안 원석 주문을 상당량 줄이도록 지시했다. 타바릿은 어렵사리 원석 공급자들에게 그 소식을 전해주었다. 그들은 믿을 만한 보석 공급자로 그가 수년간 공들여 개척한 사람들이었다. 타바릿은 공급자들이 이탈하지 않도록 그들을 일일이 찾아다니며, 경기가 좋아지면 주문도 곧 늘어날 것이라며 안심을 시켰다.

2037년 8월 우기가 시작되면서 세계 주식시장이 다시 하락세로 돌아서자 타바릿과 노이는 주식을 팔아야 할지 의논을 했다. 이틀간의 대붕괴 기간에도 이들은 팔 생각까지는 하지 않았다. 아시아 국가의 사람들이 대개 그렇듯 이들도 시세에 따라 움직이는 단기 투자자가 아니었다. 이들은 장기 투자자였고, 단기간의 등락에는 그다지 크게 신경 쓰지 않았다. 하지만 8월이 되자 슬슬 걱정이 되기 시작했다. 타바릿의 주식가치가 에폰과 추안의 대학 학자금을 밑돌 정도로 떨어졌기 때문이다.

젬스 인터내셔널 사의 사업 전망도 나아질 기미가 보이지 않았다. 판매 실적은 거의 20년 만의 최저치로 떨어졌다. 타바릿의 연봉 20퍼센트 이상을 차지하는 보너스도 이번 해에는 지급되지 않을지 모른다는 풍문이 떠돌았다. 타바릿과 노이는 12월에 코 사무이 섬으로 가족 휴가를 떠나려던 계획을 취소했다. 그리고 허리띠를 바짝 졸라매며 최대한 지출을 줄였다. 하지만 10월에 또다시 열린 비상 간부회의에서 나온 말에 대해서는 아직 아무런 준비도 되어 있지 않았다.

젬스 인터내셔널 사의 대표이사 나롱 핑카웨 씨가 회의에 맞춰 방콕에서 치앙마이로 날아왔다. 회의석상에서 그가 한 말은 아무리 좋게 들어도 충격이었다. 그는 이렇게 말했다. 회사는 계속 적자를 보고 있다. 그것도 커다란 적자를. 뭔가 단호한 조치를 취해야 한다. 파타야와 콘캔의 보석점은 문을 닫을 예정이다. 치앙마이, 푸껫, 방콕의 직원 수도

30퍼센트는 감원을 해야 한다. 당분간은 보너스도 지급되지 않을 것이다. 또한 일률적으로 15퍼센트의 급여 삭감이 있을 것이다. 핑카웨 씨가 가져온 소식 중에서 좋은 것은 딱 하나뿐이었다. 태국 재무상이 수출경기를 살리기 위해 바트 화폐를 평가절하하기로 했다는 말을 자신에게 따로 귀띔해주었다는 것.

이튿날 타바릿은 보유 주식 대부분을 팔아치웠다. 얼마 남지 않은 재산이나마 화폐로 바꿔놓을 생각이었다. 매각하고 보니 수중에 떨어지는 돈은 2036년 초 주식시장이 활황국면일 때의 34퍼센트 가치밖에 되지 않았다.

타바릿과 그의 가족은 2037년의 남은 몇 달과 2038년 내내 경제적 궁핍에 시달렸다. 젬스 인터내셔널 사는 바트화의 평가절하 뒤 한두 달은 경기가 반짝 살아나는 듯하다가 이내 다시 침체기로 빠져들었다. 또 한 번의 해고와 급여 삭감이 있었다. 10여 년간 함께 일했던 회사 동료들이 졸지에 직업을 잃고 생계수단이 막막한 지경에 빠져들었다. 이들 모두 타바릿의 가족과 두터운 친분을 유지하면서 휴가나 명절도 종종 같이 보냈던 사람들이다.

타바릿도 다달이 나가는 돈을 지급하기에는 수입이 턱없이 부족했다. 그래서 자가용을 팔아치우고 모터 스쿠터로 출퇴근을 했다. 자신의 생명보험도 반으로 줄였다. 노이, 에폰, 추안은 집 앞에 청과물 좌판을 벌였다. 매일 아침 해뜨기 전 두 아이 중의 한 명은 스쿠터를 타고 반 농호이의 도매시장에 가서 물건을 떼어왔다.

에폰은 학교 성적이 좋아 정부가 주는 장학금 혜택을 일부 받고 있었다. 하지만 남아 있는 저축으로는 3학년에 접어든 그녀의 학비를 댈 수가 없었다. 종상네 가족은 다달이 들어가는 대출금 상환 때문에 의복을 비롯한 생활 필수품 구입도 중단했다. 그래도 여전히 회사 상황은 나아질 기미가 보이지 않았다. 한때는 그리도 쾌활하고 잘 웃던 타바릿이 이제는 늘 찡그린 모습이었다. 그는 자신이 가족 부양을 잘 못하고 있다고 느꼈다.

타바릿은 어느 날 아내와 오랫동안 고통스러운 대화를 나누었다. 그리고 마침내 치앙마이에서 사업을 하는 타바릿의 먼 친척 탁신 나솜치트를 저녁식사에 초대하기로 하고 그에게 전화를 걸었다. 탁신은 세간에 부자로 소문이 나 있었지만 평판은 좋지 않은 사람이었다. 타바릿은 그에게 빚을 진다는 생각만으로도 굴욕감이 들었으나 꾹 참고 돈을 빌리기로 했다.

노이는 근사하게 저녁상을 차렸다. 탁신은 저녁을 먹는 내내 음흉하게 곁눈질로 에폰을 쳐다보았다. 타바릿은 애써 못 본 척하며 분위기를 유쾌하게 이끌어갔다. 저녁을 먹은 뒤에는 태국인들의 관습대로 술잔을 나누며 정치, 경제, 스포츠 등의 이야기를 나누었다. 대화를 나누는 도중 타바릿은 기회를 보아 자신이 현재 경제적인 어려움에 처했다는 것과 돈이 필요하다는 말을 넌지시 비쳤다. 그러자 탁신은 단도직입적으로 에폰을 직원으로 쓴다는 조건하에 돈을 빌려주겠다고 말했다. 물론 고리로 말이다.

"에폰에게 무슨 일을 시키시게요?" 타바릿이 어수룩하게 물어보았다.

탁신의 얼굴에 미소가 번졌다. "에폰처럼 예쁘고 똑똑한 숙녀에게 시킬 일이야 많지."

두 사람 사이에 잠정적인 타협이 이루어졌다. 에폰은 다음날부터 탁신의 회사로 출근을 했다. 그로부터 일주일 뒤, 아직 대출 서류에 정식으로 서명을 하기도 전, 회사에서 밤늦게 돌아온 타바릿은 정원 한 구석 의자에 앉아 손으로 얼굴을 감싸고 있는 에폰을 발견했다.

그가 무슨 일이냐고 묻자 에폰은 눈물을 글썽거리며 의자에서 일어나 서둘러 집 안으로 들어갔다. 나중에 노이에게 들어보니 전날 밤 탁신의 직원 한 명이 에폰에게 방콕의 한 기업인을 접대하라고 시켰다는 것이었다. 저녁식사 뒤 그 기업인은 성적인 요구를 했고, 에폰은 이를 정중히 거절했다고 한다. 보아하니 에폰은 고객을 접대하면서 그만한 것도 눈치 채지 못한 것에 대해 탁신으로부터 심한 꾸지람을 들은 듯했다.

타바릿은 달리 돈 구할 데가 없었지만 주저하지 않았다. 태국 사람들에게 겉으로 화난 모습을 드러내는 것은 무척 무례하고 예의 없는 행동이었다. 하지만 한번 피가 끓어오른 타바릿은 이것저것 생각할 겨를이 없었다. 그는 탁신의 휴대전화로 전화를 건 다음 스쿠터를 타고 쏜살같이 핑 강을 건너, 그가 친구들과 아리따운 여성들에게 둘러싸여 술을 마시고 있는 옥외 술집으로 향했다. 그러고는 사람들이 다 쳐다보는 앞에서 에폰이 당한 것처럼 그에게 모욕을 주었다. 술에 취한 탁신은 그저 웃기만 하여 타바릿을 더욱 화나게 했다.

결국 타바릿은 매달 불입해야 하는 상환액을 구하지 못했다. 2041년 3월 대출금 상환이 6개월 연체되자 크룽 타이 은행은 타바릿의 집을 압류했다. 타바릿과 노이는 지난 1년간 집을 팔기 위해 무진 애를 썼지만, 세계적인 불경기에 뒤이은 디플레이션으로 폭락한 집값은 원금에도 미치지 못했다.

종상네 가족은 보상 교외의 방 세 개짜리 수수한 셋집으로 이사를 했다. 가구는 대부분 헐값으로 처분했다. 가재도구를 판 돈으로 노이와 두 아이들은 농산물 좌판 규모를 늘렸다. 그러자 수입이 늘어나 돈이 없어 허덕이는 타바릿에게도 조금 힘이 되었다. 오후에 에폰은 임시 천막촌에서 자원봉사를 했다. 천막촌은 돈벌이를 찾아 치앙마이로 몰려든 수천 명의 굶주리고 오갈 데 없는 사람들을 수용하기 위해 임시로 세운 곳이었다.

2041년 10월 젬스 인터내셔널 사는 일본의 한 보석기업에 거의 헐값으로 매각되었다. 이후 몇 달에 걸쳐 타바릿 종상을 비롯한 이전 직원들은 모두 해고되었다. 회사에서 해고된 뒤 타바릿은 야시장 인근의 한 보석점에서 위탁을 받고 반지 디자인과 제작 일을 했다.

슬픔의 포도

부친과 조부에 이어 앙리 라투르도 평생을 코트 드 본에서만 살았다. 코트 드 본은 프랑스 부르고뉴 지방에서 가장 유명한 곳 중의 하나다. 라투르가家는 와인 양조업자였다. 앙리가 아직 소년일 때 부친 자크는 백포도주 산지로 유명한 그곳의 와인 재배지를 조금씩 사들여 느리지만 착실하게 가족 보유지를 불려나갔다.

자크는 또 그 지방에서는 처음으로 와인의 온라인 판매로 부가수입의 가능성을 내다보기도 했다. 직판 거래는 성가신 유통과정을 거치지 않아도 되었기 때문에 양조업자들은 더 높은 판매수익을 올릴 수 있었다.

앙리가 스물다섯 살이 되는 2009년, 라투르 상표가 붙은 뫼르소, 풀리니 몽라셰 같은 최고급 와인들은 이제 인터넷 주문을 받아 와인 상인과 고급 레스토랑에 직접 공급되기에 이르렀다.

2021년 아내가 유방암으로 세상을 떠난 지 몇 달 후 자크 라투르는 돌연 사업에서 물러나 외아들인 앙리에게 경영권을 물려주었다. 결혼생활 15년차인 앙리와 그의 아내 시몬은 결혼생활 내내 옆에서 자크를 도와 일했다. 시몬은 자크와 절친한 친구이자 그 지역의 와인 양조업자의 딸이었다.

앙리와 시몬은 10대부터 이미 라투르 웹사이트에서 해마다 늘어나는 온라인 고객들을 관리해왔다. 시몬은 포도원 사진, 포도의 작황 소식, 그리고 코트 드 본 와인 양조에 대한 상식 등을 담은 뉴스레터를 격월로 웹사이트에 올렸다.

앙리와 시몬 부부는 세 자녀를 두었다. 장남 앙드레는 할아버지 자크가 은퇴할 당시 열세 살이었다. 외동딸 브리짓은 오빠 앙드레보다 두 살 어렸고 남동생 알랭보다는 두 살 위였다. 앙드레는 어려서부터 총명하고 독립심이 강하고 반항적인 기질을 나타냈다. 그 때문에 권위주의적인 아버지와 종종 심한 말다툼을 벌이곤 했다.

열다섯 살이 되자 앙드레는 돌연 와인 양조업자가 되지 않겠다고 선언했다. 대신 유럽우주기구에서 우주 비행사의 길을 걷겠다고 했다. 이후에도 두 사람은 몇 년째 싸움을 벌여 목가적인 라투르가의 삶에 분란을 일으켰다. 완고한 앙리는 시몬과 브리짓이 중재를 하고 막내인 알랭이 가업을 이어받겠다고 나서자 그제야 마음을 누그러뜨리며 장남의 뜻을 받아들였다.

코트 드 본의 와인 양조업자 가정, 특히 포도원을 소유하고 있는 가족의 전통에 따라 라투르가의 세 아이들도 청소년기에는 예외 없이 부모를 도와 포도원에서 일을 해야 했다. 내키지는 않았지만 앙드레도 일을 거들었다. 그 결과 성인이 되기 오래전부터 세 아이들은 와인 양조업자의 1년의 삶이 어떻게 흘러가는지 훤히 알았다.

포도나무 전지는 대개 와인 양조업자들의 수호 성인 생 뱅상 와인축제를 전후하여 매년 1월에 시작되었다. 3월이면 라투르가 자녀들은 부모와 포도원 일꾼들을 도와 과학적으로 정밀하게 제조된 비료를 포도밭에 뿌렸다. 이 비료는 포도 수확량을 높여줄 뿐만 아니라 포도의 당도를 높이고 병충해와 서리를 이겨내게 하는 효과가 있었다. 4월이면 좋은 품종에 1년간 접목한 포도나무들을 최소한 1년은 휴경지로 묵혀 둔 땅에 정성스럽게 심었다. 6월은 일손이 가장 분주해지는 달이었다. 포도나무를 받침대에 똑바로 묶고 넝쿨을 철망에 감아올려 어린 나뭇가지들이 충분히 빛과 공기를 쐬도록 하고 경작 기계들이 포도나무들 사이를 지나다닐 수 있도록 공간을 확보해주어야 했기 때문이다.

해마다 이러한 과정이 반복되었다. 앙리 라투르는 수백 가지도 넘는 일을 하루 단위로 쪼개어 정리한 포도 경작의 1년 계획표를 자신의 랩톱 컴퓨터에 저장해놓았다. 보통 농한기에 속하는 12월과 1월에는 부르고뉴 와인 협동조합이 운영하는 와인 정보 사이트에 접속하여 최신 정보에 따라 필요한 부분이 있으면 계획표를 조금씩 수정했다. 날씨 변화나 예기치 않은 병충해의 출현 등이 계획표 수정의 요인이었으나 대개는 이른 10월의 수확을 목표로 똑같은 작업이 반복되게 마련이었다.

앙리가 청소년이었을 때, 아버지 자크는 식물학을 전공한 절친한 친구와 함께 장기간 실험을 하면서 포도 수확 최적기를 알 수 있는 방법을 연구했다. 두 사람은 몇 년간 9월 초부터 하루도 빠지지 않고 잘 익은 포도에서 추출한 주스의 당도를 굴절계를 이용하여 측정했다. 그런 다음 그것을 옛날부터 데이터로 저장해둔 수백 가지 포도의 당도와 비교, 분석했다.

그러한 각고 끝에 두 사람은 마침내 포도가 영글기 한두 주 전에 수확의 최적기를 알 수 있는 수학적 알고리즘을 알아냈다. 이 같은 획기적 발명에 힘입어 양조업자들은 포도 수확을 앞두고 더 많은 힘을 쏟을 수 있었고 그 덕에 자크 라투르도 부르고뉴 지방에서 꽤 유명인사가 되었다. 청년 앙리는 그 같은 아버지의 알고리즘을 과외 돈을 써가며 더욱 변형시켜 다른 양조업자들을 도와주며 인맥을 넓혀나갔다.

앙리는 부친으로부터 가업을 물려받은 후 15년간 큰 성공을 거두었다. 이 기간에는 앙리뿐만 아니라 부르고뉴 와인 양조업계 전체가 전례없이 큰 호황을 누렸다. 코트 드 본의 최고급 와인을 찾는 주문은 세계 경제의 팽창으로 계속 늘어만 갔다.

2029년에서 2033년까지의 기간을 예로 들면, 라투르 와인의 가격은 매년 조금씩 올랐는데도 온라인 판매를 시작하자마자 일주일 내에 동이 났을 정도였다. 앙리는 2030년 지난 10년간 거둔 성공으로 사업에 자신감이 붙자 막대한 자본을 투자하여 평생 꿈꿔왔던 슈발리에-몽라셰라는 라벨을 붙일 수 있는 포도원 필지 3구획을 매입했다.

슈발리에-몽라셰 와인은 오래전부터 백포도주 감식가들 사이에 황금빛의 오묘하고 풍부한 향과 감칠맛 나고 깊은 맛을 지닌 그랑 크뤼 부르고뉴 와인(부르고뉴산 최고급 와인의 등급—옮긴이)의 모든 장점을 지닌 것으로 정평이 나 있었다. 슈발리에-몽라셰의 1년 생산량은 많아야 3만 5천 병을 넘지 않았고, 전 세계 와인 애호가들에게 엄청나게 높은 가격으로 팔려나갔다. 앙리는 이 포도원 매입으로 최고급 와인 양조업자 반열에 올랐다. 그는 프랑스 총리가 '나라의 보배'라고까지 칭송했던 라벨을 라투르 와인에 붙일 수 있게 되었다는 사실에 가슴이 뿌듯했다.

앙드레와 브리짓은 대학 진학을 위해 부르고뉴를 떠났다. 앙드레는 유럽우주기구가 실시한 신체, 심리 검사를 통과하지 못해 우주 비행사의 꿈을 접어야 했다. 하지만 공학 분야에서 우등생으로 졸업하여 유럽 유수의 다국적 항공우주회사에 우주선 설계사로 취직했다. 2036년 스물여덟 살의 앙드레는 독신의 자유를 만끽하며 독일 뮌헨에 살았다. 브리짓은 리옹의 한 대학에서 정보학을 공부하다가 패션의 매력에 빠져들었다. 그녀는 대학을 졸업한 뒤 밀라노에 사무실을 갖고 있는 멋쟁이

디자이너 조반니 페트로첼리의 제의를 받아들여 그와 함께 일했다.

막내아들 알랭은 고등학교를 졸업한 뒤 대학에 진학하지 않았다. 와인 양조업자가 될 생각이었기 때문에 굳이 대학에 갈 필요성을 느끼지 않았던 것이다. 스물네 살의 알랭은 도심에서 약간 벗어난 풀리니-몽라셰의 작은 마을에 있는 수십 번도 더 손을 본 4백 년 된 석조가옥에서 부모와 함께 살고 있었다.

세계 주식시장이 붕괴한 지 2주 후인 2037년 3월의 두 번째 주말, 라투르가의 세 남매는 사촌 결혼식에 참석하기 위해 부르고뉴에 모였다. 그들의 대화는 두 가지 문제에 집중되었다. 최근의 주식시장 붕괴와 자식들 중 누구도 여지껏 결혼을 안 해 부모님께 손자 손녀를 안겨드리지 못하고 있다는 것이었다. 주식시장 붕괴 이야기가 나오자 앙드레는 자기도 최근 "많은 돈을 잃었다"고 말하면서도 크게 문제 삼지는 않았다. 사실 앙드레는 48시간의 주식시장 붕괴 기간 동안, 스톡옵션과 금융 파생상품의 투기성 짙은 거래에서 얻게 되는 레버리지와 수익성에 이끌려 직장 동료 몇 명과 함께 투자했다가 전 재산을 날려버린 상태였다. 아버지 앙리도 주식에 돈을 좀 투자하고 있었다. 하지만 그는 시장의 생리에 어두웠기 때문에 주식투자에 그다지 심혈을 기울이지는 않았다.

앙리 라투르는 지혜롭기는 했으나 많이 배운 사람은 아니었다. 중등학교 졸업이 그의 최종 학력이었다. 앙리는 또 세계경제와 같은 난해한 문제에도 별 관심이 없었다. 주식시장 붕괴와 자신이 하고 있는 와인 사업간의 연관성이 크다는 것도 몰랐기 때문에 2037년 상반기까지도 미래에 대해 크게 걱정하지 않았다.

2037년에 내놓을 예정으로 지하창고의 거대한 오크통에서 포도를 짜낸 뒤 병에 담아 1, 2년 숙성시킨 라투르 와인은 이미 몇 달 전에 주문이 끝난 상태였다. 여름에는 일부 구매자가 주문했던 와인을 취소하거나 주문량을 줄인 일이 있기는 했다. 하지만 앙리에게는 취소된 주문량을 벌충하고도 남을 고객이 늘 기다리고 있었다.

앙리가 불경기를 피부로 느끼기 시작한 것은 2037년의 마지막 두 달을 남겨놓고 이듬해 사업계획을 짤 무렵이었다. 앙리는 고객들에게 이듬해 주문량을 받겠다는 발표를 한 뒤 나온 결과에 충격을 받았다. 프리미엄급 뫼르소와 풀리니-몽라셰 와인을 수십 상자씩 주문하던 고객들의 주문량이 절반으로 뚝 떨어졌기 때문이다. 특히 라투르 와인의 보배인 최고급 슈발리에-몽라셰를 주문하는 사람은 거의 전무하다시피 했다. 2038년 출고를 목표로 숙성시킨 라투르 와인을 2037년 말까지도 다 팔지 못한 것은 10년 만에 처음 있는 일이었다.

판매량 급감으로 코트 드 본 지역에는 불안감이 확산되었다. 몇몇 양조업자들은 이듬해의 포도 수확량을 줄일 생각이었다. 최상급 포도원 필지 일부를 다른 양조업자에게 매각하려는 양조업자들도 있었다. 앙리는 헐값이라고 생각되는 그 땅을 주저 없이 사들였다. 이듬해의 와인 생산량도 줄일 생각이 없었다. 앙리는 다른 양조업자들이 불안해하는 것을 유약한 성격 탓으로 돌리며 경제불황으로 인한 1, 2년의 판매부진은 감수할 생각이었다. 그러면서 내심 2038년에 수확한 포도가 와인으로 만들어져 3, 4년 뒤 시장에 출하될 즈음에는 경기가 완전히 회복할 것으로 확신했다.

2038년 5월의 어느 금요일 저녁, 일주일 내내 오래된 포도나무를 가지치기하느라 기진맥진해진 앙리와 알랭 부자에게 밀라노에 있는 브리짓한테서 전화가 걸려왔다. 그녀의 목소리는 잔뜩 풀이 죽어 있었다. 아닌 게 아니라 그날 해고 통지서를 받고 전화를 건 것이었다. 페트로첼리 씨는 브리짓과 네 명의 젊은 직원들에게 판매실적이 부진해서 부득불 회사 경비를 줄일 수밖에 없다는 점을 통보했다. 이어지는 통화에서 브리짓은 패션업계에서 일하는 다른 친구들도 지난 몇 달 사이에 대부분 일자리를 잃었고, 앞으로도 좋은 자리를 구하기 힘들 것 같다고 말했다. 게다가 돈도 다 떨어져 뾰족한 수가 없으면 7월에는 아파트 월세와 신용카드 대금도 갚지 못할 것 같다는 것이었다.

앙리는 버는 족족 다 써버린 딸의 생활태도를 꾸짖었다. 하지만 결국 아내의 간청으로 기본 생활만은 할 수 있도록 돈을 조금 보내주기로 했다. 그로부터 6주 뒤에도 브리짓이 일자리를 찾지 못하자 앙리는 은행 송금을 딱 끊어버렸다. 브리짓은 내키지는 않았지만 그 다음주에 집으로 돌아와 더 좋은 일자리가 생길 때까지 와인 사업을 돕기로 했다.

2038년 10월 포도 수확이 끝난 뒤 코트 드 본 양조업자들 사이에서는 불안감이 확산되어갔다. 20여 년 만에 처음으로 부르고뉴 와인의 상당량이 재고로 쌓일 판이었던 것이다. 이듬해의 판매량은 더 부진할 것으로 예측되었다. 일부 와인조합들은 칠레, 오스트레일리아, 남아프리카산 와인과의 경쟁력을 높이기 위해 가격을 인하하는 극약 처방까지 생각했다. 프랑스 와인조합으로서는 전례 없는 일이었다. 앙리는 와인 가격 인하에 결사 반대했다.

그 지역에서 해마다 열리는 대표적인 자선행사인 본 양로원 와인 경매장에서 앙리는 다른 양조업자와 볼썽사나운 싸움까지 벌였다. 그 남자가 시기를 놓쳐 시장을 잃기 전에 한시 바삐 와인 가격을 내려야 한다며 동료 와인업자들을 부추기자 앙리가 그를 치려고 덤볐던 것이다. 하마터면 주먹다짐까지 갈 뻔했던 이들의 싸움은 알랭이 아버지를 뜯어말려 겨우 진정되었다.

2039년과 2040년의 와인 판매실적은 무척 저조했다. 앙리가 경영을 맡은 이래 처음으로 라투르가 와인도 영업손실을 냈다. 고집불통 앙리는 그래도 경영전략을 바꾸려 하지 않았다. 그는 앞으로 1, 2년이면 불황이 끝나리라고 믿었다. 2040년 2월에는 아내의 반대에도 불구하고 포도원 필지를 더 사들여 가계 및 사업 유동자금이 위험 수준으로 떨어졌다.

2040년 이른 봄 앙드레는 직장에서 해고되었다. 유럽공동체 회원국들의 조세수입이 현저히 줄어들면서 우주 탐사와 같은 장기적인 사업의 예산이 깎이는 바람에 앙드레가 맡고 있던 특별 프로젝트도 취소되었기 때문이다. 그렇다고 달리 일자리를 구하지도 못했다. 당시 서른한 살의 앙드레는 벌어놓은 돈도 없어 어쩔 수 없이 부르고뉴의 집으로 돌아왔다. 집에 돌아온 앙드레는 한 달이 넘도록 걱정과 술타령, 애꿎은 사람들에 대한 잔소리로 세월을 보냈다. 그러다 결국은 가정의 평화를 위해 포도원의 일을 거들기로 했다.

2040년 9월 라투르가는 그 어느 때보다 긴장이 고조되었다. 지난 여름 앙리는 아내와 자식들 몰래 포도원 땅의 일부를 담보로 대출을 받으려다 실패했다. 앙리는 최고로 치는 코트 드 본 땅의 감정가가 5년 전의 절반 가격으로 뚝 떨어진 것을 알고는 기겁을 했다. 새로 구입한 슈발리에-몽라셰의 땅값도 상환해야 될 대출금에 훨씬 못 미쳤기 때문에 라투르가의 토지는 기존의 빚을 제하고 은행에서 또 빌릴 수 있을 만큼의 가치가 되지 않았다.

그러자 앙리는 경비를 최소로 줄이기 위해 9월부터 아내와 자식들까지 동원하여 하루 10시간에서 12시간씩 알랭과 함께 포도원 일을 하도록 했다. 밤에 브리짓과 앙드레가 행여 볼멘소리라도 하면 벼락같이 고함을 치고는 했다. 고분고분하지 못한 앙드레는 앙리의 사업상의 오판을 들추어내며 더욱 약을 올렸다. 두 사람은 몇 번이나 주먹다짐을 벌일 뻔했다.

10월 두 번째 주의 포도 수확은 대실패로 끝났다. 해마다 고용했던 일꾼이 거의 무보수로 해주겠다고 제의했지만 앙리는 한 명도 고용하지 않았다. 브리짓이나 앙드레는 포도 수확을 해본 지 10년이 넘어 일하는 것이 매우 서툴렀다. 게다가 기한 안에 수확을 마쳐야 한다는 강박관념 때문에 하는 일마다 실수를 해대서 손해가 만만치 않았다. 앙리는 그럴 때마다 화가 치밀어 야단을 쳤다. 그러면 앙드레는 대들고 브리짓은 겁을 먹었다.

어느 날 밤 다른 식구들은 포도원에서 일을 하고 있고 시몬만 기진맥진하여 집에서 잠시 쉬고 있는데, 아이들의 이모가 갑자기 집을 찾아왔다. 시몬은 자매를 만나자 사는 게 마치 '생지옥' 같다고 하소연했다.

엎친 데 덮친 격으로 포도 수확이 끝나기도 전에 국지성의 소나기가 몇 번 쏟아지는 바람에 코트 드 본은 흠뻑 물에 잠겼다. 앙리의 가족은 한 알의 포도라도 더 건지기 위해 밤낮 가리지 않고 일했다. 그러다 결국 사고가 터졌다. 어두컴컴한 새벽 뇌우 속에 극도로 피곤한 앙리가 트랙터를 너무 빨리 몰다 그만 브리짓의 다리를 친 것이다. 앙리가 미처 상황을 깨닫기도 전에 앙드레가 아버지를 트랙터에서 끌어내려 주먹으로 마구 때리기 시작했다. 알랭이 미쳐 날뛰는 앙드레를 말리자 이번에는 두 형제간에 난투극이 벌어졌다. 형제는 쏟아지는 빗줄기 속 포도밭 이랑에서 싸움질을 벌였다. 알랭은 코뼈가 부러지자 형 앙드레를 의식을 잃을 정도로 흠씬 두들겨팼다.

라투르 가족은 결국 포도 수확을 다 마치지 못했다. 앙리는 트랙터에서 떨어질 때 손을 심하게 삐어 일을 하지 못했다. 브리짓은 다리 세 군데가 부러지는 부상을 입었다. 의식을 되찾은 앙드레는 골이 잔뜩 난 채 집에 돌아와서는 말 한마디 없이 짐을 주섬주섬 싸더니 집을 나가버렸다. 그나마 온전한 시몬이 일꾼을 구해 어떻게든 수확을 마치려 해보았으나, 역부족이었다.

앙드레는 친구에게 돈을 빌려 본에 조그만 아파트를 얻었다. 가족들과는 절연을 선언했다. 두 달 뒤 앙드레는 인사불성으로 술을 마신 뒤 토하다가 기도가 막혀 질식으로 사망했다. 브리짓은 다리 치료가 잘 되지 않아 심하지는 않지만 절름발이가 됐다. 그녀는 앙드레가 죽은 뒤 밀라노로 돌아가 궂은 일을 하는 식당 종업원으로 취직했다.

2040년의 마지막 몇 달간 앙리 라투르는 무엇인가에 씌운 듯했다. 가정이 풍비박산 난 것에 대해 죄책감과 분노를 느끼며 망연자실한 상태에서 그 소중한 슈발리에-몽라셰 땅까지 은행에 압류 처분될 위기에 처하자 앙리는 삶에 대한 의지를 모두 상실한 듯했다. 그는 가정 일도 와인사업도, 제대로 대처해나갈 자신이 없었다. 그러더니 돌연 현실세계와 인연을 끊고 가족 오락실에 틀어박혀 하루 종일 영화와 컴퓨터가 만들어내는 가상 현실 속에 빠져들었다.

시몬과 알랭은 파산 지경이 된 가족 사업을 살려내기 위해 발버둥쳤다. 하지만 뚜렷한 묘책은 없었다. 그들은 우선 조상 대대로 내려온 가족 영지를 팔았다. 저당 잡힌 것 없는 온전한 땅이었다. 땅 판 돈으로 2041년의 와인사업을 지탱해갔다. 하지만 불경기의 골이 너무 깊어 돈은 벌지 못했다. 부르고뉴의 다른 와인업자들도 똑같은 상황이었다.

이듬해인 2042년 라투르가는 살고 있는 집을 저당 잡히든지 사업권 전체를 매각하든지 양단간에 결단을 내려야 하는 중대한 기로에 섰다. 시몬은 결국 재고로 쌓인 라투르 와인, 와인 창고, 포도원을 다국적기업의 일부인 대형 와인회사에 일괄 매각하기로 결정했다. 그 상황에서는 최선의 결정이었다. 라투르가의 사업을 인수한 대형 와인회사는 명성 높은 가족 와인회사들을 10년 전 가격의 10퍼센트에 사들였다.

알랭 라투르는 자존심을 꾹 누르고 라투르 와인을 인수한 다국적 회사에 직원으로 들어갔다. 앙리는 2044년에 사망했다. 남편이 죽은 뒤 시몬은 10대 이후 발을 끊었던 성당에 다시 나가 마음의 안정을 되찾고, 남은 여생 10년을 인근 베젤레에 있는 막달라 마리아 성당에 나가 기도하며 보냈다.

텍사스 이야기

텍사스 주 댈러스 인근 지역은 1980년부터 50년 동안 북미지역에서 가장 빠른 성장세를 보인 도시 중의 하나였다. 2030년 인구 통계에 따르면, 댈러스 시 인구는 서쪽에 있는 자매도시 포트워스 시와 이들 두 도시에 인접한 십수개의 교외지역을 포함하여 총 8백만 명이 넘었다.

주로 젊은층이 이 지역에 대거 유입된 배경에는 경제의 다양성, 저렴한 물가, 카우보이 이미지에서 나온 독특한 지방색이 한몫을 했다. 댈러스와 연관된 카우보이 이미지야말로 인간의 어떤 품성보다 개인주의의 가치를 소중히 여기는 특징이 있었다.

수학적 능력과 창의력이 뛰어난 청년 라몬 가르시아도 컴퓨터 공학 전공으로 오스틴의 텍사스 대학을 졸업하자마자 2029년에 댈러스 시로 이사를 왔다. 그가 대학 4학년 때 맡은 프로젝트 중 특기할 만한 것은 당시 잘 나가던 오락물인 캐멀롯 가상세계에 기발한 발명품을 하나 추가한 것이었다.

이 프로젝트로 라몬은 컴퓨터 게임업체들의 비상한 관심을 끌었다. 캐멀롯 가상세계의 설계회사이며 배급사이기도 한 비너리 엔터테인먼트 사도 그 중 하나였다. 이 회사는 라몬에게 댈러스 북쪽 교외에 위치한 프리스코의 유명한 설계센터에 자리를 제공해주는 데다 거액의 현금과 스톡옵션까지 보장하는 파격적인 조건을 제시해 다른 회사들을 물리치고 그를 스카우트하는 데 성공했다.

라몬은 주민의 대부분이 남미계인 텍사스 남부 도시 샌안토니오에서 공립학교를 졸업했다. 그는 다섯 살 때 부모를 따라 멕시코의 몬테레이에서 미국으로 이민을 왔다. 가정의醫였던 라몬의 아버지 에르네스토 가르시아 박사는 텍사스에 자리를 잡고 샌안토니오의 수입 좋은 한 개인병원의 공동 원장이 되었다. 그는 남미계 환자들을 전담하여 치료했다. 라몬의 어머니 마리아 가르시아는 평범한 가정주부였다. 그녀는 여자에게 가장 중요한 일은 아이를 기르고 교육하는 일이라 믿었다. 라몬이 아동기와 청소년기를 보내는 동안 그녀는 지역사회나 교회에서 짬짬이 자원봉사를 할 때를 제외하고는 오직 세 아이들의 양육에만 신경을 썼다. 라몬에게는 누나 알리시아와 남동생 호세가 있었다.

라몬은 일찍부터 두각을 나타냈다. 그의 나이 세 살 때였다. 라몬 가족은 아는 사람의 생일파티에 가기 위해 차를 타고 외딴 교외로 향하는 중이었다. 라몬이 파티가 언제 열리는지 물어보자 어머니는 초대장을 꺼내 저녁 7시라고 말해주었다. 그러자 라몬은 5시 43분이라고 쓰인 차 안의 디지털 시계를 보고, 파티가 열리려면 77분이나 더 기다려야 한다고 말하여 부모를 놀라게 했다. 다음달 라몬의 어머니는 그 지역의 한 대학으로 라몬을 데려가 특별 테스트를 받게 했다. 예상한 대로 라몬은 비범한 아이였다.

결혼 전부터 이미 몬테레이에서 의사로서의 확고한 입지를 다져놓고 있던 가르시아 박사는 아들의 천부적인 재능이 드러나자 미국 이민을 심각하게 고려했다. 아내도 라몬을 비롯한 세 아이에게 미국에서 좋은 교육을 받게 하자며 남편을 끈질기게 설득했다. 의사라는 직업과 그가 다져놓은 입지 덕분에 가르시아 가족은 오래 기다리지 않고도 이민승인을 받을 수 있었다.

이민을 떠나기 전에 이들 부부는 미국에 정착해서도 반드시 2개 국어를 사용한다는 것과 아이들이 조국의 역사를 잊지 않도록 멕시코의 친지와 친구들을 정기적으로 방문한다는 원칙을 세웠다. 그들은 이 원칙을 지켰다. 성인이 된 라몬과 두 남매는 영어와 에스파냐어를 유창하게 구사했고 멕시코 친지들과도 친밀한 관계를 유지했다.

라몬은 사춘기 때 갑작스러운 신체 변화에 당황하여 공부를 등한시했던 6개월을 제외하고는 학교에서 늘 모범생이었다. 고등학교도 두 과목에서만 B를 받았을 뿐, 반의 차석으로 졸업했다. 텍사스 주에서 주최하는 수학 경시대회에서도 3등을 차지했다. 라몬은 공부만 잘한 것이 아니었다. 학교 축구팀 주장을 맡기도 했고, 어머니 권유 반 자의 반으로 같은 학교에 다니는 성적이 부진한 남미계 학생들을 무료로 지도해주기도 했다.

라몬은 학비 전액을 지원받는 장학생으로 오스틴의 텍사스 대학에 입학했다. 여름방학 때면 소프트웨어 회사나 컴퓨터 게임업체에 인턴사원으로 들어가, 반듯한 태도와 빠른 일처리 솜씨로 책임자들에게 깊은 인상을 심어주었다. 그의 절친한 고등학교 동기 두 명은 오스틴의 파티 분위기에서 헤어나지 못하고 가상 현실 및 비디오게임에 빠져 지내다 결국 대학에서 퇴학당했다. 하지만 라몬은 대학시절 내내 분별력을 잃지 않았다. 그는 3년 6개월 만에 텍사스 대학을 최우수 성적으로 졸업했다.

비너리 엔터테인먼트 사에서도 라몬은 재빨리 빛을 발했다. 그는 입사한 지 불과 2년 반 만에 2034년에 출시할 새로운 가상세계 프로젝트의 수석 설계사가 되었다. 이 프로젝트의 설계와 실행 일정은 살인적이라 할 만큼 촉박했다. 4백 년 뒤의 우주를 배경으로 한 이 수백만 달러짜리 프로젝트에는 20명이 넘는 미술가, 프로그래머, 소프트웨어 전문가 외에도 외부업체 5개 사가 별도로 하청계약을 맺어 참여하고 있었다. 이 같은 대단위 팀이 아이디어 구상에서 제품 완성에 이르기까지 모든 작업을 19개월 만에 끝내야 했다.

라몬은 컨셉에서부터 세부 설계, 소프트웨어 실행, 출시하기 전의 완제품 성능시험에 이르기까지 프로젝트의 전 단계를 감독하는 책임자였다. 이같이 막중한 책임을 맡은 그는 자신의 재능을 십분 활용하고 주 55시간 노동이라는 강행군을 편 끝에 드디어 기적을 일구어냈다. 새로운 가상세계 프로그램은 예산만 약간 초과했을 뿐 예정된 날짜에 출시되었다. 이 가상세계는 자유롭게 날아다니는 우주 식민지들, 달과 화성의 미래 도시들, 소행성의 광산지대들에서 게임을 즐길 수 있도록 구성된 프로그램이었다.

가상세계의 신제품 판매실적은 예상을 훨씬 초과했다. 라몬과 그의 설계팀이 수백만 종의 기기묘묘한 미래 세계를 환상적으로 만들어낸 결과였다. 달과 화성 도시들의 대로변에 늘어선 미래의 건물과 갖가지 기발한 교통수단들은 인간의 또 다른 자아를 황홀경에 이르게 했고 인근에 펼쳐진 태양계의 정교하고 장려한 광경은 보는 사람의 눈을 압도했다.

전 세계인들은 가상세계를 체험해보기 위해 너도나도 오락센터로 몰려들었다. 그들은 오락센터 안에 설치된 가상세계 체험 박스에 들어가 자신들이 원하는 대상을 골라 아름답고 정교한 미래 세계를 체험했다. 라몬은 비너리 엔터테인먼트 사의 스타가 되었다. 당연히 연봉도 상당히 올라갔고 거액의 보너스와 스톡옵션을 받았다. 그 결과 라몬은 2035년 여름 스물여덟 살도 안 된 나이에 최소한 서류상으로는 억만장자가 되었다.

라몬은 '스페이스 월드 : 2500'의 프로젝트를 진행하는 동안에는 프리스코에 있는 비너리 설계센터에서 1.6킬로미터 가량 떨어진 방 두 개짜리 조촐한 아파트에서 설계팀의 동료 한 명과 함께 생활했다. 체력은 동네 축구경기를 하며 관리했고, 종종 댈러스 지역에서 열리는 프로 스포츠 행사에도 참가했으나 이렇다 할 사교생활은 하지 않았다. 여자 친구도 몇 명 있었다. 하지만 그들은 회사에서 같이 일하는 동료였을 뿐 연인관계로는 발전하지 못했다. 공휴일이나 휴가 때가 되면 샌안토니오의 집으로 돌아가 어릴 적 친구들을 만나 회포를 풀었다.

하지만 라몬의 이러한 생활도 비너리 엔터테인먼트 사에서 가상세계 프로젝트로 성공을 거둔 2035년 가을을 기점으로 급속히 바뀌었다. 첫 번째 변화는 라몬이 벤처 캐피털리스트들의 총아가 되었다는 사실이다. 이들 벤처 캐피털리스트들은 회사를 창업하라며 라몬을 부추겼다. 그러면서 가상세계 설계 분야는 가능성이 무궁무진하기 때문에 큰 성공을 거둘 것이고, 창업을 하면 2년 내에 수억 달러는 벌 것이라며 바람을 집어넣었다. 이들은 창업에 필요한 자본을 구해주는 것은 물론 회사 경영에 필요한 인력도 지원해주겠다고 약속했다. 라몬은 비너리 엔터테인먼트 사의 가상세계 신제품 홍보 여행에서 이미 대중의 인기를 흠뻑 누려본 경험이 있었다. 그래서인지 전자게임 분야의 일인자가 되고 싶은 열망이 강했다.

그때부터 라몬은 프리스코의 고급 주택가에 널찍한 새 집을 마련하고 값비싼 스포츠카를 산 뒤 가상세계 신제품 홍보 행사에서 알게 된 지역 언론인들과 저녁시간을 함께 보내기 시작했다. 그리고 2035년, 한 언론사가 주최한 크리스마스 파티에서 안젤리나 마르티네스라는 야심 차고 지적이고 매력적인 한 여성을 만났다. 안젤리나는 그 즈음

댈러스 최고 텔레비전 방송국의 저녁 뉴스 앵커우먼으로 발탁된 참이었다. 라몬은 그녀와 사랑에 빠져들었다. 그는 '스페이스 월드 : 2500'의 설계 책임을 맡을 때와 똑같은 열정으로 연인을 대했다.

라몬과 안젤리나는 여러 번 분란을 겪은 뒤 2036년 초여름에 결혼했다. 연애 경험이 너무 많아 열정이 식은 커플이라면 아마 결혼을 단념했을지도 모를 심각한 분란이었다. 라몬은 그 무렵 비너리 사를 퇴직하고 함께 데리고 나온 컴퓨터 아티스트, 프로그래머들과 텍스트로닉스 Textronics라는 회사를 창업해 대표이사직을 맡았다. 벤처 캐피털리스트들은 5천만 달러가 넘는 창업 자금을 손쉽게 구해주었다. 라몬이 결혼할 당시 텍스트로닉스 사는 50여 명의 직원을 거느리고 세 개의 가상세계 프로젝트를 의욕적으로 진행 중이었다.

결혼과 신설 회사의 과중한 업무로 라몬은 곧 지쳐 떨어졌다. 바쁜 사회생활에 익숙한 안젤리나는 준수한 용모에 유명하기까지 한 남편과 최소한 일주일에 서너 번은 파티를 즐길 수 있기를 기대했다. 비너리 엔터테인먼트 사는 텍스트로닉스 사를 고소했다. 라몬과 전前 직원들이 비너리 사의 '기밀'을 훔쳐, 텍스트로닉스 사의 신제품 설계에 이용하고 있다는 이유였다.

텍스트로닉스 사가 진행 중이던 프로젝트 하나는 부적절한 것으로 판결이 나 수백만 달러의 자금과 8개월간의 노력이 고스란히 수포로 돌아갔다. 이 같은 어려움 속에서도 외적인 경제여건만 급격히 변하지 않았다면 라몬과 텍스트로닉스 사는 아마 살아남아 번창할 수도 있었을 것이다.

중도에 포기한 프로젝트를 제외하고 나머지 두 개의 가상세계는 크리스마스 시즌을 겨냥하여 2037년 10월에 출시할 예정이었다. 하지만 2036년 말 아내의 임신을 알게 된 주에 라몬은 두 개의 프로젝트를 면밀히 조사해본 결과, 예정된 일자에 완성하기 어렵다는 결론에 도달했다. 그는 잠정적으로 제품 하나의 출시를 연기하기로 결정했다.

그러자 텍스트로닉스 사의 이사들인 벤처 캐피털리스트들이 들고일어났다. 이들은 첫 출시된 제품들에 집중될 미디어의 홍보 효과로 돈 한푼 들이지 않고 주가를 끌어올리겠다는 계산으로, 2038년 초에는 텍스트로닉스 사를 초기에 기업공개IPO 하겠다는 생각이었다.

이들은 라몬에게 원래의 일정대로 프로젝트를 끝마칠 것을 요구하면서 제품 출시가 늦어지면 좋지 않은 결과가 생길 것이라며 은근히 협박까지 했다. 하지만 이 무렵 안젤리나의 입덧이 심해져 라몬은 자꾸 아침시간을 빼앗기는 경우가 많아졌고, 일은 점점 꼬여갔다.

라몬은 이사회에서 벤처 캐피털리스트들을 누를 자신도 없었고 그렇다고 법정싸움에 에너지를 소모하고 싶지도 않았다. 그는 예정대로 2037년 크리스마스 때까지 두 프로젝트를 모두 완성하리라 마음먹었다. 그리고 팀원들을 불러모아 개인적인 희생을 감수해서라도 기한 내에 제품을 만들어 시험을 끝마칠 수 있도록 최선을 다해달라며 진심으로 간청했다. 그는 그들에게 스톡옵션으로 후하게 보상을 해줄 것이고, 제품의 성공적인 출시와 초기 기업공개가 끝나면 모두 백만장자가 될 것이라며 사기를 북돋았다.

라몬에게 2037년 2월의 주식시장 붕괴는 최악의 시기에 닥쳐온 불운이었다. 라몬을 비롯한 회사의 주요 임원들은 비너리 엔터테인먼트 사 주식을 개인 재산으로 보유하고 있었다. 그런데 이틀간의 주식시장 붕괴로 이들 주가가 60퍼센트나 떨어진 것이다. 게다가 주식시장이 빠른 시일 내에 회복되지 못하자 비너리 사의 주가가 자꾸 떨어지면서 텍스트로닉스 사의 기업공개 가능성도 불투명해져, 라몬과 직원들을 불안하게 했다.

2037년 3월에서 5월까지 텍스트로닉스 사에는 새롭고 창의적인 제품 개발에 박차를 가하는 활기찬 모습 대신 긴장감과 불안한 분위기가 감돌았다.

몇몇 직원들은 보유한 주식가치가 떨어지면서 개인적으로 재정적인 문제가 생기자 장시간 근무를 비롯하여 회사가 요구한 여러 희생적인 조건들에 대해 공개적으로 이의를 제기했다. 그들은 텍스트로닉스 사의 대표이사인 라몬에게 시간 외 근무에 대해 별도의 보수를 지급해줄 것을 요구했다. 라몬은 진행 중인 두 프로젝트를 완성하는 대로 현금보너스를 지급하기로 약속했다.

벤처 캐피털리스트들은 이 소식을 듣고 이사회에서 라몬을 강하게 비난했다. 라몬은 결국 이사회의 우려를 불식시키기 위해 보너스의 절반을 자기 개인 돈으로 지급하기로 했다.

보너스 지급 약속에도 불구하고 프로젝트를 진행하던 직원 몇 명이 2037년 5월과 6월 중에 회사를 퇴직했다. 새로운 직원으로 대체하기에는 늦은 시기라 그들 몫은 남은 직원들이 떠안을 수밖에 없었다. 라몬도 일주일에 60시간 이상 강행군을 했다. 게다가 임신 중인 아내를 위해서도 시간을 내야 했다. 하지만 아무리 애를 써도 하루는 24시간이었고, 라몬은 몇 달간 거의 잠을 자지 못했다.

이 무렵 그는 걸어다니는 몽유병 환자 같았다. 그러다 보니 의식이 또렷하지 못해 판단에 오류가 생겼고, 남에게 화풀이도 자주 하여 직원들과 임신 중인 아내를 불안하게 했다.

2037년 8월 초 어느 수요일 오후 안젤리나는 친정 어머니와 함께 점심을 먹던 중 갑자기 양수가 터져 병원으로 갔다. 아내는 건강한 여아를 출산했다. 라몬은 안젤리나의 출산에 동참하지 못했다. 진행 중인 프로젝트에 장시간 매달려 있다가 급하게 출발하는 바람에 러시아워의 교통정체에 막혀버린 것이다. 그렇게 딸 미란다는 라몬이 도착하기 20분 전에 태어났다. 안젤리나는 그런 라몬을 결코 용서하지 않았다.

제품의 출시 날짜를 지키기 위해 라몬은 가상세계의 섬세한 부분을 많이 생략했다. 그 바람에 소비자 보도기관이 주는 '최고' 등급을 놓쳐 버렸다. 그럼에도 텍스트로닉스 사의 두 제품은 2037년 크리스마스 시즌 내내 시장을 무겁게 짓눌렀던 불황을 고려한다면 그런 대로 판매실적이 괜찮았다. 하지만 라몬은 사생활이 너무 엉망이 되는 통에 제품의 판매실적 같은 것은 안중에도 없었다. 그를 둘러싼 세계가 무너지고 있었다.

안젤리나는 미란다가 태어난 지 10주 후에 이혼소송을 제기했다. 그러고 나서 곧 아이를 친정 어머니에게 맡기고 방송에 복귀했다. 그러잖아도 주식시장이 붕괴하고 직원들에게 보너스를 지급한 후 형편없이 줄어든 라몬의 재산은 위자료와 양육권 다툼으로 죄다 사라졌다. 그는 돈을 다 잃고도 법정다툼에서는 패했다. 미란다의 양육권은 안젤리나에게 돌아갔고, 라몬은 2주에 한 번 딸을 볼 수 있었다.

한편 라몬의 창업을 도왔던 벤처 캐피털리스트들의 태도도 많이 달라졌다. 라몬이나 텍스트로닉스 사에 투자해 거액을 벌 수 있으리라는 기대는 더 이상 하지 않았다. 그들은 그저 손해만 보지 않기를 바랄 뿐이었다. 그들은 라몬에게 2038년 초와 같은 경제여건 속에서 기업을 공개하는 것은 무모한 일이라고 말했다. 그러면서 다음 제품의 출시 때까지는 텍스트로닉스 사가 필요로 하는 운전자금을 조달해줄 수 없다고 통고했다.

라몬도 어쩔 수 없었다. 그는 텍스트로닉스 사를 폐업하고 법원에 법정관리를 신청했다. 일과 사생활에서 처음 맛본 커다란 실패로 의욕을 완전히 상실한 그는 다른 일자리를 찾을 생각조차 하지 못했다. 그는 하루 종일 멍하니 텔레비전만 보며 지냈다. 그러던 어느 날 한 카우보이 술집에서 술을 진창 마시고 밤늦게 스포츠카를 운전하여 집으로 돌아오던 중 차가 낭떠러지로 굴러떨어져 간신히 목숨만 구하는 일이 벌어졌다. 이튿날 아침 병원에 도착한 어머니는 그를 샌안토니오 재활센터에 입원시켰다.

라몬은 오른쪽 다리 네 군데가 절단나고 갈비뼈 여섯 대가 부러지는 부상을 당했다. 머리도 예순아홉 바늘이나 꿰맬 정도로 부상이 심했다. 살아남은 것이 기적이었다. 마리아 가르시아는 넉 달 동안 라몬을 정성껏 간호했다. 몸을 돌보아주는 것 외에도 그녀는 최근 라몬에게 닥친 일과 결혼생활의 불행을 딛고 일어설 수 있도록 끊임없이 희망을 불어넣어주었다. 그가 얼마나 행운아인가를 보여주기 위해 재활치료의 마지막 몇 주 동안에는 매일 그를 브라켄리지 공원으로 데리고 나가 급속히 늘어나는 천막촌을 보여주었다. 마리아는 그곳에서 텍사스 남부의 집 없는 남미계 주민들을 위해 봉사활동을 펴고 있었다.

2038년 후반기에는 텍사스 주 샌안토니오도 미국과 전 세계를 강타한 경제불황의 영향을 고스란히 받았다. 미숙련공이나 반숙련공들은 설자리가 없었다. 건물 신축도 뚝 끊어져 건설회사들은 신규 직원을 더 이상 채용하지 않았다. 물려받은 재산이나 저축해둔 돈이 없는 사람들, 특히 교육받지 못한 사람들은 수렁에 빠진 경제상황 속에 그대로 내팽개쳐졌다. 샌안토니오의 남미계 주민들은 집세도 내지 못했다. 그들은 아이들이 헐벗고 굶주릴까 봐 겁이 났다. 갈 곳 없는 그 같은 사람들이 찾은 곳이 브라켄리지 공원의 천막촌이었다.

이 천막촌의 체험으로 라몬은 새롭게 변모했다. 수천 명의 가난한 사람들이 당한 불행한 모습에 가슴이 미어졌다. 그는 인생의 목표를 새롭게 정했다. 거부가 되어 온갖 것 다 갖춘 집에서 왕처럼 호화롭게 사는 꿈을 꾸었던 그에게 새로운 인생 목표가 생긴 것이다. 그는 사람들이 무지와 빈곤에서 벗어나도록 하는 데 자신의 삶을 바치기로 결심했다.

라몬 가르시아는 브라켄리지 공원 천막촌의 가난한 사람들에게 주당 40시간씩 자원봉사를 했다. 자원봉사를 하는 틈틈이 2038년에서 2039년까지 학교를 다녀 교사 자격증을 취득했다. 그리고 이듬해부터는 샌안토니오의 저소득층 지역에 있는 남미계 학생들이 대부분인 중학교에서 수학을 가르쳤다. 방과후에는 집 없는 아이들에게 공부를 가르쳐 주었다.

라몬은 2042년 크리스마스 휴가 때 동료 교사인 둘세 에르난데스와 결혼식을 올렸다. 그리고 이들은 5년 사이에 아들 둘과 딸 하나를 두었다. 2048년에는 미란다가 그들과 함께 살기 위해 샌안토니오로 옮겨왔다. 라몬은 2053년과 2059년 두 차례에 걸쳐 전미 교육협회가 수여하는 '올해의 교사'상을 수상했다. 그는 올해의 교사상을 두 번 수상한 최초의 교사였다.

4

The New World Order

새로운 세계질서

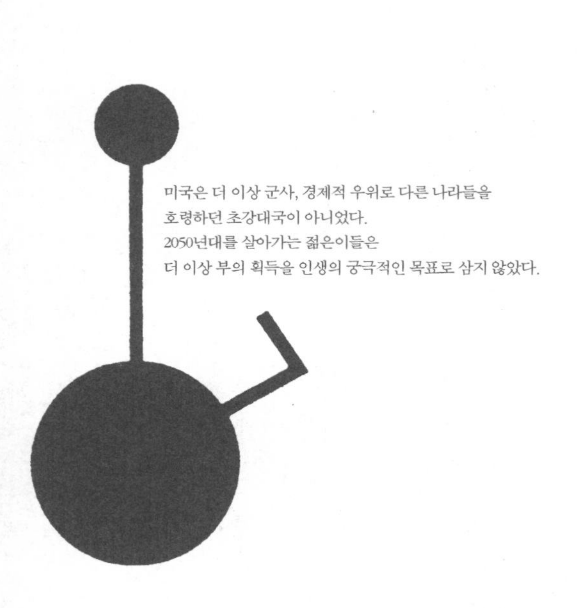

미국은 더 이상 군사, 경제적 우위로 다른 나라들을
호령하던 초강대국이 아니었다.
2050년대를 살아가는 젊은이들은
더 이상 부의 획득을 인생의 궁극적인 목표로 삼지 않았다.

2060년 대혼란기를 벗어난 세계는 그 전의 번영을 누리던 모습과는 전혀 딴판이었다. 사람들의 마음속에는 기나긴 불황 속에 겪은 참담한 고통이 지울 수 없는 흔적으로 남았다. 경제불황 이후 사람들은 자유방임주의에 기초한 자본주의가 인간의 삶을 개선시켜줄 최상의 경제체제라는 것에 더 이상 확신을 갖지 못했다.

그 같은 변화는 투자방식에서도 여실히 드러났다. 가정의 투자방식은 경제불황이 공식적으로 끝난 지 20년이 지난 후에도 여전히 보수적인 형태를 벗어나지 못했다. 고정금리가 보장되는 안전한 저축이 다시금 인기를 끌었다. 주식투자를 하는 사람들은 가까운 장래의 가족생계에는 영향을 미치지 않도록 여유자금으로 접근했다.

주식시장 붕괴 이후에 계속된 경기침체는 정부 정책에도 영향을 미쳤다. 그 전까지만 해도 대부분의 국가들은 주식투자를 통해 사회보장연금을 증식시켰으나, 2040년 이후에는 고정수익이 보장되는 안전한 투자처로 방향을 선회했다. 인간의 수명은 늘어나는데 연금 보유액이 점점 줄어들자 서방 국가들은 사회복지제도에 전면적인 수정을 가하기 시작했다. 어느 나라라고 할 것 없이 연금수혜자의 요건이 강화되었다.

미국만 해도 연금을 받는 '은퇴 나이'를 2040년에서 2050년 사이에 무려 세 번이나 상향 조정했다. 하지만 막상 2050년이 되자 수혜 자격이 되는데도 70세가 되기 전까지는 연금의 일부조차 받을 수 없었고, 연금 전액을 받으려면 76세까지 기다려야 했다.

노인들의 의료비를 국가가 부담한다는 취지로 만들어진 미국의 노인

의료보험제도도 2040년대에 커다란 변화를 겪어, 2040년대 말에 이르러서는 전적으로 개인 수입에 따른 제도로 변질되었다. 이 말은 곧 노인의 의료비 중 정부가 부담하는 비율이 해당 노인의 순자산과 수입에 따라 달라진다는 것이다. 이에 따라 가난한 노인들은 예전처럼 본인 부담 없이 보험혜택을 받았으나 부유한 노인들은 의료비의 50퍼센트를 본인이 부담해야 했다.

넓은 의미에서 보면 대혼란이 가져온 가장 중요한 변화는 젊은 세대의 가치와 태도에 일어난 근본적인 변화였다. 젊은 세대는 거의 모두 경기침체기에 절망감에 빠져 지낸 정신적으로 황폐한 사람들과 살을 맞대며 살아왔다. 그들은 일자리를 얻지 못했거나, 집세를 내지 못했거나, 아이들을 굶주리게 했던 어른들의 뼈아픈 무능력을 알고 있거나, 최소한 인식은 할 수 있었다. 어느 정도의 재능과 노력으로 경제적 안정을 이루었던 2020년대의 활기찬 분위기는 사라지고 비참한 상황이 닥치면 아무리 의욕적으로 열심히 일해도 전혀 소용이 없다는 인식으로 바뀌었다.

텍사스의 라몬 가르시아처럼 대혼란을 겪은 젊은이들 대부분은 이제 더 이상 부의 획득을 인생의 궁극적인 목표로 삼지 않았다. 2050년대를 살아가는 30대 젊은이들은 두 번 다시 비참한 경제불황을 맞지 않는 데 생의 목표를 걸었다.

현실 참여방법도 사람마다 무척 다양했다. 개중에는 경기침체기 때 어린이들이 헐벗고 굶주렸던 모습을 떠올리며 다시는 그 같은 비참한 상황을 겪지 않기 위해 온 힘을 쏟기로 결심한 젊은이들도 있었다. 인종, 피부색, 신념, 출신 국가에 상관없이 모든 어린이들은 의식주, 보건의료, 기본적인 교육 혜택을 받아야 한다는 것이 이들의 신념이었다. 어떤 젊은이들은 경기침체를 막을 수 있는 길은 오직 정치와 경제제도의 철저한 개혁밖에 없다고 생각했다. 이들 젊은이들은 활발한 정치활동을 벌이며, 세계의 정치구조를 견제와 균형 아래 빈틈없이 조직하는 데 온몸을 바치기로 했다.

퓰리처상 수상 작가인 미국의 역사가 워커 트루이트는 대혼란의 여파를 다룬 자신의 저서《우리라는 세대The Us Generation》에서 경기침체기 이후에 달라진 젊은이들의 패러다임을 이렇게 요약했다.

"경기침체기 동안에 일어난 표면적인 변화는 선진국 젊은이들의 가치체계에 나타난 자기磁氣 극極의 변화라고도 할 수 있는, 전면적이고 놀라운 반전이었다. 경기침체를 겪은 이들은 세계인들의 안녕은 서로 연결되어 있다는 확신을 가졌다. 이기심은 비난의 대상이 되었다. 과시적 소비도 조롱받았다. 물질적 가치보다는 인간적 가치를 더욱 소중히 여겼다. 인구 수보다는 삶의 질을 더욱 중요시 했다. 이 같은 태도가 몇 십 년 동안 지속되면서 21세기 후반의 정치 지형을 바꿔놓았다."

트루이트가 지적한 변화의 조짐들은 이미 경기침체기 때부터 나타났다. 경제, 사회적 조건과 관계없이 출산을 장려하는 종교, 문화적 전통에도 불구하고 전 세계의 출산율은 대혼란기에 급격히 감소했다. 그보다 더 놀라운 것은 전 세계 어린이들에게 식량을 공급할 목적으로 소비세가 신설되었다는 사실이다. 인구 감소를 비롯한 이 같은 특징들이 다음 단원의 주제가 될 것이다. 그 중에서 먼저 기나긴 경기침체가 부른 새로운 세계질서를 살펴보자.

인구 증가율 제로

2031년 전 세계의 인구는 1백억 명에 이르렀다. 이때 소란 떨기 좋아하는 사람들은 제아무리 효과적인 환경정책을 써도 지구 생태계는 이 같은 인구 증가 때문에 파괴될 것이라고 호언장담했다. 어떤 사람들은 지구의 농업 생산력은 첨단기술로 강화되었기 때문에 750억 인구는 거뜬히 먹여 살릴 수 있다는 기존의 관점에도 불구하고, 기아로 허덕이는 사람들은 기하급수적으로 늘어날 것이고 그 기간도 길어질 것이라고 전망했다.

2020년대에도 기아와 굶주림은 존재했다. 그 현상은 특히 사하라 사막 이남지역에서 극심했다. 하지만 그것은 농업 생산력의 부족 때문이라기보다는 각 나라의 정치, 경제제도의 실패에서 비롯된 것이었다.

2030년 세계환경협회는 3년여에 걸쳐 지구 상태를 총체적으로 연구한 결과를 발표했다. 그 중의 한 보고서에는 인구 수, 농업 산출량, 수질 오염과 대기 오염, 쓰레기 누적, 열대림 생존 여부, 멸종식물 종種들과 같은 매개변수들이 20년 후에는 어떻게 변할 것인지에 대해 몇 가지 가상 시나리오를 세워 예측한 결과도 있었다.

당시 이 예측들은 이전의 확률 계산을 토대로 앞으로의 타당성 확률을 계산하는 통상적인 베이스 통계방법을 이용하여, 2050년에 세계 인구는 130억 명이 조금 넘을 것으로 내다보았다. 모든 시나리오를 가정해서 내다본 20년 뒤 지구의 정확한 인구 변동 범위는 120억에서 140억 명 사이가 될 것으로 예측되었던 것이다.

예측이 항상 그렇듯 이 역시 가정으로 나온 수치였다. 그리고 물론 이 협회는 세계경제의 파국을 예견하지 못했다. 세계환경협회는 각 나라의 국내 총생산이 지속적으로 증가할 것으로 내다보았으며, 그에 수반된 자원의 소비도 성장 동력으로 꾸준히 늘어날 것으로 전망했다. 무엇보다 중요한 것은 미래의 인구 동향을 예측할 때 출산에 대한 사람들의 급격한 태도 변화를 전혀 생각하지 못했다는 점이다.

실제의 상황은 세계환경협회의 예측과 전혀 달랐다. 2038년 전 세계에 심각한 경제불황의 징후가 느껴지자 가임부부 수백만 명은 가족계획을 다시 세우고 두 번째 아이를 갖는 출산 계획을 미루기 시작했다. 가족계획은 수정란이 착상된 뒤 72시간 이내에 낙태시킬 수 있는 '경구피임약'을 비롯하여 다양한 피임법 덕분에 더욱 수월해졌다. 출산율은 2038년에, 특히 선진국들에서 뚝 떨어졌다가 이듬해인 2039년에 더욱 큰 폭으로 감소했다. 실제로 2038년에서 2039년 사이의 1년간 출산율 저하는 20세기 초 이래 단일 연도의 변화로는 가장 큰 낙폭이었다.

2040년 세계환경협회는 특별보고서를 통해, 2040년대에도 2030년대와 같은 출산율을 유지할 경우 2050년도의 세계 인구는 115억 명을 넘지 못할 것이라고 내다보았다. 아닌 게 아니라 전 세계의 출산율은 2041년부터 3년간 내리 감소세를 보였고 2040년대 말까지 정체상태를 유지했다. 인구의 제로 성장률은 2041년 말부터 2042년 초에 나타났다. 이후 10년간 세계 인구는 조금씩 감소세를 보이며 108억 명을 정점으로 1억 5천여만 명이 줄어들었다.

일부 예언가들은 대혼란이 끝나면 20세기 중반 미국에서 일었던 전후 베이비붐과 비슷한 형태의 베이비붐이 전 세계적으로 일어날 것으로 예측했다. 하지만 이들의 예측은 워커 트루이트 같은 학자들이 지적한 젊은 세대의 의식 변화를 고려하지 않은 것이었다. 장래에 부모가 될 젊은이들의 주된 관심사는 삶의 질이었고, 아이들에게 양질의 삶을 제공해주기에는 대가족보다는 소가족이 용이했다. 2050년대와 2060년대에 세계 인구는 평균적으로 약간 증가세를 보여주었다. 하지만 전체로 보면 증가라고 할 것도 없는 아주 미미한 숫자였다. 2070년 세계의 추정인구는 108억 8천만 명으로, 28년 전에 비해 1억 명도 채 불어나지 않은 숫자였다.

2070년과 2080년 사이의 10년간 세계 인구가 조금 감소한 것은 인구통계의 오류 때문이었다. 그 10년간 아이를 가질 수 있는 사람들이래야 대혼란기에 태어난 극소수 사람들뿐이었기 때문이다. 21세기의 마지막 20년간은 출산에 대한 태도에 이렇다 할 변화가 일어나지 않았다. 결국 21세기 인구는 50년 전보다 조금 늘어난 110억 4천만 명으로 끝을 맺었다.

굶주림을 몰아내자, 기아퇴치세 신설

2040년대 전 세계 언론의 화두는 단연 세계적인 경기침체가 낳은 극심한 경제적 타격이었다. 그 중에서도 사람들의 심금을 가장 울린 것은 텔레비전과 온라인, 오프라인 잡지에 실린 헐벗고 굶주린 아이들의 모습이었다. 2045년 유엔은 전 세계 16세 이하 어린이들의 35퍼센트가 전 해에 영양 부족에 시달린 것으로 추정했다.

세계 대도시들은 어디를 가나 길거리를 쏘다니며 구걸하는 꾀죄죄한 아이들 천지였다. 북미나 유럽의 대도시들도 예외는 아니었다. 런던, 시카고, 방콕, 리우데자네이루의 도시들에서는 자동차가 신호대기에 멈춰 서기만 하면 아이들이 벌떼처럼 달려들어 돈을 구걸했다. 대부분은 도시 공원들에서 기거하며 저녁이라도 때우려는 순박한 아이들이었으나, 개중에는 사기꾼들의 앵벌이 노릇을 하며 구걸한 돈을 다 빼앗기는 경우도 있었다.

선진국들은 나름대로 사회복지제도를 통해 극빈 가정에 기초 생계비를 제공해주려고 했다. 하지만 비효율적인 행정과 배급체계가 종종 커다란 걸림돌로 작용했다. 빈곤국들에서는 하루 한 끼 식사도 제공해주지 못했다. 이들 나라는 유엔이나 비정부 식량배급기구에 원조를 요청했다. 하지만 깊어가는 불황으로 극빈자가 늘어나자 이들 기구만으로는 전 세계 극빈자들을 다 감당하지 못했다.

2042년 30대 중반의 라르스 애크룬드는 스웨덴의 대표적 항구도시 예테보리의 관세과에 근무하고 있었다. 어느 여름날 저녁 텔레비전에서 인도와 파키스탄의 굶주린 아이들을 보고 마음이 언짢아진 그는 집을 나와 동네 모퉁이 상점에서 샌드위치용 빵과 고기를 샀다. 상점을 나오는데 해진 옷을 입은 어린 남매가 다가와 공손한 태도로 배가 고프다며 돈을 좀 달라고 했다. 바지 주머니에서 주섬주섬 잔돈을 꺼내 아이들에게 건네주는 순간, 길 건너편에서는 유복해 보이는 중년 부부 한 쌍이 신형 볼보를 구입하고 있었다.

이 극단적인 두 모습이 애크룬드의 마음을 요동치게 했다. 그 순간 어떤 생각이 번개처럼 머릿속을 스쳐갔다. 필수품이 아닌 물건에 세금을 부과하여 전 세계의 굶주린 아이들을 구해주면 어떨까?

집으로 돌아온 애크룬드는 함께 살고 있는 안데르스 쇼스트롬에게 자신의 생각을 이야기했다. 안데르스도 그의 생각을 지지해주었다. 그 역시 직업이 세무사라 세제에는 무척 밝았다. 그날 밤 두 사람은 자신들의 생각을 글로 정리해서 예테보리 지역 언론매체들에게 이메일로 발송했다. 이튿날 한 방송사로부터 인터뷰 요청이 들어왔다. 두 사람은 자신들의 생각을 조리 있게 그러나 열정적으로 설명했다.

인터뷰 뒤에 나온 뜨거운 반응에 이들은 무척 놀랐다. 수백 명의 사람들이 뜻을 함께하고 싶다며 자원을 요청해왔다. 그 중에는 재단기금으로 수백만 달러를 주무르는 스웨덴 명문가의 자제들도 포함돼 있었다. 그 후 6주도 채 안 돼 스웨덴에는 비영리기관인 기아퇴치세 기구가 설립되었다. 라르스와 안데르스는 설립 초기부터 최소한의 효율적인 인원으로 기구를 운영하기로 다짐했다. 최소한 수입의 90퍼센트를 기아에 허덕이는 아이들에게 돌려주려는 목적이었다.

몇 주 뒤 라르스와 안데르스는 직장을 그만두고 자원봉사자 관리와 기아퇴치 홍보 업무에만 전념했다. 그리고 놀랍게도 1년도 안 되어 스웨덴 정부는 식품, 저가의 의복, 약품을 제외한 전 소비재에 0.25퍼센트의 기아퇴치세를 부과하는 법령을 제정했다. 스웨덴 정부는 라르스와 안데르스에 대한 신분 조사와 기아퇴치세 기구에 대한 조사를 철저히 한 뒤 소비재세로 거둬들인 세금을 이들 기구에 넘겨주는 데 동의했다.

라르스 애크룬드와 안데르스 쇼스트롬이 특별히 지도자의 자질을 가진 것은 아니었다. 중 · 고등학교와 대학시절에도 두 사람은 조용하고 성실하게 지냈을 뿐 특별히 두각을 나타낸 분야는 없었다. 라르스의 경우 스톡홀름 대학에 다닐 때 게이 학생협회 부회장을 지낸 적은 있으나, 그렇다고 어떤 성과를 거둔 것은 아니었다. 직장생활을 할 때도 두 사람은 직장 동료들에게는 능력을 인정받았으나 상사에게 "뛰어나다"는 칭찬은 받아보지 못했다. 이처럼 평범하기 짝이 없는 두 사람이 전 세계적인 인정과 찬탄을 받는 기구를 설립하여 설립 초기의 약속 이상의 성과를 거두었던 것이다. 대혼란이 막바지로 치달을 즈음 기아퇴치세 기구는 전 세계 1천만 명의 굶주린 아이들에게 매일 식량을 제공해 주고 있었다.

스웨덴이 기아퇴치세 제도를 시행한 지 1년 만에 아이슬란드와 스칸디나비아 반도의 다른 나라들도 이를 시행하기 시작했다. 2043년 말에는 라르스, 안데르스, 그리고 수천 명의 새로운 지지자들 덕분에 유럽의 거의 모든 나라들이 기아퇴치세와 유사한 제도를 도입했다. 세금을 부과할 소비재의 구분, 세금 요율, 거둬들인 세금을 기아퇴치세 기구로 보내는 방법 등의 행정적 절차는 나라마다 제각기 방법이 달랐다. 하지만 필수품 외의 제품에 높은 세율을 부과한다는 것과 거둬들인 세금은 전 세계 어린이들의 식량기금으로 쓰인다는 기본 원칙은 어느 나라나 똑같았다.

폴란드는 2045년 유럽에서 기아퇴치세의 개념을 받아들인 스무 번째 나라였다. 라르스와 안데르스는 이 같은 성과에 만족하지 않고 자신들의 취지를 북미 국가들의 정부와 국민들에게 홍보하기 위해 특별한 노력을 기울이기로 했다.

이후 3년간 미국은 21세기의 가장 격렬하고 혁신적인 정치 토론회장이 되었다. 유명한 역사가 메리 헤처는 자신의 저서 《아메리카와 기아퇴치세America and the Hunger Tax》에서, 라르스와 안데르스가 미국에서 반대여론에 직면할 수밖에 없었던 상황을 이렇게 설명했다.

"심각한 경기침체를 겪었음에도 북미인들의 기본적인 의식이나 태도에는 커다란 변화가 없었다. 일례로 대부분의 미국인들은 여전히 서부 개척정신에서 나온 사회적 믿음을 고수하고 있었다. 이들에게 빈곤이란 계층적 경제구조의 실패가 아니라 노동을 기피하는 게으름이나 기회를 적절히 이용하지 못하는 개인의 무능력의 결과였다. 아이들을 양육할 책임도 사회가 아닌 개인에게 있었고, 복지제도는 게으름과 의존심만 키워주기 때문에 되도록 시행하지 않는 것이 옳다고 여겼다. 타인의 세금은 오직 집안의 가장이 육체적, 정신적 질병을 앓고 있어 가족의 생계가 막막해졌을 때처럼 피치 못할 경우에만 쓰여야 한다고 생각했다.

그 밖에 기아퇴치세에 반대하는 미국인들의 특징은 다음과 같은 두

부류로 요약되었다. 첫째, 2050년대의 미국인들은 지극히 고립적인 성향을 갖고 있었기 때문에 자신들을 세계 시민으로 생각하는 것은 극소수에 불과했다. 세계 문화의 단일화, 상호의존성이 높아진 세계경제, 네트워크화된 세계 등도 유럽인이나 아시아인들에 비해서는 미국인들의 태도에 그다지 영향을 미치지 않았다. 따라서 일리노이 주 피오리아 주민이 파키스탄이나 짐바브웨의 굶주린 아이들에게 동정심이나 책임감을 전혀 느끼지 못하는 것은 너무도 당연했다.

뿐만 아니라 미국인들은 세금이라면 질색을 했다. '과표 없는 곳에 과세 없다'가 아무리 독립혁명의 기치였다고는 하지만 미국인들의 이 같은 세금 공포증을 유럽이나 아시아 사람들은 아마 이해하기 힘들 것이다. 미국인들이 규칙이나 법규, 커다란 정부를 싫어하는 데에는 그들의 철저한 개인주의에도 일부 원인이 있었다. 이들이 볼 때 세금은 커다란 정부가 국민의 일상사에 영향을 미치는 수단, 즉 국민의 사생활을 침해하는 나쁜 요소였던 것이다."

2045년 4월에서 5월 동안 애크룬드와 쇼스트롬이 미국을 처음 방문했을 때 그들은 따뜻한 환영을 받았다. 미국인들은 두 사람이 하고 있는 훌륭한 일에 갈채를 보냈고, 대통령과 몇몇 주지사들도 이들과 면담을 가졌다. 미국 언론과 가진 인터뷰에서 두 사람은 자신들이 미국을 방문한 가장 중요한 목적은 기아퇴치세가 의회를 통과할 수 있도록 로비단체를 구성하는 것임을 재차 강조했다.

애크룬드와 쇼스트롬은 방문하는 도시와 주마다 기아퇴치세 운동을 자발적으로 벌이고 있는 사람들과 장시간 면담을 가졌다. 그들의 활동을 반대하는 분위기는 찾아볼 수 없었다. 그것은 왜일까?

메리 헤처는 그 이유를 이렇게 썼다. "그것은 먼저 어느 누구도 기아퇴치세가 미국에서 발을 붙일 수 있다고 생각하지 않았기 때문이다. 미국인들은 애크룬드와 쇼스트롬을 그저 호기심의 대상으로 친절히 대해주었을 뿐이다. 그런데 나중에 이들이 기아퇴치세 기구 설립의 강력한 동인이 되었다는 사실을 알고는 강력하게 저항하기 시작했다."

미국을 떠나기 전 마지막 주에 가진 기자회견에서 애크룬드와 쇼스트롬은 매사추세츠 주지사를 역임한 정치인으로 신망이 두텁고 폭넓은 인맥을 형성하고 있던 대런 실버튼을 기아퇴치세 북미 지부장으로 위촉한다고 발표했다. 부지부장에는 아카데미상 후보에도 두 번 오른 적이 있는 영화배우 랜스 브라이트먼이 뽑혔다. 화려한 모습의 브라이트먼은 잔뜩 몰려든 기자들에게 당분간 연기활동을 쉬고 기아퇴치세 일에만 전념하겠다고 말했다.

2045년 10월 애크룬드와 쇼스트롬은 미국을 두 번째로 방문했다. 이때는 이미 미국의 기아퇴치세 운동이 거대한 힘을 얻어가고 있었다. 오리건 주와 매사추세츠 주에서 실시한 여론조사에 따르면 유권자의 상당수가 기아 퇴치를 위한 저율의 판매세 부과를 지지하는 것으로 나타났다. 다른 십수개의 주에서도 성인의 40퍼센트 가량이 기아퇴치세 입법안에 "찬성한다"는 결과가 나왔다.

그와 동시에 전국적인 저항운동이 일어났다. 기아퇴치세를 공식적으로 반대하는 기구들은 대개 '외국인을 위한 조세반대위원회'와 같은 부드러운 명칭을 사용했다. 이들 기구에 돈을 기부한 사람들의 면면을 보면, 자신의 공장에서 생산하는 제품 가격의 인상 요인이 되는 것은 무조건 반대하고 보는 제조업자에서 세금이라면 거품 물고 반대하는 사람, 기아퇴치세 운동의 진보적 성향이 마뜩지 않은 보수적 공화당원, 백인 우월주의 단체에 이르기까지 천차만별이었다.

기아퇴치세 반대자들은 교묘하게 만든 홍보 캠페인을 통해, 다른 나라의 원치 않는 출생자들을 위해 세금을 내야 하는 상황을 맹렬히 비난하면서, 기아퇴치세 운동을 세계정부로 나아가기 위한 교활한 첫걸음이라고 성토했다. 언론매체들도 애크룬드와 쇼스트롬이 기아퇴치세 사업으로 엄청난 개인적 이득을 취하고 있으며, 기아퇴치세 기구로 흘러들어가는 돈의 대부분도 빈곤국가 직원들의 호주머니 속으로 들어가고 있다는 내용의 기사를 실었다.

하지만 〈뉴욕 타임스〉와 〈워싱턴 포스트〉가 사설에서 기아퇴치세 반대자들의 책략을 비난한 것에서도 알 수 있듯이 그것은 사실이 아니었다. 그러나 어찌됐든 기아퇴치세 운동은 심각한 타격을 입어 기아퇴치세 입법화에도 상당한 시간이 걸렸다.

2046년 미국 북동부와 서부의 7개 주는 판매세의 0.25퍼센트 인상안을 가결하여 전 세계의 굶주린 아이들을 도와주기로 했다. 반대자들의 책략은 더욱 추악해졌다. 메리 헤처는 반대 단체들 사이에 유포된 여러 건의 내부 문건, 특히 기아퇴치세 기구의 '진짜 목적'은 동성애를 또 하나의 삶의 방식으로 만들기 위한 것임을 은근히 암시하는 내용의 '중상모략 전술'을 펼치도록 요구하는 문건을 폭로하면서 이렇게 썼다.

"중상모략 전술이 미국 사회에 먹혀들었던 것은 기아퇴치세 기구의 두 설립자가 합법적으로 결혼한 동성애 부부이고, 이 기구의 모든 분야에서 게이와 레스비언 회원들이 두드러지게 활약하고 있다는 점이 동성애 공포증이 심한 미국인들의 마음에 거슬렸기 때문이다. 사실 북미 지역에서 기아퇴치세를 지지하는 사람들 중 동성애자 비율은 20퍼센트에 불과했다. 그럼에도 기아퇴치세 기구는 '중상모략 전술'로 심한 타격을 받아 신입회원 모집에 애를 먹었고 다른 주들의 기아퇴치세 입법화도 늦어졌다."

2046년 8월 라르스 애크룬드와 안데르스 쇼스트롬은 세 번째로 북미 지역을 방문했다. 두 사람은 먼저 캐나다에서 기아퇴치세가 포함된 판매세 인상 법안이 가결된 것을 축하하는 오타와 행사에 참가한 뒤, 그보다 더 큰 행사에 참가하기 위해 미국 콜로라도 주의 덴버 시로 날아갔다. 프로 농구장에 마련된 행사장에서는 기아퇴치세를 시행하고 있지 않은 주들의 주지사를 포함하여 유능한 연설가들이 수천 명의 관중을 향해 가을 선거에서는 그들의 정치 역량을 배가해줄 것을 호소했다. 행사가 한창 무르익어갈 무렵 관중석 앞쪽에 있던 청년 세 명이 갑자기 자리에서 벌떡 일어서더니 자동 소총을 휘두르며 "동성애자들을 죽여라!" 하고 일제히 고함을 질렀다. 그러고는 무대를 향해 무차별적으로 총을 난사하다가 안전요원과 관중들에 의해 진압되었다. 이 사고로 기아퇴치세 기구 직원 세 명이 사망하고, 라르스 애크룬드를 포함한 10여 명이 부상을 입었다.

미국인들은 어처구니없는 폭력사태에 경악을 금치 못했다. 언론은 재빨리 총격사태를 비난하면서 세 명의 범인이 모두 동성애자에 대한 폭력행위로 기소된 적이 있는 전과자라는 점을 지적했다. 덴버의 한 병원에서 부상당한 어깨를 치료받고 있던 라르스 애크룬드는 동성애 혐오를 비롯한 모든 종류의 편견을 강하게 비난했다. 그런 다음 그는 기아퇴치세 기구는 앞으로도 "전 세계의 굶주린 아이들에게 도움을 주고자 하는 자원봉사자는 누구든지 따뜻하게 환영할 것"임을 재차 강조했다.

기아퇴치세 운동은 덴버 총격사건으로 도리어 반사이익을 얻었다. 이후 몇 달간 미국의 주들은 하나둘씩 판매세에 기아퇴치세를 포함시키는 입법안을 가결했다. 2048년 초에는 텍사스 주 의회가 마침내 마흔다섯 번째로 기아퇴치세를 부과하는 조세안을 가결시켰다. 그때쯤에는 이미 미국 인구의 95퍼센트가 기아퇴치세 납부자가 되어 있었다.

기아퇴치세 기구는 모든 면에서 놀라운 성과를 거두었다. 애크룬드와 쇼스트롬 그리고 지지자들은 단출하게 조직을 운영하면서 기금 전부를 아이들의 식량지원에 사용했다. 기구 설립 후 첫 10년간 언론과 각국 정부의 강도 높은 감사가 있었지만 그때마다 몇 건의 사소한 부정 행위밖에 드러나지 않았다. 기구가 성장하면서 전 세계의 부유한 박애주의자들도 자발적으로 돈을 기부했다. 이 기금도 물론 굶주린 아이들을 위해 쓰였다.

라르스 애크룬드와 안데르스 쇼스트룀은 소외된 사람들의 삶의 질 개선이라는 분명한 목적을 지닌 비정부기구를 설립하여 소수의 행위만으로도 이 세상은 얼마든지 변할 수 있다는 것을 여실히 보여주었다. 몇 년 안 되는 짧은 기간 동안 두 사람은 인간의 사회적 양심에 관심을 가진 모든 사람들의 영웅이 된 것이다. 2048년 두 사람은 노벨 평화상을 공동 수상했다.

대이주와 외국인 강제 추방

21세기의 2/4분기, 지구상에는 역사상 유례없는 대규모 이주가 시작되었다. 2025년과 2035년 사이에 일어난 대량이주의 물결은 전례 없는 번영과 선진국들의 노동력 부족이라는 두 가지 요인으로 촉발되었다. 손쉽게 일자리를 얻을 수 있고 부유한 나라에서 풍요롭게 살 수 있다는 꿈이 빈곤한 나라들의 젊은이들을 손짓해 불렀다.

한편 부유한 나라들, 특히 서유럽 국가들의 자국민 인구 비율은 변화가 없거나 감소하는 추세여서 노동 인력의 부족이 심화되었다. 이에 선진국들은 경제의 지속적인 성장을 위해 노동자들, 특히 미숙련이나 반숙련 노동자들의 유입을 원했다.

대혼란기에 접어들어 선진국들의 정치, 경제적 조건이 급변했을 때는 이주의 물결은 반대 방향으로 움직였다. 더 나은 삶을 살기 위해 삶의 터전과 가족을 등졌던 수백만 명의 사람들이 고국으로 다시 발길을 돌렸기 때문이다. 개중에는 자의로 돌아온 경우도 있었으나, 선진국들이 자국민에게 일자리를 주기 위해 외국인 노동자에게 불리한 법개정을 하여 어쩔 수 없이 돌아온 경우가 대부분이었다.

2025년과 2035년 사이의 대량이주 사태를 거시적 안목으로 보기 위해서는 먼저 세계를 출신국과 이민국으로 구분해볼 필요가 있다. 출신국은 물론 사람들이 떠나온 나라나 지역을 말하는 것이고, 이민국은 이주를 해온 나라나 지역을 이른다. 일반적으로 이민국은 일자리가 풍부하고, 기술 발전이나 기술 개발의 기회가 많으며, 상대적으로 높은 생활수준을 유지한다. 그에 반해 출신국은 인구 과잉 또는 저개발 국가인 경우가 대부분이며, 정치상황이 불안하여 삶의 질을 향상시키기가 매우 힘들다.

2030년대 세계가 한창 번영을 누리고 있을 때 주요 이민국들은 북미 대륙의 미국과 캐나다, 서유럽 국가들, 일본, 그리고 오스트레일리아였다. 반면 선진국들에 이민자들을 수출하는 나라는 에스파냐어를 쓰는 남미 국가들, 아프리카 대륙의 국가들, 특히 사하라 사막 북쪽의 아랍 국가들, 동남아시아의 인구과잉 국가나 정치적으로 불안정한 국가들이었다.

멕시코는 불법, 합법 이민자를 통틀어 미국에 가장 많은 이민자를 보낸 나라였다. 멕시코인들의 합법적 미국 이민은 계약 노동자들에게 노동 허가증을 발급해주는 법 시행으로 더욱 촉진되었다. 이 법은 알고 보면 제2차 세계대전 때 미국이 시행한 멕시코인 계절노동자 정책을 변형한 것이었다. 불법 체류 역시 어려울 것이 없었다. 주식시장이 붕괴되기 전 경기가 한창 호황일 때 미국 이민귀화국이 하는 일이란 고작 국경지역 순찰이 전부였기 때문이다. 2037년 초 미국에는 불법, 합법 이민자를 합쳐 멕시코인 노동자가 1천5백만 명 정도였던 것으로 추정된다. 이들 중 절반이 멕시코와의 국경 접경지대이자 미국에서 인구 밀도가 가장 높은 두 주, 텍사스와 캘리포니아에 집중돼 있었다.

그 밖에도 중앙아메리카, 카리브해, 심지어는 콜롬비아와 베네수엘라와 같은 신세계의 다른 나라들로부터도 수백만 명의 미숙련 혹은 반숙련 노동자들이 미국으로 유입되었다. 기술인력, 특히 컴퓨터와 첨단기기 기술자들은 아시아, 그 중 인도에서만도 수십만 명이 로스앤젤레스, 샌프란시스코, 시애틀과 같은 서부의 대도시에 정착했다.

캐나다의 브리티시컬럼비아 지역에 위치한 밴쿠버도 최근 유입된 중국인들의 거주지가 되었다. 대혼란기 이전에 밴쿠버의 중국인 수는 거의 10만 명에 육박할 정도였다. 주로 대만 출신인 이들은 중국이 대만을 합치려고 하자 경계심을 부쩍 높이기 시작했다. 온타리오는 영연방 국가 이민자들의 주 거주지였다. 2030년 오후의 토론토 거리를 걸어본 사람이라면 카리브해 국가나 남아시아 국가의 언어를 비롯하여 서로 다른 언어를 예사로 들을 수 있었을 것이다.

서유럽 국가들의 이민자들도 국적이 다양했다. 모로코인과 기타 다른 북아프리카인들은 지브롤터 해협을 건너 에스파냐 남부의 안달루시아 지방에 정착하여 막노동에 종사했다. 튀니지, 분쟁으로 피폐해진 알제리의 아랍인들, 20세기 초 제국주의가 한창일 때 프랑스의 식민지였던 아프리카 나라들의 흑인들은 프랑스로 이주해왔다. 영국의 대도시들에는 파키스탄, 인도, 방글라데시, 스리랑카인들이 몰려와 영국 본토인들이 기피하는 힘든 노동일을 대신 해주었다. 독일의 노동시장은 터키, 이집트, 과거 소련에 속했던 나라들을 포함하여 동유럽 국가들에서 넘어온 수십만 이주자들로 북새통을 이루었다.

일본도 세계 경제대국으로 살아남기 위해서는 인력 수입이 불가피했다. 일본은 전통적으로 외국인 혐오증이 강했다. 하지만 인구 노령화와 천한 일을 하지 않으려는 국민 정서 때문에 21세기 초가 지나면서 외국인 근로자에 대한 태도도 많이 바뀌었다. 일본의 주된 인력 수입국은 북한과 필리핀이었다. 북한은 부유한 남한과 정치적 통합을 이룬 뒤 경제 발전이 막 시작되는 나라였고, 필리핀은 넘쳐나는 인구와 20여 년에 걸친 정치 불안으로 안정된 생활을 누리기가 매우 힘든 나라였다.

21세기 초로 접어들면서 두드러진 점은 인구가 비교적 적은 오스트레일리아의 약진이었다. 지척에 인도네시아를 두고 있었으니 오스트레일리아의 노동인력은 일찌감치 확보돼 있었던 셈이다. 인도네시아는 해마다 반복되는 정치, 경제적 혼란으로 자멸하기 전까지만 해도 세계에서 네 번째로 인구가 많은 나라였다. 이들 인도네시아 이주자와 다른 동남아시아 국가 이주자들이 인구가 적은 오스트레일리아 북부지역으로 들어오더니 2030년대에 이르러서는 그야말로 홍수처럼 밀려왔다. 2030년 섬나라 오스트레일리아의 인구는 21세기 초의 두 배인 4천5백만 명이 되었다. 이중 20도선 북쪽에 거주하는 인구의 57퍼센트가 아시아계 오스트레일리아인이었다.

2025년과 2035년 사이의 태평성대에는 이민자들에 대한 본토인들과 정부당국의 대우가 비교적 공정했다. 이민자들은 선진국들의 지속적인 경제 성장에 없어서는 안 될 중요한 요소였다. 물론 처음에는 이민자들을 낯선 사회에 적응시키느라 무척 애를 먹었다. 이민자들과 본토인들 사이에 종교, 인종적 차이가 큰 지역에서는 특히 힘들었다. 하지만 선진국들은 지역, 국가적 차원에서 많은 노력을 기울여 이민자들의 어려움을 덜어주려고 힘썼다. 합법적인 이민을 어렵게 하는 쿼터와 제한규정도 여러 번 완화했고, 미숙련 노동력이 경제 성장에 필요 불가결한 경우에는 불법 체류자들을 관대히 대했다.

하지만 이민국들의 이러한 태도는 2037년 2월 주식시장 붕괴에 뒤이어 전 세계가 경기침체의 늪으로 빠져들면서 급속히 바뀌었다. 기나긴 태평성대에는 모든 선진국들이 기본적으로 완전고용 경제를 만끽했다. 신체 건강한 사람이면 누구나 일자리를 찾을 수 있었다. 본토인들이 기피하는 힘든 일은 외국인 근로자들이 대신해주었다. 이러한 상황은 2037년 여름부터 시작된 광범위한 해고사태에 놀란 본토인들이 일자리를 잃고 다른 일자리도 찾기 힘들어지자 바뀌기 시작했다. 본토인들은 외국인 근로자들을 위협적인 존재로 생각했다.

2037년 가을 각국의 실업률은 하늘 높이 치솟았다. 외국인 근로자들에 대한 법률을 강화하자는 목소리도 더욱 높아졌다. 2038년 초에는 합법적 이민자와 외국인 근로자들에 대한 쿼터가 현격히 감소했다. 몇몇 예외적인 경우를 제외하면 취업비자 연장도 모두 거부되었다. 몇 년 만에 처음으로 외국인 노동자가 빠져나가기 시작했다. 2038년 초에는 불법 이민 관련 법이 강화되었다. 미국만 해도 미숙련공이나 반숙련공을 대다수 고용하고 있는 사업장에 이민귀화국 직원이 느닷없이 들이닥쳐 불법 취업자를 조사하는 형편이었다.

당시 캘리포니아와 텍사스 주에는 건설 노동자의 절반, 농장 노동자의 4분의 3이 멕시코나 기타 남미계 불법 체류자들로 채워져 있었다. 이민귀화국의 이러한 행동은 상황을 더욱 악화시켜 두 주州의 경제를 망쳐놓았을 뿐 아니라, 남미계 미국인 사회에도 두려움과 불안감을 안겨주었다.

하지만 외국인 근로자들의 생활형편을 악화시킨 진짜 요인은 정부당국보다 다른 곳에 있었다. 그들과 일상생활을 함께 했던 시민들의 태도가 갑자기 달라진 것이다. 순식간에 외국인 근로자들을 대하는 본토인들의 태도에 중대한 변화가 일기 시작했다. 어느 날 갑자기 학교 선생, 경찰, 식료품 가게 점원의 표정과 행동이 싸늘해지면서 외국인들을 더 이상 반갑게 대하지 않았다. 인종차별주의와 종교적 편협성이 전면으로 드러났으며, 외국인 근로자와 본토인들간의 불썽 사나운 싸움도 빈발했다.

레슬리 스틸은 자신이 쓴《완고한 경제학The Economics of Bigotry》에서 2037년 주식시장 붕괴 후 1년도 채 안 되는 기간에 나타난 외국인 근로자들에 대한 본토인들의 급격한 태도 변화를 이렇게 설명하고 있다.

"사람이란 원래 여유가 있으면 다른 사람에게도 관대해지는 법이다. 그것이 수백 년 동안 이어져온 인간의 심성이다. 설사 자신이 싫어하는 행동을 하거나 이해할 수 없는 생각을 가진 사람이라 해도 자기 삶이 여유로우면 그것을 그다지 큰 문제로 여기지 않아 마음에 품고만 있을 뿐 전혀 내색하지 않는다.

현대에 와서 경제적 안정은 한 개인의 자기만족을 이루는 중요한 요건이 되었다. 해고의 불안을 느끼거나, 공과금을 내지 못하거나, 가족을 부양하지 못하는 사람이 자기 삶에 만족하기는 힘들다. 경제적 압박에 시달릴 경우 대부분의 사람들은 그 곤경을 자기 책임이라고 생각하기보다는 남의 탓으로 돌리기 쉽다. 경제위기가 편견과 고집의 온상이 되는 이유도 바로 거기에 있다.

제2차 세계대전 이전과 전쟁 기간 중에 독일인들이 유태인들에게 품은 적대감의 이면에는 경제적 시기심이 있었다. 대혼란의 초기 몇 년 동안 사람들은 처음으로 힘든 경제상황을 맞았다. 그 같은 상황에서 자신들의 문제에 대한 희생양을 찾을 것은 불을 보듯 뻔했다. 본토인들이 외국인 근로자들과 불법 체류자들에게 보인 편협한 태도에는 이 같은 심리가 깔려 있었다.”

일본은 선진국들 중에서 제일 먼저 외국인 근로자들의 본국 송환을 추진했다. 불과 1년 만에 본토인들의 실업률이 세 배 이상 뛰자 화들짝 놀란 국회의원들은 2038년 여름, 외국인들의 취업허가를 모두 취소하는 법안을 즉결 처리하고 30일 내에 일본 땅을 떠나라고 명령했다. 교통편을 제공해주고 쥐꼬리만한 퇴직금도 지급해주었다. 그들 중에는 일본 정부의 명령을 무시하고 그대로 남는 경우도 있었으나, 그래봐야 경찰과 외국인을 혐오하는 일본인들에게 붙잡혀 추방되게 마련이었다.

2038년 11월에는 추방을 피하려 한 듯한 필리핀 불법 체류자 한 명이 일본 여성을 겁탈한 뒤 잔인하게 살해한 사건이 일어났다. 이에 격분한 일본 젊은이 수백 명이 범인을 색출한다며 도쿄 외곽에 있는 필리핀인 마을을 쑥대밭으로 만들었다. 이 과정에서 영어 교사 한 명을 포함하여 합법적으로 일하고 있던 무고한 필리핀인 네 명이 일본 젊은이들에게 맞아 죽었다. 가해자들 중에서 기소된 사람은 아무도 없었다.

북미대륙에서도 경제사정의 악화로 최근에 들어온 이민자들과 본토 거주자들 사이의 폭력사태가 날로 격화되었다. 이민자들이 만든 사회에서는 충분히 있을 수 있는 일이듯, 북미지역에서는 숙련 근로자들의 유입을 부당하게 막으려는 법률에 대한 저항이 무척 심했다. 외국인들의 본국 송환은 많은 사람들에게 옳지 못한 것으로 인식되었다. 하지만 노동조합의 거센 압력과 외국인 근로자들에 대한 두려움으로 북미지역에서도 커다란 정치적 변화가 일어났다. 외국인 근로자들은 보통 낮은 임금도 불평 없이 받아들였기 때문에 본토인들이 취업 기회를 잃고 있었다.

2038년 초 미국은 멕시코인 계절노동자 법령을 철폐했다. 그에 따라 멕시코인 수백만 명이 근로 계약의 종료로 본국으로 돌아가든지 미국에 불법 체류하든지 결정해야 했다. 미국과 캐나다 양국은 불법 체류 외국인 색출과 추방 업무를 더욱 강화했다. 불법 체류자들을 고의로 숨겨주거나 불법 체류 행위를 부추기는 개인이나 기업체에는 벌금은 물론 징역형까지도 부과할 수 있었다. 그에 따라 외국인들에게 내주는 취업허가 건수도 부쩍 줄어들었다. 교육수준이 높고 숙련된 근로자들도 마찬가지였다.

그 결과 2037년 주식시장 붕괴 후 몇 년간 미국과 캐나다로의 합법적 이민자 수는 크게 줄어들었다. 2040년에서 2045년까지 5년간 북미대륙으로 들어온 이민자 수는 2030년에서 2035년 동안의 16퍼센트에 불과했다.

새로운 이민자들과 외국인 근로자들에 대한 정치적 대응방식은 앞서도 언급했듯이 30대 젊은이들의 특징인 이타주의와 극명한 대조를 이루었다. 넓은 의미로 보면 그것은 젊은 세대와 40~50대 장년층 사이의 세대차였다. 장년층은 기아퇴치세나 자유로운 이동 같은 이타적 문제보다는 직업 안정이라든가 가족부양 같은 실질적 문제에 더 관심이 많았다. 대혼란 이후 이들 문제에 대한 북미인들의 정치적 태도가 세대에 따라 양분된 것도 어찌 보면 당연한 것이었다.

유럽공동체 와해

정치적 관점에서 볼 때 21세기 2/4분기의 유럽은 세계에서 이주의 영향을 가장 많이 받은 지역이었다. 대부분의 역사가들도 2042년에 유럽공동체가 일시 와해된 가장 중요한 요인으로 이주와 그로 인한 문제점들을 꼽고 있다. 유럽공동체의 와해야말로 21세기의 중대한 정치적 사건이었다. 재미있는 것은 이보다 앞선 2033년, 10여 년에 걸친 경제적 번영을 누렸던 유럽공동체 회원국 지도자들은 2050년까지는 유럽을 정치적 통합체로 만든다는 야심찬 안건을 만장일치로 채택했다는 사실이다. 하지만 9년 뒤, 유럽을 비롯한 전 세계가 전례 없는 경제침체기에 접어들면서 외국인 근로자와 이민정책에 대해 유럽 각국이 의견일치를 이루지 못하자 유럽공동체는 와해되었으며, 그로 인해 유럽 국가들은 역사적으로 각기 다른 나라였다는 사실만 더욱 크게 부각되었다. 유럽공동체가 다시 제모습을 갖기까지는 10여 년의 기간이 소요되었으며, 22세기가 시작되자 정치적 통합도 50년 후에나 기대해볼 수 있게 되었다.

21세기 초 유럽공동체를 강하게 압박한 문제는 인구 동향이었다. 유럽 본토인들의 인구는 도무지 늘어날 기미가 보이지 않았다. 2010년과 2020년 사이 유럽 전 대륙의 순純 인구 증가율은 3.3퍼센트에 불과했다. 이 기간에 유입된 이민자나 외국인 근로자들을 계산에 넣지 않는다면 본토인들의 인구는 사실상 줄어든 셈이었다. 20세기에 소련의 위성국이었던 동유럽 국가들의 인구는 유럽 쪽 러시아를 포함해 총 인구의 5퍼센트 이상 떨어졌다. 이탈리아도 총 인구의 3퍼센트 가량이 감소했다. 독일은 2퍼센트가 떨어졌다. 새로운 노동력 창출 없이 유럽공동체가 북미대륙과 경쟁하기는 사실상 불가능했다.

인구 감소뿐만 아니라 유럽의 인구는 급속한 노령화의 길을 걸었다. 그에 따라 뼈빠지게 일하는 사람들만 세금 부담률이 커졌다. 지난 수십 년간 유럽인들은 전 국민에 대한 무료 건강보험을 비롯해 수준 높은 복지혜택을 누렸다. 물품 판매에 붙는 부가가치세 및 기업과 개인들이 부담하는 세금이 복지기금의 재원財源이었다.

그런데 이 복잡한 사회복지제도가 은퇴자에 대한 근로자 비율이 날로 감소하면서 감당할 수 없을 정도로 값비싼 제도가 되었다. 때문에 유럽공동체는 외국인 수백만 명을 받아들여 노동 인구를 늘리든지, 유럽 생활의 일부가 된 사회복지제도를 포기하든지 양단간에 결정을 내려야 하는 딜레마에 빠졌다. 그래도 이민자와 외국인 근로자를 늘리는 편이 사회복지제도를 포기하는 것보다는 낫다고 여겨졌다.

2025년에서 2035년까지 계속된 유럽의 태평성대는 외국인 근로자들의 대량 유입 없이는 불가능했고, 이것은 2020년대 초 외국인에 대한 이민법을 완화한 결과였다. 유럽은 말 그대로 수백만 명의 새로운 이민자들로 넘쳐났다. 2030년에는 파리의 호텔이나 레스토랑에서 프랑스인 종업원을 구경하기가 사실상 어려웠다. 독일도 사정은 비슷하여, 대도시의 관리원이나 청소부의 90퍼센트가 외국인이었다. 유럽의 작은 나라 스위스는 총 인구의 3분의 1이 최근에 이민 온 사람이거나 외국인 근로자였다. 런던에서도 2032년 지하철 이용객을 분석해본 결과 승객의 40퍼센트 가량이 외국인인 것으로 나타났다.

외국인들이 유럽에 적응하는 것은 쉽지 않았다. 그 이유는 먼저 이들이 유럽과는 다른 생소한 문화권에서 왔기 때문이다. 독일만 해도 외국인 근로자의 반 이상이 독일인보다 피부색이 검은 이슬람 문화권의 터키나 이집트 출신이었다. 외국인 근로자와 본토인들간의 인종, 종교적 차이는 프랑스에서도 두드러졌다. 외국인 근로자의 대부분이 북아프리카나 과거 프랑스 식민지였던 사하라 사막 이남 국가들에서 온 아랍인들이었다.

이들은 유럽 대도시들의 커다란 게토(빈민가—옮긴이)에 모여들었다. 실제로 베를린의 일부 지역은 이집트 카이로의 한 동네를 방불케 했다. 마르세유의 아랍인 마을에서는 아침이면 어김없이 이슬람의 기도시간을 알려주는 무에진의 외침소리가 들려왔고, 거리에 늘어선 모스크와 상점들도 프랑스의 상점보다는 알제리와 튀니지의 상점과 더 비슷했다.

그러니 본토인들과 이주민들 사이에 충돌이 일어나는 것은 당연했다. 때로는 충돌이 폭력으로 이어졌다. 2029년에는 스페인의 휴양지 마르베야와 그리 멀지 않은 안달루시아에서 본토인들과 모로코인 농장 노동자들간에 사흘 동안 끔찍한 싸움이 벌어졌다. 마르베야에서 가까운 해변가의 한 술집에서 세 명의 에스파냐인이 살해당한 사건이 싸움의 발단이었다. 하지만 경찰이 용의자로 알려진 모로코인들을 붙잡지 못하자 에스파냐인들은 모로코인 사회 전체가 용의자들을 숨겨주고 있다고 판단했다. 에스파냐인들은 모로코인 마을을 공격하기로 결정했다. 이어 벌어진 난동에서 3백 명 이상이 목숨을 잃었고 희생자 대부분이 모로코인이었다.

유럽 본토인과 외국인 근로자간의 싸움은 그다지 흔한 일은 아니었다. 유럽공동체의 경제 성장에 외국인 근로자의 역할이 크다는 인식이 광범위하게 확산돼 있었기 때문이다. 물론 인종차별주의나 외국인의 존재에 크게 분노하는 사람들은 있었다. 하지만 경제 호황기에는 경찰과 관계당국이 외국인에 대한 폭력행위에 신속한 조치를 취했기 때문에 이렇다 할 불상사는 일어나지 않았다.

하지만 세계 주식시장이 붕괴하고 경제가 곤두박질치자 외국인 근로자에 대한 유럽인들의 태도도 달라졌다. 경제 호황기에는 쉽사리 얻을 수 있었던 외국인 취업허가가 숙련공이나 교육수준이 높은 근로자를 제외하고는 나오지 않았다. 스위스를 시작으로 독일, 프랑스, 에스파냐, 영국이 차례로 취업허가의 자동연장제도를 중단시켰다. 2037년이 되자 유럽 국가들 중 외국인 근로자에게 취업허가를 연장해주는 나라는 이탈리아밖에 없었다.

정부 정책의 변화로 유럽의 외국인 마을은 직격탄을 맞았다. 그들에게 취업허가 연장 불가는 삶이 바뀌는 중요한 사건이었다. 유럽 각국의 법률에 따르면 근로자에 대한 취업허가는 곧 배우자와 자녀에 대한 입국허가를 의미했다. 따라서 취업 연장허가를 받지 못한다는 것은 온 가족이 떠나라는 추방명령이나 다름없었다. 그런 상황에서 근로자는 가족을 데리고 본국으로 돌아가든지 불법 체류자로 남아 있든지 결단을 내려야 했다. 부부가 함께 취업허가를 받고 있다가 한 사람은 연장되고 나머지 한 사람은 안 될 경우 수입이 크게 줄어들었다. 그렇게 되면 이산가족이 되어 돈벌이를 할 수 있는 큰 아이는 한쪽 부모와 유럽에 남고, 나머지 가족들은 본국으로 돌아갔다.

말할 것도 없이 취업허가 갱신법의 개정은 외국인들에게 치명타였다. 날이 갈수록 긴장은 고조되었다. 외국인 근로자들끼리도 그랬고 관계당국과도 그랬다. 2038년 유럽에서는 상당수의 외국인 근로자가 빠져나갔다. 하지만 외국인 근로자의 30퍼센트는 여전히 연장허가를 받지 못한 채 그대로 눌러앉아 각종 사회문제를 야기하며 관계당국을 긴장시켰다.

취업허가를 갱신하지 못한 근로자가 30일 이내에 해당 국가를 떠나지 않을 경우에는 졸지에 범법자가 되었다. 가족들도 마찬가지였다. 이제 범법자로서 신분이 불안정해진 이들은 살던 곳에 그대로 있다가는 체포되어 추방당하기 십상이었기 때문에 거주지를 옮기지 않을 수 없었다. 이들은 형편없는 보수를 받으며 닥치는 대로 일했다. 그래서 때로는 긴박한 경제상황 속에 어떻게든 경쟁력을 키우려는 부도덕한 기업인들에게 착취를 당하기도 했다. 법적인 지위가 없었으니 이전에 누리던 여러 가지 혜택도 당연히 받지 못했다.

2039년 서유럽 국가에 있던 불법 체류자들의 삶은 극도로 힘들었다.

일자리를 구하기도 쉽지 않았고 잡혀서 추방당할까 봐 늘 불안에 떨어야 했다. 누가 그들을 신고할지 알 수 없었다. 만일 경찰에 붙잡혀 취업허가서를 제시하지 못하면 그 즉시 추방이었다. 그렇게 되자 처음에는 불법 체류자로 남아 있던 사람들도 하나둘씩 본국으로 떠나기 시작했다.

외국인 근로자 사회 내에서의 범죄율도 당연히 치솟았다. 그러자 범죄율 증가로 불안해진 본토인들은 불법 체류자들의 단속을 강력하게 요구했다. 독일이나 스위스 같은 나라에서는 경제가 휘청거리면서 실업률과 범죄율이 증가하고 인종차별주의도 극성을 부리자 외국인 노동자를 모두 본국으로 쫓아버리자는 분위기까지 조성되었다.

2040년 초, 의회에서의 뜨거운 공방과 한바탕의 시위가 휩쓸고 지나간 뒤 새로 출범한 독일 정부는 선거공약을 지켜 외국인 근로자에 대한 새로운 법률을 제정했다. 이 가혹한 법률에 따라 외국인들은 최소한 25년간 독일에 체류했음을 입증할 수 있거나, 독일의 안녕을 위해 절대적으로 필요한 인물임을 관계당국에 증명할 수 있는 사람을 제외하고는 모두 독일을 떠나야 했다.

독일은 외국인 본국 송환법으로 분열되었다. 여론 조사에 따르면, 독일 국민의 대다수는 이 법을 지지했지만, 반대하는 사람 수도 만만치 않았다. 이 새로운 법률이 통과된 주의 주말에는 반대집회의 물결이 뮌헨, 함부르크, 베를린 등의 대도시 거리를 가득 메웠다. 집회 참가자들은 대부분 외국인 근로자와 그 가족들이었으나, 선의의 독일인도 수천 명 참가했다. 집회의 메시지는 분명했다. 새로운 법률이 인권을 침해하고 있고, 외국인 근로자들은 더 나은 대우를 받을 권리가 있다는 것, 그리고 경제위기는 다른 인간적인 방식으로도 해결할 수 있다는 것이었다.

베를린에서는 평화롭게 시작된 시위가 밤이 되면서 난동으로 변했다. 브란덴부르크 문 근처에서는 경찰 몇 명이 격앙된 일부 시위대들의 공격을 받고 사망했다. 죽은 경찰들은 수십만 명이 참석한 장례식에서 영웅과 순교자로 매장되었다. 독일의 새 총리 볼프강 카우프만은 텔레비전으로 중계된 연설에서 시민들을 향해 자제를 요청하면서도 "정부를 마비시키고" "독일 국민의 뜻이 반영된 법 집행을 가로막는" 사회의 "불순분자"를 강력하게 비난했다. 총리의 연설로 독일 사회의 분열의 골은 더욱 깊어졌다.

장례식이 끝나자 한 무리의 신나치주의자들은 이틀 동안 경찰의 제지도 받지 않고 인종차별주의 깃발을 휘날리고 다니며 베를린의 터키인, 이집트인 구역을 쑥대밭으로 만들어놓았다. 상점들이 파괴되고 집에서 끌려나온 외국인들이 거리에서 뭇매를 맞는 광경을 기자들은 공포에 떨며 보도했다. 폭도들은 결국 체포, 구금되었다. 하지만 무법으로 날뛰는 폭도들을 신속히 체포하지 못함으로써 독일 정부는 최소한 보복행위를 암묵적으로 방조했다는 인상을 주었다.

독일 사태에 대한 유럽 각국의 반응은 신속했다. 언론이나 공식적인 정부 발표나 할 것 없이 유럽공동체 회원국들은 하나같이 독일의 미숙한 사건 처리를 강도 높게 비난했다. 북미대륙의 비난은 그보다 더 가혹했다. 미국 국무장관 데이비드 벌슨은 불법 체류라는 민감한 사안을 정부가 사려 깊게 처리하지 못하면 어떤 결과가 초래되는지를 잘 보여준 '객관적인 교훈'으로 독일 사건을 인용했다.

〈뉴욕 타임스〉는 장문의 사설을 통해 '증오와 편협성'을 드러낸 카우프만 총리와 독일의 신정부를 싸잡아 비난하면서 외국인 본국 송환법을 히틀러와 국가사회당이 만든 반유태인법에 비유하기도 했다.

카우프만 총리는 전혀 후회하는 기색이 없었다. 자신에게 모든 비난이 집중되는데도 개의치 않고 그토록 '무질서한' 시위였는데 단 한 명의 부상자도 없었다며 '인내심'을 보여준 독일 경찰에 찬사를 보냈다.

그러면서, 특히 미국에 대해서는 '지독한 위선자'라는 표현까지 써가며 다른 나라들을 비난했다. 그는 지난 2년간 미국에서 추방된 멕시코인 불법 체류자 통계를 들고 나오며, 세계적인 경기침체의 결과인 '극심한 빈곤과 고통'에 대한 '대처'를 어떻게 할 것인지는 '주권국인 독일이 알아서 할 일'이라는 주장을 폈다.

독일 정부는 신속하게 새로운 법규의 시행에 들어갔다. 2040년 말에는 외국인 근로자 5백만 명이 공식적으로 독일 땅을 떠났다. 5백만 명은 2040년 초만 해도 독일에 살고 있던 외국인 근로자의 80퍼센트에 해당하는 숫자였다. 다른 나라들의 끊임없는 비난에도 불구하고 독일인의 대다수는 어렵고 민감한 사안을 독일 정부가 공정하게 처리했다고 믿었다. 독일 정부는 떠나는 근로자와 가족들에게 이들이 그동안 독일에서 받은 봉급, 일한 기간, 부양가족 수를 종합하여 송환수당을 지급했다. 교통편도 독일 내에서는 무료로 제공되었고, 독일에서 목적지까지의 기차나 버스 비용은 별도로 지급해주었다.

외국인 근로자가 대거 빠져나가자 2040년 독일의 실업률은 크게 감소했다. 하지만 감소세는 이듬해까지 이어지지 못했다. 지속적이고 체계적인 송환정책을 폈음에도 2041년 4월이 되자 독일의 외국인 근로자 수는 더 이상 줄어들지 않았다. 어떻게 그런 일이 가능할까?

이유는 간단하다. 추방된 근로자들은 유럽의 다른 나라들을 잠시 떠돌아다니다 유럽공동체의 특징인 열린 국경을 통해 독일로 슬그머니 다시 잠입해 들어왔기 때문이다. 유럽에서 독일과 비슷한 송환정책을 펴는 나라는 스위스밖에 없었다. 주변의 몇몇 나라는 불법 체류자에 대한 법규가 있어도 제대로 시행하지 않아 국경을 넘어 다니기가 비교적 수월했다. 엎친 데 덮친 격으로 독일인들이 곤경에 처한 외국인 근로자들을 동정하는 바람에 문제는 더욱 복잡해졌다. 독일인들은 외국인 친구나 종업원들에게 독일 정부의 관대한 송환조건을 일단 받아들인 뒤 나중에 국경을 넘어 다시 돌아올 것을 은근히 부추기기까지 했다.

2041년 초여름 독일 정부는 마침내 유럽공동체의 열린 국경이 새로운 법규의 시행에 중대한 걸림돌이 된다는 결론을 내렸다. 이에 카우프만 총리는 유럽공동체의 공식 채널을 통해 월경문제에 대한 주변국들의 협조를 요청했다.

주변국들의 반응은 시큰둥했다. 독일 정부는 이러지도 저러지도 못하는 심각한 딜레마에 빠졌다. 국경선에 담을 치거나 장벽을 세우자니 유럽공동체의 정신과 법을 위반하는 것이 되고, 불법 체류자들의 독일 유입을 방치하여 본토인들의 일자리를 빼앗도록 내버려두는 것 또한 정치적인 자살행위였기 때문이다.

2041년 여름 독일의 실업률은 천정부지로 치솟았다. 카우프만 총리도 이제는 모종의 조치를 취해야만 했다. 그는 독일 국경선 둘레에 방벽을 세워 원치 않는 사람들의 독일 유입을 막는 법률제정을 제안했다. 당연히 논란이 많을 것으로 예상했으나 의외로 잠잠했다. 물론 다른 유럽 국가들의 항의가 있었고 독일 내에서도 광범위한 시위가 일어나기는 했다. 그럼에도 카우프만 총리의 안건은 독일 의회에서 압도적으로 가결되었다.

독일, 국경에 방벽 구축

2041년 겨울, 독일을 비롯한 전 유럽은 살을 에는 듯한 추위로 꽁꽁 얼어붙었다. 헬가 보덴해머는 자신의 저서 《지나간 날의 유령 The Ghosts of Bygone Days》에서 당시 유럽 대륙의 침체된 분위기를 이렇게 묘사했다.

"독일이 예정대로 국경 주위에 방벽과 문 등의 인프라를 구축하는 모습을 다른 유럽 국가 지도자들은 어안이 벙벙한 채 지켜보았다. 결국 자신들이 한 말이나 행동은 독일인들에게 아무 영향도 끼치지 못한 것이었다. 경제보복을 가하겠다는 엄포도 통하지 않았다. 2041년 12월 프랑스 총리 자크 카조는 카우프만 총리와 사흘간의 회담을 갖기 위해 유럽 각국의 고위급 인사로 구성된 대표단을 이끌고 베를린으로 갔다. 또 다른 유럽 지도자들은 국경에 방벽을 둘러치는 행위는 독일에 파국적인 결과를 가져올 것이라고 경고하면서, 독일에서 추방된 외국인 근로자들을 본국으로 보내기 위해 필요한 모든 조치를 취하겠다고 약속했다. 하지만 그들의 간청 역시 독일인들에게는 쇠귀에 경 읽기였다.

베를린 회담이 실패로 돌아가자 유럽에는 절망감이 감돌았다. 3년간이나 유럽 대륙을 짓누르고 있던 경기침체를 완화시키기 위한 노력이 모두 수포로 돌아간 뒤 유럽인들은 깊은 좌절감에 빠졌다. 역사는 지금도 여전히 반복되고 있는 것일까? 5년간에 걸쳐 유럽 미디어는 유태인의 생명과 재산을 파괴한 크리스탈나흐트(Kristallnacht, 1938년 11월 9일과 10일 사이 독일이 유태인과 유태인 소유 재산에 폭력을 휘두른 사건이 발생했던 밤—옮긴이)에서 1939년 9월 나치의 폴란드 침공, 1940년 봄 파리 함락에 이르기까지—백여 년 전의 사건들을 정기적으로 보도했다. 히틀러 치하의 독일이 저지른 범죄는 유럽 지식인들의 마음속에 아직도 생생히 살아 있었다. 그런데 백 년이 지난 지금 독일은 반세기에 걸친 유럽 통합의 결실을 헛되게 만들고 있었다. 그들을 멈추게 할 방법은 진정 없었던 것일까?"

독일을 유럽공동체에서 멀어지게 한 것은 결국 2041년 12월과 2042

년 2월 사이에 다른 유럽 국가들이 보여준 비타협적인 태도 때문이었다고 보덴해머는 주장했다. 다시 말해 합리적인 타협을 이끌어내기 위해 조금만 더 노력을 기울였다면 파국은 막을 수 있었다는 얘기였다. 다른 역사가들은 그에 동의하지 않았다. 이들은 독일의 일방적 행동은 국경통제법이 가결되기 전부터 이미 결정된 일이라고 주장했다. 그러면서 카우프만의 일기를 그 증거로 제시했다. 카우프만의 일기에는 독일 지도자는 오직 국내 정치에만 전념하면 되고, 유럽의 통합보다는 자신의 권력유지가 더 중요하다는 암시가 내포돼 있었다.

돌이켜보면, 독일과 다른 유럽 국가들은 지리한 분쟁을 벌이는 동안 상대방의 의지를 서로 과소평가했음이 분명하다. 유럽 국가들은 카우프만 총리의 거부에 분노하여 베를린 회담이 결렬된 지 열흘 뒤인 2041년 12월 중순 브뤼셀에서 긴급회동을 가졌다. 그 회담에서 영국과 프랑스의 주도하에 유럽 국가들은 국경통제법을 시행하려는 독일측 태도에 대해 유럽공동체 국가들은 크게 우려하고 있다는 단호한 결의안을 채택했다. 결의안 말미에는 국경통제법이 시행될 경우 독일에 대한 강력한 경제제재를 실시한다는 내용도 덧붙였다.

영국 총리 맬컴 미들턴은 브뤼셀 회담이 끝날 때 행한 연설에서, 백년 전 뮌헨에서 국경문제에 관한 한 "양보는 없다"고 말하는 히틀러에게 네빌 체임벌린(1937~1940년까지 영국 총리를 지낸 인물로서, 히틀러에 대한 유화정책을 취했다—옮긴이)이 항복한 예를 언급하기도 했다.

한편 독일은 2042년 2월 1일 혹은 그 이전부터 새로운 국경통제법을 시행하려는 단호한 의지를 나타냈다. 그러자 북미대륙과 독일을 제외한 다른 유럽 국가들의 언론매체는 독일의 방벽 설치를 '요새'라 부르며 국제적인 비난 여론에 불을 붙였다. 게다가 독일은 이미 독일이나 다른 유럽국들의 시위대가 방벽 설치를 방해할 것에 대비하여 국경통제법을 추진할 '국가 비밀경찰'을 만들어놓았다는 헛소문까지 유포했다. 3년여에 걸친 경기침체로 절망감이 극에 달한 사람들의 반독일정서가 유럽을 휩쓸었다. 그동안 백안시되던 유럽 강대국들간의 무력충돌 가능성도 50년 만에 처음으로 신빙성 있게 받아들여졌다.

1년 내에 치러질 선거에서 재선 가능성이 희박해진 영국과 프랑스 지도자들은 국경통제법이 시행되는 첫날 상징적인 의미로 국경 통과의식을 감행할 생각이었다. 하지만 일반인 수십만 명이 그들과 함께 국경을 넘으며 시위를 할 것이고, 그럴 경우 불상사가 일어날 가능성이 매우 컸기 때문에 두 총리는 그 계획을 단념했다.

그럼에도 불구하고 국경통제법이 시행된 첫 주, 독일로 통하는 주요 고속도로의 한두 곳에서는 연일 시위가 일어났다. 다행히 국경초소 경비원들에게는 "가능한 한 말썽의 소지를 만들지 말라"는 지시가 떨어져 이렇다 할 불상사는 일어나지 않았다.

국경 방벽이 세워지고 일주일 후 유럽공동체 회원국들은 독일의 국경통제법을 공식적으로 비난하고, 브뤼셀 결의안에 포함된 경제제재를 즉각 실시하겠다고 발표했다. 카우프만 총리는 이미 그것을 예상하고 있었다. 그는 유럽공동체의 경제활동기구에서 독일을 탈퇴시킨 뒤, 마르크를 예전처럼 단일화폐로 환원하겠다고 선언했다. 그런 다음 국경 방위와 보전에 대한 '독일 국민의 주권'을 강하게 역설한 뒤, 다른 유럽 국가들에게 화해를 제의하면서 '만일' 경제제재가 풀린다면 독일은 '즉시' 유럽공동체에 다시 가입할 준비가 되어 있다고 말했다.

독일의 행동으로 세계는 혼란에 빠졌다. 유럽의 모든 경제 분야는 서둘러 독일 수출입과 관련된 법규를 새로 만들었다. 유럽에서 독일제 부품이 들어간 제품의 수출도 즉각 중단되었다. 비틀거리던 경제는 더욱 악화됐다. 분노한 유럽인들은 최근의 위기에 절망하여 정부에 뭔가 대책을 강구할 것을 요구했다. 2042년 봄 유럽의 도시들은 항의 시위와 빈번한 파업으로 몸살을 앓았다. 일부 정치인들은 독일의 행동을 미국 남북전쟁 때의 남부 주들의 행동에 비유하면서 유럽 국가들은 군사력을 동원해서라도 국경 방벽을 부수고 독일을 다시 유럽공동체로 끌어들여야 한다고 주장했다.

2042년 3월 카우프만 총리는 그 같은 '무책임한' 호전성을 비난하면서, 쌍방의 경제협력을 새롭게 다져나가기 위해 독일은 이전의 유럽 동맹국들과 '긴밀히 협의할' 의사가 있음을 재차 밝혔다. 그는 또 독일이 유럽공동체를 '탈퇴한' 것은 '부당한' 경제제재 때문에 어쩔 수 없이 취한 조치였음을 상기시켰다. 그러고는 단어의 선택에 신중을 기하며, 독일은 '외부 세력'이 '독일의 국내 정책을 이래라 저래라' 하는 것을 좌시하지 않을 것임을 분명히 했다.

자크 카조와 맬컴 미들턴은 독일 총리의 격앙된 어조에 놀라는 한편 자국민들의 압박이 심해지자 긴장 완화와 독일과의 새로운 경제협력을 모색하기 위해 고위급의 유럽 사절단을 이끌고 2042년 4월 베를린을 방문했다. 이 방문은 성공을 거두었다. 독일, 영국, 프랑스 3개 국 정상은 회담이 끝난 뒤 미소 띤 얼굴로 사진기자들 앞에서 포즈를 취했다. 지금 생각해보면 독일과 다른 유럽 국가들과의 교전 가능성은 지극히 희박했는데도, 2042년 초의 몇 달간 유럽과 전 세계는 무력충돌이 일어날까 봐 전전긍긍하고 있었던 것이 분명하다.

독일의 유럽공동체 탈퇴는 유럽 전역에 심각한 영향을 미쳤다. 영국, 프랑스, 에스파냐 같은 국가들은 독일의 행동을 계기로 유럽 경제통합의 득실을 면밀히 따져보았다. 그리고 서로 다른 이유로 유럽공동체 회원국이라는 점 때문에 대혼란의 대처에 상당히 제약받고 있다는 결론을 내렸다.

2042년 말과 2044년, 유럽 대륙에 새로운 정부들이 들어서면서 일부 강대국 사이에 유럽공동체 탈퇴 조짐이 나타났다. 하지만 결국 지난 50년간의 결속으로 다져진 유럽 국가들간의 공동체의식이 그 같은 생각을 불식시켰다. 독일이 갖은 노력을 다 기울였음에도 자국 경제를 회생시키지 못하자 각국 정부가 개별적으로 행동했으면 경제불황에 좀더 잘 대처할 수 있었으리라는 믿음이 깨진 것이다.

그 후 오래지 않아 독일과 유럽공동체 국가들은 양측의 불화가 경제불황을 극복하는 데 더 큰 장애요인이 된다는 사실을 깨달았다. 2046년 카우프만 총리와 그의 일파가 정권에서 밀려나자 유럽 국가들은 독일 정부를 향해 유럽공동체에 다시 들어올 것을 제의했다. 새로 들어선 독일 정부도 유럽공동체에 다시 가입하는 문제를 기꺼이 고려할 의사가 있었다. 단 독일 내에서는 여전히 경제제재가 민감한 정치사안으로 남아 있다는 것이 문제였다.

솔직히 경제제재로 독일 경제가 타격을 입은 것은 없었다. 하지만 유럽을 비롯한 세계인들은 독일이 국경 통제를 고수하는 한 경제제재를 가하는 것은 마땅한 벌칙이라고 생각했다. 독일 정부는 유럽공동체 재가입 회담의 선결조건으로 경제제재를 해제해줄 것을 요구했다. 하지만 유럽 국가들은 자신들의 불안정한 정치적 입지를 고려하여, 그 요구를 받아들이지 않았다. 결국 1년여에 걸친 비밀회담 끝에 경제제재의 일부가 해제되었고 독일은 마침내 2047년 유럽공동체 재가입 회담에 응하기로 동의했다.

독일의 유럽공동체 재가입은 단 한 가지 요인 때문에 3년을 더 끌었다. 독일이 독자적인 경제행보를 걸었던 지난 5년간 공개시장에서 마르크는 유럽의 공식 화폐인 유로보다 12퍼센트 가량 화폐가치가 절상돼 있었다. 그런 상황에서 독일이 마르크-유로의 기준 교환율에 절상된 화폐가치가 반영되기를 바라는 것은 너무도 당연했다.

같은 이치로 유럽 국가들은 독일이 유럽공동체를 탈퇴한 시점의 화폐가치를 기준으로 한 교환율을 요구했다. 그렇게 티격태격하던 양측은 2050년 마침내 타협에 도달했다. 그것은 어느 쪽도 만족시키지 못한 불충분한 타협이었으나 여하튼 독일의 재가입 문제는 탄력을 받았다. 2051년 독일은 다시 유럽공동체 회원국이 되었다.

멕시코의 약진

대서양 건너편에서도 대혼란의 고통은 극심했다. 지난 15년간 전례 없는 경제호황을 누렸던 멕시코는 2037년 세계경제가 붕괴하자 파란만장한 멕시코 역사에서 늘 사회불안의 요인이었던 빈곤과 결핍이 맹렬히 되살아났다.

당시의 멕시코는 급속히 팽창하는 인구와 함께 활기 넘치는 나라였다. 젊은이들은 과거 어느 때보다 교육수준이 높았고, 의욕적이었으며, 수효가 많았다. 이들은 일자리가 넘쳐흐르고 멕시코 역사상 최초로 진정한 중산층이 생긴 희망찬 시대에 성인이 되었다.

2025년에서 2035년까지의 태평성대에는 서반구의 국가들과 맺은 자유무역협정 덕에 연 7.5퍼센트의 높은 경제 성장률을 기록하기도 했다. 미국과 캐나다 시장을 목표로 세운 첨단기술 업체와 그보다 기술수준이 낮은 공장들이 티후아나에서 마타모로스에 이르는 국경지역에 즐비하게 늘어서 있었다. 멕시코의 경제호황은 북부지역에만 한정되지 않았다. 멕시코 전역에서 생산, 재배한 상품을 가득 실은 트럭들이 밤낮으로 미국 국경을 넘나들며 멕시코인들의 생활수준을 높여주었다.

멕시코는 세계 주식시장 붕괴에 뒤이은 경제불황에 아무런 준비가 되어 있지 않았다. 국가 예산과 주 예산은 모두 경제호황이 계속될 것이라는 전제하에 짜여져 있었다. 바하칼리포르니아 주(멕시코 북서부 반도에 있는 주로, 북쪽으로는 미국, 동쪽으로는 캘리포니아만, 남쪽과 서쪽으로는 태평양에 접해 있다—옮긴이)에서 치아파스 주(태평양 연안에 면한 멕시코 남부의 주—옮긴이)에 이르기까지 멕시코의 모든 주에서는 학교와 고속도로 등 인프라 건설이 한창이었다. 기업체들 또한 아파트 신축과 새로운 주거지 개발에 여념이 없었다. 소비자들도 그에 뒤질세라 세계 최저의 저축률을 자랑하는 국민답게 늘어난 신용한도로 신형 차와 사치품을 마구 사들였다.

그런데 돌연 멕시코 경제 기적의 기반으로 여겨졌던 것이 와르르 무너져 내린 것이다. 더욱 심각한 문제는 미국의 이민정책과 외국인 근로자 정책이 바뀌면서 실업자로 전락한 멕시코인들이 대거 본국으로 몰려든 것이다. 미국에서 버는 돈의 대부분을 집으로 보내주어 멕시코 가족들의 구매력을 높여주었던 이들 수백만 미숙련 노동자들이 본국으로 돌아오면서 멕시코의 취약한 사회복지 기반은 더욱 열악한 환경에 놓였다.

대혼란기 동안 멕시코가 당한 고통은 이루 말할 수 없었다. 하지만 그 같은 고통과 혼란을 겪는 과정에서 멕시코는 자주적이고 미래 지향적인 새로운 국가로 변모했다. 21세기 후반기에 멕시코는 한동안 서반구 에스파냐어권 세계에서 내로라 하는 일류 국가가 되었다. 멕시코를 경제불황의 늪에서 끌어내 세계 일류 국가로 만든 인물은 베니타 알칼라 코르데로라는 여성이었다. 그녀야말로 21세기의 진정한 영웅이라 할 만했다.

베니타 코르데로는 2006년 3월 20일 멕시코 남부의 오악사카 시에서 태어났다. 오악사카 시를 주도州都로 하는 오악사카 주는 멕시코에서 다섯 번째로 큰 주다. 인구의 대부분이 원주민이라는 것이 특징이다. 이들 토착 멕시코인의 뿌리는 16세기 에스파냐인들이 닿기 전부터 그곳에 살고 있던 원주민으로 거슬러 올라간다. 베니타 코르데로가 태어난 2006년만 해도 오악사카 주 인구 4백만 명 중 절반 가량이 원주민이었고, 원주민 성인의 30퍼센트가 에스파냐 정복 이전에 조상들이 쓰던 토착어를 사용했다.

베니타가 태어났을 때 스물여덟 살이었던 베니타의 아버지 역시 4백 년이나 오악사카 계곡에서 살았던 사포텍족(멕시코 남부 오악사카 주 동부와 남부에 사는 남아메리카 인디언—옮긴이)의 후예, 즉 멕시코 원주민이었다. 그의 에스파냐어 이름은 길레르모 코르데로였다. 그 지역 대학에서 경영학을 공부한 길레르모 코르데로는 오악사카 계곡 전역에 흩어져 있는 사포텍족 띠앙기스 혹은 풍물시장 조직의 코디네이터로 일하며 10여 개 시장의 상품, 인력, 자금 상황을 총체적으로 관리했다.

길레르모 코르데로는 대학 때 마르가리타 말도나도를 만나 결혼했다. 마르가리타는 부계와 모계 모두 오악사카에 정착한 초기 에스파냐인의 혈통을 이어받은 미모의 백인 여성이었다. 수세대 동안 그녀의 가족들은 멕시코에서 태어난 에스파냐인을 부르는 명칭, 크리올로 살아왔다. 처음에 마르가리타 가족은 길레르모가 원주민이라 하여 두 사람의 결혼을 반대했다. 하지만 시간이 가면서 교양 있고 얼굴도 잘생긴 사포텍족 사위를 좋아했다. 두 사람의 삶의 중심은 언제나 가정이었다. 그들은 장녀 베니타와 라몬과 미구엘, 세 아이들을 키우는 데 온갖 정성을 쏟았다.

베니타는 경사스러운 날에 태어났다. 그녀가 태어난 다음날이 멕시코의 위대한 지도자 베니토 후아레스(1864~1867년까지 대통령을 지낸 멕시코의 국민적 영웅—옮긴이)의 탄생 2백주년 기념일이었던 것이다. 베니토 후아레스는 멕시코 역사에서 흔히 미국의 링컨 대통령과 비교되는 인물이다. 1867년 막시밀리안 황제(Ferdinando Maximilian Joseph 1832~1867년, 멕시코 황제를 지낸 오스트리아의 대공—옮긴이)가 황위를 박탈당하고 처형된 뒤 멕시코가 공화국이 되자 불굴의 의지와 비전으로 현대국가로서의 토대를 닦은 인물이 바로 베니토 후아레스였다. 오악사카에서 태어나고 자란 베니토 후아레스는 외세에 대항하며 자력갱생해야 한다고 믿었던 개혁적 정치가였다. 또한 그는 길레르모와 같은 사포텍족 후손이었으며, 미천한 출신으로 오악사카 주지사와 멕시코 대법원 판사를 거쳐 대통령에까지 이른 인물이다.

마르가리타의 진통은 2002년 3월 20일 오후에 시작되었다. 그로 미루어 그날 오후나 이튿날 아침에 아이가 태어날 것이 분명했다. 길레르모 부부는 두말 없이 딸의 이름을 멕시코 영웅의 이름을 따서 베니타로 지었다. 중간 이름은 모계 성을 따라 알칼라라고 불렀다.

어린 시절 베니타는 종종 주말이나 공휴일에 아버지를 따라 오악사카 계곡으로 도보여행을 다니곤 했다. 유달리 총명했던 그녀는 여행을 다니며 그 까다롭다는 사포텍족 언어를 일찌감치 깨치고, 아버지가 풍물시장의 원주민 직원들과 나누는 대화 내용까지 알아들었다. 어느 여름날 일곱 살의 베니타는 오악사카 시에서 남쪽으로 58킬로미터 떨어진 에후틀라에서 목요일마다 열리는 풍물시장에 갔다가, 인파에 떠밀려 아버지를 놓치고 말았다. 원주민 시장에서는 보기 드문 옅은 색 피부에 푸른 눈을 가진 소녀는 아버지를 잃어버렸다고 겁을 먹거나 당황하는 기색 없이 사포텍족 여인네들과 원주민어로 반 시간이나 재잘거리며 노는 당돌함을 보여주었다.

길레르모는 베니타에게 늘 사포텍 문화를 가까이 해주려 애썼다. 밤이면 에스파냐에 정복당하기 전부터 원주민들 사이에 입으로 전해 내려온 이야기며 사포텍족의 옛날 이야기를 들려주었다. 베니타가 여덟 살이 될 무렵부터는 해마다 한 번씩 오악사카 계곡 위 높은 구릉에 세워진 고대 사포텍 문화 유적지에 데리고 다녔다. 사포텍족의 언어로는 다니 디파Danni Dipaa로 불리고 일반적으로는 몬테알반으로 알려진 곳이었다.

길레르모는 거대하고 불가사의한 유적지 광장을 천천히 돌면서 딸에게 사포텍족의 역사를 설명해주었다. 유적지에 둘러싸여 자신들이 걷고 있는 그곳이 기원전 5세기부터 기원후 700년까지 1천2백 년 동안 사포텍 제국의 수도였다는 사실도 알려주었다. 그리고 유적지의 가장 높은 구조물 위에 베니타를 앉히고서는 손으로 양쪽 방향을 가리키며 사포텍족이 한때 북쪽으로는 멕시코의 테오티와칸 문명, 남쪽으로는 마야 문명과 견줄 정도의 찬란한 문명을 꽃피웠다는 이야기도 들려주었다.

길레르모가 딸의 역사 선생이었다면 마르가리타는 음악 선생이었다. 재능 있는 음악가였던 마르가리타는 대학에서 음악사로 학위를 받았다. 그녀는 베니타에게 세 살 때부터 피아노를 가르쳤다. 여섯 살이 되자 이 조숙한 꼬마는 기타와 바이올린까지 다루었다. 마르가리타는 자신의 폭넓은 음악적 취향을 딸에게 고스란히 물려주었다. 베니타는 어릴 때부터 음악과 함께 자라났다.

일곱 살이 되자 베토벤과 모차르트, 비틀스와 이글스는 물론 미국 뮤지컬에 등장하는 노래까지 모두 알아들었다. 유치원의 장기자랑에서는 앤드류 로이드 웨버의 뮤지컬 〈에비타〉에 나오는 '아르헨티나여, 나를 위해 울지 마오Don't Cry For Me, Argentina'를 멋들어지게 불러 심사위원과 부모를 놀라게 했다.

이 꼬마숙녀가 그 같은 노래를 했다고 해서 새삼스러울 것은 없었다. 베니타는 말을 시작할 때부터 가족모임, 차 안 할 것 없이 어디에서나 노래를 불러왔던 것이다. 그녀는 타고난 목소리를 가졌고 한 번만 듣고도 가사와 곡조를 모조리 기억했다. 초등학교 4학년 때 장기자랑에서는 작곡솜씨까지 선보였다. 오악사카 초등학교 강당에서 열린 장기자랑에서 1년 넘게 혼자 피아노와 바이올린을 가지고 작곡한 곡을 노래하여 가족, 친지, 마을 사람들에게 자신의 천재적 재능을 유감없이 발휘했던 것이다. 곡의 가사는 아버지가 어릴 때 자장가처럼 들려준 사포텍족의 옛날 이야기 내용이었다.

베니타는 학교공부에 그다지 신경을 쓰지 않았는데도 청소년기 내내 우수한 성적을 유지했다. 언어학이나 인문학은 말할 것도 없고 영어와 역사 과목에서도 항상 1등을 차지했다. 수학은 '너무 따분해서' 다소 애를 먹었으나, 어머니에게 수학과 음악의 연관성을 배우고 나서는 재미를 붙였다. 사실 알고 보면 베니타의 진짜 교육은 가정에서 이루어진 셈이었다. 자식에게는 '삶의 테두리'만 제시해주고 결정은 스스로 하게 하는 것을 부모의 역할이라 여기는 지적이고 가슴 따뜻한 부모 밑에서 베니타는 재능을 마음껏 발휘할 수 있었던 것이다.

베니타의 가족은 오악사카 교외 중상류층 지구의 안락하고 소박한 방 네 개짜리 집에서 살았다. 길레르모 부부는 아이들에게 늘 자신들이 누리는 안락함에 감사하는 마음을 갖도록 가르쳤다. 마르가리타 코르데로는 가톨릭 교회에 다니며 자선활동을 펼쳤다. 고아원이나 병원, 노숙자 쉼터를 찾아갈 때면 아이들도 함께 데리고 다녔다. 또한 해마다 크리스마스가 되면 길레르모 부부는 가난한 가족들과 돌아가며 자매결연을 맺어 그들에게 선물과 음식 그리고 사랑을 나누어주었다.

이들 가난한 가족은 대부분 사포텍족이나 믹스텍족 같은 원주민이었기 때문에 베니타는 빈곤층 원주민들의 생활상을 직접 보고 체험할 수 있었다. 베니타는 부모와 함께 형제에게 줄 선물과 자매 결연한 가족들을 위한 선물 구입비 예산을 함께 세우기도 했다. 이처럼 베니타는 학교에서 배우지 못한 중요한 교훈을 가정에서 배웠다.

지금까지 베니타 코르데로에 대해 쓰인 책만 해도 수백 권에 이른다. 이 책들은 한결같이 베니타의 부모가 보여준 격려와 사랑 넘치는 가정교육의 중요성을 강조하고 있다. 그 중 어떤 책들은 이 같은 가정교육 외에도 베니타 후반 인생의 바탕을 이룬 것은 유전적 배경도 한몫 했다는 점을 지적하고 있다.

욜란다 바스콘셀로스는 자신의 책《베니타 코르데로의 어린 시절The Early Life of Benita Cordero》에서 이렇게 쓰고 있다. "베니타는 원주민과 크리올 사이에 태어난 메스티소 1세대였다. 즉, 순수 에스파냐 혈통에 토착 메소아메리칸(콜럼버스의 아메리카 대륙 발견 이전에 살았던 원주민의 통칭—옮긴이)의 피가 섞인 '위대한 조우'의 퓨전아였던 셈이다. 그녀는 부모로부터 그 같은 독특한 문화를 물려받아 그것을 다시 멕시코 문화에 융합시켰다."

빛나는 별, 베니타 코르데로

길레르모와 마르가리타는 딸의 음악적 재능이 범상치 않다는 것을 알았다. 베니타가 작곡하는 음악은 날이 갈수록 복잡해졌다. 발라드, 로큰롤, 심지어는 피아노, 바이올린, 기타 연주를 위한 기악곡까지 작곡했다. 곡에는 대개 에스파냐어로 가사를 붙였으나, 변화를 주기 위해 가끔 영어나 사포텍족 언어를 쓰기도 했다. 가사의 내용은 호기심 많은 성격만큼이나 다양했다. 대개는 풋사랑, 그리움, 고독과 같은 현대 젊은이들의 고뇌를 담았으나, 역사나 정치적인 내용을 담을 때도 있었다. 베니토 후아레스에게 바친 노래라든가 축제에 입고 갈 옷을 사지 못하는 가난한 원주민 소녀를 위한 비가 등이 그러한 예에 속했다.

베니타의 재능을 잘 알고 있는 길레르모가의 친척들은 그녀가 작곡한 노래들을 멕시코 굴지의 음반사에 보내보라고 길레르모를 채근했다. 하지만 베니타의 부모는 명성이나 돈의 유혹에 빠져들기를 거부했다. 그들로서는 딸이 정상적이고 건강하게 자라는 것이 무엇보다 중요했다. 그래야만 나중에 진짜 유명인사와 반짝 스타가 되는 것 사이에서 성숙한 판단을 할 수 있으리라는 생각에서였다. 베니타가 정상적인 청소년기를 보낼 수 있었던 것은 부모가 그녀에게 제공해준 최고의 선물이었다.

마르가리타와 길레르모는 고등학교 졸업을 몇 달 앞둔 베니타의 열여덟 번째 생일에 최신 전기기타를 선물했다. 몇 달 전 베니타가 오악사카 경기장에서 열린 팝 콘서트에서 구경한 것과 비슷한 것이었다. 그 다음주 길레르모 부부는 딸이 작곡한 곡을 수록한 10여 개의 레코드에서 열네 곡을 엄선하여 음반사에 보낼 준비를 했다. 베니타는 그 중 서너 곡을 부모가 차고에 만들어준 엉성한 스튜디오에서 새로 산 기타로 재녹음했다. 그리고 4월 어느 수요일, 베니타는 멕시코시티에 있는 대형 엔터테인먼트 사 음악부 앞으로 음반을 속달우편으로 부쳤다. 금요일 오후 세 명의 신사가 집 대문을 두드렸다.

음반사의 중역인 그 신사들은 노래를 부르고 작곡한 주인공이 아직 고등학생이라는 사실을 알고 깜짝 놀랐다. 한 시간 뒤 평소와 다름없이 활기찬 모습으로 대문을 활짝 열고 들어선 베니타는 손님들에게 예의 그 환한 미소를 지어 보였다. 그녀는 그들과 대화를 나누면서 보낸 음반이 차고에서 녹음한 것이라 음질이 나빴다고 미안해하면서 원한다면 즉석에서 다시 불러보겠다고 제의했다. 베니타가 스타덤에 오르는 동안 그녀의 가장 절친한 협력자의 한 사람이 될 것이고, 당시 음반사의 젊은 중역이었던 마리아노 페레스는 20년 뒤에 출간한 자서전에서 코르데로가의 차고에서 보았던 광경을 이렇게 묘사했다.

"우리는 교복차림의 어여쁜 소녀가 이끄는 대로 집 옆의 차고로 들어갔다. 소녀의 어머니가 접는 의자를 가져오고, 소리가 잘 들릴 수 있도록 스피커를 차고 둘레에 배치했다. 연주 준비가 끝나자 베니타는 차고 한쪽에 어수선하게 쌓여 있는 악기들 중에서 전기기타를 집어들고 우리 앞으로 걸어왔다. 그러고는 장소가 좁아 마이크는 사용하지 않겠다고 스스럼없이 말하며 음반으로 우리가 이미 들었던 곡의 전주를 시작했다.

동료들과 나는 믿을 수 없다는 표정으로 서로의 얼굴을 쳐다보았다. 이 어린 고등학생이 그처럼 훌륭한 곡을 쓰고 노래를 한 것은 물론 흠잡을 데 없는 기타 연주자이기도 했기 때문이다. 하지만 그것은 아직 시작에 불과했다. 음역이 그처럼 넓고 청아한 목소리는 오페라 무대 외에서는 들어본 적이 없었다. 우리 세 사람은 눈을 둥그렇게 뜨고 입을 헤 벌린 채 넋을 잃고 그녀의 노래를 들었다. 노래가 끝났는데도 말이 나오지 않았다. 우리는 그저 열렬히 박수만 쳤다. 그제야 한 동료가 '브라보'를 외쳤다.

베니타가 우리의 박수에 환한 미소로 답했다. 그리고 다음 곡을 간단히 소개한 뒤 곧바로 노래로 들어갔다. 여학생들의 우정을 다룬 '나에게 의지해도 돼You Can Count on Me'라는 제목의 이 감미로운 록발라드는 발매 3개월 만에 멕시코에서 싱글 차트 1위에 오르게 될 노래였다. 그때 그녀의 노래를 들으면서 나는 혼자 이렇게 생각했던 것으로 기억한다. '그래, 이거야. 그동안 기다려온 대어가 바로 이거였다구!' 그 순간 나는 베니타가 스타가 되리라는 것을 직감했다. 하지만 얼마나 대단한 스타가 될지는 그때까지만 해도 아직 꿈도 꿀 수 없었다."

2024년 6월 말, 고등학교를 갓 졸업한 베니타는 부모와 함께 멕시코시티로 가서 첫 앨범을 만들었다. 앨범 제목은 간단히 '베니타'로 정했다. 음반사는 그녀를 위해 최고의 연주자들을 섭외했다. '나 혼자서도 행복할 수 있어요I Can Be Happy By Myself'라는 제목의 첫 싱글은 유명해지기 위해 자신의 개인적 가치를 포기하지 않으려는 소녀에 대한 노래였다. 8월 초에 발매된 이 곡은 나오기가 무섭게 멕시코 대중음악 차트 1위로 뛰어올랐다. 9월 중순에 나온 앨범은 발매 3주 만에 1백만 장의 판매 기록을 세웠다. 2024년 내내 멕시코 대중음악 차트의 1, 2, 3위를 이 앨범에 수록된 곡들이 휩쓸었다.

마르가리타 코르데로는 베니타가 가수의 길로 들어서기에 앞서 몇 달 동안 멕시코 음반업계를 면밀히 조사해놓았다. 샛별의 성공 뒤에는 어머니의 이 같은 정보와 빈틈없는 협상력이 많은 역할을 했다. 마르가리타는 신인으로서는 파격적인 로열티 조건을 제시하여 받아냈다. 또한 비非에스파냐어 판권을 멕시코 음반사가 소유하는 것을 막음으로써 장차 베니타의 명성이 음악제국인 로스앤젤레스에까지 미칠 경우 미국의 대형 음반사와 자유롭게 협상할 수 있는 옵션을 확보했다.

베니타의 첫 싱글이 멕시코에서 발매된 뒤 미국의 한 음반사로부터 전화가 걸려왔다. 마르가리타는 침착하게 대응했다. 그녀는 베니타는 현재 첫 앨범에 수록된 곡들을 영어로 번역하는 중이며, 그 작업이 끝날 때까지는 어느 음반사와도 계약하지 않을 것이라고 말했다. 한편으로는 영어와 에스파냐어의 2개 국어를 구사하는 오악사카 대학의 영어 교수이자 시인을 섭외하여 베니타의 번역 작업을 돕도록 했다. 베니타는 신이 나서, 2024년 가을 내내 오로스코 교수와 하루 종일 붙어다니다시피 하며 첫 영어 앨범을 갈고 다듬었다.

베니타는 2024년 12월 첫 영어 앨범을 계약하기가 무섭게 백만장자가 되었다. 그때는 이미 멕시코에서 낸 그녀의 앨범이 에스파냐와 남미에서 엄청난 성공을 거두고 있었던 것이다. 11월 말에는 파라과이를 제외한 모든 에스파냐어권 국가들의 대중음악 차트에서 1위를 기록한 적도 있었다.

그해 코르데로 가족은 집에서 긴 크리스마스 휴가를 보냈다. 휴가 때 베니타는 가족과 친구들에게 선물을 한 아름씩 안겨주고 오악사카 지역의 자선기관들에도 상당한 액수의 돈을 기부했다. 이듬해 1월 베니타와 그녀의 부모는 계약에 명시된 대로 미국에 갔다. 비행기 안에서 세 사람은 내내 흥분을 감추지 못했다. 그들은 대중음악의 메카인 로스앤젤레스로 향하는 중이었고, 그곳에서 베니타는 생애 최초의 영어 앨범을 만들 예정이었다.

베니타의 첫 미국 여행이 몇 년 후 멕시코 대통령으로서 그녀가 보여주게 될 정치적 행보에 미친 영향은 그동안 많은 책에서 거론했다.

2025년 1월 로스앤젤레스에서 만난 미국인들에게 그녀가 처음 느낀 감정은 미국이 가지고 있는 모든 신개념, 특히 레코드 음악 분야의 터줏대감이라는 문화적 우월감이었다. 음반사 중역들은 하나같이 베니타가 '유명해지고 않고'는 그녀의 음악적 재능보다는 자신들의 제작과 마케팅 실력에 달려 있다고 은근히 과시했다. 그러면서 멕시코를 마치 문화 후진국인 양 무시하는 태도로 대했다. 그들은 베니타가 멕시코에서 거둔 성공은 자신들이 생각하는 마케팅 전략과는 전혀 무관하다고 말했다.

베니타와 그녀의 부모를 태운 비행기가 로스앤젤레스에 도착한 것은 정오 무렵이었다. 공항에는 음반사가 제공한 리무진이 대기 중이었다. 베벌리힐스의 호화로운 호텔에 잡아놓은 방 두 개짜리 스위트는 오악사카 집만큼이나 널찍했고 더없이 훌륭했다. 오후 5시에는 음반사의 홍보 담당자가 호텔에 들러 다음날로 예정된 기자회견 내용을 점검했다. 세 사람의 기분은 하늘을 나를 듯했다.

홍보 담당자는 베니타가 로스앤젤레스에 머무는 동안 가질 기자회견과 그 밖에 음반사가 주도면밀하게 기획하여 그녀가 '대중 앞에 모습을 드러낼 때' 입을 의상도 몇 벌 챙겨왔다. 하지만 베니타는 그 의상들이 자신한테 전혀 어울리지 않는다고 생각했다. 의상들은 몸에 너무 꽉 끼거나, 노출이 심하거나, 너무 어른 흉내를 내는 듯했다.

마르가리타도 베니타의 의견에 동감했다. 그녀가 음반사가 제공한 옷들을 입지 않겠다고 하자 홍보 담당자와 그들 사이에 옥신각신 다툼이 일어났다. 마르가리타와 베니타는 생각다 못해 화려한 색상의 사포텍족 축제의상을 비롯하여 혹시 있을지도 모를 사진촬영을 위해 오악사카에서 가져온 몇 벌의 옷을 홍보 담당자에게 보여주었다. 나머지 의상은 현대적이고 세련되긴 했으나 친구들과의 저녁 모임에 나갈 때 입었던 부드러운 색상의 평범한 정장이었다.

홍보 담당자는 베니타의 의상을 잠시 들춰보더니 기가 찬다는 듯이 피식 웃었다. 그러면서 베니타를 위해 회사가 마련한 옷들은 미국의 10대 가수들이 즐겨 입는 의상이라며 거만하고 짐짓 생색내는 듯한 어투로 말했다. 홍보 담당자는 자신의 말을 확인이라도 시키려는 듯 랩톱 컴퓨터를 꺼내 하나같이 야한 의상을 입고 있는 천박한 모습의 10대 여가수들의 사진을 보여주었다. 마르가리타는 조용하고 단호한 어조로 베니타는 뮤지션이지 성적 대상물이 아니라고 말했다. 5분 후 홍보 담당자는 화를 발칵 내며 호텔 방을 나갔다.

그날 저녁 늦게 한 번도 만나본 적이 없는 음반사의 한 중역으로부터 전화가 걸려왔다. 마르가리타가 의상을 도로 돌려보낸 이유를 설명하자 그는 곧 무례하게도 성을 냈다. 그는 대중음악계에서 이미지 마케팅이 얼마나 중요한지 한참 장광설을 늘어놓더니 옷을 돌려보낸 마르가리타와 베니타의 위신을 깎아내렸다. 그러면서 다음날로 예정된 베니타의 기자회견을 취소하겠다고 했다.

다음날 아침에도 베니타는 녹음 스튜디오에서 불쾌한 일을 두 번이나 더 당했다. 첫 번째 사건은 프로듀서와의 사이에 벌어졌다. 정신없이 설쳐대는 30대 초반의 이 프로듀서는 '10대 가수들에게 다섯 번의 플래티넘 앨범'을 만들어주었다는 사람으로, 풋내기를 상대하는 게 자기로서는 더없이 수치라는 것을 노골적으로 드러냈다. 그리고 아주 얕잡아보는 시선으로 베니타 일행을 깔아보면서 말하기를 베니타의 노래를 좀더 "매력적이고" "시장성이 좋게 하려고" 자기가 "편곡을 했다"는 것이었다. 그가 편곡한 '나에게 의지해도 돼'를 들어본 베니타의 눈에서 눈물이 왈칵 쏟아졌다. 거기에는 본래의 느낌은 온데간데없이 사라지고, 창의력이라고는 하나 없는 지루하고 단순한 음조만 남아 있었다.

그날 늦게 스튜디오에 딸린 의상실에서 부모의 위로를 받고 있는 베니타에게 소포가 하나 배달되었다. 그 안에는 그 주에 녹음하기로 되어 있는 곡의 가사와 악보들이 있었다. 그것을 본 베니타는 기겁을 했다. 노래 가사들이 오로스코 교수와 함께 심혈을 기울여 번안한 내용이 아닌 전혀 생소한 내용이었던 것이다. 간단히 말해 음반사는 베니타가 만든 가사들을 몽땅 '쓰레기통에 던져버린' 것이었다.

베니타는 놀랍도록 침착한 여성이었다. 게다가 자신의 음악에 더없는 자긍심을 가졌다. 노래 가사를 다시 한 번 꼼꼼히 살펴본 그녀는 평소답지 않게 불같이 화를 내며 악보를 모두 바닥에 집어던졌다. 바닥으로 떨어진 악보들은 사방으로 흩어졌다. 길레르모는 딸의 행동을 꾸짖었다. 싸우는 부녀 사이에 마르가리타가 끼어들어 자신이 음반사 관계자들을 만나보겠다며 딸을 달랬다.

마르가리타 코르데로는 스튜디오에서 문제의 그 프로듀서와 조수들을 만나, 계약서에 따르면 음반에 수록될 노래들에 관련한 '마지막 결정권'은 베니타측에 있다는 점을 강조했다. 그리고 편곡과 바뀐 가사를 받아들일 수 없다고 말하려는 순간 프로듀서가 나서더니, 자신에게는 그럴 재량이 있고 음악적 감각도 뛰어나다는 점을 내세우며 '무식한 멕시코인들'이 감히 이래라 저래라 한다며 화를 벌컥 냈다.

베니타 가족은 호텔로 돌아왔다. 그날 오후 늦게 음반사의 아티스트 담당 부사장이라는 사람이 호텔로 그들을 찾아왔다. 그는 대뜸 베니타와 그녀 부모들에게 심려를 끼쳐 미안하다며 사과했다. 그러고 나서는 베니타 가족은 아직 미국 시장을 잘 모르고 있고, 자신들은 '베니타에게 최선'을 다 하고 있다고 누차 강조했다.

마르가리타도 물러서지 않았다. 그녀는 음반사 부사장에게 편곡과 가사 내용을 베니타가 직접 보고 승낙하지 않는 한 녹음작업은 할 수 없다고 못박았다. 그가 어정쩡하게 말꼬리를 흐리자 마르가리타는 계약서 조건이 이행되지 않는 한 자신들은 그냥 멕시코로 돌아가겠다고 말했다. 그때부터 대화는 험악하게 변했다. 음반사 부사장은 '열여덟 살짜리 여자애'가 감히 '음악의 결정권'을 갖겠다고 나서는 것이 기가 차다는 듯이 빈정거렸다. 그는 떠나기 전, 음반사 요청대로 녹음작업이 진행되지 않으면 계약서에 명시된 추가 선불금은 일체 지급하지 않을 것이라고 으름장을 놓았다. 그것도 모자라 그는 앞으로 3개월 이내에 녹음에 관한 합의가 이루어지지 않으면 음반사는 이미 지급된 계약금에 대해 환불소송을 하겠노라고 엄포를 놓았다.

베니타는 이튿날 바로 멕시코로 돌아가자고 졸랐다. 하지만 부모가 조금만 더 참아보자며 그녀를 만류했다. 그들은 이틀 더 로스앤젤레스에 머무르면서 음반사와 합의점을 찾는 데 실패하자 실망과 분노를 안고 로스앤젤레스를 떠났다. 베니타의 첫 미국 여행은 끔찍한 악몽이 되었고, 열여덟 살 소녀의 가슴에 깊은 상처를 남겼다. 《오악사카의 천사 The Angel of Oaxaca》라는 베니타 전기를 쓴 안토니오 에스칼란테는 후일 멕시코를 미국의 영향권에서 벗어나게 하려고 애쓴 베니타의 단호한 의지는 2025년 1월 첫 미국 여행에서 받은 상처와도 무관하지 않다고 주장했다.

2025년 2월 중순 베니타는 마리아노 페레스의 주선 아래 멕시코시티를 시작으로 전국 투어에 들어갔다. 6주 동안 10여 개 도시를 순회하는 동안 표가 모두 매진되는 성황을 이루었다. 오악사카 밖으로 나가본 적이 없는 베니타는 조국의 다양한 풍경과 사람들에게 매혹되었다. 베니타는 멕시코시티에 돌아와 마지막 공연을 가졌다. 그런 다음 아버지와 함께 멕시코 국립 인류학 박물관을 찾아 에스파냐인들에게 정복당하기 이전 멕시코에서 꽃피웠던 다양한 문화의 공예품을 감상하고 그 아름다움에 흠뻑 취했다.

2025년 여름 베니타는 두 번째 앨범을 발표했다. 이 앨범은 발매 일 주일 만에 멕시코에서 플래티넘 앨범이 되었다. 그러자 미국 음반사도 태도를 누그러뜨리며 베니타가 쓴 곡과 영어 가사를 그대로 받아들여 녹음을 하기로 결정했다. 하지만 베니타는 미국에 가기를 거부했다. 이번에는 새로운 프로듀서와 음반사들이 그녀의 노래를 녹음하기 위해 멕시코로 날아왔다.

영어로 노래한 베니타의 첫 앨범은 나오자마자 폭발적인 성공으로 이어지지는 못했다. 당시 미국에서 유행하던 대중음악과는 너무나 달랐기 때문이다. 그녀의 앨범 〈베니타〉를 제대로 감상하려면 상당한 주의력이 필요했다. 그럼에도 베니타의 미국 팬은 꾸준히 늘어 1년 뒤 두 번째 앨범이 나왔을 때는 발매 일주일 만에 빌보드 차트 10위 안에 드는 기염을 토했다.

2025년에서 2029년까지 베니타 코르데로는 모두 다섯 장의 앨범을 발표했다. 이 기간 동안 그녀는 레코드업계에서 타의 추종을 불허할 만큼 대성공을 거두었다. 2026년의 남미 투어, 2027년의 유럽 투어, 2028년의 미국 투어는 대중음악 역사상 전대미문의 큰 수익을 올린 투어로 기록되었다. 2029년에 실시한 여론 조사에 따르면 그녀는 세계에서 가장 지명도가 높은 인물로 나타났다.

베니타는 막대한 돈을 벌어들였다. 한 경제잡지는 2028년 그녀가 음악으로 벌어들인 수입만 해도 8천만 달러가 넘는 것으로 집계했다. 하지만 다른 슈퍼스타들과는 달리 베니타는 큰돈을 벌었다고 요란스럽게 사치를 부린다거나 스타라고 거들먹거리지 않았다.

안토니오 에스칼란테는 《오악사카의 천사》에서 음악인으로서 명예의 정점에 섰을 때의 베니타의 삶을 이렇게 묘사했다.

"마음만 먹으면 세계 어디에서든 살 수 있었지만 그녀는 오악사카를 떠나지 않았다. 그녀의 주위 사람들 역시 과거와 변함없이 늘 부모 형제를 비롯한 일가권속이었다. 공연이 없을 때면 학교 친구들과 어울려 점심을 함께 먹는 습관도 여전했고, 소녀시절의 즐거운 추억이었던 축제를 관람하는 것도 여전했다. 베니타는 오악사카 시 북쪽 외곽지역에 대지 3천6백 평 가량의 최첨단 녹음 스튜디오가 딸린 방 12개짜리 저택을 새로 마련했다. 하지만 그조차 지나친 사치라고 생각하여 부호들의 저택을 가득 메울 법한 호화찬란한 장식물은 구입하지 않았다."

다비드 산체스 박사

2026년 3월, 한 달 수입이 처음으로 백만 달러를 돌파하자 베니타는 부모의 격려와 도움을 받아 베니타 코르데로 재단을 설립했다. 일종의 자선단체인 이 재단의 설립 목적은 '오악사카와 멕시코인들의 삶의 질을 향상시키기 위한 것'으로 지극히 간단했다. 애초에 2백만 달러를 출연하여 재단을 설립한 베니타는 정확히 수입의 절반을 재단에 기부하도록 담당 회계사에게 일러두었다.

재단 관리는 처음 마르가리타의 형제인 호세 말도나도가 남는 시간을 이용하여 맡아보았다. 기금 수혜자는 베니타와 그녀의 부모가 결정했다. 하지만 몇 달이 지나자 호세 말도나도 혼자서는 감당하기가 벅차 그 일에만 전념할 수 있는 전문 관리자가 필요했다. 베니타 가족은 부모는 흠 없이 성공한 그 지역 사업가로 베니타 집안과도 막역하게 지내는 사람을 재단 관리자로 영입했다. 하지만 1년 반 뒤 그가 재단의 돈을 개인 용도로 유용한 것은 물론 다른 기금도 친구와 동료들 계좌로 빼돌린 사실이 밝혀져 베니타 가족을 실망시켰다.

베니타는 친한 사람에게서 이 같은 배신을 당하자 깊은 상처를 받았다. 그래서 믿을 만한 기금 관리자를 찾을 때까지는 재단 운영을 잠시 쉬기로 했다. 2027년 3월 베니타는 마드리드 투어 중이었다. 그곳에서 베니타는 아버지에게 이메일을 보내면서 재단 관리자의 선임 기준을 이렇게 제시했다. "아빠, 여자든 남자든 나무랄 데 없는 성품에 아빠만큼 오악사카와 멕시코인을 사랑하고 존중하는 사람이면 좋겠어요."

2027년 5월 말 베니타는 투어를 끝내고 멕시코로 돌아왔다. 그때 아버지가 재단 관리의 '적임자'인 것 같다며 한 사람을 추천했다. 사흘 뒤인 2027년 5월 27일 오전 10시, 베니타와 마르가리타는 서재에서 다비드 산체스 박사를 면담했다. 안토니오 에스칼란테는 《오악사카의 천사》에서 그들의 운명적인 만남을 이렇게 묘사했다.

"베니타는 그가 명석하고 단호한 사람일 것으로 예상하고 있었다. 아버지에게서 산체스 박사가 유명한 정치학 교수라는 말을 들었기 때문이다. 하지만 그러한 사실 외에도 그는 수려한 용모에, 처음 만난 사람도 금방 편안함을 느끼게 해주는 부드럽고 겸손한 성품의 소유자였다. 면담은 일사천리로 진행되었다. 산체스 박사는 정중하지만 지나치게 공손하거나 입에 발린 말을 하는 사람이 아니었다. 경력에 대한 질문을 받고도 불필요한 과장이나 자기를 깎아내리지 않고 솔직히 있는 사실만을 이야기했다. 답변을 할 때는 간간이 유머를 섞는 여유까지 부리며 딱딱한 교수의 이미지를 털어냈다.

그는 멕시코시티에서 학위를 끝내고 오악사카로 굳이 돌아온 이유는 그 지역을 '변모'시킬 수 있다는 확신 때문이었다고 하면서, 그 같은 변모는 수백만 명의 원주민과 소외된 가난한 이웃들의 삶을 개선시킴으로써 가능할 것이라고 말했다. 그러면서 꾸밈없는 태도로 강의가 없을 때면 오악사카 주에서 네 번째로 큰 원주민 집단이자 자기 할머니의 종족이기도 한 치난텍족(오악사카 북서부에 사는 중부 아메리카 인디언-옮긴이) 사람들에게 교육 기회를 늘려주기 위한 봉사활동을 펴고 있다고 말했다. 그는 또 말이 나온 김에 하는 말이라며, 부친은 그 지역 의사이고 모친은 인근 초등학교 교사라는 말도 했다.

마르가리타는 산체스 박사와 베니타 사이에 강한 유대감이 형성되는 것을 느꼈다. 그래서 산체스 박사에게 자신들과 함께 점심을 들고 갈 것을 권했다. 그날 저녁 산체스 박사는 베니타 코르데로 재단 관리자로 결정되었다."

다비드 산체스는 베니타 코르데로보다 열한 살 위였다. 이후 2년 반에 걸쳐 두 사람은 베니타 코르데로 재단을 더욱 확대, 발전시켰다. 그 과정에서 산체스 박사는 베니타의 동료, 절친한 친구를 거쳐 마침내 남편이 되었다. 그는 또 베니타의 삶에 세 번째로 깊은 영향을 끼친 사람이기도 했다. 다비드를 만나기 전까지만 해도 베니타는 매우 단순하고 틀에 박힌 정치관을 가지고 있었다. 타고난 동정심을 지니고는 있었지만 그 전에는 정치 또한 불행한 사람을 돕는 방법이 될 수 있다는 사실은 전혀 몰랐다.

다비드는 그런 그녀에게 인내와 애정으로 역사와 정치를 가르쳐주었다. 특히 멕시코의 역사와 정치에 주안점을 두었다. 베니타는 총명하고 성실한 학생이었다. 투어 중에도 다비드가 권한 책은 반드시 가지고 다니며 읽었다. 2028년 샌프란시스코에서는 한 기자가 탈의실로 베니타를 인터뷰하러 갔다가 그녀가 베르날 디아스의 《뉴에스파냐 정복The Conquest of New Spain》(여기서 뉴에스파냐는 멕시코를 말한다—옮긴이)을 읽고 있는 모습을 보고 의외라는 듯 그에 대한 언급을 하기도 했다.

마르가리타 코르데로에 따르면 산체스 박사에게 먼저 결혼하자고 프러포즈를 한 것은 베니타였다고 한다. 마르가리타는 두 사람이 결혼에 이른 과정을 안토니오 에스칼란테에게 이렇게 말했다.

"2029년 7월 어느 상쾌한 여름밤이었죠. 다비드와 함께 저녁을 먹고 집에 돌아온 베니타가 흥분을 감추지 못하며 내 방으로 들어왔어요. 그러더니 이렇게 소리치더군요. '드디어 해냈어!' 대체 무슨 일이냐고 물었더니 베니타가 이러는 거예요. '아무리 기다려도 다비드가 먼저 프러포즈를 안 해주잖아요. 그래서 내가 먼저 결혼하자고 했어요.'"

그 후 몇 년 뒤의 인터뷰에서 산체스 박사는 베니타에게 프러포즈를 하려고 몇 달을 별렀으나 결국 "용기를 내지 못했다"고 밝혔다.

약혼 발표 후 베니타는 가족 친지 그리고 팬들에게 사생활에 전념하기 위해 음악활동은 "당분간 쉬겠다"는 뜻을 밝혔다. 2029년 11월 그녀는 한 인터뷰에서, '좋은 아내, 좋은 엄마, 좋은 시민'이 되는 것이 인기스타가 되는 것보다 더 힘들 것 같다고 말했다. 공연을 하거나 음반을 내지 않으면 그만큼 더 재단에 봉사할 시간이 많아진다는 말도 덧붙였다.

하지만 5년 동안 스포트라이트를 한몸에 받고 살았던 사람이 하루아침에 그 같은 생활을 포기한다는 것은 쉬운 일이 아니었다. 음반을 만들고 순회공연을 다니는 대중음악가로서 베니타는 전 세계 수백만 팬들의 사랑을 독차지했다. 성적 어필을 하지 않고도 매력, 에너지, 여성스러움만으로 모든 세대의 마음을 사로잡았다. 저널리스트들이 지적하는 것처럼 그녀는 20세기 말 영국의 다이애나 비 이래 세계에서 가장 폭넓게 대중의 사랑을 받은 여성이었다.

멕시코 국민들은 베니타의 성공에 크나큰 자긍심을 느꼈다. 베니타도 기회가 닿는 대로 그들이 자신에게 보내주는 사랑에 고마움을 표했다. 다섯 장의 앨범에 수록된 노래들 중 10여 곡이 멕시코에 관한 것이었다. 뮤직비디오에도 멕시코의 민속춤, 고대 마야 문명 유적지의 이미지, 그리고 디에고 리베라와 다비드 알파로 시케이로스 같은 멕시코 화가들의 벽화를 가로지르는 기다란 곡선의 너울거림 등을 차용했다. 베니타의 성공은 곧 멕시코의 성공이었기 때문에 멕시코인들은 멕시코의 딸에 쏟아지는 찬사의 덕을 톡톡히 보았다.

베니타는 '평범한 아내와 어머니'의 길을 걷기 위해 음악활동을 포기하겠다고 선언했다. 팬들은 그녀를 자신들의 왕녀라고 추앙하면서 오악사카에서 썩혀 지내도록 내버려두지 않겠다고 별렀다. 잡지들도 그녀의 결혼준비 과정을 몇 달 동안 상세히 보도했다. 결혼식 때는 성당에 보도진이 몰려드는 걸 막기 위해 세계적인 잡지 한 곳에만 독점권을 주어 사진을 찍게 했는데도 결혼식 사진이 2주 동안이나 전 세계 뉴스매체를 거의 도배하다시피 했다. 결혼식과 관련된 언론보도가 잠잠해지자 다비스 산체스는 이제 세계인들의 일상어가 되었다. 베니타 코르데로의 열혈팬들도 뉴욕이나 파리 혹은 로마의 관광지에 익숙한 것만큼이나 오악사카의 소칼로, 즉 중앙광장과 결혼식이 열린 4백 년 된 옛 성당에 익숙해졌다.

베니타 코르데로와 다비드 산체스 박사는 2030년 5월 5일 오악사카 성당에서 결혼식을 올렸다. 5월 5일은 1862년 멕시코의 이그나시오 사라고사 장군이 푸에블라에서 프랑스 군에게 대승을 거둔 날로, 싱코 데 마요라고 알려진 멕시코의 유명한 국경일이었다.

결혼식 후에도 베니타와 다비드는 몇 년 동안 계속 언론의 표적이 되었다. 파파라치들은 코르데로가의 울타리 쳐진 저택 밖에 진을 치고 아예 살다시피 했다. 집을 그처럼 경비요원과 방책으로 둘러쳐진 병영처럼 만들 수밖에 없었던 까닭은 그래야만 가족의 사생활을 조금이라도 보장받을 수 있었기 때문이다. 베니타는 결혼하자마자 곧 아이를 가져 2031년 3월 남아를 출산했다. 이름은 할아버지와 같은 길레르모로 지었다. 18개월 뒤에는 엄마만큼이나 우아하고 마음씨가 고운 딸 안젤리나를 얻었다. 아이들은 태어나기가 무섭게 유명인이 되어 자라나는 과정 하나하나가 언론의 표적이 되었다.

다비드와 베니타는 온 정성을 다해 아이들을 키웠다. 그런 가운데서도 베니타 코르데로 재단을 오악사카 주와 멕시코의 영향력 있는 단체로 키워나갔다. 재단은 두 가지 사업에 역점을 두었다. 가난하고 소외당한 사람들에게 교육기회를 제공해주고 멕시코 원주민의 유산을 보존하자는 것이었다. 재단 기금을 이용하여 원주민 지역에 있는 학교 수백 채의 시설을 개량했다. 멕시코 전역에 퍼져 있는 유적지 10여 곳의 발굴 역시 재단 기금으로 이루어졌다. 오악사카에 초기 멕시코 역사·문화연구소도 설립했다. 이 연구소가 앞으로 중점 사업으로 펼치게 될 일은 베니타가 유창하게 구사하는 사포텍족 언어를 비롯하여 40여 종에 이르는 멕시코 원주민어의 변천과정을 자료로 구축하는 것이었다.

다비드 산체스 박사는 베니타 코르데로 재단을 통해 오악사카와 멕시코의 기업인, 학자, 정치인들과 많은 교분을 쌓았다. 이들 협력자들은 안젤리나가 아직 젖을 떼기 전인 2033년 초부터 다비드에게 정계진출을 강력하게 권유했다. 2035년 다비드는 베니타의 전폭적인 지지와 격려, 그리고 이들의 요청에 부응하여 오악사카 주지사 선거에 출마했다. 그리고 열정적인 유세를 펼친 결과 무소속이었음에도 압도적인 표차로 주지사에 당선되었다.

특히 가난한 사람과 원주민들 사이에서 다비드 산체스 주지사의 인기는 하늘을 찔렀다. 그가 주지사에 당선된 것은 대혼란의 전조인 세계 주식시장의 붕괴 직전으로 태평성대의 막바지였다. 멕시코와 오악사카는 과거 그 어느 때보다 번영을 누리고 있었다.

다비드는 우선 사회 각계각층 사람들이 그 번영을 골고루 누릴 수 있게 하는 것이 자신의 임무라고 생각했다. 특히 제도와 법률을 정비하여, 30여 년에 걸친 점진적인 사회개혁에도 불구하고 여전히 최하층 지위를 벗어나지 못한 원주민들의 자치를 어느 정도 보장해주려고 했다. 멕시코의 나머지 지역이나 세계 다른 나라들과 마찬가지로 다비드 산체스 박사도 다가오는 재앙에는 완전히 무방비 상태였다.

미국의 그늘을 벗어난 멕시코

현대 주식시장 역사상 하루 최대 낙폭을 기록한 2037년 2월 26일 금요일, 다비드와 베니타 산체스 부부는 일가와 함께 오악사카의 남부 휴양 도시 푸에르토에스콘디도에 있었다. 다비드는 그곳에서 열린 오악사카 주 관광회의에서 기조연설을 했고, 베니타는 아침 시간에 그 지역에서 추진 중인 재단 사업의 진척 상황을 점검했다.

이른 오후에는 태평양의 물살이 유난히도 고요한 플라야프린시팔 해변에서 양가 부모, 아이들과 함께 시간을 보냈다. 따뜻하고 눈부신 햇살 속에 가족의 웃음소리가 해변을 가득 메운 지극히 평화로운 오후였다. 길레르모와 안젤리나는 다른 아이들과 함께 얕은 물 속에 들어가 첨벙대며 물놀이를 했다. 베니타도 사람들의 시선을 느끼기는 했지만, 그에 구애받지 않고 아이들과 함께 즐거운 시간을 보냈다.

저녁 식탁에서는 어른들 사이에 세계 주식시장의 붕괴와 특히 멕시코 주식시장의 낙폭이 심상치 않다는 이야기가 오갔다. 하지만 이들 대화에서는 아직 긴박함이나 두려움은 감지되지 않았다. 길레르모와 다비드는 마르가리타와 베니타가 자신들보다 더 시장 붕괴의 여파에 대해 걱정하자 2036년 3월에 주식시장이 요동쳤을 때도 멕시코와 세계경제는 그다지 큰 피해를 입지 않았다는 점을 상기시키며 그네들을 안심시켰다. 이들 가족은 특히 재단이 원금의 50퍼센트 이상을 고정이율이 보장되는 채권에 투자해놓는 등 매우 보수적인 투자성향에 주목했다. 이들은 예정대로 우아툴코만 해변에서의 짧은 주말 휴가를 즐기기로 했다.

그 후 1년 뒤 주식시장이 붕괴하고 혼란의 소용돌이 속에서 다비드 산체스는 가족과 함께 우아툴코만 해변에서 보냈던 평화롭고 느긋했던 주말을 눈앞에 떠올리곤 했다. 그 한 해 동안 다비드의 공적 생활에는 급격한 변화가 일어났다. 2038년 초 멕시코는 국가적 위기에 직면했다. 경제 성장과 과세표준은 두 자리수대의 감소율을 나타냈다. 실업률과 불완전 취업률은 하늘 높은 줄 모르고 치솟았다.

미국에 취업해 있던 수백만 멕시코 근로자들은 주식시장 붕괴 후 본국으로 송환돼왔다. 미국과의 국경지역에 세워진 공장들은 절반이 이미 폐쇄된 상태였다. 멕시코의 모든 도시, 특히 북부의 몬테레이는 절망에 빠지고 집 없는 이주민들이 밀려들어왔다. 페소는 급락하여 수입물품 가격이 천정부지로 치솟았다.

북부의 시에라마드레 산악지대와 멕시코 남부의 게레로 주, 치아파스 주에서는 나라의 혼란을 틈타 무장 게릴라 단체가 기승을 부렸다. 국채 지불불능 사태를 막기 위한 긴축경제의 일환으로 정부가 사회복지사업 예산을 삭감하자 수백만 멕시코인들은 가족의 의식주를 해결해주던 안전망을 졸지에 잃었다.

오악사카 주는 미국과의 국경에서 멀리 떨어져 있어서 집 없는 사람들의 유입이 다른 주에 비해서는 그다지 큰 문젯거리가 아니었다. 하지만 더 좋은 기회를 찾아 북부로 이주해간 수십만 명의 오악사카인들이 고향으로 다시 돌아오는 바람에 어렵기는 매 한 가지였다. 하지만 다비드 산체스 주지사와 오악사카 주로서는 원주민들의 빈곤이 다시 심화되는 것이 무엇보다 큰 문제였다.

긴축경제로 인해 기업들은 생존에 필요한 최소한의 인력만 남겨놓고 군살 빼기에 들어갔다. 대부분의 멕시코인들에 비해 교육수준이 낮고 직업훈련도 제대로 받지 못한 원주민들은 번영의 시기에 갖고 있던 생존의 수단을 순식간에 잃어버렸다.

하룻밤 사이에 멕시코 원주민들의 실업률과 빈곤률은 감당할 수 없는 수준으로 뚝 떨어졌다. 사포텍족, 치난텍족, 믹스텍족을 비롯한 오악사카 주의 원주민들도 당연히 주 정부에 분노와 불신을 드러냈다. 특히 젊은이들은 자신들의 삶이 세계 주식시장이라는 정체를 알 수 없는 것의 영향을 받는다는 사실을 납득하지 못하고 속았다는 느낌까지 받았다. 이들로서는 안락한 생활이 무엇인지 좀 알 만하니까 도로 빼앗긴 꼴이 되어 이용당했다는 생각이 든 것이다.

정치인들은 방향을 잃고 우왕좌왕했다. 이웃 치아파스 주 정부만 해도 원주민들의 참상을 완화시켜줄 아무런 대책도 강구하지 못했다. 수천 명의 젊은이들이 이른바 사파티스타라는 게릴라 조직에 가담하여 무력으로라도 원주민들의 삶을 향상시켜보려고 했다.

오악사카 주에서도 미몽에 빠진 일부 젊은이들이 치아파스 주의 신新사파티스타 게릴라 조직에 가담해 폭동에 동참했다. 하지만 대부분의 젊은이들은 다비드 산체스 주지사의 정책이 자신들을 배신하지 않았다는 사실을 확인하고 분노를 가라앉혔다. 산체스 주지사의 단호한 지도력으로 오악사카 주에는 빈곤층과 실업자, 소외계층의 문제를 포괄적으로 다루기 위한 법령이 제정되었다. 이 법령은 후일 멕시코의 기타 주들과 다른 나라들의 모범이 되었다.

산체스 주지사는 주 정부 재정이 바닥나자 베니타의 전폭적인 지원을 받아 재단 기금 상당액을 떼어내 집 없는 사람들의 의식주를 해결해주는 것은 물론 실업자들을 대상으로 직업훈련 프로그램을 마련했다. 다비드는 지칠 줄 모르는 열정으로 불황이 낳은 사회문제를 타개하려고 했다. 오악사카 주 곳곳을 돌아다니며 분노와 절망에 빠진 사람들의 이야기를 듣고, 그들을 참상에서 구하기 위해 피나는 노력을 했다.

2039년 여름 멕시코에서는 정부에 불황 대책을 요구하는 시위가 다반사로 일어났다. 게릴라 단체들도 세력을 점점 확장시켜 치아파스 주 대부분 지역과 그외 서너 지역을 더 점령했다며 큰소리를 치고 나왔다.

상황이 이렇게 되자 멕시코 정부는 그해 10월 치아파스가 아직 정부 통제 아래 있다는 것을 보여주기 위해 대규모 군대를 파견했다. 정부군과 신사파티스타 군 사이에 벌어진 유혈사태로 1천여 명의 남녀가 목숨을 잃었다.

다비드 산체스 주지사는 멕시코 전역에 방영된 연설을 통해 서로의 차이점을 슬기롭게 극복하지 못한 정부와 게릴라 조직 모두를 질타하면서, 멕시코 국민은 하나로 뭉쳐 세계 불황으로 야기된 '가공할 위협'을 슬기롭게 헤쳐나가자고 역설했다. 그 후 며칠 뒤 대학에서 한 번 본 적이 있는 믹스텍족 한 사람이 게릴라 조직의 전갈을 가지고 그를 만나러 왔다. 그는 다비드에게 신사파티스타 게릴라 지도자 카를로스 사우세다를 비밀리에 만나, 게릴라 조직과 정부간의 중재자로 나서볼 의향이 있는지 물어보았다.

그의 안전을 염려하는 베니타를 뒤로하고 다비드는 치아파스 주 경계에서 그리 멀지 않은 오악사카 주의 후치탄에서 20킬로미터 떨어진 한 농가에서 사우세다를 만났다. 사우세다는 친정부 성향을 지닌 멕시코 언론에 의해 '잔인한 킬러'로 알려진 인물이었다. 하지만 만나보니 그는 멕시코 국내뿐 아니라 세계 정세에도 밝은 지성과 통찰력을 겸비한 인물이었다. 다비드와 사우세다 사이에도 뭔가 통하는 감정이 일어났다.

그 다음주, 신사파티스타 게릴라 지도자는 임시 휴전을 선언하고, 오악사카 주지사 다비드 산체스가 협상의 중재자로 나서준다면 정부와 협상을 벌일 용의가 있음을 시사했다. 그러잖아도 수백 가지 산적한 문제들 때문에 골머리를 앓고 있던 멕시코 정부는 그 제의를 선뜻 받아들였다.

다비드는 강력하고 공명정대한 중재자로서 정부와 신사파티스타간의 협상을 성공적으로 이끌었다. 여기서 보여준 능력으로 그는 멕시코 정치의 전면으로 부상했다. 양측의 협상은 2040년 초에 마무리되었다. 협상 결과 치아파스 주 의회와 멕시코 국회에서의 원주민 발언권 확대, 원주민의 자치권 확대, 영구적인 정전停戰, 반란군에 대한 사면 등의 타협안이 마련되었다.

이러한 성과를 얻기 전까지만 해도 다비드 산체스의 명성은 베니타 코르데로의 남편이라는 점에 힘입은 바 컸다. 오악사카 주지사로서 거둔 업적도 그를 탁월한 인물로 만들어주기에는 역부족이었다. 멕시코에서나 다른 나라에서나 그가 주지사로 선출된 것은 베니타의 돈과 유명세 덕이었다는 게 중론이었다.

2040년 봄, 다비드 산체스는 2042년에 치러질 멕시코 대선의 차기 대통령 후보로 거론되었다. 대통령 후보감들의 호감도를 묻는 두 번의 여론 조사에서 다비드가 유권자들의 압도적인 지지를 받는 것으로 나타나자 야당연합은 각 정당의 차이점을 극복하고 다비드에게 대통령 후보직을 제의했다. 심지어 PRI(제도혁명당이라는 시대착오적인 명칭 대신 영문 약자로 더 잘 알려진 정당이다), 즉 집권 여당까지 심기일전하여 다비드가 입당하기만 하면 대통령 후보로 추대하겠다고 나섰다. 다비드는 PRI의 제의를 즉각 거절했다. 대혼란 후 산적한 여러 문제들을 신속하고 공정하게 처리하지 못한 지리멸렬함과 재집권의 16년간 계속돼온 부패 스캔들을 너무도 잘 알고 있었기 때문이다.

다비드는 자신이 대통령 후보로까지 거론되는 사실에 무척 고무되었고, 대권의 포부도 가지고 있었다. 하지만 개인적으로 선거에 나가도 좋은지에 대해서는 다소 불안을 느꼈다. 다비드는 베니타와 그 문제에 대해 장시간 의논했다. 그는 만일 그녀가 백 퍼센트 찬성하지 않으면 출마하지 않겠다고 말했다. 처음에 그녀의 태도는 미온적이었다. 유세를 치르는 동안, 그리고 만일 당선이 되면 대통령이라는 막중한 책무 때문에 심신이 고갈되리라는 점을 너무도 잘 알았기 때문이다.

베니타는 특히 아이들의 교육이 걱정스러웠다. 2040년 여름 길레르모는 겨우 아홉 살이었고 안젤리나는 여덟 살이 채 안 된 어린아이였다. 그 같은 성장기 아이들에게 아버지가 함께 있어주지 못할까 봐 걱정한 것이다.

안토니오 에스칼란테는 《오악사카의 천사》에서, 결국은 남편의 대통령 출마로 결론을 내린 베니타의 심적 갈등을 이렇게 기록했다. "그녀는 아이들과 남편의 장래 사이에서 갈등했다. 다비드와 베니타는 아이들에게 양육과 동기부여를 조화롭게 제공해주는 부모였다. 하지만 그녀 혼자 맡을 경우 그 조화는 깨질 것이 분명했다. 한편 베니타가 보기에 남편은 어려운 시기에 멕시코를 이끌어나갈 최적의 지도자였다. '조국의 안위보다 아이들의 교육을 더 걱정하다니, 내가 너무 이기적인 거야.' 베니타는 그렇게 자신을 설득했다."

다비드의 대통령 출마를 지지하기로 한 베니타의 결정에는 양가 부모의 절대적인 지지가 중요한 역할을 했다. 네 사람 모두 베니타를 직접 찾아와 다비드가 함께하지 못하는 시간만큼 자신들이 아이들과 함께 있어주겠다며 그녀를 안심시켰다. 주변의 그 같은 격려가 있었기에 베니타는 쉽게 결정을 내릴 수 있었다. 아이들의 손실은 곧 멕시코의 이익이었던 것이다.

2040년 가을 다비드 산체스는 대통령 후보자로서의 정책지침을 만들었다. 중차대한 일인 만큼 국내외 지도자와 석학들의 자문을 받아 심혈을 기울였다. 3개월간 1천 여 명의 사람들과 이메일을 교환하며 내용을 꼼꼼히 점검했다. 11월과 12월에는 10여 명의 저명인사를 오악사카로 초청하여 토론회를 갖기도 했다. 초청한 인사들에게는 토론회에서 다뤄질 내용을 상세하게 정리하여 일주일 전에 미리 보내주었다. 대통령 후보감을 묻는 여론 조사에서 이미 압도적인 지지를 받았던 터라 다비드의 초청을 받고 거절하는 사람은 없었다. PRI(제도혁명당)에 소속된 자문역까지 기꺼이 와줄 정도였다.

토론이 끝나고 밤에 베니타와 단둘이 있을 때면 다비드는 그날 제기된 문제들을 함께 이야기했다. 그가 요점을 말하면 그녀가 의견을 제시했다. 이 한밤중 토론을 통해 베니타는 멕시코가 직면한 여러 정치 현안들을 빠르게 습득했다. 때로는 조금 색다른 관점을 제시하기도 하고, 특정 인물에 대해 깊이 있는 생각을 말하기도 하여 정강의 논쟁 부분에 대해 다비드가 결정을 내리는 데 도움을 주었다. 12월 초가 되자 정강 내용이 얼추 완성되었다. 다비드는 새해가 지나면 바로 대통령 후보 수락과 자신의 정강을 발표할 계획이었다.

2040년 멕시코인들은 침울한 크리스마스를 맞았다. 나라는 출구가 보이지 않는 역사상 최악의 불황으로 꽁꽁 얼어붙었다. 국내 총생산은 4년째 내리막길을 걷고 있었다. 실업률도 30퍼센트를 넘었다. 그해에는 또 은행 10여 군데가 파산하여 정부의 보증만 믿고 금융기관에 돈을 맡겼던 수십만 명의 사람들이 길거리로 내몰렸다. 멕시코시티의 차풀테펙 공원은 집 없는 사람 2만여 명이 들어앉은 천막촌으로 변했다. 전국적으로 5백만 명의 어린이들이 영양부족에 시달렸다. 국민들은 외채 이자만이라도 제때 지불해야 한다는 따위의 문제나 신경 쓰는 멕시코의 과두정부에게서 등을 돌렸다.

오악사카의 산체스 가족도 2040년 크리스마스는 선물 없이 조용히 보냈다. 그 대신 베니타 코르데로 재단은 오악사카 시와 주에 산재한 수십 개의 공공기관에 무료로 저녁식사를 제공했다. 오악사카 시 거리에는 저녁 배식을 받으려는 사람들의 줄이 끝없이 이어졌다. 베니타와 다비드는 오악사카 소칼로에서 열린 행사에서 오악사카인 수천 명과 어울려 한 시간 동안 크리스마스 캐럴을 불렀다.

2041년 1월 초 오악사카 주지사 다비드 산체스는 멕시코시티에서 전 세계의 언론인 수백 명이 모인 가운데 기자회견을 갖고 대통령 출마를 공식 선언했다. 그리고 자신이 만든 정강의 골자를 간략히 설명했다. 산체스 박사는 먼저 멕시코의 모든 국민, 그 중에서도 특히 어린이 복지를 위해 힘쓰겠다고 말했다. 크리올이든 메스티소이든 원주민이든, 모든 멕시코인들이 의식주, 교육, 의료, 기타 기본적인 생활을 보장받도록 하겠다는 것이었다. 그때까지는 정부의 다른 현안을 미뤄두겠다고 말했다. 그는 또 멕시코의 장래에 대해서도 언급했다. 미국의 단순한 부품 공급업자가 아닌 기술강국이 되기 위하여 지속적인 정책을 추진해갈 것이며, 거기에는 국가의 기술적 토대를 향상시키기 위한 교육 및 훈련 프로그램도 포함될 것이라고 말했다.

산체스 박사는 엄청난 실업률을 타개할 방안도 내놓았다. 공공사업을 추진하여 가까운 장래에 실업자들에게 일자리를 제공해주겠다고 말했다. 멕시코 전역에 퍼져 있는 콜럼버스 이전 시대의 유적지를 정리, 재건, 보존하는 일도 그런 일 중의 하나였다. 산체스 박사는 또 전기, 통신, 교통 시설과 같은 기간산업을 국유화하여, '빈곤한 사람들도' 현대 기술의 기본 혜택을 누릴 수 있게 하겠다고 약속했다. 필요하면 외채 지불금을 대폭 줄여서라도 국민의 생활수준을 향상시키겠다고 했다. 또한 과세표준은 높아지는데 세율은 낮아지는 역진세逆進稅를 최소화하여, 소득이 높고 부유한 사람이 세금을 많이 내도록 조세개혁을 단행하겠다고 말했다.

산체스 박사의 정강이 빈곤층과 소외계층에 초점을 맞추고 있는 것은 사실이다. 그렇다고는 해도 외신, 특히 미국의 언론은 좀 지나친 면이 있었다. 미국 언론은 산체스 박사의 정강 중에서도 유독 미국을 비롯한 다른 나라와 멕시코와의 관계에 영향을 미칠 내용만 중점 보도하여, 산체스 후보의 제안은 미 의회에서 국가의 공적에게나 해당될 만한 신랄한 비판을 받았다. 미국 텔레비전의 주말 정치 프로그램에서도 출연자들이 산체스 박사의 정강에 '사회주의'니 '공산주의'니 하는 용어를 갖다 붙이며 그의 명예를 훼손했다. 미국의 보수 정치인들은 '멕시코에 불어닥치고 있는' '위험한 정치운동'에 대해 경고하고 나섰다.

멕시코의 상황은 미국과 달랐다. 멕시코인들은 산체스 박사의 정강에 포함된 포퓰리즘적 요소에 전폭적인 지지를 보냈다. 산체스 박사가 가는 곳마다 거대한 군중이 운집하여 환호를 보냈다. 2041년 초 과달라하라와 푸에블라의 선거유세에서는 군중의 우레와 같은 박수소리에 막혀 연설이 몇 번이나 중단되는 사태가 일어났다. 유세를 할 때마다 산체스 박사는 폭력사태로 번진 지난 1월의 멕시코시티 학생시위에 대해 언급하면서 민주주의로 가는 과정을 좀더 참고 인내해줄 것을 요청했다. 그의 연설은 늘 20세기 미국 민권운동의 슬로건이었던 '우리는 승리하리라We shall overcome'의 에스파냐어 복창으로 끝났다.

2041년 5월 여론 조사에서 나타난 압도적인 지지율로 볼 때 이듬해 대통령 선거에서 다비드 산체스 후보가 당선되리라는 것은 확실해 보였다. 한편 미국의 우익 보수주의자들 사이에서 산체스 후보는 혐오의 대상이 되어 있었다. 어느 유명 학자는 매주 출연하는 텔레비전 프로그램에서 다비드 산체스 박사의 정책을 "위험할 정도로 반미국적"이라고 하면서, 멕시코 선거가 끝나면 양국 관계는 적대적으로 변해 "서반구의 안정이 흔들릴 것"이라고 내다보았다.

2041년 5월 19일 다비드 산체스 후보는 10여만 명의 관중이 운집한 몬테레이 시 신축 축구경기장에서 연설을 마친 뒤 시내의 한 호텔에서 몬테레이 시 대표들과 모임을 가질 예정이었다. 그가 도착하기 전 호텔 주변은 철저한 보안이 이루어졌다. 그런데 호텔 회전문을 통해 로비로 들어서는 순간 복면한 괴한 세 명이 기관총으로 그를 난사했다. 다비드는 벌집이 되어 그 자리에서 즉사하고 함께 있던 네 명의 당직자도 숨졌다. 암살범들은 아수라장이 된 범죄현장에서 감쪽같이 사라졌다. 산체스 암살범들은 영영 체포되지 않아 세간에는 다비드 암살을 두고 구구한 억측이 나돌았다.

다비드 산체스 박사의 시신은 오악사카로 옮겨져 내외 귀빈이 참석한 가운데 성대한 장례식이 치러졌다. 영구차가 시가지를 지나 장지인 오악사카 성당까지 가는 동안 수많은 인파가 추도의 물결을 이루었다. 그의 시신은 11년 전 베니타와 결혼식을 올린 오악사카 성당에 안장되었다.

전 세계인들은 산체스 박사의 비극적인 죽음에 애도를 표하며 홀로 된 미망인과 어린 자녀들에게 동정을 보냈다. 장례식에서 혼이 나간 듯 망연자실해 있는 베니타의 모습은 21세기의 가장 인상 깊은 사진으로 사람들의 가슴속에 남았다. 사진 속의 그녀는 검은 상복을 입고 양팔로 어린아이들을 꼭 끌어안고 있었다. 어린 두 자녀도 베니타의 손을 꼭 잡고 있었다. 베니타의 오른쪽 뺨 위로는 굵은 눈물 방울이 흘러내리고 있었다. 그녀의 고운 얼굴은 초췌했고, 두 눈은 깊은 고통과 슬픔에 젖어 있었다.

중남미의 새 지도자

다비드 산체스의 장례식이 있기 전부터 멕시코 정가에는 미망인이 그의 유지를 받들어 대통령에 출마할 것이라는 소문이 파다하게 퍼졌다. 멕시코 언론은 고인과 가족에 대한 예의로 암살 직후 며칠간은 그 같은 보도를 자제했다. 하지만 미국 언론은 예의 따위는 안중에도 없었다. 산체스 박사의 장례식날 〈워싱턴 포스트〉는 한 칼럼에서, 산체스 박사의 죽음으로 멕시코에는 커다란 지도력 공백이 생겼으며 그 공백을 메울 사람은 오직 한 사람밖에 없다고 지적했다. 그 사람은 바로 베니타 알칼라 코르데로 산체스였다.

베니타의 전기작가 안토니오 에스칼란테에 따르면 베니타는 장례식이 끝난 뒤 열흘 동안 외부와의 연락을 끊은 채 아이들과 함께 집 안에만 칩거했다고 한다. 개인적인 애도기간을 갖기 위해서였다. 전화 코드도 뽑고 텔레비전 스위치도 내려놓았다. 음식과 생필품을 제외하고 신문과 잡지배달도 중단시켰다. 집 밖에 진을 친 파파라치들은 베니타의 부친 길레르모의 모습만 겨우 볼 수 있었다.

저택 안에서는 다비드의 개인용품과 서류를 정리하여 베니타 코르데로 재단 이사장실 옆에 붙은 손님 접대용 숙소로 옮기는 작업이 한창 진행 중이었다. 장례식이 끝나고 열하루째 되는 날 마르가리타 코르데로는 오악사카 주의 한 신문사 기자에게 연락을 취해 베니타의 성명서가 준비되었다고 알렸다. 그 기자는 베니타의 중학교 동창으로 학교 때부터 줄곧 베니타 가족과 가깝게 지내고 있었다. 베니타는 언론에 배포한 성명서에서 2주만 더 개인적인 애도기간을 갖게 해달라고 요청했다. 그 다음에는 언론에 스스로 모습을 드러내겠다고 말했다.

그 2주가 되기 전의 어느 일요일 새벽 4시, 베니타는 은밀히 저택의 뒷문을 빠져나가 공항으로 차를 몰았다. 그러고는 누군가의 개인 전용기를 타고 쿠에르나바카로 갔다. 공항에서는 비밀 엄수를 다짐한 남편의 측근들이 그녀를 기다리고 있었다. 그들은 한결같이 충성을 맹세하며 그녀에게 대통령에 출마할 것을 권유했다. 그 모임의 참석자로 후일 베니타 정부의 외무장관을 지낸 곤살로 콜로시오는 그의 자서전에서, 모임에 임한 베니타의 태도는 "놀랄 정도로 냉정했다"며 당시를 회고했다. "그녀는 남편의 정강에 대해 토의를 한 뒤 개선이나 수정을 할 수 있도록 철저히 준비해놓고 있었다. 후보로 나설지에 대해서는 아직 결단을 내리지 못했다고 했지만 그녀의 행동이나 관심으로 보아 출마 쪽으로 마음을 굳힌 것 같았다."

베니타 코르데로는 남편의 장례 후 처음 모습을 드러낸 공개석상에서 대통령 출마를 선언했다. 언론계 일각에서는 남편이 암살된 지 한 달도 채 안 된 상태에서 성급한 결정을 내린 것을 두고 그녀를 비난하기도 했다. 그 같은 비난에 대비하여 베니타는 답변을 미리 준비해왔다. "남편 시신의 온기가 아직 식지도 않았는데 선거전에 뛰어든 것은 저의 개인적인 욕심 때문이 아닙니다. 개인적인 애도기간을 더 오래 갖고 싶은 마음이야 아이들이나 저나 왜 없겠습니까. 하지만 우리는 지금 시간이 없습니다. 선거가 너무 임박해 있기 때문입니다. 남편이 목숨 바쳐 하다 만 일, 멕시코 국민을 위한 과업을 계속해나가기 위해서는 지금부터 시작해도 늦을 판입니다."

베니타의 유세 스타일은 남편과는 확연하게 달랐다. 다비드는 다소 구식이어서 되도록 대중 앞에 모습을 많이 드러내고 사람들과 일일이 '악수를 하는' 타입이었다. 그에 반해 베니타는 수년의 가수생활로 군중과의 대면이 전혀 낯선 것이 아니었음에도 텔레비전이나 인터넷 언론을 통해 자신의 메시지를 전했다. 저택에 딸린 별채 하나를 아예 스튜디오로 개조하여 연설의 대부분을 그곳에서 했다.

베니타는 남편의 주요 공약을 빠짐없이 채택했다. 대통령 출마를 선언하자마자 미국의 대표적인 저널리스트가 자신을 '지적인 열등생'이라고 낮춰 부른 것을 기억하는 그녀는 대내외적으로 이 같은 선입견을 불식시키기 위해 머리를 싸매고 멕시코의 모든 현안을 철저히 공부했다.

유세 막바지에 이르러서는 막상막하의 경쟁자를 저만치 따돌린 것으로 여론 조사에서 나타났기 때문에 그럴 필요가 전혀 없었는데도 측근의 권고를 무시하고 생방송 텔레비전 프로그램에 출연하여 세 명의 저널리스트와 선거공약을 놓고 치열한 공방전을 벌였다. 베니타는 경제, 국제정치, 멕시코 역사, 국내 문제를 완벽하게 이해하고 있음을 보여주면서 그들의 공격을 능숙하게 맞받아쳤다.

그녀는 또 몇몇 골치 아픈 현안에 대해서도 속시원하게 답변했다. 한 저널리스트가 '무슨 돈이 있어서' 수백 개의 학교를 세울 것이며, 멕시코인들에 대한 기술교육 프로그램을 어떻게 마련할 것이냐는 질문에 그녀는 이렇게 대답했다. "우리나라는 지금 이전 행정부가 외국 금융기관들에게 진 빚을 갚느라 허리가 휠 지경입니다. 제 생각은 분명합니다. 우리 멕시코인들의 세금은 뉴욕이나 토론토로 송금이나 해주고 소수 선택받은 자들의 배나 불려주는 빚 변제를 하기보다는 국민복지와 새로운 멕시코 건설에 쓰는 것이 훨씬 더 중요하다는 것입니다."

미국의 언론과 정치인들이 다비드와는 달리 베니타에게 조금 부드러운 태도를 보여주었던 것은 그녀가 여성인 데다 세계인의 사랑을 받는 유명인사였기 때문이다. 최소한 유세기간에는 그랬다. 하지만 그녀가 압도적인 표차로 대통령에 당선되고, 당선된 뒤 곧바로 미국 자본이 상당액 투입된 교통, 통신 등의 기간산업을 국유화하는 조치를 단행하자 미국은 본색을 드러내며 공격의 포문을 열었다.

기업인들을 대신하여 중재에 나선 미국 정부는 출발부터 양국 관계를 망쳐놓았다. 미국 정부는 베니타의 새 정부와 건설적인 대화를 하여 새로운 정책을 이해하려는 모습을 보여주기는커녕 짐짓 생색내는 듯한 태도로 경제적 압력과 은근한 협박을 가하며 멕시코 국내 정책에 영향력을 행사하려 했다. 이 두 가지 방법 다 베니타를 격노시켰다.

미국은 베니타의 역량과 단호함뿐만 아니라, 베니타에 대한 멕시코인들의 지지에 대해서도 완전히 오판을 하고 있었다. 베니타가 '북부의 대국'에 공개적인 도전장을 던지자 국민들의 지지도는 오히려 더 올라갔다.

베니타는 석유사업과 천연가스 사업을 다시 국유화하는 조치에 대해 미국의 비난이 쏟아지자 2043년 2월 멕시코 국영 텔레비전에 나와 열변을 토했다. "워싱턴, 로스앤젤레스, 뉴욕 사람들이 나에게 무슨 말을 하든 그것은 중요하지 않습니다. 중요한 것은 우리 멕시코 어린이들을 교육시키는 것, 그들에게 더 밝은 미래의 희망을 심어주는 것입니다." 이 말을 하고 나서 잠깐 숨을 고른 뒤 베니타는 카메라를 똑바로 쳐다보며 이렇게 말했다. "이 끔찍한 경제불황의 책임은 우리에게 있지 않습니다. 그렇지만 우리는 절망과 비탄의 굴레를 벗어날 방법, 멕시코 고유의 방법을 찾고야 말 것입니다. 한치의 망설임도 없이 멕시코인들에게 옳다고 생각되는 일을 해나갈 것입니다."

2043년 5월 외국 채권은행들과의 협상이 결렬되자 베니타 코르데로는 멕시코 중앙은행에 외채 지불을 전면 중단할 것을 지시했다. 그와 동시에 페소화 가치의 폭락을 막기 위해 달러 대 멕시코 화폐의 환율을 일시 동결했다. 그녀는 또 정부 예산에 의한 사업규모를 대폭 확대하여 몇 년 동안 실직 상태에 있던 수십만 멕시코인들에게 일자리를 제공해 주었다. 20세기의 대공황에서 미국을 구해준 프랭클린 루스벨트의 공공사업진흥국WPA을 본뜬 이 새로운 사업은 정부의 적자지출로 시행되어 보수적 경제학자들의 맹렬한 비난을 받았다.

중남미 아메리카의 다른 나라들은 멕시코에서 벌어지는 상황을 흥미롭게 지켜보았다. 이들 나라 역시 막대한 외채에 허덕이고 있었기 때문이다. 또한 서반구 자유무역협정WHFTA에 묶여 값싼 노동력을 제공하고 로테크 제품 생산만 해주고 있을 뿐, 기술 발전의 기회는 얻지 못하고 있었기 때문이다. 서반구 자유무역협정이 가져온 예상치 못한 결과의 하나는 경제가 늘 똑같은 방식으로 지속된다는 점이었다. 이 말은 곧 중남미 국가들이 편한 길만을 좇는 한 경제적으로 미국의 종속상태를 벗어날 수 없다는 의미였다. 서반구 자유무역협정의 또 다른 부산물은 미국 경제에 대한 중남미 국가들의 전적인 의존이었다. 미국이 불황의 기미만 보여도 중남미 국가들에게는 치명타가 되었다. 대혼란으로 중남미 국가들은 2010년 이래 최악의 경제불황을 맞고 있었다.

2044년 말, 전면적인 조세개혁 단행으로 부의 재분배가 서서히 이루어지면서 멕시코는 차츰 불황의 그늘에서 벗어나기 시작했다. 실업률도 감소했고 7년 만에 처음으로 개인 소득도 늘어났다. 무엇보다 국민들이 희망을 느끼고 있었다. 이 변화의 주역은 물론 베니타 코르데로였다. 취임 즉시 갖기 시작한 주례 텔레비전 연설은 국민들의 사기를 진작시키고 분별심을 높여주었다. 이들 연설에서 그녀는 국민들을 향해 모두 함께 노력하여 나라를 불황의 늪에서 구하자고 간청했다.

미국의 역사가 레이첼 루켄스는《베니타 코르데로 : 멕시코의 혼 Benita Cordero: The Soul of Mexico》에서 멕시코의 부활에서 베니타가 차지하는 중요성을 이렇게 설명했다. "그녀는 멕시코 국민들의 여신이자 어머니였다. 베니타는 사람들에게 누구도 준 적이 없는 용기, 사랑, 자긍심을 심어주었다. 대통령 재임기간 내내 계속된 주례 텔레비전 연설은 하나의 현상이었다. 제2차 세계대전 때의 윈스턴 처칠을 제외하고 그녀만큼 국민들에게 지대한 영향을 미친 국가원수는 없었다."

미국과 캐나다의 금융업자들에게는 실망스럽게도 중남미의 다른 나라들도 곧 멕시코의 예를 따라 외채 지불을 중단하거나 삭감했다. 이들 나라로부터 들어오던 돈줄이 끊어지자 2044년 북미 은행들의 재무구조는 더욱 악화되었고, 그 결과 금융업계에는 대혼란기의 그 어느 때보다 파산과 합병 건수가 증가했다. 미국 정부는 이들 나라의 채무 불이행을 강력히 비난했다. 하지만 대부분의 미국 국민, 특히 젊은층과 개인 부채에 시달리고 있던 사람들은 중남미 국가들이 처한 참상에 공감을 표시했다. 2044년 말에 실시된 여론 조사에 따르면 미국 유권자의 54퍼센트가 놀랍게도 중남미 국가들이 불황의 그늘에서 벗어날 수 있도록 그들의 부채를 '대폭 삭감해주거나' '면제해주는 것'이 마땅하다는 의견을 제시한 것으로 나타났다.

2045년 3월 칠레의 산티아고에서는 범아메리카대륙 경제회의가 열렸다. 미국의 신임 대통령 샌디 퍼트넘은 중남미 국가들과의 관계개선을 원하는 자신의 의지를 보여주기 위해 친히 사절단을 이끌고 회의에 참석했다. 참석자들은 각국의 부채상황을 점검하고 서반구 자유무역협정 내용을 변경하는 등 여러 복잡한 의제를 처리할 예정이었다.

노스캐롤라이나 주지사 출신인 퍼트넘은 민주당 대통령 후보로 출마하면서 두 가지 공약을 내걸었다. 하나는 '불황의 고난'을 끝내겠다는 것이었고, 다른 하나는 전임 공화당 출신 대통령들의 '정책을 전면' 재검토하겠다는 것이었다. 그의 이번 산티아고 회의 참석은 범아메리카대륙의 새로운 경제협력 시대를 열고 서반구에서의 미국의 지도력을 재확인하기 위한 것이었다.

퍼트넘 대통령은 산티아고 본회의의 개회사 연사로 초청되었다. 사안이 사안이었던 만큼 미국과 중남미 국가들은 텔레비전과 인터넷을 통해 그의 연설을 생중계했다. 그는 유화적인 태도로 중남미 국가들에 대한 미국의 과거 정책이 '남쪽의 우방국들'에게 늘 최선이 되지는 못했음을 인정했다. 그러면서 앞으로 그의 행정부는 주변국들의 말을 '좀 더 주의 깊게 경청하고' '균형 잡힌 합의를 도출하여' '모든 당사국들에게 실질적인 이익'을 줄 수 있도록 더욱 분발하겠다고 다짐했다.

본회의는 2034년에 신축된 산티아고 컨벤션센터 중앙 건물에 위치한 대형 공연장에서 열렸다. 주최측은 퍼트넘 대통령의 연설에 대한 관심이 워낙 높았기 때문에 일반인에게도 본회의장을 공개하여 공식 사절단 수백 명 외에 3천 명의 청중을 더 받아들였다. 회의 참석자들은 로프로 분리된 구역의 앞쪽에 앉았고, 일반 청중은 뒤쪽에 앉았다.

퍼트넘 대통령이 연설을 시작할 찰나 베니타 코르데로가 조심스럽게 회의장으로 들어와 멕시코 사절단 사이에 앉았다. 그녀의 보좌관들, 심지어 외무장관 곤살로 콜로시오까지 그녀의 참석을 알지 못했다. 《오악사카의 천사》에 따르면 베니타는 회의 전날 저녁까지도 참석 여부를 결정하지 못하다가, 퍼트넘 대통령의 연설문을 미리 읽어보고서야 비로소 참석을 결정했다고 한다.

무엇이 멕시코 대통령으로 하여금 그 복잡한 스케줄을 다 미루고 칠레까지 날아오도록 만든 것일까? 에스칼란테는 이렇게 설명했다. "베니타는 뛰어난 정치감각을 지닌 여성이었다. 어쩌면 그녀는 퍼트넘 대통령의 연설문을 읽으면서, 그의 친근하고 유화적인 정책 때문에 범아메리카대륙의 전체적인 관계에 급작스러운 변화가 초래되지나 않을까 우려했던 것 같다. 무엇보다 신경이 쓰였던 점은 관대하고 온정적으로 변한 미국의 태도가 지난 2년간 멕시코와 중남미 국가들에게 급속히 퍼져나간 자족과 경제독립의 운동을 해치지 않을까 하는 것이었다."

한편 회의 참석자들 사이에는 베니타 코르데로의 도착 사실이 재빨리 퍼져나갔다. 퍼트넘 대통령의 연설이 진행되는 동안에는 그 사실이 청중석에까지 알려졌다. 대통령의 연설이 끝나고 의례적인 박수소리가 잦아들기도 전에 회의장 뒤편 청중석에서는 연호가 시작되었다. 박수가 끝나자 "베-니-타, 베-니-타" 하고 외치는 소리는 더욱 크고 명료하게 울려퍼졌다. 뭔가 돌발적인 사건이 일어날 것을 예감한 미국 방송사들은 생방송 시간을 늘려 잡았다.

회의장 연단에서는 방금 악수를 마친 미국 대통령과 칠레 대통령이 어리둥절한 표정으로 청중석을 바라았다. 그 순간 칠레 대통령의 보좌관이 연단을 가로질러와 대통령의 귀에 뭔가를 속삭였다. 순간 로베르토 가르시아 대통령의 얼굴이 움찔하며 변했다. 그는 잠시 숨을 고른 뒤 마이크 앞으로 다가섰다.

연호소리는 갈수록 커졌다. 가르시아 대통령의 말은 연호 속에 묻혀버렸다. 보다 못한 그의 보좌관이 마이크를 잡고 회의장 질서를 바로잡으려 했다. 마침내 연단으로 돌아온 가르시아 대통령이 말했다. "듣자하니 멕시코 대통령 베니타 코르데로 여사가 이곳 청중석에 와 계시다고요." 그 말을 하기가 무섭게 회의장이 들썩이며 연호소리가 더 크게 울려퍼졌다. "베-니-타, 베-니-타!" 회의장이 떠나갈 정도로 큰 소리였다. 연단에서는 가르시아 대통령과 퍼트넘 대통령이 잠시 말을 주고받더니 멕시코 사절단 쪽으로 신호를 보냈다. 그리고 잠시 뒤 베니타 코르데로가 조명을 받으며 연단 쪽으로 천천히 발걸음을 옮겼다.

그녀가 연단으로 올라서자 연호소리는 우레와 같은 박수소리로 변했다. 퍼트넘 대통령과 악수를 나누고 가르시아 대통령과는 포옹을 한 뒤 베니타는 열렬하게 박수를 보내는 청중들에게 환하게 미소 띤 얼굴로 양팔을 벌리고 여러 번 답례의 키스를 보냈다. 그러고 나서 마이크 앞으로 다가섰다.

"동지 여러분." 그녀의 말이 시작되자 청중석에서 연호와 환호와 박수소리가 터져나왔다. 박수소리가 가라앉기를 기다려 그녀가 에스파냐어로 짧지만 강렬한 즉석연설을 했다. 역사가들에 따르면 그 연설을 계기로 베니타는 멕시코 대통령에서 서반구 비영어권 나라 국민들의 대변자가 되었다고 한다.

이 연설에서 베니타는 중남미 국가들의 인구가 미국과 캐나다 인구의 두 배에 이른다는 점을 지적했다. 또한 '리오그란데 강 이남(리오그란데 강은 미국 텍사스 주와 멕시코 사이의 경계를 이루는 강으로, 그 이남은 멕시코를 가리킨다—옮긴이)' 사람들의 1인당 국민소득이 미국과 캐나다의 4분의 1에도 못 미친다는 점을 통계를 인용해 이야기했다. 이 비율은 20년간의 번영과 10년간의 경제불황에도 변함이 없었다.

그 다음 베니타 코르데로는 연단 뒤쪽으로 몸을 돌려 퍼트넘 대통령을 똑바로 쳐다보며 영어로 이렇게 말했다. "우리는 미국의 가난한 친척이 되지는 않겠습니다. 우리가 원하는 것은 동등한 관계예요. 미국의 아이들과 손자들이 누리는 기회를 우리 아이들과 손자들도 누리게 해주고 싶어요. 동등한 관계의 일부로 우리에게 한 가지 약속을 해주십시오. 남미 아이들이 미국 아이들과 똑같은 꿈과 희망을 가질 수 있도록 미국도 변하겠다고 말입니다."

베니타 코르데로는 퍼트넘 대통령에게 한 말을 에스파냐어로 청중들에게 반복하여 말했다. 이어 터진 박수소리가 "브라보" 소리에 막히는가 했더니 "베-니-타"를 연호하는 소리가 회의장을 가득 메웠다. 베니타는 청중들에게 여러 번 '정숙'을 요청한 뒤에야 연설을 재개할 수 있었다. 마지막으로 베니타는 회의의 특정 안건을 언급하면서, 서반구 나라들간에 현존하는 경제협력은 새롭게 변화해야 한다는 점을 강조하는 것으로 짧은 연설을 마무리했다. 그녀는 그 변화들이 서반구에서의 새롭고 동등한 관계를 원하는 자신의 비전과 전적으로 일치하는 것이라고 역설했다. 베니타가 제안한 안건들은 향후 15년간에 걸쳐 이런저런 형태로 모두 시행되었다는 점에서 그녀의 비전에 바쳐진 찬사였다.

베니타 코르데로 대통령의 6년 임기는 2048년에 끝났다. 어떤 기준을 적용한다 해도 그녀의 대통령직 수행은 성공적이었다. 6년 전에 비해 멕시코인들의 생활수준은 크게 향상됐을 뿐 아니라 국가적 노력으로 문맹률도 크게 떨어졌다. 전 세계의 소프트웨어 프로그램, 엔지니어링, 생물의학 분야에서도 멕시코인들의 활약이 두드러졌다. 멕시코인들의 기술역량 향상을 목표로 연방프로젝트를 시행한 결과였다.

베니타와 그녀의 정책에 비판적인 사람들은 베니타의 대통령 재임기간은 경기순환 법칙에 따라 세계경제가 불황의 긴 잠에서 깨어나기 시작한 시기와 우연히 일치했을 뿐이라고 비꼬았다. 다시 말해 그녀의 재임기간에 일어난 삶의 질 향상은 그녀의 역량과는 무관하다는 말이었다.

하지만 베니타 코르데로에 대해 가장 신랄한 비판자들조차 그녀가 멕시코인들에게 불어넣어준 자긍심만은 인정했다. 대혼란 직후 첫 10년간 그 자긍심은 멕시코를 넘어 라틴아메리카 전역으로 퍼져나갔다. 베니타는 또 국민들의 마음을 한껏 고양시켜준 대통령이기도 했다. 뛰어난 성과를 거둔 사람에게는 반드시 그에 합당한 치하를 하고 보상했다. 국가별, 주별로 등급을 세밀하게 나눈 포상제도를 마련하여 1년에 10여 차례는 반드시 시상식에 참석했다. 전국에 텔레비전으로 생방송된 '올해의 교사상' 행사만 해도, 부상으로 상당한 현금이 주어지는 상패를 그녀가 직접 수여했고, 시상식 후에는 저녁시간을 전부 할애하여 10여 명의 수상 후보자들과 함께 멕시코의 전통 음식, 음악, 춤 등을 즐기며 그들에게 평생 잊을 수 없는 밤을 선사했다.

베니타는 임기 2년을 남겨놓고 주례 연설을 통해 미국에 거주하는 고학력 멕시코인들을 향해 본국으로 돌아와 '멕시코의 영광스러운 부활'에 동참해줄 것을 호소했다. 언젠가는 의사, 간호사, 의료진들을 직접 지칭하면서 이렇게 말했다. "멕시코는 여러분을 필요로 합니다. 여러분은 이곳에서 더 인정받고 더 존경받을 수 있어요. 사회적인 지위도 보장됩니다. 여러분의 생각이나 재능을 유감없이 발휘할 수 있고 성취감도 얻을 수 있을 것입니다."

그녀는 또 미국에 거주하는 고학력 멕시코인들의 귀국을 목적으로 정부기관을 설립하기도 했다. 그녀의 이러한 노력은 결실을 맺어 대통령 재임 마지막 2년간 미국에서 돌아온 고학력 멕시코인들의 수는 멕시코에서 미국으로 떠난 사람들보다 두 배나 많았다.

멕시코 헌법에 따라 베니타 코르데로 대통령은 연임이 불가능했다. 그녀는 믿을 만한 측근들 중에서 신중하게 후계자를 선택했다. 대통령 재임 전반기에 교육부 장관을 지냈고 지난 3년간은 수석 보좌관을 지낸 마누엘 알바레스 박사가 그 주인공이었다. 알바레스 박사는 코르데로 대통령의 개혁정책을 계속 추진하겠다는 공약을 내걸어 2048년 선거에서 손쉽게 대통령에 당선됐다.

베니타 코르데로는 대통령직에서 물러난 뒤에도 10여 년간 멕시코 정치에 계속 관여했다. 하지만 이제 그녀는 정치활동은 줄이고 자신의 에너지와 관심을 또 다른 숭고한 목적을 실현하는 데에 쏟아붓기 시작했다. 그녀의 꿈은 중남미 국가들의 연합체를 만드는 것이었다. 천연자원과 인적자원이 풍부한 리오그란데 강에서 티에라델푸에고(남아메리카대륙 남쪽 끝에 있는 제도—옮긴이)까지의 광활한 영토에 걸쳐 있는 인구 10억 명의 초대형 연방을 만들겠다는 것이었다. 이 연방은 역사, 문화, 언어, 그리고 모든 사람들의 생활수준을 향상시킨다는 목적하에 결합될 것이었다. 이 같은 연방을 조직함으로써 비로소 미국과 대등한 자격으로 협상을 하여 종속상태를 벗어날 수 있다고 그녀는 생각했다.

그렇게 해서 2050년대에는 그럭저럭 베니타 코르데로의 지도력 아래 범아메리카협회가 창설되었다. 잘만 되었다면 이것은 베니타가 꿈꾼 초대형 연방의 설립 기반이 될 수도 있었다. 중남미 국가들은 미국을 비롯한 다른 나라들을 상대할 때 이따금씩 일치된 행동을 보여주기도 했다.

하지만 베니타가 생각한 이상은 실현되지 않았다. 세계경제가 회복되자 민족주의와 개별적인 정치 야망이 되살아나면서 그동안 설립된 다국적 기구들이 유명무실해졌기 때문이다. 그렇지만 베니타는 포기하지 않고 자신의 비전을 관철하기 위해 불철주야 노력했다. 전 국민, 특히 원주민 후손들에 대한 교육기회 확대와 미국으로부터의 경제적 독립이 그것이었다.

2071년 베니타 코르데로는 급성 폐렴에 걸려 잠시 생명이 위독한 상태에 빠졌다. 그것을 계기로 베니타는 사실상 공직에서 은퇴하여 10년의 여생을 오악사카의 저택에서 가족들과 함께 보냈다. 베니타의 집에는 그녀의 업적과 정신적 유산에 깊이 공감하는 세계 지도자들과 저널리스트들의 발길이 그치지 않았다.

2082년 10월 베니타는 우아함과 유머와 낙천성을 간직한 고운 모습으로 숨을 거두었다. 세계인들은 베니타의 사망에 애도를 표하고 그녀가 지녔던 비전과 지도력에 찬사를 보냈다. 미국의 지배력을 끊으려고 안간힘을 썼기 때문에 베니타와는 앙숙이었던 미국도 예외는 아니었다. 베니타는 진정 21세기가 탄생시킨 위대한 인물이었다.

승자와 패자

역사는 과거 위대했던 제국들의 잔해로 점철돼 있다. 이들 제국은 전성기 때는 모두 강력한 힘을 자랑했고, 그 안에 사는 사람들은 그 같은 강력한 상태가 영원히 지속되리라 믿었다. 하지만 가장 위대한 제국조차 때가 되면 쇠락의 길을 걸었다. 로마제국도 4백 년 동안 세계를 지배하다가 야만족에게 무릎을 꿇었고, 대영제국은 두 번에 걸친 세계대전으로 1세기 만에 힘을 소진했다.

미국의 힘과 영향력이 하늘을 찔렀던 2020년대에는 새로운 형태의 독특한 제국주의가 형성됐다. 물론 서구의 부자나라들은 완전한 독립국으로 고유한 민족성을 유지했지만 미국이 새로운 '제국'의 요체라는 사실은 부정할 수 없었다. '서구의 제국'은 이데올로기, 문화, 그리고 많은 경우 언어까지도 공유하는 자유무역지대의 굳게 결속된 자치국들의 느슨한 연합체, 즉 다국적 기구였다.

대혼란으로 세계의 지정학적 판도에는 커다란 변화가 일어났다. 2030년 세계 주식시장 붕괴로 대혼란이 일어나기 전만 해도 미국은 의심할 바 없는 초강대국이었다. 미국의 막강한 경제, 문화, 군사적 힘은 모든 나라를 압도했다. 하지만 30년 뒤, 세계 총생산이 다시 태평성대 기간의 수준을 회복하자 세계 권력구조에는 거부할 수 없는 변화가 일어났다. 그때에는 이미 멕시코의 베니타 코르데로가 북미 지배의 그늘을 벗어나 서반구 국가들의 지도자가 되어 있었다. 태평양 건너편에서는 용이 기지개를 켜고 있었다. 믿을 수 없을 만큼 짧은 기간에 중국은 군사, 경제적인 면에서 미국과 거의 대등한 위치에 섰다.

그외에도 대혼란이 개별 국가들에 미친 영향은 부지기수였다. 전 세계적인 경제불황으로 급속히 쇠락한 몇몇 일본과 같은 강대국들은 그 여파에서 영영 헤어나지 못했다. 그에 반해 계몽된 정책을 펴고 내적인 힘을 갖춘 국가들은 스스로의 힘으로 신흥강국이 되었다. 하지만 안타깝게도 가난한 나라들은 대혼란의 결과 더욱 극심한 빈곤의 수렁 속으로 빠져들었다. 그 중 일부 국가는 태평성대 기간에 장족의 발전을 한 보람도 없이 말이다.

전체적으로 볼 때 이웃나라와 긴밀히 협조하여 경제위기에 공동 대처한 나라들은 대혼란 이후 몇십 년에 걸쳐 번영을 이뤘다. 그들은 21세기의 승자였다. 그에 반해 오래된 적국과 화해를 거부하거나, 내분이나 종족 분쟁에 휘말려 국민의 에너지를 고갈시킨 나라들은 패자가 되었다. 변화를 도모하여 새로운 현실에 적응하지 못한 나라들 역시 정치, 경제적 발전이 무척 더뎠다. 결과적으로 21세기 말, 세계인들의 20퍼센트가 백 년 전인 20세기 말보다 생활수준이 나아지지 않았다.

하지만 대혼란의 가장 큰 패자는 역시 경제관념이었다. 미국이 주도하여 세계적인 불황이 일어나기 전 50년 동안 전 세계 선진국들의 사랑을 받았던 자유방임주의는 21세기 후반기에 들어 완전히 그 기능을 상실했다. 세계의 모든 국가들은 약자들에 대한 상당한 보호의 취지가 담긴 일종의 정부통제 개념을 사실상 받아들이는 추세였다.

아프리카의 절망

인류 역사에서 가장 큰 아이러니의 하나는 아마도 지구에서 가장 혹독한 시련의 땅인 아프리카 대륙이 현대 문명의 역사가 시작된 이래 빈곤의 참상을 한 번도 벗어나지 못했다는 사실일 것이다.

21세기 초 전 세계의 모든 국민이 번영을 누리고 양질의 삶을 사는 동안 아프리카 대륙의 삶은 여전히 황량하기만 했다. 아프리카 전체 인구 8억 명의 절반인 4억 명이 1달러 미만의 돈으로 하루를 살고 있었다. 유엔 기준에 따르면 아프리카인 2억 명이 영양부족 상태인 것으로 나타났다. 다른 나라 국민들의 평균 수명은 이미 76세에 다다랐고 21세기에도 계속 높아지는 추세였다. 하지만 아프리카인들의 평균 수명은 54세에 불과했고 에이즈의 만연으로 평균 수명은 더욱 급속히 떨어졌다. 에이즈의 재앙은 안 그래도 비참한 아프리카 대륙을 파멸의 구렁텅이로 몰아넣었다.

2000년 아프리카 대륙의 경제상황은 그야말로 최악이었다. 그 참상은 지구상에서 가장 빈곤한 대륙이라고 말하는 것으로는 부족했다. 그럼 서기 2000년의 아프리카는 과연 얼마나 가난했는지 통계로 살펴보자. 2000년 아프리카 인구는 대략 전 세계 인구의 13~14퍼센트를 차지했다. 그런데 아프리카 대륙 총생산은 전 세계 총생산의 1.3퍼센트에 불과했다. 그 수치를 좀더 현실감 있게 말하면, 2000년의 멕시코 국내 총생산이 아프리카 대륙 48개 국의 국내 총생산을 합한 것보다 많았다.

21세기 초의 이 통계는 에이즈가 최악의 상태에 이르기 전에 나온 것이라는 점에서 더욱 절망적이었다. 2005년이 되자, 보츠와나와 짐바브웨를 포함하여 아프리카 남부 몇몇 나라에서 18~49세 성인의 에이즈 발병률은 40퍼센트에 이르렀다. 당시 전 세계 5천만 에이즈 환자 중 3천5백만 명 이상이 아프리카에 살고 있었다. 아프리카인의 한 세대가 에이즈로 완전히 사라져 2천만 명의 고아들이 생겨났다.

백 년이 지난 다음에도 아프리카의 상황은 여전히 비참했다. 21세기의 마지막 20년간 아프리카인들의 생활수준은 상당히 향상되어, 몇 세대 만에 처음으로 희망의 조짐이 보이는 듯했다. 하지만 2100년의 아프리카는 다른 지역의 2000년 생활수준에도 훨씬 못 미쳤다. 그것이 엄연한 현실이었다. 다른 나라 국민들이 앞으로 나아갈 때 21세기의 아프리카인들은 퇴보하여 결과적으로 국가들간의 빈부 격차만 더욱 벌려놓았다.

21세기의 아프리카는 수많은 난제를 안고 있었다. 에이즈의 만연 외에도 종족 갈등, 미치광이 독재자, 끊이지 않는 지역 분쟁으로 빈곤과 기아에 허덕였다. 많은 사람들이 아프리카는 너무 후진적이어서 아예 손쓸 방법이 없다고 여겼다.

2018년 서구에서 개발한 백신과 기타 치료법 덕분에 아프리카의 에이즈 사망자 수도 마침내 감소세를 나타내기 시작했다. 2년 뒤 에이즈가 전 세계에 미친 영향을 조사한 유엔 보고서에 따르면 이 병으로 아프리카는 완전히 초토화된 것으로 나타났다. 2020년에는 유엔이 '극빈'자로 분류한 전 세계 인구의 83퍼센트가 아프리카 대륙에 살고 있었다.

태평성대에는 그래도 언제든 빌려쓸 수 있는 저리의 자금과 전례 없는 경제 성장으로 빈궁한 아프리카 국가들도 조금은 숨통이 트였다. 처음에는 선진국 기업들이 아프리카나 다른 저개발국들로부터 노동력을 수입하기 시작했다. 그러다 2020년대를 거쳐 2030년대 초반까지 세계 경제의 성장세가 이어지면서 아프리카에 투자하는 외자 비율도 계속 높아졌다. 그런 식으로 아프리카는 10여 년간 급속한 경제 성장을 이루었다. 특히 아이보리코스트, 세네갈, 가나, 탄자니아와 같이 기업열이 강한 나라들이 그랬다.

그러던 차에 대혼란이 덮친 것이다. 부국, 빈국 가릴 것 없이 최악의 경제상황을 맞았던 2037년과 2040년 사이, 이전 시기에 지어졌던 아프리카 공장들의 90퍼센트가 문을 닫는 통에 수백만 명의 노동자가 일터를 잃고 생계가 막막한 지경에 빠져들었다.

2040년대는 현대 아프리카 역사상 최악의 시기였다. 소규모 전쟁과 종족 분쟁이 이어지면서 수백만 명의 사람들이 목숨을 잃었다. 2050년, 또 다른 국제기구가 조사한 통계에 따르면 아프리카인들의 생활수준은 21세기 초보다도 낮았고 젊은층의 문맹률도 조사가 시작된 이래 가장 높은 수치를 나타냈다. 자이레의 킨샤사나 아이보리코스트의 아비장같이 식민지 시대 최대의 도시였던 곳들도 쇠락을 면치 못해, 폐허 속에서 근근히 목숨을 이어가는 방랑객들의 소굴, 유령도시가 되어 있었다.

아프리카는 전 세계의 대륙 중 대혼란의 여파가 가장 먼저 그리고 가장 치명적으로 미친 곳이었다. 그리고 당연히 2050년대 초부터 시작된 경제회복의 여파도 가장 늦게 미쳤다. 설상가상으로 2064년에는 윈스턴 웅가로라는 작자가 나이지리아에서 독재정권을 수립하여, 인구의 태반을 군대로 만든 다음 중앙아프리카를 마치 메뚜기떼처럼 확 쓸어 버렸다.

이 죽음의 기간에 자행된 악행과 공포에 관한 이야기는 끔찍하다 못해 소름이 끼칠 정도여서 아프리카 대륙의 참상은 또다시 전 세계 언론의 톱뉴스가 되었다. 웅가로는 결국 2067년 자신의 비밀 경호원에 의해 사살되었다. 그가 사라지자 웅가로가 수립한 중앙아프리카 제국은 분열하기 시작했다. 이어 아프리카 대륙의 절반이 참혹한 내전에 휩싸이면서 수백만 명의 사람들이 또다시 목숨을 잃었다.

21세기의 4/4분기 동안에는 아프리카인들의 삶에도 현격한 발전이 이루어졌다. 2080년대부터는 매그너스 말론 프로젝트가 본격적으로 가동되어 아프리카인들의 생활수준도 상당히 높아졌다. 매그너스 말론 프로젝트는 2072년 투철한 박애정신으로 이 안을 처음 발의하여 미 의회에서 통과시킨 미국 상원의원의 이름을 따서 붙여진 명칭이다. 2080년대 말론 프로젝트는 제2차 세계대전 후 유럽과 일본의 재건에 기여한 마셜 플랜과 같은 것이었다.

말론 프로젝트의 기본 목적은 크게 두 가지였다. 아프리카인들에 대한 기초 식량 제공과 외국자본의 투자 장려였다. 부패와 지역 분쟁으로 처음에는 시행하기가 쉽지 않았지만 시간이 가면서 이 프로젝트는 서서히 효력을 발휘했다. 한 독립단체의 통계에 따르면 2090년에서 2100년 사이 5천만 명의 아프리카인들이 빈곤에서 해방된 것으로 나타났다. 이 같은 성공은 물론 말론 프로젝트의 결과였다.

그럼에도 22세기 초의 아프리카는 여전히 비참하고 절망적인 곳이었다. 20억 명에 이르는 인구의 태반이 문맹에다 영양 부족에 시달리며 미래에 대한 기약 없이 살고 있었다. 아프리카인들에게는 더없이 고통스러웠던 21세기의 마지막 몇 년간 매그너스 말론 프로젝트로 약간의 희망이 생겨나고, 선진국들도 마침내 태도를 바꾸어 아프리카인들이 세계에서 그 나름의 몫을 할 수 있도록 팔을 걷어부치고 나서기는 했으나 아직도 갈 길은 태산이었다.

아프리카인들의 삶을 개선하기 위한 세계의 노력은 계속되어야 한다. 그렇지 않으면 아프리카인들의 삶은 영영 가난한 천덕꾸러기의 삶에서 벗어나지 못할 것이다.

이스라엘의 운명과 중동 평화

21세기 초의 역사가라면 아마 중동사태를 도저히 해결 불가능한 것으로 보았을 것이다. 하지만 1세기 뒤의 상황은 그와는 전혀 달랐다. 이스라엘, 팔레스타인, 기타 다른 아랍국가들의 장래는 아주

밝아 보였다.

2천여 년 동안 중동의 하늘에 먹구름을 드리웠던 유태인과 아랍인간의 증오는 21세기 전반기에도 사라질 기미가 보이지 않았다. 짧은 평온기는 계속되는 폭력과 유혈사태로 빛을 잃었다. 실패의 반복일 뿐인 평화협상을 끝없이 이어가면서도 팔레스타인의 테러공격은 멈추지 않았고, 그에 대한 이스라엘의 보복공격과 팔레스타인 영토에 대한 이스라엘의 공격의 강도는 점점 높아졌다.

미국 대통령, 영국 총리, 유엔 사무총장들은 대를 이어가며 이스라엘과 아랍국들간의 협상을 이끌어내려고 무진 노력했다. 하지만 가시적인 결과는 아무것도 얻지 못했다. 어떤 합의에 이르기만 하면 꼭 그 내용에 불만을 품은 테러단체가 공격을 하여 협상 결과를 무산시켰다. 2020년까지 계속된 이 같은 교착상태는 일련의 복잡한 과정이 성과를 맺으면서 서서히 풀리기 시작했다.

그 복잡한 과정의 첫 번째는 2022년 영국의 정치가 마틴 햄프셔가 중재한 평화협정이었다. 마틴 햄프셔는 2년 전 유럽연합 대통령으로 뽑힌 인물이다. 선진 8개 국G8으로부터 지원받은 상당한 액수의 기금으로 보강된 이 협정은 영구적인 평화를 이끌어내기에는 미흡했으나 그런 대로 분쟁 당사국들의 지지를 얻는 데는 성공했다. 그 결과 이스라엘은 상당한 정도의 안정을 보장받았고, 팔레스타인도 마침내 그토록 염원하던 독립국을 갖게 되었다. 하지만 이 협정도 세계가 경제 호황기로 접어들지 않았다면 실패했을 것이다.

세계의 태평성대가 중동에 미친 영향은 대단했다. 세계경제의 팽창은 중동의 부에도 고스란히 반영되었다. 이스라엘은 특히 이 기간에 유례없는 경제호황을 누렸다. 2025년에서 2035년 사이 이스라엘에는 1967년 이스라엘과 아랍국들간의 전쟁이 일어난 이후 최초로 이주민의 물결이 쇄도해 들어왔다.

이 같은 현상은 미국과 유럽에서 성장하고 그동안 중동의 역사를 지배해온 해묵은 분쟁에 좀더 너그러운 태도를 지닌 젊은 전문직 종사자들이 이스라엘 인구의 태반을 차지하게 되었다는 점에서 매우 중요했다.

태평성대에 이어 대혼란이 엄습했다. 세계적인 경기침체로 이스라엘 경제도 휘청거렸다. 하지만 이스라엘보다는 인근 중동국가들의 피해가 더욱 막심했다. 경제적 난국을 인도주의적 승리로 승화시킨 이스라엘의 명석한 지도자 마이클 코헨이 없었다면 위태롭고 단기적인 중동의 평화는 아마 이 같은 대재난 앞에 무릎을 꿇고 말았을 것이다.

코헨은 이스라엘로 이민 온 지 얼마 안 된 사람이었다. 예일 대학에서 박사학위를 받고 이스라엘을 장차 강대국으로 만들겠다는 야심찬 포부를 가지고 2026년 미국을 떠나 이스라엘로 왔다. 그는 정계에서 화려한 이력을 쌓은 뒤 2037년 이스라엘 총리가 되었다. 총리에 취임한 지 2년 만에 코헨은 지성에 외교능력을 더한 능란한 수완으로 이스라엘뿐 아니라 인근 국가들까지 포함하는 중동지역의 빈곤과 실업문제를 다룰 협회를 설립했다.

이 협회는 이스라엘 인근 아랍국가들의 경제가 완전히 붕괴되는 것을 막아주었다는 점에서 하늘이 보내준 구세주였다. 협회의 운영은 이스라엘과 선진 8개 국이 내는 분담금으로 이루어졌다. 선진 8개 국은 코헨의 말을 듣고, 자신들이 내는 분담금이 최소한 중동지역에 영구적 평화를 가져올 토대가 되리라 믿었다.

이 협회의 성공은 전 세계에 널리 홍보되었다. 그리고 사람들은 이를 평화로 나아가는 긍정적인 움직임으로 평가했다. 이 협회를 발판으로 이스라엘은 21세기 후반, 아랍세계에 성공적으로 편입할 수 있었다.

마이클 코헨은 2042년 이 같은 업적을 인정받아 노벨 평화상을 수상했다. 그렇다고 이스라엘과 아랍국들간의 문제가 완전히 해결된 것은 아니었다. 하지만 이후 중동의 지도자들도 코헨이 닦아놓은 평화의 길을 충실히 따랐고, 그 결과 21세기 후반에는 2차 세계대전 후 이스라엘이 건국된 이래 늘 불신과 증오의 온상이었던 중동지역에 놀랄 만한 협력이 이루어졌다.

도약하는 용 중국, 지는 해 일본

중국은 천 년 이상 지구상에서 가장 발달한 문명을 꽃피운 나라였다. 서구에서 로마제국이 몰락하고 르네상스 운동이 일어나는 동안, 중국에서는 복잡한 봉건사회 속에 교육, 예술, 과학이 융성하여 종이, 화약, 최초의 광학기구, 그 밖의 수많은 발명품이 만들어졌다.

18세기까지도 중국은 아시아 밖 외부세계의 정치나 문화의 영향을 거의 받지 않았다. 4천 년의 역사를 지닌 이 광대하고 고립된 국가는 절대권력을 지닌 황제들이 대를 이어 나라를 통치했다. 그 결과 서방국들과 교류를 시작하기 오래전부터 중국에는 이미 고유의 토착문화와 사회가 확고하게 자리잡고 있었다.

19세기 말 서방과의 교류가 처음 시작되었을 때 문화충돌이 곧바로 군사충돌로 이어진 것도 그 때문이었다. 이 충돌은 아편전쟁으로 정점에 달했다. 하지만 중국은 월등한 군사력을 지닌 유럽 국가들에게 무릎을 꿇었고, 그 결과 나라의 일부를 승자인 유럽에 빼앗겼다.

중국의 황제제도는 20세기 초부터 무너지기 시작했다. 1911년의 신해혁명으로 중국에는 새로운 형태의 정부가 수립되었다. 당시 가장 탁월했던 혁명 지도자는 장제스였다. 그는 1926년 외세에 빼앗긴 중국 영토를 되찾기 위해 국민혁명군을 이끌고 '북벌전쟁'을 일으켜, 한커우, 상하이, 난징으로 진격해 들어갔다. 그런 다음 절대적인 권력을 행사한 옛 황제들을 따라 스스로 현대판 황제를 자처했다. 하지만 그의 지배는 단명으로 끝났다. 1932년 군국주의를 표방한 일본이 서구 제국주의 국가들을 흉내내며 만주를 점령했기 때문이다. 이후 몇 년 동안 일본은 중국 전역에서 주도권을 잡고 장제스와 그의 국민혁명군을 압도했다.

2차 세계대전 이후에 일어난 혁명으로 중국은 또 한 번 정체성에 급격한 변화를 겪었다. 마오쩌둥과 그의 마르크스주의 추종자들은 역사적인 '대장정'을 시작하여 1949년에는 대만을 제외한 전 중국 대륙의 지배권을 확립했다. 마오쩌둥이 중국을 통일함으로써 중국이 다시 국제무대에서 강국으로 부상했다고 보는 시각도 있지만, 그가 강요한 공산주의 때문에 중국인 고유의 특질인 지적이고 모험적인 기상은 많은 억압을 받았다. 그러다 20세기 말, 덩샤오핑이 공산주의 체제의 끈을 조금 늦추면서 중국인의 그 같은 특질도 조금씩 되살아났다.

21세기가 밝아오면서 거대한 용틀임이 시작되었다. 중국 경제는 중앙의 공산주의와 지방의 자본주의가 결합한 일종의 혼합경제였다. 1990년에서 2004년 사이 중국의 연 경제 성장률은 중국 금융제도가 안고 있는 근본적인 결함 때문에 성장률이 일시 하락했음에도, 다른 나라들의 경제 성장률을 훨씬 앞질렀다. 그 결과 중국 역사상 최초로 중산층, 그것도 세계화의 영향으로 강력한 소비욕구를 지닌 중산층이 생겨났다.

2010년에는 옛 공산주의 지배층이 중앙 정치무대에서 거의 사라지고 좀더 실용주의 노선을 걷는 정치인들이 지배층으로 새롭게 부상했다. 이들은 경제적 자본주의와 정치적 중앙집권주의를 절묘하게 결합한 정책을 지속적으로 추진했다. 더디지만 착실하게 중국의 시스템은 일당 지배하의 경제구조 속에서 스칸디나비아식 사회주의 쪽으로 서서히 나아가는 중이었다. 민주주의 운동도 소규모로만 일어났을 뿐, 중국인들 대부분이 실용적인 정부가 보통 사람들의 삶을 개선시키고 있다고 믿었기 때문에 광범위하게 확산되지는 못했다.

이렇게 급속히 성장하다 보니 당연히 부작용도 따랐다. 중국은 경제가 성장하는 만큼 질 낮은 석탄을 대량 사용하는 데 따른 심각한 대기 오염을 유발했다. 2020년대에 새롭게 생겨난 중산층이 자전거 대신 승용차를 타면서 중국 대도시들의 대기가 급속히 오염된 까닭이다. 이들 도시의 오염도는 델리, 방콕을 비롯한 대기 오염이 극심한 다른 아시아 대도시들의 오염도에 버금갈 만했다. 하지만 다행스럽게도 중국 지도층은 대기 오염 기준을 정하고 줄여나가는 정책을 취해, 가솔린을 사용하지 않는 원자력 발전과 자동차에 집중투자를 했다.

중국 역시 태평성대의 덕을 톡톡히 보았다. 정확히 말하면 중국은 값싸고 지적인 노동력과 발달된 정치, 경제의 인프라가 적당히 조화를 이루고 있는 장점 때문에 세계 최대의 제조 국가로 부상했다. 내로라 하는 선진국들치고 2030년 중국에 대해 엄청난 무역적자를 기록하지 않은 나라가 없었다.

하지만 강대국들은 이 같은 사실을 쉬쉬하면서, 세계 경제시스템이 견고한 성장세를 이어가기 위해서는 어쩔 수 없는 것으로 치부했다. 세계 여러 나라들은 기술혁신을 이룬 중국의 효율적인 공장들을 부러워했다. 이렇게 되자 정치개혁의 움직임이 생활수준 향상의 속도를 따라잡지 못하는 현상이 생겨났다.

중국은 앞선 과학기술과 제조능력을 군사 분야에도 이용했다. 세계에서 두 번째로 규모가 큰 방위비 예산은 급속도로 발전한 경제력으로 충분히 감당할 수 있었다. 2030년 중국의 군사력은 수적인 면이나 장비 면에서 세계 일류가 되었고, 해군과 공군의 규모는 미국 다음 가는 세계 2위를 자랑했다.

중국은 대혼란의 영향도 받지 않았다. 대혼란기에 오히려 다른 나라들을 앞질러 경제와 군사 양면에서 미국과 동등한 위치를 점할 수 있었다. 이 같은 성과는 모두 왕페이의 비전과 탁월한 리더십에 힘입은 것이었다. 왕페이와 그의 경제 전문가들은 서방 경제 전문가들이 미처 깨닫기도 전에 주식시장 붕괴로 치명적인 결과가 초래될 수도 있다는 것을 인지했다. 그리고 경제불황이 닥쳐오자 수출위주 경제에서 내수위주 경제로 재빨리 경제정책을 선회했다.

다행스럽게도 중국은 어마어마한 인구(2032년에 15억 명을 돌파했다), 저축을 중시하는 동양인들의 특성, 꾸준히 지속된 경제 성장에 힘입어 급격한 수출 감소에도 불구하고 전 국민이 웬만한 생활수준을 유지할 수 있었다. 왕페이는 그에 만족하지 않고 방위비 지출의 증가, 국철 건설, 경제불황과는 상관없는 다양한 활동 등 경제에 활력을 불어넣기 위해 다방면의 국책사업을 벌였다.

왕페이는 학창시절 공학도였다. 하지만 그는 성장기에 외조부와 가까이 지낸 덕분에 중국 역사와 문화에도 깊은 애정을 가지고 있었다. 왕페이의 외조부 호핑은 감수성 강한 손자의 마음을 늘 풍요로운 중국 문화로 채워주었다. 또한 주말의 긴 오후를 손자와 보낼 때면, 1930년대에 중국이 일본에 당한 굴욕을 상기시키며 국력의 중요성을 일깨워 주었다.

대학원 시절 일기에 나타난 왕페이의 정치적 비전은 어느 국가에도 의존하지 않고 모든 나라의 존경을 받으며 세계의 기둥이 되는 중국 창조에 집중돼 있었다. 왕페이는 앞으로 중국이 해야 할 일을 전 아시아의 리더가 되어 세계 인구의 절반을 '중국화'시키는 것이라 생각했다.

세계가 마침내 대혼란을 털고 일어났을 때 국제 정세는 변해 있었다. 미국은 더 이상 군사, 경제적 우위로 다른 나라들을 호령하던 초강대국이 아니었다. 모든 면에서 중국은 미국과 동등했다. 아시아 국가들은 중국과 협력하는 것을 배워가고 있었으며, 그 과정에서 종종 일본이 경제 '기적'기였던 1980년대에 부딪힌 것과 똑같은 문제들에 직면하기도 했다. 하지만 중국은 1세기 전의 일본과는 달리 태국, 베트남, 기타 아시아 국가들과 진정한 유대를 쌓으려고 했다.

21세기 말 중국은 미얀마에서 인도네시아, 한국, 필리핀에 이르기까지 전 세계 인구의 절반을 차지하는 아시아의 거대 지역에서 경제, 문화적 지배권을 확립하기에 이르렀고, 그것은 서반구에서의 미국의 지배를 능가하는 것이었다.

하지만 아시아 국가들 중에서 인도는 상황이 좀 달랐다. 인도로서는 당연히 중국의 경제제국주의 가능성을 경계했고, 따라서 다른 아시아 국가들만큼은 중국의 투자를 받아들이지 않았다. 결과적으로 인도의 경제 발전은 중국의 경제 위성국들보다 뒤처졌다. 인도는 중국의 군사력에 대해서도 우려했다. 21세기의 4/4분기 동안 양국 사이에는 두 차례나 오해가 생겨 충돌사태로 치달을 뻔하다가 외교협상으로 간신히 위기를 모면하기도 했다.

21세기 중국의 비상은 중국의 라이벌 국가인 일본의 운명과 좋은 대조를 이루었다. 20세기에 이룩한 일본의 발전은 독특한 노동윤리, 높은 교육수준, 타국의 경쟁을 두려워하지 않아도 되는 지리 · 문화적 여건에 기인한 것이었다. 일본은 처음부터 수출 집약적인 경제를 지향했다. 일본의 경제력은 다른 나라의 발명품을 들여와 그보다 낮은 단가로 좋은 제품을 만들어내는 능력에 있었다. 일본이 아시아에서 힘을 쓸 수 있었던 것도 기술적인 우위와 저개발국들에서 생산한 수출품으로 벌어들인 풍부한 자금력에 있었다.

하지만 중국의 자본주의가 출현하자 일본의 이 같은 이점도 맥을 못 추었고, 역사가 일본에 제공해준 천혜의 지리적 조건도 효력을 발휘하지 못했다.

21세기 초만 해도 일본 경제는 일부 주력산업이 아직 국제무대에서 선두를 지키고 있었기 때문에 그런 대로 안정돼 있었다. 그 중에서도 가장 중요한 것이 자동차 산업이었다. 하지만 2020년대에 들어 중국이 주요 자동차 생산국이 되면서 일본의 자동차 산업은 위축되기 시작했다. 2060년대에는 중국의 자동차 생산능력이 일본을 앞질렀다. 일본은 비디오게임과 오디오 시장에서도 선두를 빼앗겼다.

한때는 세계 최고의 비디오게임 제조국이라는 명성에 걸맞게 태평성대에 폭발적인 인기를 누린 새로운 오락수단, 즉 가상세계로 위기를 극복하리라는 예상이 들기도 했다. 그러나 일본은 온갖 체험을 다 해보고 싶어하는 성인들의 취향을 읽지 못했고 그 결과 가상세계 오락시장은 중국, 동유럽, 미국 업자들에게 넘어갔다.

21세기 말이 되자 일본은 어느 분야에서도 세계 강국이 아니었다. 일본 경제는 시들었다(표준 인플레이션율을 적용해보았을 때, 일본의 국내 총생산은 1세기 전에 비해 크게 증가하지 않았다). 나이든 사람들은 나라에 대한 귀속성이 점점 강해지는 반면, 젊고 유능한 젊은이들은 수입 좋은 중국 기업들로 빠져나갔다. 2048년에 이르러서는 일본의 정치인들도 어쩔 수 없이 현실을 인정하고, 떠오르는 태양의 나라가 약동하는 주변국의 군사보호를 받는 내용의 상호조약을 체결했다.

이로써 일본의 자존심은 크게 상처를 받았다. 하지만 이것만으로는 부족했는지 20세기의 상당 기간 일본의 통치를 받은 적이 있는 이웃나라 한국으로부터도 수모를 당했다. 21세기에 접어들면서 한국은 첨단 기술에 기반한 탄탄한 경제와 중국의 거대한 경제우산 속으로 발빠르게 능동적으로 편입하는 기민함으로 급속한 경제 성장을 이루었다. 21세기 말 한국의 생활수준과 일인당 국민 총생산액은 일본을 앞질렀다.

상하이에서 보낸 긴 주말

역사가들은 흔히 파리나 뉴욕을 19세기와 20세기 최고의 도시라고 말한다. 그 이유는 예술, 경제적 요소와 더불어 시대의 정수를 정확히 포착할 줄 아는 능력 등 무척 다양하다. 21세기 '최고의 도시'는 단연 상하이였다.

2075년 영국의 소설가 샘 오글비는 상하이를 다녀온 뒤 온라인 잡지 〈트래블 위클리〉에 다음과 같은 여행기를 실었다.

> 저 멀리 스카이라인의 불빛에 휩싸인 상하이는 마치 크리스털 도시와 같았다. 하지만 가까이서 보면 그것은 분명 4천만 명의 인구가 각양각색의 모습으로 복작거리며 사는 현실의 도시였다. 솔직히 말하면 지구 어디에도 그 같은 도시는 없었다.
>
> 내가 상하이에 머문 것은 고작 사흘이었다. 하지만 그토록 짧은 기간이었음에도 중국의 그 찬란한 도시는 내 마음속 깊이 생생히 살아 있다. 플라자 호텔의 130층, 내가 머문 방에서 내려다본 상하이는 한 편의 파노라마 영화를 연상시켰다. 하지만 130층이라는 최적의 장소였음에도, 나로서는 이 복잡하게 뻗어나간 인간계

를 도저히 가늠할 길이 없었다.

상하이는 수세기 동안 신비에 싸인 도시였다. 양쯔 강 하류 삼각주에 위치한 이 도시는 항해에 지친 선원들의 일시 기항지로, 또 다양한 문화의 용광로로 늘 중요한 항구도시였다. 먼 옛날에는 모래 위를 달리는 샌드 보트와 나무로 만든 작은 거룻배가 항구를 들락거렸다고 하는데, 내가 갔을 때는 수용 인원 1만 명의 원자력으로 움직이는 유람선이 세계 최고의 관광지이자 부유한 도시 중의 하나인 상하이 항구를 오르내리고 있었다.

과거에 상하이를 찾은 사람들은 아마 초기 탐험가와 여행객들이 만나는 문화의 교차로, 고대로부터 비단 상인과 차茶 상인들의 분주한 교역도시였던 상하이만 느꼈을 것이다. 하지만 2075년의 상하이는 없는 것이 없고, 꿈도 꾸지 못할 진귀한 물품이 넘쳐나는 휘황찬란한 도시였다.

여비가 넉넉지 않은 사람도 항구 근처에 저렴한 호텔이 수천 개나 널려 있어 걱정할 필요가 없다. 하지만 돈이 넉넉한 사람이라면 리츠 칼튼, 만다린, 힐튼, 그리고 물론 내가 머물렀던 플라자 호텔과 같이 별 스물일곱 개짜리 호화 호텔에 머물러 보는 것도 괜찮다. 플라자 호텔 인근에는 카지노, 극장, 가상세계 멀티플렉스, 창녀촌, 술집 등의 유흥가가 끝없이 이어져 있다. 상하이는 가족 여흥에서부터 혼자 여행하며 오락거리를 찾는 독신 남성의 욕구에 이르기까지 모든 사람의 요구를 충족시켜준다.

상하이는 또 중국의 위대한 지도자 왕페이가 가장 사랑한 도시다. 그가 왜 이 도시를 그토록 사랑했는지는, 상하이에서 몇 시간만 지내보거나 플라자 호텔 130층 밑에 펼쳐진 거대한 파노라마만 봐도 잘 알 수 있다. 왕페이는 상하이 시의 시설과 인프라 구축에 아낌없이 돈을 쏟아부었다.

현재 상하이에는 지난날 지어진 홍차오 국제공항과 푸둥 국제공항 그리고 최근에 신축된 난푸 하이퍼포트hyperport, 그렇게 3개의 공항이 있다. 난푸 하이퍼포트는 신기종인 대륙간 파라볼라 여객기intercontinental parabolic airliner를 조종할 수 있는 세계 6대 허브 공항 중의 하나다.

상하이 도심에는 시 교통당국이 제공하는 초고속 모노레일과 지난 10년간 인기가 크게 높아진 공중으로 날아다니는 캡슐이 운행되고 있다. 이 두 가지 교통수단만 있으면 저렴한 요금으로 빠른 시간 내에 상하이 도심 어느 곳이든 쉽게 도달할 수 있다. 관광을 원한다면 그것도 걱정할 필요 없다. 상하이는 관광의 천국이다.

상하이 도심 북쪽의 난수조우루에서 남쪽의 진링동루까지는 전설의 거리 분드가 2킬로미터 가량 이어져 있다. 영국 식민지 시대부터 보존돼온 고색 창연한 건물들이 강변을 수놓고 있는 이 거리는 아시아에서 가장 아름다운 거리라 해도 전혀 손색이 없다. 이곳에는 종소리로 유명한 '웅장한 시계' 탑이 있는 세관 건물, 이전의 홍콩 상하이 은행 건물, 상하이 클럽, 아시아 아르데코 걸작품 중의 하나이며 20세기 작가 노엘 카워드(1899~1973. 영국의 극작가, 배우, 작곡가—옮긴이)가 사랑한 피스 호텔 등 수많은 구경거리가 있다.

내가 묵고 있는 호텔에서 멀지 않은 곳에는 그 유명한 '둥팡밍쭈'가 서 있다. 20세기 말에 지어진 이 세계유산을 가리켜 중국인들은 '진주를 가지고 노는 두 마리의 용'이라 일컫지만 내 눈에는 오히려 두 개의 커다란 미트볼을 관통하는 거대한 바비큐 꼬챙이(380미터)처럼 보일 뿐이다. 이 탑은 2030년대까지 텔레비전 송신

탑으로 이용되다가 지금은 상하이 최고의 관광명소가 되었다.

상하이에는 전 세계 어느 도시보다 식당이 많이 있다. 중국 음식이 주종을 이루지만 원한다면 세계 각국의 음식을 맛볼 수 있다. 주머니 사정도 걱정할 필요 없다. 식당도 숙박업소와 마찬가지로 뒷골목 국수집에서 팡방 교 인근의 근사한 '해미스피어' 식당에 이르기까지 경제사정에 따라 얼마든지 골라 먹을 수 있다. '해미스피어'는 지름 49미터의 측지선 돔(다각형 격자를 짜맞춘—옮긴이) 속에 앉아 '미남미녀들'을 감상하며 식사할 수 있는 환상적인 곳이다.

상하이는 문화적으로도 볼거리가 많은 곳이다. 해마다 상하이에서는 난후이 복숭아꽃 축제와 저비차 축제를 비롯하여 여섯 번의 큰 축제가 열린다. 최근에는 가수 카르미나 라그랑주가 저비차 축제에 모습을 드러내기도 했다. 책 애호가들은 유명한 푸저우 거리에 가보시라. 그곳에 가면 세계 여러 나라의 고서적(종이책)을 취급하는 멋진 고서적상들이 즐비하게 늘어서 있다. 이곳에서는 유니트나 홀로그래픽 영상으로 보는 사이버 책 같은 것은 구경할 수도 없다.

상하이의 밤을 어떻게 보내느냐는 전적으로 개인의 취향에 달린 문제다. 선택의 여지는 무궁무진하다. 아케이드 오락실에 가면 최신 버전의 가상세계를 체험할 수 있고, 취향이 좀 구식이면 후아이하이가에 있는 두 개의 대형 멀티플렉스에서 홀로 시네마 holocinema를 즐길 수도 있다. 카지노도 있지만 소심한 사람은 갈 곳이 못 되고, 돈을 좀 잃을 줄도 아는 노련한 사람이라면 그보다 더 흥미진진한 데도 없을 것이다. 이성을 사귀고 싶으면, 장하이가가 으뜸이다. 인민광장에서부터 상상도 못할 만큼 다양한 댄스

클럽이 줄지어 있으며, 3백여 개의 합법적인 창녀집이 중간 중간에 끼어 있다.

3천2백 킬로미터에 이르는 중국 땅을 아직 밟아보지 못한 사람이라도 이 놀라운 도시에 대해서는 이미 알 만큼 알고 있을 것이다. 상하이는 오래전부터 세계 영화인들의 사랑을 독차지해왔고, 현실에 기반을 둔 가상세계 프로그램의 중요한 로케이션 장소이기 때문이다.

하지만 상하이의 그 눈부심, 거부할 수 없는 매력, 왁자지껄함을 제대로 느껴보려면 실제로 가보는 것이 상책이다. 파라볼라 여객기를 이용하면 로스앤젤레스에서는 1시간, 런던에서는 1시간 반이면 상하이에 닿을 수 있다. 단, 상하이를 보고 나면 다른 도시들이 너무 시시해 보인다는 사실을 꼭 염두에 두길 바란다.

5

Life in a Networked World

네트워크 세계에서의 삶

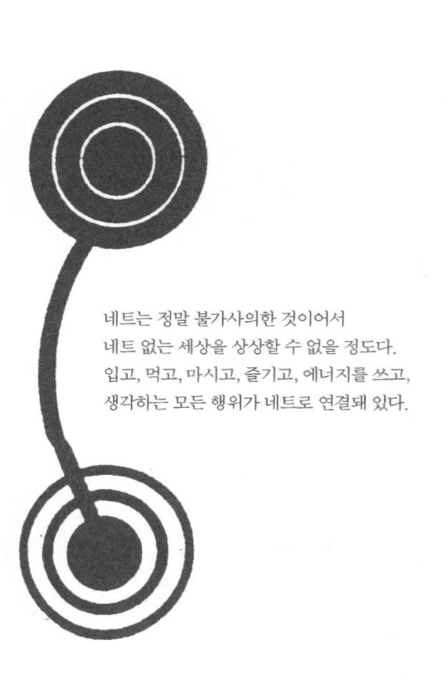

네트는 정말 불가사의한 것이어서
네트 없는 세상을 상상할 수 없을 정도다.
입고, 먹고, 마시고, 즐기고, 에너지를 쓰고,
생각하는 모든 행위가 네트로 연결돼 있다.

네트워크 세상

상하이에서 열린 '2098 엑스포'에서 가장 멋진 전시물은 역시 텔레포터와 광속에 버금갈 만한 여행의 시대를 예고하는 미래형 기기들이었다. 그런데 재미있게도 전시장 한쪽 구석에서는 아주 독특하게 생긴 작은 전시물 하나가 관객의 시선을 끌었다. 알고 보면 이것이야말로 '2098 엑스포'의 가장 매혹적인 전시물이었다.

'150년 된 컴퓨터'라는 흥미로운 명패가 붙은 이 전시물은 빙 돌아가며 구경하도록 만들어진 전시장 초입에 놓여 있었다. 작은 방 하나 크기의 거대한 철제상자로 이루어진 설치물이었다. 철제상자 앞에는 마치 스파게티를 붙여놓은 듯 수천 개의 케이블과 전선이 서로 뒤엉킨 채 앞쪽으로 툭 튀어나와 있었다.

상자 한쪽 옆에는 '소규모 체험기계SSEM'라는 제목 아래 다음과 같은 문구가 쓰인 명패가 붙어 있었다. "SSEM 또는 '베이비'로 알려진 이 기계는 영국의 맨체스터 대학에서 처음 설계, 조립되어 1948년 6월 21일 가동을 시작했다." 팻말 바로 밑에는 작은 받침대가 놓여 있고, 받침대 위에는 유리상자가 하나 놓여 있었다. 유리상자 안에는 '해피 버스데이' 노래가 나오는 구식 음악카드가 있었다. 유리상자 옆 명패에는 이런 문구가 적혀 있었다. "1998년의 음악카드. 이 카드 속에는 50년 전의 SSEM과 똑같은 컴퓨터 성능을 지닌 마이크로칩이 들어 있다."

요즘 사람들은 이 같은 발전의 중요성을 거의 깨닫지 못하고 있다. 방 하나만한 컴퓨터에서 콩알만한 크기의 컴퓨터로 발전을 이룬 것은 진정 놀라운 성과가 아닐 수 없다. 더욱 놀라운 것은 이같이 커다란 진보가 1950년에서 2100년 사이에 이룩된 컴퓨터 기술의 시작에 불과했다는 사실이다. 컴퓨터 분야에 일어난 이 경이적인 발전은 21세기의 과학기술 전반을 이끈 동력이 되었고, 더 나아가 의학계에 혁명을 몰고 온 생물학 발전에서도 중추적 역할을 담당했다. 150년이라는 기간 안에 이루어진 컴퓨터 분야의 이 같은 약진은 경제와 기초연구 분야의 발전이라는 두 가지 요소에 의해 탄력을 받았다.

컴퓨터 개발 초기에 사람들은 이미 이 기술이 인간 역사상 그 어느 과학보다 빠르게 발전하리라는 사실을 알았다. 1965년 고든 무어라는 컴퓨터 공학자도 컴퓨터 성능이 18개월마다 두 배로 뛸 것이라며 이른바 무어의 법칙으로 컴퓨터의 빠른 발전 속도를 예견한 바 있다. 이 같은 발전 속도는 20세기 말의 컴퓨터 성능이 1950년의 컴퓨터 성능보다 1백억 배가 높아지는 것을 의미했다. 여기서 말하는 성능의 발전이란 컴퓨터 프로세서의 크기가 갈수록 작아지는 것을 의미한다. SSEM과 같은 초기 컴퓨터는 육중한 전선으로 연결된 큼지막한 원통 모양의 밸브들로 이루어져 있었다. 1960년대에는 가는 금속선들로 연결된 손가락 끝 크기만한 트랜지스터들이 이 밸브들을 대체했다. 그로부터 10년 뒤 과학자들은 실리콘웨이퍼 위의 부품과 연결부위를 광선으로 식각하여 마이크로칩을 만들어내는 기술을 개발했다.

이후에는 이 방법이 널리 사용되었다. 그리고 기술도 날로 정교하게 발달했으나 2025년을 고비로 한계에 부딪혔다. 이는 인간의 능력 때문도, 경제나 정치적 요인 때문도 아니었다(비슷하게 발전한 우주여행은 경제와 정치의 영향을 많이 받았다). 그보다는 좀더 본질적인 어떤 것, 자연의 법칙이 과학의 진보에 위협을 가해왔기 때문이다.

컴퓨터 프로세서의 크기는 컴퓨터 회로기판 위의 점점 작아지는 공간 속에 더 많은 부품을 집어넣을 수 있을 때만 줄일 수 있었다. 그렇게 하여 프로세서의 성능을 높이는 것이다. 이를 위해서는 부품 위에 식각되는 빛의 파장이 점점 짧아져야 했다. 그리고 과학자들은 2025년부터 0.1마이크론 내외의 자외선 파장을 지닌 빛을 이용하기 시작했다.('1단계 장벽'으로 알려진) 이 단계를 지나면 이제 엑스레이나 초단 파장을 지닌 전자를 사용하게 된다. 하지만 이것은 간단한 문제가 아니다. 엑스레이와 전자의 파장에는 이른바 격렬한 '양자 요동'이 일어나 이 빛들(엑스레이와 일렉트론 — 옮긴이)을 거의 통제불능으로 만들어버리기 때문이다.

21세기 초 이 문제에 직면한 비관주의자들은 앞으로 20년 내에 컴퓨터 기술은 정체 상태에 부닥칠 것이라고 예견했다. 하지만 그들의 예견은 보기 좋게 빗나갔다. 1990년대 중반부터 일부 과학자들이 회로기판 위의 부품을 식각하여 그 문제를 해결할 수 있는 방법을 찾아내, 이른바 '양자quantum 컴퓨터'라는 것을 만들어냈기 때문이다. 이 양자 컴퓨터는 기존 컴퓨터보다 크기가 몇 배 작으면서도 프로세스 능력은 거의 무한정에 가까운 특징을 지녔다.

정상적인 컴퓨터 발달 속도로 보면 양자 컴퓨터의 개발은 무척 더디게 이루어졌다. 그리고 이것은 끈 이론string theory과 비의秘儀학 분야 이론가들이 이룩한 발전에 크게 의존했다. 어쨌든 기존 컴퓨터 기술이 한계에 부딪히면서 그 바통을 이어받은 것이 이 양자 컴퓨터였다.

양자 컴퓨터 발전의 중요성을 결코 과소평가해서는 안 된다. 양자 컴퓨터로 인해 과학기술은 그 다음 단계로 진입하여 인간에게 거의 무한한 가능성을 열어주었기 때문이다. 21세기 과학기술의 혁신은 모두 양자 컴퓨터의 발견과 그에 뒤이은 발전에서 비롯되었다. 이같이 진보된 컴퓨터 성능은 사람들의 생활을 너무도 편리하게 만들어주어, 21세기 말을 살아가는 사람들은 양자 컴퓨터 없는 세상은 생각도 할 수 없게 되었다.

2030년이 되자 컴퓨터 성능은 완전 무제한이 되었고, 21세기 말에는 기술과 인간 생활이 하나가 되기에 이르렀다. 인간 생활의 모든 측면은 어떤 방식으로든 기술의 영향을 받게 되었으며 인간 생활의 사회, 정서, 물리적 요소 역시 기술에 의해 촉진되었다.

인간의 경험은 또 어떤가. 셀 수도 없이 많은 측면들이 기술에서 비롯되고 오직 그것에 의존하여 존재하고 있지 않은가. 그렇다. 선진국들에서는 이제 사람이나 물건이나 모든 것이 네트워크화되고, 컴퓨터 시스템 역시 너무도 보편화되어 이런 기계들은 아예 눈에 띄지도 않게 되었다.

백년제 가족

21세기를 연구하는 역사가들은 21세기 말의 상황과 21세기 마지막 몇십 년간의 과학기술 발전에 대한 학술자료를 주로 2099년의 '지오르다노 미션' 기록물에서 얻고 있다.

르네상스 시대의 철학자 지오르다노 브루노의 이름을 따서 '지오르다노'라 명명된 이 우주 탐사선은 백 년 기념제 행사의 일환으로 2099년 12월 31일 지구에서 발사되었다. 브루노는 16세기에 이미 우주 생명체의 존재 가능성을 생각했던 인물이다. 이 탐사는 세계연합이 기금을 조성하고, 지구상의 모든 나라가 문화, 과학적 기술력을 결집하여 이뤄낸 전 세계인의 사업이었다.

우주 탐사의 목적은 간단했다. 감마(공식 명칭은 HR5587A)라는 이름의 행성을 탐사하는 것이다. 감마는 이보다 몇 년 앞서 천문학자들이 생명 유지에 필요한 공기를 보유하고 있을 것으로 가능성을 제기했던 행성이다(이에 대해서는 다음 장에 상세하게 기록돼 있다).

이 우주 탐사에서 21세기 역사 연구가들이 특히 주목했던 것은 탐사선에 부착된 메모리 모듈의 기록물이었다. 이 기록물에 지오르다노를 방해했을지도 모를 외계인 문화에 대한 방대한 정보가 담겨 있었던 것이다. '백년제 가족'은 이 방대한 파일의 일부 자료를 일컫는 말이다. 이 자료에는 지구상의 다섯 개 대륙에서 선발된 가족들의 경험, 생각, 의견, 가정이 수록돼 있었다.

다섯 가족의 구성은 이렇다. 아시아 대표는 미얀마 양곤의 카사비 가족, 유럽 대표는 영국 에딘버러의 맥파이스 가족, 아프리카 대표는 케냐 나이로비의 느그라옴스 가족, 오스트레일리아 대표는 애들레이드의 찰폰츠 가족, 아메리카 대표는 미국 샌타바버라의 호지슨 가족이었다.

세계적인 네트워크 방송사 넷캐스트에 방영된 이들 가족의 모습을 보면, 이들은 '지오르다노'의 메모리 모듈 내에서 지구를 대표하고 있었을 뿐 아니라 어느 용감한 외계인이 탐사선 파일을 열어보았다면 느꼈을 법한 방식으로 기록되어 있었다. 이들 다섯 가족은 2100년 새해 첫날 방송을 타자마자 유명인사가 되었다. 하지만 이후 넷캐스트 방송사는 이런 요소 외에도 다른 분야, 특히 이들 가족이 보여준 정직성과 열성, 기록물의 가치에도 관심을 기울여, 학계의 찬사뿐만 아니라 네트워크 거물들과 호기심 많은 대중들까지 만족시켰다.

아래 내용은 전 세계를 포괄하는 네트워크의 탄생과 기타 다른 진보된 기술이 21세기 사람들의 삶을 어떻게 바꿔놓았는지를 보여주기 위해 필자가 위의 다섯 가족 중 미국의 호지슨 가족과 인터뷰를 하고 그것을 재구성한 것이다.

데이비드 호지슨의 이야기

어느 시대를 막론하고 내 또래의 남자들에게는 공통된 사항이겠지만, 나도 남자로서 여러 가지 역할을 수행하고 있다. 남편, 아버지, 아들, 피고용인, 한 부서의 장으로서 말이다. 올해 마흔여덟 살인 나는 세계 최대의 통신회사 글로브컴GlobeCom의 설계사로 일하고 있다. 샌타바버라의 집에서 아버님을 모시고 아내 메리, 그리고 두 아이와 함께 살고 있다. 두 아이 중 톰은 올해 열두 살, 루시는 스무 살이다.

솔직히 말하면 처음 이 우주 탐사선 제의를 받고 나는 좀 두려운 생각이 들었다. 다소 소심한 성격인 데다 남 앞에 드러나는 일을 잘 못하기 때문이다. 하지만 결국 역사적인 사건이 될 것이라는 아내의 말을 듣고 마음을 돌렸다. 나 스스로도 역사, 특히 과학과 기술의 역사라면 사족을 못 쓰는 성격이라, 참가의 중요성은 충분히 이해가 갔다. 게다가 일단 결심을 하고 나니 주저 없이 내 모든 것을 바쳐야 한다는 결의가 솟아올랐다. 그 결과 나는 절친한 친구에게도 보여주지 못할 나의 속내를 속속들이 보여주게 되었고 그것은 나름대로 상당히 흥미로운 경험이었다.

역사에 관심이 많은 만큼 21세기의 변화에 대해서는 아마 일반인들보다는 내가 좀더 민감하게 느꼈을 것이다. 사람들은 어느 시대에 속하든, 백 년 전 또는 백 년 후의 사람들과는 의사소통이 어려울 것이라고들 말한다. 그것은 나름대로 일리 있는 말이다.

하지만 21세기 초의 사람이 2099년의 지구로 뚝 떨어져 어떤 젊은이와 대화를 나눈다고 가정해볼 때 그 말은 많은 점에서 과장되었다는 것을 알 수 있다. 1세기 전의 사람이나 우리나 기본적인 특성은 같을 것이고, 1세기 전의 사람도 우리처럼 희망, 꿈, 두려움을 느꼈을 것이기 때문이다. 그럼에도 백 년의 세월은 많은 것을 바꿔놓았고, 2099년의 사람이 21세기 초 사람과 다른 것은 분명하다.

그 변화가 가장 뚜렷한 곳이 과학기술 분야다. 1세기 전만 해도 인터넷은 기껏 신속한 통신망에 불과했고, 집적대는 정보의 양도 극히 제한적이었다. 하지만 오늘날 인터넷은 삶의 모든 측면과 연관돼 있어 우리는 지금 네트워크 세상에서 살고 있다 해도 과언이 아니다.

사실 변화가 이런 식으로 이루어진 것은 어제오늘 일이 아니다. 21세기 초, 사람들은 인터넷이 15세기에 발명된 움직이는 물건 이래 가장 중요한 발명품이라는 것을 알았다. 하지만 위대한 발명품이라는 것이 으레 그렇듯, 인터넷도 그에 필요한 인프라가 구축돼 있지 않았기 때문에 당장은 사회를 변화시킬 수 없었고, 인프라가 구축되고서야 사회를 변화시킬 수 있었다. 그것은 20세기에 일어난 자동차의 발전상과 비교해보아도 잘 알 수 있다.

20세기 초에는 자동차 소유자가 극히 드물었다. 하지만 백 년도 채 안 돼 자동차는 생활 필수품이 되었다. 21세기 초에 이르러 전 세계의 자동차 대수는 10억 대를 헤아렸다. 자동차 산업은 세계에서 가장 규모가 큰 사업체의 하나로, 수억 명의 사람들에게 일자리를 제공해주는 글로벌 경제의 중추산업이었다.

인터넷도 마찬가지였다. 처음에는 이용자가 고작 수백만 명에 불과했으나 21세기 1/4 분기에 이르러서는 인류 문명사상 가장 중요한 과학기술이자 산업이 되었다. 오늘날 우리가 쓰고 있는 인터넷(사람들은 이것을 그냥 '네트'라 부른다)은 인간 생활의 모든 측면과 오래전부터 연결돼 있었다. 모든 사람들이 보이지 않는 망의 영향을 받고 있으며 우리들 각자는 그 망으로 자신만의 독창적인 고치를 짠다는 의미에서 우리는 '네트워크화된 세상'에 살고 있는 것이다.

네트는 정말 불가사의한 것이어서 나같이 비판적인 역사가조차 네트 없는 세상을 상상할 수 없을 정도다. 1세기 전 조상들도 지금의 나와 같았다. 그들 역시 전화, 자동차, 비행기를 비롯한 당대의 생활용품 없는 세상을 상상할 수 없었다. 지금의 나는 내 주변 사람들과 더불어 네트워크화되지 않은 세상을 마음속에 그려볼 수조차 없다. 계획하고, 조직하고, 여행하고, 대화하고, 입고, 먹고, 마시고, 즐기고, 정보를 주고받고, 에너지를 쓰고, 생각하는 모든 행위가 네트워크로 연결돼 있는 것이다.

지극히 미미하지만 내가 이 시스템에 기여하고 있고 내가 소속된 회사 또한 네트 발전에 도움을 준다는 사실이 여간 자랑스럽지 않다. 글로브컴 사는 당시 막 일고 있던 다국적기업들의 통신혁명에 편승하여 20세기에 세워진 회사다.

가만히 생각해보면 과학기술의 발전이 참으로 놀랍게 느껴질 때가 있다. 내가 볼 때 네트는 거미집이고 거미집은 곧 우리의 삶이다. 과학기술은 결코 독단적으로 발달할 수 없다. 서버와 개인들이 사이버 공간에서 연결되듯 과학기술의 모든 측면도 서로 연결돼 있다.

21세기 초에 인터넷 혁명이 폭발하기까지는 수많은 준비 단계가 필요했다. 먼저 소형 휴대전화와 랩톱 컴퓨터를 만들어낼 수 있는 전자공학이 필요했다. 그 다음으로 필요한 것은 마이크로 프로세스 부품을 생산할 수 있는 레이저 지식과 기술이었다. 거의 실시간 전송이 가능한 통신위성도 쏘아올려야 했다. 가볍게 휴대할 수 있는 기계를 만들기 위해서는 가뿐한 플라스틱 물질도 개발해야 했고 강력한 메모리 저장 시스템도 구축해야 했다.

이 모든 노력의 결과는 단지 세계인이 서로 이웃처럼 이야기할 수 있게 된 것으로 끝나지 않았다. 더욱 중요한 것은 이것이 경제, 산업, 교육, 오락, 정치, 금융 등 인간 삶의 모든 측면에 변화를 가져왔다는 사실이다. 2030년에 이르러 글로브컴 사는 세계 3대 기업의 하나로서 네트를 사실상 지배하게 되었다. 또한 경쟁사들과 더불어 각양각색의 컴퓨터를 만들어 시장에 내놓았고, 초고속 링크를 제공했으며, 소프트웨어를 설계, 판매하여 네트의 발전을 가속화했고, 네트의 요소가 되는 오락 프로그램 사, 넷케스트 사, 소매업자 등 네트 협력사를 자회사로 소유했다.

몇 달 전 메리와 나는 아이들을 데리고 글로브컴 가상 박물관에 갔다. 같이 간 가족도 그곳에서 뭔가 얻었기를 바라는 마음이지만, 내게는 특히 박물관 관람이 환상적이고 의미가 컸다. 내 편견인지는 몰라도, 한 기업이 현대 기술의 그 많은 것들을 만들어냈다는 사실이 도무지 믿어지지 않았다. 전시장을 돌아보며 발전의 매 단계, 혁신의 매 단계를 접할 때마다 짧은 기간에 그 많은 것들을 이루었다는 사실에 절로 감탄이 나왔다.

박물관 관람은 최초의 비드폰vid-phone을 보는 것으로 시작되었다. 비드폰은 21세기 초에 도입되었으나, 상용화되기까지는 무척 오랜 시간이 걸렸다. 무슨 이유에서인지 사람들은 화상 통화를 별로 달가워하지 않았다. 그러다 비드폰 사용에 대한 일반인들의 거부감이 없어지고 소비가 자연스럽게 이루어지면서 비로소 이 기계는 뜨기 시작했다. 비드폰은 대중의 상상력을 사로잡기가 무섭게 그야말로 날개 돋친 듯이 팔려나갔다. 2014년까지 글로브컴이 판매한 비드폰만도 10억 개가 넘었다. 비드폰은 이제 생활의 일부가 되었다.

컴퓨터 이용상의 놀라운 변화 또한 비드폰 못지않게 중요했다. 1980년대 초 퍼스널 컴퓨터가 처음 도입되었을 때만 해도 사람들은 그것을 한 가지 용도로밖에 사용하지 않았다. 모니터 앞에 앉아 키보드를 두드리며 작업하는 방식이었다. 이 같은 방식은 글로브컴 설계자들의 발명품들이 시장에 거의 동시에 쏟아져 나오면서 일거에 바뀌었다.

그 중에 제일 먼저 나온 것이 주위 환경의 변화를 감지하도록 프로그램화된 원격 측정기술이었다. 이 장치가 내장된 컴퓨터는 집 안 감시, 냉장고 안의 잔량 조사, 실내온도 조절 등 가정부 역할을 대신했고, 시간이 조금 지난 뒤에는 맥박, 호흡 등의 생명 징후를 체크하고 몸의 노폐물을 분석하는 가정의 역할까지 해냈다.

원격 측정기술의 개발과 동시에 컴퓨터 자재와 소형화 기술도 개발되었다. 그 결과 기존의 '상자형' 컴퓨터가 사라지고 모양이 전혀 다른 신형 컴퓨터가 만들어졌다. 컴퓨터에 몰아닥친 이 같은 새 물결은 '핀pin', '시트sheet', '패널panel'의 세 종류로 나누어졌다. 핀은 눈에 띄지 않는 먼지입자 크기에서 배지만한 크기까지 여러 종류의 크기를 가진 프로세서다. 시트는 옛날에 쓰던 종이와 비슷하다고 보면 되고, 패널은 벽 같은 평평한 곳에 걸어놓고 모니터 대용으로 쓰는 물건이다.

이들 프로세서는 유용성이 매우 뛰어나 2020년 초에 도입되었는데도 지난 30년간 기본 형태는 별로 변하지 않았다. 20세기에 나온 자동차, 텔레비전, 전화기, 비행기처럼 간단한 디자인으로 단번에 '완벽의 경지'에 도달한 예라 할 수 있다. 자동차, 텔레비전, 전화기, 비행기의 경우, 부품 개량이 많이 이루어졌고 지금도 꾸준히 발전하고 있으나 겉모양만 바뀌었을 뿐 기본적인 형태와 기능은 예전과 다름없는 것이다. 자동차도 바퀴 네 개에 지붕과 내연기관으로 이루어진 기본 틀에는 변함이 없다. 화면을 통해 그림을 본다는 점에서는 텔레비전도 마찬가지이고, 비행기도 날개와 동체의 기본 모형은 예나 지금이나 그대로다. 컴퓨터도 이와 유사한 길을 밟아온 것이다.

시간이 조금 지나자 글로브컴은 몸에 착용할 수 있는 컴퓨터 시장까지 석권했다. 2020년대 중반부터는 회의장에서 랩톱 컴퓨터가 완전히 사라졌다. 신용카드나 손 지갑 혹은 손목시계 정도로 컴퓨터 크기가 확 줄어들었기 때문이다. 컴퓨터 작동은 음성인식(글로브컴이 개발한 또 하나의 획기적인 기술)으로 이루어졌다. 정보는 컴퓨터가 착용자에게 직접 말로 전해주거나 또는 시야를 가리지 않으면서 착용자 눈앞 공간에 투사해주기도 한다.

내 직업에서 가장 맘에 드는 점은 컴퓨터와 네트워크 세계가 늘 발전하고 있다는 것을 몸으로 느낀다는 것이다. 앞으로의 가능성도 무궁무진하여 놀라 까무러칠 일이 곧 닥칠 것만 같다. 병렬 분야 전공의 로봇 엔지니어인 내 딸 루시도 그 분야의 신선한 아이디어로 늘 나를 놀래킨다. 그래도 그녀가 말을 계속하도록 내버려둘 작정이다.

새로운 오락, 가상세계

지난 30년간 글로브컴이 가장 심혈을 기울여 개발한 분야는 뭐니뭐니해도 완전 네트워크화된 종합 대체현실 체험 프로그램, 이른바 가상세계virtual world 프로그램이었다. 가상세계는 글로브컴 설계자들이 75년 전에 최초로 개발했는데, 이것은 롤 플레잉 게임RPG에서 발전한 것으로 21세기 초부터 이미 인터넷에서 사용자들이 급증하고 있었다. 롤 플레잉 게임은 최초의 쌍방향 게임이었다.

하지만 초기 형태로는 교본이나 모니터의 비주얼을 통해서만 사용자가 사이버 공간으로 들어갈 수 있었다. 그러다 보디슈트와 헬멧이 개발되어 가상세계 프로그램에는 일대 혁명이 일어났다. 하지만 값비싼 기기와 복잡한 헬멧, 그리고 보디슈트가 요구되는 번거로움 때문에 가상세계 프로그램은 그 단계에서 답보상태를 면치 못했다. 그러나 이 같은 문제점들도 해가 거듭될수록 개선되어 오늘날에는 간편한 기기로 현실감 있는 체험을 할 수 있게 되었다.

지난 2020년 초 글로브컴의 수석 설계사 래리 구텐겐은 최초의 가상현실virtual reality 오락 시스템을 선보였다. 작은 극장 규모의 시설을 갖춘 이것은 10여 명의 사람들이 같은 내용의 가상세계를 동시에 체험할 수 있도록 설계되었다. 하지만 당시에는 체험할 수 있는 가상세계의 종류도 제한적이었고 참가자들 역시 격리된 캡슐 속에서 보디슈트와 헬멧을 써야만 이용할 수 있었다.

솔직히 말해 글로브컴의 이 시스템은 대중의 상상력을 사로잡는 데 실패했다. 하지만 이것은 섹스산업이라는 수익성이 확실한 시장을 통해 기술 혁신이 이루어지는 기폭제 역할을 했다. 섹스산업에 가상현실을 이용한 것은 글로브컴이 아니었다. 다른 업자들이 우리 회사 기술을 이용하여 떼돈을 벌었던 것이고, 그러자 이것을 제한하는 법규가 생기면서 포르노 작가들과 섹스산업 종사자들의 관심도 곧 시들해졌다.

하지만 지난 2세기 동안 과학기술이 발달해온 역사를 볼 때, 기술 혁신의 가장 강력한 동인은 섹스였다. 1960년대에 폴라로이드 필름, 1980년대에 홈비디오 기기, 2010년대에 홀로그래픽 DVD가 출현한 것을 보면, 가상현실도 같은 패턴을 밟을 것이 분명하다.

2020년대에 어떤 회사는 가상현실섹스VRSex의 퍼스널 모듈로 수십억 달러를 벌어들였다. 그리고 좀더 신뢰할 수 있고 값싼 기기를 찾는 과정에서 이 기술은 엄청난 속도로 발전했다. 2030년대 초에는 오늘날 우리가 알고 있는 가상현실 기술의 대부분이 개발되었다. 이것은 가격이 좀더 저렴해지고 정교해졌다는 점과 크기가 작아지고 성능이 좋아졌다는 점을 제외하면 가상현실섹스의 초기 모델과 별로 달라진 것이 없다.

오늘날 서구의 모든 가정은 가상세계 부스를 최소한 하나씩 비치해 놓고 있으며, 방마다 가상세계를 혼자 체험할 수 있도록 유선장치가 연결돼 있다. 이것은 21세기 초의 상황을 생각하면 쉽게 짐작할 수 있다. 당시 모든 가정마다 최소한 한 대의 텔레비전을 가지고 있었고, 개중에는 여러 대를 소유한 집들도 많았다. 가상세계가 텔레비전과 다른 점이 있다면 프로그램에 완전히 몰입한다는 것이고, 같은 프로그램을 온 가족이 함께 즐길 수도 있지만 혼자 즐기기에도 전혀 부담 없는 오락이라는 것이다.

가상세계 부스는 보통 네 명 정도 앉을 수 있는 크기의 작은 방으로 이루어져 있다. 2030년대에 사용되던 보디슈트와 헬멧은 옛날에 사라지고 지금은 사이버네트가 그 기능을 대신하고 있다. 이 모두 대혼란이 끝나기 무섭게 글로브컴이 만들어낸 성과였다. 사이버네트는 투광기가 광슈트로 몸을 에워싸는 원리인데, 광슈트는 원격감지기를 통해 집의 컴퓨터와 연결된다. 그런 상태에서 이용자는 네트에 뜬 수백만 종류의 카탈로그에서 가상세계를 고르는 것이고, 원하면 네트상에 자신의 기록을 남길 수도 있다. 이 체험은 '현실'과 구분되지 않는 완전한 지각체험이라는 점에서 흔히 초현실 꿈과 비교되어왔다.

가상세계에서는 무엇이든 체험할 수 있다. 요상한 체험, 진부한 체험 모든 것이 가능하다. 그 때문에 처음 소개되었을 때는 무척 말이 많았다. 도덕주의자들은 이것을 퇴폐적인 오락으로 보고, 사람들이 가상세계와 현실을 구별하지 못하고 실생활에서도 환상에 빠져 허우적거릴 것이라고 우려했으며, 어떤 사람들은 가상세계를 소수에 대한 위협이며, 대중의 도덕성을 타락시키는 한편 대기업들의 배만 불려줄 수단이라고 주장했다.

아닌 게 아니라 이러한 우려는 일부 현실로 나타났다. 그리고 다행히 이 새로운 오락은 상당히 이른 시기에 법률의 규제와 감시를 받았다. 부모들은 백 년 전의 우리 조상이 부적절한 인터넷 정보를 차단할 수 있었던 것처럼 자녀들이 불미스러운 가상세계를 체험하지 못하도록 컴퓨터에 보안장치를 설치했다. 그래서인지 요즘 아이들은 2, 30년 전의 아이들보다 훨씬 영악해지고 메말랐다는 느낌이 든다. 청소년들은 규제를 하든 말든 갖은 방법을 사용하여 성인용 가상세계 프로그램을 접했다.

그 결과 서구 아이들은 열 살 정도만 되면 가상세계 오락이 없었다면 몰랐을 인생의 여러 측면을 체험하게 되었다. 이것이 옳고 그르고의 판단은 별개의 문제다. 내 개인적으로는 아이가 자신이 체험하는 내용을 알고 가상세계와 현실세계의 차이점을 이해할 수 있다면 상관없다고 생각한다. 하지만 많은 사람들은 내 의견에 찬성하지 않는다.

가상세계 중독방지회

하지만 가상세계가 감수성이 예민하거나 강박관념에 사로잡힌 사람들에게 위험요소가 될 소지가 있다는 사실은 반드시 알아야 한다. 가상세계가 등장한 초기만 해도 이것에 중독되어 현실생활을 도저히 영위할 수 없는 상황에 이른 사람이 부지기수였다.

가상세계 중독방지회(내게는 늘 어딘가 모순적인 이름으로 들리는)는 캄이나 다른 하이테크 안전마약이 개발되기 이전의 알코올 중독방지회처럼 예나 지금이나 여전히 중요한 갱생그룹으로 남아 있다. 내 주위에도 가상세계 중독방지회의 도움이 필요한 사람이 여럿 있는데 이들에 대한 동정을 금할 수 없다.

나 역시 강박적인 증세가 있는 사람이라(나 이외에도 많은 사람들이 그렇다고 믿는다) 가상세계에 중독될 가능성은 늘 존재한다. 내 경우에는 가상세계 중독방지회에 들어갔던 친구들의 체험담이 많은 도움이 되었다. 그 중에서도 어릴 적 친구로 결혼식 들러리까지 서주었던 제프의 체험담은 특히 가슴에 와닿았다.

제프는 베라와 결혼하여 10여 년간 행복하게 살았다. 그들은 샌디에이고의 고급 주택가에 살면서 제이크와 샘이라는 귀여운 아이들까지 두었다. 제프는 영어학 교수로 고대사와 언어에 파묻혀 지냈다. 그리고 다른 사람들처럼 집에 설치된 가족 부스에서 공상적인 가상세계 오락을 즐겼다. 그가 가장 좋아하는 가상세계 체험은 12세기 영국의 기사가 되는 것이었다. 12세기 영국은 그가 가장 좋아하는 역사적 시기이자 장소였다.

처음에는 그도 가상세계 체험을 인간의 천재성이 개발해낸 최고의 오락형태라고 생각했다는 점에서 우리와 다를 바 없었다. 하지만 시간이 갈수록 제프는 가상세계에 점점 깊이 빠져들었다. 처음에는 플랜태저넷 왕조의 영국 기사의 삶을 살면서 연구 중이라며 자신과 가족에게 적당히 변명을 둘러댔다. 하지만 그의 아바타(가상세계에서의 그의 분신)가 그와 똑같은 가상세계에 참가하고 있는 젊은 여성 아바타를 만나면서 문제가 복잡해졌다.

아무래도 이것은 설명이 좀 필요할 것 같다. 소프트웨어의 한계는 거의 무제한적이기 때문에 가상세계의 종류만 해도 수백만 가지를 헤아린다. 하지만 가상세계에서 만나는 인물이라고 늘 사이버 인간인 것만은 아니어서 다른 사용자들의 아바타, 즉 현실의 인간을 만날 수도 있다. 물론 이것은 가족이 함께 쓰는 체험 프로그램에서 흔히 나타나는 현상이지만 혼자 쓸 때도 종종 나타난다. 제프도 혼자 쓰다가 그웨나를 만났다. 그것이 가상세계에서 쓰는 그녀의 아바타 이름이다. 그웨나는 영국의 어느 귀족 딸의 하녀였는데, 제프(아니 더 정확히 말하면 제프의 아바타)가 그녀를 사랑하게 된 것이다.

이쯤에서 말해두지만, 가상세계 체험에 익숙지 않은 사람들은 이 일을 대수롭지 않게 여길 수도 있다. 사람들은 연예인과도 곧잘 사랑에 빠지곤 하니까 말이다. 그들이 연기하는 역에 매료되기도 하고 좋아하는 배우와 연기를 한 번 해봤으면 하고 바라기도 한다. 가상세계는 이와는 차원이 전혀 다르다. 체험이 너무도 강렬하고 현실적이어서 실생활에서 일어나는 것과 같은 착각을 불러일으키는 것이다. 가상세계에서는 실제와 똑같은 신체적 감각을 느낄 수도 있고 자신을 무방비 상태로 내버려두면 체험에 빨려들어가 '현실생활'에서와 똑같이 느낄 수도 있다. 참으로 미묘한 패러독스가 아닐 수 없다.

그것은 마치 모든 것을 느끼고 싶어하면서도 한편으로는 두려워하는, 마치 유원지의 청룡열차를 타는 것과 같다. 공포 영화를 보는 관객의 반응과도 비교해볼 수 있다. 관객들은 영화의 내용을 사실이라 믿고 거기에 완전히 몰입하고 싶어하지만 그렇게 하려면 또 의혹의 감정을 잠시 밀쳐두어야 하는 문제가 있다.

제프가 처한 상황이 꼭 그 꼴이었다. 체험에 너무 깊이 빠져들어 가상세계 속의 여인과 불 같은 사랑을 하게 된 것이다. 두 사람은 현실세계에서는 한 번도 만난 적이 없었다. 가상세계 밖에서는 서로를 알지 못했으나 가상세계 체험(두 사람 다 건강을 해칠 정도로 체험 빈도가 높아졌다)을 하는 동안에는 연인이었다.

그 같은 이상한 관계가 한동안 지속되었다. 그리고 시간이 가면서 그것은 제프의 실생활에도 영향을 미쳤다. 일에도 차질이 생겼고, 가상세계를 떠나 있을 때의 그는 멍하니 넋이 나가 있거나 내성적이 되었다. 처음에 아내 베라는 그런 그를 걱정하며 문제를 해결해보려고 했다. 하지만 실생활에서 구실을 제대로 못하는 등 제프의 상황이 점점 나빠지자 베라는 의혹을 품고 남편을 다그쳤다.

제프는 물론 자신이 망상에 사로잡혀 있다는 사실을 부인했다. 그리고 베라가 단도직입적으로 "당신 혹시 바람 피우는 것 아니에요?"라고 물었을 때도 실생활, 즉 결혼생활에는 충실했기 때문에 그렇지 않다고 당당히 대답했다. 그 자신은 단지 공상의 세계에서 한 번도 만난 적이 없는 공상의 파트너와 공상적인 관계를 갖고 있는 것에 불과했다. 그웨나와 사랑을 나눌 때도 가상섹스를 하는 것일 뿐 실제로 몸을 접촉한 것은 아니었다.

베라도 곧 상황을 파악했다. 그녀는 결혼생활을 지키고 남편을 제정신으로 돌려놓기 위해서는 자신의 개입이 불가피하다고 판단했다. 하지만 무엇을 어떻게 해야 하는가? 제프의 불륜은 오직 가상세계에서만 이루어지는 것이었고, 상대방의 아바타가 누구인지 그녀로서는 알 길이 없었다. 방법은 하나뿐이었다. 그녀도 아바타를 만들어 제프와 그웨나가 파트너로 있는 가상세계에 들어가는 것.

제프는 억세게 운이 좋은 놈이었다. 그와 비슷한 일을 겪고 결혼생활이 파탄난 친구들도 많았는데 그는 가정을 지켰으니 말이다. 베라는 현명하게 처신하여 가상의 불륜관계를 끊는 데 성공했다. 그리고 남편의 행위를 용서해주기는 했으나, 집중치료를 받고 가상세계 중독방지회에 들어갈 것을 요구했다.

이것은 모두 2년 전에 일어난 일이고 지금 그들은 행복하게 살고 있다. 그리고 똑같은 일의 재발을 막기 위해, 만일 한 사람이 가상체험을 하다가 결혼생활에 해가 될 만한 행동을 하고 싶어지면 그 사실을 상대방에게 알려주기로 약속했다. 그들에게는 이 방법이 잘 통하는 것 같았다.

나는 샌타바버라가 좋다. 이곳에서 태어나 죽 자라왔기 때문인지 다른 곳에서 사는 것은 생각조차 할 수 없다. 그리고 지구의 환경변화 때문에 대혼란 직전 조부모가 이곳으로 이사오기 전보다는 날씨가 조금 덥고 습해지기는 했지만 도시 자체는 별로 변하지 않았다. 해변도 여전히 쾌적하고 인구는 지난 백 년간 20퍼센트 가량만 늘어났을 뿐이다.

우리 집은 도시 언덕배기에 있다. 11년 전 톰이 태어난 지 얼마 지나지 않아 지은 방 다섯 개짜리 평범한 가옥이다. 콘크리트와 퍼머플라스틱으로 된 특별할 것 없는 집이지만 근사한 풀장이 있고 방들도 크기가 꽤 넉넉하다. 그외에도 청소 자동장치, 방마다 설치된 홀로그래픽 인터넷 시설, 최첨단 보안장치를 비롯하여 가장 정교한 네트워크 시스템을 갖추고 있다는 점에서도 우리는 복받은 사람들이다.

나의 하루는 먼저 프로그램화된 음악과 함께 시작된다. 때로는 영상으로 시작될 때도 있다. 메리와 내가 뭔가 설정해놓고 잠자리에 들면, 이튿날 아침 '집'은 계절에 맞게 빛을 비춰주기도 하고, 차단시켜주기도 한다. 그동안 우리는 벽, 바닥, 천장에 설치된 다성음악 시스템에서 나오는 음악을 듣는다. 때로는 방 안 가득 영상이 비쳐지기도 한다. 최근에는 햇빛이 눈부시게 쏟아지는 숲과 새 지저귐 소리를 프로그램에 예약해보기도 했다. 몇 달 전에는 산산이 부서지는 파도소리를 들으며 잠을 깬 적도 있으나, 별로 마음에 들지 않아 그만두었다.

근래에 나온 책자를 보니 중국의 한 회사가 아미노산 몇 종류를 상자 안에 넣어 음식 만드는 기술을 개발 중이라고 한다. 언뜻 보기에는 부엌 한 귀퉁이에 놓인 상자 안에서 음식이 조리되는 간단한 기술 같지만, 내가 보기에 그것이 상용화되려면 아직 상당한 시일이 걸릴 것 같다.

우리는 지금 구식으로 식사를 해결하고 있다. '집'의 주문을 받으면 로봇 차량이 알아서 문 앞까지 식품을 배달해주는 방식이다. 집은 그날 그날 우리가 필요로 하는 것과 좋아하는 것을 알고 있기 때문에 정확히 주문을 한다. 물론 조리되기 전에 건강에 해로운 재료는 다 걸러지고 조리와 밥상차림은 로봇이 알아서 해준다.

내가 다니는 회사는 로스앤젤레스에 있다. 우리 가족은 식구마다 한 대씩 차를 소유하고 있다. 이 자동차는 1세기 전에 사용하던 것과는 판이하다. 핵연료를 사용해서 전혀 공해가 없다. 자동차 재질도 지금까지 나온 것 중 가장 강력한 합성수지인 롤로넨인 만큼 백 퍼센트 안심하고 운전할 수 있다. '운전'이라고 말은 했지만 사실 운전이랄 것도 없다. 가장 가까운 자동화 하이퍼링크hyper-link가 집에서 불과 수백 미터 밖에 위치해 있어 거기서부터 차는 시속 480킬로미터로 소리 없이 굴러가기 때문에 회사까지 가는 데는 고작 15분 남짓 걸린다. 이 시간을 이용하여 나는 홀로메일holomail과 전화를 체크한다.

나는 보통 일주일에 이틀만 회사에 출근한다. 그리고 이틀은 집 서재에서 작업하고 금요일에는 출장을 간다. 업무는 주로 홀로회의holo-conference를 통해 이루어지지만 다른 관리자나 설계자들처럼 나 역시 가끔은 사람을 직접 대면할 필요성을 느낀다. 회사의 젊은 친구들 눈에는 나의 이러한 태도가 좀 기이하게 보일지도 모른다. 하지만 그들도 언젠가는 모든 일을 사이버 공간에서만 해결할 수는 없고 때로는 직접 만나서 해결할 일도 있다는 것을 알 것이다.

그런 좋은 예가 지난 금요일에 일어났다. 그때 나는 '프시-링크psi-link'라 불리는 획기적인 신제품 개발에 몰두하고 있었다. 프시-링크는 종류에 관계없이 모든 종류의 네트워크에 부착하여 사용자가 컴퓨터에 직접 말하지 않고도 컴퓨터와 교신할 수 있게 해주는 기술이다. 기계의 미세한 센서가 뇌의 신경정보를 읽어 그것을 컴퓨터와 네트워크에 암호로 전달해주는 방식이다. 지금은 초보적인 단계에 머물러 있지만 5년 내에 아마 시판이 가능할 것이다. 그것을 생각하면 흥분을 주체할 수 없다. 현재 우리는 그 장치에 맞는 부품을 찾기 위해 이것저것 시험해보는 중이다.

그러던 차에 지난 금요일 뉴질랜드에 있는 내 팀원 중의 한 사람이 제품 시험을 하다가 문제에 직면했다. 우리는 그날 우연히 런던, 뉴욕, 파리에 있게 된 다른 팀원들과 함께 홀로회의를 열고 그 문제를 논의했다. 하지만 회의가 끝날 때까지도 만족할 만한 해답을 찾지 못했다. 그리고 10시 30분 나는 이미 공항에 도착하여 뉴질랜드 웰링턴행 파라볼라 여객기에 탑승하고 있었다.

파라볼라 여객기에 대해서도 설명을 좀 해야 될 것 같다. 나온 지 어언 30년이 지난 지금까지도 나는 이 여객기에 흥분을 감출 수 없다. 파라볼라 여객기는 초고속, 낮은 운임, 안락함으로 세계여행계에 혁명을 몰고 왔다. 비행기가 이륙한 지 1시간 만에 나는 이미 1만 6천 킬로미터 거리인 뉴질랜드에 도착하여 식당에서 노먼과 함께 점심을 들면서 프시-링크에 대한 문제점을 논의하고 있었다. 샌타바버라를 떠난 지 불과 몇 시간 만이었다. 오후 3시까지는 문제점을 다 해결했고, 5시 30분에는 이미 집에 도착하여 톰과 약속한 학교 축구경기를 구경했다.

내가 일반 역사에 관심을 갖기 시작한 것은 극히 최근의 일이다(그동안 내 취미는 컴퓨터 역사였다). 친구 제프가 역사에 관심을 갖게 해준 덕이다. 제프는 상황에 맞게 이야기를 풀어나갈 줄 아는 뛰어난 역사 선생이다. 그는 역사는 사람들에 관한 것, 일상생활에 관한 것이라고 말한다. 태어난 시대만 다를 뿐 우리와 똑같은 사람들에 관한 것이라는 말이다. 언젠가 그는 보통 사람들의 '저녁'이 바뀐 경위에 대해 이야기를 해주었다. 처음에 나는 그게 무슨 말인지 몰라 되묻기까지 했다.

"한번 생각해보게나." 그가 말했다. "2백 년 전만 해도 사람들은 책을 읽거나 대화를 나누는 것밖에는 별로 할 일이 없었어. 가족 중의 누군가가 음악을 했다면 피아노 연주를 들으며 그나마 지루함을 달랠 수 있었겠지. 그 밖에는 달리 할 일도 없고 말야. 그런데 20세기로 접어들면서 처음에는 라디오, 그 다음에는 텔레비전이 등장하여 사람들의 내면을 바꿔놓기 시작했어. 대화는 줄어들고 사람들은 상상력이나 장기를 이용하기보다는 외부 자극을 통해 즐거움을 느끼길 원했지. 지금은 어떤가? 가상세계라는 게 생겼잖아. 현재 우리는 손가락만 움직이면 무한정의 기회를 얻을 수도 있고 체험할 수도 있어. 공상의 세계도 혼자 또는 여러 사람과 함께 즐길 수 있지. 하지만 그 과정에서 우리는 뭐랄까, 사람끼리의 접촉에서 오는 가슴 설렘을 잃어버렸어."

그 당시 나는 제프에게 꼭 회개한 가상세계 중독자처럼 말한다고 핀잔을 주었던 것 같다. 하지만 나중에 곰곰이 생각해보니 그의 말에도 일리가 있었다. 하지만 생각은 그렇게 해도, 과거로 돌아가 가상세계 기계를 몽땅 팔아치우고 촛불 아래서 신문이나 읽으며 저녁시간을 보내고 싶은 마음은 추호도 없다. 나는 가상세계가 무척 마음에 들고 그것 없는 삶을 생각해본 적이 없다. 저녁식사를 마친 뒤 우리 가족은 모두 가상세계 체험에 빠져든다. 같이 모여 함께 체험할 때도 있고 혼자 즐길 때도 있다. 솔직히 말하면 혼자 즐길 때가 더 많다.

하지만 그렇다고 우리가 2099년의 여가를 가상세계 체험만 하며 보낸다고 생각하면 오산이다. 톰은 여러 가지 스포츠를 즐기고 있고, 루시도 다양한 취미생활을 하고 있으며, 메리도 마찬가지다. 나로 말할 것 같으면 컴퓨터 역사공부가 취미인 사람이다. 컴퓨터 관계 일을 하면서 컴퓨터 역사까지 공부한다고 하면 이상하게들 생각하겠지만, 그렇게 해서 홀로렉처hololecture를 하고 책을 출판할 기회도 가질 수 있다. 웹사이트도 하나 운영 중인데 사람들의 관심이 부쩍 높아지고 있다. 이 모든 것들이 회사생활에서는 맛볼 수 없는 또 다른 즐거움이다.

지난 금요일 우리 가족은 모두 톰의 축구경기를 보고 나서 집으로 돌아왔다. 집으로 돌아온 뒤 루시는 친구 수지를 만나러 나갔고, 메리는 친구 세 명과 저녁 때 놀 가상세계 오락 계획을 짰으며, 톰은 러시아에 있는 친구와 인터넷에서 체스게임을 했다. 나는 홀로렉처를 하기로 예약이 되어 있었다.

산스크리트 바이러스의 공격

나는 강연장에 모인 사람들의 숫자를 보고 다소 놀랐다. '2025년의 산스크리트 바이러스' 에 대한 내 강연을 들으려고 전 세계에서 3백 명이 모여들었기 때문이다. 2025년은 컴퓨터 역사의 시대 중 내가 가장 좋아하는 연도다. 그때를 기점으로 1970년대부터 사용해오던 컴퓨터가 사라지고 지금 우리가 사용하는 것과 같은, 눈에 보이지 않는 유비쿼터스 시스템으로 체계가 급속히 바뀌었기 때문이다. 하지만 강연에서도 언급했듯이, 유비쿼터스 시스템은 자칫 실현이 불가능할 뻔했다. 그리고 2025년 3월 23일, 산스크리트 바이러스 공격으로 네트워크가 붕괴 위험에 직면하면서 문명 그 자체가 위협을 받는 사태까지 벌어졌다.

오늘날까지도 산스크리트 바이러스가 어떻게 생겨났는지는 아무도 모른다. 미국 동부연안에는 땅거미가 내리고 있었고, 시드니 시각으로는 오전 9시, 시드니 시민들이 아침 업무를 막 시작하려는 찰나 이 바이러스가 발견되었다. 회사원들이 출근을 해보니 자신들의 파일이 몽땅 고대인도 아리아어인 산스크리트어로 바뀌어 있었던 것이다. 처음에는 그저 누군가의 장난일 거라고 생각했다. 하지만 언어변환이 안 되고, 파일이 회복 불능으로 감염되었다는 사실을 깨닫고는 공포에 휩싸였다. 그에 대한 첫 보도가 나간 지 2시간 후, 일부 아시아 국가들의 금융시장과 다른 업계 종사자들이 업무를 시작하려는 순간 자신들의 파일도 산스크리트 바이러스에 감염되었다는 사실을 발견했다.

곧이어 일본, 중국, 인도, 유럽, 미국 서부지역으로 산스크리트 바이러스 경보가 발령되었다. 이 바이러스로 오세아니아 대륙 네트워크가 정지됐으니 소프트웨어를 사용하기 전에 항바이러스 시스템을 작동하라는 경보였다. 인터넷과 비디오 시스템을 쓸 수 없었기 때문에 모든 일은 전화로 이루어졌다. 하지만 이조차 크게 실효를 거두지는 못했다. 2025년에는 이미 전 세계의 컴퓨터 시스템이 항구적으로 연결돼 있어 네트워크도 늘 깨어 있는 상태였기 때문이다. 근로자들의 업무시간이 따로 없었던 것도 한몫을 했다. 업무시간에 구애를 받지 않다 보니 오세아니아 대륙 사람들이 일을 시작할 무렵 미국의 동부, 심지어 유럽과 인도 사람들도 밤늦게까지 야근을 하는 일들이 많았던 것이다.

산스크리트 바이러스 공격이 시작된 지 3시간 만에 네트워크의 10퍼센트가 감염되었다. 그로 인해 수십억 달러의 금전적 손해와 전 세계의 컴퓨터 시스템이 중단되는 결과가 초래되었다. 한 가지 다행스러운 점은 단말기가 가동될 때만 바이러스에 감염된다는 것이었다. 이 말은 즉 경보가 발령되고 항바이러스 시스템이 가동되면 네트워크의 또 다른 노드가 감염되기 전에 바이러스를 제거할 수 있다는 의미였다.

현재의 네트워크는 단 하나로 연결된 이음새 없는 '유기체'나 마찬가지다. 따라서 정교한 보안체계를 갖춰놓지 않으면 산스크리트 같은 바이러스에 인류 문명이 파괴될 위험성까지 안고 있다. 단말기도 더 이상 켰다 껐다 하는 스위치를 쓰지 않기 때문에 네트워크의 어느 한 부분이 손상되면 다른 부분도 연쇄적으로 손상을 입을 수 있다. 하지만 성공했다면 큰일이었겠지만 산스크리트 바이러스의 경험이 전적으로 나빴던 것만은 아니다. 그 경험을 살려 같은 종류의 공격을 두 번 다시 받지 않게 되었기 때문이다. 이른바 경험에서 얻은 교훈이었다.

다행히 산스크리트 바이러스는 전염성이 높았지만 감염도는 무척 약하여, 대부분의 회사들은 이미 설치된 항바이러스 시스템으로 무난히 퇴치할 수 있었다. 전 세계 컴퓨터 사용자들도 네트를 통해 항바이러스 시스템을 내려받았다. 하지만 그것은 모든 사람에게 보내는 경보에 불과했다. 산스크리트 바이러스에 감염된 원原 컴퓨터 체계는 이미 파괴되어 오세아니아 대륙 회사들에게 많은 피해를 입혔다. 그것은 네트워크가 얼마나 취약해질 수 있는지를 보여준 단적인 사건이었다.

그날 밤 홀로렉처를 마치고 잠을 청할 때까지도 청중들의 박수소리가 귀에 쟁쟁한 가운데 여러 가지 복잡한 심정에 마음이 무척 착잡했다. 우선 2099년에 살고 있다는 사실이 그토록 가슴 벅차고 기쁠 수가 없었다. 지금 우리가 살고 있는 세상, 어떤 면으로 보아도 우리 조상들이 살았던 시절보다는 좋아진 이 세상의 온갖 경이로운 일들이 더없이 고맙게 느껴졌다. 그런 반면 뭐라 딱히 꼬집어서 말할 수는 없지만 여하튼 여기까지 도달하는 동안 우리 인간의 자존력을 잃어버린 게 아닌가 하는 느낌 또한 지울 수 없었다.

오늘날의 세계는 분명 몇 세기 전에 비해 훨씬 안전해졌다. 하지만 우리의 운명을 틀어쥐고 있는 네트라는 이 요상한 물체는 우리를 안전하게 해주는 것만큼이나 노예로 속박하기도 하는 것이다.

메리 호지슨의 이야기

나는 지오르다노 프로젝트에 참가하는 것에 말할 수 없는 전율을 느꼈다. 그 이유는 먼저 미디어와 정보의 홍수 밖에서 내 말이 다른 사람들에게 '들리기를' 너무도 간절히 고대하고 있었기 때문이다. 내 할머니 그렘마는 당신이 태어나신 이래 세상이 얼마나 많이 변했고 (할머니 연세는 올해로 107세다), 당신의 젊은 시절에는 지금보다 세상이 훨씬 조용했다는 말을 입버릇처럼 되뇌시곤 한다.

하지만 내가 볼 때는 관점의 차이인 것 같다. 교사생활을 하고 있고 전공이 사회사이다 보니 할머니 말씀이 전적으로 맞지는 않다는 사실이 눈에 확연히 들어온다. 할머니는 21세기 초의 세상에도 수십억 가지의 생각과 의견이 넘쳐났다는 사실을 간과하고 있다. 그 당시에도 주목받고 유명해지기는 하늘의 별 따기만큼이나 어려웠다. 텔레비전 방송도 50여 개의 케이블 방송국에서 내보내는 드라마, 뉴스, 다큐멘터리 등으로 정신을 차릴 수 없을 만큼 복잡했다. 해마다 수십만 권의 책이 쏟아져 나왔고 음악, 예술, 영화, 패션의 흐름도 어찌나 빠른지 보통 사람들은 도저히 그 속도를 따라잡을 수 없었다. 그리고 당연히 인터넷의 확산과 세계 여러 곳에서 급속도로 성장하고 있던 새로운 첨단과학의 발달도 빼놓을 수 없다.

하지만 할머니 말씀도 일리가 있는 것이, 이 모든 것들은 옛날에 비해 그야말로 눈이 핑핑 돌아갈 정도로 빨라지고 커지고 강해졌기 때문이다. 그래도 21세기 초와 다른 점을 하나 꼽으라면 이같이 빠른 속도의 발전에 우리 모두 익숙해져 있다는 사실이다. 그래서 이 왁자지껄한 인간 세상 위에서 한번 말해보고 싶은 것이다. 그렇기는 하지만 주변의 잡음이나 변화의 속도에 두려움을 느끼지 않는다는 점에서는 1세기 전의 조상과 다르다.

어떤 의미에서 나는 지극히 관습적인 사람이다. 나이 마흔여섯 살에 다소 보수적인 직업에 종사하고 있고, 두 아이의 어머니이며, 남편 데이비드만을 섹스 파트너로 삼고 있다는 점에서 말이다. 하지만 나는 또 내가 이용하는 테크놀로지에 열광하며 거기에서 힘을 얻기도 한다. 지금 살고 있다는 사실에 희열을 느끼고, 수백만 명의 다른 사람들처럼 꿈을 이루기 위해 발버둥치고 있지만 그것에 짓눌린다는 느낌은 받지 않는다. 그것은 그저 삶의 일부일 뿐이니까.

천 년 전이었다면 나는 아마 평생 농부의 아낙네나 부엌데기로 살았을 것이다. 2백 년 전이었다면 낮에는 대가족 부양하랴 저녁에는 뜨개질하랴 세월 가는 줄 몰랐겠지. 그럼 21세기 초에는 어땠을까? 괜찮은 직업을 가지고 아이 두셋 낳아 기르며 예술가나 작가의 꿈을 꾸었겠지. 그러나 십중팔구 주위 사람들의 지원이나 격려는 받지 못했을 것이다. 오늘날 여성들은 막강한 파워를 가지고 있고, 그것은 지난 50년간 네 명의 여성 대통령이 배출됐다는 사실로도 잘 알 수 있다.

내 삶이 마음에 드는 이유 중의 하나는 역할의 다양성 때문이다. 나는 아내이고 어머니이자 교사인 동시에 인터넷 극작가이기도 하다. 친구도 다방면으로 사귀고 있다. 그 중에는 당연히 교사도 있지만 작가, 예술가, 음악가들과도 교류를 한다. 나는 다양성을 존중하고 폭넓은 삶은 곧 영감과 직결된다. 다양성은 내 삶의 양념과 같은 존재다.

다양한 삶, 다양한 사랑법

데이비드와 나는 전통적인 결혼방식을 고수하고 있다. 우리 두 사람은 대학시절에 만났다. 만나기 전에 우리는 동성연애를 비롯하여 갖가지 풍부한 연애경험을 가지고 있었다. 그렇기는 해도 당시 유행하던 대안적인 결혼방식에는 둘 다 관심이 없었다. 이 점에 대해서는 좀 설명이 필요할 것 같다.

수세기 동안 지구상에는 두 사람의 이성異姓이 맺어지는 전통적인 결혼제도만 존재했다. 하지만 20세기 말로 접어들면서 이 제도는 압박을 받기 시작했다. 많은 문제점들이 드러났기 때문이다. 우선 이 제도로는 커밍아웃으로 급속히 불어나는 동성애자들을 수용할 수 없었다. 선진국 동성애자들은 동성결혼의 법적, 종교적, 재정적 권리를 요구했다. 우파 정치인들과 동성애 혐오자들은 당연히 그것을 반대했다. 하지만 날이 갈수록 동성결혼 옹호자들은 조금씩 힘을 얻었다.

20세기 말에는 네덜란드 정부가 동성 부부에게도 이성 부부와 똑같은 권리와 혜택을 부여했다. 그러자 다른 나라들도 동성결혼에 호의적인 쪽으로 법률을 개정하기 시작했다. 이성결혼이 타격을 받은 데에는 전통적인 결혼제도의 단점도 한몫을 했다. 결혼생활을 하면서 평생 변치 않는 사랑을 유지하는 부부도 물론 많이 있었다.

하지만 20세기 말부터 21세기 초에 이르는 동안 서구 여러 나라의 이

혼율이 급증하자 전통적인 결혼만이 능사가 아니라는 의식이 팽배해졌다. 누구에게나 다 맞는 제도가 아니라는 것이다. 의식은 그랬지만 현실적으로는 몇 년 동안 아무것도 변하지 않았다. 결혼은 그 모든 단점에도 불구하고 여전히 많은 사람들에게 함께 살며 가족을 이루기에는 더없이 좋은 제도로 인식되었기 때문이다.

전통적인 결혼은 우리 사회의 가장 중요한 제도로 남아 있다는 점 또한 인정하고 넘어가야 할 부분이다. 하지만 그외의 다른 대안도 존재하며, 이들 대안적 방법이 지난 20년간 크게 부각되면서 많은 사람들에게 더 나은 생활방식, 그리하여 결과적으로 더 행복한 가정을 이루도록 해주었다.

가장 중요한 변화는 아주 느리게 찾아왔다. 지난 2032년 캘리포니아의 연애박사 차드 찰스티엔은《새로운 사랑법 A New Way To Love》이라는 책을 써서 일대 센세이션을 불러일으켰다. 이 책에서 그가 내세운 철학은 이른바 '4-방향 결혼'이었다. 그는 먼저 사람의 종류를 알파와 베타라는 두 개의 범주로 크게 나누었다. 알파형은 수완 좋고 의욕이 넘쳐나는 사람으로 직장생활도 잘하고 돈, 성공, 명예욕이 강한 유형이다. 반면 베타형은 물질적 욕심보다는 가족, 아이들, 인간관계를 무엇보다 소중히 여기는 가정적인 타입이다.

찰스티엔은 전통적인 결혼의 문제점은 주로 이들 유형의 부조화에서 비롯된다고 생각했다. 그에 따르면 알파와 베타의 결혼은 성공 가능성이 높으나(물론 나름대로 문제점은 있겠지만) 베타와 베타의 결합, 더 심한 경우 알파와 알파의 결합은 커다란 난관에 직면할 것으로 내다보았다.

물론 이것은 사안을 너무 단순하게 본 처사였다. 그런데도 찰스티엔의 책은 수천만 권이 팔려 나갔다. 찰스티엔은 지금도 정정하게 살아 자신의 철학을 실행하고 있으며, 그렇게 벌어들인 돈으로 떵떵거리며 호화롭게 살고 있다. 요전에 듣자 하니, 120세 생일을 맞아 베벌리힐스의 대저택에서 성대한 잔치까지 벌였다고 한다.

하지만 그가 가진 생각의 단순성(과 책이 그처럼 잘 팔린 이유)이야말로 《새로운 사랑법》이 지닌 커다란 오류다. 한번 따져보자. 남녀관계를 그렇게 간단히 알파와 베타로 나누는 것이 가능한가. 누구도 백 퍼센트 알파이거나 베타인 사람은 없을 것이다. 사실 나는 사람을 그렇게 판에 박힌 식으로 유형화시키는 것에 대해 분노까지 느끼고 있다. 그래서 말인데, 내가 왜 찰스티엔의 방식을 시도조차 하지 않았는가에 대해 해명을 좀 해야 할 것 같다.

4-방향 결혼은 그렇게 빨리 대중의 인기를 끌지는 못했다. 《새로운 사랑법》을 흥미롭게 본 사람들 중 소수만이 저자의 방식을 시험해보았을 따름이다. 하지만 시간이 가면서 이 책에 담긴 내용은 대중의 의식 속을 파고들었고, 그 결과 대안적 관계를 시험해보려는 커플 수도 점차 늘어났다. 2067년 캘리포니아 주는 마침내 4-방향 결혼을 합법화하기에 이르렀고 이후 10여 년에 걸쳐 이 방식은 1세기 전의 동성결혼과 같은 패턴을 밟았다.

물론 4-방향 결혼으로 파경을 맞은 사람도 부지기수였다. 재미있는 것은 4-방향 결혼의 파경수준이 20세기 말의 전통적 결혼의 파경수준에까지 이르렀다는 것이다. 그리고 말해둘 것은 4-방향 부부들의 이혼과정이 매우 추잡했다는 것이다. 그건 그렇고 내 주위에도 찰스티엔의 방식으로 결혼한 가족이 여럿 있었다. 그 중에서도 행복한 가정을 이룬 부부, 내 사촌 제인 가너의 가족을 여기 소개하려고 한다.

제인은 천성적으로 출세 지향적인 여성이었다. 미술과 디자인을 공부한 뒤 나이 서른에 이미 로스앤젤레스에서 인테리어 디자이너로 재능을 발휘했다. 오스카상 수상 여배우 자스민 카트라이트, 음악가 루시엔 리나크레의 집도 그녀가 리모델링해주었다. 루시엔 리나크레는 캘리포니아에 최초로 10억 달러짜리 집을 지은 사람으로 여러분도 아마 기억할 것이다.

제인과 제리는 첫눈에 사랑에 빠진 그야말로 완벽한 커플이었다. 제리는 준수한 용모에 저돌적인 성격을 지닌 성공한 은행가였다. 하지만 결혼생활 5년째에 접어들면서 잉꼬부부였던 이들 관계는 삐걱대기 시작했다. 두 사람은 여전히 서로를 사랑했다. 문제는 결혼생활의 메커니즘이 이들에게 맞지 않았다는 데 있다.

이들은 도무지 같이 있을 시간이 없었다. 두 사람 다 야망을 가지고 의욕적으로 부지런히 일했음에도 정작 그 결과물인 성공을 부부가 함께 누리지 못했다. 집에 같이 있는 시간이래야 고작 몇 시간에 불과하여(이들은 샌타바버라, 로스앤젤레스, 런던, 뉴욕에 각각 집을 두고 있었다), 서로의 연대감도 차츰 엷어져갔다. 아이들과 같이 있을 시간도 없어 어린 두 남매는 가정부들의 손을 전전하며 자라났다. 가정의 역동성이 결국 이들 모두를 불행하게 만들고 있는 셈이었다.

한편 린과 릭 데이비스 부부도 결혼생활에 어려움을 겪고 있었다. 이들은 샌타바버라 빈민가 쪽의 하이퍼링크에서 약간 들어간 곳에 살고 있었다. 린과 릭은 둘 다 재간꾼이었다. 린은 유아학교 선생이었고 릭은 테니스 코치였다. 두 사람은 야망을 가질 틈도 없이 하루하루 근근히 살아가기도 바빴다. 집을 살 여력도 없었기 때문에 린이 직장을 그만두고 아이를 갖는다는 것은 꿈도 꾸지 못했다.

데이비스 부부와 가너 부부는 서로 다른 분야에서 활동했기 때문에 샌타바버라 동물원에서 우연히 마주치지 않았다면 아마 영원히 만날 일이 없었을 것이다. 그때 린은 조깅 중이었고 제인은 아주 오랜만에 아이들과 함께 놀아주고 있었다. 린이 코너를 막 돌아나오는 순간 제인의 두 살짜리 딸 조이가 조깅 코스로 뛰어들었다. 아이를 피하려던 린은 몸의 중심을 잃고 낮은 담장에 발이 걸려 잔디밭에 그만 엉덩방아를 찧고 말았다.

제인이 달려가자 린은 다친 곳 없이 벌렁 나자빠진 모습으로, 스스로도 우스웠던지 실소를 터뜨렸다. 두 사람은 곧 말문이 트여 이런저런 이야기를 나누었다. 그리고 놀랍게도 서로 마음이 통했다. 린은 아주 총명하고 활달한 여성이었고 제인(사기꾼과 세력가들만 신물나게 겪어본 사람으로)은 그런 그녀의 순박하고 꾸밈없는 태도가 마음에 들었다. 두 사람은 몇 주 만에 친구로 발전하여 가족 모임도 몇 번 가졌다.

거두절미하고, 첫 만남이 있은 지 몇 달 후 제인과 제리는 데이비스 부부에게 몬테시토에 있는 자신들의 조그만 별장으로 이사올 것을 청했다. 자신들의 아이들을 돌보는 일과 가사를 맡아주면 그 대가로 데이비스 부부에게 아이를 갖고 가정을 이룰 수 있게 해주겠다는 것이었다.

그리고 이 같은 상황은 곧 새로운 국면으로 바뀌었다. 제리가 린을 눈여겨보기 시작한 것이다. 그럼 제인은 어땠냐고? 물론 릭에게 빠졌다. 조이와 팀을 데리고 노는 모습이 너무도 매력적으로 보였던 것이다. 아이들에게 늘 딱딱하게 대하는 남편 제리만 보다가 잔디밭에서 함께 뒹굴며 테니스를 비롯한 여러 가지 운동을 가르쳐주는 릭을 보고 제인은 회의 중에 마주치는 '남자'보다는 '남편'이 더 중요하다는 사실을 깨달았다. 이런 상황에서 네 사람이 '4-방향 결혼'을 생각한 것도 무리는 아니었다.

제인의 이야기를 들어보니 이것도 처음에는 문제가 많았던 모양이다. 문제의 대부분은 이런저런 질투에서 비롯되었고 성적인 문제도 있었으나 결국은 그럭저럭 해결되었다. 네 사람은 6년 전에 4-방향 결혼을 시작하여 지금은 네 아이까지 두고 있다. 린 데이비스에게는 원래의 남편 릭에게서 얻은 쌍둥이 형제와 제리 가너에게서 얻은 딸 하나가 있다. 알파 타입인 제리와 제인이 자신들의 생활방식을 그대로 유지하면서도, 베타 파트너들에게 만족한 삶을 살게 해주어 아이들에게 포근한 가족 분위기를 제공해주고 있다는 사실에 네 사람 모두 예전보다는 훨씬 행복하다는 표정이다.

'주부'는 시대 착오적 개념

개인적으로 나는 부부관계에 일어난 인식의 변화가 현대사회의 가장 중요한 문제라고 본다. 하지만 그 밖에도 1세기 전, 아니 불과 몇십 년 전과도 뚜렷이 다르게 우리의 삶을 변화시킨 요소는 많았다. 주부의 역할을 예로 들어보자. '주부'의 역할은 1세기 전부터 급격히 바뀌기 시작했다. 그러던 것이 오늘날에는 주부라는 말 자체가 아예 시대착오적인 것이 되어버렸다. 집안일은 로봇이 알아서 해주고 집안 관리는 집 컴퓨터house computer가 도맡아 처리해준다.

할머니가 처음 집에 로봇을 들이기로 한 일이 지금도 눈에 선하게 떠오른다. 나는 그때 열 살쯤이었고 할머니는 여든 살을 바라보고 계셨다. 할머니는 할아버지상을 막 당한 뒤여서 청소, 빨래, 설거지 등 누군가 집안일을 도와줄 사람이 필요했다. 그런데도 집에 로봇을 들이는 일에는 한사코 반대하셨다. 하지만 결국 2070년대 초부터 시판되기 시작한 그 꼴사나운 물건에 익숙해져 한참 뒤에는 로봇 없이 사실 수 없는 상황이 되었다. 사실 나는 로봇에 대해 별 생각이 없다. 너무 흔한 현상이라 신경조차 쓰지 않는다는 말이다. 집 컴퓨터도 마찬가지다. 그것은 마치 하나의 유비쿼터스, 즉 지극히 예의 바르고 편리한 우리 가족의 구성원이라는 느낌이다. 19세기 사람들이 집사나 하인들에게 느꼈을 법한 감정이다.

차드 찰스테인의 용어로 말하면 나는 알파와 베타의 중간형(그러고 보니 이 또한 《새로운 사랑법》이 제시하는 판에 박힌 유형을 싫어하는 또 하나의 이유인 것 같다)이다. 그리고 다행스럽게도 집에서 손 하나 까딱하지 않아도 된다는 사실이 내게는 여유시간이 많아져 일과 취미생활을 할 수 있음을 의미한다. 그래서 무슨 일을 하느냐고? 나는 쇼핑 중독자는 아니기 때문에 사이버 부티크나 상점에서 많은 시간을 보내지는 않는다.

어려서부터 운동을 즐기는 집에서 자랐고 비록 좋은 성적을 내지는 못했지만 청소년기에는 캘리포니아 주 대표 테니스 선수로 뛰기도 했다. 내 아들 톰도 나처럼 운동을 좋아한다(데이비드는 운동신경이 무뎌 스포츠에는 빵점이다!). 루시는 남편을 닮아 제 딴에는 연습을 한다고 하는데도 공 하나 제대로 잡지 못한다.

나는 최소한 일주일에 한 번은 운동경기에 참가하려고 한다. 그래서 일주일에 두 번 가상 아쿠아짐에서 연습을 하고 있다. 아쿠아짐은 온도를 체온에 맞춘 저점邸粘성 오일에 몸을 담그고 노젓기 운동기구나 사이클류의 저항력을 이용한 기구를 사용하는, 가벼운 운동도 되고 효과도 뛰어난 체력단련 시설이다. 그렇기 때문에 옛날 체육관의 체력단련 기구처럼 몸을 상하게 할 염려가 없다. 아쿠아짐의 또 다른 장점은 운동을 하면서 올림픽 경기에도 참가하고 햇빛 쏟아지는 숲 속에서 사이클링을 하는 등 가상세계에도 들어갈 수 있다는 점이다.

하지만 내가 가장 좋아하는 것은 역시 연극이다. 세월이 흘러 아이들도 이제 자기 세계를 갖다 보니 나는 연극과 함께 숨쉬고 자고 먹는 사람이 되어버렸다. 나는 여유시간의 대부분을 도심에 있는 워크숍에서 보내고 있다. 그곳 시설을 이용하여 우리 연극부는 부원들이 쓴 각본으로 가상세계 연극을 만든다. 나는 그곳에서 보내는 시간이 정말 좋다. 그 이유는 무엇보다 연극인과 작가들을 만날 수 있고, 첨단기술 장치가 다 갖춰져 있어 원하는 것을 직접 실행에 옮길 수도 있기 때문이다. 데이비드는 내 든든한 후원자로서 종종 내가 쓴 연극을 무척 즐기기도 한다.

이 점에 대해서도 설명을 좀 해야 할 것 같다. 우선 알아야 될 것은, 대부분의 가상세계 이용자들은 이야기의 구도가 미리 잡혀 있는 대본을 좋아한다는 것이다. 그것이 줄거리를 직접 짜는 것보다 수월하기 때문이다. 개중에는 해석이나 사용자와의 교류가 끼어들 여지 없이 규제가 심하고 공식화된 대본도 있다.

가상세계 사용자들에게 가장 인기 있는 대본은 주제가 명확하고 줄거리가 미리 결정된, 그러면서도 사용자들이 플롯을 바꿀 수 있도록 융통성을 부여해주는 대본이다. 그것은 마치 꿈이라는 것을 알면서도 의식적으로 꿈의 방향을 바꾸려 하는, 아주 가끔 꾸는 꿈과 같다고 말할 수 있다.

현재 나는 이 같은 가상세계 대본을 쓰는 것에 특별한 관심을 가지고 있다(사용자들이 홀로그래픽 영상으로 간단히 즐길 수 있는 기성 연극과 함께). 지금은 엘리자베스 여왕 시대의 영국과 궁정 음모에 배경을 둔 르네상스 시대 대본을 쓰고 있는데, 정말 재미있다.

그리고 물론 내 본업인 교직이 있다. 지난 50년간 교직은 과학기술의 발달로 전혀 새로운 모습이 되었다. 예전에 나 같은 교사들은 아마 집에서 한참 떨어진 학교로 출근을 하여 아이들을 실제로 마주 보면서 수업을 했을 것이다. 아이들도 학습능력에 관계없이 똑같은 시간에 똑같은 내용을 배웠을 테고. 그러고 나서 수업이 끝나면 우르르 집에 돌아갔을 것이다. 이 모든 것들은 네트로 인해 바뀌었다. 나는 아홉 살배기

내 학생들(때로는 수천 킬로미터 떨어진 곳에 사는 경우도 있다)을 거의 만나지 않는다. 모든 수업은 네트로 진행되기 때문에 만날 일이 없다. 우리의 일상이 어떻게 진행되는지 간단히 소개하겠다.

그런데 일상이라고 해놓고 보니, 어딘가 좀 어폐가 있는 것 같다. 일상이라고 할 만한 것이 없기 때문이다. 지금의 나와 1세기 전에 교직에 종사한 사람과의 가장 뚜렷한 차이는 현재의 내 삶에는 정해진 시간표가 없다는 점이다. 그런데도 나는 분명 직업이 있고, 그 일은 하루에 두 시간이면 족하다. 나머지 시간에는 부수입을 올릴 수도 있고, 그렇지 않을 수도 있는 10여 가지의 다른 일을 한다.

대부분의 사람들이 나처럼 살고 있다. 이제는 누구도 월요일에서 금요일, 9시에서 5시까지 일하는 사람이 없고, 출퇴근하는 사람도 찾아볼 수 없다. 일은 모두 집에서나 여행 중에 처리한다. 사람들은 한때 21세기 말이 되면 모두가 재택 근무를 할 것이기 때문에 일터라는 개념도 사라질 것이라고 생각했다. 그렇다. 근무환경이 확 달라지고 사람들이 집에서 일하는 시간이 많아진 것은 사실이다. 그렇지만 우리는 여전히 다른 사람들과의 교류를 필요로 하고, 사무실이라는 옛 시스템도 완전히 사라진 것은 아니다.

그 밖에 근로의 질서를 잡아주기 위한 기율과 조직도 어느 정도는 필요하다. 내 경우에는 가르치는 것에서 그것을 얻고 있다. 그리고 다시 말하지만 전공이 역사이다 보니 과거의 가르치는 방식에 대해 잘 알고 있고, 학생 수 2, 30명의 학급에서 전통적인 교육을 받은 할머니와 부모님도 있어서 많은 도움이 된다. 오늘날 아이들은 매순간이 학습의 과정이라 해도 과언이 아니다. 물론 그 중에는 순수한 놀이도 있지만, 오늘날의 사회는 아이들이 하는 일 자체가 유익한 배움의 체험, 즉 넓은 의미의 교육이 되도록 짜여 있다.

과거에 아이들 교육 때문에 부모들이 애태운 것을 보면 무척 신기할 따름이다. 1세기 전 과학기술이 인간의 삶 전체를 지배하기 시작했을 때만 해도 우리 사회에는 아이들이 컴퓨터 게임에 빠져 전통적인 배움이나 지식은 이해도 못하고 신경도 쓰지 않을 것이라고 우려하는 목소리가 높았던 것이다. 아닌 게 아니라 한동안은 우려한 결과가 나타났다. 그것은 우리 사회의 어느 특정 집단은 기술 변화의 덫에서 헤어나지 못하고 새로운 길을 찾아야 되는 상황에 봉착할 수도 있음을 보여준 예였다.

한동안 아이들은 새로운 과학기술에 적응하지 못해 상당히 불안해했다. 하지만 상황은 곧 바뀌었다. 오늘날 아이들은 과학기술에 미쳐 있다(우리 모두 미쳐 있다). 하지만 우리는 그것이 전인교육의 수단이 될 수도 있음을 알았다.

이제 아이들에게 컴퓨터는 늘 거기 있는 생활의 일부가 되었다. 그외에도 과거와 달라진 점은 컴퓨터가 우리 모두의 친구가 되었다는 점이다. 나 역시 우리 집의 컴퓨터를 이해하고 있는 것 같아, 그녀(아무래도 우리 집 컴퓨터는 '여자'인 것 같다)에게 인격까지 부여해주었다. 아이들에게는 이것이 매우 중요한 삶의 측면이다.

컴퓨터는 아이들의 친구이자 어떤 면에서는 유일한 교육자일 수도 있다. 물론 컴퓨터는 인간의 가치라든가 사회화 기술을 가르쳐주지 못하고, 미술, 음악, 문학작품의 감상에 필요한 심미안도 가르쳐주지 못한다. 그럼에도 컴퓨터는 아이들의 성격 형성에 커다란 영향을 미친다는 점에서 인류의 가장 위대한 발명품, 모든 인간지식의 저장소를 뛰어넘는 존재라 할 수 있다.

여기서 내 삶의 하루, 아니 며칠간의 생활이 어떻게 돌아가는지 한번 살펴보기로 하자. 아침 시간은 대개 차분하게 시작된다. 아이들도 이젠

자기 일은 스스로 알아서 할 만큼 다 컸다. 아닌 게 아니라 루시는 일주일에 이틀은 파트너 집에서 자고 집에 들어오지 않는다. 가사는 물론 집 컴퓨터가 다 알아서 해준다. 아래층으로 내려오면 로봇이 식탁을 차려놓은 상태다. 로봇은 샤워 등 식구들의 아침 일정에 맞춰 최대한 효율적으로 시간낭비 없이 척척 움직여준다.

재미있게도 할머니는 바로 이 점 때문에 로봇을 혐오했다. 사생활 침해라는 것이다. 생각해보면 할머니를 이해 못할 것도 없지만, 이 역시 세대 차를 보여주는 또 다른 예다. 다른 형태의 삶을 경험해본 적이 없는 나로서는 이 같은 생활이 지극히 정상으로 보일 뿐이다. 할머니도 결국 나중에는 두 손을 들고 집에 로봇을 들여놓으셨다. 하지만 모니터 부분을 해체해야 한다는 주장만은 끝까지 굽히지 않으셨다.

데이비드는 보통 아침 일찍 집을 나가고 톰은 수업 전에 늘 운동을 한다. 축구에 소질이 있어서 8시도 되기 전에 코치가 데리러 온다. 나는 대개 아침식사를 하면서 뉴스를 본다. 때로는 혼자 먹을 때도 있지만 별로 신경 쓰지 않는다. 특히 나는 시리얼을 먹으면서 식탁 위의 홀로영사기 holo-projection를 통해 〈뉴스 리더〉를 보는 것을 좋아한다. 수업은 보통 9시에 시작된다. 이층에 내 서재가 있어 9시 15분이면 학생들, 아니 내가 좋아하는 호칭대로 '갱들'과 만날 수 있다.

수업은 이런 방식으로 진행된다. 의자에 앉으면 내 컴퓨터가 학생들(우리 반은 아홉 살 어린이 27명으로 구성되어 있다)의 컴퓨터로 3-D 영상을 보내준다. 나는 비드-패널(vid-panel, 대형 스크린 모니터—옮긴이)로 학생들의 2-D 입체영상을 본다. 필요하면 학생들의 홀로그래픽 영상을 불러올 수도 있다. 학생들에게는 주로 그날의 주제에 대해 이야기해주고, 보여주고 싶은 영상이 있으면 다 함께 볼 수도 있다. 앞서도 언급했지만 컴퓨터는 인간지식의 저장소인 만큼 보여줄 수 있는 영상의 범위도 무한하다. 아이작 뉴턴을 내 방으로 불러 중력의 법칙에 대해 설명을 듣고 싶으면 컴퓨터에게 시뮬레이션 요청 명령만 내리면 된다. 1969년 닐 암스트롱이 달 표면에 발을 내딛는 모습도 유사 3-D 영상으로 강화하여 보여줄 수 있다.

이따금씩 나는 아이들에게 자습을 시키고 문제 있는 학생들과 개별 면담을 한다. 수업이 끝날 때쯤에는 문제를 내주고 인터넷으로 문제 푼 것을 보내오게 하여 검사를 한 뒤 인터넷으로 다시 돌려보내준다. 이 같은 수업방식은 아이들도 다 좋아하는 모양이어서, 지금까지 무단결석을 한다던가 빤들거리는 아이들은 별로 본 적이 없다.

점심 때쯤에 수업이 끝나기 때문에 그때부터는 내 취미생활을 할 수 있다. 요즘은 로스앤젤레스에 사는 줄리 골드스테인이라는 예술가 친구가 가상화랑 만드는 일을 도와주고 있다. 줄리는 매우 흥미로운 여성이고 나는 그녀의 작품을 좋아한다. 최근에 그녀는 프리즘과 라돈 레이저를 이용하여 광선 조각彫刻을 만들고 있는데 거기서 나오는 애니메이션 3-D 무늬는 복잡하기 이를 데 없다.

그 같은 작품이야말로 요즘 가장 각광받는 전시공간인 가상화랑에 안성맞춤이다. 내가 컴퓨터에서 처음 가상화랑을 접한 것은 앤디 워홀(1928~1987. 미국의 미술가 · 영화제작자로서 1960년대 팝아트 운동의 창시자—옮긴이) 사이트였다. 아마 다섯 살이나 여섯 살 정도였던 것 같은데 그때만 해도 사이버 공간에 들어가려면 특수복장을 착용해야 했다. 그곳에서는 앤디 워홀의 1960년대 작품 회고전이 열리고 있었다. 그의 팝아트 스타일은 1930년대와 1940년대에 편중된 것이었으나 당시에는 1960년대 중반의 백년제 행사와 함께 앤디 워홀, 잭슨 폴록(1912~1956. 미국의 추상표현주의의 대표적 화가—옮긴이), 피터 브레이크(영국의 화가이자 음악가—옮긴이), 로이 리히텐슈타인(1923~1997. 팝아트 운동의 창시자이자 그 대표적인 화가—옮긴이)과 같은 그 시대 화가들에게 새로운 관심이 집중되고 있었다. 하지만 여섯 살짜리 꼬마가 그것을 이해했을 리는 만무하고, 지금은 워홀의 스타일을 매우 좋아한다.

새로운 예술, 새로운 문화

예술, 모든 종류의 예술을 생각할 때마다 나는 어떤 것은 살아남고 어떤 것은 사라져간다는 사실이 무척 놀랍게 느껴진다. 내가 볼 때 세기 말은 특히 한 시대의 변화를 돌아보기에는 더없이 좋은 시기인 것 같다. 물론 과거를 돌아보는 일은 어느 때나 할 수 있다. 하지만 한 세기의 끝이라는 사실과 수십 년에 한 번씩 변하는 패턴에는 뭔가 상징적인 의미가 담겨 있는 것이다. 한때는 예술이 너무 혼란스럽고 과부하되어, 과학인지 예술인지 도무지 분간하지 못할 때도 있었다. 인간에게는 비범한 능력이 있고 그 넘쳐나는 능력을 행한 것이었다.

지난 2040년대에는 상호교류가 한창 유행했다. 생각해보니 지금 우리가 시도 때도 없이 하고 있는 가상세계 체험이 바로 상호교류와 관련이 있다. 하지만 2040년대와는 달리 현재의 가상세계는 이전의 텔레비전이 그랬던 것처럼 단순히 오락에 불과하다. 2040년대에는 실연實演자와 대중 사이의 교류가 극단으로 치달았다. 콘서트에서도 청중은 유선으로 연결이 되어, 음악을 들으면서 사운드 믹싱을 하고 멜로디를 자유자재로 바꿀 수 있었다.

이 모두가 놀라운 과학기술의 성과였다. 무대 뒤의 음악이 개인 컴퓨터로 흘러들면 뇌파의 베타 리듬을 자극하여 그것을 전자파로 변환하여, 자유자재로 음악을 바꿔주는 방식이었다. 그것은 진정 경이로운 현상이었고, 데이비드가 현재 글로브컴에서 하고 있는 프시-링크 기술의 초기 버전이었다. 이것만 완성되면 가까운 장래에 아마 컴퓨터와 인간의 교류방식에는 커다란 혁명이 일어날 것이다.

상호교류에 대한 이 같은 개념은 예술의 동질화 쪽으로 나아가는 운동에서는 어차피 일어나게 되어 있는 필연적인 현상이었다. 21세기 초부터 문화는 점점 세계화라는 물결에 휩쓸려 들어갔다. 비서구지역에서는 서구의 예술과 오락이 난무했고, 서구 여러 나라에도 색다른 지역의 음악, 문학, 예술이 넘쳐났다.

당시에 출간된 역사 기록물을 보니 많은 사람들이 이 같은 세계화 현상을 양날을 가진 칼로 인식하고 있었다. 긍정적인 면에서 보면 세계화는 다양한 문화를 접할 수 있다는 이점이 있었다. 별안간 사람들은 세계 모든 곳의 예술과 사상을 즐길 수 있게 된 것이다. 반면 부정적인 시각에서 보면 서구문화의 힘에 짓눌려 비서구문화와 특정 지역의 토착문화는 압살당하거나 국적 불명의 문화로 변질되었고 그 와중에서 현지 예술가들은 주변으로 밀려났다.

2030년대에 이르자 소수문화는 전멸하거나 서구문화의 영향으로 전혀 딴 모습이 되었다. 이 같은 문화제국주의 중에서도 가장 파괴적인 역할을 한 것이 할리우드와 그 주변의 영화산업이었다. 신선한 오락물과 영화예술이 20세기 말과 21세기 초의 미국 영화산업에서 비롯된 것은 사실이다. 문제는 그와 함께 쓰레기들도 함께 들어왔다는 사실이다. 오늘날 가상세계에서도 이와 똑같은 현상이 벌어지고 있다. 양질의 작품과 쓰레기 작품이 마구 뒤섞여 유통되고 있는 것이다.

2035년경 일단의 독창적인 기업인과 예술인들이 뭔가 돌파구를 찾는 과정에서 '맛보기'와 '혼합형'이라는 기발한 아이디어를 창안해냈다. 그리고 곧 시장에는 고전작품을 혼합한 '맛보기 소설sample novel' 들이 등장했다. 내가 본 책들 중에는 '문베이스 알파 6'을 배경으로, 다니엘 디포(1660?~1731. 《로빈슨 크루소의 표류기》를 쓴 영국의 소설가이자 저널리스트—옮긴이)의 플롯에 에밀리 브론테(1818~1848. 《폭풍의 언덕》을 쓴 영국의 소설가이자 시인—옮긴이)의 줄거리를 혼합한 작품도 있었다.

이 시기에 만들어진 3-D 하이퍼무비도 도서시장과 같은 패턴을 밟았다. 옛 영화의 공식과 캐릭터를 빌려와 그것들을 새로운 배경, 새로운 플롯에 조화시키는 방식이었다. 화가와 조각가들도 이 같은 추세에 따라 극단적인 스타일을 혼합하기 시작했고, 음악가, 네트워크 설계자들의 모방이 이어졌다. 다행히 이 같은 유행은 오래 가지 못했다. 예술가들은 이른바 '문화 변형morphing'에 싫증을 나타내면서 거의 잊혀지다시피 한 순수한 혁신에 관심을 갖고 독창적인 플롯과 캐릭터들을 발굴하기 시작했다.

이따금씩 나는 로스앤젤레스에 잠깐 내려가 줄리를 만나보기도 한다. 하지만 화랑 만드는 일은 대개 네트를 통해 홀로통화holographic communication로 이루어진다. 학생들을 가르치는 것과 같은 방식이라고 보면 된다. 로스앤젤레스에 내려갈 때면 가끔 데이비드를 만나 근사한 레스토랑에서 식사를 하기도 하고 쇼를 보러 가기도 한다.

지난 주에는 우리 부부의 결혼기념일이 끼어 있어서 모처럼 나도 광을 한번 내보기로 했다. 우선 아침에 옷을 새로 주문했다. 할머니 말씀을 들으니 예전에는 사람들이 옷가게에 직접 나가 옷을 산 뒤 차에 싣고 오거나 배달을 시켜 며칠 뒤에 받아보았다고 한다. 지금은 그렇지 않다. 오전 수업이 끝나고 로스앤젤레스로 출발하기 전 나는 네트를 통해 단골가게인 더 디자인 살롱을 찾았다. 그곳에는 가상 진열대가 마련돼 있어 직접 찾아가지 않고도 실물을 확인하고 원단의 감촉을 느껴볼 수 있다. 나는 마음에 드는 디자인을 골라 집 컴퓨터에서 나오는 '광선 슈트light suit'를 이용하여 몸의 치수를 쟀다. 그러고는 치수를 살롱으로 보내주었고, 살롱은 내가 주문한 옷을 펠로스 버즈에 있는 줄리의 집으로 오후 3시까지 갖다놓았다.

그날 밤 데이비드와 나는 웨스트할리우드에 있는 맥케이 레스토랑에서 멋진 저녁식사를 했다. 데이비드는 처음에 바닷가재 요리와 야채 수프를 먹고 싶어했으나 그의 리스트컴(wristcom, 손목시계 컴퓨터)이 레스토랑 컴퓨터와 체크하여 경고 메시지를 보내왔기 때문에 그것을 포기하고 대신 램 캐서롤(냄비째 식탁에 내놓는 양고기 요리—옮긴이)을 먹었다. 야채에 섞인 단백질 성분 하나가 체내의 복합 당질 파괴 기능을 가로막을 수도 있다는 반응이 나왔던 것이다.

저녁식사 후에는 추억의 극장에 가서 2020년대와 2030년대의 3-D 비대화 방식non-interactive 영화를 보았다. 그날 밤 극장에서는 브랜든 스위프트와 로레타 다비슨 주연으로 리메이크한 〈타이태닉〉을 상영하고 있었다. 영화를 재미있게 보고 집에 돌아오니 밤 11시였다. 톰은 그때까지도 자지 않고 딴 짓을 하다가 예고 없이 들이닥친 우리 부부에게 현장을 들켜버렸다. 그렇게 교육을 시켰는데도 우리가 나가 있는 사이에 집 컴퓨터의 보모 기능을 정지시켜놓고 가상세계 오락을 즐기고 있었던 것이다.

톰 호지슨의 이야기

내 이름은 톰 호지슨이다. 나이는 열두 살이고 미국 캘리포니아 주 샌타바바라 시에서 가족과 함께 살고 있다. 우리 가족이 참여하고 있는 이 '지오르다노' 프로젝트는 정말 멋진 것 같다. 이따금씩 나는 우리 가족을 태운 메모리 모듈이 달린 우주 탐사선을 보고 외계인들은 과연 무슨 생각을 할까 상상해본다. 나는 우주여행에 무척 관심이 많다. 그래서 나중에 어른이 되면 행성 탐사에 꼭 참여하고 싶다.

누나 루시는 로봇 엔지니어이고 아빠도 글로브컴의 설계사이니 나는 어려서부터 과학적인 분위기 속에 자라온 셈이다. 루시 누나도 그렇고 아빠도 그렇고, 앞으로 몇십 년 후면 유인 행성간 탐사가 가능할 거라고 한다. 그러니 나에게도 기회가 있는 것이다. 그 생각을 하면 가슴이 두근두근거린다.

외계인들의 삶과 비교하면 나의 삶은 따분하기 그지없다. 나는 과학과 수학은 좋아하지만 역사는 싫어한다. 죽은 사람들의 과거 일을 왜 알아야 하는지 도무지 이해가 가지 않는다. 내 친구들도 그렇고 나도 그렇고 사람은 오직 앞만 보고 살아야 한다고 생각한다. 과거가 우리에게 뭔가를 가르쳐줄 수 있다니! 터무니없는 생각일 뿐이다. 엄마 아빠는 물론 그렇지 않다고 말씀하신다. 허구한 날 지난 세기나 천 년 전 사람들이 한 일만 파고 계시니 그럴 만도 하다. 하지만 누가 신경이나 쓴다나.

그건 그렇고, 역사에서 내가 배운 게 있다면 옛날보다 세상이 무진장 좋아졌다는 것이다. 옛날 일을 들추다 보면 정말 믿기 어려운 것이 한둘이 아니다. 엄마가 그러시는데 몇십 년 전에는 나만한 꼬마들이 집에서 몇 킬로미터 떨어진 학교라는 곳을 다녔다고 한다. 교실에 앉아 있는 학생들 앞에서 선생님은 칠판에 필기를 하며 수업을 진행했다는 것이다. 믿을 수 없다! 나는 도저히 그렇게는 못 살 것 같다. 내가 과학 과목을 좋아하는 것은 인터넷으로 내가 원하는 것은 무엇이든 할 수 있기 때문이다.

예를 들면 이런 것이다. 지난 주 선생님은 우리들을 태평양 수면 10여 킬로미터 아래에 위치한 마리아나 해구(북태평양 서쪽 대양저에 위치한 해저 해구—옮긴이) 바닥으로 데려가셨다. 실제로도 며칠이 걸리는 긴 여행이었기 때문에 가상현실도 속도가 무척 빨랐다. 그런데도 무척 겁이 났다. 나는 이것을 가상세계 게임 배경으로 쓰면 멋질 것이라고 생각했다. 내 가장 친한 친구 지미가 한번 시도해볼지는 앞으로 두고 볼 일이다.

우주여행 말고 내가 좋아하는 것은 운동이다. 나는 에듀케이션 그룹(인터넷 동호회)의 달리기 선수이자 샌타바버라 청소년 축구팀의 선수로 활약하고 있다. 그래서 말인데, 역사에서 내가 유일하게 관심을 갖는 분야가 있다면 그것은 운동, 그 중에서도 축구다.

내가 알기로 축구는 미국에서 오랫동안 별 인기가 없는 운동이었다. 하지만 다른 나라에서는 축구가 '세계적인 경기'로 오래전부터 각광받고 있었다. 미국도 이제는 서서히 축구에 관심을 갖기 시작했고 결과도 그리 나쁘지 않았다. 2040년경에 이르러서는 축구가 미국에서 가장 인기 있는 운동종목이 되었다. 2054년 미국 팀이 월드컵 결승에 진출했을 때는 경기 당일 온 나라가 마비되는 일까지 벌어졌다. 지금도 나는 미국이 월드컵을 차지할 날을 손꼽아 기다리고 있다. 2102년 월드컵에서 꼭 이겼으면 좋겠다.

나는 운동이 정말 마음에 들고, 때로는 수천 명의 관중이 지켜보는 앞에서 경기를 한다는 사실도 나를 무척 기쁘게 한다. 물론 진짜 관중 앞에서 운동을 하는 것은 아니다. 그렇게 한다면 정말 우스울 것 같다. 우리는 스포츠센터에 있는 실내 경기장에서 경기를 한다. 경기 장면은 홀로카메라holocamera로 찍어 네트를 통해 우리 팀을 따라온 사람들에게 전송된다. 실내 경기장은 대개 가상 관중이 꽉 들어찬 대형 경기장으로 영상이 바뀌어 보내진다. 그렇게 함으로써 경기를 관전하는 사람들은 진짜 축구장에 있는 것 같은 스릴을 맛보는 것이다. 우리 선수들도 마찬가지다. 진짜 경기장에서처럼 가상 관중에 둘러싸여 그들의 함성소리를 들으며 경기를 하는데, 그 기분은 정말 최고다.

그렇지만 한편으로는 좀 우스운 생각도 든다. 가상 관중 같은 것을 왜 만들어야 하는지에 대해 한 번도 이상하게 생각해보지 않았다는 사실 때문이다. 늘 그래 왔겠지 뭐, 하고 대수롭지 않게 여긴 것이다. 하지만 그것은 내 착각이고 옛날에는 그렇지 않았던 모양이다.

할아버지가 그러시는데 옛날 옛적에는 운동 경기가 실제 상황이었고, 선수들도 진짜 관중이 지켜보는 진짜 경기장에서 뛰었다고 한다. 할아버지 말씀이 수세대 전, 아마 2032년이었을 것이다, 뉴욕의 한 농구장에서 난동이 벌어진 적도 있었다고 한다. 당시 그 농구장에서는 댈러스 팀과 뉴욕 팀의 결승전이 벌어지고 있었다. 그런데 뉴욕 팀이 형편없이 리드를 당하던 경기 중반, 어떤 미친 남자가 경기장에 몰래 권총을 숨겨 들어와 선수들을 향해 총을 난사한 것이다. 그는 열일곱 발의 총을 쏘아 댈러스 팀 농구선수 여덟 명을 죽인 뒤에야 경비요원과 관중들에게 붙잡혔다.

그때부터 스폰서들은 새로운 과학기술의 발달과 함께 시뮬레이션 스포츠에 관심을 가졌다. 그것은 개별 경기장에서 치러지는 경기를 홀로그래픽 영상에 담아 인터넷을 통해 전송하는 방식이었다. 그로부터 10년 후 '라이브' 운동 경기는 자취를 감추었다.

할아버지 말씀에 따르면 옛날에는 또 야구와 미식 축구가 무진장 인기가 좋았다고 한다. 하지만 지금은 모두 인기가 시들해졌다. 몇 년 전에는 내셔널리그를 다시 크게 부활시키려는 시도가 있었으나 성공하지 못했다. 아마도 이들 경기가 시들해진 이유는 분위기가 한창 시뮬레이션 경기 쪽으로 옮겨가던 지난 2040년대에, 구단들이 선수와 스타디움에 돈을 너무 많이 쓰다 파산했기 때문인 것 같았다.

그러고 나서 대혼란이 일어나자 옛 리그는 전멸했다. 축구가 경제불황기에도 살아남을 수 있었던 것은 그것이 전 세계적인 경기였기 때문이다. 할아버지가 그러시는데 축구와 농구는 대혼란 중에 오히려 인기가 더 치솟았다고 한다. 대중들에게 저렴한 오락을 제공해준 덕분이었다.

2099년, 열두 살 소년의 하루

간혹 나는 사람들로부터 열두 살의 소년으로 2099년을 사는 소감이 어떠냐는 질문을 받을 때가 있다. 그때마다 나는 어떻게 대답해야 될지 모르겠다. 기껏해야 내 세계에 관한 것만을 이야기해줄 수 있을 따름이기 때문이다. 역사를 좋아하지 않는다는 말은 이미 했고, 설사 좋아한다 해도 내가 아는 역사라고는 모두 영상에서 나온 것이기 때문에 별로 할 말이 없다. 그렇다. 오늘날 우리는 가상세계를 통해 역사를 시뮬레이션하는 기술을 가지고 있다.

그리고 네트, 네트야말로 만물박사다. 하지만 이 점을 알아야 한다. 제아무리 날고 뛰는 가상세계라 해도, 제아무리 날고 뛰는 네트라 해도, 그것을 통해 과거를 이해하거나 느낄 수는 없다는 것이다. 그럼 영상 외에 달리 할 말이 없다면, 나의 존재와 삶의 모습은 어떻게 설명하겠냐고요?

어렵겠지만 한번 해보겠다. 나는 정말 인생이 즐겁다. 엄마 아빠 누나 할아버지도 무척 사랑한다. 좋은 집에서 살고 있고, 엄마 아빠 할아버지도 나이에 비해서는 다들 멋진 분들인 것 같다. 내 적성을 살려주려고 하시는 점도 무척 감사하다. 나는 교육 프로그램에 그다지 얽매이지는 않는다. 친구들은 수면학습을 좋아하지 않지만 나는 그것을 즐기는 편이다. 그리고 말하기는 좀 뭣하지만 집중력도 꽤 좋은 것 같다. 나는 그렇게 대단한 야망을 갖고 있지는 않다. 그렇기는 해도 행성간 우주여행의 꿈을 이루기 위해 열심히 공부하고 있다. 상당한 노력 없이는 우주 비행사가 되기 힘들다는 걸 알기 때문이다.

무슨 일을 하며 대부분의 시간을 보내냐고요? 이것도 대답하기가 쉽지 않다. 아마 친구들이랑 보내는 시간이 제일 많을 것이다. 다른 아이들처럼 나도 가상세계 오락을 많이 한다. 하지만 운동 경기를 하기 때문에 구제불능의 뺀돌이라는 죄책감 없이 당당하게 즐기고 있다. 가끔은 해변에 나가 놀기도 한다. 나는 그곳이 좋다.

내가 어디에 있든 엄마 아빠는 집 컴퓨터를 이용하여 귀신같이 나를 찾아낸다. 요전 날 나는 아빠에게 집 컴퓨터 추적장치가 작동되는 원리를 배워 그것을 주제로 글을 써서 에듀케이션 그룹에서 발표한 적이 있다. 아빠 말씀이, 글로브컴의 경쟁사가 시스템을 하나 개발했는데, 그것은 세계 어느 곳에 있든 1센티미터까지도 정확하게 목표물을 찾아내는 송신기가 부착된 시스템이라고 한다.

추적장치는 백 년 전에 GPS 시스템(global positioning system, 지구상 위치파악 시스템—옮긴이)이라 불리는 물건에서 시작되었다. 말하자면 위성을 쏘아 올려 지구상의 위치를 찾아내는 장치다. 당시만 해도 추적 범위가 몇 미터에 이를 정도로 정확도가 떨어졌지만 이후에 많은 발전이 이루어졌다. 나 역시 송신기가 부착된 리스트컴을 차고 있고, 몸에서

한 번도 그것을 떼어본 적이 없다.

리스트컴의 옛 광고문구는 이렇게 시작되었다. "리스트컴 없이는 아무 데도 갈 수 없다." 백 번 맞는 말이다. 하지만 리스트컴이 할 수 있는 일은 이 밖에도 부지기수다. 당연한 얘기지만 나는 돈을 사용해본 적이 없다. 돈이 어떻게 생겼는지조차 모른다. 하지만 듣자 하니 세계의 어느 곳에선가는 사람들이 아직도 상점에 가서 돈으로 물건을 산다고 한다. 나는 필요한 것이 있으면 신용으로 산다. 아빠가 내 용돈의 한도를 정해주셨기 때문에 내 '컴'의 판독기를 쓱 한 번 쳐다보는 것만으로도 잔액이 얼마인지 대번에 알 수 있다.

리스트컴은 또 비드폰이자 비서이자 집 컴퓨터와의 연락책이기도 하다. 네트에도 언제든지 접속할 수 있어 알고 싶은 것이 있으면 컴에게 간단히 물어보기만 하면 그 즉시 해답을 얻을 수 있다. 그 밖에 다른 일도 한다. 자동차와 집 열쇠로도 쓰이고, 공기의 오염도도 조사해주며 메모리 안에 저장된 나의 개인 유전자 정보로 인체에 유해한 음식이나 음료수도 가려내준다.

옛날에 나는 샌타바버라가 지겹다고 느꼈다. 하지만 조금 자라고 보니 이렇게 소도시에 살면서 로스앤젤레스나 뉴욕 같은 대도시로 여행하는 것도 참 좋은 것 같다. 뉴욕에는 친구들도 있는데 주로 주말에 만난다. 45분밖에 걸리지 않으니 지척에 있는 것이나 마찬가지다.

나는 일주일 중에 토요일이 제일 좋다. 축구를 할 수 있기 때문이다. 연습이야 물론 일주일에 두 번 하지만 아무래도 실제 경기보다는 재미가 덜하다. 교습받는 것도 좋아한다. 지난 주에는 수업방식이 좀 달랐다. 수학을 가르치시는 로저 선생님이 도쿄로 출장을 가셨기 때문이다. 선생님은 회의에 참석하시기 전 호텔 방에서 내게 공부를 가르쳐주셨다. 할아버지는 늘 교육 프로그램의 중요성을 강조하신다. 훈련과 운동

외에 내 생활의 질서를 잡아준다고 생각하기 때문이다. 할아버지 말씀이 맞는 것 같다.

수요일과 금요일 아침은 스포츠센터에서 시간을 보낸다. 앞에서는 훈련이 좀 지겹다고 했지만, 그래도 가끔은 재미있다. 스포츠센터에는 몇 가지 최신 기계도 비치돼 있다. 가장 최근의 것은 가상세계 모듈로, 이것만 있으면 코치 선생님은 어느 곳에라도 나를 데려다 놓을 수 있다. 샘 터너 코치는 2094년 월드컵 경기 때 다리 부상을 입기 전까지는 세계적인 축구선수였다. 사람들 말에 의하면 그가 운동을 그만둔 것은 부상 그 자체 때문이 아니라 부상으로 인한 마음의 상처 때문이었다고 한다. 부상 며칠 후 경기에 다시 출전하신 걸 보면 그 말이 맞는 것 같다. 아빠 말씀이, 부상 후 선수로서의 자신감을 상실했다는 것이다.

축구는 힘든 경기이고 우리는 패드라든가 그 밖의 다른 어떤 것도 착용하지 않는다. 기록보관소의 홀로픽스holopics에서 본 미식 축구와는 다르다. 하지만 솔직히 말해 힘들다는 점 때문에 나는 축구를 좋아한다. 잘은 모르겠지만, 여하튼 어떤 면에서 우리는 일상생활에서 너무 과잉보호를 받고 있는 것 같다.

그렘마(내 증조 할머니다)께서는 옛날에 사람들이 살았던 방식, 즉 할머니의 말씀을 빌리면 컴퓨터가 '우리 일을 다 알아서 해주기' 전의 생활에 대해 즐겨 말씀하시곤 한다. 나는 할머니 말씀의 반도 믿을 수가 없다. 내 말은 실제의 사람들이 실제의 전쟁에서 실제의 총으로 싸웠다던가(기록보관소에서 보았다), 뉴욕에서 런던까지 가는 데 거의 하루를 잡아먹었다던가 하는 말은 믿을 수 있지만, 그 밖의 다른 것들은 너무 황당무계하게 들린다는 것이다. 집에 가사를 도맡아 해주는 컴퓨터가 없다든지 의사들이 진짜 칼을 사용하여 사람들의 몸을 절개한다든지 하는 이야기들은 마치 할리우드 호러 가상세계를 체험하는 것과도 같은 착각을 불러일으킨다.

나는 이제 고작 열두 살에 불과하지만 가상세계가 우리 삶을 어떻게 바꿔놓았는지는 이해할 수 있다. 가상세계 없는 세상을 나는 상상할 수 없다. 그와 동시에 가상세계는 오락에 중요한 만큼 교육에도 중요하다는 것쯤은 알고 있다. 아마도 가상세계로 일어난 가장 커다란 변화는 세계를 바라보는 우리의 인식이 바뀌었다는 점일 것이다. 증조할머니와 할아버지는 종종 죽음이나 인간의 고통에 대해 말씀하신다. 가상세계가 놀라운 점이 바로 그것이다. 아픔을 겪지 않고도 이 모든 것을 체험할 수 있는 것이다.

내가 일곱 살 나던 해 엄마 아빠는 나를 감각훈련 과정에 등록시켰다. 오늘날에는 대부분의 아이들이 밟고 있는 과정이다. 그때의 기억이 지금도 또렷하게 내 의식 속에 각인된 채 남아 있다. 할아버지와 증조할머니는 내가 그것을 배우는 것에 대해 코웃음을 치셨고 지금도 그 마음에는 변함이 없으시다. 하지만 나는 감각훈련에 대해 엄마, 아빠, 루시 누나와 많은 이야기를 나누었고, 그것을 배워야 된다고 생각한다. 루시 누나도 열한 살 때에 그것을 배웠다. 감각훈련이라는 게 무엇인지 간단히 설명해보겠다.

아직 경험해보지 않은 사람들은 감각훈련 과정이 정말 무서울 수 있다. 실제로 훈련생들 중에는 머리가 이상해져서 다음해에 다시 등록하는 경우도 있다. 감각훈련 과정의 철학은 간단하다. 가상세계를 옮겨다니며 여러 극단적인 공포를 체험하게 하여 그것과 맞설 수 있는 능력을 키워준다는 것이다. 물론 우리는 그러한 공포가 모두 사실이 아니라는 것을 알고 있다. 하지만 훈련과정에 포함된 가상세계는 최첨단 기술로 만들어진 것이라 훈련생들은 실제 상황이 아니라는 것을 알면서도 그것을 부정하고 자꾸만 벗어나려고 드는 것이다. 훈련생들은 이틀 동안 가장 무시무시한 체험을 하게 된다.

나도 내 눈앞에서 10여 명이 죽는 장면을 체험했다. 자동차 폭발로 몸이 갈가리 찢어지는 장면이었다. 이제 겨우 세 살밖에 안 돼 보이는 꼬마아이가 폭파된 자동차의 잔해에서 기어나와 피투성이 시체 더미 위에 픽 쓰러졌다. 그 다음에는 어떤 미친 남자가 나타나더니 나를 붙잡아 의자에 몸을 꽁꽁 동여맸다. 그러더니 몸의 살점을 야금야금 떼어내는 것이었다. 내 몸 위에는 살점이 마구 흩어져 있었고, 핏줄기가 분수처럼 솟아올랐다. 그리고, 그리고…… 그 남자는 15센티미터 길이의 칼로 내 가슴을 푹 찌르더니 마구 쑤셔댔다. 와! 정말이지 기찬 체험이었다.

감각훈련 과정을 고안한 사람은 심리학자 롤라 패터슨이었다. 그녀는 가상세계의 응용능력 중에서도 특히 교육적 측면을 중요하게 생각했다. 패터슨은 어른들의 심각한 정서 불안은 대개 어린 시절에 느꼈던 고통에 대한 두려움과 죽음에서 비롯된다고 주장했다. 그러면서 사실처럼 연출된 극단적인 폭력 장면을 보고, 신체적인 손상 없이 고문의 괴로움을 겪어봄으로써 그 같은 공포감이 해소되고 '정서적 불순물도 제거될 것'이라고 생각했다.

말할 것도 없이 엄마 아빠는 롤라 패터슨의 생각을 지지했다. 두 분은 감각훈련 과정이 아동용 과정이었음에도, 당신들이 먼저 체험을 해보신 뒤 정신적 해방감을 느끼고 심리적 억압상태에서 벗어나는 데 많은 도움을 받으셨다. 어린 내가 그런 것까지야 다 이해할 수 없지만, 아무튼 나도 좀 자라면 아이들에게 그 과정을 밟아보라고 권할 생각이다.

저녁은 하루 중 내가 제일 싫어하는 시간이다. 숙제시간이기 때문이다. 해야 할 일은 산더미 같고, 무엇보다 배우는 내가 적극적으로 나서야 하는 점이 힘들다. 엄마가 그러시는데 옛날의 교육은 선생님 위주로 이루어졌다고 한다. 아이들은 선생님이 시키는 대로 따라 하면 그뿐이었다는 것이다. 하지만 지금은 상황이 다르다. 적어도 캘리포니아에서는 말이다. 이곳에서 교육은 교사, 학생, 부모, 그리고 물론 집 컴퓨터간의 협력과 상호작용으로 이루어진다. 그리고 집 컴퓨터, 요녀석은 또 어찌나 영악한지 한 번도 잊어버리는 법 없이 숙제 마감시간을 잘도 알려준다. 나도 증조할머니처럼 컴퓨터의 어떤 기능을 영원히 정지시켜버리는 능력이 있었으면 참 좋겠다.

하지만 숙제하기 싫다고 이렇게 죽는소리를 해도 일단 시작만 하면 재미있게 잘 하는 편이다. 지난 주에는 이런 일도 있었다. 고전문학을 가르치시는 프랭크 선생님이 숙제를 내주셨는데, 하다 보니 〈둘로 나뉜 사회The Bimodal Society〉라는 기차게 재미있는 작품이 탄생했다. '둘로 나뉜 사회'라는 생각은 사실 완다 제퍼스라는 옆집에 사는 학생에게서 나온 것이다. 어느 날 그애는 자기 아빠가 신용한도를 늘려주었다며 반 아이들 앞에서 뽐내며 자랑을 했다. 일주일에 천만 달러라나 뭐라나, 아무튼 무진장 큰 금액이었다.

그런데 프랭크 선생님이 그 말을 듣고, 옛날에는 부모들이 이른바 '용돈'이라는 것을 아이들에게 주었고, 용돈 금액은 해마다 늘어났다고 말씀하셨다. 바로 그때 (우리 학급의 문제아들인) 모나와 시릴이 네트에서 요상한 영상을 하나 찾아내 그것을 3-D 이미지로 교실 중앙에 띄웠다. 그것은 우스꽝스럽게 생긴 옛날 나무책상 앞에 한 남자가 앉아 있는 모습이었다. 손에는 종이다발이 들려 있었는데 조금 뒤에 그것이 돈이라는 것을 알았다. 그 남자는 손으로 돈을 세고 있었다.

잠시 뒤 그 장면이 무엇을 뜻하는지를 알게 된 반 아이들은 폭소를 터뜨렸다. 프랭크 선생님도 웃음을 참지 못하셨다. 그것에 착안하여 선생님은 '가진 자와 못 가진 자', 즉 둘로 나뉜 사회에 대한 글쓰기를 숙제로 내주신 것이다(모나, 시릴, 고마워!).

글을 쓰기 전 먼저 자료수집에 들어갔다. 수집을 해놓고 보니 그동안 몰랐던 일이 너무 많아 무척 놀랐다. 우선 세계인의 80퍼센트 정도가 현금을 쓰고 있지 않았음에도(그리고 나처럼 종이돈을 구경도 못해본 사람이 많았다), 이 세상에는 여전히 신용이라는 것이 무엇인지도 모르고 현금으로 물건을 사는 사람들이 있었다.

신용제도 밖에 있는 사람들은 대부분 네트가 말하는 이른바 제3세계국가 사람들이었다. 중앙아프리카나 남아메리카의 오지가 그런 곳들이었다. 그런가 하면 미국에는 대안적 생활방식을 고집스럽게 이어가는 사람들이 있었다(이곳 캘리포니아에도 그런 사람들이 있다). 사람들은 이들을 '무선無線인the netless'이라 불렀는데, 이들의 생활방식은 상상을 초월할 정도였다. 돈은 오로지 현금만 사용했고, 인터넷도 사용하지 않았고, 그보다 더 기막힌 것은 대부분의 사람들이 컴퓨터조차 없다는 사실이다. 좀 심한 게 아닐까?

내가 볼 때 이들은 완전히 별종들인 것 같다. 나는 금융거래는 즉시 이루어져야 한다는 생각에 너무나 익숙해 있어서 그렇지 않은 것은 모두 이상하게 느껴진다. 아빠가 네트워크 세상에서의 상거래는 지체없이 이루어져야 한다고 강조하신 것도 바로 엊그제였다. 이 말은 상행위에는 '유동'이라는 게 없기 때문에, 모든 거래는 물건 구입과 동시에 이루어진다는 말이었다.

나는 신용한도액과 함께 줄곧 성장했다. 부모님은 내가 세 살이 되었을 때 리스트컴을 사주셨고 그와 동시에 신용한도도 주어졌다. 그런데 이 같은 시스템을 의식적으로 거부하며 사는 사람들이(그것도 우리 집에서 8킬로미터도 떨어지지 않은 곳에) 있다고 생각하니, 어째 좀 속이 메스꺼워지는 것 같다.

그 점에 대해 나는 좀더 조사를 해보았다. 그리고 5퍼센트 가량의 미국인들이 남들이 다 하는 네트와 정상적인 금융, 사회제도를 거부하며 사는 이유는 금융정보가 낱낱이 드러나 당사자들의 지시 없이 거래가 이루어질 수도 있다는 우려 때문이라는 것도 알게 되었다. 이 같은 우려는 대부분 대혼란에서 비롯되었다. 일부 사람들은 그 재앙이 악화된 책임은 어느 정도 회사 컴퓨터 시스템의 오류에 있었다는 것을 결코 잊지 않고 있었던 것이다.

나는 이 모든 사실들이 너무도 흥미로웠다. 하지만 여기서 멈추지 않고 우리나라의 빈곤 실태로까지 조사를 확대하여 미국에는 아직도 상당수의 빈곤층이 있다는 사실을 알았고, 그 사실에 무척 놀랐다. 이들 빈곤층의 대부분은 시스템에서 낙오되어 되는 대로 그냥 살고 있었다. 부모가 돈을 너무 적게 벌어 생계를 위협받는 사람들도 있었다. 물론 청소, 물건 배달, 막노동 같은 천한 일은 대부분 로봇이 맡아서 하고 있지만, 그래도 아직 사람의 손길이 필요한 분야가 있었다. 로봇 관리자도 그 중의 하나였다. 적당한 일거리를 찾지 못하고 숙련 노동자(짧은 시간 일하여 적절한 임금을 받는 사람)로도 분류되지 못한 사람들 역시 생활보호 대상자로 살아갔다.

나는 숙제와 과제물이라면 무조건 질색을 하는 편이지만, 그날 밤은 프랭크 선생님이 이런 숙제를 내주신 것에 정말 고마움을 느끼며 잠자리에 들었다. 물론 오래전부터 나는 우리나라에도 가난한 사람들이 있다는 것을 알고 있었다. 하지만 빈곤이 여전히 커다란 사회문제이고 우리가 얼마나 운이 좋은 가족인가는 이번 조사를 통해 비로소 깨달았다.

21세기에 이루어진 기술 발전은 많은 사람들의 삶을 개선시킨 것 못지않게 새로운 하층민을 만들어냈다. 빈곤과 결핍이라는 해묵은 문제들 역시 모양만 바뀐 채 사라지지 않고 그대로 남아 있었다. 건물 청소원으로 근근히 살아가던 사람은 이제 로봇에 기름치고 청소하는 가난한 로봇 청소원이 되어 있었다.

나는 그 점에 중점을 두어 글을 썼고 선생님도 내 글이 마음에 드시는 모양이었다. 전에는 한 번도 생각해본 적이 없지만 이 글을 쓴 후로는 나중에 어른이 되면 이번에 깨달은 사회의 문제점을 개선하기 위해 노력해야겠다는 생각이 들었다. 대단한 일이야 할 수 없겠지만, 작은 노력도 보탬이 될 것이다.

루시 호지슨의 이야기

내 삶의 동반자 수지는 나를 가리켜 집중력이 뛰어나고 일을 위해 사는 사람이라고 말한다. 물론 나에 대해 잘 알고(우리는 지금 2년째 같이 살고 있다) 하는 말이지만, 그녀의 말에는 조금 과장된 면도 있다. 집중력이 높고 일이 중요한 것은 사실이다. 하지만 내게는 다른 면도 있다.

일 말고도 나는 수지와도 많은 시간을 함께 보낸다. 일주일에 2, 3일은 우리 아파트에서 함께 지내고, 나머지 날들은 각자 가족에게 돌아간다. 어떻게 이런 식이 됐는지는 모르겠지만 여하튼 우리는 불만 없이 지내고 있다. 수지는 샌타바버라 앙상블의 댄서이고 나는 US 로봇 사의 로봇 엔지니어다. 이렇게 전혀 다른 분야에 종사하고 배경도 다르지만 우리의 관계는 탄탄하다.

우리는 서로 만나기 전 다른 이성들과도 몇 번 교제를 했고 내게는 두 명의 남자친구가 있었다. 하지만 나는 성적으로 남자보다는 여자에게 더 끌리는 편이어서 예전의 남자친구들인 페드로와 제리보다는 수지와의 관계가 훨씬 편안하게 느껴진다.

수지와 나는 초이스에 우리의 첫 아이를 예약해두었다. 초이스는 지정된 아이를 한치의 오차도 없이 정확하게 제공해주기로 정평이 나 있었다. 우리는 지금부터 정확히 4년 반 후에 아이를 배달해달라고 주문해두었다. 그때쯤에는 수지와 내가 결혼도 하고 안정된 가정을 꾸릴 것으로 예상했기 때문이다.

태아는 물론 시험관 안에서 자랄 것이다. 우리는 갈색 눈에 갈색 머리의 사내아이를 원했다. 그 아이는 어깨가 넓은 근육형 체격(올바른 섭생을 한다는 가정하에)에 키는 약 186센티미터가 될 것이다. 태아는 상당히 흥미로운 신기술로 태어났다. 먼저 수지와 나에게서 유전물질을 추출하여 이른바 '콤보 난자'를 만든 뒤 이것을 다시 여러 기증자들의 정자를 혼합하여 만든 '콤보 정자'와 수태시키는 것이다. 지금까지 수지와 나는 앞으로 태어날 우리 아들의 게놈이 우리가 원하던 것임을 확인하기 위해 초이스 팀원들과 세 차례의 회합을 갖고 중요하다는 특성 검사는 거의 다 마쳤다.

증조할머니는 물론 내가 하는 모든 일을 마뜩찮아 하신다. 수지하고는 말도 하지 않으려고 해서 곤란할 때가 있다. 나는 가족 모임에 빠지든지 혼자 참석하든지, 둘 중 하나를 선택해야 한다. 그리고 수지를 빼놓는, 원칙에 어긋나는 행동은 하고 싶지 않다. 증조할머니의 윤리관이 왜 내 윤리관보다 더 옳다는 것인지 나는 도무지 이해할 수 없다. 나는 증조할머니를 사랑한다. 그렇지만 내 문제에 관해서라면 할머니는 두통거리다. 엄마는 내게 증조할머니가 옛날 분이라서 그러니까 이해하라고 하신다. 엄마 말씀이 할머니 세대에는 여자들이 직접 애를 낳았고 남자들하고만 결혼을 했다는 것이다! 참 별난 세상도 다 있었네.

일에 대해 말인데, 아닌 게 아니라 나는 좀 일 중독증 환자이긴 하다. 성공 욕구가 무척 강하다. 수지도 춤을 즐기고는 있으나 직업 무용가 생활을 오래 할 생각은 없는 것 같다. 그녀는 벌써 아이가 생겨난 뒤의 앞날에 대한 계획까지 세워놓았다. '엄마' 역할을 하면서, 인터넷 학원을 열어 원격 교습으로 학생들을 가르치겠다는 것이다. 우리는 부모 역할이 마음에 들 경우 두 번째 사내아이도 가질 생각이다.

내가 일에 그렇게 열중하는 것은 내 분야의 적임자이기 때문이라는 말은 맞는 것 같다. 나는 늘 예상보다 큰 성과를 거두고 뭔가를 배울 때 받아들이는 속도도 무척 빠르다. 나는 열네 살에 R과 C(로봇공학robotics과 인공두뇌학cybernetics) 전공으로 졸업을 하고, 2년 만에 사이보그 신경학 박사학위를 받은 뒤 3년 전 열일곱 살의 나이로 US 로봇 사에 입사했다. 지금은 팀장으로 신新 '플러그-인' 시스템 개발팀을 이끌고 있다. 플러그-인 시스템은 인간이 슈퍼 컴퓨터와 결합될 수 있도록 하는 기술이다. 슈퍼 컴퓨터는 지금 내 동료들이 개발 중이다.

그래서 내가 하는 일이 정확히 뭐냐고요? 컴퓨터나 로봇공학에 대해 잘 모르는 사람들에게 이 분야를 설명하기는 좀 곤란하다. 특히 내 전공 분야와 거리가 먼 사람들에게 내 일의 성격을 설명하는 것은 더욱더 어렵다. 그래도 시도는 해보겠다.

21세기 초 지구상에는 컴퓨터는 흔했으나 로봇은 아직 찾아보기 힘들었다. 그 까닭은 수많은 종류의 기술이 결합되어야만 성능 좋은 확실한 로봇을 개발할 수 있기 때문이었다. 이 같은 기술 결합은 컴퓨터가 우리 삶의 필수요소가 된 뒤에도 더디게 이루어졌다. 많은 사람들이 로봇 자체를 싫어한 것도 기술 결합이 더뎌진 요인이었다. 7, 80년 전까지도 사람들은 무슨 이유에선지 기계에 막중한 책임감을 실어주는 것에 대해 불안해했다. 그런데 재미있게도 이들은 컴퓨터(표면상 얼굴 없는 로봇)가 이미 세상을 움직이고 있다는 사실을 깨닫지 못했던 것이다.

로봇과 인간의 공존

로봇과 자동장치가 우리 삶의 일부가 된 결정적인 두 가지 발전은 서로 다른 것이면서 또 동시에 일어났다. 그 중 하나는 음성인식 기능(말하는 컴퓨터)의 발달이고, 다른 하나는 나노기술(원자와 원자를 조합함으로써 몇 나노미터밖에 안 되는 작은 기계를 만드는 기술. 나노는 머리카락 굵기의 10만분의 1에 해당하는 10억분의 1미터—옮긴이)의 발달이다. 음성인식 기능의 발달로 사람과 컴퓨터간의 관계는 더욱 친밀해졌다. 이전에는 키보드를 두드리거나 터치스크린이 컴퓨터와 사람 사이를 연결하는 유일한 방법이었다. 옛 방식은 또 비인간적이기도 했다.

그런데 말을 시작하면서 컴퓨터는 금세 '인간적인' 모습을 띠기 시작했다. 그리고 얼마 안 가 사람들은 자신들의 컴퓨터에 남과는 다른 목소리, 억양, 음성을 주입하기 시작했고, 이것이 또 유행으로 번져갔다. 특히 아이들은 컴퓨터를 친구처럼 여겨 사이좋게 지냈다. 컴퓨터에 이름까지 붙여주며 강아지 다루듯 했다. 하지만 대중의 상상력을 사로잡아 일의 정확도와 속도를 높여주고 사람들에게 실질적인 도움을 준 최초의 양질 소프트웨어는 역시 컴퓨터 음성통신computer vocal communication이었다. 이후 기술은 일사천리로 발전했다. 현재 나는 집 컴퓨터를 개성을 지닌, 내 가족의 일원으로까지 여기고 있다.

컴퓨터와 인간 사이의 통화가 이루어지자 나노기술이 돌연 컴퓨터 설계의 중요한 요소로 떠올랐다. 지금이야 나노기술 하면 초등학교 4

학년생도 다 아는 말이 되었지만 과거에는 그렇지 않았다.

내가 알기로 나노라는 말이 처음 생겨난 것은 1970년대였고, 하나의 개념으로 보면 나노기술이란 말이 더 오래되었다. 나노기술은 '초소형의 기계와 미세한 부품에 관련된 기술'을 말한다. 그리고 로봇공학의 발전에 지대한 공헌을 한 21세기의 혁명적 사건을 하나 꼽으라면 그것은 바로 나노기술 혁명의 승리였다.

우리가 현재 사용하는 로봇(다시 말해 실용적이고, 때로는 섬세한 일까지도 수행할 수 있는 로봇)은 무지하게 복잡한 기계다. 그렇지만 사람들은 기본적으로 인간처럼 생긴 로봇을 원하고, 그래서 US 로봇 사 직원들은 인간에 가까운 로봇을 만들기 위해 불철주야 노력하고 있다. 실용 로봇의 초기 모델은 바퀴, 전선, 계속 갈아주어야 하는 배터리가 보기 흉하게 연결된 상당히 엉성한 모습이었다. 하는 일도 극히 초보적인 수준에 그쳤다. 하지만 나노기술의 개발로 로봇은 인간과 크기가 얼추 비슷해졌고, 머리도 인간의 머리 크기만해졌으며, 두뇌 능력도 지난 몇십 년간 장족의 발전을 했다.

모든 가정마다 최소한 한 대의 로봇을 비치하고 있다. 시판되는 로봇 중에서 가격도 저렴하고 가장 널리 쓰이는 로봇은 멋없기가 이루 말할 수 없는 박스형 로봇으로, 이것은 청소와 다림질, 오토밴 배달 차량으로부터 장바구니 운반해주기 등 기본적인 일만 처리해준다. 그에 반해 유사인간 안드로이드android는 일부 부유층만 소유하고 있는 고급형 로봇이다. 내가 가장 좋아하는 모델 볼텍스 500 시리즈는 앞으로 나오기만 하면 US 로봇 사의 최고 인기품목이 될 것이다.

500Xi 역시 최상급 로봇으로 나 역시 이것의 개발에 중요한 일익을 담당했다는 사실에 뿌듯한 자부심을 느끼고 있다. 또한 작년에 500Xi의 개발이 시작되기 바로 직전 상사들을 설득하여 장기 융자금으로 최

초의 오프라인 로봇 하나를 구입할 수 있었던 것(연구 목적으로)도 나로서는 행운이었다.

수지와 나는 그에게 맥스라는 이름을 붙여주고 우리 아파트 관리를 맡겼다. 아파트에 머무는 시간이 짧기 때문에 우리로서는 그가 있다는 것이 여간 다행스럽지 않았다. 그는 집 안을 먼지 한 톨 없이 깨끗이 치워놓는 가정부이자 든든한 경비원이었다. 어쩌다 공연이나 네트 쇼 녹화 때문에 혼자 밤늦게 돌아왔을 때 맥스가 날 반겨주면 그렇게 기쁠 수가 없다. 맥스는 내 차가 있는 곳까지 와서 집 안까지 나를 에스코트해 들어와서는 커피를 타주고 목욕물까지 받아준다.

맥스의 탄생도 다 최근에 개발된 나노기술 덕분이다. 그의 플라스틱 머릿속에 들어 있는 것처럼 극도로 정교한 두뇌를 만들어내기 위해서는 엄청난 프로세스 용량이 필요하다. 과거에는 맥스 정도의 일처리 능력을 보유하려면 컴퓨터 크기가 최소한 집채만했다. 하지만 지금 맥스의 머리 크기는 사람과 비슷하고 무게도 9킬로그램을 넘지 않는다. 머리 이외의 몸통도 가히 기술적 혁명이라 할 만하다. 맥스의 몸가짐은 사람만큼이나 조용하고, 힘이나 유연성에서도 혈기왕성한 인간의 능력을 훨씬 초과한다. 구형 로봇의 골칫거리였던 기계 마찰음이라든지 피스톤의 쇳소리도 전혀 나지 않는다. 맥스는 얼굴 모양도 인간과 흡사하다.

하지만 무엇보다 중요한 것은 500시리즈는 나이를 먹어감에 따라 학습을 하고 그에 따라 성능이 좋아진다는 점일 것이다. 맥스는 앞으로 최소한 백 년은 더 버텨줄 것이다. 그리고 맥스의 나이 이제 고작 한 살일 뿐인데 나와 수지, 그리고 그가 만나는 다른 사람들로부터 얼마나 많은 것을 배웠는지 모른다.

사실 몇 주 전에 나는 맥스를 내 남자친구로 변장시켜 증조할머니를 찾아뵐 생각까지 했다가 나중에 마음을 고쳐먹었다. 하지만 그렇게 했다면 분명 증조할머니도 감쪽같이 속아넘어가셨을 것이다. 맥스는 그 정도로 사람과 비슷하게 생겼다. 친구 몇 명에게 내 계획을 털어놓았더니 못된 인간이라는 질책이 날아와 그 일은 없던 일이 되었다. 그것을 계기로 우리는 인공지능, 특히 맥스와 같은 로봇도 자기인식 능력을 가질 수 있는가에 대한 해묵은 논쟁을 시작했다.

이 대목에 오면 나는 아는 척을 삼가고 좀 겸손해질 필요가 있다. 이 문제라면 나는 누구보다 아는 것이 많다. 그리고 재미있는 것은 이 문제에 대해 나는 남들과 전혀 다른 견해를 가지고 있다는 것이다. 수지의 친구들도 그렇고 내 친구들도 그렇고, 과학에 무지한 친구들 대부분은 로봇이 인간과 같은 자기인식 능력을 갖추기는 불가능할 거라고 말하면서, 만일 그런 일이 일어난다면 로봇 생산을 중지해야 한다고 생각한다.

나는 그렇게 생각하지 않는다. 우리는 지금 자기인식 로봇의 생산에 점점 가까이 다가서고 있고 앞으로 20년 안에는 그 꿈을 현실로 만들 프로젝트에 나도 동참하게 될 것이라 생각하고 싶다. 확신하건대 그것은 단지 프로세스 용량의 문제일 뿐이다. 우리가 인간처럼 정교한 로봇 두뇌를 만들어 그것을 유사인간 속에 집어넣는다면 그 로봇은 곧 어떤 형태의 자기인식 능력을 부여받는 것을 의미한다. 동료들과 나는 자기인식, 지적 능력, 개성(무엇이라고 부르든)과 같이 백 퍼센트 인간의 특성으로 알고 있는 것도 따지고 보면, 더 크고 더 특별한 어떤 것, 그러니까 두뇌라기보다는 오히려 정신에 가까운 어떤 것을 생성해내는 복잡한 단계의 신경을 지속적으로 단련시킨 결과에서 나온 일종의 발현체라고 생각하고 있다.

하지만 물론 동전에는 양면이 있다. 가만 보니까 내 동료들은 인간인식 로봇보다는 오히려 사람들이 한때 사이보그라 부른 인간과 기계의 합성체 개발을 더 쉽게 받아들이는 것 같다. 우습게도 지난 50년 동안 이룬 가장 큰 과학기술 발전의 하나가 인간을 기계처럼 만드는 것이었으면서도, 사람들은 여전히 로봇을 인간에 가깝게 만드는 일을 계속하고 있는 것이다.

인간을 기계처럼 만드는 것은 사실 간단하게 시작되었다. 약 1세기 전, 오토트로닉스Autotronics라 불리는 글로브컴의 한 자회사가 환자의 대뇌피질과 연결하여 백 퍼센트 컴퓨터로 작동되는 최초의 인공 삽입물을 만들었다. 이 기술은 사고나 질병으로 신체의 일부를 잃은 사람들에게는 희소식이었다. 하지만 일부 과학자들은 재빨리 이 기술의 상업적 측면에 주목했다.

그로부터 15년 후 최초의 '슈퍼 인공 삽입물'이 등장했다. 그리고 얼마 안 가 사람들은 곧 이른바 '슈퍼비전'으로 자신들 눈을 환히 밝히는 것에 아낌없이 돈을 쏟아부었다. 심지어 노인들 중에는 팔다리를 비롯한 자신들의 신체 일부를 유사 인공 신체로 갈겠다고 나서는 사람까지 있었다. 이들 유사 인공 신체는 원래의 신체보다 기능이 훨씬 우수했다.

이들 인공 삽입물 중에서 가장 혁신적인 발전은 신경계 교체 기술과 함께 찾아왔다. 2070년에는 뇌와 신경계의 많은 부분을 실리콘 대용물로 교체하는 것이 가능해졌고, 이들 실리콘 대용물은 최소한 원물질原物質 정도의 기능을 수행하면서, 유전자 요법이나 나노수술로도 치료할 수 없었던 사람들의 건강을 되찾아주었다. 의사들은 사이보그 치료법 개발에 사용한 지식의 대부분을 로봇공학에서 빌려왔다. 그리하여 로봇공학과 의학이라는 두 학문 사이에는 즉각 행복한 동반자 관계가 이루어졌다. 오늘날까지도 의학계는 나 같은 로봇공학자들에게서 많은 것을 배우고 있고 나 역시 의학계의 도움을 많이 받고 있다.

오늘날 로봇의 쓰임새는 참으로 다양하다. 단조롭고 힘든 노동은 물론 사람들이 마지못해 했던 일들도 이제는 모두 기계들이 도맡아 하고 있다. 도로체계도 자동화되어 자가용 운전자든 택시 기사든 운전자 자체가 필요 없어졌다. 쇼핑 또한 거의 온라인으로 이루어지고 있으며 진기한 상점이나 전시장은 옛날 방식을 좋아하는 사람들을 위해 구색 맞추기 차원에서 몇 개 남겨두었을 뿐이다. 식당 종업원은 안드로이드로 대체되었고, 500시리즈는 특히 식당 주인들에게 인기가 높다. 하지만 어떤 손님들은 여전히 인간의 시중을 받기를 원하는 만큼 모든 식당이 안드로이드로 바꾼 것은 아니다.

한때 우리에게 그리도 익숙했고 로봇을 쓰려고까지 했던 기관들은 더 이상 존재하지 않는다. 은행, 우체국, 도서관들은 구시대의 유물이 되어 그 기능들은 가상 기관들이 대신하고 있다. 병원과 수술과정 역시 21세기에 상당한 변화를 겪었다. 하지만 이 분야에서는 아직 인간이 주역할을 하고 있고 안드로이드는 인간의 보조역에 불과할 뿐이다. 그렇기는 해도 로봇과 컴퓨터의 중요성은 무시하지 못한다. 의사들만 해도 기계 없이는 일을 하지 못하고, 간호사들이 하던 귀찮은 일도 로봇이 거의 떠맡고 있다.

내과적 치료 방법도 원격 감지기와 네트의 영향으로 커다란 변화를 겪었다. 의사는 필요할 경우 세계 어느 곳에서든 홀로그래픽 영상을 통해 환자를 치료할 수 있고, 환자의 건강상태가 기록된 데이터베이스도 언제든 입수할 수 있기 때문에 일반 진료는 대부분 예방과 사소한 질병 치료에 그치는 경우가 많다. 수술은 대부분 자동화로 이루어지고 있으나 수술의 전 과정은 물론 의사가 감독한다.

수술 분야에서도 나노기술이 주된 역할을 한다. 수술치고 초소형 로봇이 이용되지 않는 분야가 없으며, 초소형 로봇은 상해 부위나 질병

부위로 침투하여 종양이나 손상된 부위를 잘라내는 일을 한다.

나노기술은 제조 분야에서도 무척 중요한 역할을 한다. 제품은 아직 단순 부품들로 조립되는 것들이 많은데 인간의 감독이 필요한 일부 품목을 제외하고는 이 모든 공정이 자동생산 라인으로 관리된다. 하지만 어떤 품목은 나노로봇을 이용한 기초 원자 단위로 만들어지고 이곳에 이용되는 기술이 기프로그램된 공작 로봇(박테리아 크기의)이다. 이것으로 분자를 하나하나 끌어모아 제품의 틀을 만든 뒤 원자재로 그 틀을 메워 완제품을 만드는 것이다.

처음 이런 기술이 언급되었을 때만 해도 사람들은 터무니없는 망상이라고 여겼으나 가만히 생각해보면 이것은 그저 자연의 법칙을 따랐을 뿐이다. 꽃을 예로 들면, 식물 씨앗에 있는 DNA의 기(旣) 프로그램된 지시에 따라 꽃은 한 번에 하나의 분자만을 만들어내는 것이다. 나노기술도 이와 똑같은 방식으로 움직인다.

사람이 하는 일

사회생활에는 물론 그다지 큰 변화가 없을 것이다. 가령 현재나 미래나 사람들은 여전히 호텔과 공항을 이용할 것이기 때문이다(또는 이따금씩 불리는 대로 하이퍼포트). 하지만 소수 관리자들을 제외하고는 이들 업소의 직원들은 모두 안드로이드로 채워져 있다. 우리 현대 세계를 떠받쳐주는 인프라 또한 자동화로 구축돼 있다. 음식 배달도 로봇이 담당하고 있으며 인간의 역할은 오직 관리직에 한정돼 있다. 지역사회 전체에 어느 특정 서비스를 제공해주는 로봇 수천 개를 한 사람이 관리하는 것은 이제 흔한 일이 되었다.

이 같은 변화는 물론 서서히 진행되었다. 그렇지 않았다면 큰 재앙이 닥쳤을 것이다. 한때 블루칼라 노동자로 분류된 사람들은 오늘날 주당 10시간 이하로 일하고 있다. 그에 반해 전문직 종사자들은 자동화로 해결될 일이 거의 없기 때문에 예나 지금이나 일하는 시간은 별 변동이 없다. 숙련 기술자들도 과학기술의 발달로 일하는 형식만 변했을 뿐 다른 사항은 과거와 별반 다르지 않다. 아닌 게 아니라 일각에서는 순간 통신과 초고속 운송체계로 할 일이 더 많아져서 오히려 과거보다 더 힘들어졌다고 말하는 사람들도 있다.

과학기술은 전문직 종사자들의 삶을 여유롭게 해주고 일을 수월하게 해주기는커녕 오히려 삶의 속도가 숨가쁘게 빨라짐에 따라 더 많은 성과와 능률을 올리기 위해 더 큰 노력을 기울여야 하는 상황이 되었다.

물론 나도 오랜 시간 일해야 하는 전문직 종사자에 속한다. 하지만 나는 내 일을 철저히 즐기는 편이라서 지금의 생활에 만족하고 있다. 내가 하는 일에 미쳐 있기 때문에 지금의 이 시대가 얼마나 흥미진진하게 느껴지는지 모른다. 2099년의 미국은 열정, 에너지, 지성만 갖추면 뭐든 못할 것이 없는 곳이고, 나 역시 야망과 두뇌 면에서는 누구에게도 뒤지지 않는 사람이라 출세길이 훤히 트였다고 볼 수 있다.

나는 늘 아침 일찍 일어난다. 6시 반이면 이미 집에서 일을 하고 있을 때가 많다. 본시 부지런한 타입이지만, 그보다는 두뇌의 움직임이 지나치게 활발하기 때문인 것 같다. 아침에 부지런을 떠는 덕분에 더 많은 일을 할 수 있어서 나로서는 좋기만 한데 수지는 그 점을 아주 못마땅해한다. 운동은 가상 체육관에서 주로 하고 때로는 분위기 전환을 위해 진짜 바다에 나가 진짜 수영을 즐기기도 한다. 몸에 활력을 불어넣는 데는 이른 아침의 수영보다 더 좋은 것이 없는 것 같고, 그래서 아침이면 겸사겸사 스테이트 거리를 따라 바닷가로 내려가 어스름이 피어오르는 아침 물안개를 바라보고는 한다.

나는 순간적으로 집중하여 일을 하는 편이다. 그것이 두뇌 회전에는 가장 좋은 것 같다. 일주일에 두세 번은 샌프란시스코의 US 로봇 사 실험실로 출근한다. 그 밖의 다른 날들은 런던이나 파리에 머물 때가 많다. 뉴스나 세상 돌아가는 일에는 그다지 밝지 못하다. 75분 거리인 유럽여행 때에 머릿기사를 대충 훑어보거나, 가상 체육관에서 비춰주는 요약 기사들을 운동을 하며 짬짬이 바라보는 정도다.

나는 실험실이 정말 마음에 든다. 혹자는 이 넓은 세상에서 그게 뭐 그리 대수냐고 말하겠지만, 내게 실험실은 이 세상에서 가장 멋진 곳 중의 하나다. 실험실도 내 아파트처럼 초현대식으로 지어졌다. 재질은 거의 모두 초경량 플라스틱 제재인 로스토인으로 이루어져 있고, 이 역시 '지적 능력을 갖추고 있어' 기온에 따라 스스로 온도나 습도를 조절한다. 그뿐만이 아니다. 내 기분에 맞춰 실내 색깔도 바꿔준다. 때에 따라 달라지는 나의 기분은 경험과 원격 조종되는 일군의 체온 감지기, 그리고 두뇌 활동의 결과로 나타나는 미세한 자기 효과를 종합하여 컴퓨터가 판단해준다.

나는 주로 혼자 일하는 시간이 많고 그것이 내 성격에도 잘 맞는다. 컴퓨터를 가지고 이런저런 개념이나 설계에 대한 생각을 하며 혼자 일하는 편이다. 그 밖의 시간은 팀원들과 함께 보낸다. 이곳 샌프란시스코에만 40명의 팀원이 있고 런던과 파리에도 몇 명의 직원을 거느리고 있다. 하루에 2시간 가량은 세미나라든가 워크숍에서 다른 사람들을 상대로 발표를 한다. 관리자이자 설계자이며 엔지니어이기도 한 내 일의 특성상 세 가지 역할을 무리 없이 병행하기 위해 나는 무척 세심한 신경을 쓰고 있다.

직원들과는 대체로 잘 지내는 편이고, 다만 나를 따라잡지 못해 늘 안달하는 경쟁자들이 있어 조금 신경 쓰일 때가 있다. 나는 누구에게나 쉬운 상대는 아니다. 그리고 팀원들 중에는 스무 살밖에 안 된 사람을 상사로 모셔야 한다는 사실에 고까워하는 사람들도 있다.

지난 주에는 회사에 아주 흥미진진한 일이 있었다. 에테르링크 Etherlink라 명명한 신사이보그 제품의 시연이 있었던 것이다. 이것은 인간 두뇌와 '타플리네타 taflinetta'를 '융합'시키려는 것으로 US 로봇 사의 또 다른 팀이 최근 완성한 일종의 신종 슈퍼 컴퓨터다. '타플리네타'란 과학자들이 말하는 이른바 '제3세대 양자 컴퓨터'를 말한다. 아원자 亞原子 입자들의 특성을 이용하여 연산의 등가물을 만들어 기존 컴퓨터의 몇 배에 해당하는 강력한 매그니튜드를 주는 방식이다.

시연용으로 제작된 현재의 타플리네타는 실험실을 다 차지할 만큼 크기가 무지막지하게 크지만, 기술 개량을 통해 크기를 점점 줄여나가는 중이다. 따라서 이를 바탕으로 인식 능력이 한층 뛰어난 안드로이드를 개발하고 인간 두뇌를 인공 두뇌로 교체하는 쪽으로 하루 빨리 기술 발전이 이루어졌으면 좋겠다. 그렇게만 되면 인간의 수명은 거의 무한정으로 늘어나고, 인공 두뇌와 인간 두뇌 중의 유용한 부분을 에테르링크로 결합하여 최고의 사이보그를 만들어낼 수도 있다.

그러나 이것은 아직 먼 나라 이야기다. 그렇기는 해도 너무 늙기 전에 에테르링크로 내 두뇌 속의 기억장치와 감정 중추를 결합해 뇌를 타플리네타형 컴퓨터로 교체할 수 있었으면 좋겠다. 5백 년 혹은 천 년이나 살기를 원하는 것은 다소 터무니없이 들릴 수도 있겠으나 아무튼 그것이 나의 목표다. 나는 세상에 기여할 것이 많고, 몇백 년의 세월로도 그 일을 하기엔 부족하다.

앞서도 언급했지만 그렇다고 일이 내 인생의 전부는 아니다. 물론 아침 일찍부터 저녁 늦게까지 일을 하는 것은 사실이다. 그렇지만 그것은 어느 정도 팀원들에게 본보기가 되어야 하는 상사로서의 책임감 때문이기도 하다. 나는 수지와도 많은 시간을 보내고 있고, 그녀와 내 가족이야말로 나의 정서적 안정에 꼭 필요한 요소라 믿고 있다. 그들이 힘이 돼주어 더욱더 일을 열심히 하게 되는 것이다.

수지와 나는 일주일에 두세 번 외식을 한다. 솔직히 말하면 우리는 지금 한창 뜨고 있는 소위 노스탤지어 테마 레스토랑에는 식상해 있다. 듣자 하니 최근 뉴욕에는 카오스라는 레스토랑까지 생겼다고 한다. 그 레스토랑에서는 대혼란기에 굶주린 사람들이 생명 유지를 위해 어쩔 수 없이 먹어야 했던, 아주 형편없는 음식을 주 메뉴로 하고 있는 것 같았다. 참 기가 막힌 일이다. 식당 종업원들은 누더기 옷을 걸치고 있고 음악도 2040년대의 유행가를 틀어준다나. 아무래도 나는 그런 레스토랑은 감당하기 힘들 것 같고, 개업한 지 한 달 만에 문을 닫았다는 걸 보니 다른 사람들의 생각도 나와 크게 다르지 않았던 것 같다.

수지와 나는 간단히 차려진 심플한 음식을 좋아한다. 어쩌다 흥이 오를 때면 극초음속 지상 수송기hypersonic ground transporter를 집어타고 뉴욕이나 시카고로 날아가 쇼를 보기도 한다. 두 달 전 우리는 만난 지 2년이 되는 날을 기념하여 진짜 태국 음식을 먹기 위해 일을 평소보다 조금 일찍 끝낸 뒤 파라볼라 여객기를 타고 방콕으로 갔다. 거기서 밤늦게까지 심야 쇼를 보고 놀다 이튿날 아침 일터로 복귀했다. 정말 기분 짱이었다.

아파트에 있을 때면 수지와 나는 현실시간을 많이 갖는 편이다. 성적性的으로도 궁합이 잘 맞는다. 심심하면 맥스와 놀기도 하고 기분전환으로 게이 레스비언 오락단체가 만든 가상세계를 체험하기도 한다. 요즘 우리가 제일 좋아하는 프로그램은 '여자 교도소'인데, 거기에서 우리는 서로 여자 간수가 되어보기도 하고 수감자가 되어보기도 한다. 참 재미있다.

나는 체질적으로 눈만 감으면 곯아떨어지는 유형이다. 호텔 방이나 파라볼라 여객기 안이나 어디서든 누웠다 하면 쿨쿨 잠이 든다. 아마 내가 초 단위로 하루를 맹렬히 살고 있기 때문인 듯하다. 나는 말하자면 깨어 있는 시간을 잠시도 나태하게 보내지 않고 매순간을 자극과 흥분 속에 보내야만 직성이 풀리는 타입이다. 그렇지 않으면 안절부절 어쩔 줄을 모른다. 그러니 아기처럼 쌕쌕 잘 잘 수밖에.

호지슨 할아버지의 이야기

내 이름은 리처드 호지슨이고 올해 나이 여든여섯 살이다. 30여 년간 노화방지 요법을 쓴 덕분에 40대 초반의 기분으로 살고 있다. 지금도 나는 내 사업체를 갖고 있고 운동도 하고 있으며, 놀라시겠지만 성생활도 왕성히 하고 있다! 내가 보기에 인생을 행복하게 사는 비결은 늘 새로운 것을 추구하고, 옛 방식에 자신을 고착시키지 않는 데 있는 것 같다. 물론 옛 방식이 최선이 아니라는 전제하에서다. 작년부터 전자 색소폰도 배우기 시작하여 밴드에 가입했다. 네트에서 옛 로큰롤을 라이브로 공연하는 밴드인데, 재미가 이만저만이 아니다.

나는 아버지의 뒤를 따라 저널리스트로 활동했다. 아버지는 종이신문에 기사를 쓰신 구식 저널리스트의 마지막 세대였다. 그리고 인터넷신문이 종이신문을 대체하기 시작했던 2019년 현직에서 물러나셨다. 옛 언론매체가 사양길에 접어드는 모습을 보시며 비감해하던 아버지의 모습이 지금도 눈에 선하게 떠오른다. 하지만 아버지는 떠나는 마당에서도 신문과 잡지는 결코 사라지지 않을 것이며, 언젠가 사람들은 손에 신문을 들고 느긋하게 읽는 것이 집 컴퓨터가 알려주는 정보보다는 훨씬 재미있다는 것을 깨달을 거라고 힘주어 말씀하셨다.

아버지의 말씀이 물론 옳았다. 그러나 그 깨달음은 더디게 왔다. 젊은 시절 나는 당시 세계 최대의 인터넷 뉴스매체였던 〈뉴스네트〉에서 저널리스트로서 사회에 첫발을 내디뎠다. 하지만 공교롭게도 때는 대혼란이 극심했던 2039년이었던 터라 사회생활을 시작하기에는 더없이 부적합했다. 그나마 직장을 잡을 수 있었던 게 행운이었고 그렇게 잡은 직장은 지켜내기가 하늘의 별 따기만큼이나 어려웠다. 그런 반면 또 생각해보면, 세계적인 기업들이 줄줄이 도산하는 상황 속에 살아남아야 한다는 압박감이야말로 값진 인생 공부가 되어 나를 성숙한 인간으로 만들어주었던 것 같다.

나는 저널리즘을 내 천직으로 삼아 〈뉴스네트〉의 부편집장이라는 높은 지위에까지 올랐다. 그러고 나서 5년 전에 은퇴를 하자 뭔가 나만의 일을 해보고 싶은 욕심이 생겼다. 나에게는 오래전부터 생각해온 야망을 실현시킬 만한 재원도 마련되어 있었다. 그래서 시장조사를 해보니 반갑게도 옛날 신문을 그리워하는 사람들이 아직 꽤 많이 남아 있었다. 결국 뉴스네트를 떠난 지 2년 후 나는 50년 만에 최초로 핸드 헬드(손에 들고 보는—옮긴이) 신문 〈더 위클리 스케치〉를 창간했다.

그렇다고 〈더 위클리 스케치〉를 진짜 종이에 인쇄했다는 말은 아니다. 종이 인쇄를 하는 것은 생태학적으로도 옳지 않을 뿐더러 비용도 엄청나게 비싸기 때문에 전혀 실효성이 없는 이야기다. 내가 말하는 신문은 그런 류의 종이신문을 말하는 게 아니라 특수 설계된 컴퓨터로 제작되고, 기사와 사진은 진짜 신문과 모양과 촉감이 똑같은 합성 셀룰로 오스에 인쇄하는 것을 말한다.

〈더 위클리 스케치〉의 구독자는 캘리포니아에만 몇천 명 두고 있을 뿐 그다지 많지는 않다. 하지만 회사를 이끌어가기에 그 정도면 충분하고 무엇보다 나로서는 내 일을 사랑한다는 것이 중요하다. 어떤 면으로 나는 가업을 되살리고 있다는 생각이 들고, 아버지가 살아 계시다면 아마 내 일을 적극 지지해줄 것이라 믿는다.

나는 살아 있는 동안 많은 변화를 겪었다. 그것은 비단 신문업계에만 국한된 이야기가 아니다. 대혼란을 겪어본 사람이라면 누구나 요즘 세상이 내가 자라던 때의 세상과는 비교할 수 없을 만큼 좋아졌다는 것에 이의를 달지 않을 것이다.

그런 반면 나는 또 우리 인간이 뒷걸음질치며 과거의 나쁜 습관 속으로 빠져드는 것은 아닌가 하는 의혹을 지울 수가 없다. 요즘 젊은이들을 보면 매우 낙관적인 것 같은데 그 점은 나도 매우 기쁘게 생각한다. 다만 조금 신중해지자는 것뿐이다. 하루가 다르게 발전하는 신기술은 나도 즐기고 있으며 혁신으로부터 결코 도망치고 싶지는 않다. 다만 혁신을 할 때 하더라도 과거의 좋은 점들은 함께 지켜나가자는 것이다. 나는 변화 그 자체를 위한 변화에는 동의하지 않는다.

내가 보기에 그동안 일어난 변화 중 가장 커다란 변화는 인간의 정신적, 도덕적 특질, 즉 인간 내부에 일어난 변화였던 것 같다. 내가 이 분야에 특별히 관심을 갖는 이유는 지금까지 25여 년간 평신도 설교자로 살아오면서 종교적, 정신적 인식의 변화와 발전과정을 무척 흥미롭게 느꼈기 때문이다.

지난 21세기 초 서구의 종교는 대부분 사양길에 접어들었다. 로마 가톨릭만 해도 스캔들에 휘말려 2028년의 대분열과 함께 전통주의와 진보주의로 분열되었고, 개신교 역시 신도들의 노화가 가속화되면서 점차 비관적인 방관자로 변질돼갔다. 그 틈에 미국에 지부를 둔 동방 종교들은 특히 젊은층 사이에 많은 신도들을 확보했다. 하지만 21세기 서구 종교계를 강타한 대사건은 뭐니뭐니해도 말일성도 예수그리스도 교회, 즉 모르몬교의 약진이었다.

모르몬교에 대해서는 긴 설명이 필요치 않을 것이다. 4천5백여만 명의 신도를 거느리고 미국에서 가장 급속히 팽창하고 있는 종교이니 만치 알 사람은 다 알 것이다. 모르몬교는 지금으로부터 약 250년 전인 19세기 중반 조지프 스미스에 의해 창시됐다. 모르몬교의 신앙적 토대는 예수가 성지에서의 일을 끝마치고 메소아메리카(지리적으로는 중부 멕시코에서 온두라스, 과테말라를 거쳐 니카라과에 걸쳐 있고, 고대의 올멕 문명, 마야 문명, 아즈텍 문명이 일어났던 지역—옮긴이)에 나타났다는 것과, 초기 신도들이 이같이 괴이쩍은 것을 믿는다 하여 박해받았다는 사실에 두고 있다. 후일 19세기 말 브리검 영은 신도들을 데리고 '약속의 땅'인 유타 주로 들어갔다.

모르몬교가 사람들의 마음을 끌 수 있었던 것은 신도들에 대한 남다른 지원 때문이었다. 신도들에게 모르몬교는 생활의 중심이었고 이들 대부분이 모르몬교에 지극히 만족해했다. 신도들은 수입의 10퍼센트를 의무적으로 교회에 헌납했다. 그 결과 모르몬교는 세계에서 가장 부유한 종교의 하나가 되었고 이렇게 마련된 기금은 모르몬교의 보호막이 되어주었다. 모르몬교 신도사회는 아교처럼 굳게 결속돼 있어 누군가 곤경에 처하기라도 하면 신도사회가 발벗고 나서서 도와주었다. 하지만 이 같은 선린행위는 헌금을 충실히 납부한 사람에게만 제공되었고 자선활동도 모르몬교 사회 내에서만 이루어졌다.

나는 사람은 누구나 자신이 좋아하는 종교를 선택할 권리가 있다고 생각한다. 하지만 모르몬교에 대해서는 심히 우려되는 바가 많고 다른 사람들도 그것은 마찬가지다. 특히 교세가 너무 방만해지고 인기가 높다는 것이 문제였다. 모르몬교의 배타주의 또한 신경이 거슬리는 부분이다. 하지만 그것에 대해서는 뭐라고 논박할 입장이 아닌 것 같다. 내 친구들도 즐겨 말하듯, 조직화된 종교란 으레 세월이 갈수록 자기만 옳다고 믿고, 천국에 다다를 수 있는 유일한 길이라고 주장하기 때문이다.

그야 어찌됐든 모르몬교는 바로 그 고립주의 덕으로 어려운 시기를 잘 견뎌냈다. 모르몬 교도들, 특히 유타 주에 거주하는 신도들은 대혼란의 침체기를 다른 어느 지역 사람들보다 잘 견뎌냈다. 대혼란기 동안 재정적 손실을 거의 입지 않은 것은 물론, 그 같은 혹독한 시기를 통해 모르몬교의 교세는 더욱 커졌다. 2040년대에는 수많은 미국인들이 모르몬교로 몰려들면서 한 해 개종자 수가 수십만 명에 육박할 정도였다. 대혼란이 끝날 즈음 미국 서부지역은 모르몬교 천지가 되다시피 했다.

미국인들이 말일성도 예수그리스도 교회의 막강한 힘을 의식하기 시작한 것은 2048년부터였다. 이 해에 헤버 플래터라는 한 모르몬 교도가 놀랍게도 공화당 대통령 후보가 되어 대선 승리의 목전에까지 이르렀던 것이다. 어떤 면에서 이 사건은 사람들에게 모르몬교의 어두운 면을 부각시켜준 계기가 되었다. 그런가 하면 또 잠시 동안이긴 했지만, 문명세계가 반미치광이 종교인의 손안에 들어가는 것처럼 보였기 때문에 매우 아찔한 순간이기도 했다.

당시 나는 〈뉴스네트〉의 신출내기 기자였으나 운 좋게도 베테랑 기자를 도와 모로몬교 기사를 쓰라는 지시가 상부에서 떨어졌다. 이 기사는 게재되자마자 대중의 커다란 관심을 끌었다. 알고 보니 플래터는 공화당 대통령 후보가 될 재목이 아니었기 때문에 정치 평론가들도 처음에는 그를 외면하고 있었다. 그런데 공화당의 총아 스티븐 매킨지가 돌연 병을 얻어 중도 하차하고 지명도가 높은 두 명의 다른 후보도 석연치 않은 스캔들로 경선을 포기하자 플래터가 졸지에 급부상한 것이었다.

여하튼 나는 그때 상당 기간 불길한 예감에 휩싸였던 것 같다. 어쩌면 그것은 기자로서의 육감이었을지도 모른다. 내 친구들은 나중에야 그 위험을 직감했고, 대중들도 어느 순간 플래터는 모르몬교가 우선이고 정치는 그 다음이라는 사실을 깨달았다. 나는 그 모든 광경을 어안이 벙벙한 채 지켜보았다. 사람들은 본능적으로 이 인물이 대선에서 승리할 가능성이 높다는 사실에 우려를 나타냈고, 선거 막바지 몇 주 동안에는 이 우려가 거의 공포로 변했다.

나도 잠시 후보들을 쫓아다니며 대통령 선거전을 취재했다. 그리고 플래터 취재라는 믿기 힘든 영예까지 얻었다. 내가 보기에 그는 다른 정치인들보다 더할 것도 덜할 것도 없는 혐오스러운 인물이었다. 정계에 진출하는 사람들은 다 그 인물이 그 인물 아니던가. 나는 대중들이 지극히 자기중심적인 인물이 아닌 다른 종류의 인간을 정치 지도자로 기대한다는 것이 때로는 무척 신기하게 느껴진다.

하지만 플래터가 정말 두려운 인물이라고 느꼈던 것은 만난 지 겨우 2분 만에 그가 대선을 자기 종교 발전의 발판 정도로 여기고 있음이 뚜렷이 드러났기 때문이다. 선거에서 승리라도 하면 그는 미국을 신정神政국가로 만들기 위해 무슨 짓이라도 할 인물이었다.

여느 선거와 다를 바 없이 2048년 미국 대선도 한 편의 거대한 드라마로 끝을 맺었다. 그리고 감히 말하건대, 플래터가 이겼더라면 미국과 아마도 전 세계는 커다란 위험에 직면했을 것이다. 선거 막바지로 치닫던 몇 주 동안 적어도 나는 몇 번이나 워싱턴 정객들과 주요 야당 인사들이 플래터가 승리하는 날에는 연방이 해체될 수도 있음을 공공연히 말하고 다니는 것을 들을 수 있었다.

선거일이 가까워오자 미디어는 그야말로 광란의 도가니가 되었다.

이번 선거는 미국 역사상 가장 중요한 선거가 될 것이었고, 〈뉴스네트〉로 말하면 세상에 이보다 더 중요한 일은 없었다. 그리고 우리 모두가 알고 있듯이 2048년 10월 1일, 드라마는 마침내 히스테리로 변해갔다.

헤버 플래터가 새로 지은 뉴욕 시 17번가의 컨퍼런스 센터 문을 통해 모습을 드러냈다. 그곳에서 플래터는 미국의 모르몬교 어머니회를 상대로 연설을 막 끝마친 참이었다. 옛 필름을 보면, 플래터가 낙관주의와 허장성세를 있는 대로 다 부리는 순간, 저격수 한 명이 군중 속에서 튀어나오며 플래터의 얼굴을 향해 권총 여섯 발을 발사하는 장면이 나온다.

놀랍게도 그런 사건이 있었는데도 선거는 연기되지 않고 예정대로 치러졌다. 공화당은 플래터 암살사건을 동정표를 얻는 한편 이미 발의한 범죄 방지법안을 강하게 밀어붙일 절호의 기회라고 생각했다. 그래서 민주당의 선거연기 제의를 일축하고 지명도가 낮은 마틴 프램록을 대선 후보로 내세웠다. 몇 주 후 프램록은 근소한 표 차로 대통령에 당선되었다. 정통 장로교도인 프램록은 미국의 제53대 대통령이 되어 평범하기는 했으나 두 번의 대통령 임기를 그런 대로 무난히 끝마쳤다.

삶, 더할 수 없이 흥미로운 것

다음에 이어지는 이야기는 나의 전성기에 관한 것이다. 그런데 문제는 전성기가 차고 넘칠 정도로 많았다는 데 있다. 사람들은 종종 내게 〈뉴스네트〉에서 바쁘게 일하던 시절이 그립지 않느냐는 질문을 할 때가 있다. 그립지 않다고 한다면 거짓말일 것이다. 하지만 내가 보기에 기자는 젊은이의 직업이다. 나는 여든한 살까지 뉴스네트 사에 근무했다. 그리고 2094년이 되자 직장생활 말고도 할 일이 많을 것 같았다. 게다가 나는 죽자고 한 우물만 파는 타입도 아니었다. 나는 지금의 생활에 더욱 만족하고 있으며 하루하루를 새로운 날로 만들기 위해 열심히 노력하고 있다.

나는 샌타바버라에서 아들 데이비드 내외 가족과 함께 살고 있다. 같은 대지에 집만 분리돼 있어서 손자 손녀와도 자주 어울리는 편이고 원하면 언제라도 혼자 지낼 수 있다. 일은 침실 옆에 붙은 작은 서재에서 본다. 내 삶의 모든 일들이 이 서재에서 이루어진다. 신문도 이곳에서 만들고 교우들도 이곳에서 만나며, 심지어 네트를 통해 밴드연습까지 이곳에서 하고 있다.

주중에는 대부분 신문 만드는 일을 하며 보낸다. 나도 글을 많이 쓰고, 젊은 여성 세 명이 내 밑에서 기자로 일하고 있다. 그 중의 한 명인 시몬은 로스앤젤레스에 살면서 근무를 하고 있고, 두 명의 미국인 저널리스트 마시와 제인은 상하이에 본거지를 두고 근무하면서 〈더 위클리 스케치〉를 위해서는 파트타임 기자로 일하고 있다. 나는 그들과 매일 대화를 나눈다. 그리고 다음 호가 나오기 며칠 전에는 레이아웃이라든가 기사 등에 대해 서로 의견을 교환한다.

신문은 샌프란시스코에 있는 한 작은 회사가 찍어 그것을 남부지역으로 보내 배급하는 방식을 취하고 있다. 신문 구독률도 꾸준히 늘어나 작은 이익을 내고 있으나 그보다는 역시 일 자체에서 느끼는 만족감이 크다. 특히 지난 4월에 발간한 100호 신문에 대해서는 크나큰 자부심을 느끼고 있다. 모든 사람들이 상업성이 없다고 내다본 것에서 뭔가를 일

궈냈다는 사실 때문에 더욱 기쁘다.

주말은 주중과 다르지만 그렇다고 특별히 두드러진 것은 없다. 토요일은 가족의 날이라 일하지 않고 다른 것을 하며 지낸다. 사실 내 여자친구 카밀라와 오붓한 시간을 보낼 수 있는 유일한 날이 바로 토요일이다. 카밀라는 뉴멕시코 주에서 작은 기독교 학교를 운영하고 있는데, 보통 금요일에 샌타바버라로 날아와 나와 함께 주말을 보낸다. 그녀는 데이비드, 메리, 아이들과도 잘 어울려 꼭 한 식구처럼 보인다.

그 밖에도 나는 바쁜 와중에 틈틈이 설교문을 만들어 일요일 아침 교우들을 만난다. 네트에서 하는 30분간의 설교도 신문을 만드는 것만큼이나 내게는 보람찬 일이다. 그 일을 하다 보면 내가 진정 사람들에게 도움을 주고 그들과 소통하고 있다는 느낌이 든다. 대략 2백여 명 가량 되는 교우들은 대부분 멀리 떨어진 곳에 살고 있으며 그들 중 꽤 많은 수가 노인들이다.

스티브 존스라는 한 신실한 교우는 은퇴한 어부로 현재 알래스카에서 혼자 살고 있다. 그는 올해로 117세가 되는데 일요일마다 하는 내 설교가 없었더라면 그렇게 오래 살지 못했을 것이라며 내게 치하를 아끼지 않는다. 그런 말을 들을 때마다 나는 설교의 가치를 더욱 소중하게 느끼고, 내가 하는 일이 불만족스럽거나 하찮게 여겨질 때면 교우들과 소통하기 위해 최선을 다하고 있다고 스스로를 위로한다.

설교 외에도 나는 일주일에 한 번씩 기분전환을 하며 교우들과는 전혀 색다른 분위기를 체험한다. 설교를 마치자마자 손자 톰과 함께 낚시를 떠나는 것이다. 어떤 면에서 이것은 내게 휴식을 주고 손자와 단둘이 시간을 보낼 수 있다는 점에서 일주일 중 가장 멋진 시간이다. 톰은 아주 착한 애인 데다 우리 둘은 마음도 잘 맞는다. 손자는 늘 모험심을 발휘하여 좀더 먼 곳으로 낚시를 가자며 늙은이의 용기를 북돋아준다.

그래서 과거에는 샌타바버라 인근에서 오후 한때를 즐기는 것으로 만족했으나, 요즘은 일요일마다 극초음속 지상 수송기HGT를 타고 미국 전역의 호수와 강들을 누비고 있다.

그렇지만 내가 제일 좋아하는 곳은 역시 빅서(미국 캘리포니아 주 서부에 있으며 태평양을 따라 160킬로미터 뻗어 있는 바위투성이 명승지—옮긴이) 인근의 작은 해안지대다. 집에서 불과 20분 거리인 이곳은 세계에서 가장 빼어난 경관을 자랑하는 곳이다.

톰은 이제 겨우 열두 살밖에 안 된 어린 소년이다. 하지만 가끔 나보다 더 어른스러운 면이 있다. 다소 진부하게 들리겠지만 이 아이에게서 정말 배우는 것이 많다. 나는 스스로를 감각이 꽤 젊고 현대사회의 빠른 속도를 따라잡기 위해 무척 노력하는 사람이라 자평한다. 그런 내게 톰은 현 세계의 모습을 보여주는 창구역할을 한다. 그애의 관점은 늘 신선하고 꾸밈이 없다. 톰과 또래 친구들은 장차 미래를 이끌어갈 것이고, 23세기까지 살면서 정정하고 힘이 넘치는 노익장을 과시할 것이다. 사실 의학과 과학이 금세기 정도로만 발전해준다면 23세기가 끝날 때쯤 톰은 인생의 절정을 맞을 것이다.

톰 덕분에 나는 늘 긴장을 유지하며 살아간다. 그것은 비단 그 아이가 늘 최첨단 기술이나 유행을 알려주어서가 아니라, 자신의 삶 자체를 더할 수 없이 흥미롭게 살고 있기 때문이다. 지난 일요일에도 그런 일이 있었다. 그애의 말을 듣고서야 나는 우리가 21세기의 어느 지점에 있는가를 비로소 깨달았다.

"할아버지." 톰이 말했다. "지금 우리 인터뷰가 진행되고 있는 이 탐사선 지오르다노 말예요. 만일 이 탐사선이 지금으로부터 약 130년 전인 1972년에 발사된 파이오니아 10호와 같은 궤도로 여행을 한다면, 지구를 떠난 지 정확히 석 달 후에 이 두 탐사선이 만날 수 있다는 사실 아세요? 신기하죠?" 물론 신기했다.

〔백년제 가족 메모리 모듈은 현재 미국 워싱턴 D.C.에 있는 신스미스소니언 도서관의 영구 소장품으로 보관돼 있다.〕

6

The Environment and Space

환경과 우주

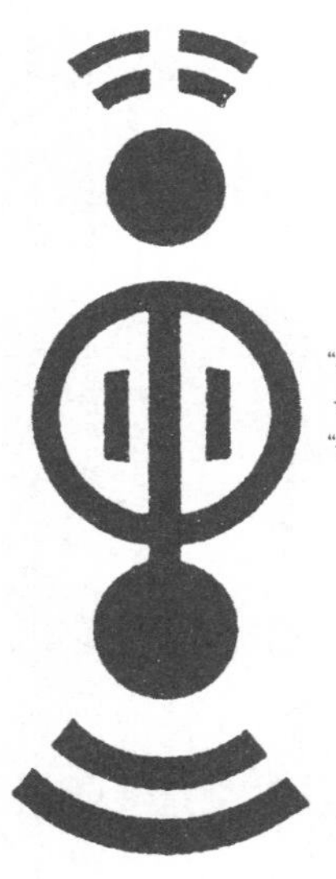

"생명체는 거미줄과 같은 것입니다. 모든 것이 얽히고 설켜 있다는 뜻이죠.
균형이 한번 깨지면 몇 배의 고통으로 다가옵니다."
"올해의 발렌타인 데이는 연인과 함께 우주에서!"

과학 분야만 보면 21세기는 그 어느 때보다 급속한 발달을 이룬 기간이었다. 하지만 과학 이외의 다른 두 분야—환경보호와 우주 탐사—의 진보는 주춤거리며 여러 번 운명의 반전을 겪어야 했다. 아닌 게 아니라 21세기 후반기와는 달리 21세기 전반기는 우주 탐사가들이나 환경주의자들에게 모두 변변한 성과 하나 내지 못한 좌절의 기간이었다. 환경문제는 21세기 전반기 내내 악화일로를 걷고 있었다. 유인 우주선 탐사계획 역시 과학의 혁신이나 발달이 우주 분야에는 별로 기여한 것이 없었기 때문에 지지부진했다.

하지만 운명의 급변이라는 것도 있는 법인지, 21세기 후반기가 되자 환경과 우주 탐사는 관습과 정칙의 흐름을 거부한 걸출한 두 개인에 의해 모습이 확 바뀌기 시작했다. 성격도 판이하고, 꼭 동시대인이라고도 볼 수 없는(이들의 나이 차이는 열아홉 살이다) 이 두 사람은 상당한 특권층으로 이 세상에 태어났다. 그리고 자라는 과정에서 자신들이 지닌 특권을 개인적 야망이나 만족을 뛰어넘는 인류에 대한 봉사와 필요의 충족에 사용했다.

두 사람의 공통점은 그것만이 아니었다. 놀랍게도 두 사람은 죽음 이상의 의미를 지닌 가족의 비극을 통해 성공과 명예의 길로 인도되었다. 하지만 상대방이 이룬 업적뿐만 아니라 자신들이 세계에 미친 영향에 대해서 잘 알고 있던 두 사람이 정작 현실에서는 한 번도 만난 적이 없다는 사실은 다소 놀라운 일이 아닐 수 없다.

화제의 두 인물 게르하르트 랑거와 조지 노스브리지는 '금세기의 인물'임은 물론, 모든 사람들이 다 아는 '21세기의 가장 영향력 있는 인물들'에 속하는 명사들이기도 하다. 게르하르트 랑거는 세계를 환경재앙의 위험에서 구한 인물이고, 조지 노스브리지는 21세기 말 우주선 추진 시스템 개발에 개가를 올려 인간이 우주의 행성들을 탐사할 수 있게 해준 천재 과학자다. 이 장은 그들에 관한 이야기로 꾸몄다.

해결 불가능한 문제들

"오늘은 지구에서 여느 날과 다를 바 없는 평범한 날입니다. 오늘 우리는 150종種 내지 2백 종 가량의 생명체를 잃게 될 것입니다(하지만 누구도 정확한 숫자는 알 수 없으며 그다지 신경 쓰는 사람도 없습니다). 오늘 지구에는 28만 5천 명의 새 생명이 태어날 것이고, 194제곱마일의 열대우림이 사라질 것이며, 한때는 비옥한 땅이었던 곳의 104제곱마일이 사막에 침식될 것입니다. 오늘 지구상에서는 1만 7천 명이 새로이 식수 부족을 겪게 될 것이고, 3천4백만 톤의 탄소가 이산화탄소와 일산화탄소의 형태로 대기에 방출될 것입니다. 내일 태양은 다시 떠오르겠지만 그것이 비추는 세상은 오늘보다 더 오염되고, 더 빈곤해지고, 더 고뇌에 찬, 그리하여 서서히 죽어가는 모습을 띨 것입니다."

—2054년 1월 19일에 행한 게르하르트 랑거의 첫 유엔 연설에서

인류가 안고 있는 문제들은 예부터 내려온 것도 있고 새로 생겨난 것도 있다. 원시인들에게는 환경문제라는 것이 없었다. 양식을 얻기 위해

일하고 없어진 것을 제자리에 돌려놓는 단순한 생활의 반복이었기 때문이다. 하지만 인간의 마음속에는 본시 찾고, 배우고, 진보를 받아들이려는 근원적인 욕구가 있다.

그리고 과학기술이 발전하는 과정에서 당연히 문제들이 생겨났고, 이 같은 문제들은 날이 갈수록 양상이 더 심각해졌다. 그 중 가장 심각했던 것이 과학기술의 발전과 자연의 양립 불가, 즉 부조화였다. 산업화된 국가들은 환경을 파괴하고 오염시키는 것은 물론 마구잡이로 자원을 낭비하고 지구상의 다른 종들을 파괴했다.

20세기 내내 선진국들은 환경이야 어찌됐든 산업설비를 세우고 생산을 늘리는 데만 열을 올렸다. 그러다 1960년대가 되어서야 사람들은 비로소 산업화와 현대적 생활이 환경파괴의 주범이라는 경각심을 가졌다. 이때쯤에는 공해의 폐해를 측정하는 것도 가능해졌기 때문에 전 세계의 미디어는 일단 선진국 국민들에게 공해의 문제점을 홍보하기 시작했다. 그리고 공해문제 뒤에 도사린 과학까지는 이해하지 못했지만 사람들은 재활용품을 사용했고 자동차 사용량도 점차 줄여나갔다.

하지만 20세기 말에 이르러 전 세계는 일견 해결 불가능할 것 같은 난제들에 부딪혔다. 서구세계는 경제 성장에 박차를 가했다. 부유한 선진국 정부들이나 업계가 볼 때 경제 성장에 제동을 건다는 것은 한마디로 어불성설이었다. 그럴 수밖에 없는 것이 선진국의 경제구조는 기본적으로 현재보다는 미래의 경제상황이 나아진다는 전제하에 짜여 있었던 것이다. 정부나 금융계, 산업계 할 것 없이(그리고 물론 개인들도) 선진국들은 더 나은 미래를 위해 전력투구했다.

그런 상황에서 성장을 저해하는 것은 모두 적으로 간주되었고, 정치인과 업계 관계자들은 간단한 립 서비스로 환경주의자들을 무마시키려 했다. 그것도 그나마 환경주의자들이 소수 '중요한 사람들(이른바 부유하고 교육수준이 높고 깨어 있는 사람들)'의 지지를 받고 있었기 때문이다. 하지만 립 서비스 이상은 달리 해줄 것이 없었다. 따라서 서구가 당면한 문제는 환경을 지키면서도 경제 성장을 이룰 방법은 없는가 하는 것이었다.

그 밖에도 해결 불가능한 난제는 또 있었다. 빈곤에서 벗어난 나라들도(개발도상에 있는 산업계도) 서구 선진국들이 누리는 안락과 풍요로움을 누리겠다고 나선 것이다. 이들은 부자를 흉내내는 것이 자신들의 권리라고 생각했다. 하지만 문제는 그로 인해 환경 오염이 그만큼 더 심각해진다는 것이었다.

지구 환경의 위기

산업화로 인한 환경문제의 폐해에 대해서는 지금까지 수많은 책이 다뤄왔다. 이 장에서는 그 중에서 4가지 환경문제, 즉 오존 감소, 지구 온난화, 물 부족, 생물 종의 다양성 감소를 중점적으로 다루려고 한다.

오존 감소의 심각성이 처음 감지된 것은 1970년대 초였다. 1930년대부터 사용되기 시작한 이른바 염화불화탄소(CFCs, 일명 프레온 가스—옮긴이)라는 화학물질이 대기오존에 반응을 일으킨다는 사실이 밝혀진 것이다. 지표면 19~24킬로미터에 떠 있는 오존층에서 발견되는 오존은 태양의 자외선을 흡수하여 지구 생물이 손상을 입지 않게 하는 중요한 기체다. 오존이 감소하면 지표면에 닿는 자외선의 양은 그만큼 늘어난다. 동식물 종의 대부분은 자외선 양에 지극히 민감하고 인간도 자외선을 많이 쐬면 피부암의 발병 위험성이 높아진다.

염화불화탄소는 냉장고, 에어러졸, 에어컨, 그리고 일부 산업공정 등 여러 다양한 경로를 통해 방출된다. 그리고 수년간 공기 중에 떠 있으면서 오존이나 다른 화학물질과 화학반응을 일으키며 조금씩 파괴된다. 이 말은 염화불화탄소는 사라지지 않고 대기 중에 그대로 쌓인다는 뜻이다.

1970년대가 되자 염화불화탄소는 심각할 정도로 오존층을 파괴하기에 이르렀다. 1985년에는 남극에 생긴 오존홀이 급속히 확산되고 있다는 연구 결과가 발표되었다. 이 연구 결과가 전 세계 언론에 크게 보도되면서 대기 오염에 대한 대중의 경각심도 부쩍 높아졌다. 이때를 기점으로 염화불화탄소 오염문제는 환경의제에서 중요하게 다뤄졌다. 그 결과 염화불화탄소 생산은 크게 감소하고 이른바 수소염화불화탄소 HCFCs라 불리는 화학물질이 대용물로 등장했다. 이 물질은 대기의 화학물질과 반응하는 속도가 무척 빠르기 때문에 오존을 쉽사리 파괴하지 못하는 장점이 있다.

수소염화불화탄소도 오염물질이긴 마찬가지였으나 그래도 오존 감소물의 축적은 막아주었다. 그럼에도 20세기 말이 되자 오존 감소의 피해는 돌이킬 수 없는 상태가 되었다는 우려감이 팽배해졌다. 일부 환경주의자들은 염화불화탄소의 많은 양이 1세기 이상이나 화학변화를 일으키지 않고 대기에 고스란히 남아 있으며 그 폐해는 아직 나타나지도 않았다는 사실을 지적했다. 또 다른 사람들은 지구 생태계는 스스로 균형을 유지하는 면역력을 갖추고 있어 걱정할 필요 없다는 믿음을 고수했다.

1999년에 나온 통계에 따르면, 대기 중의 염소 양(염화불화탄소와 그외의 다른 화학물질에서 나오는)은 2003년 3.6ppb(10억분의 1을 나타내는 농도의 단위로 1ppb는 1ppm의 1천분의 1―옮긴이)를 정점으로 서서히 내려가다가, 2050년까지는 대기 중의 오존 농도가 2.0ppb로 떨어지면서 1970년대 수준(남극의 오존홀이 나타나기 이전)을 회복할 것이라고 예측되었다.

오존층은 과연 더디기는 해도 정상으로 돌아오고 있었다. 그러나 예측한 방향대로는 아니었다. 염소 농도는 사실상 더 늘어나 2003년이 아닌 2009년을 정점으로 2010년까지 계속 증가했다. 그러던 차에 일련의 화합물이 개발되어 대기 중에 떠 있던 염화불화탄소를 깨끗이 청소해주었고 그 결과 2034년의 오염도는 남극에 오존홀이 생겨나기 이전 수준을 거의 회복하는 단계에 이르렀으며 2041년에는 예상보다 9년이나 앞당겨 기준치를 통과했다.

하지만 알고 보면 오존 감소보다 더 골치 아프고 위험한 문제가 지구온난화였다. 이것은 지구 대기에서 작용 중인 자연 메커니즘과 인간계의 충돌에서 비롯된 위험한 배출에 초점이 맞춰진 문제이기도 했다.

2009년에 발표된 환경 기준을 보면, 2009년 한 해에만 석유, 석탄, 천연가스 등의 화석연료에서 70억만 톤 이상의 이산화탄소가 대기로 배출된 것으로 나타났고, 이것은 50년 전보다 여섯 배가 늘어난 양이었다. 이 중 4분의 1 이상이 미국에서 배출되었다. 또 다른 두 종류의 가스(이들은 '온실가스'라는 포괄적인 용어로 찾아왔다), 즉 메탄가스와 일산화질소 배출량도 엄청나게 증가했다. 이들 가스는 산업 현장에서 뿜어져 나오는 것이 대부분이었으나, 2009년 현재 10억 대로 집계된 자동차에도 어느 정도는 책임이 있다.

대기 중에 자연적으로 존재하는 이산화탄소는 인간 생활에 상당히 중요한 기체다. 지표면을 따뜻하게 해주는 일종의 담요 같은 역할을 하는 것이다. 날이 맑으면 대기는 태양의 적외선에 거의 투명하게 노출되고 이 적외선은 대부분 지표면에 흡수된다. 지구는 태양보다 온도가 낮기 때문에 흡수된 복사열은 적외선에 못지않은 강력한 파장으로 다시 외계로 방출된다. 이때 대기 중에 섞여 있던 이산화탄소(수증기, 미량 기체와 함께)가 적외선을 대량 흡수하여 상당량을 다시 지구로 방출하는 것이다. 이 작용은 일종의 자연현상으로 생명의 진화가 이루어지기 전부터 지구상에서 계속 있어온 일이다. 그러다 산업화의 영향으로 대기 중에 방출되는 온실가스 양이 많아지면서 지표면 가까운 곳에 갇히는 열도 덩달아 많아져 지구 온도가 상승하게 된 것이다.

지구 온난화의 원인은 산업화만이 아니다. 삼림 벌채라는 인간의 또 다른 파괴 행위 때문에 지구 온난화 현상은 더욱 심화되었고, 그 피해가 가장 극심했던 곳이 아마존 분지와 인도네시아, 말레이시아 일부 지역이었다. 1970년대 말부터 이들 지역에서 대대적인 삼림 벌채가 시작되었던 것이다. 20세기 말에 이르러서는 매년 6만 세제곱마일의 삼림이 훼손되었고 이중 2만 5천 세제곱마일의 삼림이 아마존 열대우림 한 곳에서만 벌채되었다. 삼림은 이산화탄소를 흡수하여 산소를 방출해 주기 때문에 지구상의 삼림이 줄어든다는 것은 곧 이산화탄소 흡수량이 그만큼 줄어들어 대기 중의 이산화탄소 양이 많아지는 것을 의미하며, 이로 인해 지구 온난화 현상이 가속화되는 것이다. 2010년 지구의 평균 기온은 1910년보다 0.9도가 올라간 것으로 측정되었다.

상황이 이런데도 일부 관측통들은 이 같은 온도 상승은 잘못된 것이 아니며 인간의 행위와도 무관하다고 주장했다. 환경주의자들의 우려에 회의적인 사람들은 지구는 굉장히 복잡한 체계이기 때문에 그 안에 분명 '고유의 기후 변동성'이 내재돼 있다고 강조했다. 과거에도 오랫동안 지구상에는 21세기 초에 나타난 것보다 훨씬 심각한 온도 변화가 있었다는 것이다.

그런가 하면 어떤 사람들은 지구 온난화는 인류 문명과 관계가 없고,

자동차와 산업현장에서 내뿜는 온실가스도 자연적으로 발생되는 이산화탄소 전체량의 몇 퍼센트에 지나지 않는다는 주장을 내놓았다.

하지만 이 같은 주장이 제기되는 와중에도, 일각에서는 이 설의 근거가 되는 컴퓨터 모델들에 결함이 있을지도 모른다는 의혹이 강하게 제기되었다. 1995년에는 말을 아끼기로 유명한 '기후변화에 관한 정부간 협약'까지 "현재의 지구 온난화를 자연적 현상으로만 보기는 어려우며, 그외의 다른 증거로 미루어볼 때 인간적 요인도 지구 온도에 분명 영향을 미치고 있다"는 내용의 보고서를 발표했다.

2009년 지구의 평균 온도가 계속 올라가고, 환경오염 문제에 대한 주요 국가들의 정책도 변할 기미가 없는 가운데, 또 다른 국제기구인 세계기후단체가 다음과 같은 선언문을 발표했다. "이제는 현실을 직시해야 한다. 지구 온도와 인간적 요인 사이에 아무 관계도 없다고 말하는 것은 무책임하고 얼토당토않은 소리다. 그동안의 그릇된 보고는 모두 컴퓨터 모델의 결함에서 비롯된 것이다."

1970년대 말부터 사람들은 지구 온난화 문제에 관해 나름대로 노력해왔다. 일부 통찰력 있는 사람들은 지구 온난화 문제가 미래 환경에 가장 위협적인 존재가 될 것이라고 예견했다. 하지만 우려와 개별적 노력의 차원을 넘어 각국 정부와 다국적기업들의 지원을 얻는 데는 실패했다. 그 같은 노력이 실패로 돌아간 사실은 1992년 리우데자네이루에서 열린 제1차 세계환경회의에서 더욱 분명해졌다.

이 회의에서 선진국 대표들은 자국의 온실가스 배출량을 점차 줄여나가겠다고 약속했으나 그것은 법적 구속력도 강제력도 없는 약속이었기 때문에 대부분 실행되지도 못한 채 흐지부지되고 말았다.

그 후 5년 뒤에 열린 교토 기후회의는 이와는 좀 달랐다. 많은 노력을 기울인 끝에 여러 획기적인 조치가 취해졌다. 유럽공동체는 2010년까지 온실가스 배출량을 1990년보다 15퍼센트 줄여나가겠다고 선언했다. 하지만 미국과 오스트레일리아는 다른 의제에 대해서는 대부분 거부의사를 나타내며 온실가스 배출량만 2010년까지 1990년 수준에 맞추도록 노력하겠다고 약속했다.

이른바 G77에 속하는 군소국들의 동맹은 이에 크게 반발하면서, 선진국들이 빈곤국들의 환경을 고의로 악화시키려 한다며 강도 높게 비난했다. 또 다른 동맹체인 작은도서국가연합(AOSIS, 해수면이 낮은 저지대 및 섬나라간의 연합체—옮긴이) 역시 극지 만년설이 녹아 내리면서 해수면이 상승하여 나라가 가라앉을 가능성에 대한 우려를 나타냈다.

교토 기후회의에서는 다음 조항이 포함된 교토의정서가 채택되었다. 첫째, 온실가스 배출량 감축을 위한 새로운 목표 설정. 둘째, 각국 정부는 자국 산업에 환경보호법령을 제정, 시행하고 공동이행제도를 수립할 것. 이 중 두 번째 조항은 온실가스 배출량을 목표대로 감축하지 못할 경우, 목표량을 맞춘 나라들로부터 배출권을 '사들일 수' 있도록 이른바 배출권 거래제를 규정해놓았다는 점에서 상당한 논쟁을 불러일으켰다.

많은 사람들의 눈에 공동이행제도는 대기 오염에 대한 기존의 방법을 모두 부정하는 것으로 비쳐졌다. 관측통들도 대부분 온실가스 배출이 감축되리라는 희망보다는 온실가스 배출량이 늘어나고 지구 온난화가 심화될 것이라는 전망을 내놓았다. 그리고 이 모든 것은 정치적 영향력 때문이었다.

당대의 환경주의자들이 대기 오염의 해법을 원한 것만큼이나 교토 기후회의의 결과는 실망스러운 것이었다. 이후 10년간은 일부 국가들만 환경오염을 막기 위해 필사적인 노력을 기울였을 뿐 온실가스 배출량은 더욱 증가했다. 온실가스 배출량은 원래의 의도대로 1980년대 수준을 회복하기는커녕 2020년이 되자 거의 50퍼센트나 더 증가했다. 일이 이렇게 된 이유는 주로 교토 기후회의가 막을 내리기 무섭게 미국이 교토의정서 지지를 철회하고 독자적인 행보를 걸었기 때문이다.

21세기 초의 첫 10년간 미국은 온실가스 배출 통제권에 관련된 국제협약을 모두 거부하고 독자적인 정책을 따로 시행했다. 그러고는 공동이행제도에 개별 참가하는 형식으로, 일부 저개발국들의 부채를 경감시켜주고 그들의 배출 쿼터를 얻어냈다. 또한 환경적 필요보다는 기업들의 이익을 우선하는 정책을 써서, (공동이행제도의 거래는 제외하고) 순수하게 배출된 온실가스만을 놓고 볼 때, 2000년에서 2010년까지 미국이 배출한 온실가스 양은 그 이전의 20년을 합한 양보다도 많았다.

온실가스 배출량이 늘어난 것은 비단 선진국뿐만이 아니었다. 비선진국들도 사정은 마찬가지였다. 2015년에는 중국의 온실가스 배출량이 미국에 이어 세계 2위를 기록했다. 자동차와 산업 부문에 저질 연료를 쓴 것이 주 원인이었다. 특히 상황이 더 나빴던 것은 '탁한' 가스를 배출하는 질 나쁜 저질탄을 중국이 다량 보유하고 있다는 사실이었다. 그로 인해 중국과 전 세계의 온실가스 배출량은 어마어마하게 불어났다.

21세기의 첫 10년간은 인도, 인도네시아 그리고 몇몇 아프리카 국가들의 온실가스 양도 늘어났다. 상황이 그런데도 2017년 카이로 기후회의 대표들은 어떤 사항도 합의에 이르지 못했고, 그나마 절충안을 몇 가지 마련하고 배출량 목표를 정하여 본국에 돌아갔을 때 그들을 기다리고 있는 것은 정치인들의 무관심과 업계 대표들의 저항뿐이었다.

이 같은 문제들로도 모자랐는지 지구상에는 또 다른 환경문제가 두 가지 불거져 나왔다. 하나는 물이었고 또 하나는 생물 다양성의 감소였다.

21세기 전반기를 살아가는 서구인들은 인간 세상에 물이 부족해질 것이라고 하면 터무니없다고 생각할 것이다. 지구의 5분의 4가 물로 이루어져 있는데 대체 무슨 뚱딴지 같은 소리냐고 반문할 것이다. 하지만 여기서는 물 그 자체의 유용성이 아니라 사용 가능한 물의 유용성을 말한다. 지표면에 있는 물의 97.5퍼센트가 바닷물이고 바닷물의 탈염 비용은 계산이 불가능할 정도로 엄청나다. 바닷물 97.5퍼센트를 뺀 나머지 물 중 3분의 2는 극지의 만년설이거나 지하에 묻혀 있다. 이 말은 곧 지표면에 있는 물의 0.08퍼센트(강과 호수의 형태로)만 식수로 사용할 수 있다는 의미다. 게다가 식수용 물의 대부분은 특정 지역, 그러니까 세계 몇몇 지역에만 편중돼 있다(물은 과학기술과 경제 발전의 필수요소이므로 주로 부유한 지역에).

하지만 지난 1950년만 해도 지구상에는 한 사람당 1만 7천 세제곱미터의 사용 가능한 물이 있었다. 그리고 설사 제한적으로 분포돼 있다 해도, (적어도 이론상으로는) 지구상의 모든 인간들에게 골고루 배분될 수 있을 만큼 충분했다. 하지만 20세기 후반기와 21세기 전반기에 인구가 급속히 늘어나면서 (특히 빈곤한 국가들) 한 사람이 마실 수 있는 물의 양도 급속히 줄어들었다. 20세기 말에는 한 사람당 사용 가능한 물의 양이 7천5백 세제곱미터로 뚝 떨어졌고, 2005년에는 5천 세제곱미터 아래로 떨어졌다는 유엔 보고서가 발표되었으며, 가치 분석가에 따르면 이것은 거의 위험 수준에 이른 것이었다.

일이 이렇게 되기 전에도 지구상에는 이미 몇십 년간이나 인류의 재앙이 존재했다. 그리고 그 재앙은 제한된 양 때문에 물을 제대로 공급받지 못한 지역에 집중되었다. 지난 1980년대의 몇 년, 2011년에서 2014년 사이의 3년, 그리고 2037년에서 2038년까지 2년간 아프리카를 덮친 극심한 기아상태는 가뭄으로 인한 농작물 경작 실패가 주 요인이었다.

태평성대에는 막 시작된 서방국들의 자선활동으로 전 세계 가뭄 피해지역의 문제점들이 완화되어 기아문제도 어느 정도 해결되었고, 극빈곤국가들의 구멍에도 마침내 볕들 날이 왔다는 희망이 넘실거렸다.

하지만 유감스럽게도 이 같은 희망은 오래가지 못했다. 대혼란으로 세계경제가 마비되자 그 직격탄을 처음 맞은 곳이 바로 자선단체였기 때문이다. 부자나라들의 재정원조로 가난한 아프리카 나라들에 인프라를 구축해주려던 노력은 자주적 발판이 마련되기도 전에 물거품이 되어버려 이들 나라는 또다시 무정부 상태와 절망의 나락 속으로 빠져들었다.

물전쟁

대혼란으로 야기된 인간의 고통이 가장 극명하게 드러난 곳은 아프리카, 특히 2038년 그곳에서 일어난 단기적인 유혈분쟁이었다. 이 분쟁은 아프리카 북동부에 위치한 세 나라—소말리아, 에티오피아 그리고 지부티라는 아주 작은 나라—사이에 벌어진 유혈참극으로 후일 물전쟁으로 불렸다.

2037년 아프리카 북동부에는 역사상 최악의 가뭄이 몰아닥쳤다. 이 가뭄으로 수많은 사람들이 죽고, 피난민들의 행렬이 주로 에티오피아에서 소말리아로 이어졌다. 2038년 초 이 사태는 두 나라 국경지역에서의 종족분쟁으로 치달아갔다. 그리고 이 분쟁은 급기야 1994년의 르완다 사건에 비견할 만한 대량학살 사태로 발전했다.

2037년의 가뭄에 뒤이어 2038년에는 그보다 더 지독한 가뭄이 덮쳤다. 그리고 이때쯤에는 이미 에티오피아와 소말리아의 대부분 지역이 불모의 땅으로 변했다. 게다가 국경분쟁으로 인해 대도시들에조차 물 공급이 급감하자 땡볕 속에 민간인들의 사망자가 속출했다. 궁지에 몰린 소말리아 정부가 지부티를 전격 침범하여 이 나라의 저수지들을 확보하기로 결정한 것이 바로 이 시점이었다.

2020년 초만 해도 지부티는 바깥 세상에 존재가 거의 알려지지 않은 나라였다. 사람들은 그 나라가 지구의 어느 구석에 붙어 있는지도 몰랐다. 그런데 2016년 미국 정부와 지부티 정부간에 협정이 체결되면서 이 작은 나라의 존재가 세상에 알려졌다. 협정 내용은 미국이 지부티에 대형 저수지와 복합 관개시설을 만들어주면 그 대가로 지부티는 해안가 인접지역에 군사기지를 제공해주는 조건이었다.

지부티 정부와 국민은 이 협정을 아주 만족스러워하는 듯했다. 그로부터 15년 뒤 미국인들은 지부티를 떠났고 중동에서의 작전계획이 축소되면서 군기지도 해체되었다. 미국인들은 떠났으나 저수지와 관개시설은 지부티에 그대로 남았다. 이것이 지부티의 경제상황을 확 바꿔놓았다. 그리하여 2038년에는 이 작은 나라의 경제력이 주변국들을 크게 앞섰다.

하지만 군사력이 변변치 못했던 지부티는 소말리아 군대의 공격을 받고 힘없이 주저앉았다. 이어 거스를 수 없는 인간의 물결, 수십만 명의 피난행렬이 이어졌다. 지부티인들은 침략군에게 살해되거나 작은 쪽배에 몸을 싣고 바브엘만데브 해협(적절하게도 '눈물의 문' 이라는 이름이 붙은)을 건너 예멘으로 도망치거나 한 가지 길을 택해야 했다. 그러고 나서 얼마 후 트럭과 탱커의 끝없는 행렬이 남쪽의 소말리아로 물을 실어 나르기 시작했다.

20세기 말과 21세기 초에 일어난 다른 지역분쟁의 침략행위와 마찬가지로 소말리아의 침략행위는 국제사회의 지탄을 받았다. 하지만 국제사회가 개입했을 때는 이미 돌이킬 수 없는 상황이었다. 소말리아 정부는 서방국들의 거센 비난을 받았고, 유럽 대도시들에서는 지부티인들의 시위가 벌어졌으며, 유엔에서는 소말리아에 대한 제재를 놓고 북아프리카 나라들간에 열띤 논쟁이 벌어졌다. 하지만 화려한 정치적 수사문구가 신문의 머릿기사를 장식하자 이전엔 별 관심도 보이지 않던 나라들만 기웃거리며 떡고물 챙길 궁리를 할 뿐, 정작 물전쟁은 지역분쟁의 차원을 넘어 환경문제와 불가분의 관계가 있다는 주장은 묵살당했다. 물전쟁은 재앙의 조짐이라는 주장은 무시되었던 것이다.

생태계의 위기

과학기술 발전의 부정적 영향은 인간에게만 미친 것이 아니었다. 기업들의 생산성이 높아지고 자원에 대한 욕구가 커지면서 동식물들의 서식지까지 위협을 받았다. 삼림 벌채는 지구 온난화를 유발시킨 것 외에도, 야생동물들의 서식지인 숲과 정글을 파괴하여 지금까지는 그런 대로 건강했던 생태계의 균형을 무너뜨렸다. 그뿐만이 아니었다. 갈수록 늘어나는 인구 때문에 인간들의 살 곳, 일할 곳, 놀 곳이 부족해지자 농촌지역도 자꾸만 사라져갔다.

환경문제에 시큰둥한 사람들은 아마존에 사는 이름 없는 물고기나 인도네시아 밀림 속을 기어다니는 벌레 따위가 뭐 그리 대수냐고 하지만, 그것은 대단히 무책임한 발상이고 또 부정확한 말이다.

21세기의 첫 20년간 지구상에서는 매년 오하이오 주만한 열대우림이 사라져갔다. 또 '생명감시'라는 환경단체가 2021년에 발간한 자료에 따르면 조류의 14퍼센트, 포유동물과 양서류의 29퍼센트, 어류의 41퍼센트가 주로 인간의 욕구로 인해 멸종위기에 처한 것으로 나타났다. 이것은 분명 자연현상이 아니었다. 그외에도 생명감시단체 보고서는 1600년과 1983년 사이에 약 1천여 종의 종種이 멸종했고 이중 반 수 이상이 유관속 식물이라는 점도 부각시켰다. 2021년에는 이와 똑같은 숫자의 종들이 매주 사라져가는 상황에 이르렀다.

환경문제에 대해 냉소적인 사람들은 생태계 종들의 멸종 규모를 지나치게 낮게 보았다는 점에서도 틀렸지만, 기본적인 생물학 지식조차 없다는 점에서도 놀라운 면모를 보여주었다. 동식물의 종들은 단지 인간을 만족시키기 위해 지구상에 존재하는 것이 아니다. 이들 종은 각자 자신들이 살아가는 환경 속에서 중요한 역할을 담당하고 있고, 이들 서식지 하나하나는 전체 서식지의 일부가 된다.

생물의 다양성(지구상에 존재하는 종만도 수천만 종에 이른다)은 지구상의 생물학적 균형을 유지하는 데 없어서는 안 될 중요한 요소이고, 따라서 생물의 종을 자꾸만 멸종시킨다는 것은 곧 인류가 인류를 말살하는 위험한 행동이다.

그 때문에 개인과 압력단체들의 3대에 걸친 헌신적인 노력에도 불구하고 21세기 중반이 되자 지구의 환경은 1세기 전과는 비교도 안 될 만큼 열악해졌다. 하지만 그 중간 지점인 2020년대 말과 2030년대 초, 짧긴 하지만 환경에 대한 사람들의 관심이 부쩍 높아진 적이 있기는 했다. 그리고 그때나 지금이나 무슨 대단한 선심이나 쓰는 양 '고매한 목적'에 쓸 여유 돈이 생겼기 때문인지 기업인과 정치인들도 거창한 이슈를 내세우며 생태적 필요성에 대한 말들을 하기 시작했다.

하지만 불행히도 이 현상은 오래가지 못했다. 대혼란이 오자 기업들의 생산량이 줄어들면서 대기 오염도 줄어들었으나 환경에 긍정적인 결과를 가져올 만큼 계속되지는 못했다. 세계경제가 회복되기가 무섭게 선진국들이 다시 경제 발전에 총력을 기울였기 때문이다. 미처 몸을 추스리기도 전에 일어난 일이었으니, 자신들의 행동이 장차 지구 생태계에 어떠한 영향을 끼칠지에 대해서는 생각할 여유조차 없었다.

2051년 유럽위원회가 발간한 환경보고서에 따르면, 염화불화탄소 오염문제는 이제 더 이상 큰 문제가 아니었으나, 산업과 인간 사회의 소비 증가로 인한 각종 폐해들—공해, 생물 다양성의 감소, 물 부족, 천연자원의 감소 등—은 1세기 전인 1951년보다 상태가 훨씬 악화된 것으로 나타났다. 이 같은 결과를 토대로 유럽위원회는 이들 문제에 대해 긴급히 대처할 것을 권고했으나, 이 역시 묵살당했다.

따라서 환경문제는 이후에도 그 모양 그 꼴을 계속 유지했을 것이다. 하지만 그것도 당분간일 터였다. 2051년 이후에도 아무것도 달라지지 않고 예전 그대로의 방식과 원칙을 고수했다면 지구 생태계는 곧 파괴되었을 것이다. 다행히 그런 일은 일어나지 않았다. 그리고 그것은 모두 위대한 환경주의자 게르하르트 랑거가 문제의 심각성을 이해하고, 남다른 열정으로 큰 일을 해준 덕분이었다.

세계를 환경 재앙에서 구한 랑거

어릴 때의 게르하르트 랑거를 아는 사람이라면 누구도 그가 장차 세계 역사를 바꿔놓을 인물이라고는 보지 않았을 것이다. 게르하르트는 2030년대에 다섯 대륙에 걸친 엔터테인먼트 사업으로 세계적인 부호가 된 카를과 트루디 랑거 부부의 외아들로 태어났다.

엔터테인먼트 사업은 게르하르트의 조부 오토가 1999년 12월 31일, 그러니까 밀레니엄 전날 함부르크에 카지노 클럽을 개장하면서 시작한 랑거가의 가업이었다. 이 클럽으로 대성공을 거둔 랑거가는 오토가 사망한 2028년에 이르러 세계 최고의 카지노 클럽 20개를 소유하게 되었고 그 중에는 크고 화려하기가 이루 말할 수 없는 라스베이거스의 '랑거스 딥 사이버'도 있었다.

카를과 트루디 랑거 부부는 여기서 멈추지 않고 유럽, 미국, 아시아 지역에 세계 유수의 호텔과 나이트클럽 몇 개를 더 인수하여 자신들의 엔터테인먼트 제국을 더욱 확장시켰다. 그리고 대혼란이 일어났을 때도 경제불황의 영향을 받기는 했으나 크게 타격받지 않고 온전하게 살아남았다. 인간의 역사에서 늘 되풀이되는 일이듯, 사람들은 살기가 힘들어질수록 현실에서 도피할 오락거리를 찾는 습성이 있고 대혼란이라고 예외가 아니었던 것이다. 대혼란의 여파로 부자 고객 중 상당수가 빠져나가기는 했다. 하지만 랑거 사는 곧 전열을 재정비하여 고객층을 다변화하는 데 성공했다.

성장기의 게르하르트는 특권층 자녀답게 호사스러운 삶을 보냈다. 머리는 좋았으나 학과공부에는 별 흥미가 없었다. 그는 남의 말에 귀 기울일 줄 아는 편안하고 친근한 성격에, 체구 또한 건장하고 거의 은발과도 같은 블론드 머리를 흩날리고 다니는 미끈한 청년으로 자랐다. 그가 뭇 여성들이 선망하는 총각이 되어 플레이보이 딱지를 붙이고 다니는 것도 어찌 보면 당연한 일이었다.

그는 연예계와 패션계의 총아였고 열일곱 살의 나이에 이미 전 세계의 내로라 하는 연예계 잡지들의 모델이 되었다. 잡지에 등장하는 그의 모습은 하나같이 미모의 여성을 팔에 안고 있는 숨막히도록 매력적인 모습이었다. 그것도 매번 다른 여성이었다.

게르하르트는 대혼란이 시작되는 시기에 성년에 이르렀다. 그 때문에 그도 약간 타격을 받았으나, 회사의 자산가치와 수익률만 떨어졌을 뿐 랑거 사와 젊은 후계자의 입지가 흔들릴 정도는 아니었다. 그리고 사람들은 최악의 상황이었음에도 전보다는 물론 정도가 덜했지만 스타들의 동정을 궁금해했다. 게르하르트는 윌리엄 왕자, 존 F. 케네디, 남자모델 번하드 서덜랜드와 같은 그야말로 골든 보이가 되어 2012년 '세계 최고의 미남'으로 꼽히기까지 했다.

하지만 게르하르트는 이 같은 생활방식을 즐기면서도 이상하게 만족감은 느끼지 못했다. 그는 영화와 연기에 매료된 어린 시절부터 줄곧 영화배우를 꿈꿔왔다. 그리고 부자에다 매력 넘치는 유명인이었으니 할리우드를 제 집 드나들듯 했지만 젊은 시절에는 이렇다 하게 연기에 두각을 나타내지 못했다. 그는 확신에 차 있었고 카메라도 잘 받는 용모였으나 배우로서의 근성을 보여주지 못했다. 감독이나 제작자가 그를 진지하게 받아들이지 않은 것도 그 때문이었다.

하지만 게르하르트는 단호했다. 그는 자비로 영화를 제작하고 배급업자를 구해 자신이 만든 영화를 상영했다. 하지만 관객의 호응도가 낮고 평단에서도 혹평을 하자 크게 실망했다. 그래도 그는 물러서지 않았다. 비평가들이 뭐라 하든 돈과 에너지를 계속 영화에 쏟아부었다. 최고의 작가, 감독, 제작자, 배우를 찾아 거부할 수 없는 금전적 보상을 해줌으로써 그들의 회의를 불식시키려 했다. 그리고 그 같은 노력으로 어느 정도 성과를 거두기도 했다. 하지만 대중이나 언론의 인정을 받을 정도는 되지 못했다. 게르하르트가 네 번의 흥행 참패로도 모자라 최신 작품으로 또 한 번 망신을 당하려는 찰나 예상치 못한 사건이 일어났다. 그리고 그것이 게르하르트의 인생을 송두리째 바꿔놓았다.

20세기의 위대한 뮤지션 존 레논은 언젠가 이런 말을 한 적이 있다. "다른 계획을 한창 세우고 있을 때 뭔가가 터지는 것이 인생이다." 그랬다. 그것이 바로 2043년 2월 어느 스산한 화요일 오후, 뉴욕의 게르하르트 랑거에게 터진 일이었다. 그날 그는 〈레드 레인〉이라는 스릴러물을 찍기 일주일 전, 여배우 제럴딘 매케넌과 배역에 대해 잠시 의견을 나눈 뒤 맨해튼 북단에 있는 자신의 아파트를 막 나서려던 참이었다. 그때 조수 한 명이 방으로 들어와 게르하르트 부모가 클럽 랑거스 베를린에서 바바리아의 가족 영지로 돌아가던 중 헬리제트기가 추락하여 사망했다는 소식을 전했다.

부모가 사망하자 랑거제국의 경영권은 당연히 후계자 게르하르트에게 넘어왔다. 하지만 그는 기업이 어떻게 돌아가는지에 대해 전혀 아는 것이 없었다. 물론 생전에 부모가 하는 일을 옆에서 지켜보기는 했다. 하지만 그뿐, 경영에 직접 참여할 정도의 관심은 없었다.

이제 그는 스물일곱 살의 사주 자격으로, 부모 밑에서 일하던 임원진과 관리진에게 경영권을 넘겨주어도 좋을 위치에 있었다. 하지만 그러기에는 어딘지 내키지 않는 구석이 있었다. 최소한 가업에 혼신의 힘을 바쳤던 부모의 흉내라도 한 번 내보아야 마음이 편할 것 같았다. 다행히 게르하르트는 적응력이 뛰어났다. 물론 이전에도 그는 단호하고 성실한 사람이었다. 그러나 새로운 상황에 처한 그는 예전에 볼 수 없던 효심과 의무감으로 부모 유산을 지키려 하여 주변 사람들을 놀라게 했다. 그리고 부모의 죽음으로 게르하르트는 아무것에도 만족하지 못하고 표류하던 목적 없는 과거의 삶을 끝냈다.

랑거 사의 임원들은 이 젊은이가 영 탐탁지 않았다. 그도 그럴 것이 부잣집 외아들로 버릇없고 멍청하다고까지 여긴 애송이에게 느닷없이 호박이 덩굴째 넘어갔기 때문이다. 게르하르트는 퇴직금을 후하게 주어 이런 사람들은 내쫓고 자신을 존중하고 함께 일하기 편한 사람들만 남겨놓았다. 그리고 연예계 총아에서 랑거 사의 총수가 되었다며 비아냥거리는 언론의 냉소에도 아랑곳없이 회사를 반듯하게 이끌어나갔다.

지금 와서 하는 말이지만 그때는 정말 하루아침에 풋내기 젊은이가 가업을 이어받기에는 최악의 시기였다. 2043년은 참으로 가혹한 시기였다. 때문에 악조건 속에서도 일부 살아남은 기업이 있었으나 은행과 주주들은 여전히 엔터테인먼트 산업에 대해 불안을 떨치지 못했다. 카를과 트루디 랑거가 죽은 이튿날, 랑거 사의 주가는 16퍼센트가 급락했다. 이 같은 날벼락이 떨어지자 게르하르트는 발빠르게 대처하여 세간에 이름이 널리 알려진 막역한 친구, 배우, 음악가, 정치인, 금융인들의 보증이 담긴 광고물을 인터넷에 연달아 올렸다. 이튿날 랑거 사의 주가는 반등하며 일주일 전보다 4포인트 오른 가격으로 장을 마감했다.

게르하르트는 모든 이들의 예상을 뒤엎고 훌륭한 기업인이 되었다. 세계경제가 2040년대의 불황에서 벗어날 즈음에는 2036년의 수준을 거의 회복했고 대혼란의 종말에 이은 3년간의 번영기에 랑거 사는 더욱 번창하여 6천억 달러의 자산가치를 지닌 거대 기업으로 성장했다.

이 같은 상황에서도 게르하르트의 개성 표출 욕구는 사라지지 않았다. 배우가 되려는 생각은 일찌감치 포기했고 감독이나 제작자가 되고 싶은 마음도 없었다. 그런데도 그는 만족할 수 없었다. 그도 물론 회사의 성공을 기뻐했다. 하지만 회사의 성장이 이제는 한계에 부딪혔다는 것도 잘 알고 있었다. 게다가 그는 기업이라든가 경영 자체를 좋아하지는 않았다. 그가 랑거 사를 이끌게 된 것은 거의 의무감 때문이었고, 그 과정에서 회의론자들의 예상을 뒤엎는 것이 즐거웠을 따름이다. 하지만 이것만으로는 뭔가 부족했다. 뭐라고 딱히 표현할 수는 없으나 다른 무엇인가가 필요했다.

전대나 후대의 많은 사람들처럼 게르하르트도 자신의 잠재력을 발견하지 못한 채 생을 마감할 뻔했다. 그런데 그의 삶의 과정은 물론 역사의 과정을 송두리째 바꿔놓은 예상치 못한 일이 생애 두 번째로 일어났다. 작가 베아트리체 서머빌은 2060년대에 게르하르트 랑거와 가진 수많은 인터뷰를 토대로 쓴 그의 전기 《체인즐링The Changeling》에서 그 사건을 이렇게 기록했다.

> 2053년 3월 19일 일요일, 유난히도 조용하고 평화로운 날이었다. 게르하르트 랑거는 토스카나에 있는 별장에서 잠시 혼자 시간을 보내고 있었다. 친구들은 전날 밤에 와서 이른 아침에 떠나고 비서들도 그가 찾기 전에는 모습을 드러내지 않아 그야말로 완전한 '혼자'였다.
>
> 게르하르트는 인터넷 서핑을 하기로 하고 야외 수영장이 내려다보이는 거실로 자리를 옮겼다. 그러고는 자신이 좋아하는 검색엔진을 불러 무작위 실행을 명령했다. 잠시 후 커피 테이블 위에 3차원 입체영상이 뜨면서 각각의 주제에 대한 음성 설명이 이어졌다. 안락의자에 비스듬히 누운 채 그것을 바라본 지 5분도 안 돼 하품이 나오고 몸이 비비꼬였다. 그는 수영장을 내려다보며 다른 일거리를 찾아보려고 자리에서 일어섰다.
>
> 그 순간 컴퓨터에서 음성이 들렸다. "아프리카에서 벌어진 일인데 누가 신경이나 쓰겠어요?" 게르하르트는 그 소리에 귀가 번쩍 뜨여 다시 3차원 입체영상으로 눈길을 돌렸다. 컴퓨터는 이미 다른 화면으로 이동 중이었다. "잠깐, 이전 화면으로 돌아가." 게르하르트가 컴퓨터에 명령을 내리자 바위에 앉아 있는 허름한 옷차림의 흑인 젊은이 한 명이 시야에 들어왔다. 그의 등뒤로는 석

양이 붉게 물든 황량한 산지가 그림처럼 아름답게 펼쳐져 있었다.

젊은이의 입가에 희미한 미소가 번졌다. "그거, 통하긴 하죠." 그가 말했다. "관심을 끄는 거 말이에요. 하지만……" 그의 목소리가 낮아졌다. "그것은 내가 대학에서 자주 들었던 말이기도 해요. 그들이야 물론 내가 옆에 있다는 걸 몰랐겠죠." 그러더니 젊은이는 게르하르트를 똑바로 쳐다보며 이렇게 말했다.

"내 이름은 루디 오가미이고 나는 아주 운이 좋은 놈이랍니다. 2037년까지 지부티에 살다가 장학금을 받고 미국으로 유학와 법학을 공부했어요. 지부티에 있는 가족은 나를 무척 자랑스럽게 여겨 거의 매일같이 편지를 보내왔죠. 그러던 어느 날 편지가 갑자기 끊어졌어요. 소말리아 군대가 국경을 침범하고 물을 빼앗아간 뒤부터였죠.

그때 나는 보스턴에 살면서 지부티가 불타고 국민들이 죽어가는 모습을 뉴스에서 보았어요. 물론 한시라도 빨리 고향으로 돌아가 어떻게든 돕고 싶었죠. 하지만 알다시피 돌아가지 못했습니다. 7년 동안 돌아가지 못한 채 편지 한 통 받지 못했어요. 내 조국에 무슨 일이 생겼는지 나로서는 도저히 알 길이 없었습니다. 그리고 학교를 졸업한 뒤 고국에 돌아갈 여비를 마련했어요."

이제 화면은 루디가 메마른 불모의 땅을 거니는 모습으로 바뀌었다. 바람이 한 차례 휙 불더니 젊은이의 눈 속에 먼지를 쏟아 넣었다. 들리는 소리라고는 오직 바람소리뿐 루디의 발소리는 죽음처럼 적막하기만 했다. 그는 불에 타 폐허가 된 건물들 사이를 걷다가 시든 풀 포기와 쓰레기 더미가 뒤섞인 모래땅 위로 발길을 옮겼다.

"여기가 내가 놀던 곳이에요." 눈물을 삼키며 그가 말했다. "이

땅과 가족, 그것이 내가 아는 모든 것이었죠."

그는 보기 흉하게 구부러지고, 검게 그을리고, 쪼그라든 나무가 있는 곳으로 걸어갔다. 그러고는 나무 옆에 세워진 세 개의 작은 십자가 앞에 섰다. 루디는 감정이 복받치는 듯 그 앞에 엎어지면서 황급히 갈겨 쓴 듯한 글들을 읽었다. 그러고는 뒤로 한 발짝 물러나 먼지범벅이 된 얼굴에서 눈물을 닦았다.

다시 바뀐 화면에는 루디가 바위 위에 앉아 있었다. 해가 뉘엿뉘엿 저물며, 진홍빛 저녁놀이 지평선을 붉게 물들이고 있었다.

"방금 본 십자가들은 어머니, 아버지, 누이의 묘였어요." 그가 메마른 음성으로 말했다. "침략자들에게 살해되었는데, 이상하죠, 그들에게는 증오심이 일지 않으니 말예요. 나는 그저 내 가족이 보고 싶고 그들이 죽어야 했던 현실에 화가 날 뿐이에요. 소말리아인들도 물이 없어 그런 일을 저지른 것 아니겠어요? 그들은 죽일 필요는 없었지만 빼앗을 필요는 있었어요. 물은 나눠 가질 수 없는 거잖아요." 그의 말이 끊어졌다가 이어졌다.

"비난받아야 할 사람이 있다면 그것은 모든 인류, 역사상의 모든 인류입니다. 소말리아인이나 에티오피아인이나 물이 있었다면 남의 땅에 쳐들어올 일도 없었겠죠. 한때 풍족했던 물이 이제는 일부에게만 공급되고 이곳 아프리카에 있는 얼마 안 되는 물도 제한된 지역에만 공급되고 있어요. 그리고 이것은 물만의 문제가 아닙니다.

우리 모두가 숨쉬는 대기 속으로 쓰레기를 토해놓는 병든 세상, 나무가 잘려나가도 다시 심을 줄을 모르고, 더 많은 집, 더 많은 학교, 더 많은 축구장을 짓기 위해 다른 생물 종들을 죽여 없애는 병든 세상의 한 징표인 것입니다.

우리 가족은 인간성의 희생물이었어요. 우리는 저마다 번영, 발전, 성장, 지금보다 나은 미래를 원하죠. 하지만 부강한 나라들은 '더 나은 미래'가 무엇을 뜻하는지 몰라요. 물 때문에 전쟁이 일어났다는 사실은 곧, 인간이 방향감각을 상실했다는 뜻 아니겠어요? 생명체는 거미줄과 같은 것입니다. 모든 것이 얽히고 설켜 있다는 뜻이죠. 생태계는 균형이 한 번 깨지면 몇 배에 해당하는 고통으로 다시 돌아옵니다. 작고 보잘것없는 나라들 사이에 벌어진 2038년의 전쟁쯤이야 다른 나라 사람들 눈에는 대수롭지 않겠죠." 루디는 시선을 잠시 돌린 뒤 화면을 똑바로 쳐다보며 말했다. "아프리카에서 벌어진 일인데 누가 신경이나 쓰겠어요?"

잠시 숨을 고른 뒤 루디가 천천히 말을 계속했다. "하지만 분명한 것은 이 물전쟁이 여기서만 끝나지 않을 거라는 점입니다. 대기 오염문제가 악화되면 이 전쟁과 유사한 또 다른 전쟁이 일어날 거예요. 게다가 근시안적인 인간들이 세계를 지배하는 한 희망도 없습니다. 무자비한 환경 파괴, 자원 남용, 인간의 필수요소들에 대한 불공평한 분배는 우리 모두를 재앙으로 몰고 갈 것입니다.

그럼 우리는 어떻게 해야 될까요? 우리가 할 수 있는 것은 아무것도 없고, 힘도 없을까요? 정말 그럴까요? 상황을 변화시킬 능력이 없다고 회의에 빠질 때마다 나는 20세기의 위대한 과학자 마거릿 미드가 한 말을 상기합니다. '소수의 헌신적인 사람들이 세상을 바꿀 수도 있다는 사실을 결코 의심해서는 안 됩니다.' 사실 세상을 바꾼 것은 그들이었어요."

그 말과 함께 루디의 모습도 사라졌다.

게르하르트는 충격에 휩싸여 한동안 멍하니 앉아 있었다. 그도 물론 루디가 말한 내용은 알고 있었다. 2038년의 가뭄에 뒤이어 아프리카에서 일어난 전쟁과 학살사건도 어렴풋이 기억이 났다. 하지만 루디의 말과 열정에는 게르하르트를 잡아끄는 요소가 있었다. 그렇기는 해도 이것 하나만으로 그의 인생이 졸지에 바뀌지는 않았을 것이다. 그렇다. 다른 요인도 있었다.

그 따분한 일요일 오후 게르하르트 랑거의 마음은 여느 때와는 달리 활짝 열려 있었다. 변화를 하고 싶은, 요컨대 뭔가 새로운 것을 받아들일 준비가 되어 있었다는 말이다. 그는 루디의 말이 채 끝나기도 전에 자신이 해야 할 일을 깨달았다.

몇 년이 흐른 뒤 게르하르트는 루디 오가미 사이트를 알게 된 계기를 '축복'이라고까지 표현했다. "그것이 날 구해주었어요." 그가 말했다. "내 의식을 일깨워주고, 갈 길을 제시해주고, 존재의 의미를 깨닫게 해주었거든요. 루디 오가미는 내 인생의 가장 중요한 경험이었습니다."

랑거는 그 즉시 일을 착수하려 했으나 감정이 너무 앞서 처음에는 생각대로 일이 잘 진행되지 않았다. 환경문제에 대해 아는 것도 없었고, 끓어오르는 열정만 있을 뿐 중심 없이 우왕좌왕했다. 그가 먼저 해야 할 일은 당연히 배우는 것이었다. 그는 일단 3개월의 시한을 정해놓고 랑거 사의 일일 업무를 믿을 만한 임원진에게 일임했다.

그런 다음 모든 공직활동에서 손을 떼고 환경문제의 세계적 권위자인 '지구감시' 단체의 영국인 환경운동가 시몬 피츠윌리엄과 소르본 대학의 피에르 라페테 교수를 영입하여 환경문제를 본격적으로 파고들었다. 게르하르트는 이들에게서 2053년 당시의 지구가 처한 상황을 상세히 전해 들었다. 그렇게 모은 자료에 두 사람의 조언을 취합하여 앞으로 전개해나갈 일들을 구상했다.

두 사람의 권위자는 게르하르트에게 종들의 감소, 그로 인해 파생될 위험, 불공평한 물의 분배로 인한 위기, 수십억 명의 사람들이 가정에서 매일 쓰고 있는 수천 종의 화학용품(생물 분해성이 없는)이 배출해내는 환경 오염에 대해 알려주었다. 하지만 그 중에서도 가장 심각한 문제는 역시 화석연료에서 배출되는 온실가스였기 때문에 피츠윌리엄과 라페테도 특히 그 점에 역점을 두고 설명했다.

2053년에는 슈퍼클린 핵융합 원자로에서 에너지를 뽑아내는 오랜 꿈이 막 현실화 단계로 접어들고 있었다. 하지만 전 세계 에너지의 90퍼센트 가량은 여전히 화석연료의 연소에서 얻고 있었고, 도로 차량의 85퍼센트 이상이 내연기관을 사용하고 있었다. 1950년대에 시작된 연구 프로그램에 따르면 핵융합이 현실화되는 데는 무려 80여 년이 걸린 것으로 나타났다. 최초의 핵융합 원자로는 2035년 대혼란이 시작되기 직전 온라인화되었으나, 2035년에서 2048년 사이에 기금 부족으로 거의 10여 년간이나 발전이 중단된 상태에 있었다.

2048년에 이르러서는 미국, 유럽, 아시아 일부 국가들이 다시 핵융합 원자로를 건설하기 시작했으나, 2020년대 중반에야 선진국 대열에 끼어든 나라들은 핵융합 시설이 없는 경우가 태반이었고, 있다 해도 극히 미미한 수준에 불과하여, 에너지의 대부분은 여전히 구식 핵분열 원자로와 석탄연소 발전소에서 얻고 있었다.

그 결과 2053년 대기 중의 이산화탄소 양은 사상 최고를 기록했고 이 놀라운 신에너지, 핵융합 원자로의 출현에도 이산화탄소 양은 전혀 줄어들지 않았다. 대혼란으로 전 세계 산업계는 거의 마비되다시피 했다. 그리고 세계가 그 혼란에서 벗어나기 시작하자 선진국 국민들은 사력을 다해 경제적 곤궁을 벗어나려 했다. 그것이 또 온실가스 배출량을 치솟게 했다.

2053년 지구의 평균 기온은 1세기 전보다 1.4도가 높아졌으며, 일부 이기적인 사람들이 그것은 모두 자연적인 기온 변화일 뿐이라고 아무리 우겨대도 그들의 주장은 점점 터무니없는 것으로 여겨졌다. 2029년에서 2039년까지 기록적인 고온현상이 이어진 뒤 2041년에서 2047년까지의 7년간은 기록적인 저온현상이 이어졌고, 이 기간을 사람들은 한랭기라 불렀다. 일부 지역의 온도가 역사상 최저로 떨어졌던, 그야말로 미니 빙하기라 부를 만한 기간이었다.

하지만 그 이듬해인 2048년 지구의 평균 기온은 또다시 상승했고 그로부터 6년 뒤 지구의 평균 기온은 최고를 기록했다. 누가 봐도 이것은 자연스러운 기후 패턴이라 할 수 없었다. 갈수록 기온 변화는 널뛰듯 춤을 추었다. 예측불허의 급격한 기후 변화가 오래 지속되자 가장 보수적인 환경주의자들까지 슬슬 불안해지기 시작했다.

2053년 7월 랑거는 모든 포맷으로 전 세계에 동시 송출이 가능한 특별 영화를 만들어 환경보호 운동의 서막을 올렸다. 줄잡아 전 세계 30억 인구가 시청한 이 영화에서 그는 예전의 게르하르트가 아님을 여실히 보여주었다. 그의 말은 소박했으나 권위가 느껴졌다. 플레이보이의 모습이나 무신경한 자본가의 모습은 찾아볼 수 없었다. 그리고 여전히 긴가민가하는 의혹의 눈초리로 쳐다보는 사람이 많았으나 게르하르트의 목표와 힘 있는 주장에는 모두들 수긍하는 눈치였다.

랑거는 그가 말하는 이른바 '다마스쿠스 순간에 이르는 길(사울이 다마스쿠스로 가던 중 예수를 만나 순간적으로 눈이 멀었다가 그 도시에 도착하여 세례를 받은 뒤 눈을 뜨고 개종한 사건을 말한다—옮긴이)'에 대한 자신의 체험담을 들려주고, 루디 오가미를 소개하는 것으로 환경보호 운동의 시작을 예고하면서 영화는 끝났다.

루디는 당시 메릴랜드에서 성공한 변호사로 살고 있었다. 두 사람의 만남은 랑거의 텍사스 저택 정원에서 이루어졌다. 먼저 그들은 복잡한 환경문제와 환경 파괴의 위험성을 다시 한 번 강조했다. 그런 다음 랑거는 앞으로 자신은 그 같은 문제를 어떻게 대처해나갈지에 대해 설명했다.

게르하르트가 환경문제에 대해 처음으로 언급하는 그 모습은 필름에 담겨 현재 신스미스소니언 도서관에 영구소장품으로 보관돼 있다. 그리고 그것은 케네디 암살 장면이 담긴 자프루더 필름이나 닐 암스트롱이 달에 첫발을 내딛는 순간의 필름처럼 사람들에게 익숙해졌다. 먼저 수려한 용모의 랑거가 화면을 가득 메우고 나서 카메라는 서서히 뒤로 움직이며 루디와 함께 소파에 앉아 있는 그의 모습을 비춰준다. 당시 30대 초반이던 흑인 루디는 바짝 마른 몸매에 헐렁한 바지와 목 터진 셔츠를 입고 있었다.

"어느 한 사람의 힘만으로 이 심각한 상황은 바뀌지 않습니다. 그러나 여럿이 모이면 분명 바꿀 수 있습니다." 그가 말을 시작했다. "그렇게 함으로써 우리는 더 이상 개인들이 아닌 커다란 변화의 동력이 될 것입니다." 덧붙여 그는 그 일환으로 랑거재단을 설립한 것이며, 환경운동 첫해에 2백억 달러를 쏟아붓겠다고 말했다.

이어 전 세계인들과 산업계를 향해 '적정원가 정책'의 시행을 촉구하면서 모든 기업체들은 물품 생산시에 발생하는 산업폐기물의 청소비용을 제품의 시가時價에 포함시켜줄 것을 요청했다. 그렇게 하면 새로 배출되는 이산화탄소 양을 크게 줄일 수 있다는 말이었다.

"이에 수반하여 나는 멸종위기에 처한 동식물 종의 유전자 정보를 보존할 단체, '신노아의 방주'도 설립할 계획입니다. 이 단체는 멸종위기에 처한 동식물 종을 보존, 보호하는 것은 물론 필요하면 복제와 교체도 하게 될 것입니다.

이 밖에 랑거재단은 전 세계 인구의 절반이 고통받고 있는 식수문제를 해결하기 위해 최첨단 탈염시설을 세울 수 있도록 연구 기금을 출연할 생각입니다. 또한 올해 안에 나무 1천만 그루를 심고, 광대한 지역을 장기 임대하여 삼림지대를 조성할 계획입니다. 그뿐만이 아닙니다. 거대한 교육 프로젝트를 세워 지구촌 곳곳에 환경보호의 중요성도 알릴 계획입니다. 이 목적을 위해 나는 세 개의 환경대학을 세우려고 합니다. 이곳 텍사스, 뉴질랜드, 파리 외곽에 하나씩 세울 것입니다. 이들 대학에선 미래의 환경전문가들을 배출하게 될 것입니다.

이것이 내가 우선 시행하려는 일입니다. 나는 방관과 탐욕으로 지구가 죽어가는 것을 그냥 바라보지는 않겠습니다. 나는 아주 부자이고 호사도 누려볼 만큼 누려보았습니다. 그래서 나도 이제 뭔가 사회에 환원을 하고 싶습니다. 나는 운 좋게도 부유한 집에서 태어났습니다. 일을 추진해나갈 능력이 있다는 말이지요. 하지만 돈을 아무리 써도 나 혼자서는 이 일을 해나갈 수 없습니다. 관심 있는 모든 이들의 동참이 필요합니다. 개개인의 힘이 모이면 큰 힘이 될 수 있습니다. 어떤 사람들은 역사를 바꿀 수도 없고 세계를 구할 수도 없다고 생각할 것입니다. 맞습니다. 우리 혼자의 힘만으로는 바꿀 수 없습니다. 그러나 함께라면 바꿀 수 있습니다. 우리는 함께 이 세상을 바꾸어나가야 합니다. 그렇지 않으면 이 세상은 장차 사람이 살 수 없는 곳으로 변할 것입니다."

랑거의 말은 전파를 타자마자 커다란 반향을 불러일으켰다. 그는 또한 번 전 세계 언론의 총아가 되었다. 그리고 환경보호 문제에 관해서라면 누구든 가리지 않고 인터뷰 요청에 흔쾌히 응했다. 인터뷰에서도 그는 영화에서 한 말을 그대로 반복했다. 환경문제를 말하고, 그 중에서 특히 자신이 주도하여 환경을 변화시킬 것임을 강조했다. 랑거는 세계 각국으로 강연여행을 다녔다. 세계 유수의 대학들을 방문했으며, 국회와 대형 극장에서 연설했다. 아프리카의 학교들도 찾아보았으며, 인도에 가서는 촌락민들의 환경의식을 일깨워주었고, 전 세계의 후미진 곳을 찾아다니며 환경보호의 중요성을 역설했다.

이렇게까지 노력했는데도 일부 국가의 정치인들은 그를 인정하려 들지 않았다. 하지만 다행히 몇 주가 지나자 유럽연합의 사회주의 정부가 랑거의 대의에 찬성을 표하며, 그의 핵심사안인 '적정원가 정책'의 실행 가능성을 타진하기 위한 연구단체를 설립했다. 그러나 아직도 세계의 두 강대국 미국과 중국은 랑거의 존재를 무시하고 있었다.

그것은 그리 놀라운 일이 아니었다. 2050년대까지도 미국은 다른 나라들과 공조하지 않고 독단적인 환경정책을 수립해왔으며, 정부가 바뀔 때마다 늘 극단적인 처방을 써왔기 때문이다. 다른 선진국들도 비슷한 상황이었을 텐데 미국은 유난히 경제불안의 가능성에 대해 노심초사했다. 대혼란기에는 그 증상이 더욱 심했다.

이 같은 과민성은 어찌 보면 당연한 것이었다. 미국식 생활방식을 유지하고 경제안정을 이루는 것이 미국 정치인들의 최대 과제였을 테니 말이다. 문제는 다른 선진국들은 기업인, 정치인, 환경보호론자들간의 절충점을 찾기 위해 부단히 노력하고 있는데 유독 미국의 정치인들만 자국의 경제안정에만 주력하고 방관자적인 태도로 임한다는 것이었다. 반면 중국 정부는 당시 긴축경제와 국내 산업기반 시설 확충 때문에 커다란 위기를 겪어서인지 일개 서방인이 하는 말을 전혀 귀담아들으려 하지 않았다. 따라서 중국 지도부도 미국만큼이나 자국보호정책 위주로 나갔다.

하지만 랑거도 그에 못지않게 집요한 사람이었다. 고위직에 많은 친구를 두고 있던 그는 그들과의 친분을 이용하여 환경보호 운동을 더욱 거세게 밀어붙였다.

랑거재단이 설립된 지 6개월 후 그는 뉴욕에 있는 유엔의 초청을 받고 회원국들 앞에서 연설했다. 연설에 앞서 상세한 브리핑을 받고 연습도 철저히 했다. 그는 자신이 지닌 모든 재능을 이 유엔 연설에 집중시켰다. 그의 태도는 열정적이고 확신에 차 있었다. 연설 내용도 뛰어났으며 배우생활을 해보아서인지 노련미까지 더해졌다. 그가 짧은 연기생활 중에 부족했던 것이 바로 내면 깊은 곳에서 우러나오는 이 같은 확신이었다. 당시에는 뚜렷한 목적의식도 없이 무작정 배우가 되려고만 했던 것이다. 지금의 그는 달랐다. 그의 연설은 숭고한 목적에 대한 헌신으로 불타올랐고, 그것이 세상을 변화시켰다.

그랬다. 2054년 1월 19일에 있었던 랑거의 유엔 연설은 환경보호 운동의 일대 전환점이 되었다. 그가 유엔에 모습을 드러내기 전에도 랑거재단의 환경보호 운동은 이미 대중과 언론의 관심을 끌고 있었다. 수십만 명의 사람들이 랑거재단의 자원봉사자로 등록했고, 전 세계의 압력단체들도 지원을 아끼지 않았다. 하지만 정치인들, 그 중에서도 특히 미국 정치인들의 관심은 아직 십리 밖에 있었다. 그리고 랑거의 훌륭한 연설이나 지칠 줄 모르는 언론 홍보에도 불구하고 하늘의 도움으로 예상치 못한 일이 일어나지 않았다면 그들의 태도는 아마 영원히 변하지 않았을 것이다.

랑거는 연설장에서 우레와 같은 기립박수를 받았다. 그리고 그의 연설은 방송과 인터넷으로 전 세계에 생중계되었다. 하지만 그가 유엔 건물을 떠나기 무섭게 그곳에 모였던 각국 대표들은 자신들이 무슨 말을 들었는지 기억도 하지 못했고, 일반인들도 곧 그 문제를 까맣게 잊고 일상으로 돌아갔다. 하지만 그것은 그렇게 쉽사리 잊혀질 문제가 아니었다. 뉴욕과는 한참 떨어진, 그야말로 극지 중의 극지라 할 만한 곳에 금세기 최대의 생태학적 문제가 일어나고 있었던 것이다.

현실화된 환경문제

2054년 1월 22일 이른 아침, 정확히 랑거가 유엔 연단을 떠난 지 36시간 후, 남극대륙의 북서 해안에서 환경조건을 조사하고 있던 연구팀 모니터에 마치 지진이 일어나는 듯한 모습이 잡혔다. 필름을 판독해보니 연구팀 기지 가까운 곳의 빙하에 커다란 균열이 일어나고 있었다. 카메라는 균열을 따라 부지런히 움직이며 빙하를 가로질러 쏜살같이 사라지는 검은 선을 포착했다.

사실 빙하의 균열만으로는 그다지 언론의 관심을 끌 만한 내용이 아니었다. 저궤도 위성인 '빙하관찰호'가 환경조사의 일환으로 남극대륙 위 4백 킬로미터 지점에서 시작된 균열의 형성과정을 추적하던 중 이상 징후를 포착하면서 문제가 커졌던 것이다. 빙하관찰호가 포착한 이번 균열은 남극에서 흔히 발생하는 균열과는 다른 양상이었다. 균열로 쪼개진 커다란 빙산들이 바다 속으로 미끄러지면 또 다른 균열이 계속 일어났다. 저궤도 위성은 남쪽으로 범위를 확대해가는 균열의 뒤를 계속 쫓아다니며 사진을 전송해왔다.

잠시 후 위성이 보내온 적외선 사진을 판독해보니 저 먼 내륙과 빙하 깊숙이 수백 개의 비슷한 균열이 나 있었다. 이 균열들도 빠른 속도로 진행되고 있었다. 지상 통제실은 적외선 사진을 처음 받아본 뒤 균열의 형태를 포괄적으로 살펴보기 위해 모니터의 카메라들을 뒤로 이동시켰다. 그런 다음 보내온 사진을 보니 격자무늬로 뒤얽힌 커다란 균열 형태가 찍혀 있었다. 이 거대한 균열지대(나중에 맨해튼 크기로 측정되었다)는 말 그대로 산산이 부서져 내렸고, 거기서 만들어진 거대한 빙산들은 남극해안 쪽으로 모여들다 대륙에서 점점 멀어져갔다.

이 모습을 본 세계는 경악했다. 그리고 75년 전 남극 오존홀이 발견된 이래 환경 통제의 필요성을 가장 강력하게 일깨워준 사건이 되었다.

과학자들은 즉각 남극대륙 빙상氷床의 균열 현상은 지진활동과는 아무 관계가 없고, 2029년부터 부쩍 기복이 심해진 지구의 온도 변화 패턴에 따라 남극지역의 최고, 최저 기온 차가 커졌기 때문에 일어난 것이라고 진단했다.

당시에는 누구도 이 피해의 정도를 가늠하지 못했다. 하지만 지질학자와 지진학자들은 어쩌면 남극대륙 전체가 위태로운 상황에 처해 있을지도 모르고, 따라서 빙상의 다른 부분도 언제 깨질지 모르는 상황이라고 우려를 표명했다. 그러면서 이로 인해 해수면이 1미터 가량 높아지면 전 세계 해안지역은 엄청난 재앙을 맞을 것이라고 경고했다. 다행히 남극대륙 빙상의 균열 현상은 한 지역에만 그치고 다른 지역으로 확산되지는 않았다.

그러나 해수면은 1세기 전부터 꾸준히 상승하고 있었기 때문에 2054년 1월 22일에 일어난 생태계 파괴의 영향을 받았다. 그 사건이 일어나고 1년 뒤에 발표된 수치에 따르면 해수면은 12개월 사이에 5센티미터가 올라갔고, 그 원인은 주로 2054년 1월 22일에 일어난 빙상 균열 때문인 것으로 나타났다. 이같이 경미한 사건에도 네덜란드 해안지대는 물에 잠겼고, 안 그래도 걱정이 태산이던 작은 섬나라들은 전전긍긍하며 불안을 감추지 못했다.

여론은 과학자들의 우려를 그대로 반영했다. 그리고 게르하르트 랑거의 유엔 연설이 끝나자마자 터진 남극사태는 그가 펼치는 환경보호운동에 더없이 좋은 홍보가 되었다. 지구 온난화는 통제가 가능하다든지 전 세계가 심각한 상황에 처해 있다는 우려는 근거가 없다는 주장 따위는 이제 통하지 않았다.

랑거의 유엔 연설이 있기 전에 실시한 여론 조사에 따르면, 미국 정부가 환경문제에 무책임하게 대처하고 있다고 답한 미국인은 13퍼센트,

적절한 정책을 취하고 있다고 답한 미국인은 43퍼센트, 나머지 44퍼센트는 모르겠다고 답한 것으로 나타났다. 일주일 뒤 똑같은 내용으로 여론 조사를 다시 실시했을 때는 정반대의 결과가 나타났다. 미국인의 43퍼센트가 미국 정부는 환경문제를 나 몰라라 하고 있다고 생각했으며, 환경문제를 통제 가능하다고 본 사람은 17퍼센트에 불과했다.

게르하르트 랑거가 위대한 인물이라는 데는 이론의 여지가 없었다. 그는 열정과 용기의 화신이었다. 마음만 먹었다면 환경문제 따위는 아랑곳하지 않고 돈이나 실컷 쓰며 호화판으로 살 수도 있었을 텐데 그는 그런 안락한 길을 가지 않았다. 또한 결혼도 하지 않았고 아이도 없었으므로 그의 업적들이 자기 후손을 위한 것이라고 보기도 어려웠다. 그가 환경오염과 싸우기로 한 것은 순전히 루디 오가미에게서 받은 자극 때문이었다. 그것을 계기로 환경보호 운동에 온몸을 바친 것이다.

랑거는 두 가지 점에서 운이 좋았다. 우선 생태학적으로 안전하고 깨끗한 에너지의 형태, 즉 핵융합이 광범위하게 이용되고 있던 시기에 살았다는 점이고, 두 번째는 천우신조로 자신의 노력이 적시에 빛을 발할 수 있었다는 점이다. 하지만 아무리 운이 좋았다고 해도 게르하르트와 랑거재단이 펼치는 운동은 쉽게 사라질 수도 있는 사안이었다. 세계가 대혼란의 궁핍에서 막 벗어나고 있던 시기에 환경운동을 시작하여, 아직도 혼돈상태에서 허우적거리는 사람들에게 자연도 먹고사는 일 못지않게 중요하다는 것을 일깨우기는 실로 힘든 일이었다.

랑거에게는 인간의 욕구라는 넘어야 할 산이 있었다. 그것이 문제의 전부가 아니었다. 인간 세상은 어찌됐든 그럭저럭 굴러가게 마련이라고 안이한 타성에 젖어 있는, 다시 말해 현상을 유지하고 싶어하는 정치인들의 속성도 문제였고, 인간이 일으킨 산업과 지구 생태계는 별개의 사안이라고 믿는 대다수 사람들의 의식도 문제였다.

이 모든 것들이 게르하르트의 장애물이었다. 게다가 대다수 사람들은 그가 가는 길이 너무 생소하고 벅차게 느껴져 감히 따라올 엄두를 내지 못했다. 하지만 게르하르트는 그 길을 택했고 랑거재단이 설립된 지 3년 만에 모든 선진국들은 적정원가 정책을 채택하고 그것을 시행할 법률을 만들기에 이르렀다.

환경보호 영화에서 게르하르트가 약속한 지 10여 년이 지난 2067년에는 랑거재단 연구진이 바닷물에서 식수를 추출하는 신기술을 개발했고, 세계 20대 빈곤국들에게 보조금을 지급하여 석탄에서 핵분열, 핵분열에서 핵융합으로 에너지 시설을 변환시켜주었으며, 전 세계에 7억만 그루의 나무를 심었고, 3백여 종의 멸종 생물에 대한 복제를 시작했다. 이러한 성과를 비롯한 여러 위대한 업적을 인정받아 랑거는 2068년 노벨 평화상을 수상했다.

이 놀라운 일을 행하는 데 견인차 역할을 했던 일등공신 루디 오가미도 랑거의 오른팔이 되어 노벨 평화상의 영예를 함께 누렸다. 변호사를 지낸 오가미의 이력은 랑거재단이 설립 초기에 국제적인 법정소송에 휘말려 세계적인 거물들과 한판 대결을 벌일 때 진가를 발휘했다. 오가미는 랑거의 절친한 친구이자 그의 고문 변호사로서 그의 영적 안내자 역할도 톡톡히 했다.

랑거는 루디 오가미의 이야기와 마거릿 미드의 명언에 감동해 환경보호 운동에 첫발을 내디뎠다. 그리고 수많은 사람들의 의식을 일깨워 주었다는 점에서 위대한 인물이었다.

으레 그렇듯 랑거도 언제, 어떻게 죽을지에 대해 스스로 결정을 내렸다. 2098년 그는 여든두 살이 되었다. 5년 동안 유전자 요법에도 전혀 차도가 없는 희귀성 신경질환에 시달려서인지 그는 사는 게 몹시 피곤해졌다. 3월 19일, 루디의 웹사이트에 처음 눈길을 돌린 지 정확히 45년째 되는 날 게르하르트 랑거는 토스카나의 저택에서 정원이 내려다보이는 거실에 홀로 앉아 있었다. 그의 인생이 송두리째 바뀌었던 바로 그곳이었다. 그 거실, 자신이 즐겨 앉는 안락의자에 비스듬히 누운 채 그는 가바놀(Gavanol, 전신마취 유도제 펜토탈의 일종)을 맞고 편안하게 숨을 거뒀다. 이듬해 그는 전 세계인들이 선정한 '금세기의 인물'에 뽑혔다.

초기의 우주 탐사

1957년 최초의 인공위성 스푸트니크 1호가 발사되자, 미래 예측가들은 인간이 태양계를 탐사하고 달과 화성에 식민지를 건설하는 것은 이제 시간문제라고 생각했다. 하지만 그들의 예측은 빗나갔다. 1969년 인간의 달 착륙을 실현시킨 아폴로호 발사와 함께 우주여행에 대한 최초의 광풍이 지나가고 일단의 로봇 우주선을 발사하여 태양계의 정확한 지식을 알게 된 뒤로 우주 탐사에 대한 일반인들의 관심은 크게 줄어들었다. 인간의 운명은 이제 우주가 쥐고 있을 것으로 깊이 믿었던 사람들에게는 21세기의 마지막 10년과 21세기의 1/4분기가 그래서 더욱더 실망스러웠다.

최초의 우주 탐사는 동서간의 경쟁으로 빚어진 결과였다. 제2차 세계대전이 끝나기 무섭게 세계는 소련이 이끄는 공산주의 진영과 미국과 그 동맹국들이 이끄는 민주주의 진영간의 냉전체제로 접어들었다. 1950년대와 1960년대에는 이 냉전(당시에 불리던 대로)이 이른바 우주경쟁으로 표면화되었다.

우주경쟁의 하나로 인간을 달에 착륙시키는 것은 단지 기술적인 문제에 지나지 않았으나, 세계인들의 눈에 그것은 한 정치체제에 대한 다른 정치체제의 우월성을 과시하는 상징으로 보였다. 승무원을 달 표면에 착륙시킨 다음 지구로 안전하게 귀환시키는 것, 어느 쪽이든 그것을 먼저 성취하는 쪽은 엄청난 선전효과를 거둘 것이었다. 그 같은 상황에서 양 진영은 우주 탐사에 막대한 예산을 투입했다. 하지만 미국과 서방이 일단 승리를 거두자 우주경쟁에 대한 언론과 대중의 관심은 급속히 사그라졌고 우주에 열광하던 분위기도 싸늘하게 식었다.

아폴로 이후 우주 탐사에 대한 일반인들의 관심이 많이 줄어든 것은 사실이다. 그렇지만 그로 인해 과학기술이 진일보하고 세계인들의 삶에 영향을 주었다는 점에서 우주 탐사의 중요성은 간과할 수 없다. 21세기 초에는 1960년대의 우주경쟁에서 직, 간접적으로 파생돼 나온 기업체들 덕에 수천만 개의 일자리가 창출되었고 연 수입도 수천억 달러로 치솟은 것으로 집계되었다.

그 대표적인 예가 냉전 종주국들이 경쟁적으로 개발하기 시작한 위성에 전적으로 의존하는 통신산업이었다. 휴대전화와 인터넷 서비스도 그 중의 하나다. 우주개발이 가져온 그 밖의 경제활동 영역으로는 기상 관측, 광물자원 탐지, 생물공학과 의료과학, 재료 연구 등의 분야가 있다. 그뿐만이 아니다. 2020년에는 군사 목적으로 개발된 우주과학기술로 미국에서만 1천5백만여 개의 일자리가 새로 생겨나 1조 달러의 초과수익을 올린 것으로 나타났다.

미 항공우주국NASA 역시 20세기 4/4 분기 내내 계속된 예산삭감에도 불구하고 혁신에 혁신을 거듭했다. 영광의 날들이 기억의 저편으로 사라지자 우주과학자들은 초심으로 돌아가 오로지 연구에만 전념했다. 언론과 대중은 이제 사고가 터지거나 획기적인 발전으로 시선 끌 만한 일이 생겼을 때나 관심을 보여주었다. 1986년 챌린저호가 발사 직후 공중 폭발을 일으켜 승무원 7명의 목숨을 앗아가자 언론이 야단법석을 떨기도 했고, 1997년 패스파인더의 화성 탐사로 행성 탐사에 대한 관심이 반짝 일어나기도 했으나 그때뿐 대개의 경우 우주과학자와 기술진은 대중의 관심 밖으로 밀려나 묵묵히 자신들의 일에만 몰두했다.

달 탐험 경쟁에서 NASA가 소련에 이길 수 있었던 것은 단기간의 한정된 목표에 충분한 예산을 쏟아부었기 때문이다. 하지만 20세기 말의 상황은 그와 달랐다. 정치적 동기가 사라지고 예산 확보가 어려워지자 NASA의 전략은 신중하고 점진적으로 장기적인 목표를 달성하는 것으로 바뀌었다. 그 장기적인 목표의 하나가 지구궤도에 우주정거장을 개발, 설치하는 것이었다.

지난 수십 년간 NASA와 러시아 우주국은 우주에서의 생활환경을 개선하기 위한 기술을 공동으로 개발했다. 그 결과 21세기 초 지구궤도에는 마침내 국제 우주정거장이 세워져 승무원들도 그곳에서 비교적 오랫동안 편히 지낼 수 있었다. 과학자들은 우주정거장 체류자들이 보내온 자료를 토대로 언젠가는 화성과 그보다 더 먼 행성으로 인간을 보낼 생각을 하고 있었다. 1981년에 발사된 우주선도 미래의 우주정거장을 내다보고 건설한 것이었다. 이 우주선은 과학자들의 기대를 저버리지 않고 발사되자마자 곧 쓸모 있는 일꾼이 되었다. 그게 없었더라면 아마 대형 우주정거장은 건설될 수도, 관리될 수도 없었을 것이다.

하지만 국제 우주정거장은 우주여행에 관심을 가진 사람들의 마음을 부풀게 했던 것만큼이나 우주 탐사에서 인간활동의 한계를 보여주기도 했다. 1972년 아폴로 계획이 종료된 직후 인간은 수십 년이 더 지나서야 달 표면으로 돌아갈 수 있었다. 유인 우주선에 의한 화성 탐사의 기대도 번번이 무산되었고 우주선 발사 날짜도 자꾸 연기되었다.

그렇다고 과학자들이 우주에 대한 인간 지식의 확대 문제를 유인 탐사선 하나에만 매달렸던 것은 아니다. 로봇에 의해 움직이는 행성 탐사선도 있었다. 20세기 말의 몇십 년 동안 과학자들은 크기도 작고 가격도 저렴한 이 로봇 우주선으로 우주에 대한 많은 지식을 얻을 수 있었다. 로봇에 의한 우주 탐사는 21세기에도 계속되었다. 토성에도 로봇 우주선을 발사하여 토성에 속한 수많은 달들에 대한 막대한 정보를 얻었고, 명왕성과 카론에도 우주선을 쏘아 올렸으며, 태양계에서 태곳적 모습을 가장 많이 간직하고 있는 혜성과 소행성들에도 우주선을 몇 차례 발사했다.

로봇 우주선에 의한 이들 탐사활동 중 관심이 가장 집중되었던 곳은 화성이었다. 그 붉은 행성에 생명체가 존재하고 있을지도 모르고 아니면 이전 시기에 존재했을지도 모른다는 가능성 때문이었다. 하지만 NASA는 화성에 대한 초기 탐사 프로그램에서 실패의 쓴맛을 몇 번 보고 나서 2016년이 되어서야 비로소 정보수집용으로 우주선 세 개를 쏘아 올릴 수 있었다. 그리고 이때쯤에는 이미 화성 표면에 과거 물이 흐른 적이 있다는 것과 화성 표면 아래 곳곳에도 거대한 얼음지대가 존재했다는 확실한 증거가 나와 있는 상태였다. 2022년 화성에서 채취된 견본이 몇 개 실험실에서 화석으로 확인되면서부터 바야흐로 화성 탐사 시대의 화려한 막이 올랐다.

화성에서 화석이 발견되었다는 사실은 지구 밖에도 생명이 존재했고 과거 한때 화성에서 왕성하게 번식했다는 움직일 수 없는 증거가 되어 인간의 달 착륙 이래 그 어느 사건보다 언론의 화려한 조명을 받았다. 일이 이렇게 되자 미국 정부도 화성 탐사에 대한 재정지원을 하지 않을 수 없었다.

2026년 1월 NASA는 (아서 C. 클라크의 《2001: 스페이스 오디세이 2001: A Space Odyssey》에 나오는 화성 탐사선 이름을 따서) 디스커버리호라 명명된,

유사 이래 최대의 우주선 개발 프로젝트를 발표했다. 이 우주선은 국제 우주정거장의 증축물을 이용하여 궤도에 건설, 2034년에 발사될 예정이었다.

유사지구찾기 사업

1990년대까지만 해도 지구 외의 다른 행성들이 항성들 주위를 돌고 있을 가능성에 대해서는 확실한 증거를 발견하지 못했다. 그 이유는 간단했다. 지구와 가장 가까운 항성 프록시마 센타우리가 태양계에서 가장 멀리 떨어진 행성인 명왕성보다 무려 7천 배나 멀리 떨어져 있었던 탓에, 그같이 멀리 떨어진 별의 주위를 도는 행성을 알아낸다는 것이 사실상 불가능했기 때문이다. 행성들은 스스로는 빛을 내지 못하고 태양에서 받은 빛을 반사할 따름이다. 우리 지구의 태양이 내뿜는 빛은 다른 행성들이 반사하는 빛보다 수십억 배나 강도가 세기 때문에, 이른바 이들 '외부행성exoplanet'은 성능이 가장 뛰어난 망원경으로도 관찰이 되지 않는다.

외부행성의 존재는 1994년 알렉산더 울츠자칸과 댄 프레일이라는 두 천문학자에 의해 처음 밝혀졌다. 이들은 중성자로 구성된 밀도가 아주 높은 별 펄서(pulsar, 맥동전파원이라고도 하며 규칙적으로 전파를 방출하는 천체의 한 종류—옮긴이)를 연구하던 중, 이 펄서에서 나오는 펄스(pulse, 전파신호—옮긴이)(PSR 1257+12라고 알려진)가 3년 동안 변하는 모습을 보고, 세 개의 거대한 행성이 이 별의 주위를 돌며 중력적 영향을 주어 별이 '흔들리고' 별에서 방출되는 펄스도 변하는 것이라는 결론에 도달했다.

하지만 대부분의 과학자들은 별의 '흔들림' 현상은 이 펄서와 가까운 곳에 있는 다른 항성체들이 일으킨 것일 수도 있다고 주장하면서 이들의 결론에 의문을 표시했다. 그러나 이들 천문학자의 발표에 뒤이어 외부행성들의 존재를 뒷받침하는 증거가 속속 발견되면서 이들의 반박은 설득력을 잃었다. 처음 발견된 수백 개의 외부행성은 대부분 우리가 알고 있는 거대한 기체행성들, 즉 목성이나 토성보다 크기가 훨씬 크고 이들과 마찬가지로 기체행성이었다. 또한 이들은 어마어마한 크기와 모母 행성에 미치는 중력적 영향 때문에 탐지하기도 무척 수월했다.

이들 대형 행성들의 존재로 천문학자들은 혼란에 빠졌다. 기존의 태양계가 전부인 것으로 알고 태양계 형성 이론을 세운 사람들이었으니 그럴 법도 했다. 그동안 이들 기체행성들은 목성이나 토성처럼 그들 태양계에 속한 태양에서 멀리 떨어진 궤도에만 존재했을 것으로 생각되었다. 그런데 더 많은 태양계가 있으며, 이들 태양계 안에는 이들 태양계에 속한 태양과 무척 가까운 궤도에 거대한 기체행성들이 존재하고 있었던 것이다.

그러다 중요한 전기가 찾아왔다. 2002년, 55캔크리(게자리 55번째 별—옮긴이) 항성 주위를 돌고 있는 지구만한 크기의 외부행성이 최초로 발견된 것이다. 이 별은 지구에서 41광년밖에 떨어지지 않았고 지구 태양계의 태양과 나이도 거의 비슷한 것으로 밝혀졌다. 이 같은 사실을 근거로 당시의 일부 관측통들은 이 행성에 생명체가 존재할 가능성을 추정해보기도 했다. 하지만 그것을 입증하거나 논박할 수 있는 증거는 이후 몇십 년이 지나도록 발견되지 않았다.

한편 하루가 다르게 발전하는 탐지기술과 분석기술로 행성수색 과학분야도 놀라운 발전을 이룩했다. 하지만 지구 저 멀리 까마득히 떨어진 소행성들을 찾으려면 궤도상에 일정한 관측시설을 두는 것이 필요했고, 그것은 2012년부터 시작된 유사類似지구행성찾기earth type planetary search 탐사선, 즉 일련의 행성 탐사사업으로 실현되었다. 이 사업은 매번 발사될 때마다 지구 태양계의 태양과 비슷하다는 이유로 특별히 선택된 10만 개 항성들의 집합체를 관찰했다.

다른 항성들의 주위를 도는 행성들을 찾는 작업은 그것만으로도 무척 힘이 드는 일이었다. 게다가 이들 행성들의 상세한 데이터까지 수집하려다 보니 정교한 기술은 물론이고 2010년대의 최첨단 기술까지 총동원해야 했다. 유사지구행성찾기 1호 탐사선에는 차등측광학 기술이 사용되었다. 행성 하나가 모니터 대상인 항성들 앞을 가로지르면 그 항성들의 빛이 어두워지는 패턴을 정교한 컴퓨터 프로그램으로 분석하여 행성들의 크기와 궤도의 특성을 측정하는 것이다.

유사지구행성찾기 1호 탐사선은 대성공을 거두었다. 그리하여 2016년 이 사업이 종료된 시점에 이르러서는 지구에서 10광년에서 1천 광년 떨어진 별들의 주위를 도는 행성 2백여 개를 찾아내는 개가를 올렸다. 이것은 분명 놀라운 발전이었다. 그러나 한계도 있었다. 이 기술로는 소수의 행성에 어떤 형태의 생명체가 존재할지도 모른다는 애매한 힌트만 얻어냈을 뿐 생명체 존재 가능성에 대한 더 이상의 확실한 증거는 찾아내지 못했다.

2019년과 2021년에 발사된 유사지구행성찾기 2호와 3호 탐사선은 2010년대에 이룩된 일련의 과학기술 발전의 덕을 톡톡히 보았다. 유사지구행성들이 생명유지 기반을 갖추고 있는지를 규명하기 위해 여러 다양한 기술이 사용되었던 것이다. 이들 탐사선은 유사지구행성찾기 1호와 유사한 방법으로 행성 표면의 성격을 조사하는 것 외에도 생명체 존재 가능성이 있는 행성들의 대기에 대해서도 면밀히 조사했다.

그리하여 15년간 기대만 잔뜩 부풀려놓고 실망만 안겨준 끝에 2036년 드디어 유사지구행성찾기 3호 탐사선은 놀라운 결과를 얻어냈다. 지구에서 불과 57광년 떨어져 있고 이른바 HR 5587A라 불리는 항성의 둘레를 도는 행성에 다음과 같은 특징이 있음을 알아낸 것이다. 첫째, 이 행성은 평균 1억2천480만 킬로미터의 거리(지구의 1억4천880만 킬로미터와 비교하여)로 그 항성 둘레를 돌고 있다. 둘째, 이 행성의 지름은 지구 지름의 1.12배다. 셋째, 행성 표면에 다량의 물이 있다. 넷째, 이 행성의 평균 기온은 섭씨 15도다. 다섯째, 방사선 강도로 볼 때 식물생장의 가능성이 분명히 있고, 대기 중의 산소 농도, 이산화탄소, 물과 메탄도 모두 허용 범위 내로 존재한다.

무엇보다 중요한 것은 이 행성(이 탐사선 관리팀이 적절하게도 알파라고 이름 붙인)에 대한 분광 분석 결과 비교적 높은 농도의 오존이 존재하고 있다는 사실이다. 이 말은 곧 이 행성에 생명체가 존재한다는 사실과 지구 대기 중의 화학물질도 그로 인해 발생한다는 것을 보여주는 것이다.

알파행성에 생명체가 존재할 수도 있다는 사실은 14년 전 화성에서 화석의 자취를 발견한 사실보다 더 커다란 뉴스가 되었다. 수세기 동안 인간은 언젠가 지구가 아닌 다른 세계에서 생명체를 발견할 수 있으리라는 희망을 품어왔고 그 생명체 존재의 증거를 유사지구행성찾기 3호가 우리 태양계에서 멀리 떨어진 또 다른 행성에서 찾아낸 것이다. 2036년 이 같은 사실을 발견했을 당시 인간의 화성 탐사 사업은 예정보다 2년이나 뒤처진 데다 NASA의 재원도 고갈된 상태였다. 그리고 설령 알파가 천문학적인 용어로 말해 지구 뒷마당의 행성이라고 해도 2036년의 추진발사 기술로 탐사선이 그 행성에 닿으려면 1천 년 이상이 소요되었다.

알파 탐사는 이처럼 누가 봐도 현실성이 없는 사업이었다. 물론 개중에는 그 먼 행성까지 가서 수집해온 정보는 다 도로아미타불이 되는 거냐며 볼멘소리를 하는 사람도 있었다. 그러나 당시 NASA의 총 책임자이던 쿠엔틴 슈와브까지 알파행성 탐사에 대해서는 고개를 절레절레 내저었다. 게다가 유사 지구행성의 발견이 있은 지 열두 달도 채 안 돼 대혼란까지 일어나자 알파여행에 대한 생각은 씻은 듯이 사라져버렸다.

하지만 다행스럽게 이야기는 거기서 끝나지 않았다. 그리고 그것은 조지 노스브리지라는 한 젊은 천재의 노력에 힘입은 바 컸다. 그는 그 같이 어려운 상황 속에서도 기술개발에 박차를 가해, 우주 탐사에 일대 변혁을 가져온 것은 물론 진정한 우주시대로의 진입을 예고하며 지구라는 제한되고 좁은 테두리 너머로 인간의 지평을 넓혔던 것이다.

우주시대를 연 과학자 노스브리지

지나온 역사를 보면 과학기술은 여러 가지 다양한 변수가 작용하여 발전한 것임을 알 수 있다. 전쟁은 물론 개인간의 경쟁, 상업적인 이익을 위해서도 과학기술은 발전한다. 끊임없는 과학의 진보는 뛰어난 두뇌의 소유자들이 벽돌을 한 장 한 장 착실히 쌓아 이루어지는 것이기도 하지만 몇 안 되는 천재들이 이따금씩 획기적인 바람을 불어넣는 것도 그에 못지않게 중요하다. 알버트 아인슈타인, 아이작 뉴턴, 찰스 다윈이 그 같은 예에 속한다. 21세기에는 조지 노스브리지가 있었다.

1997년생인 조지 노스브리지는 남부러울 것 없는 환경에서 자라났다. 하지만 어린 시절의 그는 결코 행복하지 않았다. 아버지 에드윈은 매우 성공한 돈 많은 주식 브로커였다. 어머니 셜리 노스브리지는 조지가 세 살, 형 올리버가 여섯 살로 막 접어들었을 때만 해도 아름답고 총명한 여성이었다. 그렇게 사랑스럽던 그녀가 남편이 집안의 친구 한 명과 외도를 하고 있다는 사실을 안 뒤로는 자포자기에 빠져 술로 세월을 보내더니 가정까지 내팽개쳤다. 그 바람에 아이들은 두 명의 가정부와 세 명의 가정교사 손에 자라야 했다.

조지의 가족은 헤로즈 백화점에서 가까운 나이츠브리지의 고풍스러운 저택에 살며 주말은 헨리 마을을 낀 템스 강변의 숲 속 20에이커 대지 위에 지어진 13세기 별장에서 보냈다. 하지만 에드윈 노스브리지는 일에 치이기도 했지만 여자친구들과 노는 데 바빠 별장에는 통 모습을 보이지 않았다.

조지는 물질적으로는 풍족했으나 정서적으로는 무척 메마른 어린 시절을 보냈다. 어머니는 극도로 내성적이 되어 아이들에게는 전혀 관심을 쏟지 않았다. 가정부와 가정교사들도 자주 바뀌었고, 그러다 보니 마음을 터놓을 만한 친구는 형 올리버밖에 없었다. 하지만 형과의 관계마저 곧 나빠졌다. 그 원인은 아버지에게 있었다.

조지와 올리버는 무척 우애가 깊었다. 하지만 아버지는 올리버만을 편애하고 조지는 무시했다. 또한 올리버는 집안의 신동, 가업을 이어받을 노스브리지 가문의 후계자로 치켜세우면서도 조지는 몽상가, 심지어는 얼간이라고까지 불렀다. 가정교사들은 새로 들어올 때마다 조지에게도 관심을 가져줄 것을 에드윈에게 주문하면서 특히 이 아이가 과학과 수학에 재능이 있다는 점을 누누이 강조했다. 하지만 에드윈에게는 쇠귀에 경읽기일 뿐이었다.

에드윈이 왜 이런 편견을 갖게 되었는지는 알려지지 않았다. 하지만 이들 가족과 조금이라도 시간을 같이 보내본 사람이라면 그의 지나친 편애를 금방 눈치챌 수 있었다. 에드윈 노스브리지에게는 올리버만이 가족의 일원이었다.

조지는 형을 사랑했고 두 형제는 서로를 깊이 이해했다. 온순한 성격의 올리버는 아버지가 자신을 편애한다는 사실을 무척 민망해하고 슬퍼했다. 그래서 조지와의 사이에 늘 세심하게 신경을 썼다. 하지만 조지가 이따금씩 통제불능으로 화를 내는 것까지는 어쩌지 못했고, 그러다 보니 조지는 점점 혼자 있는 시간이 많아지면서 내성적으로 변했다. 그는 자신만의 지적인 세계에서 위안을 찾았다. 여섯 살 때부터는 우주 탐사에 정신을 빼앗겨 그 분야에 관해서라면 뭐든지 닥치는 대로 섭렵했다. 그 결과 아주 어린 나이에 첨단과학 분야의 이론을 접할 수 있었다.

2007년 1월 조지는 열 살 생일 기념으로 옥스퍼드 대학의 아놀드 싱어 교수의 강연을 들으러 갔다. 싱어 교수라면 그 시대 최고의 석학으로 인정받고 있던 사람이었다. 조지의 가정교사는 노스브리지가의 영향력을 이용하여 강연 후 조지가 그 과학자를 따로 만날 수 있도록 주선해주었다.

이 과학자와의 만남이 어린 조지에게는 최고의 순간이었다. 나이가 든 뒤에도 그는 늘 이 순간을 정겹게 회고하곤 했다. 하지만 2007년은 시작은 좋았으나 끝이 좋지 않았다. 예기치 못한 사건들이 연달아 터져 안 그래도 위태롭던 노스브리지가는 풍비박산이 나버렸고 조지의 운명도 예기치 못한 방향으로 흘러갔다.

8월의 어느 날 오후 유난히 무덥고 끈적끈적한 날씨 속에 조지와 올리버는 집 가까운 곳의 하이드파크에서 축구를 하고 있었다. 그날도 아이들의 보호자는 가정부였다. 하지만 가정부는 신문 읽는 데 정신이 팔려 조지가 찬 공이 공원 울타리를 넘어 도로 쪽으로 굴러가는 것을 보지 못했다.

그것을 본 올리버는 공을 주우러 도로를 향해 쏜살같이 내달렸다. 공은 주 도로의 중앙분리대 덤불에 처박혀 있었다. 올리버는 도로를 재빨리 가로질러 덤불 속에서 공을 주웠다. 그러고는 몸을 돌려 나오려는 순간 기우뚱하며 중심을 잃고 달려오는 오토바이에 치이고 말았다.

조지는 그 과정을 멀거니 바라보며 겁에 질려 꼼짝 못하고 있다가 가까스로 정신을 차리고 도로 쪽으로 달려갔다. 가정부도 오토바이의 타이어 긁히는 소리와 중앙분리대를 들이받으며 부서지는 소리에 놀라 보던 신문을 밀쳐놓고 사고현장으로 달려갔다. 그러고는 조지에게 돌아오라며 고래고래 소리를 질렀다. 조지는 그녀의 말을 무시하고 올리버 옆으로 바짝 다가갔다. 그리고 소년은 최악의 장면을 대하고 말았다. 올리버는 사지가 절단 나고 얼굴과 머리가 다 깨진 참혹한 모습이었다. 오토바이에 치이면서 도로의 콘크리트 분리대에 머리를 세게 부딪혔던 것이다. 조지는 올리버의 몸 주위로 선홍색 피가 흥건히 고여드는 것을 바들바들 떨며 바라보았다.

그날 오후 이후 조지의 삶은 일변했다. 올리버의 죽음으로 그는 자신에게 사랑을 보여준, 이 세상에 단 하나뿐인 진정한 친구를 잃었다. 하지만 이것은 앞으로 닥칠 불행의 시작에 불과했다. 어머니까지 신경쇠약에 걸려 병원 신세를 져야 했으며 아버지는 침묵의 세계에 빠져 거기서 영영 헤어나지 못했다. 그리고 이 모든 일은 슬픔에 빠진 열 살짜리 소년이 가정부들의 손에 맡겨지는 것을 의미했다.

불행은 거기서 끝나지 않았다. 올리버의 장례식장에 약에 취한 어머니가 정신 나간 모습으로 나타나고 장례 행렬이 저택을 향해 들어오는 순간 며칠째 자식에게 눈길 한 번 주지 않던 아버지가 느닷없이 조지를 서재로 불러들이더니 그를 똑바로 쳐다보며 "형이 죽은 것은 다 너 때문이야!"라며 비난했던 것이다. 공을 찬 것은 조지이니 그 공을 주워오도록 만든 것도 조지라는 말이었다. 그러면서 장례식이 끝나자마자 그를 스코틀랜드에 있는 기숙학교에 보낼 것이고, 학교 다닐 동안은 두 번 다시 가족을 만날 생각을 하지 말라고 선언했다.

이 모든 일이 어린 소년에게 지울 수 없는 상처를 준 것은 두말할 여지가 없었다. 하지만 그는 놀랍도록 건강한 방식으로 시련을 이겨냈다. 사랑하는 형의 죽음을 목격한 그는 아버지의 꾸지람이 없이도 동생으로서 충분히 자책하고 있었다. 그리고 어찌됐든 이제 자신은 에드윈 노스브리지의 유일한 아들이었다. 아버지는 그를 자식으로 인정하지 않으려 했다. 하지만 조지는 아버지가 자신을 자랑스럽게 여기고, 사랑하고, 그리하여 어쩌면 올리버를 대신할 자식으로 여길 수 있도록 자신의 가치를 입증해보이리라 다짐했다.

기숙학교에서 1년을 보내고 치른 학년말 시험에서 조지는 전 과목 우등에 해당하는 거의 완벽에 가까운 답안을 제출했다. 부모에게서는 아무 소식이 없었으나 기죽지 않고 열심히 공부하여 교사들까지도 그의 모습에 감탄을 금치 못했다. 그렇다고 공부만 파고든 것은 아니었다. 스포츠도 만능이어서 축구, 육상, 높이뛰기, 멀리뛰기, 못하는 것 없이 우승컵을 휩쓸고 다니다시피 했다. 그리고 열일곱 살, 마침내 그는 우승컵 중의 우승컵이라 할 수 있는 옥스퍼드 대학의 장학생이 되었다.

옥스퍼드 대학은 조지가 동경하던 곳이었던 만큼 그는 장학생이 된 것이 더없이 만족스러웠다. 그는 밤낮으로 끙끙대며 책상에 매달리지 않고도 능률적으로 공부하는 방법을 터득하고 있었다. 또한 학구열 못지않게 운동실력도 뛰어나 대학생활에 많은 보탬이 되었다. 그는 결코 기대에 어긋나지 않았다. 조지는 학업과 사교생활을 어떻게 병행할지를 잘 알고 있었다. 대학에서 친구도 많이 사귀었고 조정선수가 되어 2016년 케임브리지 대학과의 조정경기에서 옥스퍼드가 승리하는 데

일조를 하기도 했다. 그리고 2년 뒤 조지는 물리학과 수학 과목의 장학생으로 뽑혀 세계 최고를 자랑하는 케임브리지 대학의 뉴 캐번디시 물리학연구소에서 박사과정을 시작했다.

조지가 또 한 번 급격한 삶의 변화를 겪은 시기가 바로 이때였다. 조지는 학교에 다니는 동안 늘 두 가지 일을 병행했다. 학과공부를 충실히 하면서도 시간만 나면 늘 자신의 관심 분야인 과학에 빠져들어 노트를 가득 메워놓고는 했다. 대학에서도 학위와는 상관없이 자신의 연구를 계속했다. 아무도 조지의 이 같은 면을 알지 못했고 학과목 이외에 그가 필기해놓은 내용을 본 사람도 없었다.

그러던 차에 케임브리지 대학에서 대화 상대를 만난 것이다. 세계적인 과학자로 한때 스티븐 호킹 박사가 재직하기도 했던 케임브리지 대학의 루카시언 교수(1663년 재산을 기부하고 죽은 헨리 루카스 의원을 기려 만든 케임브리지 대학 수학과의 교수직—옮긴이)인 베서니 조던 박사가 그 주인공이었다.

2018년 두 사람이 만났을 때 조던 교수는 서른세 살의 젊은 여성이었다. 조지는 케임브리지 대학의 가장 촉망받는 대학원생으로 조던 교수의 지도를 받는 세 학생에 속하는 영예를 안았다. 두 사람은 만나자마자 마음이 통했다. 조지는 베서니 교수와의 만남에서 형 올리버를 잃은 이래 맛보지 못한 편안함을 느꼈다. 오래지 않아 두 사람은 사제지간에서 친구, 친구에서 연인으로 발전했다.

두 사람은 처음 만날 때부터 서로에게 이끌렸다. 이 사실은 후일 저널리스트와 전기작가들과의 인터뷰에서 본인들 스스로도 밝혔던 내용이다. 하지만 그들의 만남은 감정적인 것 못지않게 지적인 것이기도 했다. 두 사람의 관계는 조지가 10여 년 동안 정리해놓은 물리학 노트를 조던 교수에게 보여주면서 급속히 발전했다. 조지가 책상머리에 앉아 한 번에 한 권씩 건네주는 노트를 죽 훑어보던 그녀는 말 그대로 머리털이 빳빳이 서는 듯한 느낌을 받았다. 그것은 일종의 계시적인 경험이었다. 노트를 보자마자 조지 노스브리지가 세계 석학들의 기존 학설을 뛰어넘는 결론에 도달해 있다는 사실을 대번에 알아챘기 때문이다.

그녀는 너무도 뜻밖이어서 처음에는 어안이 벙벙했지만 그 결론들은 분명 엄밀한 이론적 토대 위에 구축된 것들이었다. 그저 대충 훑어본 정도였는데도 그의 복잡한 수식 속에는 적어도 대여섯 개의 신개념이 들어 있었다.

조지의 연구는 주로 우주여행에 관련된 것이었다. 그의 노트들 속에는 탐사선 설계와 추진시스템에 관한 내용이 빼곡이 적혀 있었다. 그리고 추진시스템은 지금까지 한 번도 본 적이 없는 새로운 방식으로 설명되어 있었고 그 설명은 정밀한 수학공식들로 뒷받침돼 있었다. 그 중에서도 특히 놀랄 만한 것이 아원자의 힘과 입자를 이용한 엔진 설계였다. 이 엔진을 이용한 탐사선은 광속의 10퍼센트에 가까운 속도를 낼 수 있었다. 그뿐만이 아니었다. 추진시스템에 대한 이론적 토대를 구축하는 과정에서 조지는 이론 물리학의 기본적인 문제들에 대한 해답도 일부 찾아냈다.

조던 교수는 조지의 이론이 시대를 훨씬 앞서간 획기적인 사건이라는 것과 다른 과학자들이 이것을 따라잡으려면 수년은 족히 걸릴 것이며, 그때는 이미 이 이론들이 과학기술계에서 혁명을 일으키리라는 것을 한눈에 알아챘다.

그녀는 조지와 말 한마디 나누어보지 않은 상태에서도 그가 평범한 학생이 아니라는 사실을 알고 있었다. 그를 자기 소속의 연구원으로 선뜻 받아들인 것도 그 때문이었다. 하지만 이렇게까지 뛰어난 학생일 거라고는 생각하지 못했다. 그녀는 조지의 이론을 백 퍼센트 수용해줄 수 있는 누군가에게 그의 재능을 알려야 할 사명감을 느꼈다. 어찌 보면 조지가 조던 교수에게 노트를 보여준 순간부터 선생과 학생이라는 그들의 관계는 이미 주객이 전도돼 있었다. 그때부터 상황은 빠르게 진척되었다.

베서니 조던은 루카시언 교수가 되기 전 NASA의 책임 연구원이었다. 자연스럽게 그녀는 이 일을 의논할 상대로 자신의 옛 상관이던 NASA의 수석 엔지니어 아만도 데밀리오 박사를 떠올렸다. 데밀리오 박사도 그녀만큼이나 놀라고 흥분했다. 두 사람은 가능한 한 빨리 조지를 데밀리오 박사에게 데려와 그의 이론에 대한 향후 대책과 재능의 활용방안을 의논하기로 했다.

자신의 노트 묶음을 조던 교수에게 보여준 지 2주 만에 조지는 짐을 챙겨 공항으로 갈 자동차를 기다리고 있었다. 그때 비드폰이 울리며 아버지가 심장마비로 사망했다는 소식이 날아왔다.

아버지의 장례식이 끝나고 나서, 집을 떠나온 후 처음으로 가족 영지를 걷고 있으려니 조지는 만감이 교차하며 슬픔으로 목이 메어왔다. 듣자 하니 가족과 연락이 두절돼 있는 동안 집안에는 이상한 일들이 많이 벌어진 것 같았다. 어머니는 회복과 재발을 반복하다가 형이 사고를 당하기 직전 아버지와 재결합했다. 그녀는 하나 남은 아들을 대하는 남편의 태도에 절망했으나 그렇다고 달리 막을 도리도 없었다.

에드윈 노스브리지는 조지를 가족에서 제명시킨 것처럼 유산상속에서도 그를 제외시켰다. 하지만 남편이 죽고 셜리가 유산관리를 맡게 되자 그녀는 어떻게 해서라도 조지의 몫을 떼어주려고 했다. 그 일이 해결되자마자 그녀는 유산의 3분의 2를 아들에게 물려주고 자신은 런던의 집에서 은거하며 여생을 마쳤다. 두 사람은 그동안의 서먹했던 감정을 풀고 셜리의 와병으로 두 아들이 운명과 폭군의 희생물이 되었던 시절 이전의 다정했던 모자관계로 돌아갔다.

그해 늦은 봄 몇 주간의 연기 끝에 조지는 마침내 조던 교수와 함께 데밀리오 박사를 만나 자신의 향후 계획에 대한 의견을 나눴다. 그리고 곧 합의가 이루어졌다. 박사학위 과정에 몸담고 있는 동안은 NASA의 상담역으로 일하고, 그 과정이 끝나는 대로 미국으로 옮겨와 캘리포니아 주 패서디나에 있는 NASA 제트추진연구소의 추진시스템 연구 및 개발담당 책임 연구원으로 일한다는 내용이었다.

그 일을 마친 조지와 조던은 연구노트를 데밀리오 박사에게 맡겨놓은 뒤 케임브리지 대학으로 돌아왔다. 두 사람은 2년간 더 연애를 하다가 2021년 10월 약혼을 발표하고 이듬해 여름 결혼식을 올렸다. 결혼과 함께 베서니는 케임브리지 대학을 사직하고 조지가 일하는 제트추진연구소에 합류했다. 두 사람은 패서디나 인근에 그림 같은 신혼집을 마련한 뒤 추진시스템과 관련된 다양한 프로젝트들을 함께 연구하기 시작했다.

2020년대에 NASA는 로봇 우주선을 이용한 행성간 탐사에 온 힘을 쏟고 있었다. 조지와 베서니는 이 프로젝트들을 맡아 우선은 기존에 쓰던 방식으로 추진시스템의 기능을 향상시키는 데 힘을 쏟았다. 하지만 조지는 자신이 설계한 추진시스템을 탐사선에 하루 빨리 응용해보고 싶었다. 그러나 이론과 실제는 별개의 문제였다. 조지는 추진시스템의 단계를 세밀하게 정리해놓은 노트가 있었지만 실행단계에서 숱한 어려움에 직면해야 했다. 그리고 그 모든 과정을 극복하고서야 자신이 설계한 추진시스템을 시험해볼 수 있었다,

패서디나에 머무는 첫 2년 동안 조지와 베서니는 본업인 연구활동보다는 오히려 다른 일에 더 많이 매달렸다. 노스브리지 엔진프로젝트의 1단계 개발에 필요한 재원 마련을 위해 위원회며 정부 관계자 회의며

동분서주 쫓아다녀야 했기 때문이다. 두 사람은 조지의 젊음, 미숙함을 트집잡는 다른 과학자들의 시기와 관계당국의 불신 때문에 여러 편견에 시달려야 했다. 그러나 다행히 시기가 태평성대였기 때문에 두 사람은 자신들의 계획을 계속 진척시킬 수 있었다. 탐사선 추진시스템과 같이 막대한 재원이 필요한 프로젝트는 태평성대 같은 호시절이 아니라면 절대 실행할 수 없는 사업이었다.

세월이 흐른 뒤 역사가들은 노스브리지 엔진 개발을 피라미드 건설, 원자폭탄 개발, 최초의 달 착륙이라는 인류의 대업적에 비유했다. 조지와 베서니는 처음 엔진 제작을 시작할 때 더도 덜도 말고 그저 적당한 광속으로 날 수 있는 최초의 탐사선, 그러니까 인간도 행성간 여행을 할 수 있는 진짜 스타십을 개발할 수 있기를 고대했다. 일반인들에게는 이것이 공상과학 소설에나 등장할 법한 황당무계한 소리로 들렸다. 정치인과 관료들도 그런 탐사선 제작이 과연 가능하기나 한 건지에 대해 의문을 품었다. 하지만 NASA의 핵심간부들은 노스브리지 부부의 계획을 지지해주었다.

그리고 두 사람은 미국에 도착하자마자, 최단시일 내에 목적을 달성하기 위해서는 미디어의 힘을 이용해야 한다는 사실을 깨달았다. 이것은 그리 어렵지 않았다. 조지는 부자였고, 그의 배경 또한 호기심을 자아내기에 충분했으며, 탐사선에 대한 개념을 새롭게 발전시켜나간 방식 또한 세인의 관심거리였기 때문이다.

2020년대 중반 이들은 마침내 추진시스템의 시험을 목적으로 한 실용엔진 모형의 제작 기금을 마련하는 데 성공했다. 하지만 이들은 곧 첫 난관에 부딪혔다. 문제는 노스브리지 엔진이 시대를 너무 앞서갔다는 데 있었다. 23세기에나 나왔어야 될 엔진이 21세기에 개발되어 생긴 문제였다. 이는 15세기에 레오나르도 다빈치가 직면했던 문제와 똑같은 것이었다. 근력筋力과 수력터빈 외에는 다른 에너지원이 없었던 15세기 상황에서는 탱크나 헬리콥터를 만들 수 없었던 것처럼, 조지도 노스브리지 엔진에 필요한 인프라가 갖춰져 있지 않아 엔진을 만들 수 없었다.

노스브리지 엔진을 설계대로 짜맞추기 위해서는 엔진에 필요한 힘과 가벼움을 줄 수 있는 새로운 물질이 만들어져야 했다. 나노부품을 만들어낼 수 있는 혁신적인 제조기술이 필요했고, 이 나노 부품이 있어야만 전에는 꿈도 꾸지 못했을 초정밀성으로 노스브리지 엔진을 짜맞출 수 있었다. 또한 엔진의 많은 부품들은 국제 우주정거장이 거의 완벽에 가까운 진공상태에 놓일 때만 조립할 수 있었다. 엔지니어들에게 이 설계도를 보여주자 그나마 선견지명이 좀 있는 사람들은 그냥 못하겠다며 포기를 했고, 그들보다 훨씬 단순한 사람들은 도저히 불가능한 일이라며 고개를 내저었다.

일이 이렇게 되자 조지와 베서니도 자신들의 꿈을 현실화하기에는 시기상조임을 인정하지 않을 수 없었다. 노스브리지 엔진은 이론적으로는 완벽했으나 최소한 당분간은 실현 가능성이 없어 보였다. 때문에 이들도 제트추진연구소에서 하던 일을 계속하면서 이 프로젝트와 관련된 공학적 문제들을 조금씩 해결해나가는 수밖에 없었다. 두 사람 곁에는 각 분야의 최고 전문가들이 포진해 있었기 때문에 중요한 전기가 찾아올 가능성도 배제할 수 없었다.

2025년에서 2036년까지는 그런 식으로 세월을 보냈다. 2027년에는 두 사람의 첫 아이 고든이 태어났고 2030년에는 쌍둥이 자스민과 수키가 태어났다. 조지는 그동안 우주산업계에서 값진 경험을 많이 쌓았다. 그런 가운데서도 두 사람은 우주여행에 혁명을 몰고 올 노스브리지 엔진이 만들어질 날을 손꼽아 기다렸다.

몇 가지 기술적 난제는 지난 몇 년간 해결되었다. 2032년에는 노스브리지 프로젝트와는 아무 관련도 없는 스웨덴의 한 팀이 노스브리지 엔진에 적합한 나노부품을 생산할 수 있는 제조기술을 개발했다. 그리고 1년 뒤에는 캐나다 팀이 새로운 형태의 초강력 경량급 물질을 순정 탄소에서 뽑아내는 데 성공하여 엔진의 주 연소실에 사용할 수 있게 되었다. 두 사람은 다시금 꿈에 부풀었다. 그리하여 노스브리지 프로젝트의 2단계 실행을 위해 기금 모금에 나서려는 찰나 이번에는 대혼란이 세계를 덮쳤다.

조지와 베서니는 다른 사람들보다는 경제 불황기를 잘 보낼 수 있었다. 현재의 역사가들도 당시 노스브리지 엔진이 만들어지는 데 결정적인 역할을 한 것은 대혼란의 재앙이었던 것으로 진단하고 있다. 무엇보다 이들 부부의 부富가 위험성 많은 투자기관에 집중되지 않고 안전하게 보존돼 있었기 때문이라는 것이다. 물론 이들도 재정적인 타격을 받기는 했다(대혼란기의 5년간 재산의 절반을 잃어버렸다). 하지만 그 같은 타격에도 이들은 끄떡도 하지 않았다.

한편 연구 인력의 감원으로 과학자와 엔지니어들은 일자리 없이 빈둥거리고 있었다. 이 같은 현상을 지켜본 조지와 베서니는 노스브리지 프로젝트의 진행을 방해하고 있던 난제들을 해결하려는 생각에서 2039년 그들만의 독자적인 연구기관을 설립했다. 그들은 콜로라도에 40에이커의 땅을 사들여 연구소와 주거시설을 짓고 그곳을 헨리 목장이라고 명명했다. 그런 다음 50여 명의 정예 과학자를 뽑아 노스브리지 프로젝트 개발에 본격적으로 착수했다.

노스브리지 가족과 과학자들 가족에게 헨리 목장은 마치 세상과 대혼란의 재난에서 멀리 떨어진 피난처와도 같았다. 그 결과 세계경제가 어느 정도 회복된 2050년경에 이르러서는 노스브리지 엔진의 개발을 가로막고 있던 난제들도 많이 해결되어 프로젝트는 어느 정도 실행 가능한 사업이 되었고 이제는 재원만 기다리는 입장이었다.

조지와 베서니가 정치인들 및 국제우주국(International Space Agency, 2051년 NASA 후속기구로 생겨났다) 관계자들과 처음 재정회의를 가진 지 50년이 더 지난 지금, 재원 마련을 위해 또다시 전 세계 부호들 앞에 머리를 조아렸다고 하면 조금 의아한 생각이 들기도 할 것이다. 하지만 그것은 중요한 게 아니다. 노스브리지 엔진은 컴퓨터가 발명된 이래 인류의 가장 위대한 진보로 인식되었다. 이 엔진이 제작됨으로써 근近지구 우주여행의 길이 열렸고, 지구의 태양계를 넘어 저 까마득한 항성들에까지 탐사선들을 쏘아 올릴 수 있게 되었기 때문이다. 게다가 지금은 최초의 행성간 유인 우주 탐사가 계획되고 있다. 이런 사실을 생각하면 머리를 조아렸다는 것은 전혀 중요하지 않다.

현재 조지 노스브리지는 거의 전설적인 인물이 되어 '21세기의 아인슈타인'이라고까지 불리고 있다. 또한 다른 이론과학자들이나 수학자들과 달리 그는 나이가 들어서도 과학 발전에 많은 기여를 했다. 2095년 그는 아흔여덟 살의 고령에도 여전히 헨리 목장에서 노스브리지 엔진의 개조작업에 열심이었다.

여기에는 뛰어난 과학자였던 베서니의 기여 또한 무시할 수 없다. 그녀는 조지의 이론을 세상 밖으로 내보내 주목을 받게 했고 70여 년이나 그의 곁을 지켜주었다(그녀는 2087년에 102세를 일기로 사망했다). 그 밖에 노스브리지 엔진이 안고 있던 문제를 풀고, 엔진 제작에 필요한 재원 마련을 위해 고군분투하는 과정에서 조지 못지않게 중요한 역할을 담당하기도 했다. 노스브리지 엔진은 진정 팀워크, 인내, 재능이 이루어낸 금자탑이었다.

새로운 비즈니스, 우주

하루가 다르게 늘어가는 우주여행의 열광자들 눈에 21세기 초의 몇십 년간은 우주 탐험이 제자리걸음을 면치 못하고 있는 것으로 보였다. 왜 좀더 빨리 진행이 되지 않는지 울화통이 터질 정도였다. 따지고 보면 그럴 만도 했다. 경제기구들의 압력에 못 이겨 우주 탐사 연구에 시도 때도 없이 거액을 기부했는데 우주국 하나 변변히 갖춘 나라가 없었던 것이다. 우주여행을 활성화시키는 데는 다른 방법도 있었을 것이라고, 이 '우주들(spacies, 열광자들의 별칭이다)'은 주장했다.

상황을 긍정적으로 보는 사람들이야 국제 우주정거장도 있고 2012년부터는 십수 명의 상근 승무원들도 파견해놓고 있는데 무슨 말이냐고 하겠지만, 솔직히 말해 우주 탐사의 국제공조는 아직 초기 단계에 불과했다. 그런 낙관주의자들에게 대부분의 사람들은 "그것도 성과라면 성과겠지만, 태양계의 정기 탐사와 달의 식민지화를 가로막고 있는 기술적 난제와 비용에 비하면 아무것도 아니다"라는 반응을 보였다. 우주 열광자들이 볼 때 우주여행을 촉진시킬 수 있는 강력한 비결은 하나밖에 없었다. 냉전 때의 동서간 경쟁을 능가하는 강력한 동기부여를 해주는 것. 그들은 그 동기부여를 '우주의 상업화'라고 보았다.

우주의 상업화는 처음 진출하는 분야여서 그런지 불안하고 엉성하게 시작되었다. 하지만 이 같은 어려움은 이미 예견된 것이었다. 우주여행은 위험부담도 크려니와 비용도 천문학적으로 많이 드는 인류 역사상 가장 어려운 과업이었고, 당시로서는 냉혹한 현실과 '우주들'이 가진 꿈간의 괴리가 너무 큰, 말하자면 현실성이 너무 희박한 사업이었기 때문이다.

꿈과 현실간의 괴리가 너무 크다는 것은 21세기 초 대개의 사람들이 가졌던 생각만 보아도 잘 알 수 있다. 이들은 달 채굴을 돈벌이 기회와 우주에서의 활동을 더욱 확대할 수 있는 계기로 보았다. 1990년대부터는 달 채굴, 행성들에서의 자원 발굴, 화성 표면의 광석 채집과 같은 사업 제안들이 인터넷에서 봇물을 이루었다. 이들 제안 중에는 우주 전문가들이 주선하는 그럴 듯한 것도 있었지만 대개는 황당무계하기 짝이 없었다.

이 같은 판단착오가 생긴 원인은 간단했다. 이들 우주사업 제안가들은 인간이 달에 닿은 것이 1960년대 말이었으니 이제는 사업단이 가서 더 많은 일을 할 수도 있지 않겠느냐는 것이었다. 하지만 그것은 착각이었다. 물론 1960년대 이후 우주과학계에 많은 발전이 이루어진 것은 사실이다. 하지만 달 채굴이나 자원 발굴은 우주인 두 명이 달 표면에 내려 며칠간 어슬렁거리다 지구로 돌아오는 것과는 차원이 다른 문제였다.

달에는 지구에 없는 몇몇 천연자원이 매장돼 있다는 것은 공공연하게 알려진 사실이다. 티타늄, 코발트, 마그네슘 등의 광물질도 다량 매장돼 있고, 특히 백금족 금속(백금, 팔라듐, 로듐, 이리듐을 지칭하는 용어로 PGM이라 불리며 비싸고 희귀한 물질이다—옮긴이)이라 불리는 화학물질도 매장돼 있다. 이 물질들은 모두 지구에서는 구하기 힘든 귀중한 것들이다. 하지만 이 광물질들은 지구에서처럼 광석의 형태로 매장돼 있기 때문에 이 광석에서 금속을 뽑아내려면 지구에서와 같은 기술을 써야 하고 그 기술을 사용하려면 많은 에너지와 특히 물이 있어야 가능하다.

게다가 달에는 공기와 물이 없기 때문에(1994년 달 탐사선 클레멘타인이 달 남극에서 얼어붙은 물 흔적을 발견하기는 했지만) 달 표면은 지구와 달리 충적층과 광상(鑛床, 광물자원이 암석 속에 자연상태로 집중되어 있는 곳—옮긴이)의 형태로 이루어져 있지 않다. 이 말은 곧 광물질이 달 표면의 먼지 속에 아무렇게나 흩어져 있다는 의미다. 더욱이 분화구들 주위에 흩어져 있는 '분출물' 또는 표석들이 레골리스(regolith, 달 표면의 돌가루 모양의 물질), 즉 표토表土 이곳저곳에 산재해 있다는 것과 운석들에 의한 타격으로 달의 표토가 늘 요동친다는 사실 때문에 상황은 더욱 복잡해졌다.

21세기 초에 달 채굴을 하겠다고 나서는 사람 중에 이 문제를 해결할 수 있는 사람은 아무도 없었다. 이것은 단지 기술적인 문제만은 아니었다. 독창적인 발명이 많이 이루어져 이 같은 문제들은 대부분 해결되었다. 문제는 금속의 가치에 비해 채굴 비용이 너무 비싸다는 데 있었다. 정부나 연구기관의 지원 없이 순수하게 민간자본만으로 일을 진행해야 하는 것도 문제였다. 기업인들이야 당연히 몇십억 달러를 고스란히 날려버릴 수도 있는 그 같은 사업에 구미가 당길 리 없었다. 그 결과 우주 열광자들의 꿈은 21세기 내내 이루어지지 못했다.

그런데도 고집불통들은 여전히 현실을 받아들이기를 거부하고 한동안 인터넷에 공허한 계획들을 계속 올렸다. 그러나 시간이 지나면서 낙관적 생각만으로는 아무것도 이룰 수 없다는 인식이 자리잡기 시작했다. 하지만 오래전부터 일부 현실적인 '우주들'은 상업화의 길을 모색하고 있었다. 우주관광 사업이 그것으로, 이것은 표면적으로는 최소한 개발 가능성이 높아 보였다.

우주관광은 20세기 말 정부산하의 우주기관들이 일부 개인들에게 문호를 개방하면서 시작되었다. 1997년에는 진 로덴베리와 티모시 리어리라는 언론인 두 명이 궤도에 유골 뿌리는 의식을 포함하여 우주장례식을 치른 일이 있고, 21세기 초에는 일부 겁없는 부자들이 수백만 달러를 들여 최초의 우주 비행사 또는 '우주 관광객'이 되는 영예를 누리기도 했다. 이 같은 사업은 모두 NASA, 유럽우주기구, 러시아 우주국의 지원과 그에 지불되는 거액의 대가가 있었기에 가능했다. 특히 국제

우주정거장 유지에 재정적 어려움을 겪고 있던 러시아는 일반인 여행객 유치에 열심이었다.

2016년 마침내 최초의 우주여행사가 영업을 개시했다. 첫 탑승객은 뉴멕시코 주 알버커키에 사는 서른 살의 비즈니스우먼 힐러리 퍼거슨이었다. 퍼거슨은 조그만 유전자 회사에서 난소암에 대한 유전자 치료법을 개발하여 떼돈을 벌었기 때문에, 러시아의 대륙간 탄도 미사일을 개조하여 우주선을 만드는 데 필요한 4천만 달러를 충분히 지불할 능력이 있었다. 그녀는 텍사스에서 6개월간의 훈련과정을 마치고 2018년 4월 6일 캘리포니아의 발사기지를 출발하여 궤도를 두 번 여행한 뒤 지구로 무사히 귀환했다.

퍼거슨의 우주여행은 텔레비전으로 생중계되었다. 그로 인해 언론의 집중적인 조명을 받은 그녀는 오히려 쓴 것보다 더 많은 돈을 벌었다. 또한 〈타임〉의 표지인물이 되기도 했고 우주여행의 경험을 책으로 써서 세계적인 베스트셀러 작가가 되기도 했다. 그외에도 그녀의 우주여행이 가져다준 것은 많았다. 이 여행을 시작으로 일반인들은 우주여행을 먼 나라 이야기로만 인식하지 않게 되어 이후 20년간 수십억 달러의 개인 재산과 엄청난 노력을 우주관광이라는 새로운 여가활동에 쏟아부었다. 2033년에는 3천 명 이상이 우주에서 휴가를 보낼 정도였으며 항공료도 20만 달러 수준으로 대폭 낮아졌다. 그 결과 하룻밤 자고 나면 우주 항공사가 새로 생겨나 더 저렴하고 더 재미있는 상품들로 고객을 유혹했다.

이들 회사가 성공을 거둘 수 있었던 것은 궤도 회전을 빨리 할 수 있게 되고, 발사과정이 무척 단순해졌기 때문이다. 그 중에서도 중요한 것이 초기 우주왕복선 시대 이후 급격히 발달한 추진시스템이었다. 상용 우주선은 액체 추진제와 고체 추진제를 결합한 혼합형 로켓으로 발사되는데, 이들 발사 시스템은 예전에 사용되던 액체추진 시스템보다 몇 배나 더 효율적이고 가격도 저렴했다.

2028년 일단의 대담한 우주 열광자들이 다국적 컴퓨터회사의 재정 지원을 받아 폐기 처분된 우주왕복선 연료탱크로 최초의 '우주호텔'을 만들었다. NASA가 우주왕복선을 발사할 때마다 지구 저궤도에 버리곤 했던 거대한 탱크들을 이용하여 만든 것으로, 이 탱크들은 저궤도에 남아 있다가 대기권으로 재진입하는 과정에서 결국 불타 없어질 것들이었다. 최초의 우주호텔은 두 다스의 탱크를 용접하여 만든 지극히 원시적인 모습이었다. 조건도 열악했고 기술수준도 1990년대 말 소련 미르호의 우주 비행사들에게 사용된 수준보다 나을 게 없었다. 하지만 그 같은 결점은 놀라운 장관을 연출하는 우주의 경치와 억누를 수 없는 인간의 모험심으로 극복되었다. 내로라 하는 부자들이 거액을 내고 그곳에 묵으려 하는 것도 어찌 보면 당연한 일이었다.

우주호텔의 인기는 2031년 〈뉴욕 타임스〉 웹페이지에 곧잘 실렸던 광고만 보아도 잘 알 수 있다.

> **일생 일대의 기회!**
> 올해의 발렌타이 데이는 연인과 함께 우주에서!
> 최소한의 훈련으로 최대한의 스릴을!
> 은하계 호텔로 날아가 우주에서 지구를 감상할 수 있는 기회!
> 상상도 못할 저렴한 가격!

당연한 얘기지만 우주여행업에는 비난의 목소리도 많이 쏟아졌다. 특히 웨인 터너 NASA 국장은 비난의 강도를 높이며 재앙이 곧 닥쳐올 것이라고 경고했다.

그 예측은 맞아떨어졌다. 2033년 6월 19일 네덜란드에서 드디어 사고가 터진 것이다. 쿤스트 트래블은 패키지 우주여행을 전문으로 하는 네덜란드의 한 작은 여행사로, 유럽에서 가장 잘 나가는 로켓 제작사 도르프젠 시스템 사에 설계를 의뢰하여 신형 로켓 뒤에 붙여 지구 궤도로 발사하게 돼 있는 모듈을 개발했다. 12명을 탑승시킬 수 있는 대형 모듈이었다. 그런데 젤란드(네덜란드 남서부의 주—옮긴이)의 한 외곽지역에서 발사된 지 1분 만에 주 연료탱크를 조여주고 있던 볼트 하나가 빠지면서 안쪽으로 빨려 들어가 로켓이 폭발을 일으켰다. 사고 이후에 이루어진 블랙박스 판독 결과 승객 12명과 비행사 2명은 폭발과 함께 즉사한 것으로 나타났다.

하지만 비극은 거기서 끝나지 않았다. 로테르담 교외지역을 날고 있던 그 로켓은 폭발이 일어날 때 지상 2천 미터 상공에 떠 있었기 때문에 대형 잔해들이 지구로 마구 쏟아져 내렸다. 그뿐만이 아니었다. 낮은 고도에서 폭발을 일으킨 관계로 로켓 잔해들이 불에 타지 않은 채 그냥 떨어져 가옥 150채가 파괴되고 주민 311명이 목숨을 잃는 대형참사가 일어났다.

쿤스트 사고와 함께 우주여행의 초창기는 이렇게 막을 내렸다. 이후 민간인의 우주여행은 국제우주국ISA이 안전과 우주 탐사를 함께 보장할 수 있는 쪽으로 우주여행업에 대한 규정을 대폭 강화한 30년 뒤에나 다시 활성화되었다.

우주 엘리베이터

쿤스트 재앙이 일어난 지 20년 후 NASA를 대신하여 국제우주국이 새로 발족하면서 우주여행업계도 진정한 모습으로 다시 태어났다. 대혼란의 악몽에서 깨어난 지구인들의 가슴도 새로운 모험심으로 용솟음쳤다. 전 세계를 가공할 경제불황으로 몰아넣은 대혼란의 재앙은 이들 눈에 그저 지구라는 좁은 테두리 안에 갇혀 지내는 인간의 한계를 보여준 것일 뿐이었다. 인간을 지구 저 너머 우주의 무한대로 보내기 위해 몇 년째 와신상담하고 있던 '우주들'도 대혼란이 끝나자마자 기지개를 펴며 본격적인 활동에 들어갔다. 이 같은 분위기 속에 우주여행은 곧 탄력을 받았다. 때는 바야흐로 2050년대, 의욕과 자금이 넘쳐흐르던 시대였던 것이다.

국제우주국은 과학 분야에 치중했던 NASA의 대체기관이었던 만치 우주 탐사와 함께 과학발전에도 심혈을 기울였다. 2069년 7월에는 아폴로 11호의 달 착륙 백주년을 기념하여 인도인, 러시아인, 에스파냐인, 미국인을 1명씩 탑승시킨 암스트롱호를 달 표면에 쏘아 올렸다.

유인 우주선에 의한 화성 탐사 역시 우주 연구가들과 우주 열광자들의 오랜 숙원이었으나, 문제가 잇달아 터지는 바람에 탐사는 자꾸 지연되었다. 화성에 한때 생명체가 존재했다는 증거를 발견한 뒤 NASA는 2034년 발사를 목표로 붉은 행성에 대한 탐사계획을 세웠다. 하지만 이 계획은 현실성이 없는 것으로 결론이 났고, 기간 초과와 기술문제 등으로 발사 연도는 2037년으로 변경되었다. 그러자 이번에는 대혼란이 일어나는 바람에 예산이 대폭 삭감되어 화성 탐사계획 자체가 무산돼버렸다.

대혼란 이후 전 세계에는 낙관주의와 모험주의의 기운이 다시 팽배해졌다. 그와 더불어 화성 탐사에 대한 논의도 활발히 이루어져 탐사가 곧 이루어질 듯했으나 별다른 진전이 없다가 국제우주국이 달 표면에 유인 우주선을 다시 쏘아 올리면서 활동이 본격화되었다. 유인우주 탐사에 대한 세간의 관심은 그렇게 아폴로 11호 백주년 기념행사인 달 탐사 재개로 부쩍 높아졌고 그것이 일부 계기가 되어, 예산 삭감으로 계획 자체가 취소된 지 30년 만인 2070년, 화성 탐사 사업은 재개되었다.

그런데 예정된 발사시한보다 1년 앞선 2080년, 새로 만든 우주선으로 시험운행 중이던 승무원 7명이 지구궤도에서 사고로 죽는 일이 발생하자 화상 탐사는 또다시 3년이 지연되었다. 그리고 2084년 완전히 설계를 바꾼 탐사선 뉴턴호가 마침내 지구궤도를 떠나 화성으로 향했다.

최초의 이 유인 화성 탐사선은 21세기 초부터 수없이 연기된 끝에 발사되어서인지 기대 이상으로 정교하게 만들어졌다. 그리고 적어도 6개월은 걸릴 것이라던 21세기 초 과학자들의 예상과는 달리 노스브리지 엔진을 단 뉴턴호는 불과 열흘도 안 돼 붉은 행성에 도착했다.

최초의 화성 탐사는 대성공을 거두었다. 여행기간이 많이 단축되었다는 사실은 곧 향후 화성 탐사가 30년 전에 꿈꾸었던 것보다 훨씬 수월하게 진행되리라는 것을 의미했다. 그 결과 21세기 말의 몇 달을 남겨둔 시점에 이르러서는(첫 탐사가 있은 지 불과 16년 만에) 승무원 12명이 상주하는 영구 유인 우주정거장이 화성에 건설되었다.

화성 탐사자들은 우리 지구가 속한 태양계 너머에 생명체가 존재했다는 사실도 잊지 않았다. 노스브리지 엔진도 유용한 측면이 있긴 했으나 화성 탐사에 없어서는 안 될 필수적 요소는 아니었다. 하지만 광속에 버금가는 속도로 탐사선을 추진할 수 있는 기술이 최초로 가능해졌고 그 덕에 외부행성에 대한 탐사가 실현될 수 있었던 것은 대단한 성과가 아닐 수 없었다.

2080년대 초에는 생명체의 흔적이 있는 유사지구 17개가 더 발견되었다. 그 중 S-12로 명명된 항성 주위를 도는 감마(HR5587A)는 지구에서 불과 16광년밖에 떨어지지 않은 아주 가까운 곳에 위치하고 있었다. 2099년 국제우주국은 헨리 목장의 조지 노스브리지 본사에서 개발한 최첨단 엔진을 지오르다노(16세기에 지구가 아닌 외계에 생명체가 존재할지 모른다는 가설을 세웠던 르네상스 시대의 철학자)호에 달아 감마로 쏘아 올렸다. 이 탐사선의 감마 도착 예정시한은 2179년이었다.

이것이 대혼란 이후를 특징지은 국제우주국의 과학적 측면이었다. 하지만 국제우주국은 이 같은 성과 못지않게 우주여행의 상업화에도 열을 올렸다. 그 결과 우주여행업에 이권을 갖고 있던 일부 다국적기업들과 경쟁을 벌여야 하는 상황이 되었다. 하지만 탐사선 발사는 모두 전 세계에 산재한 국제우주국 센터를 이용하도록 국제협약에 명시돼 있었기 때문에 국제우주국은 경쟁에서도 유리한 고지를 점했다. 졸속 제작된 로켓과 대륙간 탄도 미사일 개조의 시대는 바람과 함께 사라지고 없었다.

우주 탐사선 사업과 병행하여 국제우주국은 중국 및 독일 기술진과 손잡고 대륙간 극초음속 여객기hypersonic intercontinental passenger transporter를 개발했다. 콩코드 여객기가 첫 비행을 시작한 지 1세기 만인 2069년 3월, 세계 최초의 대륙간 파라볼라 여객기IPA 루스벨트호가 드디어 처녀비행에 성공했다. 전 세계 신문들이 이를 대서특필하자 세계는 바야흐로 초고속 세계여행 시대로 접어들었다.

루스벨트호는 가파른 포물선을 그리며 고층대기 속으로 날아갔다가 지구로 돌아오는, 말하자면 수직 이착륙기(지상활주하지 않고 거의 수직으로 이착륙할 수 있으며, 수평으로 날 때는 비행기와 같은 원리로 나는 항공기—옮긴이)인 셈이다. 핵융합 엔진으로 추진되는 이 항공기를 이용할 경우 뉴욕에서 시드니까지 걸리는 시간은 고작 90분 내외에 불과하다. 오늘날 파라볼라 여객기는 문명화된 세계의 시민이라면 누구나 간편하고 저렴하게 세계 어느 곳이라도 갈 수 있는 가장 대중적인 운송수단이 되었다.

지구궤도와 궤도 너머 행성으로의 여행 역시 국제우주국의 기여와 지난 2020년대와 2030년대를 휩쓸고 지나간 우주여행의 첫 열기 이후 크게 발전한 기술적 진보로 많은 혁신을 이루었다. 2054년에는 다국적 기업들이 낙후된 국제 우주정거장을 구입하여 그것을 호텔로 개조한 뒤 2060년대 중반부터 여행객들을 상대로 영업을 시작했다. 21세기 말에는 일주일간 달동네 민박손님으로 체류하며 달 채굴을 체험할 수 있는 여행상품이 모험심 강한 일부 여행객들을 상대로 생겨나기도 했다. 당시 달에는 달 채굴을 하며 달 남극 가까운 측지선 돔(다각형 격자를 짜 맞춘—옮긴이)에 기거하는 달동네가 막 생겨나고 있었다.

그러나 근지구 우주여행의 가장 중요한 발전은 뭐니뭐니 해도 2080년대 중반에 건설된 우주 엘리베이터였다. 지난 20세기 말 우주 과학자와 공상과학 작가들에 의해 우주 엘리베이터의 개념이 처음 생겨났을 때만 해도 대부분의 사람들은 그것을 터무니없는 것으로 받아들였다. 하지만 오늘날에는 수천 명의 사람들이 우주 엘리베이터를 이용하고 있다.

우주 엘리베이터는 알고 보면 아주 단순한 원리로 움직인다. 값비싼 로켓을 이용하여 대기권에 도달하는 대신 240킬로미터 정도의 케이블을 만들어 그것으로 여객기 모듈을 움직여 지구궤도의 호텔과 지구 위 몇 킬로미터 지점에 위치한 도킹 지점 사이를 운행하는 것이다. 도킹 지점까지는 일반 항공기가 이용되고 거기서부터는 엘리베이터를 타고 무중력 호텔이나 지정 궤도에 걸려 있는 워크스테이션으로 올라간다.

우주 엘리베이터 건설은 기술적으로 넘어야 할 산이 너무 많았기 때문에 20세기 말의 우주 열광자들조차도 다소 무리일 것이라고 생각했다. 그 중에서도 가장 큰 어려움은 케이블이 그 자체의 무게를 못 이겨 무너져 내리는 것이었다. 그 어려움을 짐작하려면 여객기 한 대를 실어

나를 정도의 강력한 케이블을 만들어야 한다고 생각하면 될 것이다. 그만한 힘과 가벼움을 동시에 줄 수 있는 물질은 과연 무엇이었을까?

그 해답은 2050년대에 헨리 목장의 노스브리지 엔진 연구팀에서 나왔다. 탄소 나노튜브(탄소가 육각형 벌집무늬로 결합되어 튜브상태를 이루고 있는 물질—옮긴이)라는 색다른 종류의 화학물질 응용에 관한 연구를 하던 중 이 물질들을 서로 결합해보았더니 놀랄 정도의 흡착력을 보여주었던 것이다. 이것이야말로 장거리 케이블 건설에는 안성맞춤인 물질이었다. 하지만 이같이 놀라운 합성물을 찾아내고서도 우주 엘리베이터에 이것을 실용화하는 데는 30여 년이 더 소요되었고, 그외에도 여러 자잘한 실패가 뒤따랐다.

140킬로미터에 불과한 최초의 우주 엘리베이터는 갈라파고스 제도에 건설되어 저궤도의 소형 우주선에 연결되었다. 그런데 마지막 시험을 하던 중 케이블이 툭 끊어져 태평양 한가운데 떨어지는 사고가 발생했다. 하지만 사망자는 다행히 10명에 그쳤고, 그들은 작은 배에 타고 있다 케이블 파편에 맞아 변을 당한 어부들이었다.

이 사고로 우주 엘리베이터 계획은 2년간의 차질이 빚어졌으나 값진 교훈을 얻은 점도 있어 나름대로 의미가 없지는 않았다. 21세기 말 우주 엘리베이터는 이제 지구궤도로 여객과 짐을 운반하는 가장 대중적인 운송수단이 되었다. 그외에도 우주 엘리베이터는 우주정거장과 상업 플랫폼 건설도 수월하게 해주었고, 운송 비용도 로켓을 이용하던 때와 비교하면 거의 공짜라고 할 만큼 저렴해졌다.

2095년에 발간된 국제우주국 보고서에 따르면, 최소한 스무 명의 승무원이 상주하는 유인 우주정거장 27개와 힐튼, 리츠, 잔지바르의 호텔 3개를 포함한 상용 플랫폼 14개가 지구궤도에 건설된 것으로 나타났다. 바야흐로 진정한 우주시대의 막이 오른 것이다.

에필로그

미래에는 과연 무슨 일이 벌어질까? 이 문제에 관해서라면 역사가라고 해서 일반인보다 나을 것이 없다. 그런데도 역사가의 말에는 무슨 권위라도 있는 듯 미래를 예측해달라는 질문을 받을 때가 종종 있다. 앞으로 무슨 일이 일어날지에 대해서는 나도 구체적인 예측을 할 수 없다. "변화의 속도가 더욱 빨라질 것이다"와 같은 일반적인 추측만을 할 수 있을 따름이다. 역사적인 안목이 있는 사람이라면 아마 나와 크게 다르지 않을 것이다.

이 모든 변화가 우리를 어디로 이끌어갈 것인지는 각자 생각하기 나름이다. 물론 역사가인 만치 과거의 역사를 토대로 현재의 상황과 향후 몇 년간의 상황을 추정해볼 수는 있을 것이다. 하지만 나에게는 10년 후 혹은 그 이상을 예측할 능력은 없다.

최근 나는 미국 서부지역의 한 대학에서 열린 세미나에서 매우 도발적인 질문을 받았다. 2백여 명의 학생이 들어찬 강당 뒤편에서 새라라는 여학생이 던진 질문이었다.

"선생님께서는 전체적인 사항을 고려해볼 때 백 년 전 사람들보다 지금 사람들이 더 행복하다고 느끼시나요?"

그 질문을 받고 나는 "물론 지금 사람들이 더 행복하고말고"라고 자신 있게 대답했다. 통계에 따르면 현재 우리는 백 년 전 사람들보다 수명도 길어졌고 더 건강하게 사는 것으로 나타났다. 개인차에 대한 허용의 폭도 확실히 과거보다 훨씬 높아졌다. 과거에 누리지 못한 여가도 많이 누리고 있으며 기술의 발달로 기계적인 일은 하지 않아도 살 수 있게 되었다. 여행 속도도 빨라졌고 통신수단도 무척 편리해졌다. 백 년 전 사람들은 상상도 못했을 여러 진기한 물건들이 생겨났다.

하지만 전 세계의 인구 비율로 따져보면 백 년 전보다 더 많은 사람들이 행복해졌는지에 대해서는 확신할 수 없다. 그 세미나가 있은 뒤 나는 새라가 던진 문제를 좀더 깊이 생각해보았다. 나는 역사가의 한 사람으로, 인류 역사가 진정 대다수 사람들의 더 행복한 삶을 위한 방향으로 나아가고 있다고 믿는 것일까? 흠흠. 천성이 낙천적이니 장기적으로는 그렇다고 말할 수 있겠지. 하지만 논의의 여지는 여전히 많이 남아 있다. 게다가 '대혼란'의 경우처럼 장기간에 걸쳐 전체적인 행복도가 줄어든 적도 있지 않았던가.

한 동료 역사가는 오늘날 많은 사람들, 특히 구세대 사람들이 불편해하는 까닭은 22세기 세상에 너무 짓눌려 있기 때문이라고 생각한다. 무엇보다 자신에게 편안한 감정을 느끼는 것이 행복의 선결조건이라는 말이다. 그런가 하면 다른 역사가들은 어떤 본질적인 문제에 대한 해답을 찾지 못하는 데서 오는 불쾌감이 지속될 경우 지적이고 계몽된 사람들은 진정한 행복을 느끼지 못한다고 말하고 있다. 두 관점 모두 맞는 말일 것이다.

하나의 종으로 볼 때 우리 인간은 2112년인 지금, 지난 백 년간 이룩한 놀라운 발전에도 불구하고 몇 가지 중요한 문제를 안고 있다. 그 중 가장 중요한 것이 부의 분배 문제다. 오늘날 선진국 국민들은 전례가 없을 만큼 높은 생활수준을 유지하고 있다. 그런 반면 지구상에는 아직 빈곤에 허덕이는 사람이 10억 명을 넘고 있으며 그 중 4백만 명이 어린 아이들이다. 유엔은 인간의 기본권에 대한 성명에서 지구상의 모든 인간은 식량, 의복, 주거, 교육, 의료혜택을 받을 권리가 있음을 선언했다. 하지만 2110년에 발간된 유엔 보고서에 따르면, 전 세계 어린이의 18퍼센트를 포함해 세계 인구의 14퍼센트가 여전히 갖가지 기본적 권리를 누리지 못하는 것으로 나타났다.

그 중에서도 상황이 가장 열악한 곳은 아프리카다. 최근에 상황이 조금 나아졌다고는 해도 아프리카 빈민은 여전히 전 세계에 어둡고 긴 그림자를 드리우고 있다. 총명한 우리 인간들은 여러 기적적인 일을 만들어냈다. 그러나 똑같은 인간의 종에게 생명의 기본권을 보장해주는 제도를 만들지 못하는 한 우리 인간이 진정으로 개화되었다고 말하기는 힘들 것이다.

두 번째 문제는 환경이다. 지난 세기에 게르하르트 랑거는 인류의 환경문제에 지대한 공헌을 했다. 지구상의 생명체들이 앞으로 수세기 동안 지탱해나갈 만한 정책들을 앞장서 수립했다. 그렇다고 모든 나라들이 그의 정책을 지지해주었던 것은 아니다. 미국과 중국의 경우에는 특히 그렇다. 게다가 랑거가 죽은 뒤로는 환경운동을 이끌어갈 지도자가 없었다.

지난 8년간의 세계환경 감시연구소 연례 보고서를 보면, 지구의 환경은 심각하게 나빠진 것으로 나타났다. 환경문제를 해결하려는 국가간의 유기적인 협조체제가 이루어지지 않는 한 현재 우리가 누리고 있는 수준의 삶의 질을 우리 후손들이 누리리라 기대하기는 어려울 것이다.

우리 인간이 안고 있는 세 번째 문제는 정치다. 현재 세계의 최강국은 중국이다. 최강국 자리를 빼앗긴 미국보다 땅덩이도 크고, 더 잘살고, 에너지도 넘쳐흐른다. 하지만 자원만으로 보면 미국의 동맹국들(특히 독일, 영국, 프랑스)이 중국과 느슨한 동맹체제를 이루고 있는 아시아 국가들보다 약간 앞서 있다. 그 결과 세계는 지금 그럭저럭 힘의 균형을 이루며 두 강대국을 중심으로 무리 없는 공존을 하고 있다. 아니 그런 것처럼 보인다.

역사상 전쟁으로부터 완전히 자유로웠던 시대는 없었다. 아쇼크 쿠마르의 헌신과 노력에 힘입어 핵무기는 이제 더 이상 존재하지 않게 되었지만, 오늘날도 전쟁은 분명 끔찍한 것으로 남아 있다. 두 강대국 모두 전쟁이 일어난다는 것은 "생각할 수도 없는" 일이라고 말들은 하면서도, 눈에 불을 켜고 상대국 동향을 지켜보며 국방비에 엄청난 돈을 쏟아붓고 있다. 더욱 우려되는 점은 두 나라 어느 쪽도 미래의 평화를 보장해줄 만한 확고한 조치를 취하려 하지 않고 있다는 점이다.

머리가 좀더 잘 돌아갔더라면 지금 내가 하고 있는 말을 세미나 장에서 새라에게 해줄 수 있었을 텐데. 아니다. 새라의 질문에 정답이 될 만한 통계를 제시해주는 것은 불가능하다. 다만 한 가지, 21세기에 세계인들의 대다수는 더 많은 행복의 기회를 가질 수 있었다는 말은 해줄 수 있다. 그 역시 역사의 진보를 측정하는 기준의 하나가 아니던가? 나는 그렇다고 믿는다.

21세기도 이제는 역사의 뒤안길에 묻혀버렸다. 찰스 디킨스의 말을 인용하면 "그것은 최상의 시대였고 또한 최악의 시대였다." 21세기는 인간이 진화의 과정을 가로챈 시대였다. 또한 아쇼크 쿠마르의 불굴의 용기, 조지 노스브리지, 코스타와 데미스 스타키스 부부, 왕페이의 천재성, 베니타 코르데로, 게르하르트 랑거의 비전이 돋보인 시대이기도 했다. 그런가 하면 21세기는 또 핵전쟁으로 하루 만에 7백만 명이 목숨을 잃었고, 21세기 중반에 들어서는 10년간 역사상 유례없는 대공황을 겪은 시대이기도 했다.

하지만 전체적으로 보면 21세기도 다른 시대와 마찬가지로 진보를 이룬 시대였다. 한계를 모르는 인간 두뇌의 우수성은 일상생활을 끊임없이 변화시키며 인간에게 더 많은 자유를 부여하고 행복을 추구할 수 있게 해주었다.

맞아, 새라, 전체적으로 오늘날의 사람들은 백 년 전보다 훨씬 더 행복하게 살고 있어. 그리고 이 행복은 백 년 전에 살았던 수십억 명의 사람들이 후손들을 위해 세계를 좀더 좋은 곳으로 만들기 위해 노력한 덕분이지.

옮긴이의 글

앞으로 인류 사회에는 어떤 일이 벌어지게 될까? 누구도 알 수 없는 일이다. 우리는 다만 과거만을 알 수 있을 뿐 앞일에 대해서는 아무것도 예측할 수 없다. 자연의 재해는 더 말할 것도 없이 속수무책이다. 동남아시아에 느닷없이 지진해일 쓰나미가 덮칠 줄 누가 예상이나 했겠는가? 지진해일 감지 시스템이 갖춰져 있었다 해도 미리 알아서 대비책을 세울 수 있는 기간이래야 고작 며칠, 아니 몇 시간에 불과했을 것이다. 이라크 전쟁만 해도 다 끝난 일을 가지고 지금 왈가왈부하는 것이지 막상 일어나기 전까지는 누구도 전쟁이 일어나리라고 장담하지 못했다. 물론 앞뒤 여건이나 정황으로 미루어 가정이나 추측은 해볼 수 있었을 것이다. 하지만 실제로 일어나지 않았다면 그것도 가정이나 추측으로 끝났을 뿐 '사실'이 되지는 못했을 것이다.

하지만 이제 그것은 역사적 사실이 되어 후대의 평가를 기다리고 있다. 그것이 역사와 픽션의 다른 점이다. 역사에는 가정이나 상상력이 개입할 여지가 없는 것이다. 공상과학 소설이나 영화는 있어도 공상과학 역사라는 장르가 없는 것도 그 때문이다. 지난 역사를 공상과학적으로 마구 지어낼 수는 없는 노릇이다. 엄연한 사실을 두고 서술자 마음대로 상상해서 이야기를 가공해낸다면 그것은 이미 역사가 아닌 허구가 되는 것이다. 요즘에는 역사적 사실史實에 저자의 상상력을 가미한 책들이 많이 나오고 있기는 하지만 그런 경우에도 자료가 부족한 부분에 색깔만 입히는 수준이지 사실史實 그 자체를 무시하지는 못한다. 역사에 관한 한 픽션은 없다.

과연 그럴까? 역사는 꼭 인류 사회의 지나온 변천 과정만을 더듬어가야 하는 것일까? 사실만을 다뤄야 하는 것일까? 그렇지 않다는 것이 《가상역사 21세기》를 쓴 저자의 주장이다. 과거의 자취를 현재의 관점으로 바라보든 현재의 관점으로 미래의 모습을 예측하든 역사는 다 같은 역사라는 것이다. 미래의 살인자를 가려내어 범죄예방사회를 만들어간다는 기발한 내용의 SF 영화 〈마이너리티 리포트〉(필립 K 딕의 SF 소설을 스티븐 스필버그 감독이 영화로 만든 것)에서처럼, 앞으로 일어날 일들을 족집게처럼 집어내어 역사의 흐름을 인위적으로 만들어갈 수야 없겠지만(누가 알겠는가, 가능한 일일지도 모른다) 과거와 현재의 상황을 토대로 앞일을 예견해볼 수는 있을 것이다.

미래의 역사는 현실을 바탕으로 설득력 있는 가설을 세운다는 점에서 공상과학 소설이나 영화와 다르다. 하지만 그와 동시에 상상력을 필요로 하고 좋든 싫든 앞으로 세계를 주도해나갈 과학기술을 도외시할 수 없다는 점에서 공상과학적인 요소 또한 포함하고 있다. 말이 나온 김에 말이지만, 지금 같은 발달 속도로 가면 아침식사를 하며 화성 식민지에 관한 뉴스를 보고(영화 〈토탈리콜〉에서처럼) 합성인간과 사랑에 빠지는 것(영화 〈블레이드 러너〉에 나오듯이)도 시간 문제일 것 같다.

1990년대 초, 이들 영화가 처음 나왔을 때만 해도 그런 일들은 다소 황당무계하게 보였으나 이제는 누구도 그렇게 생각하지 않는다. 공상과학이 어느 덧 눈앞의 현실이 된 것이다. 이 책은 그러한 가정에서 출발하고 있다.

21세기 역사라니, 우리는 이미 21세기에 발을 들여놓고 있지 않은가, 라고 반문하는 사람도 있을 것이다. 그렇다. 이 책의 저자는 까마득한 미래가 아닌 눈앞의 현실로 우리 앞에 곧 펼쳐질 일들을 그려보고자 한 것이다. 그렇지 않다면 뜬구름 잡는 식의 허황된 역사가 되고 말았을 것이다.

이 책은 향후 백 년간에 벌어질 일들을 자연과학적 시각으로 옴니버스 영화를 찍듯 실감나게 서술한 작품이다. 옴니버스 영화 한 편 한 편에는 유전자, 네트(인터넷), 우주, 핵, 환경, 기아와 같은 미래의 리바이어던들이 사랑, 미움, 인류애와 같은 휴먼 드라마 속에 진하게 녹아 있다. 영화 전체를 관통하는 주제는 선과 악이며 이름 없는 수많은 조연들과 우뚝 선 소수의 개인들이 주연으로 등장하여 위기의 순간마다 인류를 위험에서 구해주고 전환기적 시점에 극적인 도약을 이루게도 해주며 영화를 해피엔딩으로 이끌어간다.

유전자 지문의 실용화, 복제인간과 실제 인간의 병존, 그 과정에서 파생되는 여러 부작용들, 네트워크로 묶인 사회에서의 문제점 등은 이제 더 이상 추상이 아닌 현실의 모습으로 우리 앞에 다가와 해결책을 요구하고 있다. 모호했던 실체가 구체적인 모습을 띠고 있는 것이다. 환경이 악화되면 지구에 어떤 재앙이 덮칠지, 핵전쟁이 현실화되었을 때의 모습은 어떨지, 우주관광 시대가 열린다는 것은 무엇을 의미하는지도 감독의 탁월한 연출력에 힘입어 속도감 있게 묘사돼 있다.

시애틀 지진 부분은, 얼마 전 동남아시아의 지진피해를 겪어서인지 더욱더 현실감이 느껴지고 오싹한 기분마저 든다. 노인 인구의 급증, 수명 연장, 출생률 저하, 결혼제도의 붕괴가 가져올 사회병폐 또한 저 먼 나라의 이야기가 아닌 우리 이웃집의 문제가 되어 사회구성원들의 현명한 대처를 촉구하고 있다. 앞으로 변화할 전 세계의 지정학적 판도 또한 흥미로운 주제가 아닐 수 없다. 역사는 반복되고 한 번 떠오른 해는 지는 것이 이치라면, 오늘의 강국이 내일의 강국이 될 수는 없고 약소국이라고 언제까지나 약소국으로 남아 있지는 않을 것이다. 이 책에서는 21세기의 떠오르는 나라로 중국을, 지는 나라로 미국과 일본을 지목하고 있는데 어떻게 될지 앞으로 두고 볼 일이다.

이 책은 짐짓 엄숙한 역사서인연 하지 않는다. 앞서도 말했지만 이것은 픽션으로서의 미래 역사다. 따라서 영화를 감상하듯, 아 그럴 수도 있겠구나라고 생각하며 이야기 속에 흠뻑 빠져들면 된다. 진지함의 허울을 과감히 벗어던지고 향후 백 년 동안 벌어질 일들을 느긋하게 한번 즐겨보는 것이다. 그 같은 흥미로움을 배가시켜주는 것이 과학에 대한 저자의 해박한 지식이다.

암울한 디스토피아적 세계로 끝나 늘 개운치 않은 뒷맛을 느끼게 했던 기존의 공상과학 소설 및 영화들과는 달리 희망적, 긍정적인 미래를 제시하고 있는 저자의 심중에는 소수의 위인들과 더불어 소리 없이 살아가는 힘없는 개인들에 대한 확고한 믿음이 자리하고 있다. 저자의 믿음대로 부디 음산한 미래가 아닌 밝고 찬연한 미래가 우리 앞에 펼쳐졌으면 좋겠다.

이순호

21세기 가상 연표

2010	지구 평균 기온 백 년 전보다 0.9도 상승
2011	최초의 복제인간, 중국에서 탄생
2011~4	아프리카 대기근
2012	인도군, 카슈미르에서 철수 유사지구찾기 프로젝트 착수
2015	DNA 분석 완전 자동화 암 유전자 완전 해독
2016	인도-파키스탄간 핵전쟁 발발 최초의 우주여행사 영업 개시
2017	카슈미르 독립 누보히피 등장
2018	에이즈 바이러스 백신 개발
2019	개인 유전자 자료 배부 자유화
2020	노화 억제 치료법 상용화
2020~35	다우지수 연 11% 증가
2022	화성에서 화석 발견
2023	일본, 중국과 군사 협력

2024 가상세계 프로그램 최초 개발

2025 컴퓨터 사라지고 유비쿼터스 실현
2백 종 이상의 암 완전 예방 가능

2026 독감, 세균성 전염병 퇴치
줄기세포 이용한 심장과 폐 교체 수술

2028 우주호텔 등장

2031 세계 인구 1백억 돌파
미시경제 혁명 진행
핵무기 우발 방지 국제의정서 체결

2034 유전자 조작 아기 탄생

2035 세계 각국에서 자발적 안락사 합법화

2036 영국 웸블리 축구장에서 대규모 생화학 테러 발생
일본, 중국에 난징 대학살 공식 사죄
주식시장 붕괴, 대공황의 전조
유사지구 알파 행성 발견

2036~2052 대혼란기

2037 미국 시애틀 대지진
중국, 대만 무력합병
북미, 25% 이상 소비 저하

2038 아프리카, 물전쟁
북미 실업률 10%, 유럽 실업률 15%

2039 황금쌀 개발로 빈곤국 기아 퇴치

2040 독일, 외국인 근로자 강제 추방 선언

2042 독일, 국경에 방벽 구축, 유럽공동체 탈퇴

라이브 스포츠 경기 소멸하고 시뮬레이션 스포츠 일상화

2042~44	북미, 유럽, 일본의 실업률 25%, 저개발국의 실업률과 불완전 고용률 50%
2043	스웨덴에서 기아퇴치세 신설 운동
2045	범아메리카경제회의 개최
2046	암 정복
2048	기독교 약화되고, 동양 사상 세계로 확산
2050	미국 스러지고 중국 세계 최강국으로 부상 멕시코를 중심으로 중남미, 미국의 그늘에서 탈출 미국, 노령화로 개인연금 지급연령을 76세로 상향 조정
2051	쾌락 마약 등장 독일, 유럽공동체 복귀 중동 평화 실현
2054	남극 빙하 균열, 지구 환경 재앙 예고 월드컵 축구에서 미국 최초로 결승 진출
2067	새로운 '4방향 결혼' 합법화
2069	세계 최초 수직 이착륙기 대륙간 파라볼라 여객기 개발, 뉴욕-시드니 비행시간 약 90분
2084	최초의 유인 화성 탐사선 발사
2085	우주 엘리베이터 건설
2098	상하이 엑스포 개최
21세기 말	한국의 GNP와 생활수준, 일본을 추월
2099	평균 수명 백 세, 남녀간 평균 수명 차 소멸
2100	화성에 유인 우주 정거장 건설

가상역사 21세기

1판 1쇄 2005년 3월 7일
1판 3쇄 2005년 7월 4일

지은이 | 마이클 화이트 · 젠트리 리 지음
옮긴이 | 이순호
펴낸이 | 류종필

기획 | 박은봉
책임편집 | 오효순
디자인 | 이석운 이춘희
마케팅 | 류종필

펴낸곳 | 도서출판 **책과함께**
주소 서울시 마포구 동교동 158-24 혜원빌딩 4층
전화 335-1982, 335-1983
팩스 335-1316
전자우편 prpub@hanmail.net
등록 2003년 4월 3일 제6-654호

ISBN 89-91221-06-8 03900

값 14,900원